普及版

日本年号史大事典

所 功　久禮 旦雄　五島 邦治
吉野 健一　橋本 富太郎

雄山閣

序にかえて―本書の成り立ち―

「昭和」より「平成」への改元が行われてから、満二十五年を迎えた。それは、今上陛下（満八十歳）が第一二五代の皇位を継承されてから四半世紀の歴史を刻まれたことになる。このような一世一元（一代一号）の元号（年号）は、天皇を国家・国民統合の象徴と仰ぐ日本の紀年法（年の表わし方）として、まことにふさわしい。

この年号（元号）は、近ごろ広く使われるようになった西暦（キリスト生誕紀元）のような一直線に続く紀年法と本質を異にする。それは、一方で長い年代の前後関係を知るには少し不便かもしれないが、他方で数十年以内の年代的なまとまりを示すには便利なものといえよう。「明治時代・大正時代・昭和時代」という呼び方には、数字だけの西暦で表わすことのできない独特の味わいがある。

その要因は、年号（元号）が単に数字で年を示すのではなく、人間の氏名などと同様、年代の称号として良好な最も望ましい表意漢字を冠する漢字文化だからであろう。従来の年号文字は、日本でもすべて中国の古典から選ばれており、そこに理想や願望が込められている。

たとえば、現在の「平成」年号は、改元決定の当日公表されたとおり、『史記』の「内平外成」と『書経』の「地平天成」から二文字を選び出し、「国の内外にも天地にも平和が達成される、という意味がこめられており、これから新しい時代の元号とするにふさわしい」ものと意味づけられている。

もちろん、それから二十数年経っても、文字どおり「平成」（平和が達成される）といえる世の中になったとは言い難い。しかし、これはおそらく今上陛下も国民の大多数も心から願い望んでやまない当代の理念であろう。従って、後世から振り返れば、、それが相当に実現できたと評価されるような「平成時代」を、みんなで作っていきたい。

ところで、このような日本の年号（元号）は、歴史や文学の研究者・愛好家などにとって、不可欠な基礎知識である。だから、普通の年表にも辞典にも、一通り記されている。また、主要な年号の改元事情などが政治史や社会史の中で論じられるようなことは、決して少なくない。しかし、そのすべてについての本格的な研究成果は、漢文学者の森本角蔵氏による労作『日本年号大観』（初版昭和八年、目黒書店。復刻昭和五十八年、講談社）以外に見あたらない。

そこで私は、学部の卒論に三善清行（みよしきよゆき）の伝記研究を選んだ頃から関心を持ち始めた年号の制度史について、十年余り少しずつ調べた。やがて「元号法」制定論議が盛んになった昭和五十二年（一九七七）、その古代から現代までの概要を雄山閣出版の「カルチャー・ブックス」として纏めたのが『日本の年号』である。

この「元号法」は二年後（昭和五十四年）に成立したが、それからも年号（元号）に関する論考を書き続けた。そして十年近く経った昭和六十三年（一九八八）三月、同じ雄山閣から出版して頂いたのが、『年号の歴史―元号制度の史的研究―』である。本書は、研究論文集ながら、同年九月に昭和天皇が危篤状態となられて改元問題への関心が高まり、政府や報道などの関係者に少し役立ったかもしれない。

ちなみに、右拙著（平成元年に末尾増補）の収録論考は、①「中国と日本の年号」、②「まぼろしの〝九州年号〟」、③「大宝以前の公年号」、④「三善清行の辛酉革命論」、⑤「年号の選定方法」、⑥「日本年号と水戸史学」、⑦「年号研究と群書類従」、⑧「年代年号の暗唱歌」、⑨「一世一元の史的考察」、⑩「元号法の成立過程」、増補Ⅰ「日本史上の天皇と元号」、増補Ⅱ「元号「平成」の誕生と意義」、及び付録の図表（⑤に「平安中期以降の年号の出典と勘申者」「年号勘申者略系図」「日本の年号文字総覧」、巻末に「日本年号改元要覧」「日本年号一覧」「日本年号の読み方一覧」など）である。

しかしながら、私自身まだ判らないことが沢山あり、さらに調査研究をしなければならない。当時、そのような思いを雄山閣の芳賀章内編集長に何気なく話したところ、「ぜひ将来『日本年号史大事典』を作ってほしい」と言われた。けれども、まもなく公私とも多忙になって、この宿題を果たすことができず、何と二十年以上経ってしまった。

ただ、幸い数年前から、京都産業大学日本文化研究所の「後桜町天皇御記」解読共同研究に参加された吉野健一氏（当時京都大学院生）は、近世の年号研究を専攻テーマとしている。また平成二十一年（二〇〇九）刊の編著『皇室事典』（角川学芸出版）を纏める際、中世の部分を五島邦治氏（京都造形芸術大学客員教授）に、関係資料の部分を橋本富太郎氏（麗澤大学兼任講師）に手伝って貰ったことがある。さらに京都産業大学で私の担当してきた一般教養科目を昨春から引き継いだ久禮旦雄氏（三重大学等非常勤講師）は、古代の制度史にも精通している。

そこで、この四氏に全面的な協力をえて、三年前から宿題の解決に取り組んできた。とはいえ、雑用過剰な私は、主に吉野・久禮氏と相談しながら全体計画を練り、五島氏に一番難しい南北朝期の執筆を頼み、橋本氏に日中対比の年号年表作りを求めて、順次仕上がる四氏の原稿に若干の調整を加える程度のことしかできなかった。私が担当した総論と付録図表は、前掲拙著から主要部分を抄出し補訂を施したものである。

本書は事典の形をとっているけれども、右四氏の研究と工夫の成果が随所に盛り込まれている。編集方針は凡例を参照して頂きたい。学術書の出版困難な昨今、二十五年も辛抱強く待ってくださった雄山閣の宮田哲男社長をはじめ、一昨年秋から面倒な編集に尽力された羽佐田真一氏などに感謝の意を表する。

平成二十六年（二〇一四）正月七日

編著者　所　功

普及版の刊行に寄せて

本書が出版されてから、はや三年近くになる。この大事典作りに全面協力してくれた四氏とは、その後も研究活動を共にしている。とくに久禮旦雄氏は、今春から私の勤務するモラロジー研究所に研究員として着任し、橋本富太郎氏と一緒に「皇室関係資料文庫」の構築に努力しつつある。また吉野健一氏は、私が実行委員長として今秋開催した「近世京都の宮廷文化展」に最も尽力した。さらに五島邦治氏も、近く私を代表者として発足する「京都宮廷文化研究所」の運営を分担する。

ところで、今夏八月八日、天皇陛下が「象徴としての務め」に関する「お言葉」を公表された。その冒頭で「戦後七十年という大きな節目を過ぎ、二年後には平成三十年を迎えます。」と仰せられるのを拝聴して、ハッと驚いた方も少なくないであろう。これには深い意味がある。まもなく明らかになった証言によれば、今上陛下(本日で満八十三歳)は高齢化の進行により国家・国民統合の「象徴」として自ら務めうる限界を「あと二年」(八十五歳)ころまでと見込まれ、そこで長男の皇太子殿下に「譲位」することを強く希望しておられるという。

それには法的な整備を必要とするが、もしも特別措置法であれ成立すると、おそらく平成三十一年(二〇一九)の早々(正月七日すぎ)で御代替わりになる可能性が高い。とすれば、『元号法』により「元号は、皇位の継承があった場合に限り改める」ことが、これから内閣の重要な課題となろう。それをめぐる論議の過程で本書が多少とも役立つならば、望外の喜びである。

なお、このたび普及版を出すにあたり、元本の誤植などを少し訂正した。今回も何かとお世話くださった編集部の羽佐田真一氏に、御礼を申し上げたい。

平成二十八年(二〇一六)十二月二十三日

所　功

日本年号史大事典〔普及版〕／目次

文中表／目次

コラム／目次

凡　例

一、各論の内容

1、解説内容は、次のような十数項目に分けた。ただし、該当する史料のない項目は省略した。

①改元の年月日（西暦換算年月日）　②使用期間　③改元理由　④読み方　⑤天皇／上皇　⑥摂関／将軍〔⑤⑥は改元時〕

⑦採用年号の勘申者　⑧出典名と章句　⑨候補年号の勘申者　⑩改元上卿／改元伝奏／改元奉行　⑪改元陣議の参仕公卿

⑫当該年号を冠する用語等　⑬当該年間の主な出来事　⑭改元の経緯及び特記事項　⑮主要な関係史料

2、記事は、各年号ごとに原則二ページとした。ただし、史料・研究の少ない場合は、一ページとして詰めたり、余白に当年号か他年号に関するエピソードをコラムとして入れた。

3、年号の読み方は、現代仮名遣いで示し、歴史的仮名遣いの表記は『御諡号及年號読例』に拠り（　）で補った。また主な異説も、山田孝雄『年号読方考証稿』（宝文館出版）を参考にして併記した。

4、本文中に引用した参考文献は、たとえば「森本角蔵一九三三」のように表記し、巻末に掲載した年号関係研究評論文献目録と対応できるようにした。目録に掲載のない文献については本文該当箇所に明示した。

5、関係史料は、一般的に利用しやすい刊本に依った。未刊の史料については、東京大学史料編纂所編『大日本史料』（東京大学出版会）及び宮内省編『天皇皇族実録』（ゆまに書房複製本）の当該部分から引用した。

6、年号の出典となる漢籍については、ほとんど森本角蔵『日本年号大観』（目黒書店、講談社再刊）に拠った。

二、用字と記号

7、漢字は、引用の詔書なども含めて、原則的に常用漢字を用いた（一部、藝と芸などは区別した）。

8、漢文の書き下し文と古文の引用は歴史的仮名遣いとした（難字のルビは現代仮名遣いで示した）。

9、数字は、漢数字を使用し、十・百・千などの単位語を付けた。ただし、西暦や文献の巻・号などは数字のみとした。

10、記号の使い分けは、左のようにした。

『　』……書名・雑誌名・叢書名などを囲む。　「　」……引用文・引用語句・論文名などを囲む。

（　）……注または特殊な読み仮名を囲む。　／……金石文など引用史料の改行箇所を示す。

I

総論　日本年号の成立と展開

はじめに――年号の総合的解明――

年号（元号）という紀年法は、古代中国（漢代）に始まった。それが周辺の諸国へ広まり、やがてわが国にも伝えられ、長らく公式の紀年法とされてきたものである。

しかし、それは本家の中国で今から百年程前（ＡＤ一九一二）辛亥革命によって清朝の滅亡と共に廃止された。その周辺諸国でも、王制から共和制へ移行して、年号文化は消え去った。

けれども、わが国では、戦後も天皇を国家・国民統合の象徴とする立憲君主制と共に、「一世一元」の年号制度が今なお続いている。言い換えれば、年号（元号）は、二十一世紀の世界で、日本にのみ健在する超国宝級の伝統文化といえよう。

この年号制度については、後掲の研究評論文献目録に見られるとおり、その発生事情や個別の改元経緯などを調査した論考は決して少なくない。ただ、その制度全体を総合的に解明した論著は、まだ見当たらない。

そこで、五十年程前からこのテーマに関心をもった私は、その検討を少し心掛けてきた。しかし、主たる研究課題は別にあり、いわば片手間に書いた論文を寄せ集めたものを、二十五年程前（昭和六十三年）『年号の歴史―元号制度の史的研究―』と題して雄山閣から出版したが、それ以後も研究はほとんど進展していない（『歴史読本』平成二十年正月号特集「日本の年号」所載の拙稿「年号制度の基礎知識Ｑ＆Ａ」は同上の要約）。

今回、若い四名の学友に協力を得て、この『日本年号史大事典』を編纂するにあたり、本来ならば私自身が新稿の総論を執筆すべきところ、右の事情により旧著所収の論文四篇を五章に再構成して、必要最小限の補訂加筆をするに留まった。その初出は左の通りである。

一「中国と日本の年号」（『歴史研究』第三三二号、昭和六十三年一月）→本書第一章
二「年号の選定方法」（『京都産業大学世界問題研究所紀要』第八巻、昭和六十二年十二月）→第二章
三「一世一元制の史的考察」（『産大法学』第二十一巻第一号、昭和六十二年七月）→第三・第四章
四「元号『平成』の誕生と意義」（『文藝春秋』平成元年三月号）［前掲書増補版（平成元年四月）に追録］→第五章

なお、中国の年号を中心とする東アジア世界の紀年に関する概論・比較検討に関しては、池田温博士「東亜年号管見」（東方学会編『東方学』八二輯、平成三年）や佐藤正幸氏「日本における紀年認識の比較史的考察」（国際日本文化研究センター紀要『日本研究』十八集、平成十年）などが参考になる。

表1　世界の主な紀年法

- (甲)政治的紀年法
  - 建国紀元
    - ㋑古代の建国伝説によるもの（例、神武天皇即位紀元二六七四年）
    - ㋺革命・独立を記念するもの（例、米国独立宣言から二三七年）
  - 王制紀元
    - ㋩王の在位年数によるもの（例、英国エリザベス女王即位から六二年）
    - ㋥王制下の年号によるもの（例、日本・平成二十六年）
- (乙)宗教的紀年法
  - ㋭ユダヤ教の創世紀元（例、JC五七七五年）J. C. = Jewish Calendar
  - ㋬キリスト教の聖誕紀元（西暦）（例、AD二〇一四年）A. D. = Anno Domini
  - ㋣イスラム教の聖遷紀元（例、AH一四三五・六年）A. H. = Anno Hegirae
  - ㋠仏教の釈尊入滅紀元（例、BE二五五六・七年）B. E. = Buddha Era

※例は平成二十六年相当年。ただ㋣は、一種の太陰太陽暦によるから、太陽暦より一年が一一日か一二日短いため、太陽暦の約三三年で一年分多くなる。また㋠は、釈尊入滅年を元年とするミャンマーやスリランカと、その翌年を元年とするタイやカンボジアなどでは一年差異がある。

第一章　中国と日本の年号

はじめに―世界の紀年法―

年号（the name of an imperial era）＝元号（the reign title）は、わが国で約千三百年も行われてきた紀年法である。紀年法とは、特定の年を定めて年数を数える方法であり、古今東西にさまざまなものが使われてきた。

それは、天体周期に基づく「暦元」とか、十干十二支を組み合わせた「干支」などを除けば、およそ前ページ表1のように分類できよう。

このうち、(甲)政治的紀年法の㋑は、たとえば古代ローマの建国紀元（BC七五三）とか日本の神武天皇即位紀元（BC六六〇）など、古代の伝承に由来する。それに対して㋺は、たとえばアメリカ合衆国の独立宣言（一七七六）や中華民国の辛亥革命（一九一一）など、国家の独立や革命を達成した当年か翌年を起点に数えるもので、比較的新しい。つぎに㋩は、かつて存在した多くの王制国家で広く行われ、現在でもイギリスやタイなど立憲君主国では後述の(乙)の一つと併用されている。さらに㊁は、本節で詳述する。

一方、(乙)宗教的紀年法については、一々説明を要しないであろう。ただ、わが国では一般に㋬を〝西暦〟と呼び、西洋全般の公式紀年であるかのように錯覚しているむきもある。しかし、現にBC（Before Christ　キリスト以前）とかAD（Anno Domini　主＝イエスより）という略号をみても、それがキリスト教の紀年法であることは否定しえない。それが欧米キリスト教国の植民地であったアジア・アフリカ・オセアニア・南アメリカなどの諸国や共産主義体制の諸国でも（中国では「公元」と称し）用いられている。

けれども、それ以外にアラブ諸国や南アジアなどの十億を越すイスラム教徒たちは、当然イスラム（回教）暦を公用している。また、イスラエルではユダヤ暦、さらにタイでは仏教暦が最優先されていることも見落としてはならない。近年、ようやくアラブ世界・イスラム圏にも関心が高まってきたせいか、三省堂の『コンサイス世界年表』（初版昭和五十一年）などには、西暦と年号だけでなく回教暦の欄も設けてある。

このように、年の表示法も実に多種多様である。したがって私どもは、各々の歴史をよく理解して、お互いの在り方を尊重しあうことが、何よりも大切だと思われる。

一　漢字文化の世界

わが国は多様な文化の宝庫だといってよいであろう。そのおもな要素を大別すれば、㋑太古以来の固有文化、㋺中国伝来の漢字文化、㋩欧米伝来の近代文化、の三つから成り立っている。

このうち、㋑と㋩に優るとも劣らぬ重要な意味をもっているのが、㋺にほかならない。その多くは、大和王権に代表される国内統一時代（一〜四世紀）を別にしても、いわゆる倭の五王時代（五世紀）から飛鳥・奈良時代（七〜八世紀）にかけて、朝鮮半島経由か中国直輸入の形で〝漢字〟を媒介として伝えられた。これは、平安時代（九〜十二世紀）の貴族文化のみならず、中世・近世（十三〜十九世紀中葉）の武家文化にも庶民文化にも、さらには明治維新以降の近現代文化にも、それぞれの形成と充実に大きな役割を果たしてきたといってよいであろう。

ここにいう漢字文化とは、単に表記手段としての漢文字だけでなく、それを使って中国の周辺に伝えられたあらゆる文化をさす。とりわけ、日本の固有文化を開花させ、大和朝廷を中心とする統一国家を発展させるうえで、決定的な影響をもたらしたのは、ほぼ五世紀に伝来した儒教、ついで六世紀に公伝した仏教、さらに七世紀から導入された律令と年号の制度などではないかと思われる（注1）。

このうち、儒教・仏教および律令制度などのことは、すでに膨大な研究がある。それに対して、年号制度に関する研究は、意外に少なく、不明な点が多い。そこで、私は歴史家の一人として中国と日本における年号の実態を知っておきたいと思い、可能なかぎり関係論著や基礎史料に目を通してきた。本章では、その一端を略述しながら、彼我の年号の特色を明らかにし、これをもって本書の序論に代えよう。

なお、〝中国〟といえば、一方で古来中国人も日本人も自国の尊称としてきた一般名詞であり、他方で中華民国・中華人民共和国の略称としては固有名詞になる。しかし、ここでは中国大陸の歴代〝中華帝国〟の総称として使用する。また、漢文の引用は、特に原文で示す必要のないかぎり、書き下し文とした。

二　彼我の創建年号

年を表わす方法として現在日本でのみ行われている〝年号〟のはじまりは、前漢の武帝が即位の翌年（BC一四〇）を「建元」元年と定めたのが最初、と一般に説かれている。はたしてそうであろうか。

まず問題とすべきは、いま同義語として使われている「元号」と「年号」の意味である。このうち、元号という用語は古い文献に殆どみえないが、「建元」（元ヲ建ツ）とか「改元」（元ヲ改ム）という表現は彼我とも古くからある。その〝元〟は元年のことであり、「天子即位の第一年。又、年号の改まった最初の年。」（諸橋轍次博士『大漢和辞典』巻二）にほかならない。

この意味で、中国において天子や諸侯の代始から年を数える元号は、周代の『春秋』あたりからみられ、治世の途中で元年を建て改める例も、『史記』本紀の文帝十七年（BC一六四）条などにみえる。その場合、改元後は〝後元年・後二年……〟などと称したようであるが、武帝（在位BC一四一～八七）は、即位の翌年から六年（のち四年）ごとに何回も改元したので、各〝初元元年……〟〝二元元年……〟〝三元元年……〟などと称するほかなくなった。

ところが、その五元の三年（BC一一四）、有司が「元はよろしく天瑞（祥瑞）をもって命（命名）ずべし。一・二（一元・二元）をもって数ふべからず。一元は建元といひ……（四元は）郊に一角獣を得るをもって元狩といふべし。」（『史記』本紀）と進言した。そこで、武帝は、まもなく（おそらく翌年）この進言どおりに、遡って初元を「建元」と命名し、以下、改元年の祥瑞にちなんで、二元を「元光」、三元を「元朔」、四元を「元狩」、五元を「元鼎」と改称するに至った（注2）。つまり、この時点が元号に漢字の名称を冠した「年号」のはじめであって、最初に位置するのは「建元」であるが、それが命名されたのはおそらく元鼎四年＝BC一一三とみられる。

一方、わが国で公式に建てられた最初の年号は、『日本書紀』孝徳天皇即位元年（AD六四五）条にみえる「大化」だと古来いわれている。そして私も、それを基本的に認めてよいと考えている（注3）。

もっとも、中国年号の存在はすでに早くから知られており、それを借用することも後漢の建武中元二年（AD五七）、光武帝に朝貢した倭の奴の国王ころからあったであろう。しかし、邪馬台国の時代（＝三世紀）にも倭の五王時代（五世紀）にも、まだ日本独自の年号はみられない。それどころか、七世紀初めに活躍した聖徳太子ゆかりの「法興」年号も、その薨後に太子を仏法興隆の聖徳法王と仰ぐ人々によって作られた〝私年号〟とみなされている。

ただ近年、一方で、大和朝廷とは別に古くより勢力を張っていた〝九州王朝〟が大化以前から〝九州年号〟を使っていたという異説（注4）が唱えられ、他方では、八世紀初頭の「大宝」こそ最初の公年号であって「大化」や「白雉」などは後から追建されたものにすぎないという主張（注5）もみられる。

このうち、前者は学問的にまったく成り立たないが、後者は考慮すべき鋭い指摘を含んでいる。けれども私は、律令法の完成と相俟って制度的に確立された大宝（七〇一）以降の継続年号と、それ以前の律令制度成立過程における試行的な断続年号とを区別したうえで、中大兄皇子らによる〝乙巳の変〟直後に改新政治の理想をこめて「大化」という日本独自の年号が初めて建てられたことは、大筋で史実と認めて差しつかえないと思う。

かく考えれば、中国年号の成立はＢＣ一一三年ころ、日本年号の成立はＡＤ六四五年であって、その間七百数十年のひらきがある。この点では、中国こそ漢字文化・律令政治に代表される東アジアの最先進国であり、日本はその恩恵に与った後進国の一つということになろう。

しかし、同時に見逃してならないことは、〝中華帝国〟の影響を受けた〝四夷〟諸国の多くが、公的には中国年号を大部分そのまま借用してきた（注6）のに対して、わが国では大化・大宝以来、つねに日本独自の公式年号を建て、大多数の国民がそれを使い続けてきたという事実である。この点からみれば、日本の年号は国家独立のシンボルであり国民統合のシンボルでもあって、歴史的には千三百年ほどの伝統をもつ貴重な文化遺産といってよいであろう。

三　彼我の代始改元

年号（元号）の政治的な本義は、観象授時の大権を有する皇帝・天皇が、践祚（せんそ）（即位）の機会に従来の年号を改め新しい元号を建てることにより、人心を一新し民意を統合しようとするところにある。これを代始改元という。しかし、その〝代始〟は、践祚と同日か、その月内かまたは年内か、それとも一両年中も含むのであろうか。

この点に関して、まず中国の実例をみると、新帝の即位（践祚）の翌年（踰年（ゆねん））の正月に改元した例が多い。たとえば、『唐書』（旧唐書・和刻本正史）によって、唐代（七〜九世紀）の代始改元関係記事を整理すれば、表2のとおりである。

この十九例（注7）の中に踰年正月改元が過半数の十例ある（②③④⑨⑪⑫⑬⑮⑯⑲）。しかも、⑯を除く九例は正月の十日以前（とくに五例は元日）という点が注目される。つまり、唐朝における代始改元年号は即位翌年の正月早々から使用開始、という意識が強かったとみてよいであろう。その実例は、すでに漢代からあり、以後、歴朝の代始年号についても認められる（注8）。

一方、わが国の実例を調べると、やはり踰年改元が最も多い。ただ、それは奈良時代から平安初期にかけて変化がみられる。すなわち、『日本書紀』に続く五国史（『続日本紀』〜『日本三代実録』）の代始改元関係記事を整理すれば、表3のとおりである。

この十五例中、踰年改元は十例にのぼる。しかし、そのうち、奈良時代には、七例中の四例（2346）が祥瑞を伴

表2　唐書〔本紀〕の代始改元表

No. 皇帝	即位 年	AD	月	干支日	改元年	AD	月	干支日	改元記事抄
①高祖	武徳元	618	五	甲子（日）	＝**武徳**元	618	五	甲子20	大赦改元
②太宗	武徳九	626	八	甲子	→**貞観**元	627	正	乙酉1	改元
③高宗	貞観廿三	649	六	甲戌	→**永徽**元	650	正	辛丑1	改元
④中宗	弘道元	683	十二	甲子	→**嗣聖**元	684	正	癸未1	改元
⑤睿宗	嗣聖元	684	二	己未	＝**文明**元	684	二	己未7	大赦改元（同年九月甲寅大赦改元光宅 翌年正月丁未大赦改元垂拱）
⑥玄宗	延和元	712	八	庚子	＝**先天**元	712	八	甲辰7	大赦改元
⑦粛宗	天宝十五	756	七	甲子	＝**至徳**元	756	七	甲子12	大赦改元
⑧代宗	上元三	762	四	乙丑	＝**宝応**元	762	四	乙丑16	大赦改元
⑨徳宗	大暦十四	779	五	癸亥	→**建中**元	780	正	丁卯1	改元
⑩順宗	貞元廿一	805	正	丙申	＝**永貞**元	805	八	辛丑5	改元
⑪憲宗	永貞元	805	八	乙巳	→**元和**元	806	正	丁卯2	大赦改元
⑫穆宗	元和十五	820	正	丙午	→**長慶**元	821	正	辛丑4	大赦改元
⑬敬宗	長慶三	824	正	丙子	→**宝暦**元	825	正	辛亥7	大赦改元
⑭文宗	宝暦二	826	十二	乙巳	→**太和**元	827	二	乙巳14	大赦改元
⑮武宗	開成五	840	正	辛巳	→**会昌**元	841	正	辛巳10	大赦改元
⑯宣宗	会昌六	846	三	甲子	→**大中**元	847	正	甲寅17	大赦改元
⑰懿宗	大中十三	859	八	癸巳	→**咸通**元	860	十一	丁丑1	大赦改元
⑱僖宗	咸通十四	873	七	辛巳	→**乾符**元	874	十一	庚寅5	改元
⑲昭宗	光啓三	888	三	乙巳	→**龍紀**元	889	正	癸巳1	大赦改元

表3　五国史〔続紀〜三実〕の代始改元表

No. 天皇	践祚 年	AD	月	干支日	改元年	AD	月	干支日	改元記事抄
1元明	慶雲四	707	七	壬子（日）	→**和銅**元	708	正	乙巳11	和銅＝瑞宝／改元
2元正	和銅八	715	九	庚辰	＝**霊亀**元	715	九	庚辰2	受禅／瑞亀／改元
3聖武	養老八	724	二	甲午	＝**神亀**元	724	二	甲午4	受禅／大瑞／改元
4孝謙	天平感宝元	749	七	甲午	＝**天平勝宝**元	749	七	甲午2	受禅／改元
5称徳	天平宝字八	764	十	壬申	→**天平神護**元	765	正	己亥7	重祚／改元（淳仁天皇改元ナシ）
6光仁	神護景雲四	770	十	己丑	＝**宝亀**元	770	十	己丑1	即位／大瑞／改元
7桓武	天応元	781	四	辛卯	→**延暦**元	782	八	己巳19	改元（踰年改元）
8平城	延暦廿五	806	三	辛巳	＝**大同**元	806	五	辛巳19	即位／改元
9嵯峨	大同四	809	四	丙子	→**弘仁**元	810	九	丙辰19	改元（以後、踰年慣例化）
10淳和	弘仁十四	823	四	庚子	→**天長**元	824	正	乙卯5	改元
11仁明	天長九	833	三	乙酉	→**承和**元	834	正	甲寅3	改元
12文徳	嘉祥三	850	三	乙亥	→**仁寿**元	851	四	庚午28	白亀甘露／改元
13清和	天安二	858	八	乙卯	→**貞観**元	859	四	庚子15	改元
14陽成	貞観十八	876	十一	壬寅	→**元慶**元	877	四	丁亥16	白雉等／改元
15光孝	元慶八	884	二	乙未	→**仁和**元	885	二	丁未21	改元

う踐祚同年同日改元であって、踰年改元の方が三例（①⑤⑦）で少ない。それに対して平安初期に入ると、八例中の七例（⑧以外）が踰年改元であって、⑨の弘仁改元（八一〇）以降、それが慣例化したものとみてよい。しかも、この慣例は平安時代のみならず、中世・近世の武家時代にも原則的に続いており、日本の代始改元は全体の七割近くが踰年改元（ただし月は正月に限らない）なのである。その理由は、『日本後紀』大同元年（八〇六）五月辛巳条に、即位同日改元を「礼に非ず」と批判して、次のごとく論じられている。

国君の位に即きたまひ、年を踰えて後に改元するは、臣子の心、一年にして二君あるに忍びざるに縁るなり。今（延暦二十五年＝大同元年）未だ年を踰えずして改元し、先帝（桓武天皇）の残年を分ちて当身（平城天皇）の嘉号と成すは、終りを慎しみて改むる無きの義を失ひ、孝子の心に違ふなり。これを旧典に稽ふるに失と謂ふべきなり。

すなわち、もし先帝の崩御か譲位と同じ年の内に改元すれば、国民は一年に二君をもつことになり、また新帝は先帝の最後の年の残りを奪うことになって、「臣子の心」「孝子の心」に反する。それゆえ、慎重に年を踰えてから改元することが望ましい、という儒教的な名分論である。このような考え方は、おそらく嵯峨天皇の「弘仁」改元に際して主張されたものらしく、以後それが先例となって、代々踰年改元が励行されることになったのである（注9）。

ところで、年号の改元は、中国でも日本でも、代始だけでなく、祥瑞・災異の出現とか、辛酉・甲子の革年なども理由として行われることが少なくなかった。そのため、中国では、漢代の武帝から元朝の順帝まで約千五百年間に、狭義の正統王朝の皇帝百三十九代（三国は蜀、南北朝は南朝のみ）で三百二十八年号、つまり一代平均二・四回改元され、一年号平均四年半しか続いていない。また日本でも、孝徳天皇（大化）から孝明天皇（慶応）まで約千二百年間に限ると、天皇八十七代（北朝五代十六年号も合算）で二百四十三年号、つまり一代平均二・八回改元され、一年号平均五年弱しか続いていない。

しかし、これでは代始改元の本義が薄れてしまい、また年号使用者も混乱を生じやすい。そこで、中国においては明代のはじめ「洪武」改元（一三六八）から代始改元のみの〝一帝一元〟とされ、清朝もそれを踏襲している。一方、わが国でも、江戸後期の寛政初年（一七八九）ころ、大坂の中井竹山や水戸の藤田幽谷が、「明清の法に従ひ、一代一号と定めたき御事なり。」（『草茅危言』巻一）とか、「即位の踰年に改元し終身不易」（『建元論』）とすべきことを提唱している。

それが幕末維新の際（一八六八）、岩倉具視の建言で採り上げられ、「明治」改元詔書に「自今以後、旧制を革易し、一世一元、以って永式となす」方針が打ち出された。しかも、それが明治二十二年制定の『皇室典範』第十二条に明文化され、さらに昭和五十四年成立の『元号法』第二項にも、その趣旨が盛り込まれたのである。

四　彼我の年号文字

年号の文字は、中国でも日本でも、ほとんど漢字二字から成る。ただ例外的に、中国では三字（例、王莽の始建国など）、四字（例、則天武后の天冊万歳など）、六字（例、西夏の天授礼法延祚など）があり、また日本でも奈良時代に四字年号が五例（天平感宝〜神護景雲）ある。

その文字は、どのようにして選ばれたのだろうか。詳しくは第二章で説明するが、日本の場合、平安以降の儀式書と改元記録によって詳しく知ることができる。それによれば、大学寮の文章博士（紀伝道教官二名）および式部大輔（式部省次官）クラスの儒者若干名（二〜六人）が、勅命を受けて、漢籍から好字を数案（二〜六）抄出し、典拠を記入した「年号勘文」を奏進すると、公卿（参議以上の閣僚）会議において、一つ一つ〝難陳〟（論難と陳弁）が行われ、最善案を天皇に奏上して勅定を仰いだ。

この年号勘申儒者をみると、平安中期から南北朝ごろまでは、菅原氏（道真の子孫たち）とともに、藤原氏（日野家などや大江氏などの出身者も少なくない。しかし、室町以降は菅原氏（唐橋・高辻・五条・東坊城・清岡・桑原の六家）出身者

表4　年号文字使用回数一覧表（森本角蔵氏の調査を補訂）

〔**中国年号**〕（二四八文字。中国のみの用字には～傍線を付す）

10回以上……**元**46、**永**34、**建**26、**天・和**（各々）＝21、**平**20、**興**18、**太**17、**光**15、**嘉・大・徳**＝14、**煕・康**＝13、**泰・寧**12、**景・始・初・中**＝11、**延・祐・乾・至**＝10（以上二四字）

9～3回……開・咸・慶・隆＝9、宝・明＝8、安・順＝7、聖・定・武・暦・龍＝6、淳・紹・治・通・道・貞＝5、化・皇・正・成・昌・寿・同・鳳・萬（万）＝4、炎・熹・顕・広・国・歳・朔・章・神・靖・宣・統・符・文・封＝3（以上四三字）

2回……応・観・漢・義・徽・禧・啓・弘・祥・上・崇・清・端・地・長・禎・福・豊・本・雍・陽・耀・露（二三字）

1回……意・雲・運・河・会・甘・監・紀・儀・久・居・竟・極・五・後・孝・更・黄・業・功・鴻・亨・載・丹・視・嗣・爵・狩・授・緒・如・証・彰・承・昇・升・昭・仁・垂・綏・政・征・節・摂・先・総・足・戴・宅・調・鼎・登・唐・晋・復・豫・楽・麟（五八字）

〔**日本年号**〕（七一文字、日本のみの用字には…傍線を付す）（※その後「平」「成」各一回増）

10回以上……**永**29、**元・天**＝27、**治**21、**応**20、**正・長・文・和**＝19、**安**17、**延・暦**＝16、**寛・徳・保**＝15、**承**14、**仁**13、**嘉**12、**平**11、**康・宝**＝10（以上二一字）

9～2回……久・建＝9、享・慶・弘・貞＝8、明・禄＝7、大6、亀5、寿・萬＝4、化・観・喜・神・政・中・養＝3、雲・護＝2（以上二一字）

1回……感・吉・景・乾・興・亨・衡・国・斉・至・字・朱・授・昌・昭・祥・勝・祚・泰・雉・鳥・禎・同・銅・白・武・福・霊・老（二九字）（＊白鳳は白雉、朱雀は朱鳥の追改）

がほとんど独占している。

また、出典の漢籍をみると、採用年号に限っても七十七種に及ぶ。その大部分は唐以前の古典で、経書と史類が多い。上位十種をあげれば、『書経』（尚書）三十五回、『易経』（周易）二十七回、『後漢書』二十四回、『文選』二十二回、『漢書』二十一回、『晋書』と『旧唐書』各十六回、『詩経』十五回、『史記』十二回、『藝文類聚』九回の順となる。

このような出典から年号に採択された文字は、必ずしも多くない。森本角蔵氏の『日本年号大観』（昭和八年刊）を参考に補訂すれば、中国における狭義の正統王朝で建てられた年号数は三百五十四あり（注10）、その使用文字は百四十八字（一字平均二・五回使用）、それに対して日本で建てられた二百四十六年号の使用文字は七十一字（一字平均三・五回使用）にすぎない。それを整理したのが表4である（その後「平成」の成が加わり二百四十七年号で七十二字となった）。

これによれば、彼我に共通して多く用いられた文字は元・永・天・和・延・平・徳・嘉・康などで、いずれも帝王の理想・鑑戒を現わす年号にふさわしい好字といえよう。なお、彼我共通の年号も三十以上ある（章末表5参照）。ただ、彼のみにあるのが太・光・熙・寧・始・初・祐・開・襄など、彼に多く我に少ないのが建・興・泰・乾・至・武など。逆に、我のみにあるのが寛・保・享・禄・亀など、我に多く彼に少ないのが治・応・正・長・文・承・仁などである。しかも、たびたび内乱や革命（王朝交替）を重ねた中国では、建元・建興・建平・建武・安永・永興・永和・永平・太平・太初・太和といった年号が五王朝以上で使われており、他にも重複年号が多い。それに対して内乱はあっても革命のなかった日本では、一つも重複がなく、比較的穏やかな文字が選ばれている。

また、市村瓚次郎氏によれば（注11）、中国の祥瑞年号は、漢代から唐代までに限られ、四霊のうち龍と鳳をとりあげた年号が多い。一方、日本でも祥瑞年号は、飛鳥時代から平安初期までに限られるが、四霊は亀のみが奈良時代に三例ある（霊亀・神亀・宝亀）。しかも市村氏の指摘されるごとく、中国には道教に関係深い年号が若干あるが（北魏の太平真君、隋の開皇、唐の天宝、宋の大中祥符など）、それに対して日本の年号には道教の影響がみられない。このような異同はなぜ生じたのか、今後さらに検討を要する。

むすび——年号と「公元」——

叙上の年号制度は、日本が古代中国から学んだ政治文化の一つである。しかも、それは単なる模倣ではない。儒教も仏教も、また律令制度なども、大陸伝来のままではなく、次第に日本化され必要に応じて随時改善が加えられてきた。同様に年号も、日本自身の元号がほとんど日本全土で使われてきたのであり、しかも明治時代に確立された一世一元の制は、昭和五十四年成立の『元号法』により、現在および将来にまで受け継がれうる状況にある。

一方、中国では清朝の滅亡（宣統三年辛亥）とともに、二千年来の年号も廃止してしまった。代って中華民国では、その翌年（大正元年＝一九一二）を民国元年としながら、キリスト紀元を「公元」（太陽暦を「公暦」）として採用するに至った。戦後成立の中華人民共和国（一九四九年成立）も「公元」を公用している。もちろん、これも一つの在り方であろう。けれども、わが国のように年号と西暦（公元）の長所・短所を考えて、両方を自在に使い分けたり必要に応じて両者を併記したりすることも、充分に文化的な意味があると思われる。

注

（1）瀧川政次郎氏『元号考証』（昭和四十九年刊）・同氏『東洋史上より見た日本人の歴史』（同五十八年刊）、西嶋定生氏「東アジアにおける文化の共通性と個別性」（『東アジアにおける儀礼と国家』序説、昭和五十七年刊）参照。

（2）詳しくは、津田左右吉氏「漢代政治思想の一面」（大正十五年刊『満鮮地理歴史研究報告』、のち全集第十七巻所収）、藤田至善氏「史記漢書の一考察―漢代年号制定の時期に就いて―」（昭和十年発行『東洋史研究』第一巻第五号）参照。

（3）詳しくは、拙稿「大宝以前の年号」（初出昭和五十三年。のち拙著『年号の歴史』所収）参照。

（4）古田武彦氏『失われた九州王朝―天皇家以前の古代史―』（昭和四十八年刊）参照。

（5）佐藤宗諄氏「年号制成立に関する覚書」（昭和四十三年発行『日本史研究』第一〇〇号）など参照。

（6）たとえば、朝鮮の新羅（四世紀～九三五）では、第二十三代の法興王（在位五一四～五四〇）が、内治外交に多大な成果をあげ、即位二十三年（五三六）に初めて「建元」という独自の年号を建てた。ついで真興王（在位五四〇～五七六）が「開国」（五五一）・「大昌」（五六八）・「鴻済」（五七二）の三年号を建て、次の次の真平王（在位五七六～六三二）が「建福」

年号を建て、さらに次の善徳王（在位六三二～六七四）が「仁平」（六三四）年号を建て、最後に第二十八代真徳女王（在位六四七～六五四）が即位早々「太和」という年号を建てた。

しかし、その翌年、唐の太宗から「新羅は大朝（唐）に臣事しながら、何ぞ以て別に年号を称するや」と叱責されたので、新羅の使節は「先祖法興王以来、私に紀年あり。もし大朝より命あらば、小国（新羅）又何ぞ敢てせん」と平伏し、翌々年（六五〇）から自国の「太和」年号を廃して「中国（唐）の永徽年号」を公的に使用しなければならなくなった。

その後、十世紀に入り新羅に対抗した勢力が「武泰」「聖冊」「永徳万歳」「政開」「天授」「光徳」などの年号を建てたが、ほとんど使われず、高麗国以降、専ら中国王朝の年号が公用されてきた。ただ、近代に入ってから、大韓帝国の高宗が「建陽」（一八九六）、「光武」（一八九七）、次の淳宗が「隆熙」（一九〇七）という年号を建てている（井上辰雄氏「朝鮮の元号」鈴木武樹氏編『元号を考える』現代評論社、昭和五十二年参照）。

（7）『唐書』本紀第四は「則天順聖武皇后」の皇帝即位を認める書き方をしているが、次の中宗・睿宗の重祚も少帝（温王）の即位も含めて、異常事態であるから、代始改元例に数えなかった。

（8）中国の全年号について精査した訳ではないが、陶棟氏『歴代建元考』（中華民国五十二年＝一九六三刊）や『アジア歴史事典』附載「アジア紀年表」等を通覧した限りでは、既に漢代から踰年正月改元が多く、清末までに約百例（六割強）みられる。ちなみに、福知山広峰15号墳から出土した「景初四年」銘鏡の問題も、踰年正月改元の慣例を考慮すれば、景初三年（二三九）正月の明帝崩御によって「景初四年」が存在しないことは崩御直後から自明であり（事実『魏志』によれば、十二月に至って後十二月の後を「正始元年正月」と改元する旨の詔が公表されている）、これが魏の鏡であるはずはないと思われる。

（9）平安中期の『新儀式』逸文に「踐祚の明年改元の事あり。年内改元は非礼、誤なり。」とみえ、また平安末期の大外記清原頼業も「踐祚の明年改元恒例なり。当年改元の例……不吉となす。」（『玉葉』治承四年十二月四日条）と述べている。

(10) 中国の狭義の正統王朝における年号数を通計してみると、㋐前漢が三八、㋑新が四、㋒後漢が四〇、㋓三国の蜀が五、㋔西晋が一七、㋕東晋が一八、㋖南朝の宋・斉・梁・陳があわせて三九、㋗隋が四、㋘唐が七五（則天武后の周をも含む）、㋙五代の後梁・後唐・後晋・後漢・後周があわせて一五、㋚北宋が三五、㋛南宋が二二、㋜元が一五、㋝明が一七、㋞清が一〇で、合計三五四になる。ただ、これに三国の魏一〇と呉一八、北朝の北魏・西魏・東魏・北斉・北周あわせて六二も加えれば四四四、さらに遼の三三、西夏の三七、金の二三も加えれば五三七となる。

(11) 市村瓚次郎氏「年号に現はれたる時代思想」（昭和三年発行『史学雑誌』第三九編第四号）参照。

表5　日本と中国の共通使用年号一覧

〈中国が先、日本が後の場合〉＝二十六例

大宝（梁 五五〇／文武 七〇一）	神亀（北魏 五一八／聖武 七二四）	天平（東魏 五三四／聖武 七二九）	大同（梁 五三五等／平城 八〇六）	仁寿（隋 六〇一／文徳 八五一）	天安（北魏 四六六／文徳 八五七）	貞観（唐 六二七等／清和 八五九）
承平（北魏 四五二／朱雀 九三一）	天禄（遼 九四七／円融 九七〇）	貞元（唐 七八五等／円融 九七六）	天福（後唐 九三六等／四条 一二三三）	乾元（唐 七五八／後二条 一三〇二）	元徳（金 一一二〇／後醍醐 一三二九）	建武（後漢 二五等／後醍醐 一三三四）
正平（北魏 四五一／後村上 一三四六）	天授（唐(周) 六九〇／長慶 一三七五）	永和（後漢 一三六等／後円融 一三七五）	至徳（唐 七五六等／後小松 一三八四）	文明（唐 六八四／後土御門 一四六九）	弘治（明 一四八八／後奈良 一五五五）	天正（梁 五五一／正親町 一五七三）
元和（唐 八〇六等／後水尾 一六一五）	天和（北周 五六六／霊元 一六八一）	正徳（明 一五〇六等／中御門 一七一一）	宝暦（唐 八二五／桃園 一七五一）	天保（北斉 五五〇等／仁孝 一八三〇）		

〈日本が先、中国が後の場合〉＝六例

天慶（朱雀 九三八／遼 一一一一等）	天暦（村上 九四七／元 一三二八）	天徳（村上 九五七／金 一一四九）	永暦（二条 一一六〇／明 一六四七）	承安（高倉 一一七一／金 一一九六）	嘉慶（後小松 一三八七／清 一七九六）

＊中国は王朝名（主要な非正統国も含む）、日本は天皇名（北朝も含む）、数字は改元年西暦、等は複数使用年号。配列は日本年号の年代順。

第二章　日本年号の選定方法

はじめに

年号（元号）は、改元以来の年数に漢字の称号を冠した紀年法である。周知のごとく、その起源は中国漢代にあり、清末の辛亥革命（一九一一）まで二千余年間、中国とその周辺の漢字文化圏において広く用いられてきた（注1）。しかし今では、わが日本においてのみ行われている。

この年号として使われる漢字の文字（以下、単に年号ともいう）は、古来どのように定められてきたのだろうか。寡聞にして中国の実情は審かでないが、日本の年号に関しては、かなり多くの史料（儀式書、記録など）が残っている。その一端は、昭和五十二年刊の小著『日本の年号』（注2）に略述したことがある。また、同五十四年に成立した『元号法』に基づく今後の改元手続きについては、後掲の第四章（注3）に解説した。

よって本章では、王朝時代（おもに平安時代）と武家時代（おもに江戸時代）との年号選定方法について、具体的な史料を紹介しながら実態を明らかにし、かつ年号案の勘申者とその文字の特色などについても述べよう。

なお、年号改元関係の主要史料は、『続群書類従』公事部（注4）と『古事類苑』歳時部（注5）に多数収録されているので、それを可能なかぎり原典にあたりなおして活用した。また未刊史料は、かつて宮内庁書陵部や国立公文書館などの所蔵本を抄写した手控によった。

それらの引用に際して、漢文体の史料は、とくに原文のまま示す必要のないかぎり、私見によって書き下し文（歴史的仮名づかひ）に改め、理解しやすいよう適宜改行して句読点・返点等を加えた。

一　平安時代の改元手続き

日本の年号制度は、七世紀の律令体制形成過程で採り入れられ、八世紀初頭の大宝建元（七〇一）と律令法施行により法的確立をみた（注6）。しかし、その当時、のみならず奈良時代から平安初頭まで（八〜九世紀）の年号に関して、六国史に改元記事（および関連の祥瑞記事など）はみえるけれども、改元手続きまで説明したものはない。それが断片的であれ判明するのは、十世紀に入ってからであり、より詳しい実情は平安中期以降の史料によって知ることができる。

すなわち、まず儀式書（注7）をみると、源高明（醍醐天皇皇子）が応和年間（九六一〜六四）ころ撰修したと考えられる『西宮記』の臨時部「改二年号一」＝(a)と、ほぼ同じころ（康保年間か）の成立と思われる『新儀式』の逸文（『元秘別録』所引）＝(b)に、次のごとく記されている（〔　〕内原割注。以下同）。

(a)㋑大臣、勅を奉じ、文章博士に仰せて、年号を勘申せしめ、奏聞す。

㋺勘定の後、内記に仰せて、詔書を作らしむ。草及び清書を奏し、御画日を賜はり、中務に下す。中務、案を太政官に度（渡）し、太政官連署して、大納言覆奏し畢らば、施行官符を下す。（中略）（注8）

㋩京内は詔書出づる後、覆奏を待たずして之を用ふ。

㋥御即位の後、明年に年号を改む。（下略）

(b)(ア)践祚の明年、改元の事あり。〔年内の改元は礼に非ず、誤なり。〕

(イ)預（あらかじ）め先づ大臣、仰せを奉じ、文章博士二人を召して、年号の字を勘申せしめ、奏聞す。

(ウ)勅定して下し給はば、又、大臣、内記をして詔書を作らしむ。先づ其の草を奏し、次に清書を献ず。御画日畢らば、所司に下す。納言覆奏の事、他の詔書に同じ。〔或は未だ赦免を曰（い）はず。〕

(エ)又、或は嘉瑞に拠り、或は変動を以つて、一代の間、再々改元有り。其の儀、亦之に準ず。此の詔、赦免を相加へ、或は之を賑す。

これによれば、平安中期はじめ（十世紀中ごろ）の状況として、代始改元は践祚の明年＝踰年を慣例としていた（(a)(二)・(b)(ア)）が、それ以外に祥瑞や災異による改元も再々あり、その手続きは、ほぼ同様であった（(b)(エ)）。その手続きとしては、まず天皇の勅＝仰せをうけて、大臣が文章博士（二人）に年号の文字を勘申させ、天皇に奏聞する（(a)(イ)・(b)(イ)）。つぎに、それらの文字案から新年号を勘定・勅定するのであるが、その決め方は何も記されていない。

ついで、改元の詔書は、内記が起草し、その清書に天皇が勅裁の日付を記入され、太政官で連署のうえ、大納言が覆奏し終ると、それを施行する太政官符が下された（(a)(ロ)・(b)(ウ)）。京内では、その詔書が出たら、覆奏を待たずに新年号を用いた（A(ハ)）。なお、代始以外の改元詔書には、恩赦と賑給も書き加えられた（(b)(エ)）ことなどが知られる。

さて、肝腎の勘定・勅定は、どのようにして行われたのだろうか。この点も含めて、平安後期の大江匡房が天仁年間（一一〇八～一一〇）ころ撰修したと考えられる『江家次第』の巻十八「改元事」＝(c)には、改元手続きが(a)・(b)より詳しく記されている。それは左のとおりである。（⑥原文のまま。ただし」は改行の印）

(c)①大臣、陣に参りて仰せを奉じ〔或は里第に於て之を奉ず。実資の例〕、式部大輔・文章博士等に仰せて、年号の字を勘申せしむ。〔陣に召して仰すべきなり。近例、或は外記をして伝へ仰せしむ。〕

②改元せらるべき日、大臣、陣に参りて定め申すらくは〔先づ外記に仰せて諸卿を催さしむ〕、外座に着きて膝突を置かしむ。外記、勘文を進む。先づ陣の座に居り乍ら、蔵人をして勘文等を奏せしむ。

③次に定め申すべきの仰せを蒙りて、諸卿共に定め申す。次に大弁をして之を読ましめ、両三を定めて之を奏す〔蔵人に付して奏せしむ〕。重ねて、此の中、何れの年号を用ふべきやの由を仰せらる。勘文は御所に留む。又、一定を奏せしむ。（割注省略）（注9）

④次に詔書を作らしむべき由を仰す。〔もし内記無くんば、諸儒の弁をして之を作らしめ、先づ其の由を奏す。弁、笏を副へて之を進め、上卿、外記の筥に入れて奏す。〕次に草を奏し〔外記の筥に入る。殿上の弁作る時、外記に内覧せしむ。〕、次に清書〔黄紙〕を奏す。奏下の後、御画日の有無を披見すべし。次に外記をして中務の輔もしくは丞を召して之を給ふ。〔筥に入れ乍ら之を給ふか。もし丞候せざれば、外記をして給禄を伝へしむ。希有の例なり。〕次に吉書を下さる。〔先づ官方、次いで蔵人方。〕

⑤詔書覆奏以前、京官は新年号を用ふ。諸国は官符の後之を用ふ。其の施行官符、京官に給はる二通は、詔書を謄さず、諸国に給はる八枚は詔書を謄す。

⑥勘申　年号の事

々々／其の書に曰はく、々々。

右宣旨に依りて勘申すること件の如し。／官兼官姓朝臣名

菅家は年月日・位を註す。／余人、江家の儀の如し。

⑦もし赦有るの時、／非常赦は、大臣、検非違使佐以下一人を召き、詔書施行以前、見徒を免ずべき由を仰す。

〔中略〕常赦は別当之を奉じ、道志をして赦に合ふべきの輩を勘申せしめ、後に之を免ず。

⑧詔に云はく／其れ々々何年を改めて々々元年と為す。〔下略〕

これによれば、平安後期初め（十二世紀初頭）の状況として、年号文字の勘申は、文章博士とともに式部大輔等にも仰せつけられたこと（①）、改元詔書は、内記がいなければ弁官が起草する場合もあったこと（④）、改元定のあと、官方と蔵人方の吉書奏があったこと（④）、新年号の施行官符を諸国に下すさいは、詔書の写しが添えられたこと（⑤）、改元に伴い恩赦のある場合、非常赦と常赦では手続きが異なっていたこと（⑦）など、(a)・(b)を補う諸点が知られるだけでなく、(a)・(b)に全然ない②③や⑥のような記述もみられる。

このうち、⑥の部分は、勅命をうけた諸儒（式部大輔・文章博士など）から提出される「年号勘文」の書式であり、とくに『江家次第』の撰者匡房の立場から「江家の儀」（大江家の様式）を示したものである。⑥の付記および菅原長成編『元秘抄』などによれば、菅原家の様式は、冒頭の「勘申」と「年号事」を二行に書き、末尾に勘申の年月日を記し、署名の肩書に位階も加えることになっていたが、他の諸家は江家と同じであったという。

一方、②③によれば、改元の審議は、陣の座（内裏の左右近衛陣座＝仗頭）で公卿の合議（陣定＝仗議）により行われた。その順序は、㈠まず仗議を主催する大臣および諸卿（参議以上）が着座すると、あらかじめ提出された年号勘文を、外記から蔵人をして天皇に上奏させる。㈡そこで天皇から、その勘文によって定め申せ、との仰せ言がある。それをうけて、諸卿は大弁にその勘文を一つ一つ読ませて〝難陳〟（論難と陳弁）を尽くし、良案二三を選んで蔵人から天皇に上奏させる。㈢すると天皇から重ねて、この中どれを用いたら一番よいか、との仰せ言がある。それをうけて、諸卿は仗議を再開し、最善案を一つ定めて（蔵人頭に）上奏させる。

このような三段階をへて新年号案を選定することが、(a)にいう「勘定」であり、天皇がその上奏に基づいて新年号を採択されることが、(b)にいう「勅定」にほかならない（注10）。

二　寛治改元の勘文と仗議

前節では編纂された儀式書によって知りうる平安時代の改元手続きをみたが、以下これを具体的な実例によって検証したい。平安中後期の改元関係史料は、かなり多く残っており、どれを採りあげてもよいが、本節では前掲『江家次第』の撰者大江匡房が関与した数度の改元のうち、最初の「寛治」改元を紹介しよう（注11）。

この改元は、応徳三年（一〇八六）十一月、白河天皇が譲位して院政を開かれ、八歳の善仁親王が堀河天皇として践祚されたことにより、その翌四年四月七日に至って行われた〝代始改元〟である。堀河天皇は、践祚の翌月、即位の儀をあげられたものの、翌四年正月元日の四方拝は「幼主」たるによって停止され、ただ白河上皇の院で拝礼が行われるという有様であった（『中右記』『年中行事秘抄』など）。

その四月に行われた改元に先立って、年号勘文の提出を求められたのは三人、式部大輔兼左大弁の大江匡房、文章博士の藤原成季と藤原敦宗である。『元秘別録』一（勘文部）によれば、三人の勘申した文字案とその出典（原文のまま、ただし敦宗の部分は「見レ上」として省略されている章句を丸括弧内に補った。）は、左のとおりである。

左大弁匡房卿

寛治／礼記曰、湯以レ寛治レ民、而除二其虐一。文王以レ文治、武王以レ武功。此皆有レ功烈二於民一者也。

承安／論衡曰、舜禹承レ安継レ治、任レ賢使レ能。共已（恭己）無為而天下治。

文章博士成季朝臣

太平／毛詩曰、得レ賢則能為二邦家一、立二太平之基一。（注略）

養寿／史記曰、老子百有六十歳、或言二百余歳、以二其脩道一養レ寿也。

康寧／史記曰、五福、一曰レ寿、二曰レ富、三曰二康寧一（注略）、四曰二好徳一（注略）、五曰二考終命一。

漢書曰、平（率）二三公、諸侯・九卿・大夫一、定二万世策一、以安二宗廟一、天下蒸庶咸以康寧（注略）、功徳茂盛。

文章博士敦宗

承安／尚書曰（見レ上）〔＝王命レ我来承二安汝文徳祖一也。正義曰……承安者承二文王之意一安二定此民一也。〕

治和／淮南子曰（見レ上）〔＝凡治レ物者、不レ以レ物以レ和。治レ和者、不レ以レ和以レ人。治レ人者、不レ以レ人以レ君。

治レ徳者、不レ以レ徳以レ道。〕

右の三人から勘申された六種の文字案を審議した当日の概要は、改元当時蔵人権左少弁であった藤原為房の『為房卿記』（『改元部類』には「大記」として所引）四月七日条に、次のごとく記されている。

(1)早旦、召に依り内府（師通）に参る。年号勘文を奏せられんがため、外記を遣はし召すと雖も、未だ持参せざれば、暫く候すべきか。然れども、殿下（摂政師実）に申せしむべき事あり、殿に参り了んぬ。次に又、内府に参る。大外記師平（中原）、勘文を持参せり。

(2)〔左大弁匡房卿は寛治・承安。文章博士成季朝臣は太平・康寧・養寿。同博士敦宗は承安・治和。左大弁は封せず。又両博士は之を封ず。皆年月日を書せず。菅家は年月日を書す云々。〕

(3)予（為房）を召し、件の勘文を以つて殿下に献ぜしめらる。次に……諸卿、仗座に着かる。内大臣（師通）、民部卿（源経信）、右衛門督（俊明）、皇后宮権大夫（公実）、大蔵卿（長房）、右兵衛督（俊実）、右宰相中将（基忠）、右大弁（通俊）等なり。

次に為房を以つて年号勘文三通〔引懸紙等〕を下さる。寛治〔左大弁進る〕治和〔敦宗進る〕両年号を撰び申す。尋ね仰せらるゝの間、数度仗座を往反す。遂に寛治を以つて定められ了んぬ。〔仰せの詞、応徳四年を以つて寛(改め)治元年と為すべし。詔文を作らしむ。〕

(4)次に摂政殿の御直廬に於て古書の事有り。先づ官方〔右中弁基綱、年料米文を申す〕、次に蔵人方〔予、吉田祭の幣。又、陣の下に即きて内府に奏す。〕次に殿の政所〔予、美作御封解文〕。次に殿下出御。人々、鳥羽に参らる。

これを他の記録（『改元部類』所引）で少し補いながら整理してみよう。まず内大臣師通の指示により、蔵人為房が、大外記中原師平の持参した年号勘文を上奏し、かつ同じく為房が、その勘文を摂政師実に献じた。ついで諸卿（八名）が仗座に着き、為房が年号勘文を（御所から）持ち来ると、その一々について諸卿が意見を述べ（注12）、六案のうち「寛治」と「治和」を選んで上奏した。すると、その両年号について天皇（摂政が代行）からいろいろ尋ねられたので、為房が仗座との間を何度も往き来して、ついに「寛治」が新年号に決定されると、その旨を為房が奏聞した。すると、天皇（摂政が代行）から「応徳四年を改めて寛治元年と為すべし」との仰せ言が伝えられ、内大臣の指示により、大内記の菅原在良が改元詔書を起草し、その清書を為房が上奏した。また、摂政師実の直廬と政所で吉書奏が行われたという。

このように「寛治」改元は、堀河天皇の践祚翌年の代始改元であるが、天皇幼少のため摂政師実が天皇代行をつとめ、内大臣師通が上卿となって推進された。しかし、その手続きは、ほとんど前掲『江家次第』の記載どおりであって、天皇の幼長とかかわりなく、その大筋は慣例に則って行われる状況にあったとみられる。

ただ、この改元以降の新事態は上皇（院政）の存在である。改元関係者も当然それを意識して取り組んだであろうことは、改元詔書のなかにもわざわざ「太上天皇の恩沢寰海に流れ、仁雨普天に施す……」とあり、仗議・吉書奏のあと、人々（諸卿）揃って上皇の鳥羽殿へ参上した、という点などからも窺うことができる。

さて、堀河天皇朝（一〇八六〜一一〇七）には、御在位二十二年間に七回も改元されている。そのうち、代始のⓐ「寛治」改元（一〇八七）以外、ⓑ「嘉保」改元（一〇九四）は「疱瘡」、ⓒ「永長」改元（一〇九六）は「天変地震」、ⓓ「承徳」改元（一〇九七）は「地震」と「洪水大風等災」、ⓔ「康和」改元（一〇九九）は「地震」と「疾病」、ⓕ「長治」改元（一一〇四）は「天変」、ⓖ「嘉承」改元（一一〇六）は「彗星の変」を各々理由とする、いずれも災異改元にほかならない。ちなみに、平安中後期（および中世・近世）の改元は、大半が災異によるものであって、当朝の六回（一回平均二・三年）におよぶ災異改元も、とくに多いということではない。

むしろ、当朝の改元記録をみて注目されるのは、ⓐを含む七回のうち、大江匡房が母の喪中のⓓと大宰府下向中のⓔの時を除く五回すべてに年号勘文を出していることである。彼はⓐの時点で式部大輔だから、当然の人選といえようが、その翌年、正三位参議に昇り、ⓑ以降の時点では権中納言（ⓕの直前、大宰権帥に遷任するも下向せず）の高職にいながら、左大臣源俊房の要請もあって、特別に年号勘申の勅命を賜ったことになろう。ただし、彼の案が採用されたのはⓐⓑⓒの三回（および次の鳥羽天皇朝に二回）であって、ⓕとⓖは文章博士菅原在良の案が採用されている。

なお、堀河天皇は寛治三年（一〇八九）十歳で元服され、その翌年、匡房を侍読として『漢書』などを学び、伊勢神宮に宸筆の宣命を奉られるなど、英明な天子として成長された。やがて、同八年のⓑ「嘉保」改元にさいしては、仗議の途中で白河上皇と関白師通の意見を求めてから、仗議の結論を出すと、天皇（十五歳）が「（仗議の）定め申すに依り、嘉保を以って年号と為す」ことを「勅定」しておられる（注13）。

しかも、これ以後、改元ごとに御自身の意見を述べられることが多くなった。とくにⓖ「嘉承」改元のさいは、仗議で案を二つに絞って上奏したが、天皇（二十七歳）は別に旧勘文を下され、その中の嘉承年号に勅定しておられる（注13）。院政下にあっても、新年号の選定は、天皇が直接決定されうる重要な政治行事の一つであったのである。

三　江戸幕府の『改元物語』

朝廷における改元の手続きは、前述のごとく平安時代に確立され、それが中世近世（十二世紀末～十九世紀中葉）にも基本的に受け継がれている。しかし、政治の実権が朝廷から幕府に移った武家中心の時代であるから、天皇が征夷大将軍を任命する、というような権威を保持し続けていたとはいえ、古来朝廷の専権事項とされてきた年号改元も、幕府と無関係ではありえなかったにちがいない。

事実、武家が朝廷の年号に異を唱えたり改元にも干渉し介入したとみられる事例は、江戸以前から少なからずあったことが指摘されている（注14）。しかも、それが最も顕著になり、改元審議をも左右するような状況が恒例化したのは、江戸時代にほかならない。これを裏付ける史料はいくらもあるが、それに直接関与した幕府側当事者の記録として注目すべきは、林春斎の『改元物語』である。

春斎（鵞峰）は、周知のごとく、道春（羅山）の子で、儒者として幕府に仕え、多くの著述を遺している（注15）。この『改元物語』（改元格ともいう）には、

延宝元年（一六七三）癸丑九月二十三日　弘文院学士兼礼部尚書林恕（名）之道（号）誌

との奥書がみえ、時に著者五十四歳であった。本書（漢字カナまじり文）は写本が数箇所に伝わっている（注16）。しかも、すでに『少年必読日本文庫』第十冊（明治二十五年、博文館刊）に活字化され、森本角蔵氏著『日本年号大観』（昭和八年、目黒書店刊）四〇～四四頁にも全文引用されている。しかし、必ずしも広く知られていないように思われる（注17）ので、この機会に内閣文庫所蔵の修史局本を底本にして、刊本の誤植を正しながら主要部分を掲げ、若干の補足説明を加えよう。

※読みやすくするために、漢字は現行字体、片カナは平がなに改め、また濁点・句読点を打ち、人名・官名などに傍注を付し、改行は全般に多くしたが、逆に原文の将軍諡号を改行した部分は前に詰めて続けた。

①（上略）応仁以来乱世に由て、其習礼も未熟なりけるにや、慶長の末、東照宮（家康）の命に曰く、年号の字は、漢唐の吉例を勘て是を用ひ、重て習礼整りて以後は本朝の旧式を用ひらるべし、とのことに依て、慶長（二十年）（一六一五）改元あつて元和を用らる。慶長は漢章帝（ママ）の年号、元和は唐の憲宗の年号なり。今の太上皇（後水尾）御在位の時なり。

②元和年中（一六一五～二四）、京師大火あるに由て、京童部の癖なれば、「元和の字はケムクワと読むべし」などとののしるに由て、十年（一六二四）にあたる時、改元あつて寛永と号す。寛永の年号めでたく二十年を歴たり。然ども、街説には「ウサ見ルコト永シ」など云しとなん。此年号の中、台徳公（秀忠）薨じたまひ（寛永九年）、又今の本院（明正女帝）即位ましませども（寛永六年）、改元に及ず。

③寛永二十年（一六四三）の冬（十月三日）、後光明天皇即位あり。一年号三帝にわたる例（ためし）なしとて、明十二月（一六四四）（十二月十六日）改元ありて正保と号す。此時、諸家の勘進するところ数多ありと雖も、大猷公（家光）御前にて御裁断あつて、仰に曰く「年号は天下共に用ることなれば、武家より定むべきこと勿論なり。公家武家の政は正しきに若（しく）はなし。正しくして保たば大吉なり」と議定し玉ふ。其時、酒井讃岐守（忠勝）・堀田加賀守（正盛）・松平伊豆守（信綱）・阿部対馬守（重次）・阿部豊後守（忠秋）伺候し、先考（羅山）、旧例を考へ調進し、公家の勘文（かもん）を御前にて読進す。我（春斎）も其ことにあづかり侍りぬ。

④正保五年（一六四八）、亦京童部の癖なれば、「正保は焼亡と声の響き似たり。保の字を分れば人口木とよむべし。又正保元

年と連書すれば正に保元の年とよむ、大乱のきざしなり」と放言す。又少し書籍をも見ける者は、「正の字は一ニシテ止ムと読む、久しかるまじき機なり」と云ふ。かやうの雑説まちまちなるに依て、京兆尹（京都所司代）板倉周防守重宗、内々にて言上しけるにや、慶安と改めらる。是時も先考を御前へ召て御議定あり。

⑤其（慶安）（一六五一）四年に当りける四月二十日、大猷（家光）公薨じたまふ。同八月十八日、今ノ大君（家綱）征夷大将軍に任じたまふ。是に由て、明年（一六五二）（九月十八日）の秋改元あつて承応と号す。

⑥其（承応）（一六五四）三年に当る九月二十日、後光明天皇崩御あつて、今の新院（後西院）承けつぎたまひしなり。其明年（一六五五）、改元あつて明暦と号す。

⑦其（明暦）（一六五七）三年正月、江戸大火あり。其時の巷説に「明暦の二字、日月に又日をそへたり、光り過たるに由り大火事ある」などといふ。翌年（一六五八）改元あつて万治と号す。此の改元の時は、先考の例の如く、予勘例を調べ、公家の勘文を読て、井伊掃部頭直孝（以下五人省略）列座、あまたの年号の字を議して、其中に貞観政要の文を引て「本固万事治」と云へるを、予読ければ、掃部頭（井伊）直孝曰「これほどの吉事あるべからず」と申さる。美濃守（稲葉）正則「まことに宜しかるべし」と云へり。讃岐守（酒井）忠勝等も最（尤）と同じ、御前へ出て言上し、定る。

⑧其（万治）（一六六一）四年に当る正月十五日、内裏炎上す。改元あるべき旨、京兆尹（京都所司代）牧野佐渡守親成より江戸へ言上す。執政老臣相談にて「万治の改元は江戸の火事に由てなり。然れば今度内裏の炎上に因て改元あるべきとの勅定なれば、武家より兎角仰らるるに及ず」との旨なり。是に因て三月下旬、東坊城・五條・高辻三家の勘文、佐渡守（京都所司代）親成より到来す。

其時、予忌中なりければ、雅楽守（酒井）忠清宅へ招れて、三家の勘文を披見す。年号の字十（とお）あまりあり。皆是を携へ帰宅す。三家は共に菅家の末なり。紀伝道の家、此三家のみ今に伝て其外は皆断絶するとなん。予忌除て勘例を調べ、私意を以て上中下を定む・其中、寛文を第一とす。雅楽頭（酒井）忠清の旨に依て登城しければ、保科肥後守正光（以下五人省略）列座にて、勘例を聞き、各々共に寛文しかるべしと思はるる体なり。然ども、今度の改元は公家よりの御沙汰なれば、只一途に武家より定めらるべきにも御遠慮あるべき儀なりとのことにて、「寛文に勘文の内二つを加へて、三つの内叡慮次第と佐渡守（京都所司代）親成方へ申し遣して宜しかるべし」と議定し、上意をうかがひ、その旨に決す。（中略）

四月二十五日、改元あつて寛文と号す。執政諸老皆思へらく「公家武家共に同意の年号、珍重」と申さる。風聞には、吉良若狭守義冬、内々にて諸老の旨を伝へ申し遣しけるに因て、寛文に定るとなん。後日、若狭守義冬、予に語りけるは「此度の年号は春斎の意にて定まる、と京師にて沙汰あり」と。（中略）

⑨寛文三年（一六六三）、当今皇帝（霊元天皇）即位まします。御宇の初めなれば、改元ありたくおぼしめす沙汰ありしとなん。然ども、事遂ざれば、江戸より御許容なかりけるにや。

⑩今年寛文十三年（一六七三）五月八日、内裏炎上、同八月、改元の沙汰あつて、九月三日、京兆尹（京都所司代）永井伊賀守尚庸方より、年号の勘文八条到来す。

稲葉濃守正則（以下二人省略）より、勘文を考へ明日登城べきの旨、申し来るに依て、即日（三日）、勘例愚案に、京師の勘文の要をとりて和解を調へ、翌四日、先づ雅楽頭忠清宅に往て内見せしめ、登城す。四執政列坐の前にて、逐一是を読む。愚按の趣、各々の意にかなひ、褒美の詞あり。ここに於て、四老、御前に進み、言上ありて伊賀守（京都所司代）方へ返書を遣す。予が愚意は、八条の中にて、延宝・弘徳・天亀を上とす。宝永・嘉永を中とす。享延・建禄・至元を下とす。四老各々、予が口説を聞て、「延宝は延暦・延喜の吉例、最宜し。（中略）至元は元の世祖、日本を侵せし時の年号なれば不吉なり」と評議まちまちなり。是皆予が愚案に述し趣なり。（下略）

なお、⑩の下略部分に、「改元は天下の大挙なり。然るに、正保より明暦までは毎度先考（羅山）のあづかるところなり。万治より此度（延宝）まで三度、予が預る所なり。此僉議の時、執政の外、予父子ならでは一人も預るものなし。

微少の身と雖も、是亦稽古の力に非ずや。事の次でに、子孫に示さん為に、言長けれど記し侍る者なり。」と付記されている。つまり本書は、彼が父とともに江戸幕府の儒官として年号詮議に何度も関与することのできた実績を、子孫のために具体的に書き残したものなのである。

四　元和～延宝改元の経緯

このように『改元物語』は、当事者でなければ知りえない貴重な記録といってよい。ただし、それは江戸幕府側の立場と見解を示すものであって、京都朝廷側の態度や意向まで記しているわけではない。それどころか、朝廷の儒官菅家に対応する幕府の儒官として、林家（羅山・鵞峰父子）の功績をことさら強調しているようにみられる箇所も少なくない。そこで、前掲記述の主要部分、とりわけ元和から延宝に至る改元の経緯について、他の史料と付き合わせながら真相を明らかにしよう。

まず①の「元和」改元は、慶長二十年（一六一五）七月十三日に行われた。後水尾天皇の践祚後四年たってはいるが、柳原紀光編『続史愚抄』には「代始」による改元で、式部大輔菅原為経の勘申年号を択び定めたように記されている。しかし、前掲①には「東照宮の命……に依て」の改元とある。この家康の命令とは、改元直後の七月十七日に制定し月末に公布された『禁中並公家諸法度』の第八条「改元は、漢朝の年号のうち吉例を以て相定むべし。但し重ねて習礼相熟するにおいては、本朝先規の作法たるべき事。」との規定にほかならない。

ただし、大御所家康からこの法度の起草を命じられた金地院崇伝は、彼自身の所見を『本光国師日記』同年三月十二日条に次のごとく書き留めている。

「改元の事……勘文まづ（天皇）奏覧あり、その後に将軍御一覧ありて、勘進の中の元号、吉例を以て相定められ、（朝廷）上卿内々これを承はり、将軍御点の元号相定むる次第、下知を加へ候。……先例またかくの如く候。……漢家の元号を以て相定め候へば、一の政断絶し、また儒中の先縦も無く成るべく候。然れば則ち、元号の字は、内々将軍御歴覧にて相定められ、改元の作法は、古来あり来る如く（公卿）陣議を執り行はれて然るべく候はんこと候やいかに。」

すなわち、崇伝自身は、まず天皇が年号の勘文を御覧になり、ついで将軍が内々それを一覧して良案を内定したら、さらに公卿の会議で幕府案と同じ年号に決定する、という三段方式にすれば「本朝（古来）の法度もうせ申さず候」と考えていたのである。しかしその後、おそらく家康の要求か羅山あたりの意見にしたがって、逆に「漢朝の年号のうち」から選ぶことが前面に出され、後年もし公家が（戦国時代に忘却した）古儀に習熟すれば「本朝先規の作法」によることを但し書きとするに至ったのであろう。とはいえ、江戸時代に中国先行の年号を採用したのは「元和」と「天和」「正徳」「宝暦」「天保」の五例だけであって（第一章表5参照）、実際上は江戸以前から若干あった「先例」をふまえて、崇伝が提唱した前記の三段方式が慣例化している。

つぎに②の「寛永」改元は、元和十年（一六二四）二月三十日に行われた。『続史愚抄』や『元秘別録』によれば、「甲子革令」の改元であり、文章博士（大内記）菅原長維の勘申年号であって、改元詔書（長維作）にも、「今、革令の節に当たり、災厄の運に遇ふ。……故を去り新暦の号を開く。……」と記されている。

ただし、この前年七月、家光が京都へ上り三代将軍に任命されているから、幕府側としては将軍〝代始〟の改元と意義づけていたかもしれない。ちなみに、寛永六年（一六二九）十一月、前々年の紫衣事件などを不満として後水尾天皇が譲位され、代って徳川家を外戚とする明正天皇（生母東福門院和子は家光の妹）が践祚された。けれども、その在位中十四年間には、一度も改元が行われていない。

ついで③の「正保」改元は、寛永二十一年（一六四四）十二月十六日に行われた。その前年十月、後光明天皇（明正女帝の異母弟）が践祚されると、「一年号三帝にわたる例なし」との批判がおこったらしく、代始の踰年改元されるに至ったのである。『元秘別録』『続史愚抄』などによれば、この時の年号勘者は四人、文字案として「正保」（出典『尚書正義』、勘者文章博士菅原知長）以外に、「明暦」（『後漢書』、菅原為庸）、「貞正」（『礼記正義』、菅原為適）、「寛安」（『毛詩注疏』、菅原為適）、「正観」（『周易』、菅原為適）などが勘申された。そして朝廷の仗議では、難陳の末、上卿の左大臣九条道房が「正保の号、四人之を挙げ、各々難じ申さず。又、明暦の号、代始に用ひらるれば殊に相応しかるべきか。此の両号を以て奏すべきの由、人々に示し」たうえで、諸卿の合意をえて上奏し、また参議蔵人頭正親町実豊が後水尾上皇に言上したところ、「正保」と勅定されることになったという（『寛永改元記』）。

しかし、前掲③および『徳川実紀』によれば、仗議の一カ月半も前の十一月一日、将軍家光が「金地院崇伝と儒者林道春（羅山）、春勝（春斎）を御前に召し」、大老酒井忠勝や老中四人とともに「年号の事を議せしめ」たうえで「正保」を最善案と裁定しており、その際、年号は天下万民の用いるものだから「武家より定むべきこと勿論なり。」といい放った由。事実このとおりだとすれば、改元審議の実権はほとんど幕府側にあり、朝廷の仗議は単なる形式にすぎなくなっていたといわざるをえない（注18）。

つぎに④の「慶安」改元は、正保五年（一六四八）二月十五日に、また⑤の「承応」改元は、慶安五年（一六五二）九月十八日に、各々行われた。しかし『続史愚抄』には、ともに「子細未詳」として改元理由をあげていない。したがって、前掲④⑤の記述によらざるをえないが、④にいう「京童部」の正保年号批判は、正保改元を主導した幕府に批判的な京都知識人の声ともみられる（注19）。しかも京都所司代では、それを放置できなくなったのか、改元を「内々にて言上しける」ということが事実だとすれば、幕府も京都の動向にきわめて敏感であったことになろう。また、⑤にいうごとく「承応」改元が前年の家光薨去・家綱継職を理由とするものだとすれば、幕府は改元の政治的意味を従来以上に強く認識するに至って、いわば〝将軍代始（継職踰年）改元〟とでも称すべき改元を敢行したことになろう。

その反面、天皇の代始改元は、後西天皇の場合、践祚の翌年（一六五五）、⑥の「明暦」改元が行われている。しかし、次の霊元天皇は、⑨によれば「改元ありたく思召」されたけれども、「江戸より御許容なかりける」ため行われず、践祚後十一年目（一六七三）「内裏炎上」によって⑩の「延宝」改元が行われたにすぎない。

さらに⑦の「万治」改元は、明暦四年（一六五八）七月二十三日、江戸の火災を理由として、また⑧の「寛文」改元は、万治四年（一六六一）四月二十五日、内裏の炎上を理由として、各々行われた。この⑦以降は、春斎が亡父羅山の例にならって勘例を調べ報告すると、幕閣は将軍の御前でほぼそのとおりに発言して最善案を選んだようである。

とりわけ⑧の場合、内裏の火災により改元を仰せ出されたのだから、「一途に武家より定めらる」ことを遠慮して、春斎が第一に推した「寛文」以外にも二案を添え、「三つの内、叡慮次第」と断って京都所司代へ申し送ったところ、公家側の仗議でも寛文が選ばれた。そこで、幕閣は公家武家同意の年号として喜び、京都では「春斎の意」により決まった年号だと噂したという。やや自慢話のようにもみえるが、決して作り話ではあるまい。

このような幕府主導による改元は、これ以後も続いている。たとえば、伊達隠士の『光台一覧』によると、宝永六年（一七〇九）践祚された中御門天皇の代始改元にさいして、朝廷から幕府あての書状で「菅家、例に任せて選出……別紙書付の内、寛和の号然るべしと御内慮に候。……右の趣、宜しく言上あるべく候。」と、天皇の御内意を伝えたが、幕府からの返書には「正徳の号然るべしと思し召し候。右の通り奏聞を遂げ、宜しく御沙汰あるべく候。」とあり、結局「御沙汰替りて、正徳の年号仰せ付けられ」たという（注20）。改元の主導権はほとんど幕府側に移っていたのである。

しかし、それにもかかわらず、年号を幕府だけで勝手に決めた例は一つもない。どの年号も、文字案は京都で菅原家の儒者が勘申し、それを審議した幕府からの報告と仗議の結論に基づいて新年号を定める最終権限は、形式的であれ、つねに天皇が保持していたといいうる（注21）。それゆえ、将軍家宣の侍講をつとめた新井白石も、叙上のような実情を熟知のうえで、「我朝の今に至りて、天子の号令、四海の内に行はるる所は、独り年号の一事のみにこそおはしますなれ。」（『折焚く柴の記』）と述べているのであろう。

五　年号の勘者・出典・文字

王朝時代から武家時代にかけて、改元の審議には上述のごとき変化を生じたが、年号案の勘申を命じられたのは、つねに朝廷の儒官（文章博士・式部大輔など）である。それは具体的にどのような人々であったか。また、それらの人々はどんな文字案を勘申したのか。それらの文字はどんな出典から勘出されたのだろうか。

これらの点に関しては、幸いすでに森本角蔵氏の労作『日本年号大観』第三篇に詳細な調査資料が収録されている。そこで本節には、その成果を整理補訂した後掲の付1をふまえて、年号勘申者と文字案・出典などの特徴を略述しよう。

まず年号の勘申者は、飛鳥・奈良時代（大化～宝亀）の具体名が一例も伝わっていない。平安前期（延暦～延長）についても二例しか判らないが、その初見は「天長」年号（改元八二四年）で、『元秘別録』に「三人連署撰申」の例として、

定㆓年号㆒事［勘文不㆑載㆓引文㆒而撰申例、又不㆑及㆓仗議㆒例。］

天長／右依㆓宣旨㆒定如㆑件。／文章博士都宿祢腹赤／右近衛権少将南淵朝臣弘貞／弾正大弼菅原朝臣清公

とみえる。このような三人連署で引文（出典）を載せない勘文は他にないが、もしこれが当時の慣例であったとすれば、右の三人に相当するような儒者たちは、年号を勘申した可能性が考えられる。

参考までに、平安前期の文章博士と式部大輔との任官判明者を列挙すれば、後掲付1のとおりである。（年号の上のNo.は、大化を1とした通し番号で、白鳳は白雉の異称として省いたから、たとえば延暦が18番目となる。）

この年号勘申者が、ほぼ連続的に判るようになるのは、平安中期（摂関時代）以降であり、平安後期（院政時代）に入るころから勘申年号（候補案）の大半が判る例も多くなる。そのうち、採用年号の勘申者名（旧勘文の勘申者も含む）を出典名とともに列挙すれば、後掲付1のとおりである（年号の配列は、平安末期の元暦、鎌倉末期の正慶、北朝歴代の十六年号も加え、通し番号をつけた）。また、これをもとにして、時代ごとの氏別勘申者数を集計してみると、表6のごとくになる。

表6　公年号勘申者の時代別氏別人数

時代	平安中期	平安後期	鎌倉時代	南北朝期	室町時代	安土・桃山時代	江戸時代	東京時代	合計
年号番号	34〜69	70〜108	109〜155	156〜181	182〜205	206〜208	209〜243	244〜246	No.34〜No.246
藤原	12 (34)	31 (74)	25 (45)	8 (31)	4 (15)				80人 (35%)
菅原	4 (12)	6 (14)	30 (55)	17 (65)	22 (81)	3 (100)	38 (100)	1 (33)	121人 (53%)
大江	12 (34)	5 (12)							17人 (7%)
その他	7 (20)			1 (4)	1 (4)			2 (67)	11人 (5%)
(合計)	35 (100)	42 (100)	55 (100)	26 (100)	27 (100)	3 (100)	38 (100)	3 (100)	229人 (100%)

※人数は，採用年号勘申者の延べ数にて，一年号を複数の人が勘申したり，一人で二回以上採用された者もあるため，年号数・実人数より多い。この人数には，旧勘文により採用された年号（別表Ⅱの△印）の勘申者も含めた（ただし160建徳は不明）が，別人の勘文で採用された年号と同じ文字の旧勘文勘申者は省いた。

※採用年号＝Aと未採用案＝Bとの勘申者実数は，藤原氏93人（A46人，B47人），菅原氏109人（A66人，B43人），大江氏10人（A7人，B3人），その他10人(A5人，B5人。他に平安前期A2人）となる。

これをみると、藤原氏出身者は平安後期を頂点として平安中期から室町時代の192文正までみえるが、それ以降はない。また、大江氏出身者は平安中期に多く、平安後期の78天永までみえるが、それ以降はない。さらに、諸氏出身者は平安中期のみ七名（善滋氏3、平氏3、秦氏1）あるが、他はわずかしかない。

それに対して菅原氏出身者は、平安中後期こそ少ないけれども、鎌倉以降、大半を占めており、室町後期の193応仁から安土・桃山・江戸時代には勘申者を独占している。しかも、たとえば鎌倉前期に活躍した菅原（高辻）為長のごときは、一人で十八回、合計六十種近い年号案を勘申して、114建暦・116承久・117貞応・118元仁・121寛喜・122貞永・123天福・124文暦・128仁治・129寛元の十年号が採用され、歿後に134正元・157延元・172康安・176康暦・241文久の五年号案も援用採択されている。

この菅原氏は、平安後期から高辻家と唐橋家に分れ、その高辻家から五条と東坊城の両家が出、また五条家から桑原と清岡の両家が出ており、江戸時代には六家となる。その菅原氏流で年号（未採用案も含む）を勘申したと認められる人は百九名にのぼり、それらの人々の系譜関係は後掲付2の略系図に示したとおりである。このように道真の子孫が平安中期以降、千年近くも年号勘申に寄与してきたことは、政治文化史上注目に価する事実といえよう。

つぎに、このような儒者は、どのような典籍から年号文字案を選び出したのだろうか。これも森本氏の前掲書によれば、採用された年号で出典の確認できるものは、合計七十七種にのぼり、その大半が唐代以前の典籍であると指摘されている（なお、未採用案約七百五十の判明する出典も加えて整理すれば、合計百六種以上になるという）。その採用年号の出典別引文回数を、経・子・史・集・緯書に分類すれば、表7のとおりである。

これによれば、類別では史書類が二十三種、引文合計も一三三回で最も多い（一〇回を越すのは史記・漢書・後漢書・晋書・旧唐書など）。つぎに経書は、十三種にすぎないが、引文合計は一〇二回にのぼる（一〇回を越すのは、尚書と周易と詩経）。逆に子類は、二十五種もあるが、引文合計は五〇回にとどまる。さらに集類は、『文選』のみ二五回も引かれているが、

表7　公年号の出典と引文回数

〔経類〕	尚書＝書経35　周易＝易経27　詩経15　礼記8　左伝4　孝経3　周礼2　孟子2　論語・爾雅・春秋・春秋繁露・大戴礼…各1
〔子類〕	藝文類聚9　荘子4　維城典訓4　群書治要3　荀子3　老子3　賈子新書2　孔子家語2　修文殿御覧2　抱朴子2　塩鉄論・韓非子・顔子家訓・魏文典論・管子・金楼子・五行大義・崔寔政論・太公六韜・長短経・帝王略論・典言符命・博物志・白虎通・文中子…各1
〔史類〕	後漢書24　漢書21　晋書16　旧唐書16　史記12　宋書5　貞観政要4　後魏書3　国語3　杜子通典3　三国志3　隋書3　梁書3　北斉書2　会通・会稽記・五代史・新唐書・宋史・太宗実録・帝王世記・南史・北史…各1
〔集類〕	文選25　蔡邕儀・董巴議・韋孟諷諫詩…各1
〔緯類〕	易緯3　詩緯2　春秋緯2　河図挺佐輔2　尚書考霊耀・春秋命歴序・春秋内事・龍魚河図…各1

他はきわめて少なく、たとえば『白氏文集』でもまったく引かれていない。なお、緯書類は八種、引文合計一三回で、十世紀以降、辛酉・甲子の革年改元が励行されてきた割には少ない。

このように採用年号の出典は、史書類と経書類が大多数を占めており、未採用案を加えると、経書類の『尚書』(書経)と『周易』(易経)がとくに多く、史書類の『後漢書』と『漢書』および集類の『文選』が次に多い。これは、おもに治世の理想を表明する年号文字を探すには、古代中国の経書と史書が子類や緯書よりもふさわしい章句を随所に含んでいるからであろう。

最後に、これらの出典から選び出された年号の文字をみておきたい。この点も森本氏の前掲書を参照して整理すれば、大化から平成までの公年号二四七に使用されている漢字は、合計七十二字にとどまる。しかし、未採用案の文字も加えれば、百八十字以上にのぼる。それを文字別五十音順（採用年号は年代順）に列挙したのが後掲付3である。

これをまとめてみると、公年号二四七に使用されたことのある七十二文字は、上下あわせて延べ五〇四回。そのうち一九回以上使われている九文字（永・天・元・治・応・長・文・和・正）で合計二〇〇回、全体の約四〇％を占めている。しかし、それに未採用案も加えると、徳（69回）・天（66回）・永（62回）・元（53回）・文（48回）・和（47回）・治（43回）・安（42回）・仁（39回）の順になる。

これを中国年号と較べてみよう。中国の正統年号は数え方で大幅に増減する。ここでは森本氏が前掲書で認定している三一九年号を私なりに数え直してみると、合計三五四年号になる（注22）。その使用文字は百四十八字にのぼり、日本の倍以上ある。そのうち、表8のとおり四十九字が彼我で共通する（カッコ内、上が日本・下が中国の公年号に使用されている回数）。

表8　日本と中国の共通公年号の文字使用回数

安（17・7）	雲（2・1）	永（29・34）	延（16・10）	応（20・2）	嘉（12・14）	化（3・4）	観（3・2）
久（9・1）	慶（9・9）	景（1・11）	元（27・46）	建（9・26）	乾（1・10）	康（10・13）	弘（8・2）
興（1・18）	亨（1・1）	国（1・3）	至（1・10）	祥（1・2）	昌（1・4）	寿（4・4）	授・昭（1・1）
承（14・1）	仁（13・1）	神（3・3）	正（19・4）	政（3・1）	大（6・14）	泰（1・13）	治（21・5）
長（19・2）	中（3・11）	貞（8・5）	禎（1・2）	天（27・21）	同（1・4）	徳（14・14）	万（4・4）
武（1・6）	福（1・2）	文（19・3）	平（12・20）	宝（10・8）	明（7・8）	暦（16・6）	和（19・21）

このなかでも、傍線―を施した九字（安・永・嘉・元・康・天・徳・平・和）は、彼我とも十回以上（とくに元と永と天は二十回以上も）頻用されている。それに対して、傍線…を施した八字（応・承・仁・正・治・長・文・暦）は、日本で多く使われ、波線〜を施した八字（景・建・乾・興・至・大・泰・中）は中国で多く使われている。

ほかにも、日本のみで用いられているのが寛（15回）・保（15回）・久（9回）・享（8回）などであるのに対して、中国のみで用いられている文字のなかに熙（13回）・始（11回）・初（9回）・開（9回）・隆（8回）などがある。

これらの点をみても、革命動乱・王朝交替を繰り返してきた中国では、より勇ましい積極果敢な意志をあらわすような文字が好まれている。それに対して、同一皇統が続いてきた日本では、より穏かな治世の永続和合を祈念するような文字が好まれたといってよいであろう。

むすび

以上、五節にわたって論述した要旨を整理し直して、結びに代えよう。

㈠　平安時代の改元方法は、宮廷の儀式書に詳しく記されている。それは、⑴まず天皇の勅（仰せ）を奉じて、大臣が儒者（文章博士・式部大輔など）に文字案を勘申させ奏聞する、⑵つぎに公卿が列席する仗議（陣定）で文字案の一つ一つについて難陳論議を尽くし、二案を選んで上奏すると、一案に絞るよう求められ、その最善案を再び上奏する、⑶そこで天皇が最善案を新年号として勅定され、内記に改元詔書を起草させ清書に勅裁の日付を加えたうえで公布せしめられる、という手続きを経ることになっていた。

㈡　それを実例で検証してみると、白河院政の開始された堀河天皇朝の代始に行われた「寛治」改元（一〇八七）の場合、⑴まず年号勘文は式部大輔大江匡房と文章博士二人が合計六案を提出した。⑵つぎに仗議では内大臣師通以下八名の公卿が六案中から「寛治」を選んで堀河幼主に上奏した、⑶そこで幼主代行の摂政師実から仰せ言があり、内大臣の指示で改元詔書が作られ、吉書奏が行われた。

なお、そのあと諸卿は白河上皇の鳥羽殿へ参上しており、上皇も間接的に関与されていたとみられる。また堀河天皇も、成人後、改元の勘文および詔書に御自身の意見を述べておられる。

㈢　江戸時代の改元方法は、林春斎が延宝元年（一六七三）に著わした『改元物語』に詳しく記されている。その中に将軍家光の言として「年号は天下共に用ることなれば、武家より定むべきこと勿論なり。」とみえるが、事実、朝廷の儒官（菅家）の年号勘文を先に江戸へ送らせ、将軍の御前で老中たちが幕府の儒官（林家）の勘例を参考にしながら詮議して最善案を選び、それを将軍の裁定として京都へ送り返す、という手続きが江戸初期に慣例化している。

一方、公家側の記録（改元定文など）をみると、その幕府案とは一見無関係に（実は幕府案をふまえて）仗議で難陳を行い、公武同一の文字を結論として上奏し、天皇の勅定を仰いでいる。

㈣　この『改元物語』所載の元和から延宝に至る改元例は、いちいち検討してみると、将軍の御前会議に関与した林羅山・春斎父子の功績を盛り込んでいるが、他書では知りえない貴重な記録である。

とくに一方では、明正女帝や霊元天皇が践祚されても、「江戸より御許容なかりける」ために代始改元が行われなかったこと、しかるに他方では、家光の薨去により家綱が将軍職を継いだ翌年（一六五二）の「承応」改元などは〝将軍代始改元〟のごとくみられることなど、江戸時代の朝幕関係を如実に物語っている。しかし、それでも年号を最終的に天皇が勅定される形式は、王朝時代と同じで武家時代にも変ることがなかった。

㈤　年号の文字案を勘申したのは、王朝時代だけでなく武家時代にも一貫して朝廷の儒官である。そのうち、平安中期には大江氏、平安後期には藤原氏（おもに日野家系）が優勢であったが、鎌倉時代以後は菅原氏が大半を占め、とくに室町後期の応仁以降は菅原氏が独占している。

また、その出典はすべて漢籍であり、大部分が唐代以前の古典である。それは経書類（とくに尚書・周易など）と史書類（とくに漢書・後漢書など）が多い。それらの典籍から選ばれた文字は、公年号使用字が七十二字（未採用案も含めれば百八十字以上）である。そのうち四十七字は中国年号と共通するが、彼我の政治文化の異同を反映して、彼には勇壮な文字が多いのに対して、我には穏和な文字が多いといってよいであろう。

注

（1）中国の年号については、陶棟氏著『歴代建元考』（中華民国五十二年〈一九六三〉、中華書局刊）など、朝鮮の年号については、藤田亮策氏「朝鮮の年号と紀年（上・下）」（昭和三十二年発行『東洋学報』第四〇巻第二・三号。のち同三十八年、開明書院刊『朝鮮学論考』所収）など参照。

なお、彼我の年号などを対比できる年表としては「アジア紀年表」（平凡社刊『アジア歴史事典』付載）が比較的詳しい。

（2）拙著『日本の年号』（昭和五十二年、雄山閣出版刊）

（3）初出は拙稿「一世一元制の史的考察」（昭和六十二年発行『産大法学』第二一巻第一・二合併号）

（4）『続群書類従』公事部第十一輯上（昭和二年、続群書完成会刊）には、『元号字抄』『元秘抄』『改元烏兎記』『改元宸記』および七種類の『改元部類』と十八種類の『改元定記』と革命・革令勘文各一種が収められている（他に、正篇の雑部に三善清行の『革命勘文』と菅原為長の『編御記』所収）

（5）『古事類苑』歳時部（明治四十二年初版。昭和六年普及版、吉川弘文館刊）「年号」の上篇は、年号起源と年号通載（大化〜明治）、その下篇は、改元理由・改元式と年号の勘者・勘文・引文・文字および逸年号に関する基本史料を収めている。

（6）拙稿「大宝以前の年号―諸説の再検討―」（昭和五十三年、吉川弘文館刊『日本古代の社会と経済』上巻所収。のち同六十三年、拙著『年号の歴史』所収）

（7）以下、儀式書の成立年代に関しては、拙著『平安朝儀式書成立史の研究』（昭和六十年、国書刊行会刊）参照。『西宮記』と『江家次第』の引用は新訂増補故実叢書本、『元秘別録』は書陵部所蔵本によった。

（8）（9）(a)の中略部分と(c)の割注省略部分に、次のような注目すべき記事がみられる。

(a)「延長年号、博士の進る所の字、快からず。勅あり、『文選』白雉詩の文を以って改めらる。……康保年号、旧勘申年号を以って之を改めらる。」

(c)「或は諸儒の進る所、快からざるに依りて、御所より給せらる。延長・天暦・康保などの例なり。」

つまり、醍醐天皇や村上天皇は、学者の勘申年号を仗議で選び定めて上奏したところ、その案を不適切として退けられ、代りに御自身で『文選』所見の「延長」年号を提示して採択されたり、以前勘申の未採用年号に差し替られることもあったのである。このような例は多くないが、後述（注13参照）の「嘉承」も、堀河天皇が旧勘文を下して勅定されたものである。

（10）なお、順徳天皇撰『禁秘御抄』下「改元」によれば、「年号定めの後、主上、（清涼殿）朝餉に於て（新年号）書かしめ給ふ。其の儀、別事無し。高檀紙に年号の字を書す（一枚なり）。其の後、万人書すべきなり。……（月日を書かず、唯年号バカリなり、元年の字は書く。）」とみえ、天皇は勅定された新年号を高檀紙一枚に大書されたことが知られる。

（11）関係史料は『大日本史料』第三編之一（大正十五年刊）寛治元年四月七日条（八七〜九三頁）に網羅されている。なお、拙稿「菅江両家の教育活動」（昭和五十年、明玄書房刊『日本教育文化史』所収）、木本好信氏「大江匡房の年号勘申—匡房と俊房との関係—」（昭和五十八年発行『神道史研究』第三一巻第四号）参照。

（12）難陳論議の詳細は判らないが、民部卿源経信の『都記』逸文（『改元部類』所引）によれば、「上卿（左大臣源俊房）勘文を披見し、予（経信）に下さる。予一々披見し見下す。右大弁（通俊）定め申して云はく、寛治宜しきか、又、治和宜しく見給ふと雖も、説文慥かならず、何様候すべきか。人々大略同じなり。予申して云はく、大略右大弁の定め申す如く、寛治宜しく候、治和は説文なほ詳しからず候か。上卿、為房（蔵人）を以って奏せしめらる。」とみえる。

（13）藤原為隆の『永昌記』嘉承元年四月八日条に、難陳の概要が次のごとく記されている。

内府（雅実）以下一々（勘文）見下す。上卿の命により、右大丞（宗忠）一々読み申す〔終始勘文の如し、別の読様なし〕。読み了りて各々定め申す。

左大弁（基綱）云はく、大宰帥（大江匡房）択び申す所の天祚の字、頗る宜し。右大弁（宗忠）云はく、同卿（匡房）択ぶ所の延祚を用ゐらるべきか。爰に左大丞云はく、本文所勘「十二之延祚」頗る年限を指すや如何。右大弁云はく、十二祚は十二年に非ず、是れ十二代なり、天祚の字、義諷相彰す、元年と云ひ二年と云ふは憚りあるべきか。〔後日、天暦の義之に同じ由、帥卿（匡房）申さる所なり。〕又、（菅原）在良朝臣択ぶ所の承安、先度（ⓐ寛治改元時）所勘の字なり、左府（源俊房）の御難に依り用ゐられずと雖も、論衡の文、舜禹健治、求め難しと謂ふべし、何事かあらんやといへり。自余の諸卿、殊に申さるゝ所なし。

予（為隆）をして此の由を奏聞せしむ。御所（堀河天皇）より旧勘文を下され、（菅原）正家朝臣の択び申す所の天祐・延寿、並びに在良朝臣の択び申す所の嘉承などの間、更に定め申すべしと。

右大弁云はく、天祐は唐亡び宋興る其の時代の変改の年号なり、延寿は何事かこれあらんや、又、嘉承の字、漢書に云はく「嘉承天和」てへり、天和の字音、憚りあるべきかといへり。

重ねて頭（蔵人頭）奏聞す。すでに勅定し畢んぬ。彗星の変に依りて改元し、嘉承を以って年号と為す。天喜の例に依りて詔書を草せしむとのたまへり。

なお、『中右記』によれば、堀河天皇は二十歳代に入ると、ⓔ「康和」やⓕ「長治」の改元に際して、災異（地震・疾疫）による改元にて「神社の訴へに触れる者は赦に在らざる旨」を詔書に載せるよう述べておられる。また彗星出現によるⓖ「嘉承」改元に際しても、「常赦の時、神社の訴へを免ぜざるの由、近代度々詔文に載せらる、今度如何、定め申すべし」

と下問されたところ、諸卿は「非常の断、人主専らにすとは、此の如き事か、免否の条、勅定に在るべし、臣下の進止するところに非ず」と返奏している。

(14) 平泉澄氏「頼朝と年号」（大正十一年発行『史学雑誌』第二八編第一〇号）、佐藤進一氏『南北朝の動乱』（昭和四十年、中央公論社刊）、瀬野精一郎氏「足利直冬と年号」（同年発行『日本歴史』第二〇五号）、久保常晴氏「公年号〝明応〟の改元に関する二三の問題」（昭和四十二年、吉川弘文館刊『日本私年号の研究』所収）、注17の丸山二郎氏論文等参照。

(15) 林春斎（名は恕、字は子道、鵞峰とも号す）は、寛永十年（一六三三）十六歳の時、父の羅山に従って京都から江戸へ下り将軍家に仕えた。明暦三年（一六五七）四十歳で家督と儒職を継ぎ、寛文十年（一六六九）『本朝通鑑』を完成させ、十年後の延宝八年（一六八〇）六十三歳で卒している。儒書のほか、『職原抄会通』『王代一覧』『歴代叙略抄』『歴代筌宰録』『本朝言行録』『日本百将伝抄』『和漢軍談』『本朝事蹟考』などの著作がある（『近世文芸家著述綜覧』『国書総目録』など参照）。

(16) 『国書総目録』第二巻を手がかりに調べたかぎりでも、国会図書館（漱芳閣叢書第十冊）、宮内庁書陵部（椿亭叢書第十四冊）、国立公文書館内閣文庫（昌平坂学問所旧蔵本と徳川昭武蔵本転写修史局本）、東京大学付属図書館、無窮会神習文庫、名古屋蓬左文庫などにある。なお、『徳川実紀』（林述斎監修、嘉永二年成立）大猷院殿御実紀所引の「改元物語」には、原文に編者の手が加えられている。

(17) 管見の限り、歴史家で本書の要点を紹介されたものに、丸山二郎氏「史疑と改元物語」（昭和二十六年発行『日本歴史』第四〇号研究余録）がある。しかし、たとえば現在最詳の『国史大辞典』には、項目そのものがない。

(18) ちなみに、北原章男氏は「家光の朝儀粛正と正保改元」（昭和四十六年発行『日本歴史』第二八一号研究余録）において、「寛永二十一年＝正保元年は、飢饉後の新局面にあたって、幕政の進展をめざす、政治的緊張・高揚の時期にあった。こうした時点で……或いは、内実は幕府側の働きかけによる改元であったかも知れない。」と推測されている。

表9　江戸時代の改元手続きの図解

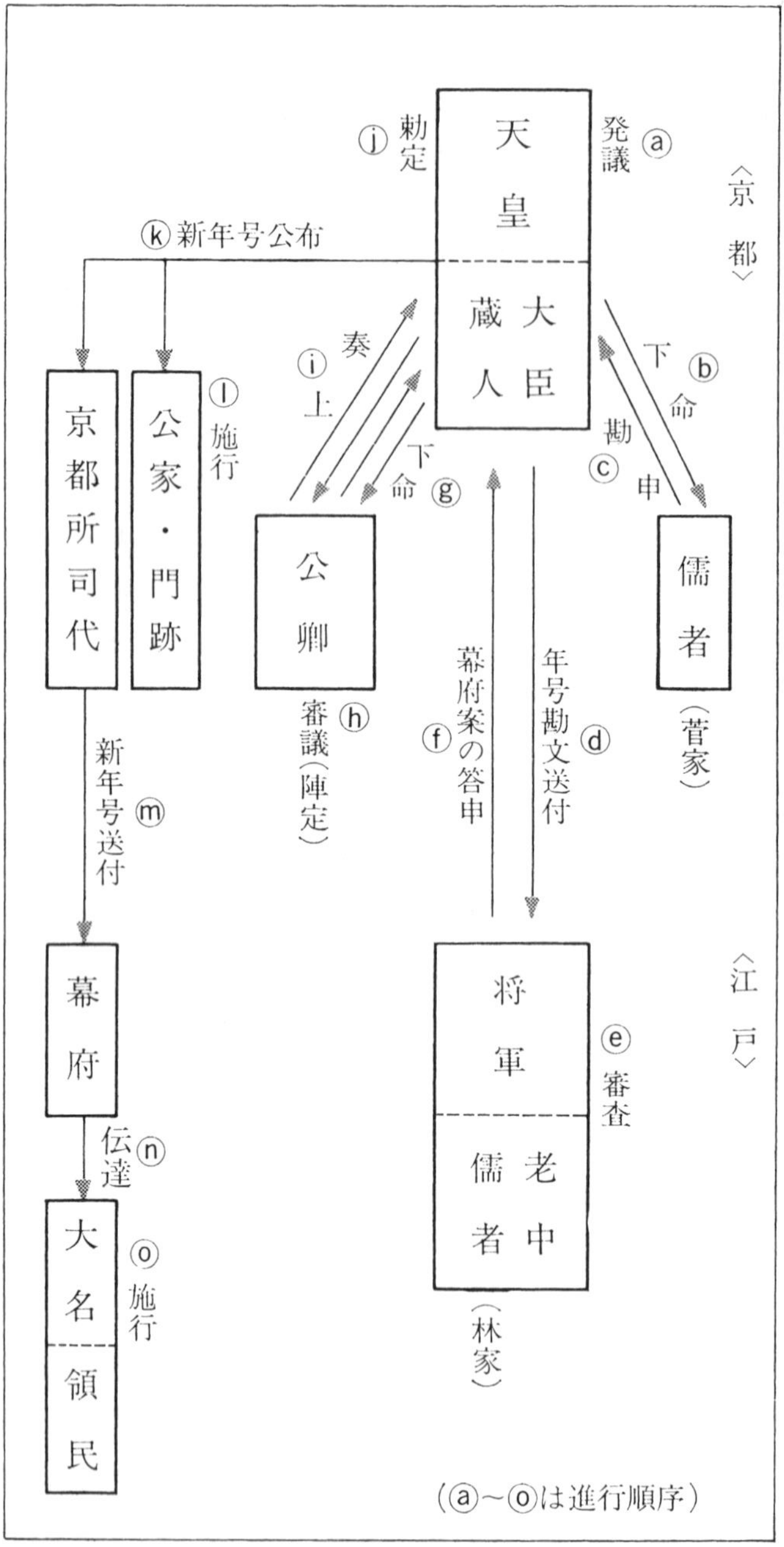

(19) ④の後半の「正」字を分析して「一ニシテ止ル」と読む説は、すでに『隋書』五行志などに記されており、「少し書籍をも見ける者」がそれらを利用して「正保」年号を批判したのであろうか。ちなみに、これを④に書きとめた林春斎の子の信篤（鳳岡）が、後に「正徳」年号を批判して、「年号に正の字を用ふるは不祥の事なり。早く改元の事あるべし」と主張している（新井白石『正徳年号弁』『折焚く柴の記』）。

(20)『光台一覧』巻四（新訂増補故実叢書10）三〇〇～一頁。

(21) 江戸時代の改元手続きを、図によってまとめ直せば、前ページ表9のとおりである。

(22) 森本氏の前掲書第三篇資料附一「支那年号表」では、合計三一九の年号をあげている。しかし、それ以外にも、前漢に一（太初）、後漢に五（光熹・昭寧・永漢・中平と延康）、西晋に三（永平と永安・建武）、南朝の宋・斉・梁に五（永光と隆昌・延興と天正・天成）、唐に二一（武后時代の文明～長安、唐隆と延和・先天）、後梁に一（鳳暦）、元に一（天順）、清初に一（順治）、小計三八の年号を加え、逆に明末（清初）の三年号（弘光・隆武・永暦）を減じれば、中国正統王朝の年号総計は三五四といいえよう。しかも、三国の魏には一〇、呉には一八、北朝の北魏～北周には六二の年号があり、それも加えるならば、合計四四四となる。

第三章　近代の一世一元制度

はじめに

日本の年号（元号）は、周知のごとく「大化」建元（六四五）にはじまり、「大宝」改元（七〇一）から昭和の今日まで千三百年以上にわたり連綿と続いている。しかも、大宝・養老令（儀制令）に、「凡公文応レ記レ年者、皆用二年号一。」（注1）と規定されて以来、官庁発給の公文書はもちろん、私人の官庁提出文書にも私的な書状や記録類にも、ほとんど年号が常用されるようになり、その慣習が今なお生きている。

この日本における年号制度史上、画期的な意義をもっているのが〝一世一元〟の制度である。私は旧著（注2）の中にも「一世一元制の推移」を概述したが、本章では、あらためて明治改元の経緯を跡づけ（第一節）、そのさい打ち出された一世一元＝一代一号論の濫觴を確かめ（第二節）、この一世一元制を成文化した法規の成立過程を辿り（第三節）、それに基づく「大正」「昭和」改元の実態を明らかにする（第四節）。

その後、次章では、あらためて定められた『元号法』の成立事情を探り、さらにその『元号法』について歴史的な観点から解釈を試みる。

一　「明治」改元の経緯

「明治」の改元については、『明治天皇紀』の明治元年九月当該条（注3）が最も簡にして要をえている。まずそれを左に引用にしよう。（読みやすくするため、句読点を多くし、漢文に返点等を加え、適宜改行して符号を冠した。以下同）

㋑七日、将に改元の儀を行はせられんとするを以て、親しく内侍所に謁し、御神楽を奏せしめたまひ、御拝あらせらる。乃ち御籤を抽き、年号の字（明治）を聖択したまふ。……

㋺八日、詔して慶応四年を改めて明治元年と為し、一世一元の制を定む。詔に曰く「詔、体二太乙一而登レ位、膺二景命一以改レ元。洵聖代之典型、而萬世之標準也。朕雖二否徳一、幸頼二祖宗之霊一、祗承二鴻緒一、躬親二萬機之政一。乃改レ元欲下与二海内億兆一更始一新上。其改二慶応四年一為二明治元年一。自レ今以後、革二易旧制一、一世一元以為二永式一。主者施行。」と。

㋩其の覆奏に当りては、従前の如く参議以上の公卿加署せしものの外、別に一通を作成して、輔相岩倉具視以下、議定七人・参与十一（三カ）人、行政・神祇・会計・軍務・外国・刑法諸官、及び京都府知事等、之に署名し、……公布す。

㊁従来、吉凶の象兆、或は干支の際会に由りて、屢〻改元を行ひしが、是に至り、旧貫（慣）を改め、御一代一号に定めらる。

㋭又、改元の手続は、清菅両家の堂上をして各〻数号を勘申せしめ、改元定参仕の堂上等をして難陳せしめ、以て之を決定したれども、今次、難陳の儀を廃し、豫め議定松平慶永に命じ、清菅両家堂上の勘文に就きて、其の佳号二三を撰進せしめ、以て聖択を奏請す。

㋑是に於て、（七日）天皇親しく内侍所に謁し、躬ら御籤を抽き、明治の年号を得たまふ。蓋し、周易の「聖人南面而聴、天下嚮レ明而治。」と云ふ語に出づるなり。

㋬是の日、宮城諸門を開き、辰の刻、改元定の儀を行ふ。上卿権大納言醍醐忠順・権右中弁葉室長邦・御用掛権大納言柳原光愛、之を執行す。乃ち、群臣参賀し、物を献ず。又、令して大赦を行ひ、犯情赦し難き者を除くの外、総て刑一等を減ず。

右の記事は大体正確であるが、意味の取りがたい箇所が若干あり、一部に誤解を招くような記述もみられる。そこで、七日・八日両条の末尾に示されている典拠史料などを再検討しながら、明治改元の経緯を再確認しておこう。

まず、㋭と㋑にいう「改元の手続」「改元の儀」は、確かに従来の方法が大きく改められた。この点は、権中納言山科言成の『言成卿記』九月八日条（注4）にも、「今日改元定云々。御代始御即位後云々。就㆓御一新㆒令㆑相㆓違従前御例㆒云々。菅清（ママ）両流年号勘進如㆑例云々。陣儀、公卿難陳、挙奏等不㆑行。輔相以下三等衆評論直奏、御治定歟。」と記されているが、より詳しくは『岩倉公実記』中巻「年号明治ト改元ノ事」（注5）に次のごとくみえる。

　中古以降、改元定ノ儀式、鄭重ニシテ頗ル虚文ニ属スルモノ有リ。其儀式ノ主タルモノハ難陳・判詞ニ在リ。（中略）具視ハ、難陳ノ如キ閑議論ヲ闘ハスノ儀式ハ繁褥ノ流弊タルヲ以テ、首トシテ其改正ヲ唱ヘ、且ツ一世一元ノ制ト為スノ議ヲ建ツ。議定・参与、皆之ヲ善トス。因テ上奏、聖裁ヲ経タリ。是ニ於テ、松平慶永ニ命ジ、菅原家ノ堂上ガ勘文ニ就キ、其語ノ佳ナル者二三ヲ撰進セシメテ、以テ聖択ヲ奏請ス。
　九月七日夜、上（天皇）、賢所ニ謁シ、御神楽ヲ奉仕シ、親ク御籤ヲ抽キ、明治ノ号ヲ獲給フ。……

これによれば、新政府副総裁の岩倉具視は、平安以降の「改元定」の儀における公卿の難陳論議（注6）を「繁褥ノ流弊」として廃止することを提案し、明治天皇（当時十七歳）の裁可をえた。そこで、「菅原家ノ堂上」（注7）に命じて奉らせた年号勘文の中から、議定の松平慶永が二三の良案を選び出し、それを上奏した。天皇は七日夜、宮中の賢所において、その良案中から「明治」の号を抽籤された、というのである。

この件は、慶永（春嶽）の『逸事史補』（注8）にも、「高辻・五条、其他是迄年号撰被㆓仰付㆒候堂上〔菅家と存候〕、夫々より撰定上申相成候。岩倉公より小子（慶永）へ撰定多分有㆑之候間、好キ年号を撰ミ五六号差出候様被㆓申聞㆒候故、参内中直ニ相認、岩倉迄差出。岩倉より入㆓奏聞㆒候処、是迄と違ひ、此年号ハ衆人（公卿）ノ決定ヲ廃シ、聖上自ラ賢所（内侍所）へ被㆑為㆑入、神意御伺ノ処、明治年号抽籤相成候ニ付、明治ト御決定相成候。」と記されている。このような「神意御伺」のために御籤を抽く祭儀は、古来からあり、異とするに足りないが、それを年号の聖択儀式に用いられた例は、この明治改元以外にない（注9）。

つぎに、㋺の明治改元詔書は、原本が京都御所の東山御文庫に架蔵されている（注10）。この詔書には、従来の代始改元詔書にない重大な文言が付け加えられている。それは末尾の「今より以後、旧制を革易し、一世一元、以って永式と為す。」という部分であって、この機会に「一世一元」の原則を採用するとともに、これを今後の「永式」と宣言したのである。この方針は、詔書覆奏の後、行政官（太政官行政部）から左のような布告文をもって全国に伝達された。

今般、御即位御大礼被レ為レ済、先例之通被レ為レ改二年号一候。就テハ、是迄吉凶之象兆ニ随ヒ、屢〻改号有レ之候得共、自レ今御一代一号ニ被レ定候。依レ之改二慶応四年一可レ為二明治元年一旨、被二仰出一候事。

この行政官布告に続いて、「大赦」の令も、行政官から布告されている（注11）。また、外国の駐日公使に対しては、九月十八日、神奈川府知事の東久世通禧が「手紙」により「今般、我国年号明治ト改元有レ之。以来一代一号相定候趣」を通告している（注12）。

なお、このような布告・通告に先立つ改元詔書の覆奏に際しては、前引『明治天皇紀』㋩にいうごとく、二通の文書が作られた。その一通には、内大臣から参議まで十四名が加署し、「詔書如レ右。請奉レ詔、付レ外施行。謹言」と記されている。もう一通には、議政官・行政官・神祇官・会計官・軍務官・外国官・刑法官の計二十一名および京都府の府知事ら三名が連署し、「謹奉レ詔、以施行。」と記されている。ともに「明治元年九月十二日」の日付の後に「可」の御画（明治天皇の宸筆）がある。当時は旧来の太政官制と政体書による新設七官とが併存していたため、このような二種類の覆奏文書が作られたのである。

ところで、この明治改元がもつ政治史的な意味は、改元前後の主要な出来事と関連づけて考える必要があろう。すなわち、慶応四年（一八六八）九月八日の明治改元は、明治天皇が父帝孝明天皇崩御の十四日後（慶応三年正月九日）に践祚されてから一年九カ月後に挙行された即位礼の十日後である。従来は即位礼も代始改元も、践祚後ほぼ一年前後に行われた例が多く、今回も即位礼は慶応三年十一月に予定されていたが、結局「国務多端、加ふるに諸般の準備並びに舗設の要あるが故に、十月五日に至り、明慶応四年（八月）を以って挙行の事に治定」（注13）され、それに伴って改元も延引せざるをえなくなったのであろう。しかし、幸い即位礼も済み、しかも九月二十日には旧幕府の拠点（江戸＝東京）に天皇みずから行幸されることになった。そこで、新政府としては、青年天子による〝万機親政・旧制革易〟の実を示すためにも、東幸以前に改元を断行する必要があったと考えられる。

当時は確かに国務多端であったが、明治天皇を擁する新政府は、国政刷新の方針を次々と公表し、大胆に実行しつつあった。ただ、その特色は、西洋的な革命（revolution）をめざすのではなく、本義への復古（restoration）と現状に対する革新（renovation）の両面をあわせもっている（注14）。

この特色は、明治改元そのものについてもみられる。すなわち、年号は本来、帝王の即位紀年に漢字の名号を冠したものであるから、「吉凶之象兆」（祥瑞・災異の現象や辛酉・甲子の革年など）による迷信的な改元を廃止することによって本義の「一世一元」（御一代一号）のみに純化し、それを今後の「永式」として内外に布告したのは、まさに年号制度の復古と革新を同時になしとげた画期的な出来事といってよいと思われる。

二　一代一号論の提唱

しからば、明治改元のさい公式に採用された一世一元＝一代一号の制は、どのようにして実現したのであろうか。この点について、前引の『岩倉公実記』には、輔相岩倉具視が難陳の改廃とともに「一世一元ノ制ト為スノ議」を建策したとある。これを裏付けるのは、『岩倉具視関係文書』所収の「御即位之事」に関する覚書（注15）であって、

一、不日に可レ被レ行歟、奥羽鎮定之後歟。
一、御大礼御改制之事。
一、御即位同日改元、御一代御一号之事。

一、女御立后に而入内之事。

と記されている。この覚書には年月日を欠くが、荒川久寿男氏の考証によれば、「慶応四年閏四月二十一日の宮中・府中の大改制を前にして書かれたもの」(注16)という。おそらく三月十四日(五箇条の御誓文)に近いころ、岩倉は半年後の御即位(即位礼)と同日に改元して、その機会に「御一代御一号」の方針を打ち出そうと考えたのであろう。ただ、即位礼(八月二十七日)を目前に控えた八月二十五日に至って、岩倉は議定・参与に書状を送り意見を求めているが、そのなかに次のような一節がみえる(注17)。

㋑御即位御大礼被レ為レ済候後、改元之義、勿論先例之通ト存候得共、御大礼後直ニ被レ行候カ、又ハ当年中ニテ可レ然歟。

㋺但、御一代御一号之制ニ被二決定一候テハ如何、御賢考希入候。

㋩年号ノ文字、可レ然モノ二三号計御撰択ニテ、賢所ニ於テ臨時御祭典被レ為レ行、聖上親敷神意ニ被レ為レ問候而可レ然歟。所レ謂祭政一致ノ御趣意ニテ、此等之儀ハ鄭重ニ被レ遊方ト存候。

これによれば、㋑改元の時期は、先の覚書のごとく、即位礼直後にするか、または当年中ならしばらく後にしてよいか、を問うとともに、新しい提案として、㋺このさい「御一代御一号之制」を採用すべきこと、㋩および年号文字を賢所で神意(抽籤)により聖択すべきこと、の二点を諮っている。

このうち、㋑改元時期については、古来一定した原則がない。奈良時代には践祚同日改元の例が四回あり、平安初期以降にはほとんど践祚の翌年(踰年)改元が慣例となっているけれども、その月日は一定していない(注18)。そのため岩倉は、即位礼の後といっても、具体的にいつ改元すべきか決めかねていたのであろう。

一方、㋺「御一代御一号之制」については、すでに明朝(太祖の洪武元年〈=一三六八〉以降)でも、清朝(世祖の順治元年〈一六四四〉以降)でも、ほとんど〝一帝一元〟となっており、その知識は江戸時代にかなり弘まっていた(注19)。

したがって、岩倉もそれをふまえて㋺の提案をしたのであろうが、おそらく岩倉以前にも一代一号の長所を認め、その採用を唱えた人物もいたにちがいない。

この点、管見の限りでは、明治改元より数十年前（寛政初年）に、一代一号論を積極的に提唱した学者が二人いる。その一人は大坂の懐徳堂学主中井竹山（積善）であり、いま一人は水戸の彰考館員藤田幽谷（一正）である。

まず中井竹山は、天明八年（一七八八）五十九歳の時、大坂まで巡検に来た老中の松平定信に召され、「何事によらず存寄りの事、追々と進言すべし。」との内命をうけた。そこで、数カ月後に建策をまとめて江戸へ送り、寛政三年（一七九一）冬までに『草茅危言』全五巻を完成した。その巻一の三「年号の事」（注20）に次のごとく論じている。

（イ）我邦は李唐の制を取りて、大化・白雉を始め、大宝以来今に連綿たり。……千有餘年の間、改元ありてさして吉もなく、改元なくてさらに凶もなし。一代数号の時も一代一号の時も亦同じ。禨祥の妄、圧勝の誕たる事、識者に非ずとも明らかに知るべき事なり。何分これは明・清の法に従ひ、一代一号と定めたき御事なり。

（ロ）また年号の文字は、朝廷に字数の定ありて、広く諸書に求むる事を得ず。……今日、文教盛んになり、翰苑にもその人あるに、やはり旧弊守るはいかがなり。広く文字を求むべき事なり。これも明・清の如くに一代一号になりなば、これまでついになき文字ばかりをもつて年号を立つる事も容易なるべく、記憶のためにも別して宜しかるべし。……

すなわち、前半（イ）では、大化・大宝以来すでに千余年間しばしば改元されてきたが、それによって吉凶が左右されたわけでもないから、祥瑞・災異や辛酉・甲子の改元は妄誕であって、今後は明・清のごとく「一代一号」とした方がよい、と勧めている。また後半（ロ）では、年号の文字も朝廷で従来使用された字数に限定されているが、今後はかかる旧弊を改め広く文字を求めるべきであって、もし一代一号にすれば、新しい文字だけで年号を作ることもできるし、記憶もしやすくなると述べている。このように明確な主張は、おそらくこれが初出であろう。ただ、これに近い考えは、竹山以前にもなかったわけではない。

たとえば、新井白石である。彼は正徳二年（一七一二）十月、林信篤が「年号に正の字を用ふるは不祥の事なり。早く改元の事あるべき」と難じたのに対して、側用人の間部詮房から意見を求められ、『正徳年号弁』を著わして反論を加えた。数年後にまとめた自叙伝『折焚く柴の記』にも、それを詳しく書きとめているが、そのなかに次のような見解がみられる（注21）。

㋑天下の治乱、人寿の長短のごとき、或は天運にかゝり、或は人事によれり。いかんぞ年号の字によりて祥と不祥と有べき。……改元といふ事、倭漢ともに、多くは天変・地妖・水旱・疾疫等の事によらざるはあらず。されば、古より年号に用ひしほどの字、一字として不祥の事に逢ふ事なかりしといふものはあらず。……倭漢ともに、年号といふものなかりし古の時にも、天下の治乱、人寿の長短、世として是なきにもあらず。……

㋺某（白石）申す、我朝の今、天子の号令天下に行れ候事は、ひとり年号の一事のみにて、異朝までも末代までも伝へ聞ゆべき所なるに、近き比ほひの年号、大きに古に及ばざる様に覚へ候。是は取用ひらるゝ字の、あまり其数すくなく候によりて〔僅六十餘字歟〕、しかるべき号の得がたきが致す所と存候へば、いかにも用ひらるべき御事の候もの哉と申候……。

つまり、白石の場合は、㋑年号によって社会も人間も吉凶を左右されるわけではない、と看破すると同時に、㋺年号は今なお天下に行われている「天子の号令」にて今後とも伝えるべきものであり、採用する文字数もふやす必要があると指摘する。ただし、中井竹山の（イ）のような、代始改元のみに純化すべし、というまでには至っていない。

一方、藤田幽谷は、水戸の商家に生まれたが、天明四年（一七八四）十一歳のときから藩儒立原翠軒の門に入って学んだ。やがて彰考館員に選ばれ、寛政三年（一七九一）から『大日本史』の編修に携わることになったが、その年の十月十一日、『建元論』と題する一文を書いている。これは、三日後（十月十四日）に書きあげた『正名論』と対をなすもので、師の翠軒を介して藩主か幕閣へ提出するために用意された意見書とみて差しつかえないであろう（注22）。水戸明徳会彰考館の藤田文庫には、その草稿も清書も架蔵されているが、ここには清書本の要点を引用する。（『幽谷全集』所収本を参考にして句読点と返点を加え、適宜改行して符号を冠した。）

〔イ〕……漢猶有二諸侯王一。当時紀レ年、上書下天子大二一統一之年上、而下書二諸侯王自レ有レ国之年一。……故年号之行、通二於天下一、雖二僭レ位仮レ号者一、無三復容二其偽一矣。……然則、年号既建矣、元亦可二屢改一乎。曰、不レ然。元之為レ言首也。人君即レ位、既已紀レ元、豈可二復改一乎。而……至二武帝一建二年号一、則其改亦屢矣。雖レ不レ能レ無レ失二慎レ始之意一、而亦能得二一統之義一、夫復何咎。後世、妄庸之主、踵而行レ之、一世数元、可レ謂レ濫也。

〔ロ〕夫皇朝、自三孝徳帝肇建二大化之号一、至レ今六十有餘世・一千有餘歳。其間、或以二祥瑞一名レ年、因二災異一改レ元者、殆過二一百一。皇統之隆、伝二之無窮一、而與二天地一終始。……革命乃湯武順レ天応レ人之事。非レ所レ施二於萬古一姓之邦一。而讖緯誕妄、又何足レ言哉。且夫祥瑞不レ足レ恃也。災異固可レ畏也。能知二其不一レ足レ恃、則何必名レ年。能知二其可一レ畏、則修レ徳以勝レ之而已、亦何必改レ元。

〔ハ〕明氏之建レ国也。累世相承、於二即位之踰年一改レ元、終身不レ易。其於二一統慎始之義一、可レ謂二両得一レ之矣。

……則雖二百世遵守一可也。

これによれば、〔イ〕中国では、天子（皇帝）のもとに諸侯王がおり、紀年法も、天子の天下一統年次を表わすものと、諸侯王がそれぞれ立国以来の年次を表わすものとがあった。しかし、天子の年号が行われ天下に通用するようになってからは、僭主の立てる仮号が罷り通ることもなくなった。年号はいったん建てたら、しばしば改元すべきものではない。前漢の武帝が年号を創建して再三改元したのは「始めを慎しむの意」を失うものであるが、よく「（天下）一統の義」を得たことに免じて、あえて咎めるにおよばない。けれども、その後の凡庸な天子が濫りに改元して「一世数元」にしたのはよくないという。

一方、〔ロ〕日本でも、孝徳天皇の大化創建から当今（光格天皇）の寛政初年まで、六十四代千百四十数年間に、祥瑞や災異などによる改元も多くて、年号は二百を越した（二三二。北朝を含む）。しかし、わが国は皇統を無窮に伝えてきた「万古一姓の邦」であるから、中国のような革命放伐思想に惑わされてはならず、妄誕の讖緯説によって辛酉や甲子の年に改元することはまったく意味がない。また祥瑞は恃むに足らず、災異も徳を修めて勝つべきで、改元するにはおよばない。しかも、〔ハ〕明朝においては、建国以来代々「即位の踰年（翌年）に改元して終身易へず」、それによって「一統・慎始の義」を両方とも得ることに成功している。したがって、わが国においても、〝即位踰年改元・終身不易〟（一世一元）こそ今後遵行すべきだ、というのである。

この当時、藤田幽谷はまだ十八歳の青年であったが、和漢の主要な史書に精通し、すでに明確な名分思想を樹立していた（注23）。それゆえに、彼我の年号についても、来歴を正確に把握したうえで、その実態に的確な批判を下し、さらに今後への適切な提言もなしえたのであろう。しかも、その論旨がまったく面識も文通もない大坂の碩学・竹山の建言ときわめて良く似ている。これは、単なる偶然というよりも、皇室を至高の存在と仰ぐ東西の日本的儒学者が導き出した結論の、おのずからなる一致、とみてよいであろう。

けれども、この寛政初年に相前後して提唱された画期的な一代一号論（践祚踰年改元、終身不易論）も、ただちに採択実現されたわけではない。竹山の『草茅危言』は、確かに松平定信の目に触れているが、寛政五年（一七九三）定信の老中退職により、それが施策に活かされるには至らなかった。まして幽谷の『建元論』は、翠軒を介して定信のもとに届けられたか否かさえ確認できない。

とはいえ、両者の提言が識者に与えた少なからぬ影響を見逃してはならない。たとえば、豊後に咸宜園を創立した広瀬淡窓は、『懐旧楼筆記』弘化二年（一八四五）正月三日の口授記事に、「漢土ニテハ、往々明年ノ元ヲ改ムルコト、前年ヨリ令アリ。又、明以後ハ一帝一元、之ヲ改ムルコトナシ。我国モ何トゾソノ例ニ随ハセラレタキコトナリ。」

と述べているが、これを筆記した門人の欄外注記に、「確言。草茅危言、亦有二此説一。」とみえる（注24）。これによれば、明清のような「一帝一元」の採用を唱える儒者淡窓の私塾にも、『草茅危言』の写本が弘まっていたのであろうと思われる。

一方、藤田幽谷の『建元論』に関しては、明治二十四年発行の雑誌『如蘭社話』（注25）に、宮崎幸麻呂氏が「御一世一元の制を定められしは、廟堂（朝廷）の大議に決せし者なるべけれども、また学者の意見をも採用せられしは疑なき事なり。余、さきに加藤桜老翁が、当時そのすぢの人に出したる意見書を見し事あり。そは水戸藤田一正翁（幽谷）の建元論を引きて、いたく一世数号の不可なるよしを弁へられたる者なりき。これら、必ず参考の一とはなりし者なるべし。その建元論は、早く寛政三年辛亥（一正翁歳十八）になれる者にて……明治元年を距ること七十八年、既に此論を立てられしは卓見と謂ふべし。」との注目すべき一文を寄せている。

この宮崎幸麻呂という人は、津和野藩出身の国学者（大国隆正門下）で、藤田東湖（幽谷嫡男）の末娘清子を娶っているから、当然『建元論』を知っていたであろう（注26）。しかも、それ以上に、文中の加藤桜老とは、水戸藩校弘道館総裁会沢正志斎（寛政三年以来、幽谷に師事）の門人であり、文久三年（一八六三）より明治初年まで長州において藩校明倫館教授を勤めている。されば、彼が祖師幽谷の『建元論』を引いて、「一世数号の不可なるよし」を論じた意見書を作った可能性は、充分あるであろう。また、それを彼が長州で「そのすじの人」（注27）に提出したとすれば、それが京都にもたらされ、朝議の参考にされた可能性も、決して少なくないと思われる。

以上のごとく、明治改元に際して一世一元（一代一号）を主張したのは、確かに岩倉具視と認めてよい。しかし、その構想は、すでに寛政初年、中井竹山や藤田幽谷が提案しており、とくに幽谷の『建元論』は、孫弟子にあたる加藤桜老を介して、明治改元に何らかの影響を与えたとみられる。

もっとも、間接的な要因としては、一方で「吉凶之象兆」による従来の頻繁な改元を、為政者も一般国民も段々不合理と感ずるようになり、他方で、西欧君主国の文書などにみえる国王即位紀年を目のあたりにして、それを合理的と考えるような傾向も現われ(注28)、それらが一世一元の採用を容易にしたのかもしれない。

三　一世一元の法制化

前述のごとく、一世一元(一代一号)の制は、明治改元のさい公式に採用された。しかも、その改元詔書に「自レ今以後、革二易旧制一、一世一元以為二永式一。主者施行。」とあり。行政官布告にも「自レ今、御一代一号ニ被レ定候」と記されている。つまり、これは明治一代だけでなく、それ以後にも励行されるべき「永式」として定められたのであり、この改元詔書と行政官布告は、一世一代(一代一号)に対する自今以後の法的根拠としても機能しうることになった、と解してよいであろう。

そのためか、明治十年代に進展する『皇室典範』準備段階では、元号(一世一元の年号)に関して論議された形跡がみあたらない。ちなみに、明治八年(一八七五)設置された元老院は、「新法ノ設立、旧法ノ改正ヲ議定」(元老院職制章程)する一環として、古来不文の大法とされてきた皇位継承関係事項を成文化するため、その研究資料として『旧典類纂・皇位継承篇』全十巻を編纂し(同十一年出版)、ついで同十三年、『国憲(案)』を起草しているが、どちらも元号には触れていない。

また、同十四年には、右大臣岩倉具視が憲法制定の原則「大綱領」を示し、その一項に「帝位継承法ハ祖宗以来ノ遺範アリ、別ニ皇室ノ憲則ニ載セラレ、帝国ノ憲法ニ記載ハ要セザル事」として、「帝国ノ憲法」とは別に「皇室ノ憲則」を定める方針を明らかにした。それを承けて、同十八年ころ『皇室制規』、翌十九年に『帝室典則』が、ともに宮内省案として作られるが(注29)、そこでも元号はとりあげられていない。

ところが、この宮内省案は、上奏前に廃棄され、柳原前光が明治二十年初頭『皇室典範』案を起草した。現在、その初稿を修正した「再稿」が伝存しており、それは全十一章（百十九条）から成る詳細なものである。その第一章「皇位継承」は、従来の『皇室制規』や『帝室典則』の当該条文などをふまえながら、十三条に整備されており、しかも続いて第二章「尊号・践祚」には新しく「元号」および「即位礼・大嘗祭」などの規定が設けられている。

その柳原草稿は、同二十年三月二十日、伊藤博文（総理大臣兼宮内大臣）が高輪別邸に起草者の柳原前光（帝室制度取調局委員長）と井上毅（宮内省図書頭）を招いて、三者で討議しながら大幅に修正を加え、伊藤みずから裁定を下した。この伊藤裁定案を整理したものがまもなく天皇に捧呈され、それが『皇室典範』原案として、翌二十一年五月、枢密院に諮詢された。

その後枢密院会議では、天皇親臨のもと、一ヵ月余りかけて原案の内容にも表現にも充分検討が加えられ、全十二章六十二条にまとめあげられた。かくて成案をえた『皇室典範』は、皇室の特別法（いわば家法）であるから大臣の副署を加えないで、翌二十二年二月十一日、『大日本帝国憲法』公布とともに公表されたのである。

そこで、まず柳原の起草した草稿（再稿）をAとし、ついで伊藤らが修正して捧呈した『皇室典範』原案をBとし、さらに枢密院の議をへて欽定された『皇室典範』正文をCとして、その中の元号関係の条文を、即位礼・大嘗祭の条文とともに、ＡＢＣ対比して逆順に示せば、左のとおりである（注30）。

㊙即位礼・大嘗祭

C　第十一条　即位ノ礼、及大嘗祭ハ、京都ニ於テ之ヲ行フ。

B　第十一条　即位ノ礼ハ、西京ニ於テ之ヲ行フ。
　　第十二条　即位ノ後、大嘗祭ヲ行フコト、祖宗ノ例ニ依ル。

A　第十九条　即位ノ大礼ハ、祖宗ノ例ニ依リ、西京宮殿ニ於テ之ヲ行フ。
　　第廿二条　即位ノ後、大嘗会ヲ行フコト、祖宗以来ノ例ニ依ル。

(乙)元号の改元

C　第十二条　践祚ノ後、元号ヲ建テ、一世ノ間ニ再ビ改メザルコト、明治元年ノ定制ニ従フ。

B　第十三条　践祚ノ後、元号ヲ建テ、一世間ニ再ビ改メザルコト、明治元年ノ定制ニ従フ。

A　第二十条　即位（践祚）ノ後、元号ヲ建ルコト、孝徳天皇以来ノ例ニ依ル。但シ一世間ニ再ビ改メザルハ、明治元年ノ定制ニ従フ。

第廿一条　践祚・即位・改元ハ、詔書ヲ以テ之ヲ公布ス。

これらを見較べてみると、(甲)の場合、A（柳原草稿）でもB（典範原案）でも「即位ノ礼（大礼）」と「大嘗祭（会）」と別々に条文化していたのを、C（欽定正文）では「即位ノ礼、及大嘗祭」という形で一本化している。また、Aでは、「即位ノ大礼」も「大嘗会」も「祖宗（以来）ノ例ニ拠」ると断り書きをつけているが、Bでは、「即位ノ礼」の断り書きを省き、Cに至っては、それと「大嘗祭」を一緒にして両方の断り書きを削り、かつ「西京」を「京都」に改めて、最も簡潔明快な条文に仕上げている（注31）。

同様に(乙)の場合も、Aでは、一世一元の原則だけでなく、公布の様式をも別条に立てていたが、早くもBの段階で、公布様式の条を省き、かつ元号を建てることは「孝徳天皇以来ノ例ニ依ル。」との断り書きも削っている。このような措置は『皇室典範』では単に一世一元の原則を明確にすればよいと考えられたからであろう。また、わざわざ「孝徳天皇以来ノ例」といえば、代始改元だけでなく祥災や革年などによる改元も含まれることになり、一世一元の制を定めた「明治元年ノ定制」と整合しないため、あえて前者を省き後者の但し書きを残すことになったのであろう。かくて、この元号規定は、Bの草案に一字（一世ノ間）を加えただけで、Cの正文とされるに至った（注32）。

しかし、この『皇室典範』第十二条も、解釈に疑問を生ずる余地がないわけではない。すなわち、ⓐ「践祚ノ後、元号ヲ建テ」ること（改元の時期）は、ⓑ「一世ノ間ニ再ビ改メザルコト」（一世一元の原則）と同じく、ⓒ「明治元年ノ定制ニ従フ」のか、それともⓐはⓑの前で切れてⓒと関係がないのか、という疑問である。

もし前者であれば、明治の改元は、前述のごとく孝明天皇崩御から二週間後の慶応三年正月九日践祚された明治天皇が、それより一年半以上経った翌四年九月八日に行われたことであるから、いわゆる践祚踰年改元といってよい。しかも日本では平安初期の「弘仁」改元（八一〇）以降一千年余り、代始改元は践祚の踰年（翌年）に行う慣習が続いていたから、それをふまえて「明治元年ノ定制」と規定されている、と解することも不可能ではない。一方、もし後者であれば「践祚ノ後」とは、践祚と同日とも数日中とも、その月内とも年内とも翌年以降などとも解することができるから、践祚の踰年という以上に改元時期を限定しがたくなる（注33）。

ところで、『皇室典範』の第六十一条には「皇族ノ財産・歳費、及諸規則ハ別ニ之ヲ定ムベシ」とあり、諸般の規則を整備するため、すでに典範審議中の明治二十一年五月、宮内省に臨時帝室制度取調局が設けられた（委員長柳原前光。同二十三年十月廃局）。ついで同三十二年八月、あらためて帝室制度調査局が置かれ（総裁伊藤博文）、とくに同三十六年からこの調査局副総裁となった伊東巳代治が熱心にとりくんだ。彼は、御用掛穂積八束らの協力をえて、意見書『皇室弁』をまとめ、以後その方針にしたがって諸規則の起草を督励したのである（注34）。その甲斐あって、わずか数年間に、皇室関係法令案が四十件以上（法律案三件・勅令案四件・皇室令案三十五件）作成されるに至った（注35）。その一つが、同四十二年二月十一日に勅定公布された皇室令第一号『登極令』である。この中に次のごとく規定されている。

㋑第二条　天皇践祚ノ後ハ直ニ元号ヲ改ム。

㋺　　元号ハ枢密顧問ニ諮詢シタル後、之ヲ勅定ス。

㋩第三条　元号ハ詔書ヲ以テ之ヲ公布ス。

このうち、㋩は前掲の柳原草稿（A）第二十一条（のち削除）の趣旨をここに復活したものといえよう。それに対して、㋑と㋺は、『皇室典範』第十二条をふまえた、まったく新しい細則にほかならない。

すなわち、㋑によって、改元の時期は、新帝践祚の直後（同日）でなければならない、ということが明示され、『皇室典範』第十二条の解釈に、疑問の余地がなくなった。また㋺によって、改元の方法は、往時の公卿による難陳（仗議）に相当する枢密院顧問官の諮詢（審議）をへて勅定（裁可）される、ということも明示されたのである。とくに「天皇親臨シテ重要ノ国勢ヲ諮詢スル所」として設けられた枢密院を元号の審議機関としたのは、元号が正に「重要ノ国勢」と考えられたからであろう。

このようにして、一世一元の法制は、明治改元から四十二年後、『皇室典範』制定二十年後、ようやく完備されるに至ったのである。

四　大正・昭和の改元

これらの元号関係法規が初めて適用されたのは、『登極令』制定三年後、「大正」改元の際であり、それにつぐのが「昭和」改元の際であった。この両「改元」の儀は、皇位継承に伴う践祚の儀・即位礼・大嘗祭などとともに、詳細な公式記録がのこされているので、その主要部分をここに紹介させていただこう（注36）。

まず「大正」改元である。明治天皇は、明治四十五年（一九一二）七月中旬、不豫（数年来の「御腸胃症」急変による衰弱昏睡状態）となられ、三十日午前零時四十三分に崩御された。それに先立ち、御平癒不可能と診断された二十八日、西園寺公望内閣総理大臣は「預メ事ヲ議スルハ非礼ニ属スト雖モ、忽卒ノ際失錯アラムコトヲ恐レ、旨ヲ承ケテ元号勘進ノ内案ヲ作成セシ」めている。

それをうけて即日、岡田正之学習院教授から「乾徳」、高島張輔宮内省図書助から「永安」という案が提出された。けれども、西園寺首相が「乾徳」は宋で年号に用いられ、「永安」は蜀の宮殿名に使われている、として両案を退けた。そのため翌二十九日、股野琢内大臣秘書官長から「昭徳」、国府種徳内閣嘱託から「天興」という案が提出された。

しかし、再び西園寺首相が「昭徳」は唐に昭徳王后の名としてあり、「天興」は「偽僭ノ国」拓跋氏の年号にみえると指摘した。そこで、さらに、国府内閣嘱託から「大正」、多田好問宮内省御用掛から「興化」という案が提出された。

かくて翌三十日、新帝が践祚（剣璽渡御の儀）直後に「元号建定ノ詔書案・元号案」を枢密院に諮詢されると、西園寺首相は右の中から「大正」を第一案、「天興」を第二案、「興化」を第三案として枢密院の山県有朋議長に提出した。それをうけて開かれた全員審査委員会とそれに続く本会議では、枢密顧問官二十五名、国務大臣十名、法制局長官・書記官長等五名、合計四十名出席のもとに「（古来の）難陳ト同一ナル難問・講究ヲ重ネ」てから、「大正ト為スコトニ……全会一致ヲ以テ可決」し、午後五時半すぎ、山県議長より次のごとく上奏している。

臣等、元号建定ノ件、諮詢ノ命ヲ恪ミ、本月三十日ヲ以テ審議ヲ尽シ、元号ヲ大正ト改メラレテ然ルベシ、ト議決セリ。乃チ謹ンデ上奏シ、更ニ　聖明ノ採択ヲ仰グ。

この上奏をえて、新帝はその議決どおりに新年号を「大正」と勅定されるとともに、同じく枢密院で審議をへた次のような改元詔書を発せられた。

朕、菲徳ヲ以テ大統ヲ承ケ、祖宗ノ霊ニ誥ゲテ万機ノ政ヲ行フ。茲ニ先帝ノ定制ニ遵ヒ、明治四十五年七月三十日以後ヲ改メテ大正元年ト為ス。主者施行セヨ。

この改元詔書は、内閣総理大臣と各省大臣が副署を加えており、官報によって公布し、即日施行された（注37）。また、その読み方も、大正の「内閣告示第一号」によって、次のごとく示されている（注38）。

元号ノ称呼、左ノ如シ。／大（タイ）正（シャウ）

大正元年七月三十日　　内閣総理大臣西園寺公望

つぎに「昭和」改元である。大正天皇は、御病弱のため大正十年（一九二一）十一月から皇太子裕仁親王を摂政として国事を委ね、療養に専念しておられた。けれども、一向に病状好転せず、同十五年（一九二六）十二月二十五日午前一時二十五分、葉山の御用邸において崩御された。それより先、すでに「大正天皇御不豫大漸ニ渡ラセラ」れたので、一木喜徳郎宮内大臣は「不幸ニシテ万一不可諱ニ遭遇シ、急遽ノ際、元号勘申ノ如キ重大ナル事項ニ於テ、苟クモ失態ヲ来スガ如キコトアランカ、誠ニ恐懼ノ至ナルヲ以テ、政府ニ於テモ固ヨリ其ノ用意アルベシト雖モ、宮内省ニ於テモ亦、預メ之ガ準備ヲ整ヘ、万遺漏無キヲ期セザルベカラズ。」と考えて、図書寮編修官吉田増蔵氏に対し内々「慎重ニ元号（案）ヲ勘進スベキコト」を命じている。そのさい、吉田編修官に示された元号文字勘出基準は、左の五項目であった。

一、元号ハ、本邦ハ固ヨリ言ヲ俟タズ、支那・朝鮮・南詔（唐代の雲南王国）・交趾（ベトナムの古名）等ノ年号、其ノ帝王・后妃・人臣ノ謚号・名字等、及ビ宮殿・土地ノ名称等ト重複セザルモノナルベキコト。

一、元号ハ、国家ノ一大理想ヲ表徴スルニ足ルモノナルベキコト。

一、元号ハ、古典ニ出処ヲ有シ、其ノ字面ハ雅馴ニシテ、其ノ意義ハ深長ナルベキコト。

一、元号ハ、称呼上、音調諧和ヲ要スベキコト。

一、元号ハ、其ノ字画簡明平易ナルベキコト。

これをうけて、吉田編修官は「博ク経史子集ヲ渉猟シ、先ヅ三十余ノ元号ヲ選出シ、五項中ノ第一項ニ抵触セザルヤ否ヤヲ多クノ典籍ニ就キテ精査推覈シ、且ツ其ノ他四項制限ノ範囲内ニ属スルモノト認ムルモノニ限リ、勘進第一案ヲ作成」したという。このような極秘裡の準備（下命・精査・勘進）は、御病状の急変を憂慮して、相当早くから進められていたと考えられ、吉田氏が当初用意した元号案は数十にのぼるようであるが（注39）、それを前記五項の基準に照らして左の十種に絞り、それを「勘進第一案」としたのである。

①神化（ジンクワ）　②元化（ゲンクワ）　③昭和（セウワ）　④神和（ジンナ）　⑤同和（ドウワ）
⑥継明（ケイメイ）　⑦順明（ジュンメイ）　⑧明保（メイホウ）　⑨寛安（クワンアン）　⑩元安（ゲンアン）

しかも吉田編修官は、一木宮内大臣の命をうけて、右の十種に再び詳しく検討を加え、半数の③④①②⑤を選択して「勘進第二案」とした。そこで一木宮相は、さらに慎重な「考査」をとげ、第一「昭和」、第二「神化」、第三「元化」の三種を選択して「勘進第三案」とし、牧野内大臣と西園寺元老にも賛同をえて、若槻首相に提出している。

また、これとは別に、内閣でも万一に備えて、「大正」年号を勘進した内閣嘱託の国府種徳氏に内々「元号ノ勘進」を命じたところ、同氏は慎重に精査して「立成」「定業」「光文」「章明」「協中」の五種を選び、若槻首相に提出した。こうして、宮内省から三案、内閣から五案をえた若槻首相は、あらためて塚本清治内閣書記官長に「慎重精査」させ、そのうえで「一元号案即チ昭和ヲ撰定シ、参考トシテ元化・同和ノ二案ヲ添付スル」ことにした。つまり、早くもこの段階で国府氏の案はすべて姿を消し、吉田氏の三案、とりわけ「昭和」が最有力候補とされたのである（注40）。また、改元の詔書案も、内閣から委嘱をうけた吉田編修官が起草している。

かくて十二月二十五日、新帝が践祚直後、「元号建定ノ件」と「詔書案」作成を枢密院に諮詢され、内閣の原案を下付された。そこで、午前六時四十五分から開かれた全員審査委員会とそれに続く本会議では、枢密顧問官十八名（倉富議長、平沼審査委員長を含む）、国務大臣十名、内閣書記官長以下八名（委員として招かれた「内閣官房総務課事務嘱託」吉田増蔵氏を含む）合計三十六名出席のもとに、「政府ノ説明ヲ聴取シ、質疑応答ヲ経テ……慎重審議ヲ遂ゲ」、その結果「元号ヲ昭和ト定ムルコトハ全会一致ヲ以テ之ヲ可決」している。

この会議が三時間近くもかかったのは、「詔書案ノ文言ニ付、討議ヲ重ネタル末、原案ニ修正ヲ加フルコトトシ」たからであるが、その修正も「全会一致ヲ以テ議決」された。そして午前十一時すぎ、倉富勇三郎枢密院議長より「原案ヲ墨書シ、院議ノ決スル所ヲ朱書シ……更ニ聖明ノ採択ヲ仰グ。」との上奏文が呈されると、新帝は直ちにそれを裁可勅定され、次のような改元詔書を発せられた。

朕、皇祖皇宗ノ威霊ニ頼リ、大統ヲ承ケ万機ヲ統ブ。茲ニ定制ニ遵ヒ、元号ヲ建テ、大正十五年十二月二十五日以後ヲ改メテ昭和元年ト為ス。

この改元詔書も、若槻首相以下の全大臣が副署を加えており、官報（号外）によって公布し施行せしめられた。また、前回同様、新年号の読み方をあまねく知らせるため、昭和の「内閣告示第一号」によって「元号ノ称呼……昭和（セウワ）」と示されている。出典は『尚書』（書経）堯典に「百姓昭明、協和万邦」とみえる。

以上が「大正」「昭和」の改元手続きである。ともに『登極令』の規定するごとく「天皇践祚ノ後ハ直ニ元号ヲ改ム」るため、時の内閣はあらかじめ内々に元号案を準備しており、それをもとにして、新帝践祚と同じ日のうちに、枢密院で審議可決して、新元号を勅定・公布・施行することができたのである。

むすび

以上、論述多岐にわたったが、各節の要点を整理して左に示し、結びに代えたい。

㈠「明治」改元の際、維新政府が従来の難陳論議を省いて神前抽籤の新方式をとり、しかも「一世一元」（一代一元）を今後の「永式」として打ち出したのは、日本の年号制度史上、画期的な出来事といってよい。

㈡　この改革は、岩倉具視が慶応四年春ころ方針を立て、八月に至り議定・参与らに賛同を求めたうえで、上奏して裁可をえたものであることが確かめられる。

㈢　しかし、「一世一元」（一代一号）の構想は、すでに寛政初年、大坂の中井竹山や水戸の藤田幽谷らが提唱しており、とくに幽谷の『建元論』は、幕末に至り孫弟子の加藤桜老が当局に提出した意見書に引かれている。

㈣　一世一元の制は、明治二十二年制定の『皇室典範』第十二条に明文化され、同四十二年公布の『登極令』第二・第三条に細則が設けられて、法的に完備したといいうる。

㈤　事実、明治四十五年七月の「大正」改元も、大正十五年十二月の「昭和」改元も、当局者が右の法令に基づいて順調に行うことができたのである。

注

（1）新訂増補国史大系『令集解』七三三頁に、「古記（大宝令注釈書）に云はく、年号を用ひよ。謂ふところは、大宝を記して辛丑と注せざるの類也。」とみえるから、大宝令も養老令とほぼ同文であったこと、年の表記に、大宝以前は干支を公用していたことが知られる。その変化は当時の藤原宮から出土する木簡や金石文等でも確認することができる。なお、『貞観式』（『小野宮年中行事』所引逸文）と『延喜式』太政官式には「およそ諸司の年終帳……それ年号下注せよ」とみえる。

（2）拙著『日本の年号』（昭和五十二年二月刊、雄山閣出版）一九七～二三三頁。

（3）宮内省臨時帝室編修局編『明治天皇紀』第一巻（昭和八年稿。同四十三年十月刊、吉川弘文館）八二六～七頁。なお、㊁所引の明治改元詔書案は、江馬天江（太政官史官）の起草と伝えられる。

（4）『山科言成卿記』自筆本＝宮内庁書陵部所蔵（二五三函二五三号）

（5）『岩倉公実記』（明治三十九年、二巻本刊。昭和四十八年、三巻本復刻、原書房）中巻五三九頁。

（6）難陳の実例は、平安中期以降の「改元定記」「改元部類記」が数多く残っており、その一部は続群書類従（公事部）に収められている。拙稿「年号研究と群書類従」（昭和五十二年二月発行『温故叢誌』第三十一号。のち同六十三年、拙著『年号の歴史』に再録）参照。

（7）年号勘文の勘申者を、前引の『言成卿記』も『明治天皇紀』も「菅清両流」「清菅両家」と記している。しかし、明治改元の関係史料をみても、清原氏で年号勘文を奏進した例はなく、「明治」の号は式部大輔菅原（唐橋）在光の勘申したものである。江戸時代においては、宮崎成身編『視聴草』（自筆稿本内閣文庫所蔵）七集七「改元之大略」に「改元アルベキトノ儀定リテ後、菅家ノ衆五家へ宣下アリテ、年号文字ヲ作進奏上セラル。大抵一家ヨリ五号ヅツノ作進ナリ。五家ハ今、高辻・五条・東坊城・唐橋・桑原ナリ。是菅家ハ代々儒家タルガ故也。〔外ニ清岡新家アリ。〕……」とあるごとく、もっぱら菅原氏の儒者が勘申している（『光台一覧』も同趣）。あるいは菅原氏の清岡家が清原氏と混同されたのかもしれない。

たとえば、『宗建卿記』の享保二十一年＝元文元年（一七三六）二月二十二日条には、「今度勘者に清二位（清原宣通）を加へらる。主上と上皇の思召を以ての由。清家に於て年号勘進、希代の例なり云々。」とみえる。しかしながら実際、四月一日に勘者の宣下をうけて、同二十六日に勘文を奏進したのは、唐橋在秀（元文・天悠・宝文・万禄・明治）と高辻総長（明安・久治・寛延・文長・天明）と五辻為成（永安・得寿・大亀・宝暦・明和）の菅原氏三人であって、清原（伏原）宣通の名はみあたらない。

（8）『松平春嶽全集』（昭和十四年刊。同四十八年復刻、原書房）第一巻所収『逸事史補』（明治三～十二年稿）三八九頁。

（9）ちなみに、「明治」の出典は、『周易』（易経）説卦伝の「聖人南面して聴かば、天下明に嚮ひて治まる」によったものであるが、これはすでに室町時代から江戸末期までに何回も勘申されている。ただし、その出典は『周易』が八回、それ以外に『孔子家語』が三回、『尚書』注疏と『荀子』が各二回で、合計十五回にのぼる（勘申者はいずれも菅原氏）。森本角蔵氏『日本年号大観』（昭和八年六月刊、目黒書店）二九四～五頁参照。

なお、大城戸宗重氏は「明治年号難陳」（明治二十二年発行『如蘭社話』第十号所載）に、「此頃、享保二十一年度改元定の難陳を見しに、唐橋大内記〔在秀朝臣〕の撰進中に明治の号を加へたり（注7参照）。当時、西園寺大納言〔公晃卿〕、高辻式部大輔〔総長卿〕の陳弁もありしかど、坊城中納言〔俊将卿〕、清閑寺右大弁〔秀定卿〕の論難に依て、終に元文とぞ改元せられたりき。今、明治の昭代となりて、いと珍敷き事に思はる……文字も亦遇不遇あるか。」と批評し、この時の「明治」難陳記録を抄出している（『古事類苑』洋装本1三〇八頁所載）。

(10) 京都御所東山御文庫には、明治天皇の宸筆「明治」も現存する。そのカラー写真が明治神宮編『明治天皇詔勅謹解』(昭和四十八年一月刊、講談社)の口絵に掲載されている。
なお、年号の宸筆については、順徳天皇撰『禁秘御抄』「改元」(故実叢書所収『禁秘抄考註』中巻一七〇頁)に、「年号定の後、主上、朝餉に於て書かしめ給ふ。……高檀紙に年号の字を書きたまふ〔一枚なり〕。其の後に萬人も書くべきなり。……〔月日は書かず、唯年号バカリなり。元年ノ字ハ書くなり。〕」とみえる。

(11)「今般、御即位済まし為され、改元仰せ出され候に付きては、天下の罪人、当九月八日までの犯事、逆罪。故殺並びに犯状の差し免じ難き者を除くの外、総じて一等を減じて赦され候ふ事。……行政官」(『太政官日誌』第八十一、『岩倉公実記』中巻等所載)
なお、右の大赦布告文中に、改元日の「八日までの犯事」を恩赦の対象にしているが、これは八日未明以前の意味であろう。慶応以前の改元詔書には、ほとんど「天下に大赦す。今日昧爽以前、大辟以下……咸皆赦除す。」と記されている。

(12)『大日本外交文書』第一巻第二冊(昭和十一年刊)二五七頁。

(13)『明治天皇紀』第一(明治元年八月十七日条)七九四頁。

(14) たとえば、慶応三年十二月九日の勅諭(いわゆる王政復古の大号令)をみても、「諸事神武創業ノ始」に基づくことを理念として掲げつつ、同時に、「国威挽回」のために官制を改革して公武上下の別なく「至高ノ公議」を尽くすことにより、諸政刷新をはかろうとしている。翌年三月に出された「五箇条の御誓文」なども、その延長線上にある。

(15)『岩倉具視関係文書』第七(昭和十年刊。同四十四年復刻、東大出版会)一六六頁。

(16) 荒川久寿男氏「明治改元と維新の大精神」(『元号―いま問われているもの』所収、昭和五十二年十二月刊、日本教文社)六九~七三頁。

(17)『岩倉具視関係文書』第四・一〇四頁。なお、神祇局権判事・津和野藩士の福羽美静は、慶応四年八月十二日、藩主亀井

茲監と共に「御即位新式取調御用掛」を仰せつかり、『即位新式抄』（東大史料編纂所蔵『大日本維新史料稿本』同年八月二十七日条所引）を提出し、そのなかで「御即位式ニ継デ年号改元ノ事、是亦御一代一度タルノ儀」とすべきことを主張しており、岩倉の意見も福羽の案がもとになっているのかもしれない。

(18) 奈良時代の践祚同日改元の例は、元正天皇（霊亀〈七一五〉九月二日）、聖武天皇（神亀〈七二四〉二月四日）、孝謙天皇（天平勝宝〈七四九〉七月二日）、光仁天皇（宝亀〈七七〇〉十月一日）の四回あるが、前三者は先帝の譲位による践祚で、それを寿ぐ祥瑞の出現も併せて改元の理由とされている。それに対して、後の三回（元明天皇の和銅、称徳天皇の天平神護、桓武天皇の延暦）は、先帝の崩御か配流の後を承けた践祚の翌年改元である。

なお、平安初期以降の代始改元の年月日は、後掲の付4「日本公年号の改元要覧」参照。

(19) たとえば、尾張の国学者石原正明は『年々随筆』（文化元年〈一八〇四〉稿。日本随筆大成第一期巻十一所収）の中で、「明、世祖より、かの国は一帝一元なり。から書よむ輩、これをいみじき事にほめののしる。されど、これはいとしもなし。一帝一元がめでたくば、某皇帝初年二年にて事たれり。年号は何の料ぞや。」（八三頁）と批評している。

(20) 稲垣国三郎氏編著『中井竹山と草茅危言』（昭和十八年九月刊、大正洋行）一七～九頁。

なお、竹山は同書巻一の二「諡号院号の事」にも、年号に言及して、「明清両朝は年号を以て帝王を称し、洪武帝・永楽帝・順治帝・康熙帝などいふ例あり。……それを例として従ひ、御一代中にて長かりし年号、又は諡号に似合はしき年号を用ひて、諡号に奉る事、至簡至当の御事なるべし。……年号は重複のなきものゆゑ幸の事なるべし。」と提案している。

これが実現するのは、約百二十年後の大正元年八月、先帝に「明治」の諡号（追号）が贈られたときである。

(21) 前半㋑は『折焚く柴の記』下巻（宮崎道生氏『定本・折焚く柴の記釈義・増訂版』〈昭和六十年一月刊、近藤出版社〉四二三～五頁）、後半㋺は『正徳年号弁』（『新井白石全集』第六巻一五〇頁）。なお、白石と同門の雨森芳洲も『橘窓茶話』（日本随筆大成第二期巻四所収）に、「朱明、開国已来、一代只一年号、法るべし。」（三七八頁）と指摘している。

(22) 瀬谷義彦氏他編『水戸学』（昭和四十八年四月刊、岩波書店日本思想大系）解題四七四頁、名越時正氏他編『藤田幽谷の研究』（同四十九年三月刊、幽谷先生生誕二百年記念会）参照。

(23) たとえば、『建元論』と同時期に執筆した『正名論』（同右『水戸学』所収）に、「甚しきかな、名分の天下国家に正かつ厳ならざるべからざるなり。……日本は古より君子礼義の邦と称す。礼は分より大なることなし、分は名より大なることなし。慎まざるべからざるなり。……政を為す者、あに名を正すを以て迂なりと為すべけんや。」（三七〇頁）と明言している。

(24) 『淡窓全集』上巻所収『懐旧楼筆記』巻五十三。なお、淡窓の実弟・広瀬旭荘も、『九桂草堂随筆』（安政四年稿、百家随筆第一巻所収）に、「支那一帝一年号の始」に言及している。

(25) 宮崎幸麻呂氏「御即位新式并建元論」（『如蘭社話』第二十六号。明治二十九年刊『古事類苑』歳時部「年号」所引）。

(26) 名越時正氏（水戸史学会会長）の御示教による。

(27) たとえば、長州出身の参与木戸孝允あたりか。『木戸孝允日記』（日本史籍協会本）第一（九四～五頁）に、「今日改元。御一代御一号に仰せ出さる。改て明治元年と云ふ。昨日（七日）御下問あり。議参（議定・参与）各言上。……」（九月八日条）とみえる。

(28) 荒川氏注（16）論文にも指摘されているごとく、薩摩藩からイギリスに留学し、慶応二年、ロシアを見学した森金之丞の旅行記（『森有礼全集』第二巻所収）の表紙には「統仁（おさひと）（孝明天皇）弐拾年丑寅七月初航魯紀行倫同（ロンドン）より」（三頁口絵）と記されている。このような年の表し方は、たとえば慶応四年閏四月一日（AD一八六八年五月二十二日）イギリス公使のパークスが明治天皇に捧呈した信任状に「in the Year of Our Lord One Thousand Eight Hundred and Sixty Eight, and in the Thirty First Year of Our Reign」と記されているような、国王即位何年式の紀年法を日本流に応用したともいえよう。

なお、幕命でオランダに留学した津田真道（津山藩出身）は、明治二年四月「年号を廃して一元を建つべきの議」を奉り、「御一新の秋を好機会として、（神武天皇）橿原の聖地に御即位の年を以て元を建て、百万世それを用ひたまはば、紀伝歳月、明亮ならん」と主張している。

(29)『皇室制規』（宮内省草案第一稿）と『帝室典則』（宮内省草案第二稿・同第三稿・宮中顧問ノ議ヲ経タル修正案）は、國學院大學梧陰文庫研究会編『梧陰文庫影印―明治皇室典範制度前史―』（昭和五十七年十月刊、大成出版社）および小嶋和司氏「帝室典則について」（柳瀬博士東北大学退職記念『行政行為と憲法』昭和四十七年刊、有斐閣）等所収。

(30) A・B・Cいずれも、伊藤博文編『秘書類纂・帝室制度資料』上巻（昭和十一年初版。同四十五年復刻、原書房）および『梧陰文庫影印―明治皇室典範制定本史―』（昭和六十一年九月刊、大成出版社）所収。

(31)『皇室典範草案・枢密院会議筆記』（国立国会図書館憲政資料室所蔵伊東家文書）によれば、B第十一条の「西京」という表現をめぐって議論沸騰し、井上毅は「若シ西京ヲ京都トセバ、東京ハ江戸トナリ、西京コソ帝都トナリテ、東京ノ東ノ字ハ京都ニ相対シテ第二ノ地ニ位スルノ称トナラン。然レドモ、一タビ東京ヲ輦下ト定メラレタル以上、事実東京ハ乃チ我国ノ主府（首）ナリ。是レ故サラニ西京トシタル所以ナリ。……」と原案に固執したが、熾仁・彰仁・威仁の三親王などが「京都」と明記するよう熱心に主張したので、裁決の結果、十一対十の僅差で「西京ノ字ヲ改メ京都トナス」に至った。葦津珍彦氏稿『大日本帝国憲法制定史』（昭和五十五年三月刊、サンケイ出版）八四七頁参照。

(32) 明治二十年三月の伊東巳代治筆記『皇室典範・皇族令草案談話要録』（注30『梧陰文庫影印』本史に全文所収、四九七頁）によれば、Aの第二十条には「即位ノ後……」とあったらしく、伊藤博文が「本条ニ付テハ別ニ異議ナシ。但、即位ノ字ヲ改メテ践祚ノ二字ニ作ルベシ。」と裁定している。（注30『秘書類纂』上巻所収「皇室典範再稿」柳原前光〈内案〉一七五頁では「践祚ノ後……」と改められている。）

また、翌二十一年六月の『皇室典範草案・枢密院会議筆記』（注31参照）によれば、B第十三条について、枢密顧問官寺島宗則から「本条ノ一世間ニ再ビ改メザルコトハ即チ明治元年ノ定制ナレバ、此典範中ニ繰返スヲ要セズ。断然削除アランコトヲ望ム。」との修正動議が出されたけれども、賛成する者なく、「原案同意者」起立二十人で原案どおりに決した。(「一世間」を「一世ノ間」としたのはこれ以後であろう。)

(33)ちなみに、明治二十二年六月初版の『帝国憲法・皇室典範義解』(国家学会蔵版、一五八〜九頁)でも、「恭テ按ズルニ、孝徳天皇紀ニ天豊財重日足姫天皇四年ヲ改メテ大化元年ト為ス、トアルハ、是レ建元ノ始ニシテ、歴代ノ例制トナレリシモ、其ノ後、陰陽占トノ説ニ依リ一世ノ間屡々年号ヲ改メ、徒ニ史乗ノ煩キヲ為スニ至レリ。明治元年九月八日ノ布告ニ云ク……今ヨリ御一代一号ニ定メラレ候……。コレ本条ノ依ル所ノ令典ナリ。」と解説しているが、改元の時期などには言及していない。

なお、『皇室典範義解草案』(注30『秘書類纂・帝室制度資料』上巻所収、九五頁)では、末尾の部分が「此レ一世ニ再ビ改メザルノ定制ニシテ、後世ニ依リ行ハルベキノ令典ナリ。」と記されている。

(34)この前後の経緯は、帝室制度調査局御用掛(宮内書記官調査課長)栗原広太氏が、憲法史研究会第六回例会(昭和十六年七月、於華族会館)で講演された「皇室典範其他皇室法令の制定史に就いて」のガリ版刷速記録(京都大学法学部小早川欣吾氏旧蔵書中複写)の後半に詳述されている。なお、『皇室弁』(国立国会図書館憲政資料室所蔵)は昭和十六年七月「伊東巳代治遺文書(其ノ五)」として刊行。晨亭会編『伯爵伊東巳代治』下巻第十七章「皇室制度の完備と伯の功績」参照。

(35)明治四十年公布の「公式令」第五条に基づき、四十年に「皇族会議令」と「華族令」、四十一年に「皇室祭祀令」、四十二年に「登極令」「摂政令」「立儲令」「皇室成年式令」と「皇室服喪令」、四十三年に「皇族身位令」「皇室親族令」と「皇室財産令」などが公布されている。

ちなみに、栗原広太氏(注34速記録)が指摘しておられるごとく、明治四十五年に詠まれた「しる人の世にあるほどに定めてむ　ふるきにならふ宮のおきてを」との御製は、「法制に通じた者が此の世に在る間に、皇室の制度を完備させたいと仰せられた」(注34)ものであろうと解される。

(36)「大正」改元については『（大正）大礼記録』巻五、また「昭和」改元については『昭和大礼記録』第一冊、および明治四十五年と大正十五年の『枢密院会議筆記』「元号建定の件」に詳述されている。このうち、両大礼記録の原本は一般に閲覧できない膨大なもので、その要旨が別に公刊されている。ただ私は、昭和五十年十一月、国立公文書館で開催された「内閣制度創始九十周年記念国政資料展示会」において両原本の当該部分を拝見し、克明に筆写したことがある。また翌五十一年九月発行の国立公文書館報『北の丸』第七号に、同館公文書専門官石渡隆之氏の調査報告「公的記録上の〝昭和〟」が掲載されており、さらに翌五十二年二月刊行『元号を考える』所収の松島栄一氏論文「近代天皇制における元号問題」には、両記録の主要部分が引用されている。一方、枢密院の会議筆記は東大出版会より縮小影印が刊行されている。

(37)ちなみに、美濃部達吉氏『憲法撮要』（大正十三年一月訂正再版、有斐閣）二〇五頁には、「元号ヲ建ツル事、直接ニ国民ノ生活ニ関シ、性質上純然タル国務ニ属スルコトハ勿論ニシテ……之ヲ憲法ニ規定セズシテ、皇室典範ニ規定シタルハ、恐クハ適当ノ場所ニ非ズ。……大正ノ元号ヲ定メタル詔書ガ宮内大臣ノ副署ニ依ラズ、各国務大臣ノ副署ヲ以テ公布セラレタルハ、蓋シ至当ノ形式ナリ。」と評されている。

(38)ちなみに、「大正」の出典は、『周易』象上伝の「大いに亨り以て正しきは、天の道なり。」によったものであるが、これは江戸時代、「貞享」改元のさい菅原長量により勘申されたことがある。なお、大正のタイは漢音、シャウは呉音。

(39)藤樫準二氏『千代田城—宮廷記者四十年の記録—』（昭和三十三年十一月刊、光文社）によれば、「当時の一木（いちき）宮相から極秘裏に元号草案の委嘱をうけた図書寮編修官吉田増蔵氏が、日夜研究に没頭して提出したもの（元号草案の写し）」は、「当時の杉図書頭の手元に現在も保存されている」が、それには左の四十三案が「いろいろ出典を明記し……ことに〝昭和〟と〝神和〟の二つだけにはとくにフリガナがつけてある」という。

大造、大応、順応、昭和（セウワ）、神和（シンワ）、恵和、敬和、敦和、休和、洽和、感和、神化、観化、敦化、景化、興化、純化、皇化、

久化、元長、昭大、亨正、応正、化光、天光、大光、通同、明保、天休、安久、久中、咸中、天道、知臨、咸臨、昭徳、
化成、光享、通明、平明、大貞、元安。

一方、猪瀬直樹氏『天皇の影法師』（昭和五十八年二月刊、朝日新聞社。同六十二年八月刊、新潮文庫）によれば、吉田氏の妻弥生子氏のもとには「元号案の下書き」が残されており、「『大正十五年二月』という日付のある宮内省専用箋には七十近い数の元号案が筆文字で列挙されている。……『昭和』はこの段階ですでに入っている。また……『十五年七月』の日付のものは三十一に絞られている。」という、この点から、ただちに「一木宮内大臣が吉田増蔵に五項目の条件を提示したのは大正十五年二月以前で、吉田が七十近い元号案のなかから〝先ず三十余の元号を撰出〟して一木宮内大臣に示したのは、七月以前のそう遅くない時期ということになる」とまでいえるかどうかは、現物を確かめていないので判断しがたい。ただ、大正十一年七月病歿した森鷗外（図書頭）に信任されて未完の遺稿「元号考」を補修した吉田氏自身が、元号文字に強い関心と広い学識をもっていたことは確かである。

なお、吉田氏の経歴は、昭和十一年版『日本官界名鑑』に「正五（位）勲四（等）……福岡県人、吉田温次ノ三男、慶応二年（十一カ）一月出生、明治……三十四年和仏法律学校ニ学ビ、同三十九年東京帝大文科ヲ卒業、奈良女高師講師・同校教授ヲ経テ図書寮編修官ニ任ジ、昭和二年六月宮内省御用掛仰付ラレ今日ニ及ブ。……」とみえる（この点、嵐義人氏の御示教による）が、猪瀬氏前掲書には「宮内庁人事課所蔵の『転免物故歴』を閲覧して……明治四十二年、京都帝大支那哲学修業、奈良女高師教授などを歴任、大正九年に宮内省図書寮編修官に任ぜられている、などの経歴はつかめた。」と記されている。

(40) これが確かな事実である。従って、すでに石渡氏や猪瀬氏が明らかにされたごとく、国府案の「光文」が枢密院で内定したけれども某紙にスクープされたから再度審議して「昭和」に変更した、というようなことは、全くありえない。

第四章　戦後の『元号法』成立

はじめに

「明治」改元以来、一世一元が原則となり、それが『皇室典範』及び『登極令』に法文化された。それゆえ、御代が替わると直ちに「大正」と改元され、次いで「昭和」への改元も滞りなく行いえたのである。

しかし、昭和二十年（一九四五）八月の敗戦により、連合国軍の統治下に置かれた日本では、ＧＨＱが占領政策を強引に進め、独立国の根本法である憲法自体の改廃を迫った。そして翌二十一年十一月三日、明治憲法を改正した形をとって「日本国憲法」が公布（半年後に施行）された。それに伴って、従来の『皇室典範』も全面的に作り直され、また『登極令』などの皇室令は原則全廃（暫時準用）されるに至った。

これによって、元号（一世一元）制度の法的明文が無くなったのである。それを放置すれば、千三百年も続いてきた年号（元号）が消えてしまいかねない。それに対処するため制度化されたのが『元号法』である。その成立過程と施行細則について、以下可能な限り明らかにしておきたい。

一　二つの「元号法案」

昭和二十一年二月、連合国軍最高司令官マッカーサーから新憲法原案の起草を命じられた民政局長ホイットニーは、後に憲法第一章第二条となる「皇位は、世襲のものであって、国会の議決した皇室典範の定めるところにより、これを継承する。」との条文を設ける前提として、従来の欽定典範を廃棄させ、一般の法律と同じく「国民の代表者（国会）によって承認されなければ効力を生じない」新しい『皇室典範』の作成を日本政府に要求している（注1）。しかも、新典範の内容は、臨時法制審議会の答申に基づいて、「皇室の身位に関する規定に限り……国務的な事項は他の法制に俟つ」ことが基本方針とされたので、旧典範第十二条の元号規定などは、「国務的な事項」とみなされて、新典範から削除されてしまったのである（注2）。

ただし、当時の政府は、元号を「国務的な事項」とみなすと同時に、それを「他の法制」によって存続するため、内閣法制局で単独の「元号法案」を用意している（注3）。その全文は、左のとおりである。

① 皇位の継承があったときは、あらたに元号を定め、一世の間これを改めない。

② 元号は、政令でこれを定める。

附則

この法律は、日本国憲法施行の日から、これを施行する。

現在の元号は、この法律による元号とする。

この法案は、新憲法公布後まもない昭和二十一年十一月八日、閣議決定をへて、枢密院の審議に付す手続きがとられた。しかし、被占領下の当時は、どんな法案も国会提出以前にＧＨＱの承認をとりつけねばならないことになっていたので、十一月十五日、内閣法制局第一部長（井手成三氏）がＧＨＱに法案を持参した。

ところが、まもなく民政局政治部（ケーディス氏）から法制局次長（佐藤達夫氏）に、「元号の制度は、年を数えるについての一つの権威として天皇を扱うことになり、新憲法のたてまえからいって好ましくない。昭和の元号を事実上使うことには反対しないが、元号の法制化は承認できない。しいてやりたければ、占領が終ってから勝手に立法すればいい」と通告してきた。そのため、やむなく十一月十九日、この元号法案は、枢密院から撤回する旨の閣議決定がなされ、国会に提出されることなく闇に葬り去られてしまったのである（注4）。

かくて、一世一元の制には、明文上の法的根拠が何もない（旧典範と皇室令は昭和二十二年五月二日限り廃止）ということになった。もっとも、新『皇室典範』案を審議した第九十一回臨時帝国議会において、吉田茂内閣の国務大臣金森徳次郎氏は、「明治元年の行政官布告がそのまゝ効力をもっておるが故に、これに準拠して（将来も）元号も定むべきものである」と答弁している（注5）。しかも、この「行政官布告」は、これ以後「年号ハ一世一元トス」る有効な法的根拠として『現行法令輯覧』などに収められてきた（注6）。

ところが、昭和二十五年（一九五〇）ころから、国会で元号問題がとりあげられると、政府関係者は次第に行政官布告無効説に傾き、昭和五十年代に入ると、「現在の昭和という元号は、法律上の基礎はなく、事実たる慣習として用いられている」のであるから、「陛下に万一のことがあれば、その瞬間をもって昭和という元号は消え去る。言いかえれば空白の時代がはじまる」との見解を示すに至った（注7）。

その間、政府は昭和三十六年七月、総理府に「公式制度連絡調査会議」を設け、元号などの公式制度について、その法的根拠や世論の実態を調査しはじめたが、みるべき成果をあげていない（注8）。しかし、民間では「昭和」が「明治」を追い抜いた前後から、元号の再法制化を要望する声が強くなった。

そこで、自由民主党は、昭和四十七年二月、政務調査会の内閣部会に「元号に関する小委員会」を設け、各界の有識者から意見を聴取するなどして検討を重ね、「元号問題は一世一元の法制化という方針で解決してゆく。」との方針を打ち出し、政府に働きかけている（注9）。

それに対して、政府の姿勢をみると、三木武夫内閣では「万一改元が必要な時は……元号名を閣議決定し、内閣告示を行ないたい。」（五十一年十月、西村尚治総務長官）と内閣告示方式をとろうとした。しかし、次の福田赳夫内閣では、「元号は法制化によって存続させる。」（五十三年十月、安倍晋太郎官房長官）と『元号法』制定の方針を明らかにした。さらに、その方針を受け継いだ次の大平正芳内閣は、五十四年二月、「元号法案」を閣議で決定して、四月二日、第八十七回通常国会に提出したのである(注10)。

この法案(後掲)は、昭和二十一年に立ち消えとなった元号法案(前掲)を基に修訂した簡略な条文である。とはいえ、その内容は新憲法下の象徴天皇制と直接関連するだけに、法案の性格および条文の解釈をめぐって、与野党と政府の間で活発な質疑応答が繰り返された。また、途中に招かれた各界の参考人も、多様な意見を述べている。しかし、法案上程段階から、八割近い多数世論の支持があり、自民党はもちろん、新自由クラブも民社党も公明党も、基本的に賛意を表していた。そのため、同法案は、順調に審議され、四月二十四日に衆議院を通過、六月六日には参議院も通過して成立、六月十二日、『元号法』(法律第四十三号)として公布施行されるに至った(注11)。

これにより、一世一元の制は、旧『皇室典範』『登極令』廃止後足かけ三十三年ぶりに再法制化され、将来とも存続しうる法的根拠が明確になったのである。しかも、それが象徴天皇・国民主権の原則をとる『日本国憲法』のもとで、国権の最高機関たる国会において審議を尽くし、圧倒的多数で議決された法律に基礎を置き、安定した公式制度として確立されたことは、元号の存在意義を一段と重からしめた画期的な出来事といってよいであろう。

こうして、昭和五十四年六月に公布施行された『元号法』は、次のような本則・附則各二項から成る。

1 元号は、政令で定める。

2 元号は、皇位の継承があった場合に限り改める。

附則

この法律は、公布の日から施行する。

昭和の元号は、本則第一項の規定に基づき定められたものとする。

これを前掲の昭和二十一年十一月起草「元号法案」(以下、旧案という)と較べてみると、大筋は変わりない。ただ、本則に関して、旧案の①と②の順序を入れ替えた意味は、決して小さくないと思われる。

すなわち、旧案では、まず一世一元の原則を明らかにしてから、ついでその元号を定める方法を政令によるとしている。それに対して、新『元号法』が、まず第一項に「元号は、政令で定める」ことを根本原則として掲げたのは、現行憲法のもとでは内閣が元号選定（改元）の責任を担うほかない、と判断しての措置と考えられる。また第二項に、その元号を改める理由を「皇位の継承があった場合に限り」としたのは、旧案の「一世の間」という表現であれば、天皇の単なる在位期間というよりも〝天皇のしろしめす御治世〟という強い印象を与えかねないため、それを省いて表現を和らげたのではないかと思われる（注12）。

二　『元号法』の史的解釈

しかしながら、この『元号法』に規定された元号制度は、法文が簡略なだけに、その解釈をめぐって疑問の余地がないわけではない。そこで、わが国における千三百年来の年号制度、とりわけ明治以降の一世一元制と較べて、どのような関連性と相違点があるのかを確かめることにより、歴史的な観点から法意を明らかにする試みも、無意味ではないように思われる。本節では、法文に即して問題点を次の三つにしぼり、それを順次解明してゆこう。

㈠　元号を「政令で定める」とは、古来の改元手続きと較べて、具体的にどのような異同があるのか。（改元の方法）

㈡　元号を改める「皇位継承があった場合」というのは、具体的にどの時点をさすのか。（改元の時期）

㈢　この法律に根拠をおくことになった現行の昭和年号は、国民に使用の義務があるか否か。（元号の使用）

まず㈠に関して、古来の改元方法をみると、「昭和」も「大正」も、上述のごとく、『登極令』第二条第二項に則り、内閣および宮内省において用意した文字原案に基づき、枢密院の審議をへて、天皇が「勅定」された。また「明治」以前に遡れば、平安時代に確立した公卿主導の改元手続きが、中世・近世にも基本的に受け継がれ、江戸時代に至り幕府の関与（原案事前審査）が慣例化したとはいえ、最終的に天皇が「勅定」される原則は、一貫している。

つまり、「大化」から「昭和」に至る日本年号（通計二四六）は、すべて基本的に天皇の勅定された〝天皇勅定年号〟にほかならないといってよいであろう。

それに対して、新『元号法』では、本則第一項により、今後の元号は内閣が政令で定める〝内閣政令元号〟に改められたことになる。これは、いうまでもなく現行憲法の第四条に、「天皇は、この憲法の定める国事に関する行為のみを行ひ、国政に関する権能を有しない。」とあり、第六・七条にあげられた「国事に関する行為」の中にも〝元号を定めること〟は記されていないから、従来の「勅定」という形式をとることができなくなった。そこで、政府としては、もっぱら「元号が国民生活の中に定着していること、その存続を多くの国民が希望しておるということを踏まえて、こういう法案をもって改元のルールを決めることが正しい」との立場から、内閣の政令により元号を定めるという「改元のルール」を『元号法』で明確にしたのである（注13）。

ただ、その第一項にいう「政令で定める」ことは、政府答弁によれば、「新元号の名称と、いつからその新しい名称に変わるかという時期」の二点だけである。しからば、新元号は誰がどのようにして選び定めるのであろうか。その具体的な選定手続に関しては、国会審議中の質疑応答もふまえて、政府が『元号法』成立後に詳細な要綱を作り、昭和五十四年十月二十三日「閣議報告」の形で公表している。その全文は次のとおりである（注14）。

1 候補名の考案

(1) 内閣総理大臣は、高い識見を有する者を選び、これらの者に次の元号とするのにふさわしい候補名（以下「候補名」という）の考案を委嘱する。

(2) 候補名の考案を委嘱される者（以下「考案者」という）の数は、若干名とする。

(3) 内閣総理大臣は、各考案者に対し、おおよそ二ないし五の候補名の提出を求めるものとする。

(4) 考案者は、候補名の提出に当たり、各候補名の意味、典拠等の説明を付するものとする。

2候補名の整理

(1)総理府総務長官は、考案者から提出された候補名について、検討し、及び整理し、その結果を内閣総理大臣に報告する。

(2)総理府総務長官は、候補名の検討及び整理に当たっては、次の事項に留意するものとする。

㋐国民の理想としてふさわしいようなよい意味を持つものであること。

㋑漢字二字であること。／㋒書きやすいこと。／㋓読みやすいこと。

㋔これまでに元号又はおくり名として用いられたものでないこと。／㋕俗用されているものでないこと。

3原案の選定

(1)内閣総理大臣の指示により、内閣官房長官、総理府総務長官及び内閣法制局長官による会議において、総理府総務長官により整理された候補名について精査し、新元号の原案として数個の案を選定する。

(2)全閣僚会議において、新元号の原案について協議する。また、内閣総理大臣は、新元号の原案について衆議院及び参議院の議長及び副議長である者に連絡し、意見を伺う。

4新元号の決定

閣議において、改元の政令を決定する。

これによれば、元号を選定する責任者は内閣（総理大臣）であるが、ⓐその候補名を考案し提出するのは「考案者」（学識経験者）であり、ⓑそれを検討し整理するのは総理府総務長官であり、ⓒそれを精査し原案を選定するのは三長官（総務長官と内閣官房長官と内閣法制局長官）の会議であり、ⓓその原案について協議し決定するのは閣僚会議であり、ⓔ（事前に）衆参両院の正副議長に意見を伺うことも考慮されている。おそらく当局者は、平安時代以来の公卿らによる改元定や『登極令』に基づく枢密顧問諮詢方式を参考にしながら、このような内閣主導型の新しい改元手続きをまとめ

あげたのであろう。（その後、ⓑⓒは一部改正。注14参照）
なお、ⓐの考案段階でもⓑの検討・整理にあたっても留意すべき事項が、1の(4)と2の(2)（㋐〜㋕）に列挙されている。これも、古来の勘申年号および改元定記録を参考にしたのであろうが、より直接的には、前述のごとく、「昭和」改元のさい宮内大臣から示された元号勘申の基準を参照したのではないかと思われる。ただ、右の条件に叶うような元号候補名を具体的に考案し整理するには、さらに詳しく検討しておくべき点も少なくない（注15）。

ついで(二)に関して、古来の代始改元をみると、「昭和」も「大正」も『登極令』第二条第一項に則り、新帝の践祚された同じ日のうちに行われている。ところが、「明治」以前に遡ると、奈良時代に先帝譲位の場合、新帝践祚に祥瑞出現も理由に重ねて、即日改元した例が三回ある（第三章注18参照）。とはいえ、平安初期の「弘仁」改元（八一〇）以降は、先帝が譲位・崩御された年は「先帝の残年」とし、その年を踰えて翌年元号を改める〝踰年改元〟が恒例となり、それが中世・近世にも原則的に守られてきた。数えてみると、孝徳天皇および元明天皇から今上陛下に至る八十九代（北朝も含む）のうち、践祚踰年改元は五十七例（約六五％）にものぼる（巻末の付4参照）。

それに対して、新『元号法』は、本則第二項で単に「皇位の継承があった場合に限り」改元するというのみで、前述の旧『皇室典範』第十二条と同様、その時期を特定していない。したがって、それは、『登極令』第二条に基づく「大正」と「昭和」の前例により、践祚直後（同日）とも解しうるが、一千余年の通例を顧みて、践祚の翌年（踰年）と解することも不可能ではないと思われる。

この点について、政府の国会答弁をみると、「この法案のもとで新しい元号を選定するに当りましては、事情の許す限り速やかに定めることが法の趣旨と考えております。」と述べている。しかし同時に、「政府には国民のためによい元号を選定しなければならぬという責任がある」ので、学識経験者に意見を求めて「慎重に決定したい」とも述べており（四月十日三原総務長官答弁）、それには当然若干の時間を要する。しかも、政府答弁によれば、元号の施行時期は政令によって決めることになるが、公布と同時に施行するとしても、その公布までに若干の時間を要する（注16）。したがって、践祚と同じ日のうちに新元号を決定し公布することは、事実上困難な場合も想定されよう。

そこで、今あらためて国会の法案審議中に与野党の質問者から出された意見（注17）も再検討しながら考えてみると、いくつかの方法がありうると思われる。ここには、その要点を記し、双方に含まれる問題点も指摘しておきたい。

すなわち、践祚直後に改元するとしても、前述のごとく公布までに若干の時間を要することは事実である。したがって、政令の中に新元号の施行時期を示さねばならないが、それを㋑先帝崩御の時刻まで遡らせるか、㋺さらに当日の午前零時まで遡らせるか、㋩むしろその翌日午前零時からと定めるか、等の方法をとることはできるであろう。

この施行時点に関しては、従来も厳密さを欠いており、そのため解釈が一定していなかった。たとえば、「明治」の改元詔書には、前掲のごとく「改㆓慶応四年㆒為㆓明治元年㆒。」とあるので、慶応四年は九月八日の改元以前に遡り一月一日から明治元年と称することになった、と解するのが一般的である。しかし、「大正」「昭和」の改元詔書には、「先帝ノ定制ニ遵ヒ明治四十五年七月三十日以後ヲ改メテ大正元年ト為ス。」「定制ニ遵ヒ大正十五年十二月二十五日以後ヲ改メテ昭和元年ト為ス。」と記されており、改元月日の前日までは旧年号、改元当日から新年号、と解されるような表現になった（注18）。ところが、これでは先帝の崩御も新年号を用いて示さざるをえないことになる。

そこで、かつて芝葛盛氏は、『登極令』などをふまえながら、「年号は改元詔書公布後を以て始まり、少くとも……（崩御と）践祚は旧年号を以て記載せらるべきものである。」（注19）と論じておられる。

さらに美濃部達吉氏は、「元号ハ天皇在位ノ称号ニシテ、其終始ハ全ク在位ト相一致ス。天皇崩御ノ瞬間ハ即チ旧年号ノ終リテ同時ニ新年号ノ始マル瞬間ナリ。元号ヲ改ムル詔書ノ公布セラルルニハ多少ノ時間ヲ要スルハ勿論ナレドモ、其公布ガ如何ニ後レタリトスルモ、常ニ先帝崩御ノ瞬間ニ迄遡リテ其効力ヲ生ズベキモノナリ。」と、より厳密に解釈しておられる（注20）。

これによれば、新旧元号の境目は、改元詔書の公布より遡って「先帝崩御ノ瞬間」となり、一見きわめて合理的な解釈といえよう。しかし、これでは一日が途中で分断されることになる。そのために、恩赦など事務処理の便宜上、改元当日の午前零時を境目とした例が認められる（注21）。ただ、もしそのような遡及適用が可能ならば、反対に改元当日は旧元号のままとし、新年号は翌日午前零時から適用する、と決めることも可能なはずである。

このような観点から、新年号の施行時点を新帝践祚に近づけて、㋑または㋺・㋩と定め、それを政令により公示することは、『元号法』の趣旨に反しないと思われる。しかも、より現実的に、元号を選定する手順と、その新元号を使用する一般国民の便宜とを配慮すれば、むしろ㋩を発展させて、次のような方法も考えられる。

すなわち、改元の実務は可能な限り速かに進めて新元号を決定し公布し、その施行は翌年正月一日午前零時からとする二段階方式をとることである。これは、古来の踰年改元に近く、それをより合理化したものといえよう。

この方法であれば、前述した「大正」「昭和」の改元例のごとく、先帝の御不例中、崩御以前から内々に改元準備をはじめるようなことをあえてする必要がない。その準備は、新帝践祚の諸儀式（賢所の儀、剣璽渡御の儀など）終了直後、内閣から然るべき学者に元号候補名の考案を委嘱することからはじまる。そして、早ければその日のうちに、遅くとも数日以内に、前記のような選定手続きを慎重に進め、閣議で新元号を決定すると同時に、施行期日も翌年元旦からと決定し、その両事項を記載した政令を速やかに公布する。そうしておけば、官庁でも民間でも、元号記入の印刷物などを年末までに用意しやすくなり、翌年元旦から一斉に使用することができるにちがいない（注22）。

なお、旧『皇室典範』も新『元号法』も、践祚＝皇位継承の後に元号を改め、その在位中は変えないことを規定しているだけである。したがって、践祚直後でなく翌年元旦から新年号を施行することにしても、途中で改元しなければ、一世一元といってよい。

ちなみに、皇位継承に伴う代始の儀式は、先帝崩御直後の践祚儀礼だけでなく、一年間の諒闇あけに行われる即位礼・大嘗祭などまで含まれる。従って、とくに先帝の崩御が年末に近い場合、新元号を践祚の翌年元旦から施行しても本則第二項の法意に悖らないと思われる。

最後に㈢であるが、『元号法』は、元号制度を存続するために「改元のルール」を決め、あわせて付則第二項で現行の昭和年号も本則第一項による元号としたにすぎない。もっとも、従来の『皇室典範』『登極令』でも、元号の使用に関する明文は設けられていなかった。したがって、国民はその使用を法的に義務づけられているわけではない。ただ、前述のごとく、八世紀初頭の大宝・養老令に「およそ公文に年を記すべくんば、皆年号を用いよ。」と規定されて以来、律令法が実質的に重んじられた奈良・平安時代のみならず、それがほとんど名目化していた中世・近世の武家時代においても、正式の「公文」(官庁の発給文書も官庁への提出文書も含む)にはほとんど「年号」が使用されてきた。しかも、明治以降の一世一元となった「元号」は、法文の有無にかかわらず、国民の大多数が公的にも私的にも常用して、今日におよんでいる(注23)。

このような歴史的経緯と現実的状態をふまえて、国の関係機関および地方公共団体などでは、一世一元の制が「事実たる慣習」として続いていた時期(昭和二十二年五月〜五十四年六月)にも、業務を円滑・迅速に行うため、原則として元号を使用し、一般国民からの申請書・届出書などに、あらかじめ元号を印刷して便宜をはかってきた。

そこで、『元号法』が成立した際、政府(三原総務長官)は、このような慣行を今後とも継続する旨の談話を発表している(注24)。つまり、この法律ができてからも、民間・個人が元号以外の紀年法を使うことは全く自由であるが、ただ公的機関では統一的に事態処理をする必要上、従来どおり元号を用いてゆく方針が明確にされたのである。

むすび

以上の要点をまとめ直せば、次のとおりである。

㈠　戦後ＧＨＱの指令により、明治の『皇室典範』などが廃止され、政府が用意した「元号法案」も拒否されたので、元号は明文上の法的根拠を失い、慣習として国民の大多数に使い続けられた。

㈡　しかし、単なる慣習では将来の改元が困難とみて、再法制化を求める世論が高まり、それに応じて政府（大平内閣）は、昭和五十四年四月、法案を国会に上程し、その六月、与野党四党の賛成をえて『元号法』が成立した。

㈢　その『元号法』は、現行憲法のもとで、①元号は内閣が政令で定めること（政令元号）、②元号は皇位継承のあった場合にのみ改めること（一世一元）を明確にし、③今の昭和年号も本法①による元号として根拠づけている。

㈣　ところで、①に関してはすでに政府が新元号の選定手続きを公表しているが、②については改元と施行の時点が明確になっていない。そこで、あえて私見を申せば、先帝崩御が年末に近い場合、新帝践祚後速かに改元し公布したうえで、新元号は翌年元旦から施行するという二段階方式もとれる余地を残しておく。それは古来の踰年改元の慣例にも現実の元号使用の便宜にも叶うことになると思われる。

注

（１）ＧＨＱ民政局法規課長ラウエル所蔵文書・連載最終回（『ジュリスト』第三六二号〈昭和四十二年一月十五日発行〉所載）参照。

（２）井手成三氏「元号法制化の必要性」（日本学協会『日本』昭和四十九年正月号所載）、同「元号法制について」（『法と秩序』同五十年第一号所載）参照。

（３）昭和二十一年十月二十七日付『毎日新聞』は、「元号の特別法、臨時議会提出」との見出を掲げ、「現在政府の一部では、元号決定について……内閣の政令によってその都度公布すればよいという意見もあるが、大綱は法律の形式を踏み、実際の決定に当っては、両院議長の意見を参酌して、内閣がこれを決定することになるとみられる。」と報じている。

（４）佐藤達夫氏「西暦と元号」（『時の法令』三三八号〈昭和三十五年一月発行〉所載）参照。

なお、国立国会図書館憲政資料室所蔵の『佐藤達夫文書』（昭和五十四年目録刊行）には、「皇室典範案」「元号法案」をめぐる記録が含まれている（二〇九二・二三七五など）。そのうち、㋑元号法案の「大臣説明」案文（ガリ版刷）、㋺「元号法想定問答」（タイプ刷）、㋩ＧＨＱとの折衝メモ（タイプ刷）、および㊁昭和二十五年二月の参議院文部委員会陳述資料（タイプ刷）を、左に紹介しておこう。（㋺付記の「元号法案参考資料」〈元号の沿革と昭和の出典〉は省略）

㋑『元号法』大臣説明

今回諮詢になりました元号法案（他の二件中略）について御説明申上げます。

先づ、元号法案でありますが、御承知の通り現在は、元号に関しては、皇室典範の第十二条に「践祚ノ後元号ヲ建テ一世ノ間ニ再ビ改メザルコト明治元年ノ定制ニ従フ」との規定があるのでありますが、今後は皇室関係のことを定めまする（新）皇室典範から切り離して、別に単行の法律として規定するのを適当と考へた次第であります。

規定の実体は現在と特別異つて居りません。唯、元号は、国務の重要な事項でありますから、この法律に基く政令をもつて、定めることと致しました。尚、現在の昭和の元号は、これを改めることなく、これをそのまゝ新制度の下に於ける元号と致した次第であります。

㋺『元号法』想定問答

問　日本特有の元号を定めたとする理由如何。

答　日本は天皇を国民統合の象徴と仰ぐ君主国である。従つて、天皇の御在位を時の記号にあらはして、一つの基準に供することは、国民とのつながりにおいて適切なことと考へる。此の点、（帝国）憲法が改正せられても変更する必要はないものと思ふ。

問　一世一元の原則を維持した理由如何。

答　一部には敗戦の結果元号も改めるのが適当との意見もあるが、敗戦と元号とは何等直接の関係はない。又、元号は天皇の御一代との関係に重点を置くものであるから、今回改めることも適当でないと思ふ。このことは、どの御一代についても言へることであるから、一世一元の制を採つた。

問　元号のことを皇室典範に規定しなかつた理由如何。

答　元号は天皇即位の時定めるのではあるが、純粋な国務事項であつて、専ら皇室関係のことを規定する皇室典範の規定とすることは、性質上適当ではない。従つて、別個の単行法とした。

問　西暦は使用しないのか。

答　西暦の使用は、禁止もしないし強制もしない。使用者の自由である。

(ハ) GHQとの十一月十五日折衝メモ

藤（藤崎万里終戦連絡官）　議会を二十五日に召集の為には、二十二日の枢府本会議に法案をかけたし。それには十九日枢府委員会あり、それ迄にアプルーバルをもらいたし。もしどうしてもいかなくても、二十一日午前位には意見を示して欲しい。

P（ドクター・ピーク民政局政務課員）　皇室典範は多分よいが、何れにしても月曜日迄待って欲しい。

井（井手成三法制局第一部長）　元号法はどうか。

P　西暦紀元をとることを強制することは宗教の自由に反することになる。はゝゝ。

井　二十五日の召集に間にあはないと、政府はこまる。その為には、二十二日の枢府にかけたい。是非それに間に合はせて欲しい。

※（GHQとの十一月十八日折衝メモ）

P（ドクター・ピーク民政局員）　皇室典範は異論なし。たゞ三五条あたりに「皇室会議は、この法律に規定する事項又は他の法律で委任した事項に対してのみ権限を有す」を入れること。（下略。元号法案についての発言メモなし。）

㈢参議院文部委員会陳述資料（二五・二・二八）

新典範審議の際、当時の貴衆両院で色々質問があったが、政府は、事柄としては、皇室典範に入れる事項ではないから入れなかった、他の法制による立法的解釈は将来の問題に残す、という主旨の答弁をしている。

このように、旧典範は廃止され、元号について新たな立法はなかったが、政府も他の国家機関も（最高裁判所なども）引きつづき昭和の元号を用い、一般もこれに倣ったのである。それについて、従来の元号を存置すること自体が新憲法に抵触するとか違反するとかいう論議は格別なかったのである。それは、この元号というものは、天皇の在世と結びつきのあるものには違いはないが、天皇の統治権力との結びつきをその本質とするものではない（将軍時代にもあった）。新憲法下においても国及び国民統合の象徴としての天皇があり、その皇位の継続（世襲）の制度がある以上、「その御一代をけじめとして年を数える手掛に使う」という意味で、新憲法もその存在を否認していない、ということであったろうと思う。

（5）『貴族院議事録』昭和二十一年十二月十八日の貴族院特別委員会議事録。なお、すでに十二月六日の衆議院皇室典範第一読会などでも、同趣の答弁が行われている。

（6）内閣官房編『現行法令輯覧』（昭和五十四年版まで）第二十七巻第八章「暦及び時」には、「年号ハ一世一元トス」との見出を立てて、この行政官布告と明治の改元詔書を収め、次に「元号ノ称呼」として昭和元年の内閣告示第一号をあげていた。衆参両院法制局編『現行法規総覧』なども同様。

（7）『衆議院議事録』昭和五十年三月十八日の衆議院内閣委員会議事録（内閣法制局第一部長角田礼次郎氏答弁）。なお、すでに昭和三十六年二月十六日、法制局次長高辻正己氏から、また同四十三年四月三日、法制局次長吉国一郎氏からも、現在の昭和年号を「一種の習律」「事実たる慣習」とみなす答弁が行われている。ちなみに、『法例』第二条には「公ノ秩序又ハ善良ノ風俗ニ反セザル慣習ハ……法律ト同一ノ効力ヲ有ス。」とみえる。『民法』第九二条参照。

(8)この公式制度連絡調査会議（座長＝総理府総務長官）は、「新憲法の下において未だ制度化又は法制化されていない元号その他の事項（国旗・国歌など）について調査審議する」ために設けられたが、元号については「元号を定めるのは、天皇・国会・内閣のいずれか。」「元号を定める形式は、法律・政令・告示のいずれにするか。」の二点を指摘したに留まる。

(9)渡辺一太郎氏「元号（年号）について」（『月刊自由民主』昭和四十九年四月号所載）参照。

(10)昭和五十三年十月十七日、福田首相と大平自民党幹事長の会談において、「①元号は法制化する。②通常国会の冒頭に元号法案を提出して速かにその成立を期す。③この趣旨を首相の施政方針演説で明らかにする。」との基本方針を確認している。

(11)『元号法』に関する国会審議の概要は、『法令解説資料総覧』第十一号（昭和五十四年十月、内閣官房審議室佐藤正紀氏記）、拙稿「元号法の成立過程」（拙著『年号の歴史』所収）参照。

(12)ただし、真田秀夫内閣法制局長官は、「旧皇室典範の時代には、これは天皇がお決めになるというたてまえで……おのずから〝一世〟というのは新天皇の御在位中であるということが文言上明らかなんです。ところが、今度の条文では（旧典範の）「践祚ノ後元号ヲ建テ」云々ということがないので、裸で〝一世の間〟と書いたのではははっきりしない、ということが一つあります。それから、いまの皇室典範に〝三世〟という言葉が出てくる条文があり……民法流にいえば三等親ということなんで、それとよく似た文句を違った意味内容で用いることは適当でなかろうというような判断から……〝一世〟という言葉を特に避けた、というのが実情でございます。」と答弁している。（四月十日・十一日の衆議院内閣委員会）。

(13)衆議院本会議（三月十六日）および参議院本会議（四月二十七日）などにおける大平正芳総理大臣の答弁（要旨）。なお、今後の元号は内閣が決定するにせよ、その政令を公布するのは象徴天皇の国事行為である（現行憲法第七条一）。ちなみに、昭和二十一年十二月十日、貴族院皇室典範特別委員会において、金森徳次郎国務大臣は、「天皇と組み合はされて考へられます所の年号が、内閣だけで決まると云ふことは、甚だ不自然なやうに響かないではございませんけれども……是は冷やかなる法理の導く所に従はねばならぬ。しかし、儀式に関しますことは天皇の権能に属するのでありますから、左様な内閣で決った所の年号と云ふことを儀式の面に於きまして天皇の御権能に導き入れることは、考へ得べきものと思って居ります。」と答弁している。また、葦津珍彦氏は、皇位と不可分の元号を決めるのだから、たとえば皇祖神を祀る伊勢神宮の式年遷宮に際して大宮司から天皇の御聴許を仰いでいるように、内閣から天皇の「御聴許」を仰ぐべきだと主張しておられる（「一世一元制の意義」『みやびと覇権』所収、昭和五十五年刊、日本教文社）。

(14)『内閣制度百年史』（昭和六十年十二月刊、内閣官房発行）下巻第一部七五～六頁。同書上巻第三章公式制度（その二）第一節「元号」（六四三～四頁）参照。

なお、行政改革で総務長官が廃止されたのに伴い、昭和五十九年七月一日付で前掲閣議報告の一部改正が行われ、2(1)(2)の「総理府総務長官」を「内閣官房長官」に置きかえ、3(1)を「……により、内閣官房長官は、内閣法制局長官の意見を聴いて、新元号の……」と改めている。

(15)たとえば、1(4)にいう元号候補名の「典拠」は、従来どおり漢籍のみに限るのか、それとも日本の古典（『日本書紀』等）も含めるのであろうか。また、2(2)にいう留意事項のうち、漢字二字で、書きやすく、読みやすい（㋑㋒㋓）となれば、いわゆる教育漢字に限るのか、それとも常用漢字・人名漢字も含めるのであろうか。その漢字は、従来公年号に使われたことのある七十一字に限るのか、それとも（ア）「国民の理想（表明）としてふさわしいようなよい意味を持つもの」なら自由に用いてよいのであろうか。それが㋔「これまでに元号又はおくり名として用いられたものでない」とは、日本の公年号および天皇・后妃・重臣（摂関・将軍など）のおくり名を避ければよいのか、それとも中国（正統王朝・非正統勢力）および朝鮮・越南などの元号・おくり名も含めて除かねばならないのだろうか。さらに、以上のような諸点をふまえて候補名を提出する「考案者」は、従来のごとく漢学者・故実家に限るのか、それとも文字感覚の豊かな文学者・

芸術家なども含めるのだろうか。なお、その候補名を検討し整理する実務は、内閣で事務官が行うのか、それとも有識者に協力を求めるのだろうか。もちろん当局では、万一に備えて具体的な方針を固め準備も進めておられるであろうが、（初出当時）まだ公表されていないので、あえて私的に気付いた問題点を指摘したにすぎない。

(16) 最高裁（昭和三十二年十二月二十八日・大法廷）の判例によれば、法令の発効時点は「その法令を掲載した官報が印刷局から全国の各官報販売所に発送」されることにより「一般国民が官報を閲覧し、または購読しようとすれば、それをなしうる状態となる最初の時点」とされている。（『刑事裁判例集』第十一巻第十四号。『別冊ジュリスト』六九「憲法判例百選Ⅱ」参照）

(17) 後述のいわゆる踰年改元説（新元号を践祚の翌年元日から施行する案）は、公明党と新自由クラブが提唱しており、自民党などの議員も質問しているが、政府はそれに関心を示しながらも確答を避け「皇位継承の時期、国民の感情、改元に伴う国民生活への影響等、各般の事情を考慮いたしまして、今後慎重に決定したいと考えております。」（六月五日参議院内閣委員会の大平首相答弁）というに留めている。

(18) ちなみに、大正六年三月、大阪区裁判所から司法省に、戸籍などの改元月日以前の旧年号記載訂正可否につき問い合わせがあり、同年五月、それを司法省から内閣に照会した。それに対して、翌七年十月、内閣書記官長から司法次官あてに「改元アリタル場合ニ於テハ、改元ノ日ノ前日迄ノ事実ニ付テハ旧年号ヲ用ヰ、新年号ハ改元ノ日以後ノ事実ニ付キ之ヲ用フベク、従テ明治ハ慶応四年一月一日ニ……遡リテ各之ヲ称スベキモノニ非ズ」と、大正改元の詔書の趣旨に即した回答をしている。ところが、同年十二月、司法省法務局長から大阪区裁判所あての回答には、「明治元年ハ其ノ年ノ一月一日ヨリ之ヲ称スベキモノトス。次ニ慶応以前ノ改元ニ付テハ……新旧孰レノ年号ヲ用フルモ……強テ現在ノ戸籍ヲ訂正スルノ必要アラザルベク……」と、明治改元詔書に逆戻りしたような見解を示し、混乱を呈している。高橋茂夫氏「明治以来の元号」

（昭和四十四年六月発行『日本歴史』第二五三号所載）参照。

(19) 芝葛盛氏『皇室制度』（昭和九年五月刊、岩波講座日本歴史）一六頁参照。

(20) 美濃部達吉氏『憲法撮要』（前掲訂正再版）二四〇頁。

(21) 大正元年九月二十六日公布の「大赦令」第一条に、「大正元年七月三十日前、左ニ記載シタル罪ヲ犯シタル者ハ之ヲ赦免ス。」とあり、また同年十月五日公布の「懲戒又ハ懲罰ノ免除ニ関スル勅令」第三十号を承けて、海軍では同年十二月十七日「同令（勅）ノ七月三十日前ノ所為トハ七月二十九日迄ノ所為ヲ指スモノトス」との通知を出している。高橋茂夫氏「元号の境目」（昭和四十八年十月発行『日本歴史』第三〇五号所載）参照。

(22) ただ、この方法で問題になるのは、新帝が万々一踐祚の年内に急逝された場合、新元号が未施行のまま終ることである。しかし、大化以降千三百年来、承久の変（一二二一）により在位三カ月で譲位された仲恭天皇の例があるものの、踐祚年内に崩御された方は全くない。仮にそのような殆どありえない例外を想定しても、私見では、踐祚後速やかに新元号を定め公布しておくのであるから、万一の場合、それを追号（諡号）にすることはできる。

(23) 元号に関する世論調査は、総理府広報室が昭和三十六年・四十九年・五十一年・五十二年の四回実施している（いずれも対象は全国二十歳以上の者一万人）。その調査結果によれば、ふだんの使用状況は「主に元号」八二〜八七％、「元号と西暦が半々」約七％、「主に西暦」約三％である。また、昭和五十四年二月、法律で定める「元号法制化」の可否を問うたＮＨＫの世論調査（対象者二十歳以上千八百人）によれば、賛成が五七・二％、反対一九・七％となっている。

(24) 三原朝雄総務長官談話「元号法の成立に当たって」（注11『法令解説資料総覧』第十一号所載）では「公的機関の窓口業務においては、これまでも届出等の書類の年表示には元号を用いるよう国民の方々の御協力をいただいてきたところであるが、この点については、今後も公務の統一的な事務処理を円滑・迅速に行うために、引続き国民各位の御理解と御協力を要望する次第である。」と述べている。

第五章　元号「平成」の誕生

はじめに

「陛下が崩御になれば年号も更る。其れを知らぬではないが、余は明治と云ふ年号は、永遠に続くものであるかの様に感じて居た……」とは、徳富蘆花が『みみずのたはごと』（大正二年刊）に記すところである。その明治をはるかに越えて、干支一巡以上続いた昭和のもとで生まれ育った私どもは、やはり漠然とそれが永続するかのように信じていたのかもしれない。

しかし、六十四年目の己巳に入ってわずか一週間、いわゆる松の内の正月七日、ついに史上最長の昭和年号は終り、直ちに「平成」という新元号が定められ、翌八日から実施された。その当初すこし戸惑いを覚えた人々も、すぐに使い馴れて、結構いい年号だ、と評価する声が高まり、今では広く馴染まれている。

ただ、改元の手続きや新元号の出典などに関する資料を調べ直してみると、大筋は妥当であるが、細部に補足説明を要する点などが少なくないように思われる。そこで、あらためて「平成」元号の誕生したいきさつを振り返り、また出典・章句の意味、そのほか若干の問題点について、管見を論述する。

一『元号法』と改元手続き

「平成」の改元は、十年前に制定された『元号法』を初めて適用して行われた。従来の「昭和」年号は、その前の「大正」と同様、明治の『皇室典範』および『登極令』に基づき、新帝踐祚（皇位継承）の直後、枢密院で審議して上奏した結論どおりに「勅定」（天皇がみずから定めること）されたものである。しかし、この両法令が戦後ＧＨＱの指示で廃止され、代りに作られた現行『皇室典範』には元号の規定が入れられず、別に政府の起草した「元号法案」も闇に葬られた。それゆえ、元号は明文上の法的根拠を失い、公私とも単なる慣習として使われる状態が長く続いた。けれども、これでは将来の改元を確実に行いえないおそれがある。

そこで、昭和が明治を追い抜いた四十五年前後から〝元号（再）法制化〟の世論が高まり、五十四年（一九七九）六月、『元号法』の成立をみたのである（詳しくは本書第四章参照）。その法律は、左のごとく本則二項から成る（附則省略）。

1　元号は、政令で定める。

2　元号は、皇位の継承があった場合に限り改める。

これは、現行憲法で象徴天皇は「国政に関する権能を有しない」とされているために、まず1で内閣が政令によって元号を定めるとの原則を掲げ、また2で現行憲法にも「皇位は世襲」とされているため、明治以来の一世一元制を踏襲して「皇位の継承があった場合に限り」改元する（在位中一元号で通す）との原則を示したものである。

しかし、これだけでは具体的な改元方法がわからない。そこで、同年十月、閣議報告として「元号選定の手続き」（本書第四章の二所引）が公表され、その一部が五十九年七月に改正された。

これによって、新元号は考案者（若干名）が候補名（各人二～五）を提出すると、内閣官房長官が整理して原案（数個）を選定し、全閣僚会議の協議により最善案を選び、閣議で決定する、との手続きは明らかになった。けれども、これをみるかぎり、最終段階で国民を代表する衆参両院議長の意見を伺うとなっているが、それをどのように運ぶのか、はっきりしていない。

また、一体このような改元の手続きはいつ行うのか、その新元号はいつの時点から使うことにするのか、など具体的なタイム・スケジュールが示されていない。

表10　新元号の成立過程

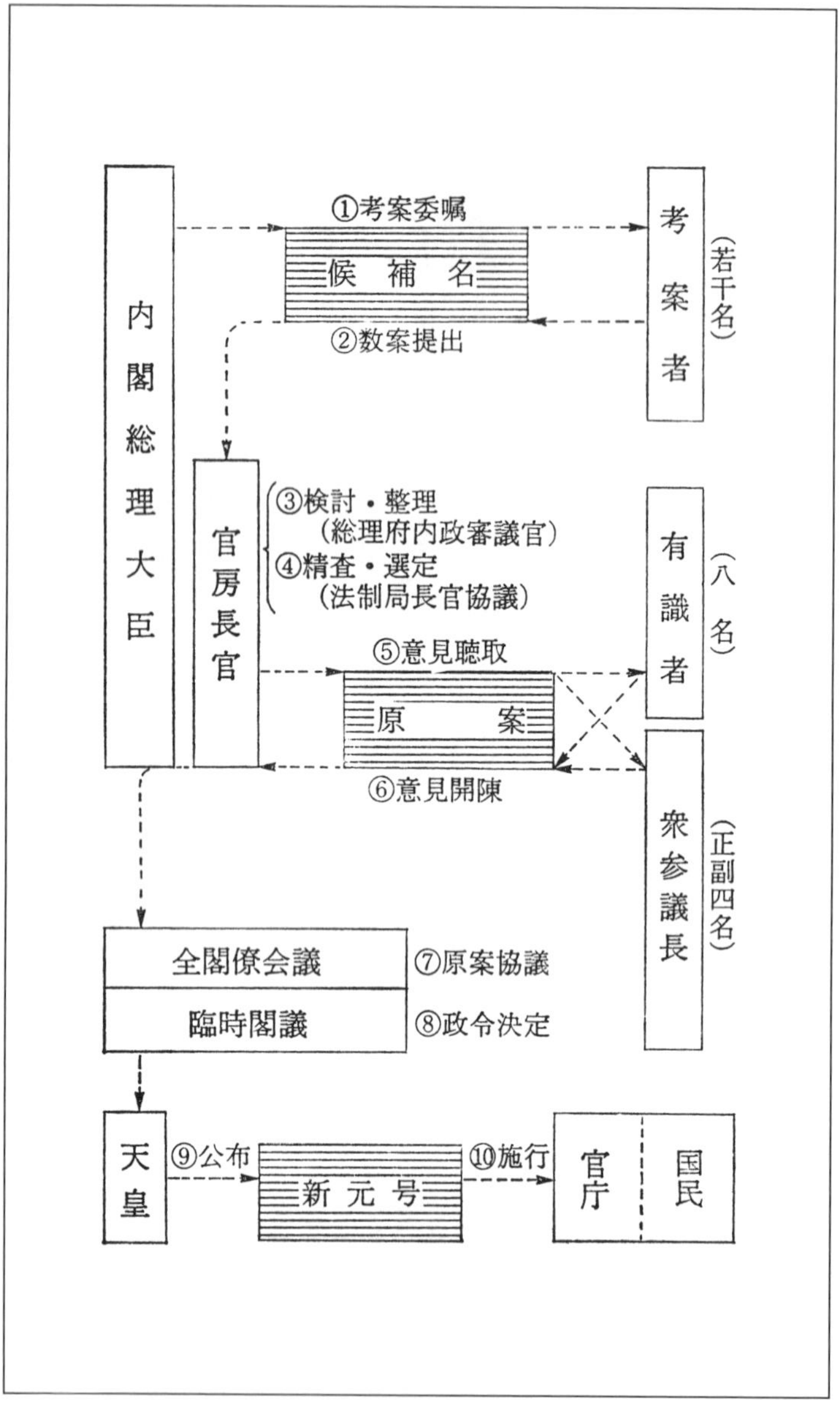

しかし、右の点についても、昭和六十三年九月二十日、昭和天皇の御病状急変に対応して、内閣の元号担当者が協議し「新元号選定の際に、広く国民の声を聞くため有識者数人の懇談会を開くこと、新元号のスタートを即位の日ではなく、その翌日か翌々日とすること」などの方針を、内々固めたという。こうしてようやく改元の法律も細則も完備されるに至った。その改元手続きを図示すれば前ページ表10のとおりである。

二　正月七日の改元ドラマ

昭和天皇は未曽有の内臓御手術から十五箇月半後、御病状急変から数えて百十一日目の昭和六十四年正月七日午前六時三十三分、吹上御所で満八十七歳八箇月余の生涯を終えられた。それから新元号が公表されるまで約八時間の推移は、すでにマスコミ各紙が詳しく報じており、またいずれ公的な記録が刊行されるにちがいない。よって、ここには私自身が見聞体験したことを中心に書きとめておこう。

私は昭和五十二年二月、『日本の年号』と題する概説書を著わし、また同六十三年三月、論文集『年号の歴史』を纏めた（共に雄山閣出版刊）。そんな関係上、かねてＮＨＫから、万一の場合、改元関係の報道に協力するよう求められ、そのため、何回も呼び出しをうけた。正月六日の朝も、血圧七〇以下で御容態好転せず、との連絡をいただいたので、とり急ぎ上京。翌七日朝早く「ご危篤」の報に続いて「ご崩御」の知らせを受け、しばし呆然とした。

まもなく、身支度を整えてＮＨＫに急行したが、報道局内のスタッフたちは緊張した面持で特別番組の最終準備などに走り廻っていたから、私はしばらくの間テレビを視ていた。すでに八時半からの臨時閣議をへて官房長官が新元号原案の選定作業に入ったこと、十時から皇居の新宮殿（松の間）で「剣璽等承継の儀」が国事行為として簡素厳粛に行われたことなど、次々画面を通して知りえた。

そのうちに、改元の閣議は午後一時すぎらしい、との連絡が入ったので、午前中に放送の合間をぬってアナウンサーや担当者などと簡単な打ち合わせをしたが、そのさい初めて「元号に関する懇談会」の有識者が左の八名であることを知らされた（敬称略）。

池田　芳蔵（日本放送協会＝ＮＨＫ会長）　久保　亮五（東大名誉教授・文化勲章受章者）
小林與三次（日本新聞協会々長・読売新聞社長）　中川　順（日本民間放送連盟会長）
中村　元（東大名誉教授・文化勲章受章者）　西原　春夫（日本私立大学連合会々長・早稲田大学総長）
縫田　曄子（元国立婦人教育会館々長・ＮＨＫ解説委員）　森　亘（国立大学協会々長・東京大学総長）

これらのメンバーは、正午すぎ次々と総理官邸に駆けつけたが、写真撮影のあと実際に懇談会が始まったのは午後一時から。そこで「冒頭、小渕恵三官房長官が三つの原案について意見を伺いたいむね要請、的場順三内政審議室長が三案の意味や出典を説明、石原信雄官房副長官が……意見表明を促した」ところ、「八人の委員はそれぞれ意見を述べた」が、おそらく「政府で内々最優先候補と考えていたのではないか」とみられる「平成」案について、「一番穏やか」「平易で親しみやすい」等々の賛成意見が相次いだという。

その約二十分後、「官房長官は懇談会を抜け出し、国会内の常任委員長室に待機していた衆参両院の正副議長（両院事務総長同席）に会って同様に封書を差し出し……国民代表という立場から意見を聞いた」ところ、両院の正副議長とも「内閣が決めることであり、おまかせする」と述べたという。

それを承けて、一時五十分から総理官邸で開かれた全閣僚会議では、小渕長官が懇談会と両院議長の意見を報告し、三案の読み方などを説明、続いて的場室長から「日本・中国・東南アジアでかつて使用された千三百の元号を調べたが、『平成』は使われていない」と補足し、どの閣僚も「異議なし」と賛同したので、「十分程度の協議で『平成』に絞り、引き続いての閣議で正式決定した」という（朝日・毎日・読売・産経・日経・東京新聞などの七日夕刊記事による）。

もっとも、これらの詳しい内容が判ったのは後のことで、私は一時ころスタジオに入り、音の出ないモニター・テレビで動きをみていたにすぎない。しかし、二時ちょうどに放送（テレビもラジオも全波同時特報番組）が開始された五分後、官邸からの連絡に基づいて梶原アナウンサーが「ただ今、全閣僚会議を終り、臨時閣議に切り換えられました。……新元号の発表は二時半ころになる模様です。……」と報じた。

ついで、二時三十五分ころ、小渕恵三官房長官が記者会見場に現われて、「新しい元号はヘイセイであります。……」と声明を読みあげ、「平成」と筆書きした額を高く掲げた（新年号を墨書して公表する案は、ＮＨＫなどから要請して採用されたアイディアである）。その瞬間、私は心の底から「ああ素晴しい年号が選ばれたなあ」と感嘆した。これは決して誇張でも過褒でもない。

私は十年前に示されていた「元号選定の手続き」の２⑵にいう六条件（㋐国民の理想としてふさわしい良い意味をもち、㋑漢字二文字で、㋒書きやすく、㋓読みやすく、㋔元号・おくり名として用例がなく、㋕俗用されていないこと）を念頭に置いて、おそらく明治・大正・昭和のイニシャルであるＭマ行・Ｔタ行・Ｓサ行以外の「永」「弘」「文」「平」というような、画数も意味もやさしい字が選ばれるのではないか、また従来候補にのぼりながら未だ採用されたことのない案（六七〇例以上）が参考にされる可能性もあるだろう、と予測していた。それが偶然ほぼ的中したことになるが、さらに私ども歴史家にはなじみ深い古都の「平城」や「平安」のイメージが現代に甦ったような感じもした。

三　新元号の文字と出典の特色

このように私は、正月七日の午後二時前後、総理大臣官邸を中心に展開された〝改元ドラマ〟を観ながら、その幕間に過去（昭和・大正・明治など）の改元事情や出典・文字などについて〝平静〟に解説する予定であったが、前半は緊張、後半は興奮して、充分な役割をはたせなかった。そこで、いわばその穴埋めとして、新元号の文字と出典の章句などに関する政府の見解を、ここに少し補足訂正させていただこう。

表11　日本の(a)公年号文字と(b)候補未採用文字の一覧

(a)

安 17	雲 2	永 29	延 16	応 20	嘉〜 12	化 3	寛⁝ 15	観 3
感 1	亀〜 5	喜 3	吉⁝ 1	久 9	享⁝ 8	慶⁝ 9	景 1	建 9
乾⁝ 1	元 27	護 2	弘〜 5	興 1	亨〜 1	康 10	衡⁝ 1	国 1
至 1	字 1	朱⁝ 1	寿⁝ 4	授 1	祥⁝ 1	昌〜 1	承 14	勝 1
正 19	昭 1	神 3	斉⁝ 1	政 3	祚‖ 1	泰⁝ 1	大 6	治 21
雉‖ 1	中 3	長 19	鳥 1	貞⁝ 8	禎〜 1	天 27	同 1	銅 1
徳 15	仁 13	白 1	武 1	福 1	文 19	[平] 11	保 15	宝 10
万 4	明 7	養 3	暦⁝ 16	霊⁝ 1	老 1	禄〜 7	和 19	

(b)

育	允〜	運	皆⁝	会	開	監⁝	漢	含⁝	紀	基
義	欽〜	休	求	恭⁝	教	協	業	啓⁝	敬	継⁝
恵⁝	見	堅⁝	健	顕⁝	玄⁝	広	功	恒⁝	洪⁝	厚
考	高	綱⁝	克⁝	載⁝	始	祉⁝	受	柔⁝	俊⁝	淳〜
順	初	叙⁝	章	紹⁝	彰⁝	慎⁝	崇⁝	垂	瑞〜	世
清	靖〜	静	盛⁝	聖	[成]	節	善	聡〜	太	地
秩⁝	澄⁝	徴⁝	廷⁝	定	統	道	得	寧⁝	能	輔〜
邦⁝	封⁝	豊	命	有	佑〜	祐〜	裕⁝	悠⁝	陽	容
用	楽	立⁝	隆⁝	竜	令	礼（他に表外十一字）				

※1　漢字は現行字体で示した。(a)の漢字の下の算用数字は、二四七の公年号に使われた回数である。

2　漢字の右脇に無印は教育漢字、⁝印はプラス常用漢字、〜印はプラス人名漢字、‖印は表外漢字である。

まず新元号の二文字について表11をみると、「平」（漢音ヘイ・五画）は、従来の公年号二四六（大化〜昭和、白鳳を除き北朝年号を加えた数）に使われたことのある七一字（表の右側(a)）のひとつであり、十一回用例がある（平治・天平・寛平・承平・康平・仁平・正平など）。

それに対して「成」（漢音セイ・六画）は、今回初めて採用された。もっとも、平安中期以降すでに候補名の中にあげられて未だ採用されたことのない一〇六字（表の左側(b)）のひとつではある。

前回「昭和」改元の際、長らく七〇字に限られていたのに新しく「昭」を加えたと同様、今回も新たに「成」を採り入れられたのは英断と称してよいであろう。

なお、参考までに、諸橋轍次博士の『大漢和辞典』第四巻（初版昭和三十二年）をみると、「平」の項（現行版四九九頁）に「平成」がすでに熟語としてあげられ、「ヘイセイ」と読まれている。

次に「平成」の意味は、小渕恵三官房長官が記者会見のさい読みあげた竹下登総理大臣の「談話」に、次のごとく説明されている（傍点筆者、以下同様）。

「新しい元号は『平成（へいせい）』であります。これは、『史記』の五帝本紀、及び『書経』の大禹謨（だいうぼ）の「内平かに外成る」（史記）「地平かに天成る」（書経）という文言の中から引用したものであります。この『平成』には、国の内外にも天地にも平和が達成される、という意味がこめられており、これから新しい時代の元号とするに最もふさわしい……」

この説明で一応事足りるが、戸川芳郎氏（東京大学名誉教授）の御示教によれば、「平」は空間的に社会が治まること、「成」は時間的に万物が整うことであり、両者あわせて、世の中が穏かに進んでゆくことを意味するという。

このような年号の出典としては、平安中期（十世紀）以降の史料しか残っていないが、従来判明したものを数えてみると、森鴎外の『元号考』や森本角蔵氏の『日本年号大観』などによれば、七十七種ほどある（未採用候補名の出典も加えれば百種以上）。そのベストテンに入る古典は、一『書経（尚書）』35回（未採用85回）、二『易経（周易）』27回（70回）、三『後漢書』24回（57回）、四『文選』22回（65回）、五『漢書』21回（34回）、六『晋書』16回（35回）、七『旧唐書』16回（11回）、八『詩経』15回（39回）、九『史記』12回（33回）、十『藝文類聚』9回（11回）である。

このように今回採択された二四七番目の公年号「平成」の出典として発表された古典のうち、『書経』は過去一番多く使われ、『史記』も十位以内に入る。つまり、最もオーソドックスな漢籍が用いられたことになろう。

四　『書経』と『史記』の大意

こうして選ばれた「平成」の出典章句を四字熟語としてみるならば、『書経』は天地（タテ）の平成、『史記』は内外（ヨコ）の平成を表しているように感じられるが、文章の内容は両書共通している。

すなわち、『書経』の「大禹謨」篇は、本来孔子の編といわれる原文がなく、それが一たん失われた後、おそらく南北朝時代（四世紀ころ）、晋の梅賾などが古書に引かれている断片的な逸文などを集めて作ったものといわれる（林泰輔氏『書経講義』、池田末利氏・全釈漢文大系『尚書』参照。以下の訓読と通釈も右両書参取）。そのなかに次のような記事がみえる。

「禹曰、於帝念哉、徳惟善レ政、政在レ養レ民、水火金木土穀惟修、正徳利用厚生惟和……俾レ勿レ壊。」（禹いはく、ああ帝〈舜〉念はんかな、徳はこれ政を善くし、政は民を養ふにあり。水火金木土穀〈六府〉これ修め、正徳・利用・厚生〈三事〉これ和し……壊る勿らしめよ。）

「帝曰、兪、地平天成、六府三事允治、万世永頼、時乃功。」（帝〈舜〉いはく、兪り、地平かに天成り、六府・三事まことに治まらば、万世永く頼らん、これ乃の功なり。）

これは、中国太古の伝説的な天子舜帝の登用した禹（夏の始祖）が、政治は民生に不可欠の六府（五行の働きと五穀の実り）が斉うよう、また三事（人徳を正しくし、日用を便利にし、生活を厚にすること）が行われるようにすることこそ肝要、と進言したところ、舜帝は「そうだ、地も天も穏かに治まり、六府と三事が本当によく行われるならば、末永く頼りになるから、それこそ汝の功績である」と称賛した、というような意味である。

一方、『史記』は、周知のごとく漢の司馬遷（BC九三年歿）の完成した歴史書であるが、巻一の「五帝本紀」は、伝説的な黄帝から舜帝まで五名君の治績を記した部分で、史実というより古代中国の政治的な理想像を描いたものといえよう。そのなかに次のような記事がみられる。（以下の訓読と通釈は瀧川亀太郎氏『史記会注考証』、吉田賢抗氏・新釈漢文大系『史記』参取）

「昔、高陽氏有二才子八人一世得二其利一、謂二之八愷一。高辛氏有二才子八人一、世謂二之八元一。……舜挙二八愷一、使レ主二后土一、以揆二百事一、莫レ不二時序一。挙二八元一、使レ布二五教于四方一、父義、母慈、兄友、弟恭、子孝、内平外成。（むかし高陽氏に才子八人あり、世その利を得て、これを八愷といふ。高辛氏に才子八人あり、世これを八元といふ。舜は八愷を挙げて后土を主らしめ、以て百事を揆らしめしに、時に序でざるなし。八元を挙げ、五教を四方に布かしめしに、父は義、母は慈、兄は友、弟は恭、子は孝にして、内平かに外成れり。）」

これは、舜帝（黄帝の八世孫）が、かつて高陽（黄帝の孫）の時代、世の中に利益をもたらした八愷（八人の温良な才子）

たちの子孫を登用して、土地のこと（経済）など万事を任せたところ、すべて時宜をえないことはなく、またかつて高辛（黄帝の曽孫）の時代に活躍した八元（八人の善良な才子）たちの子孫を登用して、五教（儒教倫理）を天下に弘めさせたところ、父は正義強く、母は慈悲豊かに、兄は弟妹に親切、弟は兄姉に柔順、子は両親に孝行となり、内（家庭ないし国の内）も外（世間ないし国の外）も平和になった、というような意味に解することができよう。

五　『春秋左氏伝』に両句併出

ところで、放送中に私の脳裏をかすめたことが二つある。その一つは、「平成」という文字が確か過去の候補名中にあったはずだ、ということ。いま一つは、「内平外成」とか「地平天成」というような熟語表現は、おそらく他の漢籍にもあるにちがいない、ということであった。このうち、まず後者の事例から紹介しよう。

それは『春秋左氏伝』にみえる。本書は、孔子が筆を加えたと伝えられる魯の歴史書『春秋』に対して、左丘明など（未詳）が西暦前三世紀ころ注釈を作り漢代にも手直しされたといわれる伝（注釈書）である。そのなかに次のような記事がみえる。（以下の訓読と通釈は鎌田正氏・新釈漢文大系『春秋左氏伝』参取）

(a)　僖公二十四年（ＢＣ六三六）

「君子曰、服之不レ衷身之災也。詩曰、彼己之子不レ称二其服一。……夏書曰、地平天成、称也。」（君子いはく、服の衷はざるは身の災ひなり。詩にいはく「彼のこの子、その服に称はず」と。……夏書にいはく「地平かに天成る」とは称へるなりと。）

(b)　文公十八年（ＢＣ六〇九）

「昔、高陽氏有二才子八人一……天下之民謂二之八愷一。高辛氏有二才子八人一……天下之民謂二之八元一。……舜臣レ尭、挙二八愷一、使レ主二后土一、以揆二百事一、莫レ不二時序一、地平天成。挙二八元一、使レ布二五教于四方一、父義、母慈、兄友、弟恭、子孝、内平外成。」（訓読省略。前掲『史記』参照）

右のうち(a)は、子蔵という人物が華美な服装をして鄭伯に憎まれ身を滅ぼしたことにちなんで、君子が、不釣合な服装は身の災いのもとである。詩（現存の『詩経』小雅）に「かの小人たちは不釣合の服を着ている」とあり……夏書（原『書経』の逸文か）に「地（水土）は平かに治まり天（時候）も施しを成す」といっているのが本当の調和であると評した、というような意味である。この「夏書」逸文が前掲『書経』大禹謨中に舜帝の言としてみえる部分の典拠かどうかは明らかでないが、これにより古く漢代ころから「地平天成」という熟語のあったことは確かであろう。

また(b)は、文公の跡を継いだ宣公に対して、季文子が申しあげた政道の教訓のなかに、舜帝の治績として記されている。その内容は前掲『史記』五帝本紀の当該部分と同一であり、表現もほとんど一致する。ただ、『史記』の記事には「内平外成」だけで「地平天成」の表現を欠くが、『春秋左氏伝』では、前半、八愷の登用によって「地平かに天成り」というのと、後半、八元の登用によって「内平かに外成る」という成果をあげたのとが、対句形式になっている。しかも、通説では『左氏伝』の方が『史記』より古いとみなされており、仮に逆だとしても、「内平外成」と「地平天成」との両句が揃って漢代ころからあったことは、認めてよいであろう。

このように「平成」の出典章句は、公表されている二書だけでなく、それよりも古いのではないかといわれている『春秋左氏伝』に、舜帝の儒教的善政を表わす名句として、二つとも揃ってみられる。したがって、これもふまえて「平成」を解釈するならば、あらゆる分野で有能な人材を活用することにより「国の内外にも天地にも平和が達成される」という意味が一層明確になる。

さらにいえば、先の「昭和」年号（出典『書経』堯典「百姓（ひゃくせい）昭明にして万邦を協和す」）に掲げられた〝一君万民の和合、世界平和の達成〟という遠大な理想を、あらためて継承し発展させようとの理念を示したのが「平成」年号にほかならない、と理解してもよいであろう。もっとも、その名に実を伴なわせられるかどうかは、これからの私どもの努力いかんにかかっている。

六　菅原道真の子孫が初提案

もう一つ、「平成」という年号案はかつて一度候補にのぼったことがある。森本角蔵氏の前掲書（資料篇）を基に私が整理した「日本公年号の出典と勘申者」一覧表（後掲の付1）に明らかなごとく、かつて候補にのぼり何度目かに採用された年号は、出典か勘申者（候補名提案者）の判明する平安中期以降の二〇二公年号中、一三二例（約六五％）もある。念のため、五回以上の例を示そう。

1一六回……天保、2一四回……嘉慶、3一二回……文安・宝暦、4一一回…永享・安永・天明・明治、5一〇回…承安・仁治・康安・寛永、6九回…慶長、7七回…応仁・天和・明和・文久、8六回…貞永・元徳・寛正・永正・嘉永、9五回…承保・久安・建保・文永・嘉元・延元・建徳・正慶・延文・応安・康暦・延徳・慶安・明暦・正徳・享和・慶応・大正　（同時に二人が同一の年号案を勘申している場合も一回と数えた。）

このうち、「明治」は室町中期「正長」改元（一四二八）の時から十一回目、「大正」は鎌倉末期「元弘」改元（一三三一）の時から五回目に、ようやく採用されているが、初回で採用された年号に較べて少しも遜色がない。むしろ、何度も候補にあげられたのは、多くの勘申者がそれだけ年号にふさわしいと考えたことを示すともいえよう。それが採用されるかどうかは、各改元時の年号案審議に関与した人々の文化的感覚や政治的判断などによることである。

しからば、「平成」を初めて勘申したのは誰かといえば、「慶応」改元（一八六五）の際、文章博士であった高辻脩長（おさなが）にほかならない。元治二年（一八六五）四月七日に行われた「慶応」改元の関係文書（年号勘者宣旨・改元勘文・改元条事定並改元次第・改元詔書など）は宮内庁書陵部に一括所蔵されており、その要点は宮内庁蔵版『孝明天皇紀』第五に引載されている『定功卿記』『二条家日記』などにより知ることができる。しかし、ここでは勘申者の家系と特色について略述するに留めよう。

年号候補名の勘申者は、大学寮の文章博士と式部大輔が大部分であって、そのポストを次第に菅原道真の子孫が多く占めるようになったから、おのずと年号勘申も菅原氏の専門家職化して江戸末期まで続いた（後掲付Ⅱ略系図参照）。ただ同氏は、途中で高辻家と唐橋家に分かれ、また高辻家から五条家と東坊条家、さらに五条家から桑原家と清岡家が分かれて、幕末には六家あった。そのうち、元治二年に年号案を勘申したのは、高辻脩長（文章博士、二十五歳）と唐橋在光（式部大輔、三十九歳、「慶應」等十四案）と清岡長煕（式部権大輔、五十二歳、「明定」等十四案）の三人で、最年少の脩長が左の十四案を提出している。

〔第一次案〕1徳政（御註孝経）2亨長（唐鑑）3禎應（晋書）4大安（漢書）5建明（後漢書）6康寧（晋書）7天成（晋書）

〔第二次案〕8永基（晋書）9**平成**（尚書）10天寧（文選）11乾永（晴書）12萬保（毛詩）13永寧（宋書）14大亨（周易）

このうち、9の「平成」は、今回と同じく『尚書（書経）』大禹謨の「地平天成……万世永頼」を出典章句としている。その勘申者脩長は、道真から数えて三十二世の子孫である。日本歴史学会編『明治維新人名事典』（昭和五十六年、吉川弘文館）などによれば、彼は万延元年（一八六〇）文章博士、文久三年（一八六三）大内記となり、維新後東京に出て明治天皇の侍従、皇太后宮亮・東宮侍従長・宮中顧問官などを歴任し、大正十年（一九二一）八十二歳で薨じた（子爵・従二位）。著述は伝存しないようであるが、前記十四案の出典をみても、代々の家学を承けて漢籍（おもに経書と史書か）に精通していたものと思われる（詳しくは拙稿「〝慶應〟年号の成立過程」『慶應義塾義塾大学法律学科開設百年記念論文集』平成二年、所収を参照して頂きたい）。

ちなみに、その兄弟の信厳が太宰府天満宮の西高辻家に養子して現宮司の信良氏につながっている。今なお全国的に〝学問の護り神〟として敬仰される菅公の直系子孫である脩長により初めて考案提出された「平成」が、一二五年後に新しく『史記』も出典に加えて採用されるに至ったのである。

なお、「平成」年号考案者は、おそらく新元号が役割を終えるまで、公表されないことになっている。もちろん「大正」および「昭和」の場合と同じく、大礼（即位礼と大嘗祭）の終了後に編纂されるであろう公式記録には、未採用案などと共に明記されるものとみられる。

ただ、マスコミでは、物故者として、諸橋轍次氏（昭和五十七年歿、九十九歳）・安岡正篤氏（同五十八年歿、八十五歳）・坂本太郎氏（同六十二年歿、八十五歳）・貝塚茂樹氏（同六十二年歿、八十二歳）などは、政府から委嘱されていたとみられている。このうち安岡氏は、昭和五十四年の『元号法』成立後まもなく総務長官の訪問を受けて「平成」案を提示した可能性が高いといわれている。

しかしながら、これらの碩学が相次いで他界されていたから、あらためて小川環樹・市古貞次および宇野精一・目賀田誠・山本達郎などの諸氏が委嘱されたであろうと推測されている。しかも、あくまで一部の推測ながら、宇野氏と目賀田氏が「正化」か「修文」という案を出され、山本氏が「平成」案を引き継いで出されたといわれている。

七　政令の公布と施行の時期

以上、新元号「平成」の成立過程と、その文字と出典の特色、章句の大意と類例および最初の提案者などについて、順次解説してきた。最後に、その政令公布の手続きと施行時期の決め方について、補足説明しておきたい。

まず改元の政令は、前述のとおり午後一時五十分からの全閣僚会議において実質決定し、続いて二時五分からの閣議で閣僚全員が署名（花押）を加えて正式決定したことになる。しかし、元号は『元号法』第二項に定めるごとく「皇位の継承」と不可分のものであるから、新天皇と無関係に決められてよいかどうか、従来も議論があった。

たとえば、葦津珍彦氏は、原案を奏上して「御聴許」を仰ぐべきだと主張され（『中央公論』昭和五十四年七月号「天皇と元号」）、私は「原案選定と閣議決定の経緯を速かに〝内奏〟して、天皇に御理解・御諒承を賜わる必要があるのではないか」（京都産業大学『世界の窓』第三号、昭和六十三年三月発行「昭和の改元と今後の改元」）と指摘したことがある。

ただ、事前に「御聴許」を仰ぐとか、事後に結果を「内奏」するとしても、それは時の内閣がひそかに行うことにすぎない。むしろ、より大切なことは、現行憲法の第七条に「内閣の助言と承認」による天皇の国事行為として、

1　憲法改正、法律、政令及び条約を公布すること。（2〜9省略）

10　儀式を行ふこと。

と規定されている。したがって、新元号は、改元の政令に新天皇の御署名と御捺璽をいただく公布行為が完了してから公表することが望ましい。また、かつて金森徳次郎国務大臣が「内閣で決まった所の元号といふものを、儀式の面に於きまして天皇の御権能に導き入れることは、考へ得べきものと思って居ります。」〈昭和二十一年十二月十八日貴族院皇室典範特別委員会議事録）と答弁しているのであるから、新元号公表の儀式を国事行為とすることも不可能ではないと考えられる。

そこで、改元の決まった一月七日午後二時台の動きを調べてみると、ある新聞には「全閣僚会議が終った瞬間（二時五分）、的場内閣内政審議室長が官邸から抜け出し、パトカーで皇居に走った、……新元号名について正式発表前に新天皇に報告するためだった。」と一見リアルに書かれている。しかし、臨時閣議の前に事務担当官が参内して新元号名を新天皇に〝報告〟するようなことが可能であっただろうか。

これに対して『読売新聞』によれば、「臨時閣議は、七日午後二時十分から開かれ、ごく短時間で『平成』を決めた。しかも官房長官が正式発表した同三十五分過ぎまで約二十分の間に、首相官邸から宮内庁を通じて、新天皇に『新元号は平成とする』旨が報告され、この手続きの完了を待って官房長官の発表となった。」「ただ改元を定めた政令への正式な陛下のご決裁（ご署名）は、発表の約十分後に行われた。」と報じられている。私には、この方が事実に近いように思われるが、はたして総理官邸から竹下首相なり小渕官房長官が皇居の藤森昭一宮内庁長官あたりに電話して報告に及んだのか、今なお定かでない。

この点、もし後者であったとすれば、宮内庁長官から一種の内奏をしたことにはなろうが、憲法に明文のある象徴天皇の国事行為（公布手続き）を軽視したことになりかねないと思われる。

次に新元号の施行は、「事情の許す限り速かに改元を行うという元号法の趣旨、国民生活の便宜等、諸般の事情を考慮して、公布の日の翌日である一月八日以降について用いられる」（首相談話）ことと された。

これは、かつて大正と昭和の場合、今回と同じく先帝崩御・新帝践祚の即日、新元号を決定したのみならず、その公布詔書に、当日以後を改めて新元号元年となす旨を示して、当日から新元号を使い始めた〝即日改元〟の方法を採らずに、いわば〝翌日改元〟方式を初めて用いたことになる。即日改元では、新旧年号の境目が問題になる（崩御なり践祚の時刻を境にすれば同一日に二つの年号があることになり、便宜的に午前零時に遡って新年号を及ぼせば当日崩御までの時間を否定することになる）から、今回は公布の翌日午前零時まで繰り下げることにより、従来の矛盾を解決したのであろう。

しかし、このような翌日改元が可能なら、翌月一日改元とか翌年元日改元も不可能ではないはずである。私は数年前から、先帝の崩御が年末に近い場合、新しい元号は新帝践祚後速やかに決定公布し、年を踰えて翌年元旦より一斉施行する〝踰年改元〟も検討に値すると唱えてきた。おもな理由は二つある。

その一つは、平安初期から明治初年まで一千年余り、「国君即位し、年を踰へて後に改元するは、臣子の心、一年に二君あるに忍びざるなり。……先帝の残年を分ちて当身（新帝）の嘉号を成すは……孝子の心に違ふなり」（『日本後紀』）との理由により励行されてきた「踰年改元」の伝統にこめられている皇位継承者間の心情を尊重したい、という思いである。いま一つは、公私とも元号を使用する機会の多い一般国民の便宜を考慮して、新元号への切り換え準備などをしやすくするために、年の区切りとして明瞭な新年元旦から一斉に使い始められるようにする現実的な合理性にも配慮したい、という考えである。

とはいえ、たまたま今回は新年正月七日（土曜日）早朝の先帝崩御・新帝践祚であったから、その数時間後に新元号を決定して、即日公布・翌日施行という措置がとられ、翌日の八日が偶然日曜日だったこともあって、ほとんどの官庁や会社などでは翌九日月曜日朝までに準備をしてスムーズに使い始めることができたようである。それが新時代への速やかな気分一新をイメージづけるのに大きな役割を果たしたことも事実であろう。

したがって、今回の翌日改元は、国民生活の便宜（合理性）には支障をきたさなかったといえようが、先帝への気持（人情味）を薄れさせることになりはしなかったであろうか。この点は、あらためて慎重に検討したうえで、百年後の当局者が臨機応変に対処されることを念じている。

こうして、新元号の「平成」はスタートした。『元号法』制定から十年、万々一に備えて極秘に検討を重ね、政令による一世一元の新例を開いた関係各位の御尽力に、国民の一人として謝意を表したいと思う。

また、首相談話の末尾に「元号は、千三百年余の歴史を有しており……、日本人の心情に溶け込み、日本国民の心理的一体感の支えにもなっております。この新しい元号も、広く国民に受け入れられ……生活の中に深く根ざしていくことを心から願っている」とみえることも同感である。

以上は「平成」改元直後に委嘱され、一週間で書き上げたレポートである。その後二十五年経った今日、「平成」は元号としてだけでなく、大学や会社などの名称にも用いられている。ただ、年の表し方は、むしろ平成に入ってから西暦を使う傾向が進みつつある。

とはいえ、日本の公式紀年としては『元号法』に基づいて定められた「平成」を尊重するのが当然であり、事実、役所の戸籍や免許証も銀行の通帳や証書類も原則元号で統一されている。今後とも、一方で西暦の機械的な便利さを駆使しながら、他方で元号のもつ文化的な豊かさを大切に保持したいものである。

Ⅱ　各論　日本公年号の総合解説

1 大化　六四五～六五〇

(1)改元年月日…皇極天皇四年六月十九日（西暦六四五年七月十七日）
(2)使用期間……約四年八ヶ月
(3)改元理由……代始改元か
(4)読み方………たいか（たいくわ）／だいくわ（本朝年代歴・年号読様）
(5)天皇／上皇…孝徳天皇／皇極天皇（退位の後は皇祖母尊と呼ばれた）
(8)出典と章句…不詳。諸説あるも『尚書』（周書）によるとする説が有力。
●『尚書』（大誥）「天閟毖我成功所。予不敢不極卒寧王圖事。肆予大化誘我友邦君。」
●その他、『荀子』・『孔子家語』・『漢書』・『三国志』・『宋書』・『晋書』・『北史』・『文選』に「大化」の例有り。

(12)「大化」を冠する用語等
●**大化改新**　皇極天皇四年六月十二日・十三日に起こった「乙巳の変」による蘇我氏本宗家滅亡にはじまる、孝徳天皇朝に行われた一連の政治改革。大化二年正月一日　大化改新の詔を発する。

(13)大化年間の主な出来事
●大化元年十二月九日　難波遷都。
●大化五年二月　冠位十九階を制定。

(14)改元の経緯及び特記事項
『日本書紀』によれば、皇極天皇四年六月十二日・十三日の「乙巳の変」の後、十四日に皇極天皇の譲位と孝徳天皇の即位、左右大臣・内臣・国博士の任命があり、改新政府が発足した。十九日には孝徳天皇と皇祖母尊（退位した皇極女帝）、皇太子中大兄皇子が群臣を集め、天皇への忠誠を誓わせているが、それに続いて「天豊財重日足姫天皇（皇極女帝）四年を改めて、大化元年とす」という記事が見える。前後の状況から、孝徳天皇の即位、あるいは改新政府の発足と連動して、はじめて年号が定められたと考えられ、その意義は大きい。

ただ、「大化」年号の使用については疑問視する考え方も少なくない。佐藤宗諄は祥瑞を伴わない代始改元がその後も長く行われなかったことから、八世紀末の『日本書紀』編纂の際の述作、あるいは遡っての制定ではないかとした（佐藤一九六八・一九七七）。田中卓も、佐藤氏の指摘を踏まえ、孝徳天皇の代始改元の事実はあったが、年号はなく、後世に追号補筆されたものとしている（田中一九七七）。

「大化」年号が同時代において使用されていたことを示すものとして、京都府宇治市放生院蔵の「宇治橋断碑」がある。その中では道登という僧侶が「大化二年丙午之歳」に宇治川に橋を架けたとしている。ただ、現存の「宇治橋断碑」は江戸時代、寛政三年（一七九一）に、かつて洪水に流され、再発見された碑文の三分の一を修復したもので、大化年号を含む部分は『帝王編年記』大化二年条による復元である。

ちなみに、この当時、朝鮮半島の新羅では、法興王以来一世紀近く独自の年号を建て使ってきたが、真徳女王の「太和二年」（六四八）、唐の太宗から非難され、翌々年（六五〇）から「大唐」の「永徽」年号を公用せざるをえない状況にあった。おそらく日本でも、独自の年号を建てながら、それを公然と使うことが難しかったのではないかとみられる。

⒂ 関係史料

●『日本書紀』巻二十五　大化元年六月乙卯条。

2 白雉

六五〇〜六五四

(1) 改元年月日… 大化六年二月十五日（西暦六五〇年三月二十二日）

(2) 使用期間…… 約四年八ヶ月

(3) 改元理由…… 祥瑞改元

(4) 読み方……… はくち／Facuûô（ロドリゲス『日本大文典』、誤記か）／シラキスス（釈日本紀）

(5) 天皇／上皇… 孝徳天皇／皇極天皇（退位の後は皇祖母尊と呼ばれた）

(8) 出典と章句… 不詳。諸説あり。

●『漢書』（平帝紀）「元始元年正月越裳氏、重譯献白雉。」

●『後漢書』（明帝紀）「永平十一年、時麒麟・白雉・醴泉・嘉禾所在出焉。」

●『孝経援神契』（説郛巻第五）「周成王時越裳献白雉。」（『藝文類聚』祥瑞部にも同文あり）

●その他、『宋書』・『文選』・『易林』にも「白雉」の語あり。

(12)「白雉」を冠する用語等

●**白鳳文化**　白雉＝白鳳年間を中心とする七世紀後半（大化元年〜和銅三年）の文化（特に美術）を指す。

(13) 白雉年間の主な出来事

●白雉五年十月十日　孝徳天皇崩御。

(14) 改元の経緯及び特記事項

『日本書紀』には、白雉元年二月九日に穴戸国（のちの長門国）国司・草壁連醜経が、国造首の同族・贄が正月九日に獲た白雉を献じてきたので、これを百済君氏・沙門・道登法師・僧旻法師に問うた記事が見える。百済君、即ち百済君豊璋は後漢明帝の時の白雉出現の例を挙げ、沙門たちは大赦するべしと述べた。また道登は高句麗での白鹿・白雀・三足烏といった「休祥」出現の例を挙げ、白雉はそれよりもすぐれた祥瑞であるとしている。僧旻は「休祥」であるとした上で、周成王・晋武帝の時の白雉の例を挙げ、君主の徳の現れであって、天下に大赦すべきであると論じた（『日本書紀』白雉元年二月戊寅条）。

なお、ここでの中国の例の多くは『藝文類聚』祥瑞部（あるいはそれに近い現在散逸した類書）・『宋書』符瑞志からの引用であることが指摘されている（小島憲之「日本書紀の述作」『上代日本文学と中国文学　上』塙書房、一九八〇・平秀道「日本書紀と讖緯思想」『国文学論叢』七、一九六〇）。

同十五日には百官が参列し、朝廷で白雉を天皇に献ずる儀式が行われた。その際、天皇が詔して周成王・後漢明帝・応神天皇・仁徳天皇の例を引き、これは臣下の忠誠によると述べ、白雉改元を宣言し、百官に物を賜うほか、国司に大山の位と録を授け、穴戸国の調役を三年間免除した（『日本書紀』白雉元年二月甲申条、水口幹記二〇〇五）。

白雉年号は『続日本紀』神亀元年（七二四）十月丁亥朔条に「白鳳以来朱雀以前」とあるように、史料によっては「白鳳」と書かれる。これは「雉」より「鳳」を上位の祥瑞とする考えによると思われる。そして『日本書紀』では斉明天皇元年より白雉年号が用いられておらず、代替わりと共に事実上の改元が行われたと思われるが、『大織冠伝』では「白鳳十二年」とする記事が見える。これは年号の切り替えが曖昧であったことを示すものであろう（坂本太郎一九四八）。

なお、田中卓は『日本書紀』の斉明天皇即位前紀・天智天皇称制即位前紀に「天萬豊日天皇（孝徳天皇）、後五年十月崩」とあり、白雉年号が見えないことから、実際には漢王朝の例により改元以後を「後〇〇年」と表記し、白雉年号は追号されたものではないかと推測している（田中一九七七）。

⒂ 関係史料

●『日本書紀』巻二十五　白雉元年二月戊寅・甲申条。

3 朱鳥　六八六（八・十四～十・一）

(1) 改元年月日… 天武天皇十五年七月二十日（西暦六八六年八月十四日）

(2) 使用期間…… 約二ヶ月

(3) 改元理由…… 不詳。祥瑞改元、あるいは天武天皇不予によるか。

(4) 読み方……… しゅちょう（すてう）／しゆちよう（本朝通鑑）／しゆてう（本朝年代歴・年号読様）／阿訶美苔利（あかみとり）（日本書紀）

(5) 天皇………… 天武天皇

(8) 出典と章句… 不詳。諸説あり。

●『禮記』（曲禮上）「行前朱鳥而後玄武、左青龍而右白虎。」

●『淮南子』（鴻烈解巻三、天文訓）「南方火也。其帝炎帝、其佐朱明。執衡而治夏。其神爲熒惑。其獣朱鳥。其音徴、其日丙丁。」

●『文選』（西京賦）「若夫長年神仙宣室玉堂麒麟朱鳥龍興含章、譬衆星之環極、叛赫戯以煇煌。」

●その他、『史記』『春秋緯文耀鈎』に「朱鳥」の語あり。

(13) 朱鳥年間の主な出来事

●朱鳥元年九月九日　天武天皇崩御。

●朱鳥元年十月二日　大津皇子、謀反発覚（翌日刑死）。

(14) 改元の経緯及び特記事項

『日本書紀』朱鳥元年七月戊午条には、「改元して、朱鳥元年と曰ふ〔朱鳥、此を阿訶美苔利（あかみとり）と云ふ〕。仍りて宮を名づけて飛鳥浄御原宮と曰ふ」と、改元と宮の命名が行われた記事がある。『扶桑略記』天武十五年丙戌条には

「大倭國赤雉を進む。仍りて七月、改めて朱鳥元年と為す」とあり、これによれば祥瑞改元となる。『日本書紀』天武天皇六年十一月己未朔条には「筑紫大宰赤鳥を献ず」、同九年七月癸未条に「朱雀、南門に有り」、同十年七月戊辰朔条に「朱雀見ゆ」といった記事があるが、それが改元の原因となったかは不明である。

むしろ、この年の五月二十四日に天武天皇が不予となっていることを踏まえ（『日本書紀』朱鳥元年五月癸亥条）、道教の思想に基づいて年号・宮号を改め、病の平癒を願ったのではないかと考えられている（今泉隆雄「飛鳥浄御原宮の宮号について」『東アジアの古代文化』一一八、二〇〇四）。

朱鳥年号は『日本書紀』においては持統天皇称制と共に用いられなくなり、事実上の改元が行われたと思われるが、『万葉集』の左註では「朱鳥四年」「朱鳥六年」といった記述が見える。また朱鳥年号は史料によっては「朱雀」と書かれる。これは『淮南子』高誘注に「朱鳥、朱雀也」とあるように同一のものとされており、白雉が白鳳と書かれたと同様に改めて書かれることがあったのであろう。

『大神宮諸雑事記』には「朱雀三年」に遷宮が行われたとの記事がみえる。これらは天武天皇崩御後も、朱鳥あるいは朱雀年号を停止することが明確に示されていなかったことをうかがわせる。

(15) 関係史料

●『日本書紀』巻二十九　朱鳥元年七月戊午条。

4 大宝　七〇一～七〇四

(1) 改元年月日…文武天皇五年三月二十一日（西暦七〇一年五月三日）
(2) 使用期間……約三年一ヶ月
(3) 改元理由……祥瑞改元
(4) 読み方………だいほう／たいほう（皇年代記・番鍛冶次第附録年代記）／Tenpo（ケムペル『日本志』、誤記か）
(5) 天皇／上皇…文武天皇／持統太上天皇
(8) 出典と章句…不詳。諸説あり。
●『周易』（繫辞下傳）「天地之大徳曰生、聖人之大寶曰位。…」
●『周禮』（春官）「天府、掌祖廟之守蔵、與其禁命。凡國之玉鎮大寶器蔵焉。」
●その他、『荀子』・『貞観政要』・『三国志』・『宋書』・『晋書』・『旧唐書』・『文選』などに「大宝」の例有り。

(12)「大宝」を冠する用語等
●**大宝律令**　刑部親王・藤原不比等らの編纂による法律。令は文武天皇四年までに編纂され、大宝元年施行、律は大宝元年に完成し、翌年施行された。
●**大宝二年戸籍**　「大宝令」の施行に伴って各国で作られた大宝二年（七〇二）の戸籍。それが藤原京に送られ、のち東大寺に下賜されて、その裏に経典などが書写された結果、美濃国の戸籍などが部分的に伝わっており、それには「太寶」と記されている。

(13) 大宝年間の主な出来事
●大宝元年正月一日　文武天皇、元日朝賀を受ける。『続日本紀』は「文物の儀、是に備れり」と記す。

●大宝元年正月二十八日　遣唐使を任命、派遣。遣唐執節使・粟田真人のほか、遣唐少録に山上憶良。
●大宝二年十二月二十二日　持統太上天皇崩御／翌年十二月十七日　火葬、同二十六日　大内山陵に合葬。

⒁改元の経緯及び特記事項

『続日本紀』大宝元年三月甲午条に「対馬嶋、金を貢ぐ。元を建てて大宝元年としたまふ」としており、対馬より金が献上されたことを祥瑞として、建元（改元）が行われたことがわかる。

この献上に関わった人物の褒賞記事が同年八月丁未条にあり、金を献上した大倭国忍海郡の人三田首五瀬に正六位下を授け、封戸と田のほか、物品を賜い、雑戸の身分から解放したのをはじめ、対馬島司と郡司の主典已上の位を進め、金を獲た家部宮道に正八位上を授け、物品を賜い、その戸と金を出した郡の百姓に免税措置が取られた。また五瀬を派遣した贈右大臣大伴御行は没していたためその子に封戸と田を賜ったとある（恩赦についての記述はない）。しかし『続日本紀』同日条は続けて注を付し、「年代暦に曰く、後に五瀬の詐欺発露れぬ。贈右大臣、五瀬の為に誤たれしことを知る」とあり、渡来系の、金工に関わる技術者であった五瀬が「おそらくは朝鮮から手に入れた金を、島民と共謀して対馬産といった」と推測されている（青木和夫『奈良の都』中央公論社、一九六五）。既に制定した大宝儀制令に年号の使用が定められており、その施行までに年号を定めておく必要があった政府の意図を考えることもできよう（所功一九七八）。

なお、『扶桑略記』文武天皇五年三月廿一日条、『一代要記』大宝元年三月廿一日条は、大宝改元とともに対馬国が「初めて白銀を貢ぐ」とする。『水鏡』も同様だが、いずれも拠る所を知らない。

⒂関係史料

●『続日本紀』巻二　大宝元年三月甲午条・八月丁未条。

コラム1　古代朝鮮三国の建てた年号

朝鮮半島の三国では、中国の影響を受けて早くから独自の年号を建てた。そのうち『三国史記』に記録されているのは、新羅王国の表に示した七例である。

ところが、真徳女王（韓国でドラマになった「ソンドク」＝善徳女王の従妹）の太和二年（六四八）、唐太宗から「新羅は大朝（唐）に臣事しながら何ぞ以て別に年号を称するや」と叱責された。そこで「先祖法興王以来、私に紀年あり。もし大朝の命あらば、小国又何ぞ敢てせん」と弁解し、翌々年（六五〇）から「中国の永徽年号」を使い、以後公的には中国年号を順奉し続けるに至った。

従って、これ以前にも三国で私的に年号を建てながら、中国に遠慮したのか、正史に記録されていないものがあったに違いない。

表12　新羅王国の年号

西暦	国王	年号
536	法興王 23	建元
551	真興王 12	開国
558	〃　29	大昌
572	〃　33	鴻済
584	真平王 6	建福
634	善徳女王 3	仁平
647	真徳女王元	太和

現に高句麗では、広開土王（三九一〜四一三）が「永楽」年号を使っていたことは、有名な碑文によって知られている。また、新羅では「延寿元年（五一一）」と刻む銀製の鋺が出土している。さらに百済でも「建興五年丙辰」（五三六か五九六）と刻んだ金銅仏の光背銘が知られている（所功一九七七）。〔T〕

コラム2　渤海王国も建てた独自の年号

渤海国は六九八年、大祚栄が高句麗の遺民や靺鞨族を率いて建国し、九二八年契丹により滅ぼされるまでの約二百五十年間、朝鮮半島北部から中国東北地方・ロシアの沿海州南部に存在した国家である。周辺諸国との交易で大いに栄え、唐から「海東の盛国」と呼ばれた。

初代国王の大祚栄は、後に唐より「渤海郡王」の冊封を受けた。しかし二代国王大武藝は、王位継承争いへの唐の介入をはねのけ、日本へ使者を派遣するなど、独立の気概を見せた。その最たるものが、即位と共に渤海独自の元号「仁安」を立てたことである。年号という唐の制度を取り入れて奉ずる一方、独自に異なる年号を立てた。

渤海の年号は、中国と異なる即位称元法をとり、王が没すると翌日に新王が即位し、年号も変えた。唐は基本的に翌年改元（踰年称元法）を取るため、『旧唐書』『新唐書』では、渤海史の記述の編年と事実の間に一年のズレが生じ、後世の研究者を悩ますこととなった（上田雄『渤海国　東アジア古代王国の使者たち』講談社、二〇〇四）。

渤海の年号はいつまで用いられたか。現在判明しているのは十一代大彝震（だいいしん）の時代の「咸和」までだが、渤海はそれ以後全盛期を迎えるにも関わらず判然としない。渤海には自国の編纂史料が残らず、唐と日本のそれに頼ることになるが、このころ唐は政治的混乱を迎え、日本との交渉も形式化していたため、渤海についての具体的な記述が正史から見えなくなる。しかし、その滅亡まで用いられていたかと考えられる（朴真淑「「海東盛国」の具現」東北歴史財団編・濱田耕策監訳『渤海の歴史と文化』明石書店、二〇〇九）。

表13　渤海王国の年号

西暦	年号	国王
698		高王　大祚栄
719	仁安	武王　大武芸
737	大興	文王　大欽茂
〔宝　暦〕		文王大欽茂
793		大元義
793	中興	成王　大華璵
794	正歴	康王　大嵩璘
809	永徳	定王　大元瑜
812	朱雀	僖王　大言義
817?	太始	簡王　大明忠
818	建興	宣王　大仁秀
830	咸和	大彝震
857		大虔晃
871		景王　大玄錫
894?		大瑋瑎
906?		哀王　大諲譔

では、外交の場において、渤海は自らの独立を示す年号を使用したのであろうか。唐についてははっきりしない。しかし日本に対しては、宮内庁書陵部所蔵『壬生家古往来消息雑雑』第二巻所収の承和八年（八四一）に渤海使が持参した「中台省牒」（渤海の中台省から日本の太政官に送られた外交文書）に「咸和十一年」の文字が見えるから（具蘭憙「渤海関係日本史料」前掲『渤海の歴史と文化』）、少なくとも日本には自らの年号を示していたことがわかる。日本は渤海を朝貢の使者と認識しているが、独自年号の使用が問題視された様子はない（上田雄『渤海使の研究』明石書店、二〇〇二）。

なお、一〇四九年発見の貞恵公主（大欽茂の第二女）墓誌銘に「宝暦」という年号が記されている。三代国王大欽茂の「大興」年号が用いられた時期で、「宝暦」が一時期用いられ、再び「大興」に戻されたと推測されている（具蘭憙「渤海と日本の関係」前掲『渤海の歴史と文化』）。〔K〕

コラム3 「大宝」年号と律令制文書行政

文武天皇五年（七〇一）三月に制定された「大宝」年号と、同年八月に制定された『大宝律令』には、中国文明の影響のもとで独自のものを作り上げたという大きな意味がある。

養老儀制令には「凡そ公文に年記すべくんば、皆年号を用ゐよ」とあり、公文書への年号の使用が義務付けられている（大宝令もおそらく同文）。この規定は、唐令で確認されておらず、おそらく日本独自のものである（「唐日両令對照一覧」『唐令拾遺補』東京大学出版会、一九九七、佐藤宗諄一九六八）。

律令の注釈書である『令集解』所引の諸注釈には、「釈云はく、大宝・慶雲の類、之を年号と云ふ。古記云はく、年号を用ゐよ、謂ふこころは、大宝と記して辛丑と注さざるの類なり。穴云はく、年号を用ゐよ、謂ふこころは、延暦と云ふ是なり。問ふ、近江大津宮の庚午年籍は、未だ知らず、何の法に依りて云ふや。答ふ、未だ此の文を制する以前に云ふ所のみ」とある。大宝令の注釈書である「古記」は、この規定を、文書に従来の干支ではなく年号を用いよという意味だと説明している。

「大宝」年号の制定は、文書行政の拡大と関係している。官僚機構が整備されるにつれ、多くの公文書に年次表記が必要となる。それまで主に干支で年次表記が行われ、大化改新の六四五年（乙巳）から六〇年後の七〇五年に干支が一巡し、年次表記が混乱するおそれも出てきた。そのため、年号制を採用し、律令により文書への記入を義務付けることで、「連綿とした書類整理が可能となった」とみられる（榎村寛之二〇〇一）。

もっとも、大宝の年号制開始以後も、干支による紀年法が根強く利用されていたことは、『続日本紀』の記事や金石文・木簡などからうかがえる（佐藤宗諄二〇〇〇）。大宝年号が記された木簡で現存最古のものとされるのは、九州の元岡・桑原遺跡からも出土した二十次八号木簡である（福岡市教育委員会『元岡・桑原遺跡群』、二〇〇八）。

「(表) 太寶元年辛丑十二月廿二日／白□□□〔米二石カ〕
鮑廿四連代税／官川内□〔歳カ〕六黒毛馬胸白」

これは海産物の代納としての白米を運搬する際に、里長が関司宛てに発行した過所木簡（一種の通行手形）であると指摘されている（服部英雄「韓鉄（大宰府管内志摩郡製鉄所）考」『坪井清足先生卒寿記念論文集』二〇一〇）。

また藤原宮跡北面中門地区出土の木簡一五一（荷札木簡）

に「(表)尾治国知多郡／(裏)大寶二年」とあり、木簡一六一に「大寶三年十一月十二日　御野国楡皮十斤」とある。ともに税の運搬・貢納の際に用いられたものと思われ、文書行政と税制という律令制の枠組みの中で年号の使用が拡大していったことを明確に示すものである。

なお、これらの大宝年号を記す木簡には、「大」でなく「太」と書いているものが多い。〔K〕

コラム4　那須国造碑の「永昌」年号

栃木県大田原市湯津上村、笠石神社の境内に「那須国造碑」と呼ばれる高さ一二〇センチの碑文(国宝)がある。持統天皇三年(六八九)に那須評督に任じられた那須直韋提のため、その遺児らが建てたと考えられている。この碑文は、前半三行で個人の官歴・卒日・立碑の経緯、後半五行で遺児たちがその遺志を継いでいくことが語られている(眞保昌弘『日本の遺跡二五　侍塚古墳と那須国造碑』同成社、二〇〇八)。その冒頭、那須直韋提が評督に任ぜられた年を「永昌元年」と記す。「永昌」は中国の則天武后称制期の年号であり、日本では持統天皇三年(六八九)にあたる。これについては立碑者や撰文者を含めて古くから議論があった(新井白石・狩谷棭斎・藤貞幹など)。たとえば、下野国にしばしば渡来人の居住したことが六国史に見えることから、新羅系渡来人の関与を指摘するものがある(木曽武元『那須拾遺記』、木崎愛吉『大日本金石史』など)。瀧川政次郎は、関東の豪族である上毛野・下毛野氏が、大陸との交渉に関わり、大宝律令編纂に下毛野古麻呂が参加していることなどから、下野国には大陸文化の影響が強く、そのため永昌年号が用いられることもあったのではないかとしている(瀧川一九七四)。

近年の研究では、「永昌元年」の文字のあと、那須直韋提の没年が「庚子年」(七〇〇年、文武四年に相当)とあり、年号表記がないことに注目し、これは本国において永昌改元を知っていても、その後の改元を知らない人々、つまり『日本書紀』持統天皇三年・四年に記事がみえる下野国に移住した新羅系渡来人(僧侶・官人を含む)によって撰文が行われた可能性が高いとされている(今泉隆雄「銘文と碑文」岸俊男編『日本の古代一四　ことばと文字』中央公論社、一九八八)。〔K〕

5 慶雲　七〇四～七〇八

(1) 改元年月日……大宝四年五月十日（西暦七〇四年六月十六日）

(2) 使用期間……約三年八ヶ月

(3) 改元理由……祥瑞改元

(4) 読み方……きょううん（きゃううん）／けいうん（番鍛冶次第附録年代記・本朝通鑑）・Keewuun（ケムペル『日本志』）

(5) 天皇……文武天皇

(8) 出典と章句……不詳。諸説あり。

●『漢書』（禮樂志）「神之徠泛翊翊甘露降慶雲集。」

●『漢書』（天文志）「若煙非煙、若雲非雲、郁郁紛紛、蕭索輪囷、是謂慶雲。慶雲見喜気也。」

●『宋書』（符瑞志）「和気普應、慶雲興。…百工相和而歌慶雲。帝乃倡之曰、慶雲爛兮…。」

●『藝文類聚』（祥瑞部）「孫子瑞應圖曰、景雲太平之應也。一曰、慶雲、非気非煙五色氛氳、謂之慶雲。」

●その他、『晋書』・『新唐書』・『文選』に「慶雲」の例あり。

(12)「慶雲」を冠する用語等

●**慶雲の改革**　慶雲二年から三年にかけて行われた政治改革。中納言の設置や官人の給与体系の改正、税制改革が行われた。大宝律令の施行にともなう不具合の調整や、大宝三年から慶雲四年にかけての断続的な飢饉に対する対応などの理由から、慶雲元年に帰朝した遣唐使がもたらした唐王朝における律令制度運用の情報などを参考に行われたとされる（野村忠夫「慶雲の改革」『国史大辞典』第五巻、吉川弘文館、一九八四）。

⒀ 慶雲年間の主な出来事

●慶雲元年七月一日　遣唐使帰国。
●慶雲二年四月十七日　中納言設置／慶雲三年二月十六日　七条の制。
●慶雲四年六月十五日　文武天皇崩御。
●慶雲四年七月十七日　阿閇皇女即位（元明天皇）／七月二十一日　授刀舎人寮設置。

⒁ 改元の経緯及び特記事項

『続日本紀』慶雲元年五月甲午条には「備前国、神馬を献る。西楼の上に慶雲見る。詔して天下に大赦し、元を改めて慶雲元年と為す」と記されている。祥瑞による改元である。慶雲が現れた場所について、『扶桑略記』大宝四年五月五日条は「大極殿西楼上」としており（『水鏡』も同）、のちの白虎楼に相当する場所で見えたのではないかとされる（新日本古典文学大系『続日本紀一』岩波書店、一九八九　同日条脚注）。

なお『帝王編年記』は「朝堂院西楼上」とする。更に「高年・老疾」への賑恤や、「壬寅年」（大宝二年）より前の「大税」と神馬を出した郡の調を免じること、親王・諸王・百官の使部已上に禄を賜うことが命じられた。神馬を献上した国司の中でも守である猪名石前は位一階、慶雲を最初に見た式部少丞小野馬養は位三階を進められ、共に物品を賜わっている。

⒂ 関係史料

●『続日本紀』巻三　慶雲元年五月甲午条。

6 和銅　七〇八～七一五

(1) **改元年月日**… 慶雲五年一月十一日（西暦七〇八年二月七日）
(2) **使用期間**…… 約七年八ヶ月
(3) **改元理由**…… 祥瑞改元・代始改元
(4) **読み方**……… わどう／わとう（皇年代記・王代年代號略頒）・WAT（ケムペル『日本志』）
(5) **天皇**………… 元明天皇
(8) **出典と章句**… 不詳。「和銅」の語の用例なし。

●『呂氏春秋』（孟春）「天地和同、草木繁動。」
●『淮南子』（俶眞）「含陰吐陽、而萬物和同者徳也。」
●『漢書』（宣帝紀）「上古之治、君臣同心、舉措曲直、各得其所。是以上下和同（和合・和洽とも）。海内康平也。」
●『詩緯』（『文選』王元長「三月三日曲水詩序」李善注所引）「天下和同、天瑞降、地符升。」。

(12) **「和銅」年号を冠する用語等**

●**和同開珎**　皇朝十二銭の最初。和同元年二月に催鋳銭司が設置され、五月に銀銭、八月に銅銭が鋳造・発行されたが銀銭は翌年廃止された。「和同」の句は年号説と吉祥句説がある。
●**和銅経**　和銅五年長屋王願経。当時式部卿であった長屋王が、妃の吉備内親王の意を受けて発願した大般若経。書写が終わったのが和銅五年十一月十五日と奥書にあることからこの名で呼ばれる。

(17) **和銅年間の主な出来事**

●和銅元年二月十五日　平城遷都の詔。
●和銅三年三月十日　平城京遷都。

●和銅五年一月二十八日　太安麻呂、『古事記』を撰上する。
●和銅六年五月二日　諸国に『風土記』の編纂を命じる。

⒅ **改元の経緯及び特記事項**

出典について、森林太郎(鷗外)著・吉田増蔵補訂『元號考』は「按、和銅直旨其物。而其語音或本於和同。未可知也」として『呂氏春秋』・『淮南子』・『漢書』にみえる「和同」の用例を挙げている。森明彦は「和同」は人間相互が納得して物事を行うという「和同」の意味から、交易が活発になることを祈願する意味で銭文に採用され、同音の「和銅」が年号に採用されたと論じている(森一九九九)。一方、岡田芳朗は讖緯説に基づく『詩緯』(唐代の李善が『文選』の注釈に引用したもの)を出典とし、「和銅出現の吉祥であることを強調するもの」と述べる(岡田一九六八)。

改元の経緯としては『続日本紀』和銅元年正月乙巳条には「武蔵国秩父郡、和銅を献る」とあり、それを受けての詔を掲げる。詔には武蔵国に「自然に作成れる和銅」が現れたことを慶び、「天地の神の顕し奉る瑞宝に依りて、御世の年号改め賜ひ換へ賜はくと詔りたまふ」とし、「故、慶雲五年を改めて和銅元年として御世の年号と定め賜ふ」とする。そして大赦と高齢者・鰥寡孤独の者への籾の支給、孝子・順孫・義夫・節婦の褒賞・免税、百官への叙位と禄の支給、諸国の郡司の叙位、銅を出した武蔵国の庸、秩父郡の調の免除を命じている。なお、『帝王編年記』は「慶雲五年五月十一日改元、武蔵国秩父郡熟銅を貢ぐ也」とするが、「五月」は「正月」の誤りであろう。

⒆ **関係史料**

●『続日本紀』巻四　和銅元年正月乙巳条。

7 霊亀　七一五～七一七

(1) **改元年月日**…和銅八年九月二日（西暦七一五年十月三日）
(2) **使用期間**……約二年二ヶ月
(3) **改元理由**……祥瑞改元・即位改元
(4) **読み方**………れいき
(5) **天皇／上皇**…元正天皇／元明太上天皇
(8) **出典と章句**…不詳。諸説あり。
●『周易』（頤卦）「初九、舎爾霊亀、観我朶頤。」
●『爾雅』（釈魚）「一曰神亀、二曰霊亀、三曰摂亀、…」
●『瑞應図』（『玉函山房輯佚書』所収）「霊亀者神異之介蟲也。元文五色神霊之精也。」
●『宋書』（符瑞志）「呉孫権時、霊亀出会稽章安。魏元帝咸熙二年二月甲辰、朐䏰縣獲霊亀以献。」
●その他、『博物志』・『文選』に珍獣・祥瑞としての「霊亀」の記述あり。

(13) **霊亀年間の主要な出来事**
●霊亀元年九月二日　元正天皇即位。
●霊亀元年（三年説も）　式により郷里制施行。
●霊亀三年三月九日　遣唐使派遣。遣唐大使多治比県守、留学生下道真備（吉備真備）・阿倍仲麻呂、留学僧玄昉、請益生大倭小東人（大和長岡）らも同行。／十月一日　遣唐使、唐に朝貢。

(14) **改元の経緯及び特記事項**
『続日本紀』霊亀元年八月丁丑条によれば、左京の人大初位下高田首久比麻呂が「長さ七寸、闊さ六寸、左の眼白く、右の眼赤し。頚に三公を著し、背に七星を負う。前の脚に並びに離の卦有り、後の脚に並びに一爻有り。腹の下に赤・白の両点ありて、八の字を相次ぎつ」という「霊亀」を献じた。これを受けて同九月庚辰条にみえる元正天皇即位の詔において「左京職より貢れる瑞亀」を「位に臨まむ初に天、嘉瑞を表せり。天地の貺施、酬いずはあるべからず」として改元のことが宣せられた。

更に大赦のほか、親王以下百官人・京畿の諸寺の僧尼・天下の諸社の祝部に物を賜い、高齢者・鰥寡孤独の者への賑恤、孝子・順孫・義夫・節婦の顕彰と免税、天下の今年の祖の免除と五位以上の子孫で年二十已上の者への蔭位、祥瑞を獲た高田首久比麻呂に従六位下の位と物を賜うことが命ぜられている。

岸俊男は「霊亀改元の場合には元明譲位・元正即位、神亀改元の場合には元正譲位・聖武即位、更に宝亀改元の場合には称徳崩御・光仁即位というように、瑞亀による改元は必ず皇位の継承という重要な事件を伴っている。」と指摘している（岸『藤原仲麻呂』吉川弘文館、一九六九）。

なお、『帝王編年記』『一代要記』はともに「九月三日」に改元が行われたとする。

⒂ 関係史料

● 『続日本紀』巻六　霊亀元年八月丁丑条・九月庚辰条

8 養老　七一七〜七二四

(1) 改元年月日…霊亀三年十一月十七日（西暦七一七年十一月二十四日）
(2) 使用期間……約六年三ヶ月
(3) 改元理由……祥瑞改元
(4) 読み方………ようろう（やうらう）
(5) 天皇／上皇…元正天皇／元明太上天皇
(8) 出典と章句…不詳。諸説あり。
●『禮記』（王制）「凡養老有虞氏以燕禮、…有虞氏皇而祭、深衣而養老。夏后氏収而祭、燕衣而養老。殷人哻而祭、縞衣而養老。周人冕而祭、玄衣而養老。凡三王養老皆引年。」
●『禮記』（内則）「孝子之養老也樂其心、不違其志、樂其耳目、安其寝處、以其飲食、忠養之。」
●『禮記』（射義）「酒者所以養老也。所以養病也。」
●その他、『後漢書』・『周禮』・『孟子』・『文選』に「養老」の語あり。
(12)「養老」を冠する用語等
●**養老律令**　大宝元年（七〇一）の大宝律令完成以後、藤原不比等による改訂が行われた。養老四年（七二〇）、不比等の死去前後にある程度完成し、天平宝字元年（七五七）五月に至り施行された。
●**養老五年戸籍**　養老五年に作成された戸籍。下総国葛飾郡大嶋郷・倉麻（相馬）郡意布郷・釬托（香取）郡少（山）幡郷のものが『正倉院文書』に残されている。郷里制施行期の戸籍の唯一の遺例。
(13) 養老年間の主要な出来事
●養老四年五月二十一日　舎人親王らにより『日本書紀』完成・撰上。

●養老七年四月十七日　三世一身法施行。

⒁改元の経緯及び特記事項

霊亀三年九月十一日より元正天皇は近江・美濃国への行幸を行った。この行幸は途中、天皇の行在所において、全国の国司が「土風歌舞」「風俗雑伎」を奉る（『続日本紀』霊亀三年九月丁未条・甲寅条）など、元正天皇の治世を寿ぐ性格を有していた。この時、天皇は美濃国当耆郡で「多度山美泉」を見たのち、帰京した（同丙辰条）。そして十一月に至り、詔を出し、養老改元を行うことになる。

その詔では多度山の美泉に若返りや治療の効果があることを「我が躬に在りては甚だ其の験有りき」と主張している。更に後漢の光武帝の例や「符瑞書」の例を引いて、これを「大瑞に合へり」と述べ、「天の貺」と喜びを述べている。これを受けて改元が告げられ、大赦や高齢者への授位、物品の支給（僧尼も准ずる）、孝子・順孫・義夫・節婦の褒賞と免税、鰥寡孤独の疾病者の救済措置、美濃国司と当耆郡司への授位、当耆郡の来年の調・庸免除、他の郡の庸免除が命ぜられている（同十一月癸丑条）。

当時の美濃守・介であった笠麻呂、藤原麻呂が『続日本紀』養老元年十一月癸丑条において特に叙位されていることから、この二人と藤原不比等により祥瑞が演出されたのであろうとする説もある（野村忠夫一九八〇）。

なお、滋賀県大津市の超明寺には「養老元年十月十日石柱／立超明僧」と記された石碑がある。養老改元は十一月のため偽作とされるが、書体や字句は七世紀のものと似ており、銘文の日付から少し遅れて製作されたものとする説もある（東野治之一九九七）。

⒂関係史料

●『続日本紀』巻七　養老元年十一月癸丑条。

9 神亀　七二四～七二九

(1) 改元年月日…養老八年二月四日（西暦七二四年三月三日）

(2) 使用期間……約五年六ヶ月

(3) 改元理由……祥瑞改元・代始改元

(4) 読み方………じんき

(5) 天皇／上皇…聖武天皇／元正太上天皇

(8) 出典と章句…不詳。諸説あり。

●『爾雅』（釈魚）「一曰、神亀」

●『大戴禮記』（易本名）「有甲之蟲三百六十、而神亀爲之長」

●『瑞應図』（『玉函山房輯佚書』所収）「王者不偏不党、尊事耆老、不失旧故、則霊亀出」

●その他、『宋書』に「神亀」の言及がある。

(12)「神亀」を冠する用語等

●**神亀経**　神亀五年長屋王願経。奥書願文によれば神亀五年五月十五日、当時正二位左大臣であった長屋王の発願により書写が行われた大般若経である。長屋王の父である高市皇子と母御名部内親王の冥福を祈り、聖武天皇ほか代々の天皇のために行われた。

(13) 神亀年間の主な出来事

●神亀元年二月四日　元正天皇譲位、聖武天皇即位。

●神亀四年閏九月二十九日　皇子基王（基皇子、某王とも）誕生。翌年九月十日死去。

●神亀五年二月十二日　長屋王の変。

⒁ 改元の経緯及び特記事項

『続日本紀』養老七年十月癸卯条によれば、九月七日、左京人紀朝臣家が「長さ一寸半、広さ一寸、両眼並に赤」という「白亀」を献じた。同月乙卯条にはこの白亀を『孝経援神契』に「天子孝あるときは、天竜降り、地亀出ず」、『熊氏瑞応図』に「王者偏せず党せず、耆老を尊び用ゐ、故旧を失はず、徳沢流洽するときは霊亀出ず」とあることに合致した「天地霊貺、国家大瑞」であるとして、大赦のほか、亀を出した郡の租と調を免じ、親王及び京官主典已上への禄の支給、亀を出した紀朝臣家に従六位下を授け、物品を賜うこと、大倭国造大倭忌寸五百足への物品を賜うことが命ぜられたと記されている。

その翌年のこととして、『続日本紀』神亀元年二月甲丑条には、聖武天皇の即位があり、天下に大赦するとともに宣命が出された。その中で改元の理由として「去年の九月、天地の貺へる大き瑞物」（白亀）と「四方の食国の年実豊か」なること（豊作）によると述べられている。それに伴い、内外の文武官人、五位以上官人の嫡子への叙勲、老人と惸独への穀物支給、孝子・順孫・義父・節婦への顕彰と課役免除、兵士の調の免除、韓人部への賜姓、官人・僧尼への物品支給、そして親王・議政官への叙位と封戸の増加が命ぜられている。

なお、「神亀」年号は北魏孝明帝の時に例がある。

⒂ 関係史料

●『続日本紀』巻九　養老七年十月癸卯条・同年十月乙卯条・神亀元年二月甲午条。

10 天平　七二九～七四九

(1) **改元年月日**… 神亀六年八月五日（西暦七二九年九月二日）
(2) **使用期間**…… 約十九年八ヶ月
(3) **改元理由**…… 祥瑞改元
(4) **読み方**……… てんぴょう（てんぴやう）／てんびゃう（王代年代號略頌・年号読様・ロドリゲス『日本大文典』）・てんへう（番鍛冶次第附録年代記）・てんへい（本朝通鑑）・Tempe（ケムペル『日本志』）
(5) **天皇／上皇**… 聖武天皇／元正太上天皇
(8) **出典と章句**… 不詳。諸説あり。直接は祥瑞としての亀の文によるか。
●『周易』（篆下傳）「天地感而萬物化生。聖人感人心而天下和平」
●『周易』（文言傳）「時乗六流、以御天也。雲行雨施。天下平也。」
●『禮記』（大学首章）「物格而后知至。知至而后意識。意誠而后心正。心正而后身修。身修而后家齊。家齊而后国治。国治而后天下平。」
●その他、『史記』・『晋書』・『漢書』・『貞観政要』・『瑞應圖』・『易林』などに「天」と「平」の組み合わせの例あり。
(12) **「天平」を冠する用語等**
●**天平文化**　奈良時代、天平時代を中心に栄えた文化。国際的・貴族的性格が強い。正倉院御物に残る多数の工芸品のほか、東大寺三月堂の諸像、興福寺八部衆などの仏像（天平様式）や薬師寺の吉祥天画像などの仏画、東大寺法華堂・唐招提寺金堂などの寺院建築がある。
(13) **天平年間の主な出来事**
●天平元年八月十日　藤原光明子を皇后とする。

●天平十二年九月三日　藤原広嗣の乱。／十月二日　聖武天皇、東国行幸に出発。
●天平十三年二月十四日　国分寺造立の詔。
●天平十五年五月二十七日　墾田永世私財法。／十月十五日　大仏造立の詔。

⒁ 改元の経緯及び特記事項

『続日本紀』天平元年六月己卯条に左京職が背に「天王貴平知百年」と文がある亀を献じたとあり、同年八月癸亥条に、これを受けての改元の宣命を見ることができる。それによれば、京職大夫藤原麻呂が亀を献じ、これを「大瑞」、「天に坐す地に坐す神」の奉る「貴瑞」として改元することが宣言された。

その結果として大赦と百官の主典已上の叙位、官人への物品への支給、百姓の老人及び孝子・順孫・義夫・節婦、鰥寡孤独の者、大宰府への路次の駅戸への免税、陸奥鎮守符と三関に模範的な兵士、衛府に武芸に長じた者の名を報告させること、山陵・神祇への奉幣・祭祀と祝部の免税、志我山寺（崇福寺）の官寺化、五世王の嫡子が天皇の孫を娶って生まれた子を皇親とすることが命ぜられた。別に、亀を獲た河内国古市郡の人賀茂古虫に従六位下と物品を賜い、子虫に献上を勧めた唐僧道栄に褒賞が行われた。

長屋王の変から天平改元、光明子立后までは一連の動きとして理解することが可能で、水口幹記はしばしば祥瑞に関与している藤原麻呂が主導したものであろうとしている（水口一九九五）。なお「天平」年号は東魏の例がある。

⒂ 関係史料

●『続日本紀』巻十　天平元年六月己丑条・同年八月癸亥条。

11 天平感宝 七四九（五・四～八・十九）

(1) **改元年月日**……天平二十一年四月十四日（西暦七四九年五月四日）
(2) **使用期間**……約三ヶ月
(3) **改元理由**……祥瑞改元
(4) **読み方**……てんぴょうかんぽう（てんびやうかんぽう）／「天平」の読み方は「天平」の項参照。
(5) **天皇**……聖武天皇
(13) **天平感宝年間の主な出来事**
● 天平感宝元年七月二日　聖武天皇譲位、阿倍内親王即位（孝謙天皇）。
(14) **改元の経緯及び特記事項**

『続日本紀』天平感宝二月丁未条には「陸奥国、始めて黄金を貢る」とあり、これを受けて黄金を祥瑞とみなした改元が行われた（なお、この記事は冒頭に「天平廿一年二月丁巳」とあり、編纂段階で原史料の年紀が混入したとされる）。同四月甲午朔条には聖武天皇が東大寺に行幸し、北面して大仏を拝した後、大仏に対して黄金の産出を感謝し、更にこれに関連しての宣命が読まれた。この宣命は『続日本紀』随一の長文である。前半で、大仏造立のための黄金の不足が危惧されたが、三宝・天神地祇・歴代天皇の霊の力を以て黄金が発見されたことを「貴き大瑞」と慶び、「御代の年号に字を加へ賜はく」と、「天平」に文字を加えた新しい年号とすることが宣言される。「感宝」という言葉は、三宝・神祇・天皇霊の感応により宝（黄金）が出現したという意味であると思われる。

後半では伊勢神宮以下の諸社に神田を奉り神職に叙位などを行い、諸寺に墾田を施入し、僧尼にも神職と同様の措置をとり、新寺を官寺とし、歴代天皇陵の陵戸にも叙位などを行い、すぐれた臣下たちの墓に墓標を建てることが命ぜられた。続いて、諸王と大臣の子孫たち、大伴・佐伯氏の男女、五位已上の官人の子弟、六位以下の官人・

造東大寺司の官人たちの叙位、正六位上の官人の子への叙位が行われたほか、五位已上官人と皇親の十三歳已上と无位の大舎人たちに物品が支給された。また高齢者・貧窮者・孝義有る人・農事精励者への恩典、大赦、壬生の民・学者・技術者、黄金の発見者と陸奥国の国司・郡司・百姓への叙位が述べられている（実際の大赦は四月乙未条、陸奥国の産金功労者への叙位は閏五月甲辰条にみえる）。更に同月丁未条には再び、聖武天皇の東大寺行幸の記事があり、左大臣橘諸兄以下の官人たちと諸王への叙位が記された後に「天平廿一年を改めて天平感宝元年とす」とある。

いわゆる四字年号の最初であり、光明皇后が則天武后の例にならったものという指摘がある（瀧川政次郎「紫微中台考」『法制史論叢第四冊　律令諸制及び令外官の研究』一九八六、名著普及会。林陸朗『光明皇后』一九八六、吉川弘文館）。

また『逸號年表補考』には「当時所蔵弘福寺撿収古文書ニ減寶元年トアリ、減トアル、〻篇ハ誤ナルベケレド、古文書ニカヽル例多シ」とある。また『新日本古典文学大系　続日本紀三』（岩波書店、一九九二）の補注17－五一「天平感宝への改元」では『大日本古文書』三にみえる「僧平摂性泰返抄」に「天感」、「華厳経料紙充装潢注文」に「感宝」など、略して使用される例があり、二字年号の慣習の強さを示しているとする。なお、『番鍛冶次第附録年代記』には「天平聖暦」とあるが、天平感宝の誤りであろう。

⒂ 関係史料

●『続日本紀』巻十七　天平感宝元年四月甲午朔条・丁未条。

12 天平勝宝　七四九〜七五七

(1) **改元年月日**…天平感宝元年七月二日（西暦七四九年八月十九日）
(2) **使用期間**……約八年
(3) **改元理由**……代始改元
(4) **読み方**………てんぴょうしょうほう（てんびやうしようほう）／せうほう（王代年代號略頌）・てんへうせうほう（番鍛冶次第附録年代記）・てんぺいせいほう（本朝通鑑）・Tempe Seofo（ケムペル『日本志』）
(5) **天皇／上皇**…孝謙天皇／聖武太上天皇
(12) **「天平勝宝」を冠する用語等**
●**勝宝感神聖武皇帝**　天平宝字二年八月九日に既に崩じていた聖武太上天皇に追上された尊号。これに先立つ八月一日には光明皇太后に「天平応真仁正皇太后」、同日譲位した孝謙太上天皇には「宝字称徳孝謙皇帝」の尊号が奉られた。いずれの尊号も年号を含んでいる。
(13) **天平勝宝年間の主な出来事**
●天平勝宝元年八月十日　紫微中台の官人任命（紫微中台の設置はこれによるか）。
●天平勝宝二年九月二十四日　遣唐使任命（大使藤原清河、副使大伴古麻呂・吉備真備）、同四年三月　入唐、五年十一月　阿倍仲麻呂・鑑真らを伴い唐を出発、同年十二月　第二船のみが九州に到着。
●天平勝宝四年四月九日　大仏開眼会。
●天平勝宝六年正月十六日　鑑真来朝。翌年四月五日に聖武太上天皇に受戒。
●天平勝宝八歳五月九日　聖武太上天皇崩御。
●天平勝宝九歳五月二十日　養老律令施行。／七月二日　橘奈良麻呂の変。

⒁ 改元の経緯及び特記事項

『続日本紀』天平勝宝元年七月甲午条に皇太子阿倍内親王が、聖武天皇の譲位を受けて即位し、官人の叙位・任官とともに「是の日、感宝元年を改めて勝宝元年とす」という記事がある。翌日には孝謙天皇の乳母への叙位が行われたが、大赦などの記事はない。天平感宝改元から短期間で再びの改元となったためであろう。年内の二度改元は日本では他にないが、中国では武周の則天武后（武則天）が年内に三年号を用いた例が五度あり、それに倣ったかとされる（瀧川政次郎「紫微中台考」『法制史論叢第四冊　律令諸制及び令外官の研究』一九八六、名著普及会、林陸朗『光明皇后』一九八六、吉川弘文館）。

また、天平勝宝七年には「思ふ所有るが為に、天平勝宝七年を改めて天平勝宝七歳とすべし」という勅が出ている（『続日本紀』天平勝宝七歳五月甲子条）。唐の玄宗が天宝三年（七四四＝天平十六年）に「年」を「載」と改め、粛宗の至徳三載（七五八＝天平宝字二年）まで用いられた例が、天平勝宝五年に帰国した遣唐使により伝えられたのではないかとされる（岸俊男『藤原仲麻呂』一九六九、吉川弘文館。新日本古典文学大系『続日本紀三』補注19－二二「年と歳と載」一九九二、岩波書店）。則天武后の天授元年に「年」を「載」と改めたのに倣ったという説もある（岩橋小弥太「仁正皇太后と藤原仲麻呂」『歴史教育』二－五、一九五四）が、前掲補注「年と歳と載」によれば、その史料的根拠は不明。

なお『逸號年表補考』によれば、「石山寺ノ古文書」などに「天㝧」とする例がある。

⒂ 関係史料

●『続日本紀』巻十七　天平勝宝元年七月甲午条・天平勝宝七歳五月甲子条。

13 天平宝字　七五七〜七六五

(1) **改元年月日**… 天平勝宝九歳八月十八日（西暦七五七年九月六日）
(2) **使用期間**…… 約七年三ヶ月
(3) **改元理由**…… 祥瑞改元
(4) **読み方**……… てんぴょうほうじ（てんびやうほうじ）／Tebiŏ fŏji（ロドリゲス『日本大文典』）／Foosi（ケムペル『日本志』）／「天平」の読み方は「天平」を参照。
(5) **天皇／上皇**… 淳仁天皇／孝謙太上天皇
(12) **「天平宝字」を冠する用語等**
●**宝字称徳孝謙皇帝**　天平宝字二年八月一日、同日譲位した孝謙太上天皇に奉られた尊号。
(13) **天平宝字年間の主な出来事**
●天平宝字二年八月一日　孝謙天皇譲位、皇太子大炊王即位（淳仁天皇）／八月二十五日　藤原仲麻呂に恵美押勝の名を賜う。官名を唐風に改める。
●天平宝字四年正月四日　恵美押勝を大師（太政大臣）とする／六月七日　光明皇太后崩御。
●天平宝字六年六月三日　孝謙太上天皇と淳仁天皇不和、孝謙太上天皇、大事を行う旨の宣命を出す。
●天平宝字七年五月六日　鑑真死去。
●天平宝字九年九月十一日　藤原仲麻呂の乱／十月九日　淳仁天皇廃位。
(14) **改元の経緯及び特記事項**
『続日本紀』天平宝字元年八月己丑条に「駿河国益頭郡の人金刺舎人麻自、蚕産みて字を成すを献る」とあり、これを受けて同年同月甲午条に改元の詔が発せられた記事がある。それによれば、七月の橘奈良麻呂の変による政情不安を受け、孝謙天皇が自らの統治に思い悩んでいたところ、前述した蚕の献上があり、それが書く文字は「五月八日開下帝釈標知天皇命百年息」とあった。これを群臣に議せしめたところ、「五月八日」は聖武太上天皇の一周忌であり、斎会と悔過が行われた日にあたるため「帝釈、皇帝（孝謙天皇）・皇后（光明皇太后）の至誠に感でて、天門を開き通し、下、勝れる業を鑒みて、陛下の御宇を標し、百年の遠期を授く」もので、国家の安泰を示す「霊字」であると述べた。孝謙天皇はこれを慶び、「天平勝宝九歳八月十八日を改めて、天平宝字元年とすべし」と改元が命じられた（改元の月日まで明示した詔は初めて）。

それに伴い、全国の郡の調庸を免ずること、「賊徒」（橘奈良麻呂の変の関係者）の財産を没官したものを官人・公民へ均分すること、雑徭の半減、出挙の利の免除、寺院・神社の封戸の田租の半減、祥瑞を献上した白丁金刺舎人麻自、祥瑞を運んだ駅使中衛舎人賀茂君継手への叙位と賜物が命ぜられた。一方で祥瑞の奏上に関わらなかった駿河国と益頭郡の国郡司には褒賞がなく、益頭郡の百姓に課役の一年免除が命ぜられたのみであった。

仁藤敦史は、中衛府が藤原氏と関わりが深く、また金刺舎人には令制以前からの舎人の奉仕の伝統があること、もと益頭郡に含まれていた志太郡の郡司子弟が中衛府に出身していたことなどからこの祥瑞が中央政府の主導のもとで行われた可能性が高いと論じ、藤原仲麻呂が孝謙天皇から淳仁天皇への譲位を演出したものではないかと推測している（仁藤一九九四）。

⒂ 関係史料

●『続日本紀』巻二十　天平宝字元年八月己丑条・甲午条。

14 天平神護 七六五〜七六七

(1) **改元年月日**… 天平宝字九年一月七日（西暦七六五年二月一日）

(2) **使用期間**…… 約二年七ヶ月

(3) **改元理由**…… 代始改元か

(4) **読み方**……… てんぴょうじんご（てんびやうじんご）／てんぴょうしんこ（皇年代記）／Tempo Singo（ケムペル『日本志』、誤記か）／「天平」の読み方は「天平」を参照。

(5) **天皇／上皇**… 称徳天皇／淳仁上皇

(13) **天平神護年間の主な出来事**

● 天平神護元年二月三日　授刀衛を改称し、近衛府とする。

● 天平神護元年十月二十二日　淡路廃帝（淳仁上皇）、逃亡が発覚。のちに薨ず。

● 天平神護元年閏十月二日　道鏡を太政大臣禅師とする。

● 天平神護元年十一月十六日　称徳天皇、大嘗祭を行う。

● 天平神護二年十月二十日　道鏡を法王とする（翌年三月二十日に法王宮職設置）。

(14) **改元の経緯及び特記事項**

『続日本紀』天平神護元年正月己亥条には改元に際して出された勅に「逆臣仲麻呂」の反乱（藤原仲麻呂の乱、恵美押勝の乱）に際して、「幸いに神霊の国を護り、風雨の軍を助くるに頼りて、旬日に盈たずして咸く誅戮に伏しぬ」とあり、「神」霊が国を「護」ったことを受け改元を行うと述べられている。これにより、諸国の神祝や乱が起こった前年九月十一日から十八日までに職務に従事した官人たちへの位一階が加えられ、正六位上には位に代えて物品が支給され、京中の七十以上の老人には位一級が加えられた。

また、『宮寺縁起抄』末二には「(天平宝字)九年正月七日、改めて天平神護元年と為す。是内、天神護りを垂れ、地祇力を加ふ、逆臣仲麿の輩、悉く彿種(誅戮カ)に伏す。仍りて改めて神護と為す也」とあり、天神地祇の助力を慶び改元を行うとする。『皇代記』には「即位に依る也」とあり、『続日本紀』には重祚(即位)記事自体はないが、この前後に皇位についたと思われる。

佐藤宗諄は藤原仲麻呂の乱と凶作が改元の理由であり、災異改元の先駆けとする(佐藤一九七七)。また神々による助力を強調している点では祥瑞改元から派生したあり方とも言えよう。

渡辺直彦は竹生嶋神社の縁起(醍醐寺本『諸寺縁起集』所収「竹生嶋縁起」)にみえる琵琶湖に逃れた仲麻呂の舟が「急に東風出でて」吹き戻され、のちに従五位上勲八等が授けられたとする記事が改元の勅にある「風雨軍を助くる」こととする(渡辺「神階勲位の研究」『日本古代官位制度の基礎的研究』吉川弘文館、一九七二)。松尾光は「神護」を「仏の護の意味」とする(松尾二〇一三)。「神護」に仏も含まれていた可能性はあるが、神々の守護を排除するものではないだろう。この時期は「重祚・乱平定・改元という慶事を機に、神社への優遇策が強く前面に打ち出されていた時期でもあった」(渡辺前掲論文)。

(15) 関係史料

●『続日本紀』巻二十六　天平神護元年正月己亥条。
●『宮寺縁起抄』末二(『大日本古文書』家わけ第四　石清水文書之五)。

15 神護景雲　七六七～七七〇

(1) 改元年月日…天平神護三年八月十六日（西暦七六七年九月十三日）
(2) 使用期間……約三年一ヶ月
(3) 改元理由……祥瑞改元
(4) 読み方………じんごけいうん／しんこけいうん（皇年代記）／Sinkokeun（ケムペル『日本志』）
(5) 天皇…………称徳天皇
(8) 出典と章句…不詳。諸説あり。

●『後漢書』（郎顗伝）「如是則景雲降集告沴息矣」
●『晋書』（天文志中）「瑞気一曰、慶雲。若煙非煙、郁郁紛紛、粛索輪囷。是謂慶雲。亦曰景雲。此喜気也。太平之應。」
●『孝経援神契』（『玉函山房輯佚書』所収）「…徳到山川邱陵則景雲出。…天子孝則景雲見。」
●その他、『史記』・『宋書』・『文選』・「應貞詩」・「蔡邕釋誨」などに「景雲」（『史記』は「卿雲」）の文字あり。

(12)「神護景雲」を冠する用語等

●**神護景雲経**　景雲経とも。神護景雲二年（七六八）五月十三日の願文によれば、称徳天皇が「先聖」（聖武天皇あるいは淳仁天皇）のために発願した勅願一切経。

(13) 神護景雲年間の主な出来事

●神護景雲三年九月二十五日　宇佐八幡宮神託事件に関わり和気清麻呂、姉法均とともに流罪となる。
●神護景雲四年八月四日　称徳天皇崩御、白壁王立太子。／十月一日　白壁王即位（光仁天皇）。

(14) 改元の経緯及び特記事項

『続日本紀』神護景雲元年八月乙酉条によれば、三河国からの「慶雲」出現の報告を受け、宮中で僧を招いた設斎が行われた。同癸巳条の改元の詔によれば六月十六日に七色の「麗雲」が現れたのを天皇自ら侍臣らと共に目撃し、更に伊勢国より六月十七日、「度会郡の等由気の宮の上」に五色の「瑞雲」が現れたことが報告され、七月十日・二十三日には陰陽寮が「異雲」の出現を報告している。式部省はこれを瑞書にみえる「景雲」で「大瑞」としたため、天皇は伊勢の大神、歴代天皇の霊、三宝・諸天・天地の神のもたらしたものと慶び、改元を行うこととしたと述べている。

そして伊勢神宮の禰宜以下の神官、神郡郡司、諸国の祝部、六位以下、左右京の男女六十以上に叙位が行われた。また孝子・順孫・義夫・孝婦・節婦・力田には叙位と田租の終身免除、五位已上への物品支給、天下諸国への本年の田租半免、八十以上の老人・鰥寡孤独への籾の支給、天下の大赦が行われた。そして陰陽寮の官人・伊勢及び三河国司・内外宮の禰宜への叙位が行われたほか、左右大臣以下の男女有位者に綿が支給されている。

『大神宮諸雑事記』天平神護三年七月七日条には「五色雲立ちて、天照坐皇大神宮の鎮まり坐す、即宇治五十鈴川上の宇治山の峯頂に懸かれり」とあり、禰宜・内人等から大神宮司を経て、神祇官に言上されたとする。そして神祇官・陰陽寮等が勘申して「最嘉の瑞相」と判断したため「即ち彼嘉雲の瑞に依りて改元せらるの由、宣旨を下さる」こととなり、内宮外宮に神宝が奉られ、禰宜に叙位が行われたとある。内宮の景雲出現を大神宮司が報告したことになるが、前掲褒賞記事に大神宮司が入っていないため、今回の改元にこの報告が影響したとは考えにくい。

(15) 関係史料

- 『続日本紀』巻二十八　神護景雲元年八月乙酉条、癸巳条条。
- 『大神宮諸雑事記』巻一　天平神護三年七月七日条。

16 宝亀　七七〇～七八一

(1) **改元年月日**…神護景雲四年十月一日（西暦七七〇年十月二三日）
(2) **使用期間**……約十年三ヶ月
(3) **改元理由**……即位改元・祥瑞改元
(4) **読み方**………ほうき／Fôquiû（ロドリゲス『日本大文典』、誤記か）／Fooke（ケムペル『日本志』）
(5) **天皇**…………光仁天皇
(8) **出典と章句**…不詳。諸説あり。

●『尚書』（大誥）「寧王遺大寶亀。紹天明。即命曰、有大艱于西土。西土人亦不静。越茲蠢。」
●『禮記』（楽記）「所謂大輅者天子車也。龍旂九旒天子之旌也。青黒縁者天子之寶亀也。」
●『爾雅』（釋魚）「一曰、神亀。二曰、靈亀。三曰、攝亀。四曰、寶亀。…」
●『漢書』（翟方進傳）「天降威明用寧帝室、遺我居攝寶亀。…天降威遺寶亀。」

(12)「**宝亀**」**を冠する用語等**

●**宝亀の乱**　宝亀十一年三月二十二日、陸奥上治郡大領・伊治呰麻呂が按察使・紀広純、牡鹿郡大領・道嶋大楯を伊治城にて殺害し、多賀城を襲撃して略奪・放火を行なった事件。同年九月に派遣された征東大使・藤原小黒麻呂が翌年には帰朝しているため、その頃には一定の収束をみたものと思われる。

(13) **宝亀年間の主な出来事**

●宝亀三年三月二日　井上皇后を廃す。／五月二十七日　他戸皇太子を廃す。
●宝亀四年正月二日　山部親王立太子。
●宝亀六年六月十九日　遣唐使を任命（大使佐伯今毛人、持節副使小野石根。佐伯今毛人は渡唐せず）。

⑭ 改元の経緯及び特記事項

『続日本紀』宝亀元年十月己丑朔条には光仁天皇の即位記事があり、続けて改元の詔が収められている。それによれば、八月五日に肥後国葦北郡の人・日奉部広主賣が、十七日には同国益城郡の人山稲主がそれぞれ白亀を献上した。天皇はこれを「大瑞」として慶び、改元を行うとしている。

以下、即位と祥瑞出現、改元に伴う措置が列挙され、官人たちへの叙位と天下大赦のほか、六位已下の有位者、大神宮をはじめとした諸社の禰宜への一階昇格、僧綱をはじめとした諸寺の僧位を持つ僧尼への賜物、八十以上の高齢者・困窮者への援助、「孝義有る人」（孝子・義夫か）への田租免除などが命ぜられた。また同年十月丁酉条には白亀を献上した山稲主・日奉公広主賣に叙位と賜物が行われている。なお広主賣の氏姓が日奉部から日奉公に変わっており、褒賞として賜姓が行われた可能性もある。

この祥瑞の献上は神護景雲四年＝宝亀元年八月に行われているが、新日本古典文学大系『続日本紀四』補注31－七「肥後国からの祥瑞献上」（岩波書店、一九九五）は、二つの祥瑞献上は八月四日の称徳天皇崩御以前の可能性が高く、称徳天皇・道鏡政権を讃える意図で献上されたものかとしている。そして光仁天皇の政権は白亀を、即位を祝賀するものと解釈しなおし、改元の理由としたのであり、『続日本紀』本文に祥瑞献上記事がみえないのは、前政権を讃美するものであったからではないかと推測する。

皇位継承に伴う祥瑞として亀が登場するのは天平改元以来であり、それ以降しばしば語られた仏や歴代天皇の霊による祥瑞出現という説明が伴わないところも、四字年号の時代以前への回帰とも考えられる。

⑮ 関係史料

●『続日本紀』巻三十一　宝亀元年十月己丑朔条・丁酉条。

17 天応　七八一〜七八二

(1) **改元年月日**…宝亀十二年正月一日（七八一年一月三十日）

(2) **使用期間**……約一年八ヶ月

(3) **改元理由**……祥瑞改元

(4) **読み方**………てんおう／てんのう（年号読様）／てんわう（番鍛冶次第附録年代記）・『本朝年代歴』「ワウ　ナウ
ト云ヤウニ読ム／オウ」

(5) **天皇**…………光仁天皇

(8) **出典と章句**…不詳。諸説あり。

●『周易』（彖下傳）「湯武革命順乎天、而應乎人。革之時大矣哉。」

●『禮緯』（含文嘉）（『玉函山房輯佚書』所収）「伏羲徳洽上下、天應以鳥獣文章、地應以河圖洛書、乃象而作易、始畫八卦。」（同内容が『藝文類聚』巻十一にもあり）

●『瑞應図』（『玉函山房輯佚書』所収）「勤労歴年救民之害、天應其徳則至。」

●その他、『史記』・『漢書』『後漢書』・『宋書』・『晋書』・『北史』・『新唐書』・『文選』・『群書治要』などに「天」と「応」の組み合わせ、もしくは「天応」の例あり。

(13) **天応年間の主要な出来事**

●天応元年四月三日　光仁天皇譲位、山部親王即位（桓武天皇）。／十二月二十三日　光仁天皇崩御。

●天応二年正月十一日　氷上川継の謀反が発覚、配流となる。

(14) **改元の経緯及び特記事項**

『続日本紀』天応元年正月辛酉朔条によれば、伊勢斎宮に「美雲」が出現し、「国家の鎮」である神宮に「天よりこれに応えた」祥瑞が出現したことは吉である、として改元が行われた。そのため、全国を対象とした恩赦と内外の文武官の主典已上に位一級を加えたほか、特に斎宮寮の主典已上と大神宮司、伊勢神宮の禰宜・大物忌・内人と伊勢国多気・度会郡の郡司に位二級、斎宮寮の番上官に位一級が加えられている。また前年の伊治公呰麻呂の乱の際の投降者やその際に徴発された兵士への免税措置も命じられている。

元旦に改元が行われた唯一の例。また従来の祥瑞改元とは異なり、具体的な事物ではなく嘉字・嘉語による改元であり、これは以後の祥瑞改元の際にも踏襲された。

宝亀十二年は辛酉年で、改元された日も辛酉朔である。この日は本来庚申朔であったが、前年の十二月を一日伸ばし、人為的に辛酉としている（『長岡京市史　本文編一』長岡京市、一九九六）。これは辛酉革命説を意識したものとされる（吉田孝『日本の誕生』岩波書店、一九九七）、そのため、この改元は同年四月の桓武天皇即位を準備するためのもので、「天応」にも天命が革まるという意味が込められたと推測されている（林陸朗二〇〇三）。

また、伊勢神宮に関係する祥瑞改元として、伊勢神宮の上の美雲が神仏による祥瑞とされた神護景雲改元の例があるが、今回の改元はその記憶を上書きするものであった。仏教的色彩を払拭し、斎宮・大神宮司・神宮を一体として新しい神祇支配体制を構築した光仁朝の政策を示すものともされる（榎村寛之「八世紀の斎王制と斎宮の発展」『伊勢斎宮の歴史と文化』吉川弘文館、二〇〇九）。

⒂ 関係史料

●『続日本紀』巻三十六　天応元年正月辛酉朔条。

18 延暦　七八二〜八〇六

(1) 改元年月日…天応二年八月十九日（西暦七八二年九月三十日）
(2) 使用期間……約二十三年六ヶ月
(3) 改元理由……代始改元
(4) 読み方………えんりゃく／あんりゃく（番鍛治次第附録年代記、誤記か）
(5) 天皇…………桓武天皇
(7) 勘申者………不詳。石上宅嗣・淡海三船か。
(8) 出典と章句…不詳。諸説あり。いずれも「延歴」であり、「延暦」の例なし。

●『群書治要』（魏志下高堂隆伝）「民詠徳政則延期過歴」
●『崔氏政論』「大熊経鳥仲雖延歴之術、非傷寒之理」

(12)「延暦」を冠する用語等

●**延暦寺**　延暦七年に最澄が一乗止観院を建立。弘仁十四年、延暦寺の号を許される。
●**延暦儀式帳**　『皇太神宮儀式帳』・『止由気宮儀式帳』の総称。伊勢神宮の由来・神職・年中行事などについて記す。延暦二十三年に伊勢神宮の内宮・外宮より提出された。
●**延暦僧録**　延暦七年、僧思託により書かれた飛鳥・奈良時代の僧侶及び在家の仏教信者の伝記。
●**延暦交替式**　『撰定交替式（諸国司交替式）』の別名。国司交替の手続きについて定める。延暦二十三年に勘解由長官菅野真道・秋篠安人らが撰進し、施行された。

(13) 延暦年間の主要な出来事

●延暦三年十一月十一日　長岡京遷都。

●延暦四年九月二十三日　藤原種継暗殺事件（翌月、早良親王廃太子）。
●延暦十三年十月二十二日　平安京遷都。
●延暦十六年二月十三日　菅野真道ら『続日本紀』撰進／十一月五日　坂上田村麻呂、征夷大将軍。
●延暦二十三年三月二十八日　遣唐使派遣。最澄・空海、入唐する。

⒁ 改元の経緯及び特記事項

改元の詔では中国の年号の歴史を回顧しつつ、即位と祥瑞出現の際には改元するのが通例であるとし、今回も即位と「宗社」以下の神々による豊作と祥瑞による改元と述べ、百官のほか、伊勢神宮の禰宜・大物忌・内人や諸社の禰宜・祝への叙位が行われている。しかし実際には災害と凶作に悩まされており、桓武天皇の即位が主な原因であろう。また光仁天皇の崩御後一年四か月後の改元であり、踰年改元の初例と考えられている（林陸朗二〇〇三）。そこには儒教的な礼制観念の影響を見ることもできる。

「延暦」の出典は、漢籍に見えず、『新日本古典文学大系　続日本紀五』補注37－十八「延暦の改元」（岩波書店、一九九六）は「国家と天皇・官民の長久を祈念する意味合い」の造語で、石上宅嗣・淡海三船によるものかと推測する。林屋辰三郎は『群書治要』が出典で、徳政の延長と末法思想の克服を意味したと述べた（林屋一九九五）。林陸朗は『日本後紀』延暦廿二年十一月戊寅朔条逸文の百官上奏文に「延暦之期」という言葉が見えるので「天皇の御世を祝福する意味」の「立派な成語」とする（前掲論文）。

具体的事物を伴わず、中国の年号の歴史を詔において述べる「延暦」は、奈良時代の年号とは大きく異なるもので、年号の性格の転換を示すものであった（前掲『続日本紀』補注）。

⒂ 関係史料

●『続日本紀』巻三十七　延暦元年八月己巳条。

19 大同　八〇六〜八一〇

(1) **改元年月日**…延暦二十五年五月十八日（西暦八〇六年六月八日）
(2) **使用期間**……約四年四ヶ月
(3) **改元理由**……代始改元
(4) **読み方**………だいどう／たいどう（番鍛冶次第附録年代記）／たいとう（皇年代記）
(5) **天皇**…………平城天皇
(8) **出典と章句**…不詳。諸説あり。

●『尚書』（洪範）「汝則有大疑、謀及乃心、謀及卿士、謀及庶人、謀及卜筮。汝則従、龜従、筮従、卿士従、庶民従。是之謂大同。身其康彊、子孫其逢吉。」
●『禮記』（禮運）「是故謀閉而不興、盗竊亂賊而不作、故外戸而不閉、是謂大同。」
●その他、『潜夫論』（卜列）・『晋書』（皇甫謐傳）・『荘子』（在宥）に「大同」の語あり。

(12) **「大同」を冠する用語等**

●**大同類聚方**　平城天皇が出雲広貞・安倍真直らに命じて編纂させた日本最古の勅撰医薬処方集。諸国の医薬となる産物と処方を類聚収録し、大同三年五月三日に撰進された。原本は散逸して伝わらない。

(13) **大同年間の主要な出来事**

●大同元年十月二十二日　唐より帰朝した空海、『請来目録』を奏進する。
●大同五年三月十日　藤原冬嗣・巨勢野足を蔵人頭に任ずる。
●九月六日〜十二日　薬子の変（平城太上天皇の変）。

⒁ 改元の経緯及び特記事項

大同元年五月十八日、平城天皇の大極殿における即位礼が行われた。その日に詔があり、諸社の禰宜・祝、諸寺の智行の僧尼、孝義の人に位一階を給い、五畿内の鰥寡孤独の人に物を給い、未納の税が免ぜられた。同日に官人たちの叙位も行われている。『日本後紀』同年五月辛巳条の記事では改元を述べる詔がないが、続けて改元について『後紀』の筆者の評価が記されるので、この日に行われたのであろう。つまり即位同時改元である。

これについて『日本後紀』は「大同に改元すること、禮に非ざるなり。國君位に即けば、年を踰えて後改元するは、臣子の心一年にして二君有るに忍びざるに縁ればなり。今未だ年を踰えずして改元す。先帝の殘年を分ちて、當身の嘉号と成すは、終を愼みて改むること无きの義を失い、孝子の心に違うなり。稽之を舊典に稽うれば。失と謂うべきなり。」と、踰年改元としなかったのは儒教的な礼制観念に反すると批判している。ただ踰年改元が定例化するのは九世紀半ばからで、八世紀には即位同時改元が多い。そのため、『後紀』の批判は踰年改元が制度化されつつあった編纂時点からの認識によるものとの指摘もある（清水潔一九七七）。

出典について、『和事始　附録国朝年號考証』が『禮記』（禮運）を出典とするほか、『訳注日本史料　日本後紀』（集英社、二〇〇三）補注は『顔氏家訓』（風操）の「今日天下大同」が典拠で「人心が和同するの意」であるとする。また漢代の平城県（山西省）が大同の地におかれたことから、「平城京に愛着を持っていた平城天皇は中国の地名をも念頭に置いていたのかもしれない」と推測している。

⒂ 関係史料

●『日本後紀』巻十四　大同元年五月辛巳条。

20 弘仁　八一〇〜八二四

(1) **改元年月日**…大同五年九月十九日（西暦八一〇年十月二十日）
(2) **使用期間**……約十三年四ヶ月
(3) **改元理由**……代始改元
(4) **読み方**………こうにん／かうにん（番鍛冶次第附録年代記）
(5) **天皇**…………嵯峨天皇
(8) **出典と章句**…不詳。諸説あり。
●『禮記』（孔子閒居）「孔子曰、夙夜共命宥密、…〔注疏〕行寛弘仁静之化。」
●『晋書』（周嵩傳）「濟弘仁之功、崇謙謙之美。」
●『藝文類聚』（帝王部）「…非至徳弘仁、豈濟斯勳。」「夫豈弘仁之度未優乎。」
●その他、『晋書』・『隋書』・『文選』・『貞観政要』などに「弘」と「仁」の組み合わせの例有り。
(12)「**弘仁」を冠する用語等**
●**弘仁格式**　藤原冬嗣・藤原葛野麻呂・秋篠安人・藤原三守・橘常主・物部敏久らの編纂による法律。『弘仁格式』序によればそれまでの奉勅を経た重要な単行法令を格とし、それ以外の恒例とするに足るものは式としてまとめたという。弘仁十一年四月に撰進・施行されたが、承和七年に一部修正が加えられた。格・式ともに現存しないが、弘仁格はその要旨をまとめた『弘仁格抄』（冒頭部分欠損）が、式は式部式下・主税式上が現存する。
●**弘仁私記**　新訂増補国史大系『日本書紀私記』では「甲本」とする。弘仁四年、嵯峨天皇の命により多人長が朝廷において『書紀』を講義した時の講義録とされる。
(13) **弘仁年間の主要な出来事**

●弘仁二年四月十七日　文室綿麻呂を征夷大将軍に任ずる。
●弘仁七年六月十九日　空海、高野山での修禅道場建設を申請し、許可される（のちの金剛峯寺）。
●弘仁九年十一月一日　富寿神宝発行（皇朝十二銭の一つ）。
●弘仁十二年一月三十日　藤原冬嗣、『内裏式』を撰進。
●弘仁十三年六月四日　最澄、比叡山にて入滅。／六月十一日　比叡山の戒壇設立を勅許。
●弘仁十四年四月十六日　嵯峨天皇譲位、大伴親王即位（淳和天皇）。

(14) 改元の経緯及び特記事項

改元の詔では日本の年号の歴史を回顧し、即位の際には改元するのが通例であるとする。そして即位以後二年が経過したのに未だ改元していないため、「宗廟の靈、社稷の祐」により豊作がもたらされた今改元するのであると述べる。

かたちとしては踰年改元であるが、直前の九月十二日に薬子の変が平定され、嵯峨天皇の政権基盤が確立したことも関係するのかもしれない。この詔は延暦改元に倣ったものとされ、また踰年改元という点でもその例を踏襲し、以降の先例となるものであった（清水潔一九七七）。

なお、『一代要記』は「弘仁元年庚寅九月二十七日改元、依即位」とし、改元日が異なる。誤りであろう。

(15) 関係史料

●『日本後紀』巻二十　弘仁元年九月丙辰条。

21 天長　八二四〜八三四

⑴**改元年月日**…弘仁十五年一月五日（西暦八二四年二月八日）

⑵**使用期間**……約十年

⑶**改元理由**……代始改元

⑷**読み方**………てんちょう（てんちやう）

⑸**天皇／上皇**…淳和天皇／嵯峨上皇

⑺**勘申者**………都腹赤（文章博士）・南淵弘貞（右近衛少将）・菅原清公（弾正大弼）。

⑻**出典と章句**…不詳。諸説あり。

●『老子』（第七章）「天長地久。天地所以能長且久者、以其不自生、故能長久。」

●その他『文選』に複数「天長」の語あり。

⑿「**天長**」**を冠する用語等**

●**天長格抄**　『本朝法家文書目録』によれば、延暦十一年から天長十年までの格を『日本後紀』の編纂の際、集成・類聚したもの。現在は散逸。『延喜交替式』『延喜式』の編纂の際にも利用された。

●**天長六本宗書**　天長勅撰六本宗書とも。天長七年頃、淳和天皇が南都六宗及び天台宗・真言宗の八宗に宗の教義についての著述を提出するように命じ、成実・倶舎を除く六宗が提出した。空海の『秘密曼荼羅十住心論』はこの際著されたものである。

⒀**天長年間の主要な出来事**

●天長元年六月十七日　東寺を教王護国寺とする。

●天長元年七月七日　平城上皇崩御。

●天長四年五月二十日　良岑安世・滋野貞主、『経国集』を撰進。
●天長五年十二月十五日　空海、綜芸種智院設置。
●天長十年二月十五日　清原夏野ら、『令義解』を撰進。
●天長十年二月二十八日　淳和天皇退位。正良親王即位（仁明天皇）。

⒁ 改元の経緯及び特記事項

『日本後紀』の当該部分は現存せず。改元については『日本紀略』に省略されるかたちでの記事のみがある。そのため改元の理由や恩赦の有無など、明確ではない。しかし前年四月に嵯峨天皇が譲位し、淳和天皇が即位しており、年が明けるのを待っての代始改元と推測される。『一代要記』は「御即位に依る」と、『元秘別録』は「代始」としている。また『元秘別録』にみえる次のような記事は年号の勘文の初見である。ただし引文（出典）を記さないなど、後世の勘文とは大きく形式が異なっている（所功一九八八）。

定年号事〔勘文不載引文而撰申例、又不及仗議例〕／天長／右依宣旨定如件／文章博士都腹赤／右近衛少将南淵弘貞／弾正大弼菅原清公。

なお『帝王編年記』は「五月五日改元」とするが、正月の誤記であろう。

⒂ 関係史料

●『日本紀略』前篇十四　天長元年正月乙卯条。

22 承和　八三四〜八四八

(1) **改元年月日**…天長十一年正月三日（西暦八三四年一月十四日）

(2) **使用期間**……約十四年五ヶ月

(3) **改元理由**……代始改元

(4) **読み方**………じょうわ／そうわ（大和物語・河海抄・年号読様・年号訓點・童蒙必読・ロドリゲス『日本大文典』・ケムペル『日本志』）／せうわ（皇年代記・王代年代號略頌・番鍛冶次第附録年代記）

(5) **天皇／上皇**…仁明天皇／嵯峨上皇・淳和上皇

(8) **出典と章句**…不詳。諸説あり。

●『藝文類聚』（帝王部）「魏陳王曹植文帝誄曰、在位七載、九功仍擧、將承太和。」

●『白虎通』（封禅之部）「王者承統理、調和陰陽。」（『藝文類聚』祥瑞部にもほぼ同文あり）

(12) **「承和」を冠する用語等**

●**承和昌宝**　皇朝十二銭の一つ。承和二年正月発行。承和銭とも呼ばれた。

●**承和の遣唐使**　承和元年（八三四）に大使藤原常嗣、副使小野篁らを任命、同五年出発。事実上最後の遣唐使となった。留学僧として同行した円仁による『入唐求行巡礼行記』がある。

●**承和の変**　承和九年、伴健岑・橘逸勢らが謀叛の嫌疑で逮捕され、淳和天皇の皇子で、仁明天皇の皇太子であった正良親王が廃された事件。藤原良房が淳和上皇・恒貞親王派の官人を打倒し、仁明天皇の皇子道康親王を皇太子とするために仕組んだ陰謀とされる。

(13) **承和年間の主要な出来事**

●承和元年十二月五日『令義解』施行。／十二月十九日　空海の奏上により宮中に真言院を設ける。

●承和二年三月二十一日　空海、高野山にて入滅。
●承和七年五月八日　淳和上皇崩御。
●承和八年十二月十九日　藤原緒嗣ら、『日本後紀』を撰進。
●承和九年七月十五日　嵯峨上皇崩御。

⒁ 改元の経緯及び特記事項

改元の詔では、「三微」、即ち夏・殷・周の暦の歴史を回顧し、その暦を継承した帝王たちが新年の改元を恒例としたためそうするのだと述べる。実際には前年の仁明天皇即位を受けての代始改元と考えられる。『一代要記』は「承和元年甲寅六月十三日改元、依即位也」とするが、日付は誤りであろう。

なお、『扶桑略記』所引醍醐天皇御記延喜元年七月十日条は、宇佐御幣使藤原清貫による大宰府の菅原道真についての報告に「其の詞に云はく、…仁和寺（宇多法皇）の御言、しばしば承和の故事を奉ずることあるのみ」とあったという。この「承和の故事」を、久米邦武・吉田東伍などは承和の変を指すとするが、弥永貞三は「文雅な承和時代の故事」を指すとし（弥永「菅原道真」『人物日本の歴史3』読売新聞社、一九六六）、所功は宇多・醍醐天皇御記の「承和」の用例からそれを裏付けている（所「菅原道真、配流の真相」『菅原道真の実像』臨川書店、二〇〇二）。

⒂ 関係史料

●『続日本後紀』巻三　承和元年正月甲寅条。

23 嘉祥

八四八～八五一

(1) **改元年月日**…承和十五年六月十三日（西暦八四八年七月十六日）
(2) **使用期間**……約三年十一ヶ月
(3) **改元理由**……祥瑞改元
(4) **読み方**………かじょう（かじやう）／かしょう（王代年代號略頌・本朝通鑑・年号読様・ロドリゲス『日本大文典』・ケムペル『日本志』・皇年代記・本朝年代歴）
(5) **天皇**…………仁明天皇
(8) **出典と章句**…不詳。諸説あり。
●『漢書』（宣帝紀）「元康四年…三月詔曰、…朕之不逮、寡于徳厚、屢獲嘉祥、非朕之任。」
●『漢書』（匡衡傳）「百姓安、陰陽和、神靈應而嘉祥見」
●その他『晋書』・『宋書』・『文選』・『抱朴子』・『毛詩正義』に「嘉祥」の語あり。
(12) **「嘉祥」を冠する用語等**
●**嘉祥寺**　山城国紀伊郡深草郷（現在の京都市伏見区深草瓦町）に存在した真言宗の寺院。文徳天皇が嘉祥四年二月（四月に改元し仁寿元年）、父仁明天皇が居住した清涼殿を移築し嘉祥寺の堂としたと『日本文徳天皇実録』にみえ、『真雅伝』には仁明天皇の冥福を祈るために建立されたとする。
(13) **嘉祥年間の主要な出来事**
●嘉祥元年九月十九日　長年大宝を発行（皇朝十二銭の一つ）
●嘉祥三年三月二十一日　仁明天皇崩御／四月十七日　道康親王即位（文徳天皇）。

⒁ 改元の経緯及び特記事項

改元に先立つ、承和十五年六月三日に左大臣源常・右大臣藤原良房以下の議政官十三人による上表が行われた。それは大宰大弐紀長江による、豊後国大分郡の擬大領膳伴公家吉が白亀を獲た報告について、祥瑞として賀するものであった。しかし仁明天皇は同五日に自らは不徳であり、祥瑞よりも徳行を重視したいとしてこの祝賀を断っている。六日には左大臣以下が上表し、祥瑞を受理しないことは天意に背き、民望をも失うことだと改めて賀し、式部省・僧綱もならった。

これにより十三日に祥瑞を理由として改元が宣言され、諸国（特に大分郷）の免税と恩赦、祥瑞を得た人と百官への叙位、老人・僧尼の八十以上への賜物、鰥寡孤独への支給、孝子・順孫・義夫・節婦の顕彰・免税措置が行われた。また大臣が八省院で、伊勢大神宮・賀茂下上・松尾社に改元の報告と水害防止祈願のための奉幣を行った。改元を諸神に報告する例はこの時がはじめてで、延喜以降行われていない。清水潔は以前から行われていたが史料に残らなかったのではないかとする（清水一九七七）。

改元に至る経過は儀礼的なやり取りにも思えるが、佐伯有清は、上表に皇位継承についての藤原良房の圧力を感じ拒否した仁明天皇が、押さえつけられたとしている（佐伯『伴善男』吉川弘文館、一九七〇）。また中野渡俊治は公卿個人の意志を天皇に伝える手段であった上表が集団で行われ、天皇の意志を掣肘した例として嘉祥改元に注目し、改元という天皇の決定事項に臣下が介入したと指摘する（中野渡「古代日本における公卿上表と皇位」『史学』八〇、二〇一一）

⒂ 関係史料

●『続日本後紀』巻十八　承和十五年六月庚寅条・壬辰条・乙未条・同嘉祥元年六月庚子条。

24 仁寿

八五一～八五四

(1) 改元年月日…嘉祥四年四月二十八日（西暦八五一年六月一日）
(2) 使用期間……約三年六ヶ月
(3) 改元理由……代始改元・祥瑞改元
(4) 読み方………にんじゅ／にんしゅ（皇年代歴）
(5) 天皇…………文徳天皇
(8) 出典と章句…不詳。諸説あり。

●『漢書』（董仲舒傳）「故堯舜行徳則民仁壽、桀紂行暴民鄙夭。」（『群書治要』にも同文あり）
●『孫氏瑞応図』「甘露降於草木、食之令人壽」
●その他『論語』・『博物志』・『宋書』・『文選』・『藝文類聚』に「仁壽」及び「仁」と「壽」の組み合わせの例あり。

(13) 仁寿年間の主要な出来事

●仁寿二年十二月二十二日　小野篁薨去。
●仁寿三年七月十六日　円珍、唐人の商船に便乗して入唐。
●仁寿四年四月三日　円仁、天台座主となる。

(14) 改元の経緯及び特記事項

改元の詔は、易と春秋（陽秋）を引用し、皇位継承に際しては改元が必要であると述べる。更に仁明天皇の崩御ののち年も明けてかなり経っていること、昨年即位してから「白亀」・「甘露」といった祥瑞の出現が相次いでいることから改元を行うと宣言している。即ち代始改元と祥瑞改元を兼ねたものである。

ここで言及されている白亀と甘露については、『日本文徳天皇実録』嘉祥三年五月戊戌条「石見国言上す。甘露降る」

とあり、以下、六月丁巳条に「美作国霊亀を献ずる。雪白にして愛すべし」、七月庚辰条に「備前国、白亀を献ず」、七月乙酉条に「石見国甘露を献ず。味飴餹の如し」、九月壬午条に「右京人村主岑成、摂津国嶋上郡の河上に於いて白亀を獲、之を献ず」とある。更に九月己丑条では祥瑞出現を喜ぶ詔が出され、摂津国嶋上郡は調、美作国英多郡・石見国安農郡・備前国磐梨郡は庸を免ぜられている。

なお詔に『孫氏瑞応図』を引用し、「甘露降於草木、食之令人壽」と述べていることから、仁寿は『瑞応図』の「人寿」の字を改めたものと推測される。

(15) 関係史料

●『日本文徳天皇実録』巻三　仁寿元年四月庚子条。

コラム5　年号を冠した著名な寺院

寺院名に年号を含むものはかなりの数が存在するが、成立がはっきりしているものとしては延暦寺の成立が一番古い（田中聡二〇〇八）。同寺は延暦七年（七八八）に創建され、弘仁十四年（八二三）に「延暦寺」号を賜っている。ほかに、文徳天皇が仁明天皇のために建立した嘉祥寺、清和天皇が文徳天皇のために建立した天安寺、藤原良房が清和天皇のために建立した貞観寺、藤原高子が陽成天皇のために建立した元慶寺、宇多天皇が光孝天皇のために建立した仁和寺がある。

これらの寺院は当該年号の時の天皇と関わりが深く、「年号御願寺」と呼称される。貞観寺・元慶寺は生前の天皇のために、それ以外は天皇の霊に対する追善を目的とする（嵯峨天皇も延暦寺に桓武天皇の追善を期待していたと思われる）（堀裕「平安期の御願寺と天皇」『史林』九一―一、二〇〇八）。

ただ中世以降は建仁寺・建長寺・寛永寺など、むしろ武家と関係が深く、延暦寺に匹敵する地位を求めて年号を寺院名に入れる例が増える。なお、天龍寺は当初「暦應寺」とされながら、延暦寺の激しい反対により改称された。〔K〕

25 斉衡

八五四〜八五七

(1) 改元年月日…仁寿四年十一月三十日（西暦八五四年十二月二十三日）

(2) 使用期間……約二年三ヶ月

(3) 改元理由……祥瑞改元

(4) 読み方………さいこう（さいかう）／Saije（ケムペル『日本志』、誤記か）

(5) 天皇………文徳天皇

(8) 出典と章句…不詳。諸説あり。

●『周禮』（冬官考工記梓人）「凡試梓飲器、郷衡而實不盡、梓師罪之。…注曰、衡謂麋衡也。曲禮執君器斉衡。」

●『晋書』（樂志）「大化洽、地平天成、七政斉、玉衡惟平。」

●『楊炯碑文』「南昌晦跡、共梅福而斉衡、左部韜眞與橋玄而等列。」

(13) 斉衡年間の主要な出来事

●斉衡三年十一月二十五日　文徳天皇、使者を交野郡に派遣、円丘を造り郊天祭祀を行う。

●斉衡四年正月十七日　開元大衍暦を廃し、五紀暦を採用する。

●斉衡四年二月十九日　藤原良房を太政大臣、源信・藤原良相を左右大臣に任ずる。

(14) 改元の経緯及び特記事項

改元の詔は冒頭で、「帝載」「皇流」と表現される歴代の帝王は「靈貺」「神符」、即ち祥瑞が現れた時に必ず改元したと述べ、このたび石見国から「醴泉」が出現したことを慶び、これを下した「宗社」に感謝を告げるように命じ、改元を宣言している。

それにあわせて石見国の醴泉が湧いた「地主」である美濃郡大領に位と物を授けると共に、郡内を免税し、更に伊勢神宮の禰宜・大物忌・内人、諸社の禰宜・祝、内外の文武官人に位を授け、老人に穀を支給している。そして最後に祥瑞の出現を共に慶び、「時に随へる徳政、五帝を逐ひ斉衡せしむことを欲す」として、中国の聖王たちの政治に匹敵するような政治を行いたいと述べている。年号の「斉衡」はこれに由来するものであろう。そして翌日には嵯峨天皇の山陵に使者を派遣し、改元の由を報告し、祥瑞出現を感謝すると共に、報告が「一二日の間、延べ怠たる事」を謝している。

改元の理由とされた石見国の「醴泉」については、『日本文徳天皇実録』仁寿四年七月丙午条に「石見国言ふ、醴泉出ず。三日乃ち涸る」とある。

なお『帝王編年記』・『一代要記』は改元の日を十一月二十九日とし、『一代要記』は改元の理由を「去（年）、疱瘡に依るなり」とするがその根拠は不明である。

⒂ 関係史料

●『日本文徳天皇実録』巻六　斉衡元年十一月辛亥条・十二月甲寅条。

26 天安

八五七～八五九

(1) 改元年月日… 斉衡四年二月二十一日（西暦八五七年十二月二十三日）
(2) 使用期間…… 約二年二ヶ月
(3) 改元理由…… 祥瑞改元
(4) 読み方……… てんあん／てんなん（王代年代號略頌・年号読様）／Tenan（ロドリゲス『日本大文典』）／Tenjan（ケムペル『日本志』、誤記あるか）
(5) 天皇………… 文徳天皇
(8) 出典と章句… 不詳。諸説あり。
●『禮記』（郷飲酒義）「此五行者足以正身安國矣。彼國安而天下安。」
●『史記』（陸賈傳）「陸生曰、天下安注意相、天下危注意将。」
●その他、『孟子』・『漢書』・『晋書』・『貞観政要』・『文選』・『宋書』などに「天」と「安」を用いた例あり。
(12)「天安」を冠する用語等
●**天安寺**　山城国葛野郡（現・京都市右京区花園）の双ヶ丘に所在した寺院。もと清原夏野の山荘があり、その没後、寺に改められた。はじめ双丘寺と称したが、天安年中に文徳天皇により天安寺と改称された。
(13) 天安年間の主要な出来事
●天安二年六月十九日　円珍、唐より帰国。十二月二十七日に入京。
●天安二年八月二十七日　文徳天皇崩御、清和天皇即位。
(14) 改元の経緯及び特記事項
この改元に際してはまず『日本文徳天皇実録』天安元年二月乙酉条に「内外諸名神社」に使者を派遣し、「木連理・白鹿等之瑞」の出現について感謝すると共に、「御代乃名乎改天、天安元年止爲留事」を報告している。続いて同天安元年二月己丑条は、まず「是日改元して天安元年と爲す。美作・常陸二国、白鹿・連理の瑞を献ずるに縁りてなり」とし、その後に諸山陵の祥瑞出現の感謝と改元報告の使者が派遣された記事とその告文を挙げ、続けて改元の詔を掲載している。美作・常陸国の白鹿・木連理については同斉衡三年十二月丙辰条に「常陸国言ふ、木連理ありと」、同丁酉条に「美作国、白鹿を献ず。詔して神泉苑に放つ」とある記事が該当する。

神社・山陵への報告が先行し、詔が後になったのは、前の斉衡改元の際に、山陵への報告が遅れたという経緯を踏まえてのことであろう（清水潔一九七七）。

改元の詔では白鹿・木連理について詳細に述べ、その出現を慶んだ上で、祥瑞の出現した二国とその郡にそれぞれ免税措置を取り、祥瑞の発見者にもそれぞれ位や物を賜うことを命じている。更に全国にも免税を行った上で伊勢大神宮の禰宜・大物忌・内人、諸社の禰宜・祝と内外の文武官に位を授け、老人・僧尼の高齢な者への穀の支給、孝子・順孫・義夫・節婦の褒賞を命じている。そして最後に恩赦を行いたいが、たびたびのそれは古くから戒められているところであるので行わないと述べている。

⒂ 関係史料

●『日本文徳天皇実録』巻九　天安元年二月乙酉条・二月己丑条。

27 貞観

八五九〜八七七

(1) **改元年月日**…天安三年四月十五日(西暦八五九年五月二十日)

(2) **使用期間**……約十八年

(3) **改元理由**……代始改元

(4) **読み方**………じょうがん(ぢゃうぐわん)/でうがん(王代年代號略頌)/Teiquan(ロドリゲス『日本大文典』)/Toquan(ケムペル『日本志』、誤記か)

(5) **天皇**…………清和天皇

(8) **出典と章句**…不詳。諸説あり。

●『周易』(繋辞傳)「天地之道、貞観者也」

●『文選』(宣徳皇后令)「公實天性生徳、齊聖廣淵。不改参辰而九星抑止、不易日月而二儀貞観。…」

●このほか、『文選』・『梁書』に「貞観」の記述あり。

●『旧唐書』(本紀　太宗李世民)「貞観元年春正月乙酉、改元。…」(『新唐書』も同文)

(12) **「貞観」を関する用語等**

●**貞観寺**　山城国紀伊郡(現・京都市伏見区深草)にあった真言宗の寺院。仁寿年間に藤原良房と真雅が清和天皇誕生を機に嘉祥寺に西院を建立。貞観四年に貞観寺と改称した。

●**貞観地震**　貞観十一年五月二十六日に陸奥国で発生したM八・三乃至八・四以上と推定される巨大地震とそれに伴う大津波が発生した。平成二十三年(二〇一一)三月十一日の東日本大震災に匹敵する甚大な被害が、『日本三代実録』同日条に詳しく記録されている。

●**貞観交替式**　原題『新定内外外官交替式』。南淵年名らの編纂とされる。『延暦交替式』を増補したもので、内外官の事務引き継ぎに関する法令集。貞観十年施行。

●**貞観永宝**　皇朝十二銭の一つ。貞観十二年一月二十五日に発行。

●**貞観格式**　藤原良相・氏宗らの編纂による法律。格は『弘仁格』以後の官符を収録、貞観十一年撰進・施行。式は『弘仁式』の訂正増補部分を集成、貞観十三年撰進・施行。

●**貞観儀式**　「三代儀式」の一つ。現存『儀式』に比定される儀式書。貞観十四年以降編纂か。

(13) 貞観年間の主要な出来事

●貞観元年四月二十八日　饒益神宝を鋳造（皇朝十二銭の一つ）。

●貞観八年閏三月十日　応天門の変／八月十九日　藤原良房、人臣初の摂政となる。

●貞観十一年八月四日　藤原良房・春澄善縄、『続日本後紀』を撰進。

●貞観十八年十一月二十九日　清和天皇退位。陽成天皇即位。藤原基経に勅し摂政とする。

(14) 改元の経緯及び特記事項

清和天皇の即位に伴う改元。改元の詔では古来より帝王による改元は恒例で、季節の穏やかなこの時期に行うのがよいとし、この改元により皇位の長い安定がもたらされるであろうと宣言している。

『和事始』附録「國朝年號譜」は改元を「或十六日辛丑」とするが根拠は不明。

なお、唐の太宗の時代に「貞観」年号の例がある。

(15) 関係史料

●『日本三代実録』巻二　天安三年四月十五日庚子条。

28 元慶　八七七〜八八五

(1) **改元年月日**… 貞観十九年四月十六日（西暦八七七年六月一日）
(2) **使用期間**…… 約七年九ヶ月
(3) **改元理由**…… 代始改元・祥瑞改元
(4) **読み方**……… がんぎょう（ぐわんぎやう）／くわんきょう（千葉本大鏡）・ぐわんきゃう（年代號略頌・年号訓點）・けんけい（番鍛治次第附録年代記）／Guenquo（ロドリゲス『日本大文典』、誤記か）／Genjwa（ケムペル『日本志』）
(5) **天皇／上皇**… 陽成天皇／清和上皇
(6) **摂政**………… 藤原基経
(8) **出典と章句**… 不詳。諸説あり。

●『周易』（象上傳）「象曰、元吉在上、大有慶也」

●『文選』（辨亡論）「是以其安也、則黎元與之同慶、及其危也。則兆庶與之共也。」

●『張華詩』「稱元慶、奉聖觴、后皇延遐祚、安樂撫萬方。」

(12) **「元慶」を冠する用語等**

●**元慶寺**　山城国宇治郡山科（現・京都市山科区）にあった天台宗の寺院。別名花山寺。貞観十年の陽成天皇誕生に際し、その母藤原高子の発願により遍照が建立、陽成天皇の御願寺となった。

●**元慶の乱**　元慶二年、出羽国の俘囚が秋田城司の苛政に対して起こした反乱。朝廷が派遣した鎮守将軍小野春風・出羽権守藤原保則の活躍により翌年終息した。

●**元慶官田**　元慶三年に五畿内に設置された四千町の田。民部卿藤原冬緒の奏上により、畿内五カ国に官田を置き、その収入を官人の位禄・王禄、諸司の衣服料・月料に充てることとした。

⒀ 元慶年間の主要な出来事

●元慶三年十一月十三日　藤原基経ら『日本文徳天皇実録』撰進。
●元慶四年十二月四日　藤原基経、太政大臣となる。『公卿補任』は関白就任とする。
●同年同日　清和太上天皇崩御。
●元慶八年二月四日　陽成天皇譲位／二十三日　時康親王即位（光孝天皇）、藤原基経を関白に任ず。

⒁ 改元の経緯及び特記事項

改元の詔は正月の陽成天皇即位の際に但馬国が白雉一羽を献じ、二月十日に尾張国が木連理を報告、閏二月十一日に備後国が白鹿を献上したと述べ、即位と祥瑞出現による改元を宣言する。これに該当する記事は、それぞれ『日本三代実録』元慶元年正月癸酉朔条、二月十日壬子条にみえるが、閏二月十一日の白鹿の記事はみられない。

改元にともない、内外の文武官人への叙位や恩赦のほか、祥瑞が現れた国・郡の免税と、発見者に位や物の授与があった。六月には改元が諸山陵へ報告され、七月には伊勢神宮・上賀茂・下鴨・松尾・平野・大原野社に改元の報告と祥瑞出現を感謝し、皇位の安泰と祈雨を願う宣命が読まれ、奉幣が行われた。なお『一代要記』は「四月廿六日改元」とするが誤記であろう。

改元の詔は文章博士都良香によるもので、『都氏文集』に収録されている。

⒂ 関係史料

●『日本三代実録』巻三十一　元慶元年四月十六日丁亥条・六月廿八日丁酉条・七月十九日戊午条。
●『都氏文集』巻第四「改年號詔」。

29 仁和　八八五〜八八九

(1) 改元年月日…元慶九年二月二十一日（西暦八八五年三月十一日）
(2) 使用期間……約四年二ヶ月
(3) 改元理由……代始改元
(4) 読み方………にんな／にんわ（番鍛治次第年代記・本朝通鑑・年号訓點）。『中家実録』は「上下呉音、但し爾伊和（にいわ）と訓むべし」とする。
(5) 天皇／上皇…光孝天皇／陽成上皇
(6) 関白…………藤原基経
(8) 出典と章句…不詳。諸説あり。
●『禮記』（儒行）「温良者仁之本也。…言談仁之文也。歌樂者仁之和也。分散者仁之施也。」（孔子家語にも同文あり）
●『魏書』（游明根傳）「明根歴官内外五十餘年、處身以仁和、接物以禮讓、時論貴之。」
●『藝文類聚』（帝王部、魏陳王曹植漢二祖優劣論）「聖徳宣仁以和衆。」
(12)「仁和」を冠する用語等
●仁和寺　真言宗御室派の総本山。山城国葛野郡内、大内山の南麓に立地（現・京都市右京区御室大内）。光孝天皇の発願ともされるが、実際には宇多天皇が父光孝天皇の霊のためにその山陵の兆域内に建立した御願寺であったと考えられている。のち宇多天皇は退位・出家し、この寺に入ることになる。初めは真言・天台兼学の寺であったが、まもなく真言宗の寺院となり、更に仁和寺を中核とする真言宗の流派は広沢流と呼ばれるようになった。
(13) 仁和年間の主要な出来事
●仁和元年五月二十五日　藤原基経、「年中行事障子」を献ず。

●仁和三年八月二十六日　光孝天皇崩御。定省親王、立太子し即日践祚（宇多天皇）。
●仁和三年十一月二十一日　藤原基経に詔し万機を関白せしむ。
●仁和三年閏十一月二十七日　藤原基経に勅し「阿衡之任」を以て基経の任とする。以後、「阿衡の紛議」により国政停滞（翌年十一月まで）。

⒁改元の経緯及び特記事項

光孝天皇即位にともなう代始改元である。改元の詔は古来より帝王により正朔が定められてきたことを述べ、即位して二年目を迎えていることに言及し、改元を宣言している。

⒂関係史料

●『日本三代実録』巻四十七　仁和元年二月廿一日丁未条。

30 寛平

八八九～八九八

(1) **改元年月日**…仁和五年四月二十七日（八八九年五月三十日）
(2) **使用期間**……約九年
(3) **改元理由**……代始改元
(4) **読み方**………かんぺい（くわんぺい）／くわんへい（王代年代號略頌・番鍛治次第附録年代記・年号訓點・皇年代記）／Quampei（ロドリゲス『日本大文典』）／Quampe（ケムペル『日本志』）
(5) **天皇／上皇**…宇多天皇／陽成上皇
(6) **関白**…………藤原基経
(8) **出典と章句**…不詳。諸説あり。
●『漢書』（王尊伝）「寛大之政行、和平之氣通。」
●『後漢書』（郭躬伝）「躬家世掌法、務在寛平。」
●『新唐書』（刑法志）「蓋自高祖太宗除隋虐亂、治以寛平。民其樂其安、重於犯法。」
●その他、『貞観政要』に複数「寛平」の語あり。

(12) **「寛平」を関する用語等**

●**寛平の治**　宇多天皇による治世の呼称。摂関を置かず、菅原道真らを登用した親政が行われた。中央では昇殿制の確立、蔵人所の拡張など、天皇を中心とした貴族官僚の序列化を行い、地方では国司長官の受領化による地方行政の改革を進めた。

●**寛平大宝**　皇朝十二銭のひとつ。寛平二年四月二十八日鋳造。

●**寛平御時后宮歌合**　宇多天皇の母后班子女王により寛平初年に開催。仁和年間の「在民部卿家歌合」に次いで古い歌合。紀友則・貫之らが参加。「寛平御時菊合」と共に、寛平年間の文化振興を示す。

●**寛平御遺誡**　宇多上皇が譲位した醍醐天皇に書き与えた教訓書。完本は現存しないが、所功「『寛平御遺誡』の復原」（『平安朝儀式書成立史の研究』国書刊行会、一九八五）に逸文が集成されている。

⒀　寛平年間の主要な出来事

●寛平四年五月一日　『日本三代実録』編纂開始。／五月十日　菅原道真、『類聚国史』撰修。

●寛平六年九月十四日　菅原道真、遣唐使中止の建議。

●寛平九年七月三日　宇多天皇譲位、敦仁親王即位（醍醐天皇）。

⒁　改元の経緯及び特記事項

改元の記事は『日本紀略』寛平元年四月廿七日条に「詔して寛平と改元す。天祚の後、三年に及びて改元するの例、此時に始む」とあり、代始改元の遅れが指摘されている。即位後三年経っての改元という事態の背景には仁和三年から四年の宇多天皇と太政大臣藤原基経の対立による「阿衡の紛議」とその結果としての政務の停滞があったとされる（清水潔一九七七）。

また菅原道真『菅家文草』巻第四「詩四」所収「讀開元証書　絶句」はこの改元に関する詩で、「寛平兩字幾千年」と、寛平の世の長く栄えることを祈る。なお『日本古典文学大系　菅家文草　菅家後集』（岩波書店、一九六六）二九四番補注は「寛平は寛仁公平の意」とする。

改元の日について、『歴代皇紀』は二十四日、『公卿補任』は二十六日とするが根拠は不明。

⒂　関係史料

●『大日本史料』第一篇之一　寛平元年四月二十七日条。

31 昌泰

八九八〜九〇一

(1) **改元年月日**…寛平十年四月二十六日／四月十六日（西暦五月十日）・八月十六日（西暦九月五日）説あり。

(2) **使用期間**……約三年三ヶ月

(3) **改元理由**……代始改元

(4) **読み方**………しょうたい（しゃうたい）

(5) **天皇／上皇**…醍醐天皇／陽成上皇・宇多上皇

(8) **出典と章句**…不詳。諸説あり。

●『詩経』（魯頌閟宮篇）「俾爾昌而熾、俾爾壽而富。黄髪台背、壽與胥試俾爾昌而大」（大は泰に通ず）

●『旧唐書』（音楽志）「堂堂聖祖興、赫赫昌基泰。戎軍盟津偃、玉帛塗山會」

(12) **「昌泰」を関する用語等**

●**昌泰の変**　昌泰四年正月、右大臣菅原道真が大宰権帥に左遷された事件。左大臣藤原時平の讒訴によるものとされる。以後、時平が権力を掌握し、道真は延喜三年、任地にて没した。

(13) **昌泰年間の主要な出来事**

●昌泰二年正月十四日　藤原時平を左大臣、菅原道真を右大臣に任ずる。

●昌泰三年十一月二十一日　三善清行、明年辛酉革命の議を奏上する。

(14) **改元の経緯及び特記事項**

『日本紀略』昌泰元年四月十六日乙卯条に「天祚に依りて改む」とあり、醍醐天皇の即位による代始改元である。

改元の日付について、『日本紀略』は四月十六日、『扶桑略記』は八月十六日、『元亨釈書』は四月二十六日とする。これについて、近世の『塙史料』は「按ずるに、日本紀略・皇年代略記・愚管抄、十六日と爲す。然るに菅家

文草　寛平十年四月廿日、西宮抄（西宮記）寛平十年四月廿三日の文、十六日未だ改元せざるなり。公卿補任・扶桑略記・一代要記・帝王編年記・歴代皇紀・古本簾中抄等、八月十六日と爲す。而るに（菅家）文草　昌泰元年六月廿六日、類聚三代格　昌泰元年七月十七日の文、是亦誤りなり。仍りてしばらく本書（元亨釈書）に従ふ」と述べ、『大日本史料』もそれに従っている。

⒂関係史料……『大日本史料』第一篇之二　昌泰元年四月二十六日条。

コラム6　菅原道真と「寛平」「延喜」の改元詔書

菅原氏は学問の家として、大江氏と共に改元に関して大きな発言力を持ち、のちにはほぼその地位を独占することになる（本書略系図参照）。しかし、その代表的人物といえる菅原道真に関しては改元の関与をうかがわせる史料はない。

ただ『菅家文草』巻第四所収「開元詔書を讀む　絶句」は「寛平改元に関する詩」で、仁和元年五月ごろの作とされ、「明王變へむことを欲りす　舊の風煙　詔は龍楼より出でて　海の壖に到る」として、天皇が新しい時代への切り替えのために改元を行い、その詔は禁中から、道真がいる讃岐国までやってきたと語り、「爲に樵夫魚夫に向ひて祝ふ　寛平の兩字幾千年」と、国内の庶民たちにそれを伝え、寛平の世の長く栄えることを祝ったとしている。

また自らの失脚直後に行われた「延喜改元」についても、『菅家後集』所収「改元詔書を読む　五言」と題した詩を詠んでいる。

その中に「改元の黄紙の詔　延喜　蒼生に及ぶ　一つは辛酉の歳のためになり　一つは老人星のためになり」とあり、改元の詔に理由として辛酉革命と老人星出現が書かれ、続けて「独り鯨鯢の横れる有り〔具に詔書に有り〕…人は導ふ汝の新しき名なりと」とあり、道真を批判するような文言があったと思われる（川口久雄校注『日本古典文学大系　菅家文草　菅家後集』岩波書店、一九六四）。

注意されることは、道真の二つの詩は、ともに讃岐国と大宰府で、都からの改元の詔を受けて詠まれている。これらの詩は改元の中央から地方への伝達の事実を裏付けるものでもある。　〔K〕

32 延喜　九〇一～九二三

(1) **改元年月日**…昌泰四年七月十五日（西暦九〇一年八月三十一日）
(2) **使用期間**……二十一年九ヶ月
(3) **改元理由**……革年改元
(4) **読み方**………えんぎ／えんき（皇年代記・番鍛冶次第附録年代記）／Jengi（ケムペル『日本志』）
「恵支」（西行筆凡河内躬恒集）・「えむき」（信貴山縁起絵巻）
(5) **天皇／上皇**…醍醐天皇／陽成上皇・宇多法皇
(7) **勘申者**………紀長谷雄（左大弁）
(8) **出典と章句**…不詳。
●『元秘別録』に「或書曰、禹錫玄桂、文云延喜。」とあるが、出典は不明。『台記』仁平四年十月二十八日条にも「延喜者、禹治洪水所得玄桂之銘也〔見尚書並初学記、諱引尚書〕」とあり。
●『尚書旋璣鈐』（設郛巻五所引）「禹開龍門、導積石、出玄桂。出刻曰、延喜王受徳、天錫佩。」（『藝文類聚』にも引用）
●その他、『尚書緯旋璣鈐』・『文選』に「延喜」の例、『孝經援神契』に「延」と「喜」の例あり。
⑿ **「延喜」を冠する用語等**
●**延喜格式**　延喜年間初頭に藤原時平らを中心に編纂された法律。格は貞観以降の官符を集成・整理し、延喜七年に撰進、翌年施行された。式は延喜五年から藤原時平・忠平を中心として、『弘仁式』・『貞観式』とそれ以後の官符を集成・整理し、延長五年に奏進された。施行は康保四年を待つことになる。
●**延喜交替式**　『内外官交替式』とも。京官・外官の交替の際の手続きを定めた法令集。延喜十一年から長官橘清澄ら勘解由使官人らにより編纂が行われ二十一年に奏進されたが、施行されたかは不明。

●延喜・天暦の治　醍醐・村上天皇の治世を平安中期以来「聖代」として評価する呼称。
●延喜の荘園整理令　延喜二年三月に出された四通の太政官符による荘園整理令。貴族の大土地所有を抑制する目的があったが、結果としてこれ以前に成立した荘園を公認することとなった。
●延喜通宝　皇朝十二銭の十一番目の貨幣。延喜七年に初鋳された。文字は醍醐天皇の宸筆とされる。
●延喜私記　延喜四年から六年に藤原春海を博士として行われた『日本書紀』講筵の講録。現存しないが『釈日本紀』所引『延喜公望私記』が逸文とされる。

⒀ **延喜年間の主な出来事**

●延喜元年八月二日　藤原時平ら、『日本三代実録』を撰進。
●延喜五年四月十五日　紀貫之ら、『古今和歌集』を撰進。

⒁ **改元の経緯及び特記事項**

三善清行が上奏した「革命勘文」に基づき、「辛酉革命」を理由とする初めての改元である。「延喜」年号の勘申は中納言紀長谷雄による（大江匡衡『江吏部集』中「帝徳部」）。昌泰四年七月十五日に改元が行われると（『日本紀略』・『扶桑略記』）、諸社・山陵に改元報告の奉幣が行われた（『扶桑略記』裏書　昌泰四年八月二十九日条、『日本紀略』は同月十九日条とする、『日本紀略』同月九月二十六日条）。以後、改元に伴う奉幣は行われていない（清水潔一九七七）。また『元秘別録』所引村上天皇御記　天徳五年二月十六日条に「延喜元年詔〔法〕、赦を行ひ并びに物を賜ふべし」とあり、大赦と賜物が行われたことがわかる。

⒂ **関係史料**

●『大日本史料』第一篇之五　延喜元年七月十五日条・八月二十九日条・九月二十六日条。

コラム7 「辛酉革命」説による延喜改元

三善清行の主張した辛酉革命説により、昌泰四年七月十五日に延喜改元が行われた。辛酉革命説とは古代中国から伝来した讖緯（しんい）説により、干支六十年（一元）のうち、「辛酉」「甲子」の特定倍数年（最大は二十一元＝一二六〇年）に大変な「革命」「革令」が起きるという数理予言説である。

昌泰四年（九〇一）は斉明女帝崩御（六六一辛酉）から二四〇年の革命年に当たるとして改元を主張した（所功一九八八）。

ただ、『扶桑略記』裏書 昌泰四年七月十五条は「逆臣并びに辛酉革命に依る」とし、菅原道真の失脚と辛酉革命を理由とするが、同裏書八月二十九日条では「逆臣・辛酉革命・老人星の事に依りて、改元の由」を諸社に報告・奉幣したとする。道真の「改元詔書を読む 五言」にも、「辛酉の歳」と「老人星」により改元が行われたとし、道真を批判するような文言があったようであるから、道真の失脚と辛酉革命、老人星の出現が理由とされていたのであろう。

ところが、『革命』所引「正治二年大外記良業勘例」や『改元部類記』に引用されている延喜改元の詔は「去歳の秋、老人壽昌の耀を垂れ、今年の暦、辛酉革命の符を呈すと云々」として、道真への言及がない。あるいは延喜二十三年四月二十日に、道真の霊に正二位を贈り、右大臣に復した際、昌泰四年正月二十五日の詔（道真の左遷）を破棄させたように、延喜改元の詔においても道真失脚への言及部分が削除されたのかもしれない。

〔K・T〕

表14 辛酉・甲子の改元例

901	辛酉	延喜
904	甲子	ナシ
961	辛酉	応和
964	甲子	康保
1021	辛酉	治安
1024	甲子	万寿
1081	辛酉	永保
1084	甲子	応徳
1141	辛酉	永治
1144	甲子	天養
1201	辛酉	建仁
1204	甲子	元久
1261	辛酉	弘長
1264	甲子	文永
1321	辛酉	元亨
1324	甲子	正中
1381	辛酉	(南)弘和 (北)永徳
1384	甲子	(南)元中 (北)至徳
1441	辛酉	嘉吉
1444	甲子	文安
1501	辛酉	文亀
1504	甲子	永正
1561	辛酉	ナシ
1564	甲子	ナシ
1621	辛酉	ナシ
1624	甲子	寛永
1681	辛酉	天和
1684	甲子	貞享
1741	辛酉	寛保
1744	甲子	延享
1801	辛酉	享和
1804	甲子	文化
1861	辛酉	文久
1864	甲子	元治

コラム８　天神信仰と「延長の例」「太政改元」

菅原道真の一生と、薨後の天神信仰の成立を描いた『北野天神縁起絵巻』の中で有名な場面といえば雷神の姿となった道真、あるいはその使者による清涼殿への落雷の場面であろう。その場面は延長八年（九三〇）六月二十六日に実際に起こった清涼殿への落雷を絵画化したものである。

この事件は、その後も長く不吉な「延長の例」として貴族社会の中で語られていたようである。たとえば『中右記』保安元年（一一二〇）六月二十六日条には、雷雨の記述の後に「延長八年六月廿六日以後」、この日は雷雨が多く、「尤も恐るべき也」とある。更に同嘉承二年（一一〇七）七月十九日条には、同日の堀河天皇の崩御について、六月二十一日に堀河院に落雷があったことを想起し、「思ふに延長の例甚だ不吉なり」としている。

鎌倉時代になっても『吾妻鑑』寛喜二年（一二三〇）六月十四日条には、将軍九条頼経の移徙についての評議の際、これに先立つ九日に将軍御所に落雷があったことを「延長の例、不吉なり」とする意見が出されたことが記されている（竹居明男「延長の例、不吉なり」山中裕『古記録と日記』下　思文閣出版、一九九三）。

また、怨霊への恐怖から天神信仰が形成されていくうちに、実際は行われていない「太政」改元の物語も生まれた。

『扶桑略記』天慶四年条に収められた「道賢上人冥途記」は、吉野で修行していた僧の道賢（日蔵）が仮死状態となり、冥界で道真の霊が化した日本太政威徳天と地獄で苦しむ醍醐天皇に出会うという物語である。

それと大筋は一致しながら、異なる情報を含んだ「日蔵夢記」と呼ばれる書がある（『北野文叢』巻十一所収）。

「日蔵夢記」では、道賢は宇多天皇の転生した姿と思われる満徳法主天から、現在太政威徳天によって引き起こされているさまざまな災害を鎮めるための方法を教えられる。その中に仏事などとともに、天慶三年を太政元年とし、延喜通宝を太政大宝と改称すべきであると語られている（竹居明男「永久寺本『道賢上人冥途記』に関する二、三の問題」『古代文化』三九巻一号、一九八七）。

〔K〕

33 延長
九二三～九三一

(1) **改元年月日**…延喜二十三年閏四月十一日（西暦九二三年五月二十九日）
(2) **使用期間**……約八年
(3) **改元理由**……災異改元
(4) **読み方**………えんちゃう（えんちょう）／延譲（中家実録）、Jentsjo（ケムペル『日本志』）
(5) **天皇／上皇**…醍醐天皇／陽成上皇・宇多法皇
(6) **摂政**…………藤原忠平
(7) **勘申者**………醍醐天皇の勅定による。
(8) **出典と章句**
●『文選』（白雉詩）「彰皇徳兮、侔周成。永延長兮膺天慶。」
●その他、『漢書』・『後漢書』・『晋書』・『旧唐書』・『貞観政要』などに「延長」の文字あり。
(12) **「延長」を冠する用語等**
●**延長風土記**　和銅六年（七一三）の詔により撰進された『風土記』の散逸を受けて、『類聚符宣抄』延長三年十二月十四日付太政官符により諸国から提出された風土記。
(13) **延長年間の主な出来事**
●延長三年六月十八日　皇太子慶頼王薨去（五歳）。
●延長八年六月八日　清涼殿に落雷し、大納言藤原清貫・右中弁平希世死亡。
●延長八年九月二十二日　醍醐天皇譲位、皇太子寛明親王即位（朱雀天皇）、左大臣藤原忠平を摂政とする。／九月二十九日　醍醐太上天皇、出家。同日崩御。

⒁ 改元の経緯及び特記事項

『日本紀略』延長元年閏四月十一日条は「詔して、延喜廿三年を改め、延長元年と為す。水潦・疾病に依りて也。赦令有り」とし、『扶桑略記』同日条は「天下咳疫、多く夭亡を以てす」とする。旱害と疫病による改元で、大赦を伴っていた。『帥記』康平八年八月三日条に「延長・康平等の例〔是れ強・竊盗を免ぜらるの例〕」とあり、通常より広い範囲の赦が行われたらしい。

『西宮記』臨時二改年號類には延喜改元の際、「博士勘申の字不快、仍りて勅定有りて、以て文選白雉の詩を以て延長とす」とみえ、醍醐天皇が博士の勘申した年号案を斥け、自ら年号の文字を選んでいる。笠井昌昭は延喜二十三年に皇太子保明親王が薨去し、慶頼王が立太子した直後の改元であることから、「幼い皇太子の長命への祈りがこめられた年号」とする（笠井「天神信仰の成立とその本質」『日本の文化』ぺりかん社、一九九七）。

この改元について、『江談抄』には源公忠が頓死して冥界に赴き、菅原道真とおぼしき人物が醍醐天皇の行状を訴えているのを聞いていた冥官が「若しくは改元有るか」と言ったのを目撃し、蘇生して報告したところ延長改元となったとする説話がある（同様の説話は『古事談』にもあり、『北野天神縁起絵巻』で絵画化される）。承平から天慶年間にかけての成立とされる『北野天神御傳并御託宣事』にも公忠の夢想譚があり、実際に醍醐天皇の寵臣であった源公忠が夢告により改元を進言した可能性はあろう（勝部香代子「天神信仰と醍醐天皇周辺」『文学・史学』第二集、一九八〇）。

なお、『一代要記』は改元の理由を「旱潦疾疫に依る也。或は云ふ、公忠辧夢想也」としている。

⒂ 関係史料

●『大日本史料』第一編之五　延長元年閏四月十一日条。

34 承平　九三一～九三八

(1)改元年月日…延長九年四月二十六日（西暦九三一年五月十六日）
(2)使用期間……約七年一ヶ月
(3)改元理由……代始改元
(4)読み方………じょうへい（じようへい）／せうへい（番鍛冶次第附録年代記・本朝通鑑、中家実録はせいへいとするが誤記か）／しゃうへい（年号讀様）
(5)天皇／上皇…朱雀天皇／陽成上皇・宇多法皇
(6)摂政………藤原忠平
(7)勘申者………大江朝綱（大内記）・大江維時（文章博士）
(8)出典と章句
●『漢書』（食貨志）「今累世承平、豪富吏民、貲數鉅萬。而貧弱兪困。」
(9)候補年号の勘申者……大江朝綱・大江維時
(12)「承平」を冠する用語等
●**承平・天慶の乱**　承平・天慶年間に東国と瀬戸内海沿岸で同時期に起こった平将門と藤原純友の乱の総称。平将門の乱は承平五年に一族の私闘として始まり、天慶元年から国司、ひいては朝廷に対する反乱に発展したが、天慶五年、将門が討たれて収束した。藤原純友の乱は天慶二年、純友を中心とした海賊行為にはじまり、同三年から瀬戸内海沿岸全域に広がったが、天慶四年、純友が誅され収束した。
(13)承平年間の主な出来事
●承平元年七月十九日　宇多法皇、崩御。

●承平五年二月　紀貫之、土佐から帰京。この経験をもとに承平五年ごろまでに『土佐日記』を著す。

⒁ 改元の経緯及び特記事項

『日本紀略』・『扶桑略記』四月二十六日条に改元記事があるが、理由は記さない。朱雀天皇の代始改元と思われる。『一代要記』は五月二十二日条に「改元。御即位に依るなり」とするが、根拠は不明。

承平改元は関係する記録が多く、その改元の過程が比較的明確である。まず『貞信公記抄』承平元年四月十三日条には左大臣藤原忠平が「(大江) 朝綱朝臣 (大内記) を召して、改元の証書を作らしむ。并して年號定むべしと」とあり、同十四日条には「又 (大江) 維時 (文章博士) に改元の事仰す。」とあり、勘文の提出と、大内記である朝綱のみに詔書の作成を命じたことがわかる。

『改元部類』所引吏部王記延長九年四月二十六日条にはこれ以前に左大臣忠平が朝綱・維時に「年號の字を擇び定めしむ」とあり、注して「文章博士三善文江朝臣、重服に依りて吉事に預からずと云々」とする。『元秘別録』も「式部大輔闕、権大輔 (藤原) 元方進らず。博士文江重服。此の両人の勘文草見えず。」とあって、続けて朝綱・維時の年号勘文を引用している。

更に『貞信公記』同年四月二十六日条には「改元詔書出ず。内印有り。今日陣に於いて諸卿に年號の字を定めせしむ」とあり、『改元部類』所引外記日記同日条にも「左大臣并諸卿、左仗座に就き、中務大丞源泉を召して」改元の証書を賜ったとある。改元の陣定が行われているのであろう。更に『貞信公記抄』同二十七日条には「詔書覆奏、左金 (藤原恒佐)」とあり、これを受けて諸国に新年号が下されたと思われる。

⒂ 関係史料

●『大日本史料』第一編之六　承平元年四月二十六日・二十七日条。

35 天慶　九三八〜九四七

⑴ **改元年月日**…承平八年五月二十二日（西暦九三八年六月二十二日）

⑵ **使用期間**……約八年十一ヶ月

⑶ **改元理由**……災異改元

⑷ **読み方**………てんぎょう（てんぎやう）／てんきやう（王代年代號略頒・本朝通鑑・年号読様・年号訓點・ロドリゲス『日本大文典』）／てんけい（番鍛冶次第附録年代記・ケムペル『日本志』）

⑸ **天皇／上皇**…朱雀天皇／陽成上皇

⑹ **摂政・関白**…藤原忠平

⑺ **勘申者**………大江朝綱（左少弁兼文章博士）・大江維時（文章博士）

⑻ **出典と章句**

●『漢書』（兒寛傳）「唯天子、建中和之極、兼總條貫、金聲而玉振之。以順成天慶、垂萬世之基。」

⑼ **候補年号の勘申者**……大江朝綱・大江維時

⑾ **改元陣議の参仕公卿**…藤原仲平（左大臣）・藤原実頼（中納言）・源清蔭（参議）・源是茂（参議）・藤原顕忠（参議）・藤原師輔（参議）

⑿ **「天慶」を冠する用語等**

●承平・天慶の乱　「承平」参照。

⒀ **天慶年間の主な出来事**

●天慶四年十一月八日　藤原忠平、関白となる。

●天慶九年四月二十日　朱雀天皇譲位。皇太弟成明親王即位（村上天皇）。

⒁ 改元の経緯及び特記事項

『日本紀略』天慶元年五月廿二日条に「天慶元年と改元す。厄運・地震・兵革の慎也」とある。同四月十五日条には「地大いに震ふ。…陰陽寮の占に申す。東西兵乱の事有り」とあり、これを受けての災異改元であると思われる。なお『扶桑略記』は五月二十三日とするが根拠は不明。

『貞信公記抄』天慶元年五月七日条に「朝綱・維時朝臣等、年號字・詔書草を將来す」、十一日条には「右丞相（藤原恒佐）、入坐。改元の証書等の事」とあり、準備が進められていたことがわかる。同二十二日条には「左大臣（藤原仲平）、入坐。恩赦の事を定む。即ち大内に参りて改元の詔を奉行す。朝綱・維時、共に天慶と定め申す。」とあるので、大赦も行われたのであろう。

『政事要略』三十「賜詔書」には五月二十二日当日の改元定についての記事があり、二十二日・二十三日は内裏が物忌であるため、太政大臣藤原忠平が大内記菅原庶幾を別のところに待機させておき、改元が決定した後で使部を派遣して召し、大江朝綱の作成した詔の草案を渡し、清書させたという記述がある（同様の内容は『改元部類』所引外記日記にもあるが、そこでは左大臣の指示となっている）。『貞信公記抄』五月二十八日条及び『政事要略』によれば、二十八日に詔の覆奏が行われた。

この改元について『改元部類』・『政事要略』は特に詔の作成手続を詳細に書いており、重要である。

なお、「承平・天慶の乱」については、承平年間は平将門の私闘が行われたのみで、二人の反乱が明らかになった時期から「天慶の乱」とするべきとの説もある（寺内浩「天慶の乱と承平天慶の乱（1）」『愛媛大学法文学部論集　人文学科編』三四、二〇一三）。

⒂ 関係史料

●『大日本史料』第一編之七　天慶元年五月二十二日条。

36 天暦

九四七～九五七

(1) 改元年月日…天慶十年四月二十二日（西暦九四七年五月十五日）
(2) 使用期間……一〇年六ヶ月
(3) 改元理由……代始改元（災異改元説もあり）
(4) 読み方………てんりゃく（てんりやく）／てんれき（番鍛治次第附録年代記）
(5) 天皇／上皇…村上天皇／朱雀上皇（法皇）・陽成上皇
(6) 関白…………藤原忠平
(7) 勘申者………村上天皇の勅定による。大江維時か。
(8) 出典と章句
●『論語』（堯曰）「堯曰、咨爾舜、天之暦數在爾躬。允執其中、四海困窮、天禄永終。」
●『史記』「天暦始改建于明堂」・『魏書』「朕以寡昧夙承天暦」など。
(9) 候補年号の勘申者…大江朝綱（左中弁）・大江維時（式部大輔）
(11) 改元陣議の参仕公卿…藤原実頼（右大臣）・藤原師輔（大納言）・源清蔭（中納言）・源高明（参議）・藤原師氏（参議）・藤原師尹（参議）
(12)「天暦」を冠する用語等
●**延喜・天暦の治**　「延喜」の項参照。
(13) 天暦年間の主な出来事
●天暦三年八月十四日　関白藤原忠平没。／九月二十九日　陽成上皇崩御。
●天暦四年七月二十三日　憲平親王、立太子。

●天暦五年十月三十日　撰和歌所を昭陽舎（梨壺）に設置。別当に藤原伊尹、寄人に清原元輔・紀時文・大中臣能宣・源順・坂上望城（梨壺の五人）を任命。『万葉集』に訓点を施し、『後撰和歌集』を撰す。
●天暦六年八月十五日　朱雀上皇、崩御。

⑭ **改元の経緯及び特記事項**

『日本紀略』天暦元年四月廿日条には「天祚に依りて改む也」とあり、村上天皇の即位改元であることがわかる。五月二日条に「改元詔書覆奏す」とある。『皇代略記』は「厄運地震」によるとする。『元秘別録』一勘文部には大江朝綱の勘文が収録されており、「天受」・「治安」の二つが勘申されたことがわかる（『改元部類』所引外記記天慶十年四月廿日条には左大臣が大江朝綱に勘文提出を命じた記述がある）。また、『江吏部集』帝徳部には「天暦年號、江中納言（大江維時）献ずる所」とあり、大江朝綱・維時による勘文で、維時のものが採用されたようにも思われる。

しかし『江家次第』巻十八「改元事」には「或は諸儒の進る所、快からざるに依りて、御所より給瀬らる。延長・天暦・康保などの例也」（ほぼ同内容の記事が『三長記』建久十年四月廿七日条にあり）とあり、村上天皇の勅裁によって決定されたものである。ただ、その決定が延喜のように、既に提出されていたものを退け、天皇が自ら漢籍を引用して示したのか、大江維時の提出したものを採用するように示したのかは明確ではない。

⑮ **関係史料**

●『大日本史料』第一篇之八　天暦元年四月二十二日条。

37 天徳　九五七〜九六一

(1) **改元年月日**…天暦十一年十月二十七日（西暦九五七年十一月二十一日）
(2) **使用期間**……三年四ヶ月
(3) **改元理由**……災異改元
(4) **読み方**………てんとく
(5) **天皇**…………村上天皇
(7) **勘申者**………秦具瞻とされるが疑問。
(8) **出典と章句**
●『周易』（文言傳）「飛龍在天、乃位乎天徳。」
●『禮記』（中庸）「苟不固聡明聖知、達天徳者、其孰能知之。」
(9) **候補年号の勘申者**…秦具瞻・菅原文時（右少弁）とされるが疑問。
(11) **改元陣議の参仕公卿**…藤原実頼（左大臣）ほか。
(12) **「天徳」を冠する用語等**
●**天徳御時内裏歌合**　天徳四年三月三十日、村上天皇主催で行われた内裏女房の歌合。前年八月に行われた詩合（天徳詩闘）に触発され行われたとされる。藤原朝忠・藤原元真・源順・壬生忠見・大中臣能宣・平兼盛・中務・本院侍従らが歌を詠進しており、長く後世の模範となった。
(13) **天徳年間の主な出来事**
●天徳元年十二月二十七日　菅原文時、意見封事三箇条を提出。
●天徳二年三月二十五日　乾元大宝を鋳造（皇朝十二銭の最後）。

●天徳四年五月四日　右大臣藤原師輔没。／九月二十三日　平安遷都以来、初めての内裏焼亡。

⒁ **改元の経緯及び特記事項**

『日本紀略』天徳元年十月二十七日条に「詔して天暦十一年を改め天徳元年と為す。水旱災に依りて也。赦令有り」とある（『扶桑略記』同日条にも同様の記事あり）。また『改元部類』所引外記記　天暦十一年十月二十七日条には詔が収められているが、そこには「此の年水旱不節にして、恠異荐臻たり」とある。実際『日本紀略』には正月よりしばしば旱魃の記事があり、これを受けての災異改元である。

森鴎外『元號考』、森本角蔵『日本年号大観』は『村上天皇御記』・『元秘別録』により陰陽寮官人である秦具瞻（天徳四年陰陽頭）の勘申した「天徳」と、右少弁菅原文時が勘申した「應和」があったとするが、典拠とする史料に該当する記述は見出せない。

左大臣藤原実頼らによる年号定を受けて改元の詔が出され、詔によれば大赦を伴うほか、天暦六年以後の調庸未進も免除された（前掲『改元部類』外記記天暦十一年十月二十七日条）。

⒂ **関係史料**

●『大日本史料』第一編之十　天徳元年十月二十七日条。

38 応和　九六一～九六四

(1) **改元年月日**…天徳五年二月十六日（西暦九六一年三月五日）
(2) **使用期間**……約三年四ヶ月
(3) **改元理由**……災異改元・革年改元
(4) **読み方**………おうわ／をうわ（皇年代記・王代年代號略頌・番鍛冶次第附録年代記・本朝通鑑・年号読様）／Vôva（ロドリゲス『日本大文典』）
(5) **天皇**…………村上天皇
(7) **勘申者**………菅原文時（右中弁・大学頭・文章博士）
(8) **出典と章句**
●晋書（律暦志）「董巴議曰、…「天曰、作時。地曰、作昌。人曰、作樂。鳥獸萬物莫不應和。」
●傳休奕文「戎々任君應和秀生。」
(9) **候補年号の勘申者**……菅原文時・藤原後生（文章博士・大内記）・大江維時（中納言）
(11) **改元陣議の参仕公卿**…藤原実頼（左大臣）ら
(12) **「応和」を冠する用語等**
●応和の宗論　応和三年八月二十一日から二十五日にかけて、清涼殿での法華経講筵（法華会）の際に法蔵・中算ら南都と良源ら比叡山の学匠の間で行われた宗論。互いに自らの勝利を主張している。
(13) **応和年間の主な出来事**
●応和元年三月二十八日　小野道風、内裏殿舎諸門の額を書く。
●応和三年八月二十三日　空也、賀茂河原の小堂に金字大般若経を供養して万灯会を設ける。／この頃、『新儀式』成立。

⒁ **改元の経緯及び特記事項**

『日本紀略』応和元年二月十六日条に「詔して天徳五年を改め、応和元年と為す。皇居火災并びに辛酉革命の御慎也。天下に大赦す。」とあり、『革命』所引元応三年二月八日革命勘文に引用される応和改元の詔も「去秋皇居孽火の妖、急に起こり、此の年辛酉革命の符、既に呈す」とある。内裏焼亡と辛酉革命説による改元である。

『改元宸記』所引「村上天皇御記」天徳元年二月十六日条によれば村上天皇が蔵人頭源延光に命じて改元・大赦の事を左大臣藤原実頼に告げ、実頼が「火災の後、変異止まず。すべからく赦の事を行うべし」と返答した後、改元・大赦に関する勘文等を提出し、天皇は「応和を年号と為すべし」として、大赦・賜物は延喜の例によることを命じている。陰陽寮も「天徳是れ火神の號也。忌有るべし」と勘申しており、これも改元の理由となったのであろう（『元秘別録』所引「村上天皇御記」、『西宮記』にも同様の記事あり）。勘文を提出したのは文章博士の菅原文時・藤原後生のほか、もと文章博士の大江維時であり（『元秘別録』）、文時の「応和」が選ばれた。

前掲『革命』所引の詔によれば、大赦のほかに七十以上の老人と僧尼に穀物を賜っている。なお、改元と同日に、新内裏の殿舎・諸門の柱が立てられた（『日本紀略』同日条など）。

⒂ **関係史料**

●『大日本史料』第一編之十　応和元年二月十六日条。

39 康保

九六四〜九六八

(1) **改元年月日**…応和四年七月十日（西暦九六四年八月十九日）
(2) **使用期間**……約四年一ヶ月
(3) **改元理由**……災異改元・革年改元
(4) **読み方**………こうほう（かうほう）／こうほう（年号訓點）／Koofu（ケムペル『日本志』、fu は誤記か）。
(5) **天皇**…………村上天皇
(6) **関白**…………藤原実頼
(7) **勘申者**………村上天皇による勅定。大江維時（中納言）・藤原後生（文章博士）説がある。
(8) **出典と章句**
●『尚書』（康誥）「汝丕遠惟商耇成人、宅心知訓読。別求聞由古先哲王、用康保民弘于天。」
(9) **候補年号の勘申者**……藤原後生・菅原文時（文章博士・大学頭）
(11) **改元陣議の参仕公卿**…藤原実頼（左大臣）など
(13) **康保年間の主な出来事**
●康保四年五月二十五日　村上天皇崩御、皇太子憲平親王即位（冷泉天皇）。／六月二十二日　左大臣藤原実頼を関白とする。／七月九日　『延喜式』を頒布する。
(14) **改元の経緯及び特記事項**
『日本紀略』康保元年七月十日条には「応和四年を改め康保元年と為す。甲子の慎に依りて也。赦令有り。文章博士俊生（後生の誤か）撰び申す字也。」とあり、甲子革令による改元で、文章博士藤原後生による勘申とする。『扶桑略記』同日条には「旱魃并びに甲子歳に依りて改元也」とある。

甲子革令による改元はこの時が最初で、改元に先立ち、『応和四年革命勘文』にまとめられる複数の勘文が提出された。応和二年三月二十一日に算博士大蔵具伝・小槻糸平（改元賛成）・同十二月二十三日に天文博士賀茂保憲（改元に言及せず）・応和四年五月二十八日に直講の時原長列（改元賛成）・同六月十七日に兵部少丞三善道統（改元反対）が勘文を提出した。同書所引村上天皇御記には、六月十八日に天皇が保憲・長列・道統を呼び、問うたところ、保憲・道統も改元を認めたので行うことになったが、「偏へに革令とは稱し難し」なので、詔に理由の詳細は書かれなかった（所功一九七七・佐藤均一九七八）。なお、詔によれば大赦のほか、高齢者・鰥寡孤独・病気で自存困難な者に賜物があった。

『改元宸記』村上天皇御記　応和四年七月七日条によれば、菅原文時・藤原後生に年号を勘申させたが、その後天皇が「此の度擇ぶ申す所の文字、頗りに不快に似たり」として、文時等の勘文と大江朝綱・維時らの旧勘文を賜い、その中から選ぶように命じている。そして大臣（左大臣藤原実頼か）により、大江維時がかつて提出した「嘉保」「康保」、藤原俊生が前年提出した「乾徳」（「乾綱」ともされるが誤記であろう）が提出され、天皇が「康保」に決定した（「康保」が勅定なのは『江家次第』にも言及あり）。

つまり勘申者が誰かについては『日本紀略』と『改元宸記』（及び『元秘別録』）で異なる。なお、森鴎外『元號考』は康保年号は菅原文時が大江維時と同じ文字を勘申したとするが、根拠は不明。

⒂関係史料

●『大日本史料』第一編之十　康保元年七月十日条。

40 安和

九六八〜九七〇

(1) **改元年月日**…康保五年八月十三日（九六八年九月八日）
(2) **使用期間**……一年八ヶ月
(3) **改元理由**……代始改元
(4) **読み方**………あんわ／あんな（王代年代號略頌・年号訓點）／Anva（ロドリゲス『日本大文典』）
(5) **天皇**…………冷泉天皇
(6) **関白**…………藤原実頼
(7) **勘申者**………藤原後生（文章博士）
(8) **出典と章句**…不詳。諸説あり。

●『禮記』（樂記）「凡音者生人心者也。情動於中、故形於聲。聲成文、謂之音。是故治世之音、安以楽、其政和。」
●『漢書』（禮樂志）「四時舞者、孝文所作、以明示天下之安和。」
●『漢書』（杜延年傳）「延年為人安和、備於諸事。久典朝政。上任信之。」
●『宋書』（樂志）「文帝又自造四時舞、以明天下之安和。」
●その他、『文選』・『春秋左氏傳』に「安和」の例あり。

(12) **「安和」を冠する用語等**
●**安和の変**　安和二年三月二十五日、左大臣源高明が大宰権帥に左遷された事件。代わって右大臣藤原師尹が左大臣に昇進したため、彼による陰謀とも言われる。藤原氏の他氏排斥の最後の事件とされる。

(13) **安和年間の主な出来事**
●安和元年八月十三日　冷泉天皇退位、皇太弟守平親王即位（円融天皇）。藤原実頼を摂政とする。

⑭ 改元の経緯及び特記事項

『本朝世紀』安和元年二月二十日条には大外記菅野正統が太政大臣藤原実頼の命により、冷泉天皇即位以後の改元・大嘗祭・一代一度仁王会・即位奉幣などについて、昌泰・承平・天暦などの例を勘申している。

改元は同年八月十三日に行われた（『日本紀略』・『元秘別録』は十五日とする）。『百練抄』安和二年条には「改元。即位に依る也」とし、『元秘別録』も「代始」としており、冷泉天皇即位による代始改元である。『改元部類記』は「康保五年八月十三日、甲子、陰、安和と改元す。文章博士（藤原）後生勘申す也。」としている。

⑮ 関係史料……『大日本史料』第一編之十二　安和元年二月二十日・八月十三日条。

コラム9　遼の衛星国「北漢」の年号

北漢とは、五代十国時代の九五一年、山西省北部に成立した王朝で、十国の一つに数えられる。元来、五代の一つ・後漢（こうかん）の皇帝を武将・郭威が殺害し、後周を建国した際、後漢の一族が北方に逃れ、北漢を建国したという経緯がある。自立する力を持たなかったこの王朝は、更に北方の契丹（遼）の保護を受け、皇帝を名乗りながら契丹の冊封を受けるという、一種の衛星国家として存続した。

北漢は建国後しばらくの間、後漢最後の年号である「乾祐」を継続して用いていたが、二代皇帝・劉鈞は九五七年、これを「天会」と改めた、これについて契丹の皇帝穆宗が批判する書を送っている（『長編』巻四乾徳元年閏十二月丙子条）。

その後、北漢は宋に滅ぼされる。契丹に亡命し、その地で没した北漢の皇族・劉継文の墓誌銘には「乾祐」「天会」といった北漢の年号が記されている（「劉継文墓誌銘」、別名「彭城郡王劉公墓誌銘并序」）。

了承を得ない改元は叱責めいた批判を受けることとなったが、北漢が独自に年号を用いることは問題ではなかったのであろう（毛利英介「冊封する皇帝と冊封される皇帝」『関西大学東西学術研究所紀要』四六、二〇一三）。

〔K〕

コラム10　千年近く続いたベトナムの年号

ベトナム（越南・大越・大南とも）は、早くから中国文化圏に属し、十世紀中ごろから律令的な中央集権体制を形成した。それに伴って、年代表示も長らく干支か中国の年号を使ってきたが、やがて独自の年号を作り使い始めた。中国王朝と冊封（主従）関係を結び、「交趾郡主」とか「安南国王」に封じられたが、国内では独自の年号を作り用いている。

十五世紀に入ると、一たん明国に併合されたが、まもなく独立を回復した黎利は一四二八年「順天」年号を建てた。やがて一八〇二年に阮福暎は国名を「越南」と定め、満州から興った清朝に服属せず、清国を北朝、自国を南朝と称したことさえある。やがて一八八四年からフランスの保護国となったが、阮朝も残り独自の年号も続いている。

しかし、二十世紀中葉（一九四五年）、ホー・チ・ミンによる革命で、王朝が滅び独自の年号も消滅するに至った。それ以後、中国などと同じく、西暦（キリスト紀元）を公用している（王福順二〇〇八）。とはいえ、中国周辺で独自の年号を千年近く存続しえたのは、日本を別にすれば、越南以外にない。しかも、その中に四字年号が十九例もある。

ただ、中国西北で十代続いた大夏＝西夏（一〇三二～一二二七）には、八字年号まである。

［T］

表15　ベトナムの年号

西暦	帝　王	年　号
970	丁朝万勝王	太平
980	前黎朝黎桓	天福
989	黎桓 10 年	興統
994	黎桓 15 年	応天
1008	前黎朝黎龍廷	景瑞
1010	**李朝太祖**	順天
1028	李朝太宗	天成
1034	太宗 17 年	通瑞
1039	太宗 22 年	乾符有道
1042	太宗 25 年	明道
1044	太宗 27 年	天感聖武
1049	太宗 33 年	崇興大宝
1054	**李朝聖宗**	龍瑞太平
1059	聖宗 6 年	彰聖嘉慶
1066	聖宗 13 年	龍彰天嗣
1068	聖宗 15 年	天賜宝象
1069	聖宗 16 年	神武
1072	李朝仁宗	太寧
1076	仁宗 5 年	英武昭勝
1085	仁宗 14 年	広祐
1092	仁宗 21 年	会豊
1101	仁宗 40 年	龍符
1110	仁宗 49 年	会祥大慶
1120	仁宗 59 年	天符睿武
1127	仁宗 66 年	天符慶寿
1128	李朝神宗	天順
1133	神宗 6 年	天彰宝嗣
1138	李朝英宗	紹明
1140	英宗 3 年	大定
1163	英宗 26 年	政隆宝応
1174	英宗 37 年	天感至符
1176	李朝高宗	貞符
1186	高宗 11 年	天資嘉瑞
1202	高宗 27 年	天嘉宝祐
1205	高宗 30 年	治平龍応
1211	李朝恵宗	建嘉
1224	李朝昭皇	天彰有道
1225	**陳朝太宗**	建中
1232	太宗 8 年	天応政平
1254	太宗 30 年	元豊
1258	陳朝聖宗	紹隆
1273	聖宗 16 年	宝符
1279	陳朝仁宗	紹宝

1653	神宗5年	盛徳
1658	神宗10年	永寿
1662	神宗14年	万慶
1663	黎朝玄宗	景治
1672	黎朝嘉宗	陽徳
1674	嘉宗3年	徳元
1675	黎朝熙宗	永治
1680	熙宗6年	正和
1705	黎朝裕宗	永隆
1720	裕宗16年	保泰
1729	黎朝永慶帝	永慶
1732	黎朝純宗	龍徳
1735	黎朝懿宗	永佑
1740	黎朝顕宗	景興
1787	黎朝愍帝	昭統
1788	**西山朝光中帝**	光中
1793	西山朝阮文賛	景盛
1801	阮文賛9年	宝興
1802	**阮朝嘉隆帝**	嘉隆
1820	阮朝明命帝	明命
1841	阮朝紹治帝	紹治
1848	阮朝嗣徳帝	嗣徳
1883	阮朝育徳帝	育徳
1883	阮朝協和帝	協和
1884	阮朝建福帝	建福
1885	阮朝咸宣帝	咸宣
1886	阮朝同慶帝	同慶
1889	阮朝成泰帝	成泰
1907	阮朝維新帝	維新
1916	阮朝啓定帝	啓定
1926	阮朝保大帝	保大

注1. ベトナムの国名（独立王朝）は、1054年から「大越」、1788年から「越南」、1838年から「大南」と称した。1883年からフランス領となったが、1945年独立と共に王制を廃して「ベトナム共和国」となった。その後、南北に分裂したが、1976年統一して「ベトナム社会主義共和国」となった。

注2. この一覧表は、『角川世界史辞典』（角川書店、平成13年）、王福順「朝鮮とベトナムの年号についての一考察」（『修平人文社会学報』7、中華民国95年＝平成20年）を参考に作成した。

1285	仁宗7年	重興
1293	陳朝英宗	興隆
1314	陳朝明宗	大慶
1324	明宗11年	開泰
1329	陳朝憲宗	開祐
1341	陳朝裕宗	紹豊
1358	裕宗18年	大治
1369	裕宗29年	大定
1370	陳朝藝宗	紹慶
1373	陳朝睿宗	隆慶
1377	陳朝廃帝	昌符
1388	陳朝順宗	光泰
1398	陳朝少帝	建新
1400	**莫朝少帝**	聖元
1401	少帝2年	紹成
1403	少帝4年	開大
1408	**陳朝簡定帝**	興慶
1409	陳朝重光帝	重光
1428	**黎朝太祖**	順天
1434	黎朝太宗	紹平
1440	太宗7年	大宝
1443	黎朝仁宗	大和
1454	仁宗12年	延寧
1459	仁宗17年	天興
1460	黎朝聖宗	光順
1470	聖宗11年	洪徳
1498	黎朝憲宗	景統
1504	黎朝粛宗	泰貞
1505	黎朝威穆帝	端慶
1509	黎朝襄翼帝	洪順
1516	黎朝昭宗	光紹
1522	黎朝恭皇	統元
1533	黎朝荘宗	元和
1549	黎朝中宗	順平
1557	黎朝英宗	天祐
1558	英宗2年	正治
1572	英宗16年	洪福
1573	黎朝世宗	嘉泰
1578	世宗6年	光興
1600	黎朝敬宗	慎徳・弘定
1619	黎朝神宗	永祚
1629	神宗11年	徳隆
1635	神宗17年	陽和
1643	黎朝真宗	福泰
1649	黎朝神宗	慶徳

41 天禄　九七〇～九七四

(1) **改元年月日**…安和三年三月二十五日（西暦九七〇年五月三日）
(2) **使用期間**……約三年八ヶ月
(3) **改元理由**……代始改元
(4) **読み方**………てんろく
(5) **天皇／上皇**…円融天皇／冷泉上皇
(6) **摂政**…………藤原実頼
(7) **勘申者**………藤原後生（文章博士）
(8) **出典と章句**…不詳。諸説あり。
●『尚書』（大禹謨）「愼乃有位、敬修其可願、四海困窮天禄永終。」
●『論語』（堯曰）「堯曰、咨爾舜、天之暦數在爾躬、允執其中。四海困窮天禄永終。」
●『詩経』（小雅天保）「天保定爾俾爾戩穀、罄無不宜、受天百禄。」
●『孟子』（萬章章句）「弗與食天禄也。」
●『藝文類聚』（帝王部）「魏陳王曹植、文帝誄曰、…志所存、皇雖殪没、天禄永延。」
●その他、『春秋左氏傳』・『漢書』・『宋書』・『旧唐書』・『晋書』・『文選』・『博物志』に「天禄」あるいは「天」「禄」の組み合わせの例あり。
(9) **候補年号の勘申者**……藤原後生
(11) **改元陣議の参仕公卿**…藤原在衡（左大臣）・源兼明（大納言）など。
(13) **天禄年間の主な出来事**

●天禄元年五月十八日　摂政藤原実頼没。／五月二十日　藤原伊尹を摂政とする。
●天禄二年三月八日　石清水臨時祭を恒例とする。／摂政藤原伊尹、賀茂社に参詣（摂関賀茂詣の初例）。
●天禄三年九月十一日　市聖空也（光勝）没。／十一月一日　藤原伊尹没。

⒁改元の経緯及び特記事項

『日本紀略』天禄元年三月二十日条に「文章博士藤原後生をして、年號を勘申せしむ」とあり、同三月二十五日条に「左大臣以下参内し、詔して改元し、天禄元年と為す。天下に大赦し、…又天下の今年の半徭を復し、老人・僧尼に穀を給ふこと差有り。」と大赦・免税措置・賜物についても記されている。なお、『改元部類記』所引の「外記記」安和三年三月二十五日には、陣定からの決定過程の記述があり、詔が収められている。

『元秘別録』の「天禄」の記事は「代始」としており、それとともに「詔して、赦・賑給、代始の例希有也」としている。同様の記述は他にもあり、『柱史抄』改元事には「代始、恩赦無し。但し承和・天禄二代、此の事有り」と、『改元部記』所引「経輔記」寛仁元年四月二十一日条・二十二日条には改元の時には多く「免物」があるが、即位の後の最初の改元の時はあるのかという問いに対して、大外記小野文義が元慶・天禄の例があると答えたとある。いずれにせよ、天禄の代始改元に伴う大赦その他の措置はかなり特殊なものと、後世からは考えられていたことがわかる。

⒂関係史料

●『大日本史料』第一編之十三　天禄元年三月二十日条・三月二十五日条

42 天延

九七四〜九七六

(1) 改元年月日…天禄四年十二月二十日（西暦九七四年一月十六日）

(2) 使用期間……二年八ヶ月

(3) 改元理由……災異改元

(4) 読み方………てんえん／Teijen（ロドリゲス『日本大文典』、誤記か）

(5) 天皇／上皇…円融天皇／冷泉上皇

(8) 出典と章句…不詳。『藝文類聚』（帝王部）「魏陳王曹植、文帝誄曰、…志所存、皇雖殪没、天禄永延。」

(11) 改元陣議の参仕公卿…藤原兼通（内大臣）など

(13) 天延年間の主な出来事

●天延二年三月二十六日　藤原兼通を関白とする。

●天延二年六月十四日　初めて祇園御霊会を行う。

●天延四年五月十一日　内裏焼亡。

(14) 改元の経緯及び特記事項

『日本紀略』天延元年十二月十一日条には「今日、天延と改元す。天變・地震に依りて也。赦令有り。調庸を免じ、老人に穀を賜ふ。」とある。また、『改元部類記』所引「外記日記」天禄四年十二月廿日条には改元の詔があり、「去春以来、天譴頻りに示し、地震屢警む」として改元が告げられ、大赦と安和元年以降の調庸未進の免除、賑給として老人に穀物を支給し、鰥寡孤独・不能自存の者に給物が行われている。地震については、『日本紀略』天延元年九月二十七日に地震の記事があり、これを指すものであろう。天変が何を指すかは不明である。

(15) 関係史料……『大日本史料』第一編之十四　天延元年十二月二十日条

43 貞元

九七六～九七八

(1) **改元年月日**…天延四年七月十三日（西暦九七六年八月十一日）
(2) **使用期間**……約二年四ヶ月（九七六年八月十一日～九七八年十二月三十一日）
(3) **改元理由**……災異改元
(4) **読み方**………じょうげん（ぢゃうぐえん）／ていぐえん（王代年代號略頌・ロドリゲス『日本大文典』）／ていぐん（番鍛冶次第附録年代記・本朝通鑑・年号訓點）／ていけん（皇年代記）／てい（ぢゃう）げん（本朝年代歴）／Teiquan（ケムペル『日本志』、誤記か）
(5) **天皇／上皇**…円融天皇／冷泉上皇
(6) **関白**…………藤原兼通
(8) **出典と章句**…不詳。
●『文選』（思玄賦）「抨巫咸使占夢兮。乃貞吉之元符、滋令徳於正中兮、含嘉秀以為敷。」
(11) **改元陣議の参仕公卿**…源兼明（左大臣）・藤原為光（中納言）
(13) **貞元年間の主な出来事**
●貞元二年十月十一日　藤原兼通の病により関白を停め、藤原頼忠を関白に任ず。
●貞元二年十一月八日　藤原兼通没。
(14) **改元の経緯及び特記事項**

『日本紀略』貞元元年七月十三日条には「天延四年を改めて貞元元年と為す。災并日に地震に依る也。赦令有り。」とあり、大赦を伴う災異改元であった（『扶桑略記』同日条は「災變有る也」とする）。『元秘別録』は貞元改元を「火事・地震に依る也」とし、『大日本史料』同日条は「災」を同年五月十一日の内裏焼亡とし、地震は六月十八日の大地震のこととしている（それぞれ『日本紀略』に記事あり。地震は十八日以降も頻発している）。

一方、『百練抄』貞元二年条は「去年七月一日日食、皆虧くに依る也」とする（『日本紀略』貞元元年七月一日条には日蝕の記事がある）。改元の理由が災異であることは確かだが、その直接の原因は諸説あるということになろう。そのため、『皇年代略記』には「貞元二。…七月十三日改元。天變・地震に依る。或は日蝕に依ると云々。又火事・地震と云々」と諸説を併記している。『改元部類記』天延四年七月十三日条には六月十八日の大地震を受けて、大極殿での臨時読経が行われた後、左大臣源兼明・中納言藤原為光らにより年号定が行われたとしている。

なお、唐の代宗の時代に「貞元」年号の例がある。

⒂ 関係史料

● 『大日本史料』第一編之十六　貞元元年七月十三日条

44 天元　九七八～九八三

(1) **改元年月日**…貞元三年十一月二十九日（西暦九七八年十二月三十一日）

(2) **使用期間**……約四年五ヶ月

(3) **改元理由**……災異改元

(4) **読み方**………てんげん（てんぐえん）／てんぐん（年号訓點）／てんけん（皇年代記・番鍛冶次第附録年代記）

(5) **天皇／上皇**…円融天皇／冷泉上皇

(6) **関白**…………藤原頼忠

(8) **出典と章句**…不詳。諸説あり。

●『史記』（暦書）「凡事易壊而難成矣。王者易姓、受命、必慎始初。改正朔易服色、推本天元、順承厥意。」

●『後漢書』（郭陳列傳）「明主厳天元之尊、正乾剛之位。」

●その他、『漢書』・『宋書』・『晋書』に「天」と「元」の例あり。

(11) **改元陣議の参仕公卿**…源雅信（左大臣）・藤原為光（大納言）

(12) **「天元」を冠する用語等**

●**天元三年中堂供養願文**　天元三年九月三日、承平六年（九三六）三月に焼失した比叡山根本中堂の再建落慶供養の願文。導師である天台座主良源の名になっているが、高階成忠の筆によるものである。『群書類従』釈家部に収められている。

(13) **天元年間の主な出来事**

●天元五年十月　慶滋保胤、『池亭記』を著す。

(14) **改元の経緯及び特記事項**

『日本紀略』天元元年十一月二十九日条には「詔して、改元し天元元年と為す。明年陽五の御慎に依りて也。天下に大赦し、老人に穀を賜ふこと差有り。」とあり、大赦と賜物が行われた。その理由について、『元秘別録』は「災變の上、太一陽五厄に依るなり」とし、『百練抄』天元五年条は「災變に依る也」としている。また『改元私勘』も「明子（年の誤か）、御慎に依る。或は天變に依ると云々」としており（『皇年代略記』も同様）、災異改元と判断される。

なお、改元が行われた日について、『元亨釈書』などは四月十三日に、『扶桑略記』は十一月二十九日改元とし、「一に云はく、四月十五日改元」としており、四月十五日説は『愚管抄』・『百練抄』・『帝王編年記』・『元秘別録』なども同様である。また『一代要記』は五月七日、『如是院年代記』は五月十五日と諸説ある。しかし、『古事類苑』歳時部「年號」の「天元」の項は「皆誤ナリ。類聚符宣抄、長殿勾當職ヲ補スル宣旨ニ、貞元三年十一月廿八日ノ文アルニ據ルニ、其時未ダ改元セザルヲ知ルベシ」と断じ、十一月二十九日を正しいとしている。

⒂ 関係史料

●『大日本史料』第一編之十七　天元元年十一月二十九日条。

45 永観

九八三～九八五

(1) **改元年月日**… 天元六年四月十五日（西暦九八三年五月二十九日）
(2) **使用期間**…… 約三年
(3) **改元理由**…… 災異改元
(4) **読み方**……… えいかん（えいくわん）／ようかん（中家実録・本朝通鑑・童蒙必読）／えうかん（年号訓點、誤記か）／Yeiqua（ロドリゲス『日本大文典』、誤記か）
(5) **天皇／上皇**… 円融天皇／冷泉上皇
(6) **関白**………… 藤原頼忠
(7) **勘申者**……… 菅原資忠（文章博士・大学頭）
(8) **出典と章句**… 不詳。諸説あり。
●『尚書』（洛誥）「王俾殷乃承叙萬年、其永観朕子、懐徳。」
●『詩経』（周頌・有瞽篇）「喤喤厥聲、粛雝和鳴。先祖是聽、我客戻止。永観厥成。」
●『文選』（辟雍詩）「於赫太上、示我漢行、洪化唯神、永観厥成。」
●『宋書』（樂志）「濟濟群辟、永観厥成。」
(9) **候補年号の勘申者**… 菅原資忠
(13) **永観年間の主な出来事**
●永観元年八月一日　東大寺僧奝然、入宋。十二月二十一日に宋皇帝に謁見する。
●永観二年八月二十七日　円融天皇退位、皇太子師貞親王即位（花山天皇）。藤原頼忠を関白とする。
●永観二年十一月二十八日　丹波康頼、『医心方』を撰進。

●永観二年十一月　源為憲、尊子内親王のために『三宝絵』を著す。

⒁ 改元の経緯及び特記事項

『日本紀略』永観元年四月十五日条には「詔書あり。改元して永観元年と為す。去年の炎旱并びに皇居の火災等に依りて也。天下に大赦し、…又老人・僧尼に穀を給ふこと差有り。」としており、改元理由は災異改元で、大赦・賜物が伴っていた。

『日本紀略』の改元記事にある「去年炎旱」は、同じく『日本紀略』の天元五年七月十七日・十八日条に祈雨の記事があり、この頃の旱魃のことだと思われる。「皇居の火災」は『日本紀略』天元五年十一月十七日条に「内裏焼亡」とあり、このことを指すのであろう。

また、『一代要記』は「(菅原) 資忠勘申す」としており、菅原資忠が提出した年号案によるものと思われる。改元の詔は慶滋保胤によるものであり、そのためもあってか『本朝文粋』巻二「詔」に収められている。なお、改元が行われた日について、『一代要記』は四月二十五日、『皇年代略記』は二月十六日とするが誤りであろう。

⒂ 関係史料

●『大日本史料』第一編之二十　永観元年四月十五日条。

46 寛和

九八五〜九八七

(1) **改元年月日**…永観三年四月二十七日（西暦九八五年五月十九日）
(2) **使用期間**……約三年
(3) **改元理由**……代始改元
(4) **読み方**………かんわ（くわんわ）／かんな（年号読様）／Genwa（ケムペル『日本志』、誤記か）
(5) **天皇／上皇**…花山天皇／冷泉上皇・円融法皇
(6) **関白**…………藤原頼忠
(8) **出典と章句**…不詳。諸説あり。
●『尚書』（君陳）「王曰、君陳両惟弘周公丕訓、無依勢作威、無倚法以削、寛而有制、従容以和。」
●『漢書』（成帝紀）「崇寛大、永和睦。」
●『漢書』（杜延年傳）「以倹約寛和順天心。」
●『漢書』（東方朔傳）「先生曰、接輿避世、箕子被髪陽狂。此二人者皆避濁世、以全其身者也。使遇明王聖主得賜清燕之間寛和之色、發憤畢誠、圖畫安危、揆度得失、上以安主體、下以便萬民、則五帝三王之道可幾而見也。」
●『後漢書』（質帝紀）「務崇寛和敬順。」
●『藝文類聚』（帝王部）「東觀漢記曰、孝和皇帝…至於總角、孝順聰明寛和仁孝。…」
●その他、『晋書』にも「寛和」の例あり。また『漢書』『後漢書』に「寛」と「和」の例有り。
(10) **改元の上卿**…源重信（大納言）
(11) **改元陣議の参仕公卿**…源重信・藤原顕光（権中納言）

⒀ 寛和年間の主な出来事

●寛和二年五月二十九日　比叡山横川で念仏結社二十五三昧会が結成され、『二十五三昧式』制定。

●寛和二年六月二十三日　花山天皇、花山寺に入り出家。皇太子懐仁親王即位（一条天皇）。藤原頼忠、関白を辞任。

／六月二十四日　藤原兼家を摂政に任ず。

⒁ 改元の経緯及び特記事項

『日本紀略』寛和元年四月二十七日条に「永観三年を改め寛和元年と為す。天祚に依りて改む。大納言重信之を行ふ」とあり、花山天皇の代始改元である。『改元部記』所引外記日記寛和元年四月廿七日条には、大納言源重信・権中納言藤原顕光が陣定に参加し、慶滋保胤が詔を起草したとあるほか、上卿である源重信が外記の中臣朝明を召して、「四月中改元の例及び中納言以下行ふの例を勘申すべし」と命じ、四月の改元は承平・延長・昌泰の例を、納言が行った例としては昌泰があると報告されている。『寿永改元定記』には「大納言奉行の例」として寛和改元と「上卿大納言重信」が示されている。

なお、『百練抄』寛和二年条が四月二十四日改元とするほか、『公卿補任』・『元亨釈書』などは同二十五日、『歴代皇紀』は四日が改元の日とするが、その根拠は不明。

⒂ 関係史料

●『大日本史料』第一編之二十三　寛和元年四月二十七日条。

47 永延

九八七〜九八九

(1) 改元年月日…寛和三年四月五日（西暦九八七年五月五日）

(2) 使用期間……約二年四ヶ月

(3) 改元理由……代始改元

(4) 読み方………えいえん／ようえん（中家実録・童蒙必読）／Jejen（ケムペル『日本志』）

(5) 天皇／上皇…一条天皇／冷泉上皇・円融法皇・花山法皇

(6) 摂政…………藤原兼家

(8) 出典と章句…不詳。諸説あり。

●『漢書』（翼奉傳）「永世延祚不亦優乎。」

●『後漢書』（馬融傳）「…豊千億之子孫、歴萬載而永延。」

●『藝文類聚』（帝王部、魏陳王曹植、文帝誄）「皇雖殪没、天禄永延。」

(13) 永延年間の主な出来事

●永延元年八月十八日　奝然、五台山大清涼寺を開く。

●永延二年六月十五日　源信、「二十五三昧起請」十二か条を著す。

●永延二年十一月八日　尾張国郡司百姓等、国守藤原元命の悲法を訴える（『尾張国郡司百姓等解文』）

(14) 改元の経緯及び特記事項

『日本紀略』永延元年四月五日条に「改元して永延元年と為す。天祚に依りて改む也」とあり、一条天皇の即位による代始改元である。『百練抄』は四月九日、『皇代年代略記』は四月七日改元とするが根拠は不明。

(15) 関係史料……『大日本史料』第二編之一　永延元年四月五日条。

48 永祚　九八九〜九九〇

(1) 改元年月日…永延三年八月八日（西暦九八九年九月十日）
(2) 使用期間……一年二ヶ月
(3) 改元理由……災異改元
(4) 読み方………えいそ／ようそ（中家実録・童蒙必読）／えいさく（番鍛冶次第附録年代記、誤記か）／Jengen（ケムペル『日本志』、誤記か）
(5) 天皇／上皇…一条天皇／冷泉上皇・円融法皇・花山法皇
(6) 摂政…………藤原兼家
(7) 勘申者………大江維時（中納言）
(8) 出典と章句…不詳。諸説あり。
●『詩経』（大雅既酔篇）「其類維何、室家之壺、君子萬年、永錫祚胤。」
●『宋書』（武帝紀）「建茲邦國永祚。」
●『旧唐書』（王方慶傳）「當思荅極施之洪慈保無疆之永祚。」
●その他、『漢書』・『晋書』・『隋書』に「永祚」及び「永」と「祚」の例有り。
(9) 候補年号の勘申者……大江維時（中納言）
(11) 改元陣議の参仕公卿…藤原為光（右大臣）・藤原顕光（中納言）・源重光（中納言）・源保光（中納言）・藤原道長（権中納言）・源伊陟（権中納言）
(12) 永祚年号を冠する用語等
●**永祚の宣命**　永祚元年十月二十九日、一条天皇が藤原有国を勅使として比叡山に派遣し、慈覚門徒に下した宣命。

智証門徒である余慶の天台座主補任に反対する慈覚門徒を叱責する内容であった。

⒀ 永祚年間の主な出来事

●永祚二年五月五日　藤原兼家を関白に任ず。

●永祚二年五月八日　藤原兼家出家（のち、七月二日没）。／二十六日　藤原道隆を摂政に任ず。

⒁ 改元の経緯及び特記事項

『日本紀略』永祚元年八月十一日条に「改元して永祚元年と為す。老人・僧尼に穀を給ふ。彗星・天変・地震の災異を攘ふに依る也」とあり、災異改元で、老人・僧尼への穀物の支給が行われたことがわかる（『扶桑略記』同日条は「彗星天変に依る」とする）。理由である彗星・天変は『日本紀略』永祚元年六月一日条・七月中旬条に連夜の彗星の記事がある。

なお、『元秘別録』は「永延三年八月八日改元〔永祚と為す〕。彗星・地震に依る。或抄云はく、件の永祚元年、中納言維時撰び申すと云々」と、大江維時の勘申によるとする。しかし維時は応和三年（九六三）に没している。『元秘抄』「舊勘文を用いらるる例」は永祚改元を、「大江朝臣維時卿撰び申すと云々〔件の卿薨ぜし後也。今度勘文を進る三人、見えず〕」としている。維時生前に提出された旧勘文の中から選ばれたのであろうか。

⒂ 関係史料

●『大日本史料』第二編之一　永祚元年八月十一日条。

49 正暦　九九〇〜九九五

(1)改元年月日…永祚二年十一月七日（西暦九九〇年一一月二六日）

(2)使用期間……約四年四ヶ月

(3)改元理由……災異改元

(4)読み方………しょうりゃく（しやうりやく）／じょうりゃく（中家実録）／しょうれき（番鍛冶次第附録年代記）

(5)天皇／上皇…一条天皇／冷泉上皇・円融法皇・花山法皇

(6)摂政………藤原道隆

(8)出典と章句…不詳。諸説あり。

●『史記』（暦書）「新垣平以望気見。頗言正暦服色事。」

●『宋書』（暦志）「大魏受命宜正暦明時。」

●『隋書』（律暦志）「臣先人考古法、逵以爲正暦垂之于後。」

●その他、『漢書』・『後漢書』に「正暦」「正歴」の語有り。

(9)候補年号の勘申者…菅原輔正（式部権大輔）

(11)改元陣議の参仕公卿…藤原朝光（大納言）・藤原済時（権大納言）・源重光（中納言）・藤原懐忠（参議）

(13)正暦年間の主な出来事

●正暦二年二月十二日　円融法皇崩御。

●正暦四年四月二十二日　藤原道隆の摂政を停め、関白に任ず。

●正暦四年八月一日　比叡山延暦寺の円仁門流、千手院はじめ円珍門流の房舎を襲撃・破壊。以後、円珍門流は山を下り、別院園城寺に拠ることとなる（山門・寺門の分裂）。

●正暦四年閏十月十六日　故菅原道真に太政大臣を贈る。

●正暦五年正月　この頃から疫病大流行。

⒁ 改元の経緯及び特記事項

『日本紀略』正暦元年十一月七日条には「詔して永祚二年を改め、正暦元年と為す。天下に大赦し、…老人・僧尼に穀を給ふ。大風天變に依りて也。」とあり、災異改元で、大赦と穀の支給があったことがわかる。理由とされた「大風天變」については『日本紀略』によれば永祚元年八月十三日に大風・洪水があり（『日本紀略』同日条）、それに先立ち、七月には彗星が出現している（永祚の項参照）。そして同年八月十七日には彗星と大風・洪水によって伊勢神宮以下の諸社に奉幣が行われている（『日本紀略』永祚元年同日条）。

また、『本朝世紀』正暦元年十一月七日条には改元の際の陣定の記事があるほか、『改元部類記』正暦元年十一月八日条には、同年三月十三日に勘申された、式部権大輔・菅原輔正による年号勘文が収められており、「天保」「皆安」「平康」「能成」「和平」が年号案として提出されていた（『園太暦』には「咸和」も提出されたとする）。しかし「正暦」の勘申者・出典は不明である。

⒂ 関係史料

●『大日本史料』第二編之一　正暦元年十一月七日条。

50 長徳

九九五～九九九

(1) **改元年月日**… 正暦六年二月二十二日（西暦九九五年三月二十五日）
(2) **使用期間**…… 約四年十一ヶ月
(3) **改元理由**…… 災異改元
(4) **読み方**……… ちょうとく（ちやうとく）
(5) **天皇／上皇**… 一条天皇／冷泉上皇・花山法皇
(6) **関白**………… 藤原道隆・藤原道兼
(7) **勘申者**……… 大江維時（中納言）
(8) **出典と章句**
●『揚雄文』「唐虞長徳而四海永懐。」
(9) **候補年号の勘申者**… 大江朝綱・菅原文時・藤原後生（いずれも旧勘文）
(11) **改元陣議の参仕公卿**… 藤原公任（参議）など
(12) 「**長徳**」**を冠する用語等**
●**長徳二年大間書**　現存最古の大間書（除目の時、欠員のある官職名を列挙し、空白部に新任者の位階姓名を記入させたもの）。「長徳二年正月二十五日」の日付があり、正月の除目に際し作成された。
(13) **長徳年間の主な出来事**
●長徳元年四月三日　藤原道隆、関白を辞職。四月五日　藤原道隆没／四月二十七日　藤原道兼、関白となる。五月八日　藤原道兼没。／五月十一日　藤原道長に内覧の宣旨を賜う。
●長徳二年四月二十四日　藤原伊周を太宰権帥、藤原隆家を出雲権守に左遷（翌年、許されて召還）。

●長徳四年夏　夏から冬にかけて京中に疱瘡大流行。

(14) 改元の経緯及び特記事項

『日本紀略』長徳元年二月二十二日条に「詔して、正暦六年を改め、長徳元年と為す。天下に大赦し、…又調庸を免ず。疾疫・天變に依る也」とあり、災異改元で、大赦と免税措置を伴っていた（『扶桑略記』同日条は「疫死災の由也」、『百練抄』二月十六日条は「疫旱に依る也」とする）。

「疾疫」は前年の正暦五年が「今年、正月より十二月に至る、天下疫癘最も盛ん。…七道に遍満す」（『日本紀略』正暦五年今年条）と、全国的に疫病が流行し、「春より煩ふ人々多く、道・大路にもゆゆしきものども多かり」（『栄華物語』「みはてぬゆめ」）という状況であったことを指すのであろう。

『改元部類記』所引「小右記」正暦六年二月二十三日には、改元定について、「長徳、故江中納言維時勘申す。邑（村）上御時の勘文と云々。朝綱・文時・後生等の勘文同じく下さる也。尚以て當時の人、勘申せらるべきか」とあり、大江維時のほか、大江朝綱・菅原文時・藤原後生らの勘文の中から康保改元の時に維時が提出した「長徳」が選ばれたようである。続けて「藤相公（藤原公任）、示し送りて云はく、長徳、俗忌有るに似たり。長毒と謂ふべきか。又日本年號、徳の字、只天徳也。彼年疫癘、又内裏焼亡有りといへり」とあり、公任が長徳年号への批判を藤原実資に告げていることがわかる。

改元の日を『百練抄』は二月十六日、『皇年代略記』は十一日、『如是院年代記』は二十三日とする。

(15) 関係史料

●『大日本史料』第二編之二　長徳元年二月二十二日条。

51 長保　九九九～一〇〇四

(1) **改元年月日**…長徳五年一月十三日（西暦九九九年二月一日）

(2) **使用期間**……五年六ヶ月

(3) **改元理由**……災異改元

(4) **読み方**………ちょうほう（ちやうほう）／ちょうぼう（中家実録・童蒙必読）、「…長保、…下ノ字濁事に傳之由…」（『実隆公記』永正三年十一月二日条）

(5) **天皇／上皇**…一条天皇／冷泉上皇・花山法皇

(7) **勘申者**………大江匡衡（文章博士）

(8) **出典と章句**

●『周易』〔該当部分不明〕

●『国語』（周語）「若本固而功成、施偏而民阜、乃可以長保民矣。」

(9) **候補年号の勘申者**…大江匡衡・三善道統（文章博士）・菅原輔正（参議・式部大輔）

(10) **改元上卿**……藤原道長（左大臣）

(11) **改元陣議の参仕公卿**…藤原道長（左大臣）など

(12) **「長保」を冠する用語等**

●長保楽　舞楽曲名。高麗楽。長浦楽、長宝楽とも泛野舞ともいう。長保年間に編曲が行われた。

(13) **長保年間の主な出来事**

●長保二年二月二十五日　中宮藤原定子を皇后、女御藤原彰子を中宮とする。

●長保二年十二月十六日　藤原定子、没。この頃、清少納言『枕草子』を著すか。

●長保三年五月九日　疫神を紫野今宮神社に祀り、御霊会を行う。
●長保四年十一月五日　惟宗允亮、『政事要略』の部類を終了する。

⑭ 改元の経緯及び特記事項

『日本紀略』長保元年正月十三日条には「詔して、長徳五年を改め、長保元年と為し、天下に大赦す。…天變炎旱災に依る也」とあり、大赦を伴う災異改元である。『扶桑略記』長徳五年正月十三日は「赤班瘡の疫に依る也」としている。実際、長徳四年の夏ごろから「赤疱瘡」「稲目瘡」と呼ばれる病が大流行していた（『日本紀略』長徳四年七月条、『栄華物語』「みはてぬゆめ」）。

この改元は、長徳三年二月十四日に大江匡衡に勘申が命ぜられ（『日本紀略』同日条）、翌年七月十日には三善道統の勘申が奏上された（『伏見宮御記』所引「権記」長徳元年七月十日条）。また『京都御所東山御文庫記録』元秘別録勘文部には長徳四年二月廿日提出の菅原輔正の勘文があり、「延世」「感寧」「恒久」「休和」が提出されている。

『権記』の記者である藤原行成は長徳四年七月十三日に、改元・大赦が行われないのを「世間奇と為す」として、早々に行うべきと書いている。十二月十四日には改元を「明年正月に行うべき」ことが藤原道長より奏されている（「権記」同十四日条・十二月十四日条）、正月十三日には天皇より「匡衡朝臣擇び申す所の長保の文字を用いるべし」との仰せがあり、改元が行われた（『改元部類記』所引「権記」長保元年正月十三日条）

⑮ 関係史料

●『大日本史料』第二編之二　長徳三年二月十四日条。／同第二編之三　長徳四年七月十日条・長保元年正月十三日条。

52 寛弘

一〇〇四～一〇一三

⑴改元年月日…長保六年七月二十日（西暦一〇〇四年八月八日）

⑵使用期間……約八年六ヶ月

⑶改元理由……災異改元

⑷読み方………かんこう（くわんこう）／Quanfô（ロドリゲス『日本大文典』、fôは誤記か）

⑸天皇／上皇…一条天皇／冷泉上皇・花山法皇

⑺勘申者………大江匡衡（式部権大輔）

⑻出典と章句

●『漢書』（元帝紀）「賛曰、…寛弘盡下、出於恭儉、號令温雅有古之風烈。」

⑼候補年号の勘申者…大江匡衡

⑾改元陣議の参仕公卿…藤原道長（左大臣）・藤原公季（内大臣）・藤原公任（中納言・左衛門督）・藤原斉信（権中納言・右衛門督）・源俊賢（権中納言）・藤原隆家（権中納言）・藤原有国（参議）・藤原忠輔（参議・左大弁）・藤原行成（参議・右大弁）

⒀寛弘年間の主な出来事

●寛弘二年十一月十五日　内裏焼亡、神鏡破損。

●寛弘五年二月八日　花山法皇崩御。

●寛弘五年十一月　この頃、紫式部、『源氏物語』を書く。

●寛弘八年六月十三日　一条天皇譲位、敦成親王即位（三条天皇）。／六月二十二日　一条天皇崩御。

●寛弘八年十月二十四日　冷泉上皇崩御。

●寛弘九年四月二十七日　藤原公任、『和漢朗詠集』を著す。

⒁ 改元の経緯及び特記事項

『日本紀略』寛弘元年七月二十日条に「改元して寛弘とす。天下に大赦し、災變に依る也」とあり、大赦を伴う災異改元であった。『元秘別録』は「天變地震妖に依る也」としており、『御堂関白記』寛弘元年七月二十日条にも「詔書草に地動の文有り」とあることから、地震が主な理由であろう。

藤原道長の日記である『御堂関白記』寛弘元年七月二十日条によれば、陣定では「諸卿定め申す有るに、寛仁宜しといへり」とあり、「寛仁」に決定となるところ、左大弁藤原忠輔が「仁の字は是れ諱字なり。之を為すは如何。」と、一条天皇の諱（懐仁）と同じ字があることが指摘し、「寛弘」と定まった（『権記』同日条にも同内容の記事）。更に、留めていた改元の勘文には「犯八虐」の文字がなかったので入れさせたとあり、これは『延尉故実』所引のこの時の赦文には「罪の軽重無く…皆悉く赦除せよ」とあるため、通常は赦の対象ではない「八虐」も許されるはずが、書かれていなかったので追記させたと解釈されている（倉本一宏「寛弘元年七月」山中裕編『御堂関白記全註釈』高科書店、一九九四）。

「寛弘」「寛仁」を勘申した大江匡衡は「長保」の勘申者でもあり、その『江吏部集』帝徳部に、延喜・天暦の勘申者である紀長谷雄・大江維時とその息子たちが公卿となったことから「二之年号、臣献ずる所、仰ぎ願はくば江家父子の昌んなるを」と喜びを記している。この勘申が大江氏の「家運発展の画期」となった可能性は高い（所功「平安時代の菅家と江家」『皇学館大学紀要』十三、一九七五）。

⒂ 関係史料

●『大日本史料』第二編之五　寛弘元年七月二十日条。

53 長和　一〇一二～一〇一七

(1) **改元年月日**…寛弘九年十二月二十五日（西暦一〇一三年二月八日）
(2) **使用期間**……約四年三ヶ月
(3) **改元理由**……代始改元
(4) **読み方**………ちょうわ（ちやうわ）／DsioA（ケムペル『日本志』、誤記か）
(5) **天皇**…………三条天皇
(6) **摂政**…………藤原道長
(7) **勘申者**………菅原宣義（文章博士）・大江通直（文章博士）
(8) **出典と章句**
●『禮記』（冠義）「君臣正、父子親、長幼和、而后禮立。」
(9) **候補年号の勘申者**…菅原宣義・大江通直
(10) **改元上卿**……藤原道長（左大臣）
(11) **改元陣議の参仕公卿**…藤原道長・藤原道綱（大納言）・藤原実資（大納言・右大将）・藤原行成（権大納言）・藤原時光（中納言・弾正尹）・藤原実成（参議・右兵衛督）・藤原通任（参議）・源頼定（参議）
(13) **長和年間の主な出来事**
●長和三年二月九日　内裏焼亡。（四年十一月十七日にも）
●長和四年十月二十七日　藤原道長を摂政に任ずる。
●長和五年正月二十九日　三条天皇譲位、皇太子敦成親王受禅（後一条天皇、二月七日即位）、藤原道長を摂政に任ず。

⒁ 改元の経緯及び特記事項

『日本紀略』長和元年十二月二十五日条には「詔して、改元して長和元年と為す。天祚に依りて改む」とあり、三条天皇の即位改元である。

この改元に際して、文章博士の菅原宣義・大江通直が「太初」（漢・武帝の年号、朔旦冬至・戊子の年が共通する）のほか、「政和」「長和」を勘申していた。しかし内覧の藤原道長の意に満たなかった。道長は寛弘改元の時に大江匡衡が勘申した「寛仁」がよいのではないかと思ったが、出典が不明で、宣義・通直にも調べさせたが分からなかった。十二月十五日に改元定を行うことにしたが、その日、藤原実資が訪ねてきたので出典を尋ねると、即座に『漢書』の帝紀にある、と答えた。

夕方からの年号定では、藤原行成が「太初」は中国で数回あるが不祥事が多く、「政和」は秦始皇帝の名（政）と同じで、中国・日本で一例のみなので不可とし、「長和」は本来年號に用いるべきではないが、よろしいと述べた（『改元部記』所引「小右記」では諸卿が「長和」はよいが「和の字不快」と言ったとする）。道長は「寛仁」がよいのではと言ったが、勘申にないものを選ぶのはよくないということになった。しかしここで勘申をやり直すと年を超え、逾年改元の例に背くので、結局、比較的よいとされた「長和」を天皇に奏上し、勅定を受けた（『御堂関白記』・『改元部類記』所引「小右記」・『改元部類記』所引「権記」長和元年十二月二十五日条、所功、一九七八）。

⒂ 関係史料

●『大日本史料』第二編之七　長和元年十二月二十五日条。

54 寛仁

一〇一七〜一〇二一

(1) **改元年月日**…長和六年四月二十三日（西暦一〇一七年五月二十一日）

(2) **使用期間**……約三年十ヶ月

(3) **改元理由**……代始改元

(4) **読み方**………かんにん（くわんにん）／Quanin（ケムペル『日本志』、誤記か）

(5) **天皇／上皇**…後一条天皇／三条上皇

(6) **摂政**…………藤原道長

(7) **勘申者**………藤原広業（式部大輔）

(8) **出典と章句**

●『会稽記』「寛仁裕云々…」

●『尚書』（中虺誥）「徳懋懋官、功懋懋賞、用人惟己、改過不吝。克寛克仁、彰信兆民。」

●『漢書』（高帝紀）「高祖為人隆準而龍顔、美鬚髯、寛仁愛人、意豁如也。」

(9) **候補年号の勘申者**…藤原広業・大江通直（文章博士）・菅原宣義（文章博士）

(10) **改元上卿**……藤原顕光（左大臣）か

(11) **改元陣議の参仕公卿**…藤原顕光・藤原斉信（大納言）・源俊賢（大納言）・藤原公任（中納言）・藤原教通（権中納言・左衛門督）源道方（参議・左大弁）・藤原資平（参議）

(13) **寛仁年間の主な出来事**

●寛仁元年三月十六日　藤原道長、摂政を辞任。藤原頼通、摂政となる。／五月九日　三条上皇、崩御。

●寛仁二年十月十六日　藤原威子、立后。その日の宴で藤原道長、「望月の歌」を読む。

●寛仁三年四月十八日　女真人、対馬・壱岐・筑前国に襲来、太宰権帥藤原隆家らが撃退（刀伊の入寇）。
●寛仁三年十二月二十二日　藤原頼通の摂政を停め、関白に任ず。

⑭改元の経緯及び特記事項

後一条天皇の即位に伴う代始改元である。『御堂関白記』寛仁元年二月十一日条によれば、藤原顕光が博士たちの奏する年号勘文を奉ったが、藤原道長が再提出を命じている。また『改元部類』所引の源経頼「経頼記」（左経記）四月二十一日条には大外記小野文義に代始改元に伴う大赦の例があるか尋ね、文義は天禄の例があるとし、翌日改めて元慶の例があるが祥瑞によるものと思われ、天禄以外に例はないと答えている。その後、改元詔書の覆奏の時期についても尋ねている。

『権記』寛仁元年四月二十三日条によれば、藤原行成が当日、摂政・藤原頼通から、前日に没した菅原宣義の勘文は、代始改元の際は故人の勘文を忌むために検討しないと言われている。なお、行成が勘文を見たところ「永貞」「淳徳」「建徳」を勘申していた。

更に陣定の席では「寛仁」「天受」「地寧」を選んだ藤原広業、「乾道」「崇徳」「淳徳」「寛徳」を選んだ大江通直の勘文が検討され、「寛仁」がよいとされた（前掲「経頼記」は「寛仁」「寛徳」を奏し、勅定で寛仁となったとする）。その際、藤原顕光が、ある人は「寛仁」は一条天皇の時に諱により避けたものだ、と言っているが如何なものかと言ったが、行成が諱は「不連続」（後一条天皇の諱は「敦成」）なので「甚だしき謬り」だと退けている。

⑮関係史料

●『大日本史料』第二編之十一　寛仁元年四月二十三日条。

55 治安 一〇二一〜一〇二四

(1) 改元年月日…寛仁五年二月二日（西暦一〇二一年三月十七日）

(2) 使用期間……約三年五ヶ月

(3) 改元理由……革年改元

(4) 読み方………ぢあん／ちあん（番鍛治次第附録年代記・本朝通鑑・皇年代記）／Tsijan（ケムペル『日本志』）

(5) 天皇…………後一条天皇

(6) 関白…………藤原頼通

(7) 勘申者………二説あり。藤原広業（参議・式部大輔）あるいは慶滋（善滋）為政（文章博士）

(8) 出典と章句

●『漢書』（賈誼傳）「陛下何不壹令臣得執數之於前、因陳治安策、試詳擇焉。」

●『漢書』（文帝紀）「古者、殷周有國、治安皆且千載、有天下者莫長焉。」

(9) 候補年号の勘申者…藤原広業・善滋為政

(10) 改元上卿……藤原顕光（左大臣）か

(11) 改元陣議の参仕公卿…藤原顕光・藤原行成（権大納言）など

(13) 当該年号年間の主な出来事

●治安二年七月十四日　藤原道長、法成寺（無量寿院）金堂落慶供養を行う。後一条天皇行幸。

(14) 改元の経緯及び特記事項

『日本紀略』治安元年二月二日条に「今日辛酉歳、治安と改元す。大辟以下、罪の軽重無く、咸皆赦除す。…又老人及び僧尼、年百歳以下七十以上、穀を給ふ。」とあり、辛酉革命説を理由とした革年改元である。

これに先立ち、寛仁四年十月十四日に宿曜師であった大法師仁統に来年が辛酉革命であるか勘申させている（『日本紀略』同日条）。更に寛仁五年正月に、紀伝・明経・陰陽・暦道等に今年が辛酉革命か否かを勘申させている（『建仁度革命諸道勘文』所引大外記中原師重外記局勘例　治安元年例）。

『改元部類記』所引「権記」治安元年二月二日条には明経道の中原貞清と助教大江有道、助教清原頼隆、暦博士賀茂守道、文章博士善滋為政、藤原義忠、主計頭安倍吉平の勘文があげられている（勘文の詳細については佐藤均一九八〇）。

二月二日に行われた年号定の前日、藤原行成は、源俊賢（民部卿）・藤原公任（権大納言）・藤原公信（参議・右兵衛督）・藤原朝経（参議・左大弁）・藤原広業（参議・式部大輔）とともに入道殿（藤原道長）のもとに参り、改元を決定し広業の意見を受けて、『村上天皇御記』に依り「乾綱」「嘉保」といった古い年号案を提出することとしている（前掲「権記」二月一日条）。翌日、年号定に出席する予定であった藤原実資は、辛酉革命による改元の是非を議論する前に、道長のもとで改元が決まったことに憤激し、欠席した（『小右記』治安元年二月二日）。

改元定の席では、「治安」がよろしいとされた。その際、大江維時の古い勘文から「乾綱」「喜祥」（或は「嘉保」）も提出されたが、斥けられた（前掲「権記」同日条、『改元部類記』所引「左経記」同日条）。なお、「治安」を勘申したのは『元秘別録』は善滋為政、『元秘抄』は藤原広業とする。大赦は応和の例に依ることとなった（前掲「権記」同日条）。

⒂ 関係史料

● 『大日本史料』第二編之十六　寛仁四年十月十四条、治安元年二月二日条。

56 万寿　一〇二四～一〇二八

(1) **改元年月日**…治安四年七月十三日（西暦一〇二四年八月十九日）
(2) **使用期間**……約四年
(3) **改元理由**……革年改元
(4) **読み方**………まんじゅ（まんじゆ）／まんしゅ（皇年代記）
(5) **天皇**…………後一条天皇
(6) **関白**…………藤原頼通
(7) **勘申者**………善滋為政（文章博士）
(8) **出典と章句**
●『詩経』（小雅、南山有臺篇）「樂只君子萬寿無期、…樂只君子萬寿無疆。」
(9) **候補年号の勘申者**…藤原広業（参議）・善滋為政・藤原義忠（文章博士）・菅原忠貞（式部少輔）
(10) **改元上卿**……藤原実資（右大臣）
(11) **改元陣議の参仕公卿**…藤原実資・藤原教通（内大臣）・藤原斉信（大納言）・藤原行成（権大納言）・藤原兼隆（中納言・左衛門督）・藤原経通（参議・右兵衛督）・藤原定頼（参議・左大弁）・藤原広業（参議）
(13) **万寿年間の主な出来事**
●萬寿三年正月十九日　太皇太后藤原彰子、出家。院号を上東門院とする。
●萬寿四年十二月四日　藤原道長・藤原行成、没。
(14) **改元の経緯及び特記事項**
『日本紀略』万寿元年七月十三日条には「詔して改元して万寿元年と為す。甲子革令の慎みに依る也。天下に大赦し、…高年は賑給す。」とあり、甲子革令説による革年改元で、大赦・賜物を伴っていた。

治安三年十二月十九日、紀傳・明経・暦道に、来年が甲子革令にあたるのか勘申を命じている（『小右記』治安三年十二月十八日条、『大外記師光勘例』）。翌年四月二十六日には、藤原頼通・実資・教通以下が参加する陣定があり、革令のことを定め、藤原広業・菅原忠貞・藤原義忠に年号の字の撰進が命ぜられた（『大外記師光勘例』）。当初、六月八日に改元が行われる予定であったが、六月改元の例である「嘉祥」が不吉であるとして来月に延引となった（『改元部類記』所引「左経記」）。

七月十三日には改元定があり、年号勘文は藤原広業が「承天」「地寧」、善滋為政が「廣運」「萬寿」「會同」、藤原義忠が「建保」「嘉禄（嘉保とも）」を選んだ（前掲「権記」は三人の勘申としているが、『改元勘文部類』は菅原忠貞も「嘉禄」を選んだとし、『改元部類』も勘者三人に善滋為政の代わりに菅原忠貞を入れる、鴎外『元號考』は『小右記』を根拠に義忠が「承保」を提出したとする）。藤原広業は「萬寿」か「嘉禄」がよいとし、諸卿も同意したので、実資が奏上すると、天皇から二つの優劣を定め、革命について詔に載せるかどうか定めよと仰せがあった。改めて広業は「万寿」がよい、「嘉禄」もそれに劣らぬと述べ、藤原経通は「嘉禄」がよいと言ったが、諸卿は「万寿」を推した。公任によれば、藤原道長は「嘉禄は河禄に通じる」と言っていたそうである。革命については応和改元の例に従い、詔には載せないこととなり、以上のことを奏上して改元が行われた（『改元部類記』所引「権記」・同「左経記」・『小右記』同日条）。

⒂ 関係史料

●『大日本史料』第二編之二十　治安三年十二月十九日、万寿元年四月二十六日条・同年七月十三日条。

57 長元　一〇二八〜一〇三七

(1) **改元年月日**…万寿五年七月二十五日（西暦一〇二八年八月十八日）
(2) **使用期間**……約八年九ヶ月
(3) **改元理由**……災異改元
(4) **読み方**………ちょうげん（ちやうぐえん）／ちやうけん（番鍛冶次第附録年代記・年号訓點）／Tsioquan（ケムペル『日本志』、誤記か）
(5) **天皇**…………後一条天皇
(6) **関白**…………藤原頼通
(7) **勘申者**………善滋為政（文章博士）
(8) **出典と章句**
●『六韜』「天之為天、元為天長矣。地久矣、長久在其元。萬物在其間。各得自利。謂之太平。故有百七十六壬癸其所繫天下而有。…」（『和事始』附録「国朝年號譜」「今六韜に此の文無し。」）
(9) **候補年号の勘申者**…藤原資業（式部大輔）・大江通直（式部権大輔・大学頭）・善滋為政・大江挙周（文章博士・式部権大輔）その他、提出しなかったが藤原家経も勘文を作成している。
(10) **改元上卿**……藤原実資（右大臣）か
(11) **改元陣議の参仕公卿**…藤原実資・藤原斉信（大納言）・源道方（中納言）・源師房（中納言）・源経通（参議・右兵衛督）・藤原資平（参議・左近衛中将）・藤原定頼（参議・左大弁）・藤原公成（参議）
(12) **「長元」を冠する用語等**
●**長元の託宣事件**　長元四年六月十七日、伊勢斎王嫥子女王が内宮月次祭の際、伊勢神宮別宮の荒祭宮と称して託宣を行った事件。託宣で批判された斎宮頭・藤原相通夫妻が流罪となった。

⒀ 長元年間の主な出来事

●長元四年六月六日　源頼信、平忠常の乱を鎮めて入京。

●長元九年四月十七日　後一条天皇崩御、皇太弟敦良親王即位（後朱雀天皇）。

⒁ 改元の経緯及び特記事項

『日本紀略』長元元年七月二十五日条に「改元して長元元年と為す。疫癘・炎旱に依る也。天下に大赦し、…又高年云々に賑給を加ふ」とあり、大赦と賑給を伴う災異改元であった。

『左経記』には長元元年四月二十二日、源経頼が関白藤原頼通と話し、凶事が多く、年号宜しからずとの「謡言」があるので改元を行うべきとなり、右大臣藤原実資にも伝えられたとある。その実資の『小右記』によれば、長元元年七月十三日に大江通直に年号の勘申が命ぜられ、十九日に通直と善滋為政・大江挙周の勘文を提出させている。

二十五日の年号定では「定（玄）通」を選んだ通直、「天佑」「長元」「長育」を選んだ為政、「延世」「延祚」「政（延）善」を選んだ挙周の勘文が検討され、「長元」が選ばれた。『元秘別録』には他に「大應」「康平」の年号案と、藤原資業の「成徳」「政和」「平泰」、重服により未提出の藤原家経の「承暦」「政平」「義同」がある。

⒂ 関係史料

●『大日本史料』第二編之二十七　長元元年七月二十五日条。

58 長暦

一〇三七〜一〇四〇

(1) 改元年月日…長元十年四月二十一日、（西暦一〇三七年五月九日）
(2) 使用期間……約三年七ヶ月
(3) 改元理由……代始改元
(4) 読み方………ちょうりゃく（ちやうりやく）／ちやうれき（番鍛冶次第附録年代記）／Tsioraku（ケムペル『日本志』、ra は訛か）
(5) 天皇…………後朱雀天皇
(6) 関白…………藤原頼通
(7) 勘申者………藤原義忠（大学頭）
(8) 出典と章句
●『春秋』（該当部分不明）
(9) 候補年号の勘申者…藤原義忠・大江挙周（文章博士・式部権大輔）・藤原資業（式部大輔）・菅原忠貞（文章博士）
(10) 改元上卿……藤原実資（右大臣・右近衛大将）
(11) 改元陣議の参仕公卿…藤原頼通（左大臣）・藤原実資・藤原教通（内大臣・左近衛大将）など
(13) 長暦年間の主な出来事
●長暦二年十二月十三日　内侍所神楽を毎年の恒例とする。
●長暦四年九月九日　里内裏である土御門第焼亡。内侍所神鏡焼失。
(14) 改元の経緯及び特記事項
『百練抄』に「長暦　三年　長元十年四月廿一改元、即位に依る也」とあり、後朱雀天皇の代始改元である。『一代要記』は二十五日、『如是院年代記』は二十六日とするが誤りであろう。

藤原教通の『二東記』長元十年四月二十一日条によれば、年号定において、年号勘文を検討し、「朝暦」がよいということになった。右大臣藤原実資が奏し、許可された。『元秘別録』によれば、この時提出された年号勘文は、大江挙周が「咸（盛）徳」「長元」「長育」「延政」「延祚」「政善」「大憲」「康平」を挙げているが、これは長元改元の時と同じもので、「長元」も含まれたままである。何らかの誤りか混同があるのだろう。

それ以外は藤原資業は「成徳」は長元改元の時に選んだものだが、それ以外の「治暦」「延寿」は新しく提出したものなので、長暦改元の時の勘文であり、「成徳」は改めて提出されたものであろう。藤原義忠は「長暦」「承宝」「天寿」、菅原忠貞は「大治」「顕徳」を提出している。

⒂**関係史料**……『後朱雀天皇実録』長元十年四月二十一日条。

コラム11 長元四年、出雲大社の顛倒と幻の改元

長元四年（一〇三一）、出雲大社の社殿顛倒が朝廷に報告された。これは出雲大社が現在より規模が大きかったため、しばしば顛倒したことを示す事件として有名であるが、その際に改元も議論されていた。

十月に顛倒が報告されて間もない閏十月、関白藤原頼通が大社の造営を指示、十五日に奉幣使が派遣された。出雲国司橘俊孝は、自らを家人としていた右大臣藤原実資のもとへ、改元を求める出雲大社の託宣について伝え、朝廷にも報告している。翌長元五年正月には、託宣に従い年号勘文が提出され、七月に改元することとなった。

ところが内裏の穢により改元定が八月に延期され、その間に出雲国に派遣された実検使により託宣は虚偽との報告があったため、改元は沙汰やみとなり、俊季は佐渡国に流罪となった。（大日方克己「長元四年の杵築大社顛倒・託宣事件」『アジア遊学一三五　出雲文化圏と東アジア』勉誠出版、二〇一〇）。〔K〕

59 長久

一〇四〇〜一〇四四

⑴ **改元年月日**…長暦四年十一月十日（西暦一〇四〇年十二月十六日）
⑵ **使用期間**……約四年
⑶ **改元理由**……災異改元
⑷ **読み方**………ちょうきゅう（ちやうきう）
⑸ **天皇**…………後朱雀天皇
⑹ **関白**…………藤原頼通
⑺ **勘申者**………大江挙周（式部権大輔）
⑻ **出典と章句**
●『老子』「天長地久、天地所以能長且久者、以其不自生。故能長生。」
⑼ **候補年号の勘申**…大江挙周・藤原義忠（東宮学士）・橘孝親（文章博士・大内記）
⑽ **改元上卿**……藤原実資（右大臣）か
⑾ **改元陣議の参仕公卿**…藤原実資・藤原教通（内大臣）など。
⑿ **「長久」を冠する用語等**
●**長久の荘園整理令**　長暦四年（長元元年）六月八日に出された後朱雀天皇による新制のひとつ。花山朝以来の荘園整理令で、現行のもの以外の新立荘園を停止することを命じた。
⒀ **長久年間の主な出来事**
●長久二年正月一日　藤原公任、没。
●長久三年十二月八日　内裏焼亡。

⒁ 改元の経緯及び特記事項

『百練抄』には「長暦　四　十一月十日改元。災變に依る也」とあり、災異改元である。藤原資房の『春記』には長暦四年（長久元年）九月八日、十一月一日に大地震、九月九日には内裏焼亡とあるので、「災變」はこれを指すのであろう。『一代要記』は改元の理由を「内裏焼失に依る也」とする。また、『歴代皇紀』は改元の日について「或は廿四」とするが根拠は不明。

『春記』によれば長暦四年十一月一日、藤原資房が参内した後で、関白藤原頼通のもとに参り、十日に改元定を行うと報告している。八日には右大臣藤原実資と改元定について、大赦のことなどを協議している。十日には改元定のことがあり、「継天」「長久」を選んだ大江挙周、「延祥」「承宝」を選んだ藤原義忠、「天寿」「元功」を選んだ橘孝親の勘文が検討された（年号案の出典は『元秘別録』）。まず「延祥」「天寿」「長久」が選ばれ、その上で「延祥は注文宜しからず〈營宮云々〉、天寿は一二年、猶其の忌み有るか」として斥けられ、「長久は…已に忌諱無し。」として「長久」が選ばれることとなった。その後の「詔書の趣」によれば、大赦も行われたようである。

⒂ 関係史料

●『朱雀天皇実録』長暦四年十一月十日条。

60 寛徳　一〇四四〜一〇四六

(1) **改元年月日**…長久五年十一月二十四日（西暦一〇四四年十二月十六日）
(2) **使用期間**……約一年五ヶ月
(3) **改元理由**……災異改元
(4) **読み方**………かんとく（くわんとく）
(5) **天皇**…………後朱雀天皇
(6) **関白**…………藤原頼通
(7) **勘申者**………平定親（文章博士）・大江挙周（式部権大輔）
(8) **出典と章句**
●『後漢書』（杜林傳）「海内歓欣人懐寛徳。」
(9) **候補年号の勘申者**…平定親・大江挙周・藤原資業（前式部大輔）
(10) **改元上卿**……藤原頼宗（権大納言）
(11) **改元陣議の参仕公卿**…藤原頼宗・藤原能信（権大納言）・藤原長家（権大納言）・源師房（権大納言）・藤原経通（権中納言）・藤原資平（権中納言）・藤原兼頼（権中納言）・藤原信長（権中納言）・藤原俊家（参議）・藤原経任（参議・左兵衛督）・藤原資房（参議）・藤原能長（参議）
(12) **「寛徳」を冠する用語等**
●**寛徳の荘園整理令**　寛徳二年十月二十一日に出された後冷泉天皇による新制のひとつ。前司任中以後の新立荘園を停止するとして、一定の範囲での荘園の設立を認めた。
(13) **寛徳年間の主な出来事**

●寛徳二年正月十六日　後朱雀天皇、親仁親王に譲位（後冷泉天皇）／正月十八日　後朱雀上皇、崩御。
●寛徳三年正月十六日　藤原実資、没。

(14) 改元の経緯及び特記事項

『百練抄』は「寛徳　二年　長久五・十一・廿四改元す。疾病旱魃に依る也」とあり、災異改元である。『扶桑略記』はこの年、六月まで疫病が流行し、八月二十七日には旱害により奉幣が行われたとする。この時の勘文は、平定親が「天喜」「康和」「寛徳」、大江挙周が「寛徳」・「盛徳」、藤原資業が「治平」「成徳」を選び、提出している（『元秘別録』）。

『元秘別録』所引「野房記」長久五年十一月廿四日条には、藤原資房が改元定に参加した記事があり、まず資房が「康和」「寛徳」がよいとし、藤原経任が「天喜」「盛徳」「寛徳」から用いるべきと述べた。更に諸卿からは「天喜」はよろしからず、「盛徳」は字がよろしくないとして「康和」「寛徳」から選ぶべきとなった。その旨を奏したところ、「寛徳」を用いるべしとなった（源師房による、『元秘別録』所引「土記」同日条ではそのやり取りについて「盛の字は戈と血に従る」として康和・寛徳が選ばれたとしている）。

(15) 関係史料

●『朱雀天皇実録』長久五年十一月二十四日条。

61 永承

一〇四六〜一〇五三

(1) **改元年月日**…寛徳三年四月十四日（西暦一〇四六年五月二十二日）

(2) **使用期間**……約六年九ヶ月

(3) **改元理由**……代始改元

(4) **読み方**………えいじょう（えいじやう）／ようじょう（中家実録・童蒙必読）／えいせう（王代年代號略頒・番鍛冶次第附録年代記・皇年代記）／えいぜう（本朝通鑑）／えいしやう（年号読様）／Yexô（ロドリゲス『日本大文典』）／Jeiso（ケムペル『日本志』）

(5) **天皇**…………後冷泉天皇

(6) **関白**…………藤原頼通

(7) **勘申者**………平定親（文章博士・左大弁）

(8) **出典と章句**

●『尚書』「永承天祚」（『元秘別録』所引の勘文は『尚書』とするが、同書に当該部分なし。『日本年号大観』は『宋書』あるいは『晉書』を出典とする。）

●『宋書』（禮志）「宜奉宗廟、永承天祚」（『晉書』禮志にもほぼ同文有り）

(9) **候補年号の勘申者**…平定親・大江挙周（式部権大輔）・藤原資業（非参議・式部大輔）

(10) **改元上卿**……藤原教通（右大臣）か

(11) **改元陣議の参仕公卿**…藤原教通・藤原能信（権大納言）・藤原長家（権大納言）・源師房（権大納言）・藤原信家（権中納言）・藤原俊家（参議）・藤原経任（参議・左兵衛督）・藤原能長（参議・左近衛中将）・藤原行経（参議）・藤原資業（非参議・式部大輔）

⒀ 永承年間の主な出来事

●永承六年　安倍頼時、国司に従わず。追討のため、源頼義を陸奥守に任ずる（前九年の役）。

●永承七年三月二十八日　藤原頼通、宇治別業を仏寺とする（平等院）。

⒁ 改元の経緯及び特記事項

『百練抄』に「永承　七年　寛徳三・四・十四、改元。即位に依る也」とあり、後冷泉天皇の即位に伴う代始改元である。提出された勘文では藤原資業が「康平」、大江挙周が「継天」「承統」「大弘」、平定親が「承保」「永承」を選んでいた（『元秘別録』）。

年号定では、まず「康平」と「永承」が選ばれ、藤原経任の、「康」の字の例は「康保」以外にはないという指摘により、「永承」と定まった（『二東記』・『改元部類』所引「土記」）。更に『改元部類』所引「野房記」によれば、「武衛」、即ち左兵衛督である藤原経任は「承保」のほうがよい、「永」の字を用いた年号は三つあるが、一、二年で終わっているので避けるべきだと言っていたという。

⒂ 関係史料

●『後冷泉天皇実録』寛徳三年四月十四日条。

62 天喜　一〇五三～一〇五八

(1)**改元年月日**…永承八年正月十一日（西暦一〇五三年二月二日）
(2)**使用期間**……約五年七ヶ月
(3)**改元理由**……災異改元
(4)**読み方**………てんぎ／てんき（王代年代號略頌・番鍛冶次第年代記・本朝通鑑・皇年代記・本朝年代歴・ロドリゲス『日本大文典』・ケムペル『日本志』）
(5)**天皇**…………後冷泉天皇
(6)**関白**…………藤原頼通
(7)**勘申者**………平定親（右中弁・東宮学士）
(8)**出典と章句**
●『抱朴子』「人主有道則喜亨並臻。此則天喜也。」
(9)**候補年号の勘申者**…平定親・藤原国成（式部大輔）・藤原実綱（文章博士・大学頭）
(10)**改元上卿**……藤原教通（右大臣）か
(11)**改元陣議の参仕公卿**…藤原教通・源師房（権大納言）など
(12)**「天喜」を冠する用語等**
●**天喜の荘園整理令**　天徳三年三月十三日に出された法令。寛徳二年以後の新立荘園の停止を命じ、違反者への罰則を強化した。
(13)**天喜年間の主な出来事**
●天喜元年三月四日　藤原頼通、平等院阿弥陀堂（鳳凰堂）を供養する。

●天喜二年正月八日　里内裏である高陽院焼亡。
●天喜五年八月一日　仏師定朝、没。
●天喜六年正月二十六日　新造内裏・大極殿・八省院など焼亡。

⒁ 改元の経緯及び特記事項

『百錬抄』には「永承八・正・十一　改元　天變恠異に依る也」とあり、災異改元である。『元秘別録』によれば、この時年号勘文を提出したのは、「平章」「成徳」を選んだ藤原国成、「承保」「天喜」「永長」を選んだ平定親、「承安」「政和」を選んだ藤原実綱である。

藤原教通の『二東記』天喜元年正月十一日条によれば、年号定ではこのうち、「天喜」、次いで「政和」がよいとなった。『改元部類』所引「土記」同日条では、「天喜」がよいとされ、「承保」「政和」が加えられたとし、同「槐記」同日条では、諸卿が「天喜」をよいとしたが、右大臣藤原教通が、もう一つ加えて奏すべきとしたので、権大納言源師房が「政和」を加えるよう述べたという。最終的に勅定により「天喜」とすることとなった。なお、賑給と免税が行われた（『二東記』）。

⒂ 関係史料

●『後冷泉天皇実録』永承八年正月十一日条。

63 康平　一〇五八～一〇六五

(1) **改元年月日**…天喜六年八月二十九日（西暦一〇五八年九月十九日）
(2) **使用期間**……約七年
(3) **改元理由**……災異改元
(4) **読み方**………こうへい（かうへい）／かうべい（中家実録・童蒙必読）／こうへい（王代年代號略頌・年号訓點）／Feiko（ケムペル『日本志』、「平康」と誤ったか）
(5) **天皇**…………後冷泉天皇
(6) **関白**…………藤原頼通
(7) **勘申者**………藤原実範（文章博士）
(8) **出典と章句**
●『後漢書』（梁統傳）「文帝寛恵温克、遭世康平。」
●『漢書』（宣帝紀）「黄龍元年…詔曰、蓋聞、上古之治、君臣、同心、擧措曲直各得其所。是以上下和合、海内康平。」
(9) **候補年号の勘申者**…藤原実範・平定親（右大弁・式部大輔）・菅原定義（文章博士）
(10) **改元上卿**……藤原教通（右大臣）か
(11) **改元陣議の参仕公卿**…藤原教通など
(13) **康平年間の主な出来事**
●康平元年十月五日　橘俊通（菅原孝標女の夫）没。『更級日記』このころ成立か。
●康平二年正月八日　里内裏である一条院焼亡。
●康平五年九月十七日　源頼義、安倍貞任・藤原経清を討つ（前九年の役終わる）。

⒁ 改元の経緯及び特記事項

『扶桑略記』天喜六年八月二十九日条には「天喜六年を改め康平元年と為す。火災に依る也」とあり、災異改元である。『公卿補任』の「後冷泉天皇」の項は康平改元を「大極殿火災に依る也」としており、天喜六年正月二十六日の内裏・大極殿などの焼失を理由とするものであろう（『玉葉』安元三年四月三十日条、『元秘別録』・『皇代記』・『百錬抄』も同じ）。『一代要記』・『如是院年代記』は同月二十三日の法成寺焼亡も理由とする。『二東記』天喜六年八月二十六日条によれば大赦が伴っていた。

『元秘別録』によれば、この時提出された勘文は「永長」「承保」「寛治」を選んだ平定親、「天成」「康平」を選んだ藤原実範、「平康」「承保」「康徳」を選んだ菅原定義によるものであった。

藤原教通の『二東記』天喜六年八月二十五日条（二十九日の誤）によれば、年号定での検討の結果、「承保」と「康平」が選ばれ、勅定により「康平」となった。『改元部類』及び『元秘別録』所引「槐記」天喜六年八月二十九日条は最初「寛治」「承保」「康平」が奏されたが、奏するのは二つにせよとして返されてきたため、改めて「承保」「康平」が奏され、決定したとする。

⒂ 関係史料

●『後冷泉天皇実録』天喜六年八月二十九日条。

64 治暦

一〇六五〜一〇六九

(1) **改元年月日**…康平八年八月二日（西暦一〇六五年九月四日）
(2) **使用期間**……約三年八ヶ月
(3) **改元理由**……災異改元
(4) **読み方**………ぢりゃく（ぢりやく）／ちりやく（皇年代記・番鍛冶次第附録年代記・年号読様）／Tsioku（誤記か）
(5) **天皇**…………後冷泉天皇
(6) **関白**…………藤原頼通
(7) **勘申者**………藤原実綱（式部大輔）
(8) **出典と章句**

●『尚書』（泰誓）「惟十有一年武王伐殷、一月戊午師渡孟津。作泰誓三篇。…疏、…易革卦象曰、湯武革命、順乎天而應乎人。象曰、君子以治暦明時、然則改正治暦、必自武王始矣。」（『元秘別録』所引藤原実綱勘文は『尚書正義』からとする。）

●『周易』（象下傳）「澤中有火革、君子以治暦明時。」

(9) **候補年号の勘申者**…藤原実綱・藤原明衡（文章博士）・藤原正家（文章博士）　元秘別録を確認
(10) **改元上卿**……源師房（内大臣）か
(11) **改元陣議の参仕公卿**…藤原師実（右大臣）・源師房・藤原資平あるいは信長（大納言）・源経長（権中納言）・源俊房（権中納言）・藤原経季（参議・右兵衛督）・源隆俊（参議・右大弁）・源資綱（参議）
(12) **「治暦」を冠する用語等**

●**治暦の荘園整理令**　治暦元年九月一日、改めて新立荘園停止を命じたもの。

⒀ 治暦年間の主な出来事

●治暦三年十二月五日　藤原頼通、関白を辞す。
●治暦四年四月十六日　藤原頼通、宇治に隠遁／四月十七日　藤原教通を関白に任ず。
●治暦四年四月十九日　後冷泉天皇崩御、皇太弟尊仁親王即位（後三条天皇）。
●治暦四年八月七日　藤原教通を関白に任ず。

⒁ 改元の経緯及び特記事項

『百錬抄』に「康平八・八・二、改元。旱魃并びに三合厄に依る也」とあり、災異改元である。この時提出された勘文は『元秘別録』によれば「治暦」「應徳」「延久」を選んだ藤原実綱、「寛裕」「天佑」「承保」を選んだ藤原正家、「応徳」「承天」を選んだ藤原明衡のものであった。

源経信の『帥記』康平八年八月二日条によれば、改元定が行われ、「延久」「治暦」が選ばれ、奏されたが、天皇から一つに選ぶようにとの仰せがあり、内大臣源師房が炎旱による改元であるなら「三水」がつく「治暦」がよいと、漢王朝の例を引いて述べたので「治暦」となった（『水左記』同日条も同じ）。

なお、この時の恩赦は、通常、赦の対象とならない強窃二盗も含んだもので、延喜・康保の先例によるものであった（前掲『帥記』同日条、『二東記』康平八年八月三日条）

⒂ 関係史料

●『後冷泉天皇実録』康平八年八月二日条。

65 延久　一〇六九～一〇七四

(1) **改元年月日**……治暦五年四月十三日（西暦一〇六九年五月六日）
(2) **使用期間**……約五年四ヶ月
(3) **改元理由**……代始改元
(4) **読み方**………えんきゅう（えんきう）／えんぎゅう、「下ノ字濁事口伝の由」（『実隆公記』永正三年十一月二日条）
(5) **天皇**…………後三条天皇
(6) **関白**…………藤原教通
(7) **勘申者**………藤原実綱（式部大輔）
(8) **出典と章句**

●『尚書君奭注』「又曰、天不可信。我道惟寧、王徳延。〔無徳則去之。是天不可信。故我以道惟安、寧王之徳謀欲延久。〕」

●『尚書正義』「周公言、已欲以道安此文王之徳、謀欲延久之、使祚胤長遠、故我留輔王也。」（典拠に該当箇所なし）

(9) **候補年号の勘申者**…藤原実綱・藤原実政（文章博士）・藤原正家（文章博士）
(10) **改元上卿**……源師房（内大臣）
(11) **改元陣議の参仕公卿**…藤原師実（右大臣）・源師房・藤原信長（大納言）・藤原俊家（権大納言）・藤原能長（権大納言）・源経長（権中納言）・源顕房（権中納言・右兵衛督）・藤原祐家（権中納言）・藤原経季（権中納言）・藤原能季（参議・右近衛中将）・源経信（参議・右大弁）・藤原資仲（参議）・藤原良基（参議）
(12) **「延久」を冠する用語等**

●**延久の荘園整理令**　改元前の治暦五年（延久元年）二月二十三日に出された荘園整理令。寛徳二年以降の荘園を認めず、それ以前の荘園でも券契不分明で国務を妨げるものは停止することとした。

●延久の宣旨枡　延久四年九月二十九日の宣旨で国家公定とされた枡。容量は今の枡の六合二勺四撮。

⒀ 延久年間の主な出来事

●延久四年十二月八日　後三条天皇、譲位。皇太子貞仁親王即位（白河天皇）。
●延久五年五月七日　後三条上皇、崩御。
●延久六年二月二日　藤原頼通、没。

⒁ 改元の経緯及び特記事項

『百錬抄』には「延久五年（治暦五年四月十三日改元、即位に依る也）」とあり、後三条天皇即位に伴う代始改元である。『元秘別録』によれば、この際提出された勘文は、「嘉徳」「治徳」を選んだ藤原実政、「元徳」「延久」を選んだ藤原実綱、提出したが勘文が残っていない（『改元部類』所引「右丞相記」治暦五年八月十三日条には「永保」「承保」「成徳」とする）藤原正家のものであった。

『改元部類』所引「都記」同日条には、年号定の際に、源経信が「嘉徳」、藤原能長は「承保」「成徳」を推したので、経信は「成徳」の「成」に「戈」が含まれているのを問題とした。更に藤原師実と源師房は「延久」がよいとし、結局「嘉徳」「承保」「延久」の三案を奏した。天皇からは更にひとつに定めよとの仰せがあったので、経信は「延久」は『説文解字』の解釈もよいが、勘文にないことを根拠にするのはどうだろうかとしたが、師房が問題ないとし、「延久」と決した。

⒂ 関係史料

●『後三条天皇実録』治暦五年四月十三日条。

66 承保 一〇七四～一〇七七

(1) **改元年月日**…延久六年八月二十三日（西暦一〇七四年九月十六日）
(2) **使用期間**……約三年三ヶ月
(3) **改元理由**……代始改元
(4) **読み方**………じょうほう（じょうほう）／せうほう（王代年代號略頌・皇年代記）／Xǒfǒ（ロドリゲス『日本大文典』）／Seofo（ケムペル『日本志』）／せうほ（番鍛冶次第附録年代記）／ぜうほう（本朝通鑑・本朝年代歴）
(5) **天皇**…………白河天皇
(6) **関白**…………藤原教通
(7) **勘申者**………藤原正家（文章博士）
(8) **出典と章句**
●『尚書』（洛誥）「召公既相宅。周公往。營成周、使来告卜、作洛誥。…周公拝手稽首曰、王命予来、承保乃文祖受命民。」
(9) **候補年号の勘申者**…藤原正家・藤原実政（文章博士）・藤原実綱（式部大輔）
(10) **改元上卿**……藤原俊家（権大納言）
(11) **改元陣議の参仕公卿**…藤原俊家・源隆俊（権中納言）・源経信（参議）など
(12) **「承保」を冠する用語等**
●承保の荘園整理令　承保二年閏四月二十三日に出され、寛徳二年以後の新立荘園の停止を命じた。
(13) **承保年間の主な出来事**
●承保元年十月三日　上東門院藤原彰子、没。
●承保二年九月二十五日　藤原教通、没。／十月十五日　藤原師実を関白とする。

●承保四年五月五日　入宋僧成尋の弟子がもたらした宋皇帝神宗の信書に対し、返書・信物を送る。

⑭ 改元の経緯及び特記事項

白河天皇の即位に伴う代始改元である（『一代要記』『元秘別録』）。『帝王編年記』承保三年には「即位并びに陽九三合厄に依る也」とし、代始と共に災異改元であるとしている。

『元秘別録』によれば、この時の年号勘文は「元徳」「承暦」を選んだ藤原実綱、「治徳」「天祚」を選んだ藤原実政、「承保」「成徳」「寛裕」を選んだ藤原正家によるものであった。

『元秘別録』所引「都記」同年八月二十三日条によれば、年号定は「上卿」（誰かは不明）が奏上する二つの案を決めるように、述べて検討が行われた。まず源経信が「承暦」を推し、続いて源隆俊が「承保」が良いとした。この二案が奏された後、いずれが優れているかという仰せがあったが、各々、どちらもよいので勅定に随うとしたので、勅があり「承保」に決定した。

この改元は、延久四年に白河天皇が即位してから三年目で、踰年改元の例が破られている。白河天皇の即位の翌年、改元を行う前に父・後三条上皇の崩御があったため、改元が延期されたと推測されている（清水潔一九七七）。

⑮ 関係史料

●『白河天皇実録』延久六年八月二十三日条。

67 承暦 一〇七七～一〇八一

(1) **改元年月日**…承保四年十一月十七日（西暦一〇七七年十二月五日）
(2) **使用期間**……約三年三ヶ月
(3) **改元理由**……災異改元
(4) **読み方**………じょうりゃく（じょうりやく）／せうりやく（王代年代號略頌・皇年代記）／Xoriacu（ロドリゲス『日本大文典』）／Seoriaku（ケムペル『日本志』）／せうれき（番鍛冶次第附録年代記）／ぜうりやく（本朝通鑑）
(5) **天皇**…………白河天皇
(6) **関白**…………藤原師実
(7) **勘申者**………藤原正家（文章博士）・藤原実綱（式部大輔）
(8) **出典と章句**
●『維城典訓』「聖人者以懿徳永承暦、崇高則天博厚儀地。」（藤原実綱　承保改元の際の勘文による）
●『維城典訓』「聖人者能躰道以爲用、以懿徳而承暦、資文明、以應期。崇高則天、博厚儀地、鎔鑄包於六合、陶甄殊彼於萬有。」
(9) **候補年号の勘申者**…藤原正家・藤原実綱・藤原実政（文章博士）
(10) **改元上卿**……藤原信長（内大臣）か
(11) **改元陣議の参仕公卿**…藤原信長・藤原能長（権大納言）・源資綱（権中納言）・藤原資仲（権中納言・左衛門督）・藤原資仲（権中納言・右衛門督）・源経信（権中納言）・藤原伊房（参議・左大弁）・藤原基長（参議・左近衛中将）あるいは藤原宗俊（参議・右近衛中将）

⑿「承暦」を冠する用語等

●承暦の荘園整理令　承暦二年六月十日に出され、寛徳二年以後の新立荘園の停止を命じた。

⒀承暦年間の主な出来事

●承暦三年十一月　高麗、日本に医師の派遣を要請する。

⒁改元の経緯及び特記事項

『元秘別録』所引「不知記」承保四年十一月十七日条は「午後内大臣以下、諸卿参入して改元の事有り。…疱瘡に依る也」とし、『十三代要略』は改元の理由を「疱瘡・旱魃に依る也」としている（『改元烏兎記』も同様、『元秘別録』は「天変に依る」ともする）。『栄華物語』巻三十九「ぬのびきのたき」には「四・五月ばかりより赤裳瘡といふ事出で来て、…六・七月になりてはいみじう病みまさりて…」とあり、『水左記』には同年六月から八月に旱魃があり、八月十六日は天皇不予と疱瘡流行による大赦、十九日に二十二社奉幣が行われたとする（『水左記』承暦四年八月四日・十六日条・二十二日条）。

この時、提出された勘文は「嘉徳」「養寿」「治徳」を選んだ藤原実政、「寛治」「安徳」「承暦」を選んだ藤原正家、「政和」「応徳」「承暦」を選んだ藤原実綱によるもので、『改元部類記』所引「都記」承保四年十一月十七日条によれば、年号定では「治暦（承暦の誤か）・治徳」の二つが選び奏され、どちらが優れているかという仰せに対し「承暦」がよいとなった。なお、大赦が「延喜の例」に拠って行われた。

⒂関係史料

●『白河天皇実録』承保四年十一月十七日条。

68 永保

一〇八一～一〇八四

(1) **改元年月日**…承暦五年二月十日（西暦一〇八一年三月二十二日）
(2) **使用期間**……約三年三ヶ月
(3) **改元理由**……革年改元
(4) **読み方**………えいほう／やうぼう（中家実録・童蒙必読）／Jeefo（ケムペル『日本志』）
(5) **天皇**…………白河天皇
(6) **関白**…………藤原師実
(7) **勘申者**………藤原行家（文章博士）
(8) **出典と章句**
●『尚書』（仲虺誥）「嗚呼愼厥終惟其始。殖有禮、覆昏暴、欽崇天道、永保天命。」
●『尚書』（梓村章）「已、若茲監、惟曰、欲至于萬年、惟王子子孫孫永保民」
(9) **候補年号の勘申者**…藤原行家・藤原有綱（文章博士）・藤原実政（参議・左大弁）
(10) **改元上卿**……藤原能長（内大臣）か
(11) **改元陣議の参仕公卿**…藤原能長・源俊房（大納言）・源顕房（権大納言・右大将）・源経信（権中納言）・源俊明（参議・右衛門督）・源家賢（参議・左兵衛督）・源雅実（参議）・藤原実政（参議・左大弁）
(13) **永保年間の主な出来事**
●永保元年　入宋僧成尋、宋汴京にて没。
●永保三年九月　源義家、清原武衡・家衡と合戦（後三年の役）。
(14) **改元の経緯及び特記事項**

『公卿補任』に「承暦五年二月十日　永保と改元す。辛酉に依る也」とあり、辛酉革命による改元である（『皇年代略記』『元秘別録』も同じ）。

前年の承暦四年十二月の段階で、右大臣藤原俊家から来年が辛酉革命にあたるのかについて、紀伝・明経・算・陰陽道と、右中弁大江匡房・大外記清原定俊に対して勘申が命ぜられている。ここには見えないが暦道からも提出されたと思われる（『革命勘文』所収元応三年大外記中原師緒勘例）。

年号定は承暦五年二月十日に行われた。まず大納言源俊房は諸道の勘文は多く今年は革命の年ではないとするが、真偽の決定は難しく、先例に従い改元するべしと述べ、内大臣藤原能長も同調した。

この時の年号勘文は、「嘉徳」（『春秋左氏伝』）を選んだ藤原実政、「元徳」「天成」「政平」を選んだ藤原有綱、「永保」「永長」「応徳」を選んだ藤原行家のものがあり（『元秘別録』）、「永保」「応徳」から勅定を仰ぐこととなった。すると「永長」はどうかという仰せがあり、人々が「永長の字は対馬音（呉音）で笛の名に似ている」と述べ、最終的に「永保にせよ」と仰せがあった。更に治安改元の例により大赦・賑給があった（『水左記』同日条）。

『元秘別録』所引「大記」では藤原為房が「永保」が人名と間違われないか、和訓では「長保」と同じではないかという指摘をしており、同『江記』では大江匡房が問われ、「嘉徳」は『後漢書』に皇帝が崩御した殿舎の名として登場するので憚りがある。「永保」がよいと述べたという記述がある。

⒂ 関係史料

● 『白河天皇実録』承暦五年二月十日条。

69 応徳

一〇八四年～一〇八七

(1) **改元年月日**…永保四年二月七日（西暦一〇八四年三月十五日）

(2) **使用期間**……約三年二ヶ月

(3) **改元理由**……革年改元

(4) **読み方**………おうとく／をうとく（王代年代號略頒・本朝通鑑・年号読様・皇年代記）／わうとく（番鍛治次第附録年代記）／いようとく（童蒙必読）、「陽得」（中家実録）／Votocu（ロドリゲス『日本大文典』）

(5) **天皇**…………白河天皇

(6) **関白**…………藤原師実

(7) **勘申者**………藤原有綱（文章博士）

(8) **出典と章句**

●『白虎通』「天下泰（太）平符瑞所以来至者、以爲王者承天順理（承統理）調和陰陽、和萬物序、休気充塞、故符瑞並臻、皆應徳而至。」（ ）は八十六冊本漢魏叢書『白虎通徳論』（封禅部）による。

●芸文類聚（祥瑞部）にもほぼ同文有り。

(9) **候補年号の勘申者**…藤原実政（参議・左大弁）・藤原有綱・藤原敦宗（文章博士）

(10) **改元上卿**……源俊房（左大臣）

(11) **改元陣議の参仕公卿**…源俊房など

(13) **応徳年間の主な出来事**

●応徳二年十一月八日　皇太弟実仁親王、没。

●応徳三年十一月二十六日　白河天皇譲位。善仁親王即位（堀河天皇）。白河上皇による院政の開始。

⒁ **改元の経緯及び特記事項**

『百錬抄』には「応徳　三年　永保四年二月七日改元　甲子に依るなり」とあり、甲子革令説による改元である。永保三年に甲子革令についての勘文提出が命ぜられ、翌年正月から二月にかけて、明経道・紀伝道・陰陽道・外記局と式部権大輔大江匡房、式部大輔藤原実政から提出された（『革暦類』）。年号定は二月五日に行われた。提出された年号勘文は「嘉徳」「養寿」を選んだ藤原実政、「応徳」「治昌」「政和」を選んだ藤原有綱、「嘉福」「治和」を選んだ藤原敦宗のものがあった（『元秘別録』）。『改元部類』所引「不知記」同日条では、まず「嘉徳」「治和」がよいとされたが、「予」が「嘉徳」は『後漢書』によれば皇帝が崩御した殿舎の名であるとしたので外され、「応徳」「治和」が推され、「応徳」となった。

その際、権左中弁藤原通俊が、今回の勘文ではないが「永保」改元の時に提出された「元徳」「永長」はどうだろうかと述べたが、「元」の字は後一条天皇の「長元」、「徳」の字は後朱雀天皇の「寛徳」と、「代終」即ち天皇崩御の年の年号と同じ字が含まれ、「永長」は『後漢書』によれば諸侯王の事であるので如何なものかと述べ、この案は斥けられている。『革暦類』所引の改元詔によれば、大赦と賑給が行われている。

⒂ **関係史料**

●『白河天皇実録』永保四年二月七日条。

70 寛治　一〇八七～一〇九五

(1) **改元年月日**…応徳四年四月七日（西暦一〇八七年五月十一日）
(2) **使用期間**……約七年八ヶ月
(3) **改元理由**……代始改元
(4) **読み方**………かんじ（くわんぢ）／くわんち（皇年代記・番鍛冶次第附録年代記）、Quansi（ケムペル『日本志』）
(5) **天皇／上皇**…堀河天皇／白河上皇
(6) **摂政**………藤原師実
(7) **勘申者**………大江匡房（左大弁・式部大輔）
(8) **出典と章句**
●『禮記』（祭法）「湯以寛治民、而除其虐、文王以文治、武王以武功。此皆有功烈於民者也。」
(9) **候補年号の勘申者**…大江匡房・藤原成季（文章博士）・藤原敦宗（文章博士）
(10) **改元上卿**……藤原師通（内大臣）か
(11) **改元陣議の参仕公卿**…藤原師通・源経信（権大納言）・源俊明（権中納言・右衛門督）・藤原公実（権中納言）・藤原長房（参議）・源俊実（参議・右兵衛督）・藤原基忠（参議・右中将）・藤原通俊（参議・右大弁）
(13) **寛治年間の主な出来事**
●寛治元年十二月二十六日　源義家、清原武衡・家衡を討つ（後三年の役終わる）。
●寛治三年　『類聚三代格』この頃までに成立。
●寛治四年十二月二十日　藤原師実を関白とする。
●寛治七年八月二十六日　興福寺の僧徒、神木を奉じて入京し、近江守を訴える（神木動座の始め）。

●寛治八年三月九日　藤原師通を関白とする。

⒁ **改元の経緯及び特記事項**

堀河天皇即位に伴う代始改元である(『元秘別録』『一代要記』)。『扶桑略記』は四月九日改元とするが誤りであろう。この時提出された年号勘文は「寛治」「承安」を選んだ大江匡房、「太平」「養寿」「康寧」を選んだ藤原成季、「承安」「治和」を選んだ藤原敦宗のものであった(『元秘別録』)。

年号定においては、「寛治」「治和」が候補として残り、なかなか決定しなかったようである(『為房卿記』寛治元年四月七日条)。しかし最終的には右大弁の藤原通俊が「寛治」がよろしい、「治和」も悪くはないが、典拠『淮南子』に不備があるとし、源経信らも賛同したので、「寛治」に決した(『改元部類』所引「都記」同日条)。

⒂ **関係史料**

●『大日本史料』第三篇之一　寛治元年四月七日条。

71 嘉保　一〇九五〜一〇九七

(1)**改元年月日**…寛治八年十二月十五日（西暦一〇九五年一月二十三日）
(2)**使用期間**……約二年
(3)**改元理由**……災異改元
(4)**読み方**………かほう／Kassoo（ケムペル『日本志』、誤記か）
(5)**天皇／上皇**…堀河天皇／白河上皇（法皇）
(6)**関白**…………藤原師通
(7)**勘申者**………大江匡房（権中納言）
(8)**出典と章句**
●『史記』（秦始皇本紀）「三十七年。…咸化廉清、大治濯俗、天下承風、蒙被休経、皆遵度軌、和安敦勉、莫不順令。黔首脩潔、人樂同則。嘉保太平。後敬奉法、常治無極。」
(9)**候補年号の勘申者**…大江匡房・藤原成季（文章博士）・藤原敦基（文章博士）
(10)**改元上卿**……源俊房（左大臣）か
(11)**改元陣議の参仕公卿**…源俊房・源経信（大納言）・源俊明（権大納言）・藤原忠実（権中納言・左大将）・藤原通俊（権中納言）・大江匡房・藤原季仲（参議・左大弁）
(12)**「嘉保」を冠する用語等**
●嘉保の嗷訴　嘉保二年十月二十四日、延暦寺大衆が日吉の神輿を奉じて行った最初の嗷訴。
(13)**嘉保年間の主な出来事**
●嘉保三年八月七日　郁芳門院媞子内親王、没。／八月九日　白河上皇、出家。

⒁ 改元の経緯及び特記事項

『百練抄』に「嘉保　二年　寛治八年十二月十五日疱瘡に依る也」としており、災異改元である。

『歴代残闕日記』所引「右大記」同年十二月四日条によれば、平時範が「御使」として白河上皇のもとで改元の事を申すと「江中納言・両文章博士に仰すべし」として、大江匡房の指名があった。同十五日に年号定が行われた。勘文は「嘉保」「承安」を選んだ匡房、「弘徳」「承天」を選んだ藤原成季、「承徳」「天成」を選んだ藤原敦基のものであった（『元秘別録』も同じ）。まず「承安」「承徳」が推されたが、源俊房が「嘉保」がよいとし、師通及び「大殿」師実、天皇への報告を行なった。師房は「承安」はよくない、「承徳」は「徳」の入る例が不吉と主張した。更に白河上皇にも報告が行われ、上皇は「嘉保」が良いとは思えないが、俊房の意見も間違ってはいないとして賛成した。『中右記』同日条には「承徳」「嘉保」が候補に残り、平時範が「院并びに大殿」に申し上げ、「嘉保」に決まったとある。

「嘉保」は大江維時が勘申した年号案であり、この案の提出と同年の六月に匡房が大江氏として維時以来の権中納言となったことの関係が指摘されている（『歴代残闕日記』所引「大右記」にみえる「江記」逸文、木本好信一九八三）。

この改元には源俊房の意志があり、その過程での前関白のほか「院」（上皇）への報告など、新しい要素がみられるが、上皇の主導権は確認できない（木本前掲論文・清水潔一九七七）。なお、大赦と免税が伴っている。

⒂ 関係史料

●『大日本史料』第三篇之三　嘉保元年十二月十五日条。

72 永長

一〇九七・一一・二一〜同・十二・十七

(1) **改元年月日**…　嘉保三年十一月十七日（西暦一〇九七年一月三日）

(2) **使用期間**……　約十一ヶ月

(3) **改元理由**……　災異改元

(4) **読み方**………　えいちょう（えいちやう）／やうちやう（童蒙必読）／Jetsio（ケムペル『日本志』）

(5) **天皇／上皇**…　堀河天皇／白河法皇

(6) **関白**…………　藤原師通

(7) **勘申者**………　大江匡房（権中納言）

(8) **出典と章句**

●『後漢書』（光武帝紀）「夾輔王室、尊事天子享國永長、為後世法。」

●『禮記正義』「聖人之道為世彼則、故庶幾夙夜以永長。」（典拠に該当部分なし）

(9) **候補年号の勘申者**…　大江匡房・藤原成季（文章博士）・藤原敦基（文章博士）

(10) **改元上卿**……　源俊房（左大臣）か

(11) **改元陣議の参仕公卿**…　源俊房・源師忠（権大納言）・藤原家忠（権大納言）・源俊明（権中納言）・藤原公実（権中納言・左衛門督）・藤原忠実（権中納言・左近衛大将）・藤原基忠（権中納言・左兵衛督）・藤原通俊（権中納言）・大江匡房（権中納言）・藤原経実（権中納言）・藤原能実（参議）・藤原季仲（参議・左大弁）

(12) **「永長」を冠する用語等**

●永長の大田楽　嘉保三年（永長元年）六月から七月にかけて平安京内で起こった田楽の大流行。

(14) **改元の経緯及び特記事項**

『百錬抄』に「永長　元年　嘉保三年十二月十七日改元。天變に依る也」とあり、また『後二条師通記』十二月九日条には「去る廿四日大地震」を、『中右記』同日条には「天變地震」を理由として改元を行うとしている。同年十一月二十四日には大地震があり（『百錬抄』同年十一月二十四日条）、十二月まで地震が続いていた（『後二条師通記』『中右記』）。また天文博士が勘文を提出しており、前兆となる天文現象が報告されたと思われる。これらを理由とした災異改元であろう。

この改元は十二月九日に勘文の提出が命ぜられたが、大江匡房には村上朝の大江維時の例に倣って蔵人を介して仰せが下され、提出も他の勘文が左大臣宛てなのに対して蔵人を介して奏し、左大臣に下すかたちをとった（前掲『後二条師通記』永長元年十二月九日・十七日条、『中右記』同年十七日条）。

勘文は匡房が「政和」「永長」、藤原成季が「大慶」「和寧」、藤原敦基が「承徳」「天保」を選び（『元秘別録』）、源師房が「永長」、藤原季仲が「政和」「永長」、他の公卿は「承徳」を推した。この旨を前関白藤原師実に報告すると「永長」がよい、「徳」は「本朝年號」では「不吉」であるとしたため、「永長」と決定した。なお、大赦と免税措置が行われ、大赦について八虐は許すが、強窃二盗は許さないという措置が取られた（『中右記』同年十七日条条）。

ここでは白河上皇に報告された形跡がなく、前関白藤原師実が決定に関わっていることが注意される（清水潔一九七七・木本好信一九八三）。

⒂ 関係史料

●『大日本史料』第三篇之四　永長元年十二月十七日条

73 承徳　一〇九七～一〇九九

(1) 改元年月日…永長二年十一月二十一日（西暦一〇九七年十二月二十七日）

(2) 使用期間……約一年九ヶ月

(3) 改元理由……災異改元

(4) 読み方………じょうとく（じょうとく）／せうとく（王代年代號略頌・番鍛冶次第附録年代記・皇年代記）／Xotocu（ロドリゲス『日本大文典』）／Sootoku（ケムペル『日本志』）／ぜうとく（本朝通鑑・本朝年代歴）

(5) 天皇／上皇…堀河天皇／白河法皇

(6) 関白………藤原師通

(7) 勘申者………藤原敦基（文章博士）

(8) 出典と章句

●『周易』（蠱卦）「象曰、幹父之蠱用誉。〔正義云、幹父之蠱用誉、…象曰、承以徳者。〕」

(9) 候補年号の勘申者…藤原正家（式部大輔）・藤原成季（文章博士）・藤原行家（弾正大弼）

(10) 改元上卿……源俊房（左大臣か）

(11) 改元陣議の参仕公卿…源俊房・源師忠（権大納言）・藤原家忠（権大納言）・藤原忠実（権大納言・左近衛大将）・源俊明（権大納言）・藤原公実（権中納言・左衛門督）・藤原経実（権中納言）・藤原通俊（権中納言）・藤原基忠（権中納言・左兵衛督）

(13) 承徳年間の主な出来事

●承徳二年十月二十三日　源義家、院昇殿を許される。

●承徳三年六月二十八日　藤原師通、没。

⑭ 改元の経緯及び特記事項

『百練抄』には「承徳　二年　永長二年十一月十七日改元。地震に依る也」とあり、『柳原家記録』異本元秘別録には「天變地震洪水大風等の災に依る」とあり、災異改元である。同年の八月五日に大風・洪水、翌日には地震、九月一日には彗星が現れているので、これを受けての改元であろう（『中右記』

今回、文章博士藤原敦基は息子の死去、太宰権帥であった大江匡房は母の喪により勘文を提出しなかった。提出された勘文では藤原正家が「安徳」「延寿」「承安」、藤原行家が「元徳」「承安」、藤原成季が「嘉禄」「弘徳」「正徳」を選んだ（『元秘別録』）。

十一月二十一日に行われた陣定では「元徳」「弘徳」が候補となったが、藤原通俊が以前の勘文の年号案から採用することを主張し、藤原敦基が昨年提出した「承徳」を用いることを提案した。一方、藤原基忠は「延寿」「弘徳」を推した。この経緯は関白師通と天皇に報告され、その後昨年の勘文が提出された。改めて検討が行われ、「承徳」と決定した。その決定は関白師通、次いで天皇、更に白河上皇、次いで前関白師実のところに報告された。

なお、詔には彗星の文字は不吉であるため、永祚元年の例に依り天変とのみ記した（『歴代残闕日記』所引時範朝臣記　永長二年十一月二十一日条）。『元秘別録』には「旧勘文を用いらるるの例」として、この時の年号案が不採用だった理由が一部のみ記されている。

⑮ 関係史料

●『大日本史料』第三編之四　承徳元年十一月二十一日条

74 康和

一〇九九〜一一〇四

(1)**改元年月日**…承徳三年八月二十八日（西暦一〇九九年九月十五日）
(2)**使用期間**……約四年六ヶ月
(3)**改元理由**……災異改元
(4)**読み方**………こうわ（かうわ）／こうわ（王代年代號略頒）／Cŏua（ロドリゲス『日本大文典』）／Kooa（ケムペル『日本志』）
(5)**天皇／上皇**…堀河天皇／白河法皇
(7)**勘申者**………藤原正家（式部大輔）
(8)**出典と章句**
●『崔寔政論』「四海康和天下同楽。」（元秘別録による。『玉函山房輯佚書』巻七十一「子編　法家類」所収『崔氏政論』に該当部分なし。）
(9)**候補年号の勘申者**…藤原正家・藤原成季（文章博士）・菅原在良（文章博士）
(10)**改元上卿**……源俊房（左大臣）
(11)**改元陣議の参仕公卿**…源俊房・源師忠（権大納言）・源俊明（権大納言）・源雅実（権大納言・右近衛大将）・藤原公実（権中納言・左衛門督）・源俊実（権中納言）・源雅俊（権中納言・右衛門督）・藤原季仲（権中納言）・源基綱（参議・左大弁）
(12)**「康和」を冠する用語等**
●**康和の荘園整理令**　康和元年五月十二日に出された荘園整理令。寛徳二年以後の新立荘園を停止した。

⒀ 康和年間の主な出来事

●康和元年八月二十八日　権大納言藤原忠実に内覧の宣旨を下す。
●康和三年二月十三日　藤原師実、没。

⒁ 改元の経緯及び特記事項

『百練抄』には「康和　五年　承徳三年八月廿八日改元。地震・疫病に依る也」とある。康和元年五月九日には疾病を鎮めるために紫宸殿に仁王会が、同二十七日には東大寺にで読経が修されており、八月二十五日には天変・地震・疫病のために非常赦が行われている（『本朝世紀』）ので、これを受けてのものであろう。

『後二条師通記』康和元年六月十四日条には、白河法皇が、藤原師通に改元を行うべきかとの問い合わせがあり、師通も賛成し、行われることとなった。提出された勘文では藤原正家が「天佑」「承安」「康和」、藤原成季が「永受」「嘉徳」「天和」、菅原在良が「大治」「天永」「承安」を選んだ（『元秘別録』）。

『改元部類』所引「中右記」同八月二十八日条によれば、まず法皇のもとに勘文が提出され、その後陣定が行われた。審議の結果、「承安」「康和」がよいとして天皇に奏されたが、更にどちらかを定めよとの仰せがあったので「康和」がよい、ということとなった。

『本朝世紀』八月二十三日条にはこの際の詔があり、大赦や免税、高齢者への物品支給が行われたが、「神社の訴」に触れた者は赦から除かれたようである。

⒂ 関係史料

●『大日本史料』第三篇之五　康和元年八月二十八日条

75 長治　一一〇四～一一〇六

(1) 改元年月日…康和六年二月十日（西暦一一〇四年三月八日）

(2) 使用期間……約二年二ヶ月

(3) 改元理由……災異改元

(4) 読み方………ちょうじ（ちやうぢ）／ちやうち（番鍛治次第附録年代記・皇年代記）

(5) 天皇／上皇…堀河天皇／白河法皇

(7) 勘申者………菅原在良（文章博士）・藤原俊信（文章博士）

(8) 出典と章句

●『漢書』（賈誼伝）「建久安之勢、成長治之業、以承祖廟、以奉六親。」

(9) 候補年号の勘申者…菅原在良・藤原俊信・藤原正家（式部大輔）・大江匡房（権中納言）

(10) 改元上卿……源俊房（左大臣）か

(11) 改元陣議の参仕公卿…源俊房・源雅実（内大臣・左近衛大将）・源雅俊（権中納言・左衛門督）・藤原能実（権中納言・左兵衛督）・源国信（権中納言）・源師頼（参議・右兵衛督）・藤原宗忠（参議・右大弁）・藤原基綱（参議・左大弁）・藤原忠教（参議・左近衛中将）

(13) 長治年間の主な出来事

●長治二年二月十五日　藤原清衡、最初院（中尊寺）を造立。

●長治二年十二月二十五日　藤原忠実を関白とする。

(14) 改元の経緯及び特記事項

『百練抄』には「長治　二年　康和六年二月十日改元。天變に依る也」とあり、災異改元である。

『中右記』康和五年二月二十六日条によれば、この日藤原宗忠は白河法皇のもとを訪れ、「改元有るべきの由」を聞いたうえで、その命で大江匡房を訪ねた。匡房は「天變頻りに示す」ことから、改元を行うべきと答えた（『中右記』同月十六日条に月蝕記事がある）。宗忠が院に戻り、この旨を告げると「内に申すべし」との仰せがあり、参内して報告している。『本朝世紀』同年六月廿九日条では、年号勘文提出が命ぜられ、菅原在良・藤原俊信・藤原正家が提出したとする。『元秘別録』には、この後、立太子により改元が延引され、翌年改めて、源俊房から大江匡房にも勘文提出が命ぜられたとある。

この時提出された勘文は在良が「天永」「嘉承」「長治」、俊信が「承安」「成徳」「長治」、正家が「天佑」「延壽」、匡房が「延世」「天仁」であった（『元秘別録』）。

『中右記』康和六年二月十日条には年号定の記事がある。最初「承安」と「長治」が選ばれ、奏されたが、天皇より一つを選ぶようにとの仰せがあり、源雅俊以下の公卿は「承安」を推したが、源俊房・雅実が「長治」を推したため、「長治」となった。

また大赦について、神社の訴えに関する者は赦の対象から外すようにとの天皇の仰せがあったが、藤原宗忠が神社に関する訴えが多いことを奏すと、伊勢神宮の訴えに関する者のみ外すこととなった。

なお宗忠は「天佑」が唐末の景帝の年号に既に有り、唐の年号と同じなのはよいが「末の世亡帝の時の年号」を用いるのは「甚だ奇怪也」と批判している。

(15) 関係史料

●『大日本史料』第三篇之六　康和元年二月二十四日条、同第三篇之七　長治元年二月十日条、同第三篇之十八補遺　長治元年二月十日条。

76 嘉承

一一〇六〜一一〇八

(1)改元年月日…長治三年四月九日（西暦一一〇六年五月十三日）

(2)使用期間……約二年四ヶ月

(3)改元理由……災異改元

(4)読み方………かじょう（かじよう）／かせう（中家実録・王代年代號略頌）／Caxo（ロドリゲス『日本大文典』）／Kassio（ケムペル『日本志』）／かぜう（本朝通鑑）／かそう（童蒙必読）

(5)天皇／上皇…堀河天皇／白河法皇

(6)関白…………藤原忠実

(7)勘申者………菅原在良（文章博士）

(8)出典と章句

●『漢書』（禮楽志）「皇皇鴻明蕩候休徳、嘉承天和伊楽厥福。」

(9)候補年号の勘申者…菅原在良・藤原実義（文章博士）・大江匡房（太宰権帥）

(10)改元上卿……源雅実（内大臣・左近衛大将）か

(11)改元陣議の参仕公卿…源雅実・源俊明（大納言）・藤原家忠（権大納言・右近衛大将）・藤原宗忠（参議・右大弁）・源能俊（参議・左近衛中将）・源基綱（参議・左大弁）・藤原忠教（参議・左近衛中将）・藤原顕実（参議）

(13)嘉承年間の主な出来事

●嘉承元年七月四日　源義家、没。

●嘉祥二年七月十九日　堀河天皇崩御、宗仁親王即位（鳥羽天皇）。藤原忠実を摂政とする。

⒁ 改元の経緯及び特記事項

『百練抄』には「嘉承 二年 長治三年四月九日改元。彗星に依る也」とあり、災異改元である。長治三年正月四日の彗星の出現が『殿暦』・『中右記』の同日条にみえ、これを受けての改元である。

この時提出された勘文は「天永」「承安」「嘉承」を選んだ菅原在良、「成和」「齊泰」を選んだ藤原実義、「天祚」「延祚」を選んだ大江匡房のものであった（『元秘別録』）。『永昌記』によれば、嘉承元年四月八日に上皇に対し改元が報告され、翌日、年号定が行われた。

その際、難陳があり、源基綱が「天祚」を推し、藤原宗忠は「延祚」を推した。基綱が「延祚」の典拠（『文選』）に「十二之延祚」としているのは、「年限を指す」ようだとしたのに対し、宗忠がそのような意味ではないと反論した。また「承安」は寛治改元の時に提出され、源俊房が難じており、改めて意見が求められたが発言はなかった。この旨を奏したところ、天皇より旧勘文が下され、藤原正家の「天佑」「延寿」（長治改元の際に提出）、菅原在良の「嘉承」の中から定めよとの仰せがあった。それに対して宗忠は「天佑」は唐末の年号であり、延寿は「何事かこれ有らんや」、「嘉承」は出典となる『漢書』において「嘉承」に続く「天和」がよくないと述べた。最終的に勅定により「嘉承」と決することとなり、藤原為隆は藤原忠実・白河法皇に報告している（『中右記』同日条にも同内容の記事有り）。

なお、大赦について天皇から神社の訴えに関する者は除くべきとするのはよいかとの仰せがあり、公卿たちは天皇の意思によるべきだと答えている。

⒂ 関係史料

- 『大日本史料』第三篇之八 嘉承元年四月八日条。

77 天仁　一一〇八～一一一〇

(1) 改元年月日…嘉承三年八月三日（西暦一一〇八年九月九日）
(2) 使用期間……約一年十ヶ月
(3) 改元理由……代始改元
(4) 読み方………てんにん
(5) 天皇／上皇…鳥羽天皇／白河法皇
(6) 摂政…………藤原忠実
(7) 勘申者………大江匡房（太宰権帥）
(8) 出典と章句
●『文選』（為賈謐作贈陸機）「南呉伊何僭號、稱王。大晋統天仁風遐揚、僞孫銜璧奉土歸疆。」
●『大戴禮』（誥志）「天作仁、地作富、人作法。」
(9) 候補年号の勘申者…大江匡房・菅原在良（文章博士）・藤原敦光（文章博士）
(10) 改元上卿……源俊房（左大臣）
(11) 改元陣議の参仕公卿…源俊房・源雅実（内大臣）・源俊明（大納言）・藤原家忠（権大納言・右近衛大将）・藤原経実（権大納言）・源雅俊（権中納言・左衛門督）・藤原宗通（権中納言・右衛門督）・藤原能実（権中納言・左兵衛督）・源国信（権中納言）・源顕通（権中納言）・藤原宗忠（権中納言）・源基綱（権中納言）・源顕雅（参議・右近衛権中将）・源重資（参議・左大弁）・藤原顕実（参議）
(14) 改元の経緯及び特記事項
『百練抄』に「天仁…即位に依る也」とあるように鳥羽天皇即位に伴う代始改元である。

この時提出された勘文は「天永」「承安」「文安」を選んだ菅原在良、「平治」「治和」を選んだ藤原敦光、「元徳」「安徳」「正治」「天仁」を選んだ大江匡房によるものであった（『元秘別録』）。

年号定は八月三日に行われ、藤原顕実は「天仁」「承安」、源重資・源顕雅は「天永」「元徳」、源雅実・藤原宗忠ら他の公卿は「元徳」「承安」を支持した。しかし源俊房は「正治」「天仁」から選ばれるべきであるとし、奏上を行った（『中右記』天仁元年八月三日条）。この時、摂政藤原忠実は白河上皇の所に参じており、蔵人頭藤原為房が奏上に来たのに対して、院が二案から更に選ぶように仰せを下したのを聞いている。

再び行われた検討では、藤原宗忠が「正治は…頻りに忌諱の音有る也」「天仁は音又天人に通ずる也。…天人頻りに心を得ず」と難じ、「正治」のほうがよいとして他の公卿の賛同を得たが、俊房は「天人は多楽の境也」とし、宗忠の反論を無視して「天仁」に決定してしまった（『中右記』同日条）。『元秘別録』所引「水左記」同日条には、藤原為房が、中原師遠が正の字を「一心、その憚り有るか」と指摘したと述べ、俊房は「正暦」の例もあるが、「天仁」がよいとしたとある。藤原為房が再び法皇のもとに参じ、経緯を報告すると、法皇は問題ないので「天仁」とせよと命じ、改元が行われた（『殿暦』同日条）。即位時五歳の鳥羽天皇に代わり、年号定の結果を受けて仰せを下す役割を白河法皇が果たしていたのである。

⒂ 関係史料

●『大日本史料』第三篇之十　天仁元年八月三日条。

78 天永　一一一〇～一一一三

(1)**改元年月日**…天仁三年七月十三日（西暦一一一〇年七月三十一日）

(2)**使用期間**……約三年一ヶ月

(3)**改元理由**……災異改元

(4)**読み方**………てんえい／てんやう（中家実録・童蒙実録）

(5)**天皇／上皇**…鳥羽天皇／白河法皇

(6)**摂政**…………藤原忠実

(7)**勘申者**………大江匡房（太宰権帥）

(8)**出典と章句**

●『尚書』（召誥）「上下勤恤、其曰、我受天命、不若有夏歴年、式勿替有殷歴年、欲王以小民受天永命。」

(9)**候補年号の勘申者**…大江匡房・菅原在良（文章博士）・藤原敦光（文章博士）

(10)**改元上卿**……源俊房（左大臣）か

(11)**改元陣議の参仕公卿**…源俊房・源俊明（大納言）・源俊実（権大納言）・藤原宗忠（権中納言）源能俊（参議・左兵衛督）・藤原忠教（参議・左近衛権中将）・源顕雅（参議・右近衛中将）・源重資（参議・左大弁）・藤原俊忠（参議）

(13)**天永年間の主な出来事**

●天永二年十一月五日　大江匡房、没。

(14)**改元の経緯及び特記事項**

『百練抄』に「天永　…改元、彗星に依る也」とあるように、彗星による災異改元である。彗星の出現は天仁三年五月十三日にあったことが『殿暦』『百練抄』などに見える。

『元秘別録』にはこの時提出された勘文について、菅原在良の「永久」「保安」「久安」を記しているが、藤原敦光・大江匡房については「見えず」としている。後述の『中右記』にはこのほか、「承安」「永貞」「天永」が提出され、そのうち「天永」は大江匡房によることがわかる。

『中右記』によれば年号定は七月十三日に行われた。藤原俊忠は「天永」と「永久」を推し、源顕雅・源重資も賛同した。藤原忠教は「承安」を推し、源能俊・藤原宗忠は「永貞」「承安」を推した。俊忠はその二つの他に「保安」もよいのではないかと発言し、源俊実は「天永」がよいと思うが、旧勘文の中で菅原忠貞が提出した「大治」を用いてもよいのではないかと述べた。更に源俊明は「承安」がよいと発言した。源俊房は俊忠に同意して「天永」「永久」がよいと結論づけ、蔵人頭藤原為房に天皇へ奏上させると共に、物忌のため御前に参らず直廬にいた摂政藤原忠実と白河法皇のもとに報告に行かせている。しばらくして（『行類抄』によれば法皇より）仰せがあり、二つの中からいずれかを選べとの事であったので、彗星の天変による改元であるから「天永」がよろしかろうとなり、改元が行われた。

なお、大赦に関しては天延の例に依るとされたが、その際には八虐も免じたのに対し、今回は八虐は免じないということになった。また、『中右記』の筆者である藤原宗忠は「永貞」は唐において一年で代わった年号であり、「承安」は唐の殿舎の名で何度も皇帝崩御があったのでよくないと記している。

⒂ 関係史料

●『大日本史料』第三篇之十　天永元年七月十三日条。

79 永久　一一一三～一一一八

(1) **改元年月日**…天永四年七月十三日（西暦一一一三年八月二十五日）
(2) **使用期間**……約四年八ヶ月
(3) **改元理由**……災異改元
(4) **読み方**………えいきゅう（えいきう）／ようきゅう（中家実録・童蒙必読）
(5) **天皇／上皇**…鳥羽天皇／白河法皇
(6) **摂政**…………藤原忠実
(7) **勘申者**………菅原在良（式部大輔）
(8) **出典と章句**
●『詩経』（小雅）「吉甫燕喜、既多受祉、来帰自鎬、我行永久。」
●『蔡邕議』「其設不戦之計、守禦之固者、皆社稷之臣、永久之策也。」
(9) **候補年号の勘申者**…菅原在良（式部大輔）・藤原敦光（文章博士）・藤原永実（文章博士）
(10) **改元上卿**……源俊房（左大臣）
(11) **改元陣議の参仕公卿**…源俊房・源雅実（内大臣）・藤原家忠（権大納言・右近衛大将）・藤原宗通（権大納言）・藤原能実（権中納言・左衛門督）・藤原宗忠（権中納言・左兵衛督）・源能俊（権中納言）・藤原忠教（権中納言・右兵衛督）・藤原為房（参議）
(12) **「永久」を冠する用語等**
●永久の変　永久元年十月に起こった鳥羽天皇暗殺計画をめぐる疑獄事件。輔仁親王擁立を目指す勢力によるもの。

⒀ 永久年間の主な出来事

●永久元年十二月二十六日　藤原忠実を関白に任ず。
●永久四年　三善為康、『朝野群載』を撰す。

⒁ 改元の経緯及び特記事項

『百練抄』に「永久…改元、兵革并びに病事に依る也」、『皇代記』に「天変・兵革・疾病に依る也」とあり、災異改元である。この年は正月から二月に赤班瘡が流行し（『百練抄』永久元年正月二十五日条、『皇代暦』）、二月十五日に月蝕、三月一日に日蝕が起こった（『殿暦』・『長秋記』同日条）。四月二十九日には延暦寺と興福寺の抗争が起こっている（『中右記』同日条）。

勘文提出者は「永久」「保安」「天治」を提出した菅原在良のほか、藤原敦光・藤原永実であるが、提出案は不明である（『元秘別録』）。『中右記』永久元年七月十三日条によれば、このほか「長承」「大治」（天治の誤か）が提出された。年号定は七月十三日に行われた。藤原為房が「永久」「長承」「大治」を推し、藤原宗忠は「永久」「長承」の中から選ぶべきと述べ、他の公卿も従った。源俊房はこれを受け「永久」と決し、天皇に奏し、摂政・上皇に報告し、改元が行われた。なお、災異改元につき康和改元の例に依ったが、神社の訴えは赦から省くという例は採用しなかった（『中右記』同日条）。『長秋記』同日条は法皇に「永久」「長承」が提出され、重ねて定めよとの法皇の仰せがあり決定したとする。

⒂ 関係史料

●『大日本史料』第三篇之十四　永久元年七月十三日条。

80 元永

一一一八〜一一二〇

(1) 改元年月日…永久六年四月三日（西暦一一一八年四月二十五日）
(2) 使用期間……約二年
(3) 改元理由……災異改元
(4) 読み方………げんえい（ぐえんえい）／げんえい（本朝通鑑）／くえんえい（王代年代號略頌）／Quanyei（ロドリゲス『日本大文典』、QはGの誤字か）／けんえい（本朝年代歴）
(5) 天皇／上皇…鳥羽天皇／白河法皇
(6) 関白…………藤原忠実
(7) 勘申者………菅原在良（式部大輔）
(8) 出典と章句…不詳。『周易』か。
●『周易』（比卦）「比吉原筮元永貞、无咎、不寧方来、後夫凶。」
●『周易』（筮卦）「九五筮有位、无咎、匪孚。元永貞悔亡。」
●『周易』（象上傳）「比吉也。比輔也。下従順也。原筮、元永貞无咎、以剛中也。」
(9) 候補年号の勘申者…菅原在良・藤原敦光（文章博士）・藤原永実（文章博士）
(10) 改元上卿……藤原忠通（内大臣）
(11) 改元陣議の参仕公卿…藤原忠通・藤原宗忠（権中納言）・源能俊（権中納言）・源重資（権中納言）・藤原実行（参議・左兵衛督）・藤原長忠（左大弁）
(13) 元永年間の主な出来事
●元永二年十一月二十八日　輔仁親王、没。

⒁ 改元の経緯及び特記事項

改元の理由として『百練抄』は「天變并びに御悩也」とし、『十三代要略』は「天変并びに御慎也」、『一代要記』は「天反（變）・疾病に依る也」とする。いずれにせよ災異改元である。

この時提出された勘文は菅原在良が「元永」「保安」「天治」を提出しており、そのほか藤原敦光・藤原永実も提出したが、詳細は不明である（『元秘別録』）。後述の『中右記』によれば「天承」「久安」「長寿」があった。

『中右記』元永元年四月三日条によれば、この日、藤原宗忠が突然、本日改元定を開くために出仕せよとの仰せを受けて雨の中参内すると、左右大臣・大納言はいずれも参加せず、数人の公卿がいるばかりで、頭弁藤原顕隆が頻りに法皇・関白との連絡をとっているところであった。外記の「密々談々」によれば今月はこの日しか改元定を行う日がなかったとのことで、宗忠は「改元は朝家の大事也」とし、大臣が執り行い、公卿が多く参加すべきなのにこの有り様では困ると不満を述べている。

年号定は内大臣である藤原忠通により行われ、藤原長忠が「天承」「大治」、藤原実行が「元永」「久安」、源重資が「元永」「承安」、源能俊が「元永」「長寿」、藤原宗忠が「元永」「保安」を推したが、忠通は「元永」と決して奏し、法皇にも報告を行い、改元が行われた。なお、災異改元の例として天喜改元の先例によったが、伊勢神宮・八幡宮に訴えを受けたものは大赦から外すこととしている。

⒂ 関係史料

●『大日本史料』第三篇之十九　元永元年四月三日条。

81 保安 一一二〇～一一二四

(1) **改元年月日**…元永三年四月十日（西暦一一二〇年五月九日）
(2) **使用期間**……約四年
(3) **改元理由**……災異改元
(4) **読み方**………ほうあん
(5) **天皇／上皇**…鳥羽天皇／白河法皇
(6) **関白**…………藤原忠実
(7) **勘申者**………菅原在良（式部大輔・文章博士）
(8) **出典と章句**…不詳。諸説あり。
●『漢書』（劉向傳）「保守社稷安固後嗣。」
●『舊唐書』（音楽志）「含育九區保安萬國」
●『貞観政要』（巻六、悔過）「魏王既是陛下愛子、須使知定分常保安全毎事抑其驕奢、不處嫌疑之地。」
●その他、『文選』に「保」と「安」の組み合わせの例有り。
(9) **候補年号の勘申者**…菅原在良・藤原敦光（文章博士）
(10) **改元上卿**……藤原忠通（内大臣）
(11) **改元陣議の参仕公卿**…藤原忠通・藤原宗忠（権中納言）・源能俊（権中納言）・藤原忠教（権中納言・左兵衛督）・藤原実隆（権中納言）・藤原実行（参議・右兵衛督）・藤原長忠（参議・左大弁）
(13) **保安年間の主な出来事**
●保安元年十一月十二日　白河法皇、藤原忠実の内覧を停止する。

●保安二年正月二十二日　藤原忠実の関白を停止し、藤原忠通を任ず。／三月五日　藤原忠通を関白とする。
●保安四年正月二十八日　鳥羽天皇譲位、皇太子顕仁親王即位（崇徳天皇）。／藤原忠通を摂政に任ず。

⒁ 改元の経緯及び特記事項

改元の理由として『百練抄』は「天變・御悩也」とし、『一代要記』は「御厄運也」とする。『中右記』保安元年四月十日条には、藤原宗忠が「今度の改元頻りに心得ず。近日天下豊年、偏に御慎の改元なり、未だこの例有らず」と不審に思い、「或る人密語して云はく」として算博士三善為康が「御即位より今年に及び、算計する所、今年の夏御慎み有るべし」とした意見が改元の理由という噂を記している。

前述の『中右記』によればこの時の勘文は菅原在良が「長仁」「天治」「保安」、藤原敦光が「天治」「慶延」「長壽」を提出した。改元定は四月十日に行われ、まず藤原長忠が「長仁」「保安」を推し、藤原宗忠が「保安」「慶延」を推し、他の公卿は「天治」がよいとした。藤原忠通が「天治」「慶延」と一応の結論を出し、議論の趣旨も含めて奏上したところ、法皇よりまだ議論があるようなので重ねて定めよと仰せがあった。そのため「保安」「天治」で議論が分かれ、他の年号案についても審議が尽くされた。

宗忠が「長寿」は女帝である則天武后の年号で、短期間であった。「天治」は天智天皇と同じ音で、「長仁」は最近の散楽法師の名と同じだと難じたところ、長忠がそれは「興言」だと反論した。それについて忠通が「年號は、世間の人妖言を尤も避くべき事也」「年號は萬人の甘心宜しくすべきか」とし、散楽法師の名前を避けることも意味があると述べた。最終的には「保安」に決し、改元が行われた。

⒂ 関係史料

●『大日本史料』第三編之二十四　保安元年四月十日条。

82 天治　一一二四〜一一二六

(1)**改元年月日**…保安五年四月三日（西暦一一二四年五月十八日）

(2)**使用期間**……約一年九ヶ月

(3)**改元理由**……代始改元

(4)**読み方**………てんぢ／てんち（番鍛冶次第附録年代記・年号読様）、Tensio（ケムペル『日本志』）

(5)**天皇／上皇**…崇徳天皇／白河法皇・鳥羽上皇

(6)**摂政**…………藤原忠通

(7)**勘申者**………藤原敦光（式部大輔）

(8)**出典と章句**

●『易緯』「帝者徳配天地、天子者継天治物。」

●『古微書』巻十五「易坤靈圖」「帝者天號也。徳配天地不私、公位稱之曰帝。天子者繼天治物、改正一統、各得其宜。」

（『説郛』巻七「易坤靈圖」にも同文あり）

(9)**候補年号の勘申者**…藤原敦光・大江有元（文章博士）・藤原行盛（文章博士）

(11)**改元陣議の参仕公卿**…藤原宗忠か（権大納言）・藤原実行（権中納言・右兵衛督）・藤原為隆（参議・右大弁）・源師時（参議・右近衛中将）・藤原為隆（参議・左大弁）・藤原伊通（参議・右兵衛督）

(13)**天治年間の主な出来事**

●天治二年十一月九日　白河法皇・鳥羽上皇・待賢門院、熊野に行幸する。

(14)**改元の経緯及び特記事項**

『百練抄』に「天治…改元、即位に依る也」とあるように、崇徳天皇即位による代始改元である。出された年号勘文は「長承」「慶延」「天治」を選んだ藤原敦光、「永貞」「建徳」を選んだ大江有元、「天保」「元徳」を選んだ藤原行盛のものであった（『元秘別録』）。

年号定は天治元年四月三日条に行われ、藤原伊通が「天治」は村上天皇と堀河天皇の代始で、長く続いた「天暦」「寛治」と同じ字を用いており、「吉例」であると述べた。続いて藤原為隆も「天治」を推し、「天保」も典拠は悪くないが「傍例」として秦の始皇帝の故事と関わるのはよくない。それが問題なければこの二つを奏すべきと述べた。そのため「天治」と「天保」が頭弁により院（白河上皇）に奏されたが、公卿たちは数刻待たされることになった。「座人屈極極まり無し」という中で、他の年号案の検討が行われた。

「長承」は問題ないとされたが、「慶延」は伊通が反切について問題視し、藤原宗忠も同意した。しかし源師時が異を唱えている。「建徳」は藤原実行が典拠に問題があると指摘した。「永貞」は伊通が唐の年号で、一年のみなのでよくないとした。「天保」にも伊通が中国の寺院の名と同じだと批判したが、師通が「嘉祥」は唐の嘉祥大師の号と同じではないかと斥けた。「天治」は宗忠が天智天皇と同音であると難じたが、藤原為隆が「承徳」は称徳天皇と同音であると反論した。さらに宗忠が「元徳」について「徳」の字は「寛徳」以後不吉であると述べ、「密語」として「寛徳」の時は堀河院、「承徳」の時は鳥羽院の母が死去しているとしている。深夜になり頭弁が帰り、「天治」と決定した（『改元部類』所行「師時記」天治元年四月三日条）。

⒂ 関係史料

● 『崇徳天皇実録』天治元年四月八日条。

83 大治

一一二六〜一一三一

(1) 改元年月日…天治三年一月二十二日（西暦一一二六年二月十五日）
(2) 使用期間……約五年
(3) 改元理由……災異改元
(4) 読み方………だいじ（だいぢ）／たいぢ（王代年代號略頌）／たいち（番鍛冶次第附録年代記・皇年代記）
(5) 天皇／上皇…崇徳天皇／白河法皇・鳥羽上皇
(6) 摂政…………藤原忠通
(7) 勘申者………藤原敦光（式部大輔）
(8) 出典と章句
●『河圖挺佐輔』「黄帝修徳立義天下大治。」（『藝文類聚』に「河圖挺佐輔曰…」として同文あり。『説郛』巻五も同）。
●『賈誼五美』（巻二）「當時大治、後世誦聖。一動而五美附。陛下誰憚而久不為此。」
(9) 候補年号の勘申者…藤原敦光・大江有元（文章博士）・藤原行盛（文章博士）
(10) 改元上卿……源有仁（内大臣）
(11) 改元陣議の参仕公卿…源有仁・藤原宗忠（権大納言）・源能俊（権大納言）・藤原実行（権中納言・右衛門督）・藤原顕隆（権中納言）・源雅定（権中納言）・源師頼（参議）・源師時（参議・右近衛中将）・藤原為隆（参議・左大弁）
(12)「大治」を冠する用語等
●大治の荘園整理令　大治二年五月十九日に出された荘園整理令。寛徳以後の新立荘園を停止。

(13) 大治年間の主な出来事

●大治四年三月　平忠盛に山陽道・南海道の海賊を追捕させる。

●大治四年七月一日　藤原忠通を関白に任ず。

(14) 改元の経緯及び特記事項

『百練抄』には「疱瘡に依る也」とあり、疱瘡による災異改元である。『永昌記』天治四年正月十五日条によれば、鳥羽上皇が疱瘡を患っている。勘文は「天寿」「長承」「大治」を選んだ藤原敦光、「安治」「淳徳」を選んだ大江有元、「平和」「天保」「政和」を選んだ藤原行盛のものがあった（『大治改元定記』）。改元定は正月二十二日に行われたが、源師時が鳥羽上皇のもとに参ると、藤原忠通と源有仁も来ており、有仁・師時で年号定の次第を話している。

年号定では藤原為隆が「長承」は始皇帝の故事に関わるのが問題。「淳徳」は「徳」が不吉。「安治」は旧年号（「治安」）の顛倒の例なし。「平和」「政和」は「和」を含む年号の時に代替わりが多く不吉。「天保」は周公旦の故実があり、避けるべき。「天寿」か「大治」がよいと述べた。続いて源師時は「大治」は対馬音で「大地」と同じで地震を連想させ、「天保」は典拠に問題。「天寿」は鳥羽院の代始が天仁・天永だった例に倣うべき。「安治」も問題ないとした。源有仁は疫病による改元に「寿」があるのはよいとし、他の公卿も「天寿」に賛成し、奏された。すると「天寿が二年、三年」というのは問題ではという仰せがあり、公卿は「天暦」「仁寿」の例から反論した。頭弁は改めて摂政・院に報告を行ったが、「和」「徳」を含まない年号案から選べと仰せがあり、「大治」と定め、院に奏され、改元となった（『大治改元定記』所引「水日記」・『永昌記』天治三年正月二十二日条）。

(15) 関係史料

●『崇徳天皇実録』天治三年正月二十二日条。

84 天承

一一三一〜一一三二

(1)**改元年月日**…大治六年一月二十九日（西暦一一三一年二月二十八日）

(2)**使用期間**……一年七ヶ月

(3)**改元理由**……災異改元

(4)**読み方**………てんじょう(てんじよう)／てんせう(皇年代記・王代年代號略頌・番鍛冶次第附録年代記)／Tenxo(ロドリゲス『日本大文典』)／Tensio（ケムペル『日本志』）／てんぜう（本朝通鑑）

(5)**天皇／上皇**…崇徳天皇／鳥羽上皇

(6)**関白**…………藤原忠通

(7)**勘申者**………藤原敦光（式部大輔）

(8)**出典と章句**

●『漢書』(匡衡傳)「臣又聞、聖王之自為、動静周旋、奉天承親、臨朝享臣、物有節文、以章人倫。」

(9)**候補年号の勘申者**…藤原敦光・大江有元（文章博士）・藤原行盛（文章博士）

(10)**改元上卿**……源有仁（内大臣）

(11)**改元陣議の参仕公卿**…源有仁・藤原宗忠（権大納言）・源能俊（権大納言）・藤原忠教（権大納言）・源師頼（中納言）・源雅定（中納言・右衛門督）・「堀川中納言」・藤原実行（権中納言）・源師時（権中納言）・源雅兼（参議・左大弁）

(13)**天承年間の主な出来事**

●天承二年正月十四日　藤原忠実を再び内覧に任ず。

(14)**改元の経緯及び特記事項**

『百練抄』に「天承　…大治六年正廿九改元。去年の炎旱天變に依る也」、『皇年代略記』には「炎旱・洪水・天變に依る也」とあり、災異改元である。

『長秋記』天承元年正月廿九日条によれば、当日改元定が行われるという仰せがあり、源師時が院に参ると頭弁が来ており、上卿の右大臣藤原家忠が辞退し、内大臣源有仁が行うことになったことや大内記が病で代理を誰にするかが問題になっていることを語った。次いで内大臣のもとに赴き、年号勘文を見ている。

勘文は「天寿」「泰和」「天承」を選んだ藤原敦光、「天祐」「安寧」「保寧」を選んだ大江有元、「永受」「天受」「慶成」を選んだ藤原行盛のものであった（『元秘別録』）。藤原忠教は「寧」「成」という字の使用を疑問視したが、師時は問題ないとし、共に参内の途中で、「天寿」「天佑」は隋唐末期の年号であり、「泰和」は「和」の字が良くない。「安寧」は「寧」が「倭字」に通じるのが問題なので「天承」「天受」がよいだろうなどと話した。

年号定が始められると、源雅兼が「天承」「天受」がよいとし、藤原実行も賛成した。堀川中納言は「天承」は典拠以外は問題ない。「天寿」は隋末、「天祐」は唐末の「亡國の時」の年号であるから、「天受」「永受」は「受」の字のため「後事有る」ように見えるため、「慶成」は「戈」が入っているのでよくないと述べた。藤原宗忠は「泰和」の「和」は憚りがあると述べた。検討の結果、「天承」が奏され、関白と院にも報告された。しばらくして仰せがあり、「天承」は典拠をみても二文字が分かれて読まれるのではないかとされたが、公卿たちはそれを「吉事」であるとして、最終的に「天承」として改元がなされた。

⒂ 関係史料

●『崇徳天皇実録』大治六年正月二十六日条。

85 長承　一一三二〜一一三五

(1) **改元年月日**…天承二年八月十一日（西暦一一三二年九月二十一日）
(2) **使用期間**……約二年九ヶ月
(3) **改元理由**……災異改元
(4) **読み方**………ちょうじょう（ちやうじやう）／ちやうぜう（王代年代號略頌・本朝通鑑・本朝年代歴）／ちやうせう（皇年代記・番鍛治次第附録年代記）／Chŏxŏ（ロドリゲス『日本大文典』）／Tsiooso（ケムペル『日本志』）
(5) **天皇／上皇**…崇徳天皇／鳥羽上皇
(6) **関白**…………藤原忠通
(7) **勘申者**………藤原敦光（式部大輔）
(8) **出典と章句**
●『史記』（秦始皇本紀）「黔首改化、遠邇同度、臨古絶尤、常職既定、後嗣循業、長承聖治、群臣嘉徳、祗誦聖烈。」
(9) **候補年号の勘申者**…藤原敦光・藤原行盛（文章博士）・菅原時登（文章博士）・藤原実光（参議・左大弁）
(14) **改元の経緯及び特記事項**

『百練抄』には「長承　…天承二・八・十一改元。疾疫に依る也」とあり、『一代要記』は「疾疫・火事に依る也」とし、『皇年代略記』は「怪異・疾疫に依る也」としている。

提出された年号勘文は「養治」「応保」を選んだ藤原実光、「天隆」「政事」「長承」を選んだ藤原敦光、「政治」「恒久」を選んだ藤原行盛、「安貞」「久安」「寿考」を選んだ菅原時登のものがあり、藤原敦光の「長承」が選ばれた（『元秘別録』）。

⒂ 関係史料

●『崇徳天皇実録』天承二年八月十一日条。

コラム12 「長仁」という散楽法師の名

保安の改元時に、式部大輔兼文章博士在良朝臣が勘申した年号案のなかに、長仁・天治・保安等があったが、改元定の仗議の席で、中納言藤原宗忠は「天治ハ又音天智天皇の号と同じなり。長仁又近代散楽法師名なり、天下上下衆人頗る嘲弄するか」と言って笑い話になった。

散楽法師はこのころ流行しはじめた民間の滑稽を旨とする芸能者であるが、年号が同じになったら世間から嘲笑されるだろう、といって取りやめになったのである。

林屋辰三郎は、この長仁を『法隆寺文書』永承元年十月二十八日付「僧長仁公験紛失状案」に見える、婿狛延重宅において文書を盗まれたと訴えた僧長仁と同一人物の可能性があるとして、当時の民間芸能者と南都楽人の関係を推測している（林家『中世芸能史の研究』岩波書店、一九六〇）。〔G〕

86 保延

一一三五〜一一四一

(1)**改元年月日**…長承四年四月二十七日（西暦一一三五年六月十日）
(2)**使用期間**……約六年二ヶ月
(3)**改元理由**……災異改元
(4)**読み方**………ほうえん／Fôye（ロドリゲス『日本大文典』、nを脱したか）／Fojen（ケムペル『日本志』）
(5)**天皇／上皇**…崇徳天皇／鳥羽上皇
(6)**関白**…………藤原忠通
(7)**勘申者**………藤原顕業（文章博士）
(8)**出典と章句**
●『文選』（魯靈光殿賦）「永安寧以祉福。長與大漢而久存。實至尊所御、保延寿而宜子孫。」
(9)**候補年号の勘申者**…藤原顕業・藤原敦光（式部大輔）・菅原時登（文章博士）
(10)**改元の上卿**…藤原宗忠（内大臣）
(11)**改元陣議の参仕公卿**…藤原宗忠・藤原忠教（権大納言）・源師頼（権大納言）・藤原実行（権大納言）・源師時（権大納言）・藤原伊通（権中納言）・藤原顕頼（権中納言・右兵衛督）・藤原公教（参議・左近衛中将）
(13)**保延年間の主な出来事**
●保延三年十月十五日　鳥羽上皇、安楽寿院の落慶法要を行う。
(14)**改元の経緯及び特記事項**
『百練抄』には「保延　…疾疫・飢饉に依る也」とあり、『皇年代略記』には「飢饉・疾疫・洪水に依る也」とあり、災異改元である。『中右記』保延元年四月二十七日条には「…来りて仰せて云はく、天下不閑天変霖雨に依りて改元す」

とある。

年号勘文は「貞久」「天明」「養寿」を選んだ藤原敦光、「嘉応」「安貞」「承安」を選んだ菅原時登、「承安」「延祚」「保延」を選んだ藤原顕業のものがあった（『長秋記』保延元年四月廿七日条・『元秘別録』）。

前述の『長秋記』によれば、年号定は四月二十七日に行われた。まず藤原公教が「保延」「安貞」がよいとし、源師頼が賛成した。続いて藤原顕頼は「承安」はどうかとし、藤原伊通・藤原忠教も同意した。藤原実教は「貞久」「保延」を用いるべきではないかとした。

これらの議論により一度奏上が行われたが、仰せがあり、更に検討が行われた。公教は「安貞」「保延」から選ぶべきとし、顕頼・伊通・忠教は「承安」を推し、藤原実行は「天安」「安和」の例があり、「安」を「カエ」と読むことから、「貞安」はよくないのではと述べ、「保延」を推した。これについて源師時が「治安」「保安」の例から反論し、その上で「貞久」は「啼泣」と同音であり、「承安」は殿舎の名前であるから「保延」がよいとしている。また藤原顕頼は「保延」の出典について「集注」で「喪服傳」を引いているのを問題視している。最終的に「保延」がよいとして奏され、改元が行われた。

⒂ 関係史料

●『崇徳天皇実録』保延元年四月二十七日条。

87 永治　一一四一〜一一四二

⑴ **改元年月日**…保延七年七月十日（西暦一一四一年八月十三日）

⑵ **使用期間**……約九ヶ月

⑶ **改元理由**……革年改元

⑷ **読み方**………えいじ（えいぢ）／えいち（皇年代記・番鍛冶次第附録年代記）、Jeeitsi（ケムペル『日本志』）

⑸ **天皇／上皇**…崇徳天皇／鳥羽法皇

⑹ **関白**…………藤原忠通

⑺ **勘申者**………藤原実光（権中納言）・藤原永範（文章博士）

⑻ **出典と章句**

●『魏文典論』「或有方周成王於漢昭帝者、…故咳笑必含仁義之聲、観聴必觀禮儀之容、宏践之義、隆太平之化、禮楽興於上、頌聲作於下。時成王年二十二。享國三十年、世永治長徳與年豊。」

●『晋書』（武帝紀）「制曰、見土地之廣、謂萬葉而無虞。覩天下之安、謂千年而永治。」

⑼ **候補年号の勘申者**…藤原実光・藤原永範・藤原顕業（文章博士）・藤原敦光（式部大輔）

⑽ **改元上卿**……源有仁（左大臣）

⑾ **改元陣議の参仕公卿**…源有仁・源雅定（権大納言）・藤原宗輔（権大納言・右近衛大将）・藤原伊通（中納言）・藤原公教（権中納言）・藤原忠基（参議・右近衛中将）・藤原公能（参議・右大弁）

⒀ **永治年間の主な出来事**

●永治元年三月十日　鳥羽上皇出家。

●永治元年十二月七日　崇徳天皇退位、体仁親王即位（近衛天皇）。藤原忠通を摂政に任ず。

⒁ 改元の経緯及び特記事項

『百練抄』には「永治　…改元、辛酉革命に依る」とあり、辛酉革命説による革命改元である。保延六年三月五日、明年の辛酉が革命にあたるかどうかが明経博士・算博士・暦博士らに諮問されている（『革命勘文』「元応三年大外記中原朝臣師緒勘例」）。

提出された年号勘文は「貞久」「応保」「斉徳」を選んだ藤原敦光、「久安」「喜康」を選んだ藤原顕業、「承安」「永治」を選んだ藤原永範、「永治」「承慶」を選んだ藤原実光のものであった（『元秘別録』）。

『改元部類』所引の記者不明の「略記」によれば、保延七年七月十日、改元定が行われ、改元とともに、天下諸神の位を一階進めると共に、詔において常赦の対象外となる者と神社に関係する訴えによる者以外への大赦、天下諸国への免税と老人・僧尼への穀物の支給が命ぜられた。

⒂ 関係史料

● 『崇徳天皇実録』保延七年七月十日条。

88 康治

一一四二〜一一四四

(1) **改元年月日**……永治二年四月二十八日（西暦一一四二年五月二十五日）
(2) **使用期間**……約一年十ヶ月
(3) **改元理由**……代始改元
(4) **読み方**……こうじ（かうぢ）／こうぢ（王代年代號略頌）／かうち（皇年代記・番鍛冶次第附録年代記）、Kootsi（ケムペル『日本志』）
(5) **天皇／上皇**……近衛天皇／鳥羽法皇・崇徳上皇
(6) **摂政**……藤原忠通
(7) **勘申者**……藤原永範（文章博士）
(8) **出典と章句**
●『宋書』「以康治道。…」（『元秘別録』所引藤原永範勘文、『宋書』に該当箇所なし）
(9) **候補年号の勘申者**…藤原永範
(10) **改元上卿**……藤原実能（権大納言・右近衛大将）
(11) **改元陣議の参仕公卿**…藤原実能・藤原宗輔（権大納言）・藤原伊通（権大納言）・藤原公教（権中納言・左衛門督）・藤原重通（権中納言・左兵衛督）・藤原公能（権中納言）・藤原公行（参議・右兵衛督）
(13) **康治年間の主な出来事**
●康治元年五月五日　鳥羽法皇・藤原忠実、東大寺で受戒／同五月二十四日　鳥羽法皇、東大寺で受戒。
●康治二年六月三十日　源為義、藤原頼長に臣従する。
(14) **改元の経緯及び特記事項**

『百練抄』に「康治　…改元、即位に依る也」とあるように、近衛天皇の即位による代始改元である。『本朝世紀』には永治二年四月十八日に年号定があり、改元が行われた記事がある。

『元秘別録』によればこの時の勘文提出者は藤原永範のみで、「康治」のほか、「久寿」と「応保」の案があった。『台記』同日条では当時内大臣であった藤原頼長は「康治」案について、「然れば則ち水災を以て飢饉たるべき象也」と批判し、陣定に参加した藤原公能に尋ねたが、公卿たちからそのような発言はなかったと聞き、「今の卿士、経史を学ばざるを以て、国家滅亡豈宜しからざるや」と憤っている。頼長はこの時、摂政である兄・藤原忠通から参入するように命ぜられたが、「固辞」していた。

⒂ 関係史料

●『近衛天皇実録』永治二年四月十日条。

89 天養　一一四四〜一一四五

(1) 改元年月日…康治三年二月二十三日（西暦一一四四年三月二十八日）
(2) 使用期間……約一年一ヶ月
(3) 改元理由……革年改元
(4) 読み方………てんよう／てんにやう（年号読様）／Tenjo（ケムペル『日本志』）
(5) 天皇／上皇…近衛天皇／鳥羽法皇・崇徳上皇
(6) 摂政…………藤原忠通
(7) 勘申者………藤原茂明（文章博士）
(8) 出典と章句
●『後漢書』（郎顗傳）「此天之意也、人之慶也。仁之本也。儉之要也。焉有應天養人爲仁爲儉、而不降福者乎。」
(9) 候補年号の勘申者…藤原茂明・藤原敦光（式部大輔）・藤原永範（文章博士）・藤原実光（前中納言）・藤原顕業（参議・右大弁）
(10) 改元上卿……藤原頼長（内大臣）か
(11) 改元陣議の参仕公卿…藤原頼長　他の参仕公卿は不詳。
(13) 天養年間の主な出来事
●天養元年七月二十二日　藤原通憲（信西）、出家。
●天養元年　この年、『伊呂波字類抄』二巻本成立する。
(14) 改元の経緯及び特記事項
『百練抄』には「天養　…改元、甲子革令に依る也」とあり、甲子革令説による革年改元である。『本朝世紀』によれば康治二年九月二十六日に左大臣源有仁より明年の甲子について革令に当たるのかどうかについて、明経・紀伝・算・暦などの博士に勘申するよう命ぜられ、十月一日に陰陽道、翌年二月十四日には内大臣藤原頼長より明経道の肥後守清原信俊に勘申が命ぜられている(『清原重治記』康治三年二月十四日条にも同様の記述あり)。『甲子紀伝勘文部類』はこの時紀伝道から提出された藤原永範・実光・顕業・敦光による四つの勘文を収めており、その他、陣定の際に改めて諮問された際の覆問宣旨により、明経・算・暦・陰陽の勘文提出者がわかる。なお、佐藤均によれば、この時提出された勘文はいずれも三善清行の説を継承しておらず、明確には革令ではないが改元されるべきと論じている(佐藤均一九八三)。

十月十七日に甲子定があり(その次第は『清原重治記』同日条に詳しい)、同日年号の字を選ぶことが宣旨により命ぜられた。そして二十三日には年号定があり、改元が行われた。『愚管抄』は改元の日を二十二日、『如是院年代記』は二十四日としている。

この時提出された勘文は藤原実光の「承慶」「長寛」、藤原顕業の「久安」「弘保」、藤原敦光の「慶延」「泰和」、藤原永範の「建保」「久寿」、藤原茂明の「徳安」であった(『元秘別録』)。

なお、藤原頼長はこの改元に際して『周易』を学ぼうとしたが、この書を学ぶと「凶」があるので五十歳以後に学ぶべきであるという「俗人傅」により、康治二年十二月七日、泰山府君の祭りを安倍泰親に行わせ、その上で学習したという(『台記』康治二年十二月七日条・『古今著聞集』巻四「文事」「宇治左府頼長周易を学ぶ事」)。

(15) 関係史料

●『近衛天皇実録』康治三年二月二十三日条。

90 久安

一一四五〜一一五一

(1) 改元年月日… 天養二年七月二十二日（西暦一一四五年八月十二日）
(2) 使用期間…… 約五年六ヶ月
(3) 改元理由…… 災異改元
(4) 読み方……… きゅうあん（きうあん）
(5) 天皇／上皇… 近衛天皇／鳥羽法皇・崇徳上皇
(6) 摂政………… 藤原忠通
(7) 勘申者……… 藤原永範（文章博士）
(8) 出典と章句
●『晋書』（劉頌傳）「建久安於萬載、垂長世於無窮。」
●『漢書』（賈誼傳）「建久安之勢、成長治之輩、以承祖廟、以奉六親、至孝也。以幸天下以育群生、至仁也。」
(9) 候補年号の勘申者… 藤原永範・藤原顕業（左大弁・式部大輔）・藤原茂明（文章博士）
(10) 改元上卿…… 藤原頼長（内大臣）
(11) 改元陣議の参仕公卿… 藤原頼長など
(13) 久安年間の主な出来事
●久安三年三月十九日　藤原頼長を一上とする。
●久安六年十二月九日　摂政藤原忠通を関白とする。
●久安六年冬　鳥羽法皇、藤原信西に国史（『本朝世紀』）編纂を命ずる。
●久安七年正月十日　藤原頼長を内覧とする。

⒁ 改元の経緯及び特記事項

『百練抄』に「久安　…改元、星變に依る也」とある。

『本朝世紀』久安元年七月廿二日条には、この日に改元があり、「彗星に依る」と記す。同四月廿三日には「自今夕、彗星西方に見ゆ」とある。彗星の出現による災異改元である。

この時提出された勘文は藤原永範が「久安」「承寶」「仁保」、藤原顕業が「承天」「大嘉」、藤原茂明が「萬安」「徳安」「延壽」であった。なお、この年号勘文提出については七月に左大臣源有仁が永範・茂明に命じている（『元秘別録』）。

⒂ 関係史料

●『近衛天皇実録』天養二年七月二十二日条。

91 仁平　一一五一〜一一五四

(1)改元年月日…久安七年一月二十六日（西暦一一五一年二月十四日）

(2)使用期間……約五年六ヶ月

(3)改元理由……災異改元

(4)読み方………にんびょう（にんびやう）／にんべい（本朝年代歴・王代年代號略頌）／にんへい（番鍛冶次第附録年代記・本朝通鑑・年号読様・年号訓點）／にんひやう（年号訓點・童蒙必読）／Nimpei（ロドリゲス『日本大文典』）／Nimpe（ケムペル『日本志』）

(5)天皇／上皇…近衛天皇／鳥羽法皇・崇徳上皇

(6)関白…………藤原忠通

(7)勘申者………藤原永範（文章博士）

(8)出典と章句

●『後漢書』（孔奮傳）「奮既立節、治貴仁平。」

(9)候補年号の勘申者…藤原永範・藤原朝隆（右大弁）・藤原茂明（文章博士）

(10)改元上卿……藤原頼長（内大臣）

(11)改元陣議の参仕公卿…藤原実行（太政大臣）・藤原頼長・源雅定（右大臣・左近衛大将）・藤原実能（内大臣・右近衛大将）・藤原宗能（権大納言）・藤原公教（権大納言）・藤原公能（中納言）・藤原忠雅（権中納言・左兵衛督）・藤原忠基（権中納言）・藤原教長（参議）・藤原経宗（参議）・藤原公通（参議）

(13)仁平年間の主な出来事

●仁平三年正月十五日　平忠盛、没。

⑭ 改元の経緯及び特記事項

『百練抄』には「仁平　…去年の風水に依る也」とする、『本朝世紀』仁平元年正月廿六日条にみえる改元の詔にも「去年、国、暴風の難に逢ひ、人洪水の困有り」とあり、風水害による災異改元である。久安六年八月の大雨による洪水を受けてのものであろう（『本朝世紀』・『台記』久安六年八月二十八日条）。

『本朝世紀』仁平元年正月二十六日条によれば、この日改元定があり、太政大臣藤原実行も参加したが、奥の座に候じ、行事を取り仕切ったのは左大臣藤原頼長であった。詔では八虐以外の天下大赦と老人・僧尼への穀物の支給が命ぜられている。この時提出された勘文は藤原永範による「仁平」「嘉禄」、藤原朝隆による「久壽」が提出されている。その他、藤原茂明も提出しているが、年号案は不明である（『元秘別録』）。その他、『台記』同日条には「萬安」という案が出されていたことが記されている。

『台記』では改元定について、まず難陳が行われており、これについて「先例定め了りて奏し、仰せに依り之を難ず。而るに皇帝猶幼く、政事を裁判すること能ず。法皇白河に在りて両度往還鶏鳴に及ぶ。僕既に執政の身を爲す。仍りて直ちに難ずべきの由を仰す」としている。難陳では藤原実行が「仁平」は『編年通載』によれば平は孫であると指摘している。その後「仁平」に決し、関白藤原忠通と鳥羽法皇への報告が行われ、改元となった。

⑮ 関係史料

● 『近衛天皇実録』久安七年正月二十六日条。

92 久寿

一一五四～一一五六

(1) 改元年月日… 仁平四年十月二十八日（西暦一一五四年十二月四日）

(2) 使用期間…… 約一年五ヶ月

(3) 改元理由…… 災異改元

(4) 読み方……… きゅうじゅ（きうじゆ）／きうしゆ（番鍛冶次第附録年代記）／Kijsu（ケムペル『日本志』、誤記か）／きうす（『平安遺文』二八二六）

(5) 天皇／上皇… 近衛天皇／鳥羽法皇・崇徳上皇

(6) 関白………… 藤原忠通

(7) 勘申者……… 藤原永範（式部大輔）

(8) 出典と章句

●『抱朴子』（内篇）「其事在於少思寡欲。其業在於全身久寿。」

●『隋書』（音楽志）「俗已乂、時又良、朝玉帛會衣裳。基同北辰久、壽共南山長。」

(9) 候補年号の勘申者… 藤原茂明（文章博士）・藤原長光（文章博士）

(10) 改元上卿…… 藤原頼長（左大臣）

(11) 改元陣議の参仕公卿… 藤原頼長・藤原宗輔（大納言）・藤原宗能（権大納言）・藤原兼長（権中納言）・藤原師長（参議・左近衛中将）・藤原公教（権大納言）・藤原経宗（参議・左近衛中将）・藤原公通（参議）・藤原資信（参議・左大弁）・藤原朝隆（参議・右大弁）

(13) 久寿年間の主な出来事

●久寿二年七月二十三日　近衛天皇崩御。／二十四日　雅仁親王即位（後白河天皇）。藤原忠通を関白に任ず。

⒁ 改元の経緯及び特記事項

『百練抄』には「久寿　…改元、厄運に依る也」とあり、『一代要記』は「焼亡に依る也」、『皇年代略記』は「變異厄運に依る也」としている。いずれにせよ災異改元である。

この時提出された勘文は藤原茂明の「天保」「徳祚」「和萬」、藤原永範の「承寶」「応暦」「平治」「嘉禄」、藤原長光の「延祚」「天寿」「徳延」であった（『元秘別録』）。『台記』によれば久安元年十月廿八日条に年号定が行われた（『兵範記』も同じ）。これに先立ち、鳥羽法皇より藤原頼長に「治」の字を用いるなとの「密詔」があった。

年号定では、頼長が「天寿」は隋末の年号。「承寶」は「宝位」（皇位）が「承」、止まる意味。「応暦」は勘文に『宋書』を引用して「聖王應曆數」云々とあるが、在位年限を限るようだ。「天保」は「一大人只十」と読める。「平治」は禹王との関係で、洪水を連想させると難じた（これは藤原師長が「延喜」も禹王に関係すると反論した）。続いて藤原宗能が「徳」や「祚」の使用を批判し、師長は「延祚」は晋代に殺された人の名前だと述べ、藤原朝隆は「天保」は中国では短期間の年号と指摘した。決められずにいる中で、旧勘文から選ぶこととなり、かつて藤原永範が提出していた「久寿」と決し、鳥羽法皇への報告の後、改元が行われた。この時の年号定についてはより詳しく『久寿改元定記』に記載がある。森鷗外『元號考』は藤原朝隆による年号案が採用されたとするが、その根拠は不明。

⒂ 関係史料

●『近衛天皇実録』仁平四年十月二十八日条。
●『久寿改元定記』（『続群書類従』第十一輯上　公事部）。

93 保元

一一五六～一一五九

(1) **改元年月日**…久寿三年四月二十七日（西暦一一五六年五月十八日）
(2) **使用期間**……約三年
(3) **改元理由**……代始改元
(4) **読み方**………ほうげん（ほうぐぇん）／ほうげん（本朝年代歴・本朝通鑑・年号訓點）／ほうけん（皇年代記・番鍛冶次第附録年代記）
(5) **天皇／上皇**…後白河天皇／鳥羽法皇・崇徳上皇
(6) **関白**…………藤原忠通
(7) **勘申者**………藤原永範（式部大輔）
(8) **出典と章句**
●『顔氏家訓』（巻上　文章）「諷刺之禍速乎風塵。宜防盧以保元吉。」
(9) **候補年号の勘申者**…藤原永範・藤原長光（文章博士）
(10) **改元上卿**……藤原実能（内大臣）
(11) **改元陣議の参仕公卿**…藤原実能・藤原公教（権大納言・左近衛大将）・藤原経宗（権中納言）・源雅通（参議・右兵衛督）・藤原伊通（参議・右兵衛督）・藤原光頼（参議・左近衛大将）
(12) 「**保元**」**を冠する用語等**
●**保元の乱**　保元元年七月十日から十一日に京都で起こった内乱。皇室・摂関家の内部抗争から武力抗争に至った。崇徳上皇の配流と藤原頼長の死去、源為義・平忠正の死罪で決着をみた。以後、「ムサ（武者）ノ世ニナリニケル也」（『愚管抄』）と評価される。『保元物語』はこの事件を題材とする。

●**保元新制**　後白河天皇の即位を受け、保元元年から翌年にかけて発せられた公家新制。特に保元元年閏九月十八日に発布された七カ条が有名。その第一条が保元の荘園整理令である。

⒀ 保元年間の主な出来事

●保元元年七月二日　鳥羽法皇崩御。
●保元元年七月十二日　保元の乱の敗北により崇徳上皇出家。／七月十四日　藤原頼長、没。
●保元三年八月十一日　後白河天皇譲位。守仁親王即位（二条天皇）。関白藤原忠通を免じ、藤原基実を関白に任ず。

⒁ 改元の経緯及び特記事項

『百練抄』に「保元　三年　久寿三・四・廿三改元、即位に依る也」（廿三は廿七の誤か）とあり、後白河天皇即位による代始改元である。

この時の年号勘文は「天明」「承宝」「保元」を選んだ藤原永範、「天明」「久承」「承禄」を選んだ藤原長光のものであった（『兵範記』久寿三年四月二十七日条・元秘別録』）。

『兵範記』久寿三年四月二十七日条によれば、「久承」か「保元」かを選ぶことで諸卿は一致しており、「久寿」と「久」が重なるのは憚りがあるとのことで、「保元」改元が決定した。

⒂ 関係史料

●『後白河天皇実録』久寿三年四月二十七日条。

94 平治

一一五九〜一一六〇

(1) 改元年月日…保元四年四月二十日（西暦一一五九年五月九日）

(2) 使用期間……約九ヶ月

(3) 改元理由……代始改元

(4) 読み方………へいじ（へいぢ）／へいち（番鍛冶次第附録年代記・皇年代記）、Feitsi（ケムペル『日本志』）

(5) 天皇／上皇…二条天皇／崇徳法皇・後白河上皇

(6) 関白…………藤原基実

(7) 勘申者………藤原俊経（文章博士）

(8) 出典と章句

●『史記』（夏本紀）「於是帝錫禹玄圭、以告成功于天下。天下於是太平治。」

(9) 候補年号の勘申者…藤原俊経・藤原俊憲（参議）・藤原永範（式部大輔）・藤原長光（文章博士）

(10) 改元上卿……藤原公教（内大臣）

(11) 改元陣議の参仕公卿…藤原公教・藤原経宗（権大納言）・藤原基房（権中納言）・藤原伊実あるいは藤原公通（「前中納言」）・藤原実長（参議・右近衛中将）・藤原顕長（参議）・藤原俊憲（参議）

(12)「平治」を冠する用語等

●**平治の乱**　平治元年に都で起こった争乱。近臣間の対立と平清盛・源義朝の対立から武力抗争に至った。十二月九日、藤原信頼・源義朝が挙兵し、藤原信西を自害させたが二十五日、平清盛に敗れ、信頼は処刑、義朝は暗殺され決着し、以後平氏の繁栄をみた。『平治物語』はこの事件を題材としている。

⒀ 平治年間の主な出来事

●平治元年十月二十五日　式子内親王を賀茂斎王に卜定する。

⒁ 改元の経緯及び特記事項

『百練抄』に「平治　…改元、即位に依る也」とあるように、二条天皇の代始改元である。

この時提出された勘文は藤原俊憲の「応暦」「淳仁」、藤原俊経の「大喜」「天大」、藤原長光の「永世」「久承」、藤原永範の「保貞」「弘保」「承宝」であった（『元秘別録』・『迎陽記』）。

『改元部類』所引「人車記」保元四年四月廿日条によれば、この日に改元定が行われ、「平治」と「淳仁」で議論が分かれた。記事の前後関係に混乱が見えるが、これに際して後白河上皇より関白藤原基実に裁定を行うように仰せがあり、基房は「密々」に「大殿」（藤原忠通）の意向も踏まえ、「平治」を推し、「淳仁」は醍醐天皇の諱（敦仁）と同音で読めるのでよくないとしたようである。公卿たちもこの難を述べ、「淳」の字を用いた例がないことも指摘したが、「淳仁」を提出した藤原俊憲は諱と同音の人物の例を挙げて反論した。結局「平治」が採用された。なおこの際、「平」の字が上に来たことがないことと、兵革との関係が指摘されたが、「承平」「康平」は兵乱が起こったが、「寛平」「仁平」は平和であったことを理由に斥けられ、改元が行われた。

『平治物語』は平治改元に際し、「平氏繁盛シテ天下ヲ可治年號カト申セシガ、果シテ源氏滅テ平家世ヲ取レリ」とし、「其時大宮左大臣伊通公ハ、此年號不被甘心。平治トハ…平地ヤ、高卑ナカランカト笑給シガ」、その後、皇居に武士が住み、天皇が追い出された（平治の乱）とするエピソードを語っている。

⒂ 関係史料

●『二条天皇実録』保元四年四月二十日条。

95 永暦

一一六〇～一一六一

(1) **改元年月日**…平治二年一月十日（西暦一一六〇年二月十八日）
(2) **使用期間**……約一年七ヶ月
(3) **改元理由**……災異（兵乱）改元
(4) **読み方**………えいりゃく（えいりやく）／やうりやく（中家実録・童蒙必読）
(5) **天皇／上皇**…二条天皇／崇徳法皇・後白河上皇
(6) **関白**…………藤原基実
(7) **勘申者**………藤原永範（式部大輔）
(8) **出典と章句**
●『後漢書』（邊譲伝）「馳淳化於黎元永歴世而太平。」
●『続漢書』（律暦志）「黄帝造歴、歴與暦同作。」
(9) **候補年号の勘申者**…藤原永範・藤原長光（文章博士）・藤原俊経（文章博士）
(10) **改元上卿**……藤原宗能（大納言）
(11) **改元陣議の参仕公卿**…藤原伊通（左大臣）・藤原公教（内大臣・左近衛大将）・藤原宗能（権大納言）・藤原忠雅（中納言）・源雅通（権中納言）・藤原光頼（権中納言・左衛門督）・藤原実長（参議）・藤原惟方（参議・左兵衛督）・藤原顕時（参議）・藤原公光（参議）
(13) **永暦年間の主な出来事**
●永暦元年三月十一日　源頼朝を伊豆国に配流。
(14) **改元の経緯及び特記事項**

改元の理由について、『百練抄』は「大乱に依る也」とし、『一代要記』は「兵乱に依る也」、『帝王編年記』は「太上天皇厄運・兵革に依る也」、『皇年代略記』は「天變兵乱に依る也」としている。平治の乱による改元であることは明らかである。

提出された勘文は「永暦」「天明」「承宝」を選んだ藤原永範、「天明」「久承」「承安」を選んだ藤原長光、「大喜」「治承」を選んだ藤原俊経のものであった（『元秘別録』）。

改元定は平治二年正月十日に行われ、「永暦」か「久承」がよいということになったが、更にいずれかに定めよとの仰せがあり、更に検討が行われた。藤原顕忠は「久承」は「久寿」「嘉承」の例があるので憚るべきかとし、藤原惟方は代始でなければ大丈夫なのではないかと述べた。藤原光頼は「久承」への難は如何と問うたところ、藤原経宗は問題ない、「嘉承」の他に「天承」「長承」もあると発言した。藤原公教が「久承」以外の難の無いものを用いるべきかとしたところ、藤原伊通は「久承」への難は戯言に近い。世間が鎮まるためにも早く決めるべきだとして、「承宝」は祥瑞がないのに用いるのは問題があるので「大喜」はどうかと述べた。顕忠は「大同」の例から「大」は如何かと反論し、兵革の改元であることから「承安」がよいとした。藤原経宗・維方は「大喜」が仏典にある言葉であると反対し、光頼は「宝」とは王位のことなので「承宝」も問題ないとした。最終的に「永暦」がよいということになり、改元が行われた。

なお、伊通はこの時、「山無く川無きを平治と為すか」と述べ「万座入鬠す」となった（『顕時卿改元定記』）。『平治物語』では平治改元の際にこの発言があったことになっている。

⒂ 関係史料

● 『二条天皇実録』平治二年正月十日条。

96 応保

一一六一～一一六三

(1)改元年月日…永暦二年九月四日（西暦一一六一年九月二十四日）

(2)使用期間……約一年八ヶ月

(3)改元理由……災異改元

(4)読み方………おうほう／をうほう（皇年代記・王代年代號略頒・本朝通鑑・年号読様）／わうほう（番鍛治次第附録年代記）

(5)天皇／上皇…二条天皇／崇徳法皇・後白河上皇

(6)関白…………藤原基実

(7)勘申者………藤原資長（参議・左大弁）

(8)出典と章句

●『尚書』（康誥）「已汝惟小子、乃服惟弘王、応保殷民。〔註〕已乎、汝惟小子、乃當服行徳政、弘大王之道、上以応天、下以安我所受殷之民衆。」

(9)候補年号の勘申者…藤原資長・藤原永範（式部大輔）・藤原長光（文章博士）・藤原俊経（左少弁）

(10)改元上卿……藤原伊通（太政大臣）か

(11)改元陣議の参仕公卿…藤原宗能（大納言）・藤原光頼（権大納言）・「富小路中納言家通」・藤原実長（権中納言）・藤原公光（権中納言・左衛門督）・藤原顕時（権中納言）・藤原顕長（参議・右兵衛督）・藤原信能（参議）・藤原資長（参議・左大弁）

(13)応保年間の主な出来事

●応保二年六月二十八日　藤原忠実、没。

⒁ 改元の経緯及び特記事項

『百練抄』は「疱瘡に依る」とし、『一代要記』は「飢饉疱瘡」とし、『皇代記』は「主上御不予」とする。疱瘡が流行し、二条天皇にも感染していたことは『山槐記』応保元年九月四日条にみえる。即ち災異改元である。

提出された勘文は「天統」「応保」を選んだ藤原資長、「建保」「嘉応」「弘保」を選んだ藤原永範、「養治」「久承」を選んだ藤原長光、「永万」「延寿」を選んだ藤原俊経のものであった（『元秘別録』）。改元定は九月四日に行われた。

難陳ではまず顕長が「応」は「天応」「応徳」共に天皇の代末の年号であり、「延寿」は「王延寿」という人名と紛らわしいと指摘した。顕時は聖代である村上朝の年号に「応和」があり、応徳改元の際も問題とならなかった。「延寿」も久寿改元の際、問題とならず、「延喜」という佳例があると反論し、「弘保」も弘法大師と紛らわしいとした。顕長は又、「久承」に代末である「久寿」「嘉承」の例から反対し、天皇が疱瘡にかかっている状況で用いるべきではないとした。また光頼は「久寿」については難も最もだが吉例も多いと述べた。ところがその間に頭弁に上卿（伊通か）が「応保」に賛成する者が多いようであると述べ、そのまま「仰」になってしまった。藤原顕時は「頻りに物を忘れらるか。猶重ねて議定せらるべきか。輕忽者の本性か」と批判している（『顕時卿改元定記』）。

⒂ 関係史料

● 『二条天皇実録』永暦二年九月四日条。

97 長寛　一一六三～一一六五

(1) 改元年月日…応保三年三月二十九日（西暦一一六三年五月四日）
(2) 使用期間……約二年二ヶ月
(3) 改元理由……災異改元
(4) 読み方………ちょうかん（ちやうくわん）／ちやうぐわん（中家実録・童蒙必読）
(5) 天皇／上皇…二条天皇／崇徳法皇・後白河上皇
(6) 関白…………藤原基実
(7) 勘申者………藤原範兼（刑部卿）
(8) 出典と章句
●『維城典訓』「長之〔也〕寛之〔也〕施其功博矣。」
(9) 候補年号の勘申者…藤原範兼・藤原俊経（文章博士）・藤原長光（文章博士）・藤原永範（式部大輔）・藤原敦周
(12) 「長寛」を冠する用語等
●**長寛勘文**　長寛元年、熊野大社が同社の所領を押領した甲斐守藤原忠重らを提訴した際に問題となった伊勢・熊野同体説について、提出を命じた儒者の勘文を収録したもの。『群書類従』雑部に収録。
(13) 長寛年間の主な出来事
●長寛二年二月十九日　藤原忠通、没。
●長寛二年八月二十六日　崇徳法皇、讃岐にて崩御。
●長寛二年九月　平家一門、法華経を書写して厳島社に奉納する（平家納経）。
●長寛二年十二月十七日　平清盛、蓮華王院を造立。

⒁ 改元の経緯及び特記事項

『一代要記』は「天變に依る也」とし、『皇年代略記』は「疱瘡に依る也」、『皇年代略記』は「赤斑瘡に依る也」としている。『元秘別録』は「天下疾疫に依る也」としている。災異改元である。なお、『一代要記』には「或本、四月一日改元」としている。

この時提出された勘文は「長寛」「永命」を選んだ藤原範兼、「承寧」「永萬」「弘保」「大喜」を選んだ藤原俊経、「安貞」「弘治」を選んだ藤原永範、「養治」を選んだ藤原敦周、「治承」「久承」「養壽」を選んだ藤原長光のものであった（『元秘別録』）。

⒂ 関係史料

- 『二条天皇実録』応保三年三月二十九日条。

98 永万　一一六五～一一六六

(1) **改元年月日**…長寛三年六月五日（西暦一一六五年七月十四日）
(2) **使用期間**……約一年二ヶ月
(3) **改元理由**……災異改元
(4) **読み方**………えいまん
(5) **天皇／上皇**…二条天皇／後白河上皇
(6) **関白**…………藤原基房
(7) **勘申者**………藤原俊経（文章博士）
(8) **出典と章句**
●『漢書』（王褒伝）「休徴自至、寿考无疆、雍容垂拱。永永萬年。」
(9) **候補年号の勘申者**…藤原俊経・藤原永範（式部大輔）・藤原長光（文章博士）・藤原資長（参議・左大弁）
(10) **改元上卿**……藤原基房（左大臣）
(11) **改元陣議の参仕公卿**…藤原基房・藤原経宗（右大臣）・藤原公通（権大納言）・藤原実定（権大納言）・藤原公保（権中納言・右衛門督）・藤原顕長（参議・左兵衛督）・藤原隆季（参議）・藤原宗家（参議・右近衛中将）・源雅頼（参議・右大弁）
(13) **永万年間の主な出来事**
●永万元年六月二十五日　二条天皇譲位、順仁親王即位（六条天皇）。／藤原基実を摂政に任ず。
●永万元年七月二十八日　二条上皇崩御。
●永万二年七月二十六日　摂政藤原基実没。

●永万二年七月二十七日　藤原基房を摂政に任ず。

⑭ 改元の経緯及び特記事項

『一代要記』は「天變・怪異・病に依る也」とし、『皇代記』は「天皇御薬并びに天變也」とする。『元秘別録』『改元部類記』は「御不予に依る」と記す。これに先立つ五月二十九日には、参議であった平重盛が天皇不予のために伊勢神宮に派遣されており、二条天皇の病が重かったことがわかる（『顕廣王記』）。これらの事態による災異改元である。

この時提出された勘文は「永萬」「治和」を選んだ藤原俊経、「元徳」「養元」「政和」を選んだ藤原資長、「壽長」「久承」を選んだ藤原長光、「天惠」「応暦」「安貞」を選んだ藤原永範のものであった（『元秘別録』）。『山槐記』によれば長寛三年六月五日に改元定が行われ、結果、「永万」とせよとの仰せがあり、改元となった。

⑮ 関係史料

●『二条天皇実録』長寛三年六月五日条。

99 仁安

一一六六～一一六九

⑴**改元年月日**…永万二年八月二十七日（西暦一一六六年九月二十三日）
⑵**使用期間**……約二年八ヶ月
⑶**改元理由**……代始改元
⑷**読み方**………にんあん／にんなん（年号読様・童蒙必読）、「爾牟奈牟」（中家実録）
⑸**天皇／上皇**…六条天皇・後白河法皇
⑹**摂政**…………藤原基房
⑺**勘申者**………藤原成光（文章博士）
⑻**出典と章句**
●『詩経』（周頌、昊天有成命篇）「昊天有成命、二后受之、成王不敢康、夙夜基命宥密。正義曰、…行其寛仁安静之政以定天下。二君既能如此。於乎可歎美也。…故得至於太平。…」
⑼**候補年号の勘申者**…藤原成光・藤原永範（式部大輔）・藤原俊経（文章博士）
⑽**改元上卿**……源雅通（大納言）
⑾**改元陣議の参仕公卿**…源雅通・「新藤大納言」（藤原実長か）・源定房（権大納言）・藤原忠親（参議）
⒀**仁安年間の主な出来事**
●仁安二年二月十一日　平清盛を太政大臣に任ず。
●仁安三年二月十一日　平清盛出家する。
●仁安三年二月十九日　六条天皇譲位、憲仁親王即位（高倉天皇）。
●仁安三年四月　僧栄西、入宋する。／九月　栄西・重源、宋より帰国。

(14) 改元の経緯及び特記事項

『百練抄』に「御即位に依る」とあるように、六条天皇の代始改元である。この時提出された勘文は「天同」「延世」「弘治」を選んだ藤原永範、「仁安」「政治」を選んだ藤原成光、「嘉康」「弘保」を選んだ藤原俊経のものであった。なお、藤原資長（権中納言）は勘申者が四人となるのをはばかってか提出しなかったという（『元秘別録』）。

『改元部類記』所引「長方卿記」永万二年八月二十七日条によれば、同日行われた改元定において上卿である源雅通が「仁安」についての難を求め、「新藤大納言」が「天安」「治安」が代末の年号であり、「弘治」がよいと述べたが、他の公卿から「治安」は代末ではないと指摘され、雅通も、「徳」の字は避けるべきだが、「安」は天安を以て難ずべきではないだろうとした。

また摂政藤原基房からは、「安」「仁」は「止」の意味があるのではないか、また「弘治」は難がないのかという連絡があり、雅通は「弘治」は「弓」の字が含まれており、「弘仁」には兵乱が起こっていると述べた。新大納言や藤原忠親も「弘仁」「寛弘」の例があってよくないと述べた。基房はこれに対して「弓」を含んでいても、その下に「治」が続いているからよいのはないかとしたが、結局「仁安」と決した。後日、「大夫殿」（中宮大夫藤原実長か）が「仁安は偽位の年号也。用いらる事、未曽有の事也」とし、藤原資長も「此の年號、恥辱と謂ふべし」と述べたようで、間もなく再びの改元が行われることとなった。なお、この「偽位年号」とは渤海・大武藝の時代の「仁安」年号のことと思われる。

(15) 関係史料

●『六条天皇実録』永万二年八月二十七日条。

100 嘉応　一一六九〜一一七一

(1) 改元年月日… 仁安四年四月八日（西暦一一六九年五月六日）
(2) 使用期間…… 約二年
(3) 改元理由…… 代始改元
(4) 読み方……… かおう／かをう（皇年代記・王代年代號略頌・本朝通鑑・年号読様・年号訓點）／かをう（番鍛治次第附録年代記）
(5) 天皇／上皇… 高倉天皇／後白河上皇・六条上皇
(6) 摂政………… 藤原基房
(7) 勘申者……… 藤原資長（権中納言）
(8) 出典と章句
●『漢書』（王褒伝）「神爵五鳳之間、天下殷富數有嘉応。」
●『漢書』（平帝紀）「方外百蠻、亡思不服、休徴嘉応頒聲並作。」
(9) 候補年号の勘申者… 藤原資長・藤原永範（式部大輔）・藤原俊経（文章博士）・藤原成光（文章博士）
(10) 改元上卿…… 藤原経宗（左大臣）
(11) 改元陣議の参仕公卿… 藤原経宗・藤原師長（大納言・左近衛大将）・藤原公通（前権大納言）・藤原実定（前権大納言）・藤原隆季（権大納言）・平時忠（権中納言・右衛門督）・藤原成頼（参議）・藤原家通（参議）・源雅頼（参議・左大弁）・藤原実綱（参議・右大弁）
(13) 嘉応年間の主な出来事
●嘉応元年六月十七日　後白河上皇出家。

●嘉応二年五月二十五日　藤原秀衡を鎮守府将軍に任ずる。
●嘉応二年九月二十日　後白河法皇、摂津に来着した宋人を平清盛が福原山荘で引見。

⒁ 改元の経緯及び特記事項

『百練抄』が「代始に依る也」とするように、高倉天皇の即位に伴う代始改元である。この時勘文を提出したのは「嘉応」「養元」を選んだ藤原資長、「平康」「天寧」を選んだ藤原永範、「大喜」「弘保」「壽永」を選んだ藤原俊経であった（『元秘別録』）。

『兵範記』仁安四年四月八日条によれば、この日に改元定が行われ、源雅頼は「養元」「弘保」、藤原家通・成頼は「嘉応」「壽永」、平時忠・藤原隆季は「養元」、藤原実綱・実綱・師長は「嘉応」、公通は「弘保」、経宗は「嘉応」「弘保」を推した。

その後、蔵人頭である平信範が天皇のもとに向かい報告の後、摂政藤原基房より提出された年号案が八つ、定によっても四つであり、多いので減らすように命ぜられた。再び、検討が行われて「嘉応」と決すると、信範は天皇への報告の後、その命を受けて後白河院のもとに報告に向かい、「吉之上」であるとの仰せを受けて天皇に奏聞している。それを受けて、天皇から「嘉応」と改元せよとの仰せがあった。

⒂ 関係史料

●『高倉天皇実録』仁安四年四月八日条。

101 承安 一一七一〜一一七五

(1) **改元年月日**…嘉応三年四月二十一日（西暦一一七一年五月二十七日）

(2) **使用期間**……約四年三ヶ月

(3) **改元理由**……災異改元

(4) **読み方**………じょうあん（じようあん）／せうあん（皇年代記・王代年代號略頒・番鍛冶次第附録年代記）／ぜうあん（本朝通鑑・本朝年代歴）／しようあん（中家実録・童蒙必読）／そうあん（皇嘉門院停廃荘園御目録）／Sioun（ケムペル『日本志』、誤記か）

(5) **天皇／上皇**…高倉天皇／後白河法皇・六条上皇

(6) **摂政**…………藤原基房

(7) **勘申者**………藤原資長（権中納言）

(8) **出典と章句**

●『尚書』（洛誥）「…〔傳〕拜而後言、許成王留、言王命我來、承安汝文徳之祖文王所受命之民、是所以不得去。…〔正義〕承安者承文王之意、安定此民。」

●『論衡』（自然篇）「舜禹承安繼治、任賢使能、恭已無爲、而天下治、舜禹承堯之安、堯則天而行。」

(9) **候補年号の勘申者**…藤原資長・藤原永範（式部大輔）・藤原俊経（文章博士）・藤亜成光（文章博士）

(10) **改元上卿**……藤原経宗（左大臣）か

(11) **改元陣議の参仕公卿**…藤原経宗・藤原公通（前権大納言）・藤原実定（前大納言）・藤原宗家（中納言）・藤原忠親（権中納言）・源雅頼（権中納言）・藤原親範（参議）・藤原実綱（参議・左大弁）

(13) **承安年間の主な出来事**

●承安元年十二月二十六日　平徳子を女御とする。
●承安三年五月十六日　僧文覚、法皇を誹謗した罪で伊豆に配流。

⒁改元の経緯及び特記事項

『百練抄』には「災變厄會等に依る也」とあり、『帝王編年記』は「天一御命期、御愼并びに天變に依る」、『皇代記』は「重厄」、『一代要記』は「赤気」としている。『改元部記』「実定卿記」嘉応三年四月二十一日条には「天變并びに御悩」を理由としているので、天変と天皇の病による災異改元と思われる。この時提出された勘文は、「承安」「養元」を提出した藤原資長、「承宝」「応仁」「嘉福」を提出した藤原永範、「大応」「寿永」を提出した藤原俊経、「長養」「貞久」を提出した藤原成光のものであった（『元秘別録』）。

前掲「実定卿記」同日条によれば、年号定ではまず「養元」について、実綱が「養老」は代末、「天養」は一年のみで「不快」とし、「承宝」が特に問題ないとした。その他は「養元」を推すのみであった。上卿（経宗か）が「養元」に賛同するのかと問うと、実定は典拠を確認するべきだとしたが、上卿はそれには及ばないとして、「養元」とするか、他の案も考えるかと更に問うた。実定は「承安」「長養」も典拠に問題は無いようであると述べ、この旨が奏された。その後、「承安」を検討せよとの仰せがあり、宗家・実綱が中国の殿舎の名ではないかと指摘したが、実定が問題ではないとし、経宗が二人に確認したところ、それぞれ明確に返答はなかったので、「承安」と改元されることとなった。『玉葉』同月二十三日条では「各少難有りと雖も、難軽きに付き用いられ了んぬ」としている。

⒂関係史料

●『高倉天皇実録』嘉応三年四月二十一日。

102 安元

一一七五〜一一七七

(1)**改元年月日**……承安五年七月二十八日（西暦一一七五年八月十六日）
(2)**使用期間**……約二年
(3)**改元理由**……災異改元
(4)**読み方**……あんげん（あんぐえん）／あんけん（皇年代記・番鍛冶次第附録年代記）／あんげん（本朝通鑑・本朝年代歴）
(5)**天皇／上皇**……高倉天皇／後白河法皇・六条上皇
(6)**関白**……藤原基房
(7)**勘申者**……藤原俊経（右大弁）
(8)**出典と章句**
●『漢書』「除民害安元元」（『玉葉』承安五年七月二十八日条所引藤原俊経勘文にみえるが、『漢書』に当該箇所なし。）
●『漢書』（魏相伝）「周急継困、慰安元元」
(9)**候補年号の勘申者**……藤原俊経・藤原敦周（文章博士）・藤原光範（文章博士）・藤原資長（権中納言）
(10)**改元上卿**……藤原経宗（左大臣）
(11)**改元陣議の参仕公卿**……藤原兼実（右大臣）・藤原実定（前権大納言）・源定房（大納言）・藤原隆季（権大納言）・藤原実国（権大納言）・藤原資長（権中納言）・藤原忠親（権中納言）・源雅頼（権中納言）・藤原成範（参議・左兵衛督）・藤原実家（参議）・藤原家通（参議）・藤原実守（参議）・藤原実綱（参議・左大弁）
(12)**「安元」を冠する用語等**
●安元の大火　安元三年（治承元年）四月二十八日に平安京内で起こった平安遷都以来最大の大火（太郎焼亡）。

(13) 安元年間の主な出来事

●安元二年七月十七日　六条天皇崩御。

●安元三年六月一日　鹿ケ谷の陰謀、発覚する。

(14) 改元の経緯及び特記事項

『百練抄』は「疱瘡并びに世上不閑」、『一代要記』『皇代記』は「疱瘡」を原因とする。災異改元である。提出された勘文は「大承」「養治」を選んだ藤原敦周、「大応」「安元」を選んだ藤原俊経、「長観」「安貞」「治和」を選んだ藤原光範、「仁治」「治徳」を選んだ藤原資長のものであった(『元秘別録』)。

『玉葉』・『山槐記』承安五年七月二十八日条によれば同日、改元定が行われた。年号案の検討においては藤原実範が「安貞」が今まで不採用だった理由を問い、俊経が出典の『易』が「地」に関わり、年号は「天」と関わるからだと述べた。実範は理由のないこととした。「養治」の検討では、実範は聖代たる漢文帝の例であるが、帝が日蝕を嘆いた言葉なので不吉とし、俊経・隆季がそれは問題ではないと述べた。この二つが奏され、「安元」はどうかとの仰せがあった。実綱は「安元」は二年以降問題があるとしたが、兼実が一文字の難は意味がないとした。隆季は「元」は首、「安」は止なので首を止むるの意になるのではとし、「元」の字の議論が行われた。更に俊経は「安和」の例からよくないとしたが、兼実・隆季が問題ではないとし、「安元」改元と決した。

(15) 関係史料

●『高倉天皇実録』承安五年七月二十八日条。

103 治承

一一七七～一一八一

(1) **改元年月日**…安元三年八月四日（西暦一一七七年八月二十九日）

(2) **使用期間**……約四年

(3) **改元理由**……災異改元

(4) **読み方**………じしょう（ぢしよう）／ぢせう（王代年代號略頌・本朝通鑑）／ぢじょう（年号読様）／ちぜう（本朝年代歴）／ちせう（平安遺文二九九六）／ちそう（平安遺文補三八六）

(5) **天皇／上皇**…高倉天皇／後白河法皇・高倉上皇

(6) **関白**…………藤原基房

(7) **勘申者**………藤原光範（文章博士）

(8) **出典と章句**

●『河圖』「治欽文治承天精。」（『元秘別録』、誤記か）

●『龍魚河圖』「高皇攝正、總萬延、四海歸詠、治武明文得道、治承天精、元祚興隆協聖靈。」

(9) **候補年号の勘申者**…藤原光範・藤原永範（式部大輔）・藤原敦周（文章博士）・藤原資長（権中納言）

(10) **改元上卿**……藤原経宗（左大臣）

(11) **改元陣議の参仕公卿**…藤原経宗・藤原隆季（権大納言）・藤原実房（権大納言）・藤原実国（権大納言）・藤原忠親（権中納言・右衛門督）・藤原成範（権中納言・左兵衛督）・源雅頼（権中納言）・藤原実綱（権中納言）・藤原実家（参議）・藤原実守（参議）・藤原頼定（参議）・藤原実宗（参議）・藤原長方（参議・右大弁）

(12) **「治承」を冠する用語等**

●**治承の大火**　治承二年四月（三月説も）二十四日に平安京で起こった火災。次郎焼亡とも呼ばれる。

●**治承・寿永の内乱**　治承四年四月から約十年間、全国的に展開した内乱。いわゆる源平合戦。治承三年の平清盛によるクーデターに反発した以仁王・源頼政の挙兵を機に全国の武士団が蜂起し、全国的な内乱となった。元暦二年の平家滅亡と文治五年の奥州合戦まで含めて治承・文治の内乱とも呼ばれる。

⒀ 治承年間の主な出来事

●治承三年十一月二十日　平清盛、後白河法皇の院政を停止し、鳥羽殿に幽閉する。
●治承四年二月二十一日　高倉天皇譲位。言仁親王即位（安徳天皇）。／六月二日　福原遷都。
●治承四年八月十七日　源頼朝、伊豆で挙兵。
●治承五年正月十四日　高倉上皇崩御。

⒁ 改元の経緯及び特記事項

『百練抄』『一代要記』には「大極殿の火災に依る」とする。「安元の大火」による大極殿焼失によるものである。勘文は「宝治」「養和」「弘保」を選んだ藤原永範、「仁宝」「仁治」「治和」を選んだ藤原光範、「徳久」「和萬」を選んだ藤原敦周、「治徳」を選んだ藤原資長のものであった（『元秘別録』）。

『玉葉』治承元年八月五日条によれば、四日に改元定が行われた。その際、「弘宝」「仁治」が候補にあがったが、「弘」に「弓」を含み、「宝」も長期間用いられておらず、「仁治」「治承」が続いて候補となった。まず「仁」の字がよくないとなり、「治承」は水の字を含んでいることが問題となったが、大極殿の火災による改元なのだからむしろ水を含むほうがよいとなり、「治承」改元と決した。

⒂ 関係史料

●『高倉天皇実録』安元三年八月四日条。

104 養和

一一八一～一一八二

(1)**改元年月日**…治承五年七月十四日（西暦一一八一年八月二十五日）
(2)**使用期間**……約十ヶ月
(3)**改元理由**……代始改元
(4)**読み方**………ようわ（やうわ）
(5)**天皇／上皇**…安徳天皇／後白河法皇
(6)**摂政**…………藤原基通
(7)**勘申者**………藤原敦周（文章博士）
(8)**出典と章句**
●『後漢書』（臺佟伝）「幸得保性命存神養和。」
(9)**候補年号の勘申者**…藤原敦周・藤原俊経（式部大輔）・藤原光範（文章博士）
(10)**改元上卿**……藤原経宗（左大臣）
(11)**改元陣議の参仕公卿**…藤原経宗・藤原実定（大納言・左近衛大将）・藤原隆季（権大納言）・藤原忠親（権中納言）・源雅頼（前権中納言）・藤原実家（権中納言・右衛門督）・藤原家通（参議・右兵衛督）・藤原実宗（参議）・源通親（参議）
(12)**「養和」を冠する用語等**
●養和の飢饉　治承五年（改元して養和元年）から翌養和二年にかけて起こった平安後期最大の飢饉。
(13)**養和年間の主な出来事**
●養和二年三月十七日　院宣を下し諸国諸荘から兵糧米を徴する。

⒁ **改元の経緯及び特記事項**

『百練抄』が「代始に依る也」とするように、安徳天皇の即位に伴う代始改元である。提出された勘文は『玉葉』治承五年七月十四日条及び『元秘別録』によれば、藤原俊経が選んだ「大應」「弘保」、藤原敦周が選んだ「久承」「養和」「応暦」である。

『山槐記』治承五年七月十四日条には、同日改元定が行われたとあり、「大應」「應暦」の賛同者が多く、その後仰せがあり、難陳が行われた。その際、院には奏さず、摂政にのみ奏すことも命ぜられた。まず「大應」は「大同」「大治」と同じでよくない、「應暦」は契丹（遼）に同じものがあるとして斥けられた。その後摂政から「弘保」はどうかとの意見があったが、「弓」を含む字は近年では憚りがあるとされた。最後に「養和」は特に難もないのでよいのではないかとなり、「養和」改元と決した。

平泉澄は、源頼朝の関係文書に治承六年・治承七年などの日付があることについて、頼朝が、安徳天皇の即位を認めない以仁王の令旨を受けて挙兵したため、その代始による養和年号を用いることはなかったとしている（平泉一九一七）。

⒂ **関係史料**

●『安徳天皇実録』治承五年七月十四日条。

105 寿永

一一八二〜一一八四

⑴改元年月日…養和二年五月二十七日（西暦一一八二年六月二十九日）
⑵使用期間……約一年十一ヶ月
⑶改元理由……災異改元
⑷読み方………じゅえい（じゆえい）／しゆえい（皇年代記・王代年代號略頌）、Siuje（ケムペル『日本志』）
⑸天皇／上皇…安徳天皇／後白河法皇
⑹摂政…………藤原基通
⑺勘申者………藤原俊経（式部大輔）
⑻出典と章句…『詩経』（周頌載見篇）「率見昭考以孝以享、以介眉寿永言保之、思皇多祜。」
⑼候補年号の勘申者…藤原俊経・藤原敦周（文章博士）・藤原光範（文章博士）
⑽改元上卿……藤原実定（大納言）
⑾改元陣議の参仕公卿…藤原実定・藤原実房（権大納言）・藤原忠親（権中納言）・藤原成範（権中納言）・藤原実守（権中納言）・藤原長方（権中納言）・源通親（参議）・藤原光能（参議・左兵衛督）・藤原経房（参議・左大弁）
⑿「寿永」を冠する用語等
●**寿永二年十月宣旨**　寿永二年十月、源頼朝の申請に基づき出された宣旨。東海・東山両道の荘園に対する本所領家・国衙領の知行を旧に復することと、当該地域の頼朝の沙汰権を承認するものであった。
⒀寿永年間の主な出来事
●寿永二年七月二十四日　平氏、安徳天皇・建礼門院を奉じて西走す。
●寿永二年八月二十日　尊治親王即位（後鳥羽天皇）。

●寿永三年正月二十一日　平氏討伐の宣旨を源頼朝に下す。

⑭改元の経緯及び特記事項

『百練抄』は「飢饉・兵革・病事・三合」、『一代要記』は「飢饉・疫癘」を理由としている。『玉葉』養和二年五月廿二日条は「疾疫」を原因とする。災異改元である。この時の勘文は「寿永」「大応」を選んだ藤原俊経、「壽長」「仁治」「徳安」を選んだ藤原敦周、「安貞」「嘉福」「久長」を選んだ藤原光範のものであった（『元秘別録』）。

前掲『玉葉』では大嘗祭以前の二度の改元を後白河院が問題視し、右大臣藤原兼実が災厄を祓うのが改元だから何度行ってもよいのではと答えている。『壽永改元定記』所引「槐林記」養和二年五月廿七日条によれば、左右大臣が定に出席できず、大納言藤原実定が上卿を務めた。実定は、東国・北陸の謀反人（源頼朝・義仲のことを指すと思われる）は大赦の対象となるのかと思い、詔書には書かない方がよいとした。

難陳の場では経房・実房が「寿永」を、「寿」が上にくる例は日本になく。漢の「永寿」があるが、中国の年号が顛倒するのは吉例だとした。通親・実守は旱魃の恐れがあるので「水」を含む「仁治」がよいとした。経房は更に「仁治」は「人が二人治める」と読めて、時節柄よくないと述べたが、実守は「仁」は天皇の諱なのに「二人」と読むのかと反論した。経房は自説に拘り、実房も同調した。実定は「徳安」はどうかと尋ねると、経房は「徳」の字は凶となっているとした。結局「寿永」「仁治」「徳定」の三案を奏し、仰せにより「寿永」と決した。大赦では春日社・吉田社に関する強盗などは赦の対象から外すこととした。なお、源頼朝は寿永三年より、この年号を使用している（平泉澄一九一七）。

⑮関係史料

●『安徳天皇実録』養和二年五月二十七日条。

106 元暦 一一八四～一一八五

(1)**改元年月日**…寿永三年四月十六日（西暦一一八四年五月二十七日）

(2)**使用期間**……約一年四ヶ月

(3)**改元理由**……代始改元

(4)**読み方**………げんりゃく（げんりやく）／けんりゃく（番鍛冶次第附録年代記）／ぐえんりやく（童蒙必読）／Gueunriacu（ロドリゲス『日本大文典』）

(5)**天皇／上皇**…安徳天皇・後鳥羽天皇／後白河法皇

(6)**摂政**…………藤原基通

(7)**勘申者**………藤原光範（文章博士）

(8)**出典と章句**

●『尚書緯考』（靈曜）（『玉函山房輯佚書』所引）「天地開闢、元暦紀名、月首甲子、冬至日月五星倶起、牽牛初仰觀、形如車蓋、日月若懸璧、五星編珠。」

(9)**候補年号の勘申者**…藤原光範・藤原俊経（参議・式部大輔）・藤原兼光（参議・右大弁）・藤原業実（文章博士）

(10)**改元上卿**……藤原経宗（左大臣）

(11)**改元陣議の参仕公卿**…藤原経宗・藤原実房（大納言）・藤原忠親（権大納言）・藤原家通（権中納言・右衛門督）・藤原経房（権中納言）・藤原頼実（権中納言）・源通親（参議）・藤原兼光（参議・左大弁）

(12)**元暦を冠する用語等**

●**元暦の地震**　元暦二年（一一八五）七月九日の正午ごろ、山城国東部、近江国西部を中心にして起こった大地震。

⒀ 元暦年間の主な出来事

● 元暦元年十月六日　源頼朝、公文所を設置する。／同二十日　問注所を設置する。

● 元暦二年三月二十四日　源義経、壇ノ浦の戦いで平氏を破る。安徳天皇崩御。

⒁ 改元の経緯及び特記事項

『百練抄』は「代始」としており、後鳥羽天皇即位による代始改元である。『玉葉』元暦元年四月十六日条によれば、昨年より予定はあったが即位以前のため行われず、今年も戦乱が終息せず、即位式もできないままなので改元のみ行うこととなった。勘文は藤原俊経が「大応」「弘保」、藤原光範が「元暦」「承宝」、藤原兼光が「応暦」「元徳」「文治」、藤原業資が「顕嘉」を選んだ（『元秘別録』）。

『元暦改元定記』所引「九槐記」元暦元年四月十六日条によれば、改元定では、「元暦」「元徳」がよいと家通が述べ、奏された。すると「徳」はよくない、「元暦」とせよ、またもう一つ案を奏せよと仰せがあった。また遅れてきた経房が改めて検討を行い、「大應」は佛号に似ており「大」が不吉、「弘保」は「弓」を含むので不吉、「元徳」は「徳」を含むので不吉、よって「元暦」がよいとした。更に通親が「元暦」「応暦」は「偽位」・契丹の年号で、「承宝」は「水王の宝を受ける」との意味でよくないとした。これに「天命を受ける」の意ではと反論もあったが、経宗が「承」は「止」の意があるのでよくないとなった。更に経宗は「顕嘉」は人名と紛らわしいとし、「恒久」も中国で一年のみの使用で、避けるべきとなった。更に「文治」の難を述べよと仰せがあり、難を奏した。最終的に「元暦」として改元が行われた。なお、安徳天皇を奉じた平氏はこの年号を用いず、「寿永」を用い続けた（平泉澄一九一七）。

⒂ 関係史料

●『後鳥羽天皇実録』寿永三年四月十六日条。

コラム13　日本古代の異年号（私年号）

異年号（私年号・偽年号・逸年号）とは、朝廷の定めた公年号に対し、民間で私的に作られた年号である。「私年号」という呼称は、久保常晴『日本私年号の研究』（吉川弘文館、一九六七）以降、一般的になったようである。

日本最古の私年号とされるのは、「法興」（あるいは「法興元」）である。法隆寺金堂釈迦三尊像光背銘文に「法興元年卅一年」とあり、『釈日本紀』所引『伊予国風土記』逸文にみえる「伊予道後温湯碑文」にも「法興六年」とある。前者の銘文は七世紀前半に、光背とともに作られたとみられる（北康宏「法隆寺金堂釈迦三尊像光背銘文再読」『博物館学年報』二十七、一九九五／東野治之「法隆寺金堂釈迦三尊像の光背銘」同『日本古代金石文の研究』岩波書店、二〇〇四）。とすれば、すでに七世紀前半ころ「法興」という異年号がある程度用いられていたことになろう。「法」（仏法）という文字を採用していることから、おそらく法隆寺の周辺など、仏教信仰との関係の中で作成・使用されていたのではないかと推測される（田村圓澄一九六八）。

光背にみえる私年号としては「宝元」がある。『西琳寺縁起』に記された金堂阿弥陀仏光背銘には「宝元五年己未」とあり、斉明天皇朝の異年号であろうと推測されている（井上光貞「王仁の後裔氏族と其の仏教」『日本古代思想史の研究』岩波書店、一九八二　初出一九四三）。「乙卯」が斉明天皇の即位年（六五五年）に相当することから、斉明天皇の即位を契機にそれを元年として用いられた異年号であろうと推測されている。

これを所功氏は「宝算」や「宝暦」というのと同じく、天皇の即位紀元の略称・美称ではないかとみるが、田中卓氏は即位紀元を「宝元」と呼んだ例がないことから、これはやはり異年号であり、「宝元」という文字は宝皇女＝斉明天皇と何らかの関係のもとで選ばれたのではないかとしている（所一九七八・田中一九七七）。

なお、『大織冠伝』・『続日本紀』・『扶桑略記』などにみえる「白鳳」・「朱雀」が、それぞれ「白雉」・「朱鳥」の異称であることは、坂本太郎氏が論証するところであり、異年号とはいえない（坂本一九二八）。

しかし、そのようにたやすく言い換えられてしまうところに、律令に法的根拠をもつ大宝以降の公年号とは違う脆弱さを読み取ることもできよう（所前掲論文）。

〔K〕

表16　いわゆる"古代年号"一覧

二中歴	海東諸国記	如是院年代記	襲国偽僭考	元年干支	日本書紀天皇年代	西暦
①継体	ナシ	ナシ	ナシ	丁酉	継体十一	五一七
②善記・	(1)善化・	1善記・	1善記・	壬寅	〃十六	五二二
③正和	(2)正和	2正和	2正和	丙午	〃二十	五二六
④教・到・	(3)発倒・	3教・到・	3殷・到・	辛亥	〃廿五	五三一
⑤僧聴	(4)僧聴	4僧聴	4僧聴	丙辰	宣化元	五三六
⑥明・要	(5)同・要	5明・要	5明・要	辛酉	欽明二	五四一
⑦貴楽	(6)貴楽	6貴楽	6貴楽	壬申	〃十三	五五二
⑧法・清	(7)結・清	7法・清	7法・清	甲戌	〃十五	五五四
⑨兄弟	(8)兄弟	8兄弟	8兄弟	戊寅	〃十九	五五八
⑩蔵和・	(9)蔵和・	9蔵知・	9蔵和・	己卯	〃二十	五五九
⑪師安	(10)師安	10師安	10師安	甲申	〃廿五	五六四
⑫和・僧	(11)和・僧	11知・僧	11知・僧	乙酉	〃廿六	五六五
⑬金光	(12)金光	12金光	12金光	庚寅	〃卅一	五七〇
⑭賢称・	(13)賢接・	13賢称・	13賢棲・	丙申	敏達五	五七六
⑮鏡当・	(14)鏡当・	14鏡常・	14鏡常・	辛丑	〃十	五八一
⑯勝照	(15)勝照	15勝照	15勝照	乙巳	〃十四	五八五
⑰端政・	(16)端政・	16端改・	16端政・	己酉	崇峻二	五八九
⑱告・貴	(17)従・貴	17吉・貴	17吉・貴	甲寅	推古二	五九四
⑲願・転	(18)煩・転	18願・転	18願・転	辛酉	〃九	六〇一
⑳光元・	(19)光元・	19光充・	19光元・	乙丑	〃十三	六〇五
㉑定居	(20)定居	20定居	20定居	辛未	推古十九	六一一
㉒倭京・	(21)倭京・	21和景・縄・	21倭京・	戊寅	〃廿六	六一八
㉓仁王	(22)仁王	ナシ	22仁王	癸未	〃卅一	六二三
ナシ	(23)聖徳・	22聖聴・	23聖聴・	己丑	舒明元	六二九
㉔僧要	(24)僧要	23僧要	24僧要	乙未	〃七	六三五
㉕命長	(25)命長	24命長	25命長	庚子	〃十二	六四〇
㉖常色	(26)常色	25常色	26常色	丁未	孝徳三	六四七
㉗白雉	(27)白雉	26*白雉	27*白雉	壬子	〃八	六五二
㉘白鳳	(28)白鳳	27白鳳	ナシ	辛酉	斉明七	六六一
㉙朱雀	(29)朱雀	28*朱雀	28*朱雀	甲申	天武十二	六八四
㉚朱鳥	(30)朱鳥	ナシ	ナシ	丙戌	〃十四	六八六
㉛大・化	(31)大和・	29*大化・	29大和・	乙未	持統九	六九五
ナシ	(32)大長	30*大長	30大長	戊戌	文武二	六九八

注　文字の校異に傍点・を、また年次の異るものに＊付印をした。

『如是院年代記』は、26白雉を孝徳六年庚戌（公年号と同じ年）とし、天武元年の割注に「即位元年壬申改㆓元朱雀㆒」、同二年癸酉に「改㆓元白鳳㆒」とあり、29大化を天武十五年丙戌とし、その割注に「改㆓朱鳥㆒」（公年号と同じ）とあり、30大長を持統六年壬辰とする。

『襲国偽僭考』は、2と3の間に「定和・常色」、5～11の代わりに10・30・7・8・5・9・11の順、15の次に「和重」、17と並んで「貴楽・端正・始哭（始大）・法興」、22の次に「節中」、27・28の代わりに「中元・果安」の異説を、それぞれ「一説曰」として示し、27白雉を孝徳六年庚戌、28朱雀を天武元年壬申とする。

（所功「まぼろしの"九州年号"」一九八三より）

コラム14　いわゆる〝古代年号〟（偽年号）

古代の異年号としては、一部で「九州年号」と称される偽年号がある。これは『二中暦』など中世以降の史料や李朝の申叔舟『海東諸国記』が、大化以前の年号として記すもので、おおよそ三十前後確認されている（前ページの一覧表、所一九八三参照）。

これらの年号については、貝原益軒『続和漢名数』に「此の偽年号、浮屠の妄作する所なり」との指摘があった。また、栗田寛も『逸年号考』において、「多くは中古以来僧徒の人の国へゆききおほくありし頃より、皇国の古へに、紀号なきを慊ぬ事に思ひて造出たるならん。其の文字づかいもいと拙く、仏家の語を用ゐたるにて知るべし。」と論じている。

ただ、これを「九州年号」として評価する論者も少なくない。古くは江戸後期の鶴峯戊申『襲国偽僭考』が「九州年号と題したる古写本によるもの」として、継体天皇朝の「善記」から「大長」まで「年号連綿」たることが確認され、「今按ずるに、文武天皇の大宝以前の年号は、九州年号とまがへるものあらんもしるべからず」としている。古田武彦氏はこの鶴峯戊申説を継承し、「天皇家以前に年号をもっていた公権力―それは九州王朝以外にない」と論じた（古田一九六三）。

これに対して、所功氏は古田氏の説に「恣意的な解釈が多く、とうてい成立しがたい」と否定している。また氏は継体天皇朝以降に年号の存在が語られているのは、『扶桑略記』欽明天皇十三年条に、継体天皇朝に仏教の私伝があったと記されていることと関係しているのではないかと指摘している（所一九七八）。

〔K〕

コラム15　中世の地方に多く現れた私年号

古代の異年号は、年号制度の受容の不徹底により生まれたものとみられる。それに対して中世には、公年号の存在を前提としつつ、それと異なる年号を用いる例がみられる。

平安時代末から鎌倉時代初期の事例としては、仁安二年（一一六七）前後と推定される御霊神社（奈良県五条市小和町）神像墨書銘にみえる「**保寿**」、建久元年（一一九〇年）の僧鑁阿による『高野山文書』（「金剛峯寺鎮守天野宮八講理趣三昧并神事等用途米寄進状」及び「宗像色定法師一筆書写一切経」）にみえる「**和勝**」、『法隆寺文書』九「地蔵請文」にみえる「**迎雲**」、東大寺図書館蔵『季御読経番論議問答記　宗性集』・『番論議日記』・『季御読経義見聞　宗性書』にみえ、元仁二年（一二二五）相当の「**建教**」などがあげられる。

これらの事例は、連続して使用されず、元年のみで終わっていることや、仏教関係の史料に見られることが共通している。おそらく僧侶の手によるものであろう。

南北朝期は、北陸で新田氏に擁された南朝の恒良親王・宗良親王の勢力が用いたと思われる「**白鹿**」が『得治文書』や竜安寺本『太平記』にみえ、興国六年／貞和元年（一三四五）に立てられた年号と考えられている。

このほか、「**応治**」「**真賀**」「**至大**」なども南北朝の対立を反映して、地方で行われた年号、「**弘徳**」「**永宝**」は年号勘進を行う貴族内部での対立が背景にあって使用された年号であると推測されている。

室町時代には「**天靖**」「**延徳**」「**享正**」「**享高**」などが使用された。その中でも「延徳」は寛正二年（一四六一）ごろ、即ち公年号の「延徳」が採用される三十年ほど前から数年、比較的広範囲に使用されたことが確認されている。これについて久保氏は、「享正」と「延徳」は享徳四年（一五四五）に下総の古河に追われた鎌倉公方・足利成氏の勢力圏にのみ用いられていることを指摘した（久保一九六七）。

また、公年号の延徳三年（一四九一）、武蔵国を中心に甲信地方から奥羽まで広範囲に「**福徳**」年号が用いられたことを板碑などで確認できる。これも一年ほどしか使用されず、すぐ公年号に復している（千々和一九九〇・一九九五）。これらの事例は、「私年号」と呼ばれるものが、中央の「公年号」への対抗への意思などから作成・利用されたものではなく、何らかの理由による改元情報の誤伝達などにより発生したものであることを物語る。

表17　主な中世私年号一覧

	私年号	元年相当年次	実　例	西暦　　　　　備考
1	保寿	平安末，仁安前後	元年	
2	泰平	承安2		1172
3	和勝	建久元	元年	1190　2例
4	迎雲	正治元ないし直前	元年	1190-99頃
5	建教	元仁2	元年	1225　東大寺宗性自筆の聖教奥書に使用
6	正久	元応元	2年	1320または1260（正元2）　板碑に1例
7	永福	永仁5？	丁酉年	1297
8	元真	南北朝	元年	14世紀　あるいは「元徳」？
9	応治	貞和元（興国6）	元年	1345
10	白鹿	貞和元（興国6）	元・2年	1345-46
11	真賀	延文～応安	2年	1350-70頃
12	品暦	南北朝頃	元年	阿蘇文書の案文にみえる
13	弘徳	至徳元（元中元）	元年	1384　あるいは「至徳」の誤記か，畿内の例
14	至大	南北朝末	元年	至徳年間（1384-87）か
15	永宝	嘉慶2	元年	1388
16	永幻	南北朝頃	3年	宮城県登米郡板碑に実例
17	興徳	応永2	元年	1395　乙亥年　河内長野市の大般若経奥書
18	天靖	嘉吉3	元年	1443　すべて二次資料
19	福安	文安元	元年	1444　甲子年　備前焼四耳壷銘
20	享高	康正元？	4年	1455　「享徳」の誤記の可能性あり
21	享正	享徳3	2・3・4年	1455-57　足利成氏は寛正改元後も「享徳」使用。ただ，あるいは「康正」と音通か
㉒	延徳	寛正元・2	元・2・5年	1461・62　当時，足利成氏は「享徳」を使う
23	永楽	寛正2	元年	1461　辛巳年　高野山で書写の聖教奥書
24	正享（正享 正京）	延徳2	2年	1490　妙法寺記にあり
25	永伝	延徳2	元年	1490　入来院文書に実例あり
㉖	福徳	延徳元～4	元・2・3年	1491　（稀に1490）
27	王徳	延徳～大永		1490-1520頃，あるいは延徳の誤記か
28	徳応	文亀元？	元年	1501？　辛酉年（明応10）または1441年か
29	徳昌	室町後期	3年	宮城県栗原郡板碑に実例
30	文鬼	室町後期	元年	文亀か？　石巻市板碑に実例
31	福寿	室町末	元年	宮城の板碑銘
32	子平	文亀2？	5年	1506？　丙寅年　熊本の石塔銘に実例
㉝	弥勒	永正3・4	元・2・3年	1506-08（あるいは1507のみか）
34	加平	永正14	元年	1517　丁丑年　熊本の石塔銘に実例
㉟	永喜	大永6・7	2年	1527　関東を中心に東北まで
36	宝寿	天文2	2年	1534
㊲	命禄	天文9	元・2・3年	1540-42（多くは1542）
38	光永	天正4または8	元・2年	1576または81　肥後に実例あり
39	天王	戦国	元年	丑年　丹波焼三耳壷の銘にあり　天正頃か
40	大筒（大道）	慶長14前後		1609頃　「大同」年号への後世の仮託か

丸囲み数字は，広く通用した私年号であることを示す。

（千々和到「暦と改元」永原慶二他編『講座・前近代の天皇4　統治的諸機能と天皇観』青木書店、1995より）

応仁・文明の乱以降、いわゆる戦国時代に入ると、「命禄」という年号が確認される。これは他の私年号と異なり、元年を天文九年（一五九〇）とし、三年までの事例が確認され、また甲斐の戦国大名である武田信虎が朱印状に用いるなど、実際に機能していたことが認められる。山梨県窪八幡宮の別当普賢寺の住職が代々書き継ぎ伝えられていたと思われる『王代記』という記録の天文九年条に「命禄ト伊豆暦ニスルナリ」とあることとの関係が注目されている。

中世の異年号については、源平合戦や南北朝の争い、あるいは応仁・文明の乱以降の地方社会の混乱に際して、その使用例が確認されている。

しかし、それほど強い独立への志向はなく、何らかの事情で伝わった京都での改元の結果が伝えられたものと理解していた可能性が高く、誤りが判明すると、すぐにそれらは打ち捨てられている。

従来の研究では、東国での私年号が注目されがちであったが、熊本県でも多くの異年号の事例が報告されており、それぞれの地域での使用の実態は今後も検討する必要があろう（前川清一一九八二）。

更に、中世後期に異年号がしばしば用いられ、そして短期間で用いられなくなる問題について、千々和氏は、一首の徳政願望ではないかと述べている。即ち改元とは災害の発生による徳政を受けて行われており、そこに除災招福を求める意識が働いていた。これは本来公年号が有していた呪術的機能である。異年号はその継続的な使用より、改元が行われたという情報が重要だったのである（千々和一九九〇・一九九五）。

異年号に、このようなある種の「世直し」意識の意識が強く反映されていることは、たとえば中世から近世にかけて、前述の「命禄」のほかに「弥勒」「宝寿」「永喜」など、福神や弥勒菩薩への信仰との関係が想定できるものが確認されることからも読み取れる。

〔K〕

107 文治

一一八五〜一一九〇

(1) **改元年月日**…元暦二年八月十四日（西暦一一八五年九月九日）
(2) **使用期間**……約四年八ヶ月
(3) **改元理由**……災異改元
(4) **読み方**………ぶんじ（ぶんぢ）／ぶんち（番鍛冶次第附録年代記）／ふんち（皇年代記・鎌倉遺文七九）／もんち（鎌倉遺文二九〇）
(5) **天皇／上皇**…後鳥羽天皇／後白河法皇
(6) **摂政**…………藤原基通
(7) **勘申者**………藤原兼光（参議・左大弁）
(8) **出典と章句**
●『禮記』（祭法）「湯以寛治民、而除其虐、文王以文治、武王以武功去民之菑。」
(9) **候補年号の勘申者**…藤原兼光・藤原光範（式部大輔）・藤原光輔（文章博士）・藤原業資（文章博士）
(10) **改元上卿**……藤原忠親（権大納言）
(11) **改元陣議の参仕公卿**…藤原忠親・藤原家通（権中納言・右衛門督）・藤原実宗（権中納言）・藤原頼実（権中納言・右兵衛督）・藤原定能（権中納言）・藤原雅長（参議）・平親宗（参議）・源通資（参議）
(12) **「文治」を冠する用語等**
●文治の大地震　文治元年七月九日、京都に起こった大地震。
●文治の勅許　文治元年十一月二十九日の守護・地頭の設置を認めた勅許。
(13) **文治年間の主な出来事**

●文治元年十一月二十九日　守護・地頭の設置。
●文治元年十二月二十八日　源頼朝の要請により、九条兼実を内覧とする。
●文治五年七月十九日　源頼朝、奥州に進軍（奥州文治合戦）／八月二十二日　頼朝、平泉に入る。

⑭ 改元の経緯及び特記事項

『百練抄』は「火災・地震に依る也」とし、『一代要記』は「兵革に依る」とする。『玉葉』元暦二年八月十四日条に「地震に依りて」改元を行うとあり、『皇代記』は「去月九日の大地震に依る也」としており、七月九日の京都大地震を理由としている。災異改元である。提出された勘文では藤原光範が「萬安」「建久」、藤原業資が「応暦」「保貞」「顕嘉」、藤原光輔が「仁宝」「貞和」、藤原兼光が「文治」「禎祥」を選んでいる。

『玉葉』元暦二年八月十四日条によれば、左大臣・内大臣が欠席のため、大納言藤原忠親が上卿となり年号定を行った。その忠親の『山槐記』同日条によれば、まず「文治」「建久」がよいとなり、奏したが、一つに定めよと仰せがあり、更に検討を行った。平親宗は「文治」は「毛止呂久止」（『玉葉』では「もとろせし」）と読めるのでよくない、「建久」は「建」の字は日本の例はないが、難はないとし、一同も「建久」がよいとなった。『玉葉』によれば、「仁宝」は「人の財」と読めるのでよくないという意見もあった。これに仰せがあり「近日、武を以て天下平らかならしむ。文治を以て宜しきに似たり、如何」とし、摂政藤原基通も「文治」がよいとした。改めて検討が行われたが、人々は「彼の気色に随ひ」、「文治」がよいとなり、改元が行われた。詔では強窃二盗は赦としないこととなった。

⑮ 関係史料

●『後鳥羽天皇実録』元暦二年八月十四日条。

108 建久 一一九〇～一一九九

(1)改元年月日…文治六年四月十一日（西暦一一九〇年五月十六日）

(2)使用期間……約九年

(3)改元理由……災異改元

(4)読み方………けんきゅう（けんきう）

(5)天皇／上皇…後鳥羽天皇／後白河法皇

(6)関白…………藤原（九条）兼実

(7)勘申者………藤原光輔（文章博士）

(8)出典と章句…『呉志』「夙夜兢兢、寝食不寧、念欲安國利民建久長之計。」『晋書』（劉頌伝）「建久安於萬歳、垂長世於無窮。」

(9)候補年号の勘申者…藤原光輔・藤原光範（文章博士）・藤原兼光（権中納言）

(10)改元上卿……藤原実房（左大臣）

(11)改元陣議の参仕公卿…藤原実定・藤原隆忠（権大納言）・藤原良経（権大納言・左近衛大将）・藤原定能（中納言・左衛門督）・源通親（権中納言・右衛門督）・藤原兼光（権中納言・右兵衛督）・藤原定長（参議・右大弁）

(12)「建久」を冠する用語等

●**建久の新制**　建久二年三月に宣下された二つの公家新制の総称。保元新制を継承した地方支配に関するものと保元二年新制を継承した平安京周辺に関するものにより構成される。

(13)建久年間の主な出来事

●建久元年十一月七日　源頼朝入京、右近衛大将となるが辞任して鎌倉に戻る。

●建久二年七月　栄西、宋より帰国。臨済宗をもたらす。

●建久三年三月十三日　後白河法皇崩御。／七月十二日　源頼朝を征夷大将軍に任ずる。

●建久九年一月十一日　後鳥羽天皇譲位。為仁親王即位（土御門天皇）。

●建久十年一月十三日　源頼朝、没。

(14) 改元の経緯及び特記事項

『百練抄』は「明年三合」によるとする。『玉葉』建久元年四月十一日条に「公家の御慎（中興御厄）并びに明年三合太一の厄及び天変等事也」とあり、『押小路記録』は「地震に依る也。并びに天變御愼厄運、明年三合」、『行類抄』は「地震」「御愼」「厄運」を原因としている。災異改元である。勘文では藤原光範は「恒久」「貞和」、藤原光輔は「建久」「仁治」「顕応」、藤原兼光は「徳仁」「実恵」を選んでいる。

『玉葉』同年四月五日条では関白藤原兼実が改元の旨を左大臣藤原実房に伝えている。『山丞記』同年四月十日条では、藤原定長が兼実より改元詔書の作成を命ぜられている。十一日に改元定が行われたが、その際、定長は兼実の直廬で勘文を見せられ、「建久」がよいとしている。定でも同様に述べ、「仁治」もよいが「天治」「大治」を考えると不快、「顕応」は「応」がよくないとした。源通親は「仁治」は「仁」の字が憚りがあると述べた。この旨を奏したところ「建久」の難、また他の案も奏すようにとの仰せがあったが、左大臣以下「建久」でよいと述べたので、建久改元と決した。『改元部類記』所引「兼光公記」もほぼ同内容である。

(15) 関係史料

●『大日本史料』第四編之三　建久元年四月十一日条。／同第四編之十六　補遺　第四編之三　建久元年四月十一日条。

109 正治

一一九九〜一二〇一

(1)改元年月日…建久十年四月二十七日（西暦一一九九年五月二十三日）
(2)使用期間……約一年十ヶ月
(3)改元理由……代始改元
(4)読み方………しょうじ（しやうぢ）／しやうち（鎌倉遺文一〇九〇）
(5)天皇／上皇…土御門天皇／後鳥羽上皇
(6)摂政／将軍…藤原（近衛）基通［摂政］／源頼家［将軍］（将軍宣下なし）
(7)勘申者………菅原在茂（文章博士・大学頭）
(8)出典と章句
●『荘子』「天子諸侯大夫庶民此四者自正治之美也。」（『元秘別録』所引菅原在茂勘文にみえるが典拠に当該箇所なし）
(9)候補年号の勘申者…菅原在茂・菅原長守（文章博士）・藤原光範（式部大輔）
(10)改元上卿……藤原兼雅（左大臣）か
(11)改元陣議の参仕公卿…藤原兼雅・藤原家実（権大納言・左近衛大将）・藤原泰通（中納言）・平親宗（権中納言）・藤原隆房（権中納言）・源通資（権中納言・左衛門督）・藤原忠経（権中納言）・藤原公継（権中納言）・源兼忠（参議）・藤原兼宗（参議）・藤原定経（参議）・藤原宗隆（参議・左大弁）
(14)改元の経緯及び特記事項

『百練抄』は「代始に依る也」としている。土御門天皇即位に伴う代始改元である。最初に提出された勘文では菅原在茂が「貞久」「建永」「貞嘉」を選び、菅原長守は「大応」「暦久」「久承」、藤原光範は「恒久」「建保」「福応」を選んだが、「先度の勘文の字宜しからず。仍りて重ねて注申の由、仰せ下さる。仍りて重ねて勘進す」となり、在茂が「正治」「萬祥」、光範が「保貞」「大喜」を選んで再提出した（『元秘別録』、再提出については『師重改元定記』にも記事有り）。

『猪熊関白記』正治元年四月二十七日条によれば、この日改元定が行われ、年号案が検討され「正治」「暦久」がよいのではとなり（『師重改元定記』では「建永」「正治」が残ったとする）奏された。更に仰せがあり、一つに定めよとのことなので一同「正治」として奏し、後鳥羽院のもとにも奏し、改元が行われた

⒂ **関係史料**

●『大日本史料』第四編之六　正治元年四月二十七日条。

コラム16　源平合戦の中で双方が奉じた年号

いわゆる源平合戦の過程において、二つの年号が併用されるという事態が発生した。源頼朝の関係文書には治承六年・治承七年などの日付があることから、頼朝は、安徳天皇の即位を認めない以仁王の令旨を受けて挙兵した以上、その代始の「養和」、それに続く「寿永」年号を用いることはなかったとみられる。一方、平家は後鳥羽天皇即位に伴う代始改元による「元暦」を用いず、「寿永」を使用し続けた。頼朝が「寿永」年号を使用するのは平氏西走の後、後鳥羽天皇が即位し、自らが本位に復された寿永二年（一一八三）以降である（平泉澄一九一七）。

ただ、この併用は単純に動乱のため、関東に年号詔書が届かなかっただけではないかともいわれている（北爪真知夫二〇〇〇）。あるいは国衙を介した中央から地方への情報伝達が機能不全を起こしていたのかもしれない。

〔K〕

110 建仁

一二〇一～一二〇四

(1)改元年月日…正治三年二月十三日（西暦一二〇一年三月十九日）

(2)使用期間……約三年

(3)改元理由……革年改元

(4)読み方………けんにん／けむにん（鎌倉遺文一三四九）／けむにむ（鎌倉遺文一四三二）

(5)天皇／上皇…土御門天皇／後鳥羽上皇

(6)摂政・将軍…藤原（近衛）基通［摂政］／源頼家［将軍］（将軍宣下なし）

(7)勘申者………藤原宗業（文章博士）

(8)出典と章句

●『文選』（聖主得賢臣頌）「太竭智附賢者、必建仁策、索人求士者必樹伯迹。」

(9)候補年号の勘申者…藤原宗業・藤原光範（式部大輔）・藤原親経（参議）

(10)改元上卿……藤原良経（左大臣）

(11)改元陣議の参仕公卿…藤原良経・藤原実宗（大納言）・藤原隆忠（大納言）・藤原公継（権中納言）・藤原宗頼（権中納言）・藤原公房（権中納言）・源兼忠（参議）・藤原親経（参議）

(12)「建仁」を冠する用語等

●建仁寺　京都府東山区にある臨済宗建仁寺派総本山。開基・源頼家、開山・明庵栄西。栄西により建仁二年に創建された。のち京都五山の一つとされる。

(13)建仁年間の主な出来事

●建仁二年七月二十三日　源頼家を征夷大将軍に任ずる。

●建仁三年九月七日　源実朝を征夷大将軍に任ずる。／九月二十九日　源頼家を修善寺に幽閉する。

⑭ 改元の経緯及び特記事項

『百練抄』は「辛酉に依る也」としており、革年改元である。『後京極摂政記』によれば、正治二年十二月十二日に明年が辛酉のため諸道に勘文提出が命ぜられ、同三年正月にかけて勘文が提出された。二月一日には藤原良経と頭弁の藤原資実が改元を行うかの定のあと、改元定を行うことを決めている。二月十三日に定があり、改元と決した（佐藤均一九八四）。

年号案は「建仁」「寛裕」「久承」を選んだ藤原宗業、「正長」「大喜」を選んだ藤原親経、「仁治」「恒久」「顕嘉」を選んだ藤原光範のものがあった（『元秘別録』）。「正長」について良経は「正庁」に、公継は人名に似るとし、「大喜」は良経が南斉の凶例や仏典にあることを問題視した。「仁治」も良経が「仁人」と読め、治療の意となるとし、「恒久」は宗頼が「恒」の字は例がなく、後蜀の年号のみとし、良経は偽位であるとした。「顕嘉」は公房が「嘉」の例がなく、中国の例はよくないとし、公継は吉凶が混じると述べた。「建仁」は良経が高倉院の諱に似るとし、宗頼・公継が「建二人」と読めるのが問題とし、親経は「建」を避けるべきは王を立てる時だとした。「寛裕」は良経が法名に似るとし、宗頼は典拠がよくないとした。「久承」は公継が「久寿」「嘉承」が代末なのを指摘した。源通具が定の内容を摂政と院に報告に向かい、摂政からは指摘はもっともだが、天皇の諱は唐音、年号は対馬音なので問題ないと指摘があり、最終的に「建仁」に決した。なお、『吾妻鏡』によれば、同年二月二十二日、鎌倉幕府の問注所執事三善康信が、届いた改元詔書を御所に持参し、施行するように命じている（北爪真佐夫二〇〇〇）。

⑮ 関係史料

●『大日本史料』第四編之六　建仁元年二月十三日条。／同四　補遺（別冊一）同日条。

111 元久

一二〇四～一二〇六

(1) 改元年月日…建仁四年二月二十日（西暦一二〇四年三月二十三日）

(2) 使用期間……約二年三ヶ月

(3) 改元理由……革年改元

(4) 読み方………げんきゅう（ぐえんきう）／げんきう（王代年代號略頌・番鍛治次第附録年代記・本朝通鑑・年号訓點）、Genkiu（ケムペル『日本志』）／けんきう（皇年代記）

(5) 天皇／上皇…土御門天皇／後鳥羽上皇

(6) 摂政／将軍…藤原（九条）良経［摂政］／源実朝［将軍］・北条時政［執権］

(7) 勘申者………藤原親経（参議）

(8) 出典と章句

●『詩経』（大雅文王篇）「文王受命作周也。…〔疏〕…〔正義〕曰、…但文王自於國内建元久矣。…文王在於昭于天。」

(9) 候補年号の勘申者…藤原親経・藤原光範（式部大輔）・藤原宗業（文章博士）・藤原範光（権中納言）・藤原資実（右大弁）

(10) 改元上卿……藤原家実（右大臣）

(11) 改元陣議の参仕公卿…藤原家実・藤原隆忠（内大臣）・藤原忠経（権大納言・右近衛大将）・藤原公房（権大納言）・藤原兼宗（権中納言）・藤原良輔（権中納言）・藤原宗隆（権中納言）・藤原親経（参議）・藤原資実（参議・左大弁）・源通具（参議・右衛門督）・藤原公定（参議・右大弁）

(13) 元久年間の主な出来事

●元久元年七月一八日　源頼家、伊豆修善寺で暗殺される。

●元久二年閏七月十九日　北条時政、伊豆に隠退。／閏七月二十日　北条義時、執権となる。

⒁ 改元の経緯及び特記事項

『百練抄』元久元年二月廿日条に「革令并せて改元定有り」とあり、『一代要記』は「甲子に依る」とあるように、甲子革令説に基づく革年改元である。

この時提出された勘文は藤原光範が「永受」「貞和」「喜元」、藤原宗業が「寛祐」「治和」「延慶」、藤原範光が「建久」「慶延」、藤原親経が「元久」「大喜」、藤原資実が「仁治」を選んだものがあった。

『改元部類記』所引「猪熊関白記」建仁四年二月二十日条によれば、この日に今年が革令に当たるかどうかの定が行われ、提出されたほとんどの勘文や公卿たちの意見も今年は革令ではないのではないかという意見であったが、改元が行われた。それぞれ推す年号案を述べた後、奏聞が行われ、摂政・院にも報告が行われ、元久改元と決した。また大赦には神社の訴訟関係の者は含まないこととなった。同所引「三長記」同日条によれば、改元定の際は「少々同じからざると雖も多く元久に定む」という状況であったが、親経だけは「元久」が自らの提出案のため、「建久」をよいとした。

⒂ 関係史料

●『大日本史料』第四編之八　元久元年二月二十日条。

112 建永　一二〇六～一二〇七

(1)**改元年月日**…元久三年四月二十七日（西暦一二〇六年六月五日）
(2)**使用期間**……約一年五ヶ月
(3)**改元理由**……災異改元
(4)**読み方**………けんえい／けんよう（童蒙必読）、乾陽（中家実録）
(5)**天皇／上皇**…土御門天皇／後鳥羽上皇
(6)**摂政／将軍**…藤原（近衛）家実［摂政］／源実朝［将軍］・北条義時［執権］
(7)**勘申者**………藤原範光（民部卿）・菅原在高（式部大輔）
(8)**出典と章句**
●『文選』（與楊徳祖書）「庶幾戮力上國、流恵下民、建永世之業、流金石之功。豈徒以翰墨為勳績、辭賦為君子哉。」
(9)**候補年号の勘申者**…藤原範光・菅原在高・藤原宗業（文章博士）・菅原為長（文章博士）・藤原資実（権中納言）・藤原親経（権中納言）
(10)**改元上卿**……藤原忠経（内大臣）
(11)**改元陣議の参仕公卿**…藤原忠経・藤原公継（大納言）・藤原兼宗（権大納言）・藤原資実（権中納言）・藤原親経（参議・左大弁）・藤原隆衡（参議・右衛門督）・藤原公定（参議・左大弁）
(12)**「建永」を冠する用語等**
●**建永の法難**　承元の法難とも。建永二年二月（十月に改元して承元元年）、後鳥羽上皇により専修念仏の停止、法然・親鸞らの流罪と法然門弟二人の死罪が命ぜられた事件。
(13)**建永年間の主な出来事**

●建永二年四月五日　九条兼実、没。

⒁改元の経緯及び特記事項

『百練抄』は「赤班瘡に依る」としており、『猪熊関白記』建永元年四月二十七日条にも「仰詞に云はく、疱瘡の事に依りて改元有るべしと」とあり、『三長記』同日条に引用された改元の詔でも夏からの疱瘡の流行によるとしている。ただ、『一代要記』は「執柄の事に依る也。三月七日、摂政（九条）良経頓死」としている。いずれにせよ災異改元である。この時提出された勘文では藤原親経が「大喜」「建正」、菅原在高が「建永」「治萬」、藤原資実が「元徳」「建定」「文昭」、菅原為長が「建萬」「文承」「康安」、藤原宗業が「永宝」「仁成」「久承」を選んでいた。

『三長記』建永元年四月十八日条によれば、この日、後鳥羽院の熊野詣以前に改元を行いたい旨の書状が蔵人藤原顕俊から頭弁である藤原長兼に届けられ、二十七日に改元定が行われた。『猪熊関白記』同年四月二十七日条によると年号定では一致して「建永」がよいとなり、以前もこの案が出ており、難もあったが根拠はない。「建」の字も近年は不快だが、上古には吉例もあると述べられた。蔵人が後鳥羽院のもとに報告に行き、(『改元部類』所引「或記」では「精進屋」に入っていたとする)、「建永」改元と決した。また神社の訴訟に関わる者は大赦の対象としないこととなった。

⒂関係史料

●『大日本史料』第四編之八　建永元年四月二十七日条。

113 承元　一二〇七〜一二一一

⑴ **改元年月日**…建永二年十月二十五日（西暦一二〇七年十一月十六日）
⑵ **使用期間**……約三年四ヶ月
⑶ **改元理由**……災異改元
⑷ **読み方**………じょうげん（じようぐえん）／せうげん（王代年代號略頌・鎌倉遺文一七七六）／Soojen（ケムペル『日本志』、誤記か）／せうけん（皇年代記・鎌倉遺文一七二四）／しょうけむ（鎌倉遺文補五六三）／シヨウゲン（教行信澄阪東本）、「シヨウ顧」（鎌倉遺文補五四三）
⑸ **天皇／上皇**…土御門天皇／後鳥羽上皇
⑹ **摂政／将軍**…藤原（近衛）家実［関白］／源実朝［将軍］・北条義時［執権］
⑺ **勘申者**………藤原（日野）資実（権中納言）
⑻ **出典と章句**
●『通典』（巻五十五　禮十五）「大唐儀鳳二年二月二十九日、太常以仲春、告祥瑞於太廟。高宗令禮官徵故實。太常博士賈大隱對曰、古者祭以首時、薦用仲月、近代相承、元日奏祥瑞。」
⑼ **候補年号の勘申者**…菅原在高（式部大輔）・藤原宗業（文章博士）・菅原為長（文章博士）・藤原資実（権中納言）・藤原親経（権中納言）・藤原光範（民部卿）
⑽ **改元上卿**……藤原忠経（右大臣）か
⑾ **改元陣議の参仕公卿**…藤原忠経・藤原公継（大納言・右近衛大将）・藤原資実（権中納言）・源通具（権中納言）・藤原親経（権中納言）・藤原隆衡（権中納言・右衛門督）・藤原長兼（参議・左大弁）

⒀ 承元年間の主な出来事

●承元四年十一月二十五日　土御門天皇譲位。守成親王即位（順徳天皇）。

⒁ 改元の経緯及び特記事項

『百練抄』は「三合に依る也」とするが、『皇代記』は「疱瘡の故に依るか」とし、『皇年代略記』は「疱瘡疾疫雨水」、『元秘別録』では「疱瘡并びに洪水の事」を原因としている。いずれにせよ災異改元である。この時提出された勘文は菅原在高は「治萬」「正徳」「徳和」、藤原資実は「承元」「建定」、藤原宗業は「永宝」「仁保」「康正」、菅原為長は「徳元」「文承」「暦久」（「暦久」は「或は載せず」とする）、藤原親経は「建正」「正徳」「元初」、藤原光範は「恒久」「嘉福」「久承」を選んだものであった（『元秘別録』）。

『猪熊関白記』に依れば建永二年九月十九日に頭弁が藤原家実のもとを訪れ、「疱瘡并びに此の間洪水連々。改元の事有るべきか。且つは此の年號、本より水の難有り」として、改元を行うようにとの院の仰せを伝えた。二十一日には院の熊野詣以後に改元を行うようにと頭弁が伝えたが、家実はその前に行うのがよいとし、年号勘文の提出を命じている。最終的に来月の二十五日に行うこととなり、「承元」と決した（『明月記』承元元年十月二十五日条）。また大赦の対象から神社の訴訟の関係者は外すこととした（『行類抄』）。なお、関東には十一月五日に「問注所入道」即ち問注所執事三善康信のもとに改元の詔が届いている（『吾妻鏡』）。

⒂ 関係史料

●『大日本史料』第四編之九　承元元年十月二十五日条。

114 建暦 一二一一～一二一四

(1) 改元年月日…承元五年三月九日（西暦一二一一年四月二十三日）

(2) 使用期間……約二年九ヶ月

(3) 改元理由……代始改元

(4) 読み方………けんりゃく（けんりやく）／Genriacu（ケムペル『日本志』）

(5) 天皇／上皇…順徳天皇／後鳥羽上皇・土御門上皇

(6) 関白／将軍…藤原（近衛）家実［関白］／源実朝［将軍］・北条義時［執権］

(7) 勘申者………藤原（日野）資実（権中納言）・菅原（高辻）為長（式部権大輔）・藤原孝範（文章博士）

(8) 出典と章句

●『後漢書』（律暦志）「建暦之本必立元。元正然後定日法。法定然後度周天、以定分至。」

●『宋書』（暦志）「建暦之本、必先立元。」

●『春秋命歴序』「帝顓頊曰、建暦立紀以天元。尸子云、羲與和造歴。歴或爲暦。」（『玉函山房輯佚書』所引『春秋命歴序』に当該部分なし）。

(9) 候補年号の勘申者…藤原宗業（式部大輔）・菅原公輔（文章博士）・藤原孝範（文章博士）・藤原資実（権中納言）・菅原為長（式部権大輔）

(10) 改元上卿……藤原（大覚寺）隆忠（左大臣）

(11) 改元陣議の参仕公卿…藤原（大覚寺）隆忠・藤原（九条）良輔（右大臣）・藤原（徳大寺）公継（内大臣）・藤原（中山）兼宗（権大納言）・源（久我）通光（権大納言）・藤原（九条）道家（権大納言・左近衛大将）・藤原（九条）良平（権大納言）・源（堀川）通具（権中納言）・藤原（四条）隆衡（権中納言）・藤原長兼（権中納言）・藤原範朝（参議）

⑿「建暦」を冠する用語等

●建暦の新制　建暦二年三月、朝廷が出した二十一か条の新制。

⒁改元の経緯及び特記事項

『百練抄』に「御即位に依る」とし、順徳天皇の即位に伴う代始改元である。提出された勘文で、藤原宗業は「徳嘉」「文定」「仁保」、菅原公輔は「徳永」「天嘉」「恒久」、菅原孝範は「建文」「嘉福」「建暦」、藤原資実は「建暦」「仁治」、菅原為長は「建暦」「承久」「貞永」「文永」「徳久」を選んでいる（『元秘別録』）。

『改元部類記』所引「長兼卿記」では承元五年三月一日に藤原長兼が院に参り、蔵人から九日の改元のため、摂政や勘文提出者への連絡もしたと聞いている。年号定では「大略建暦一同」となったが、公継が典拠が暦に関する文だが、帝徳に関する文であるべきで、「徳久」がよいとした（『玉葉』は難を求める仰せによるとする）。隆忠が「徳久」への意見を求めたところ、長兼は「徳」が上にある例は日本になく、北斉の例は不快としたが、公継が反論した。良輔は「建暦」の典拠は代始なので良い、徳が上にあるのも悪くはないとした。「建文」はどうかとの問いには長兼と源通具の間に典拠をめぐる議論があった。最終的には「建暦」に決した。鎌倉には同年三月十九日に使者が伝えている（『吾妻鏡』）。

⒂関係史料

●『大日本史料』第四編之十一　建暦元年三月九日条。

115 建保

一二一四～一二一九

(1) **改元年月日**… 建暦三年十二月六日（西暦一二一四年一月十八日）

(2) **使用期間**…… 約五年四ヶ月

(3) **改元理由**…… 災異改元

(4) **読み方**……… けんほう／けんほ（番鍛冶次第附録年代記）／けんぽう（年号読様）

(5) **天皇／上皇**… 順徳天皇／後鳥羽上皇・土御門上皇

(6) **関白／将軍**… 藤原（近衛）家実［関白］／源実朝［将軍］・北条義時［執権］

(7) **勘申者**……… 藤原宗業（式部大輔）

(8) **出典と章句**

●『書経』（多士編）「亦惟天丕建、保乂有殷。」

●『周禮』（巻十八　春官宗伯）「大宗伯之職、掌建邦之天神人鬼地祇之禮、以佐王建保邦國。以吉禮、事邦國之鬼神示。」

(9) **候補年号の勘申者**… 藤原宗業（式部大輔）・菅原公輔（文章博士）・藤原孝範（文章博士）・菅原在高（従三位）・菅原為長（式部権大輔）

(10) **改元上卿**…… 藤原（徳大寺）公継（内大臣）か

(11) **改元陣議の参仕公卿**… 藤原（徳大寺）公継・藤原（大炊御門）師経（権大納言）・源（堀川）通具（権中納言）・藤原（日野）資実（大宰権帥）・源（土御門）定通（中納言）・藤原（姉小路）公宣（権中納言）・藤原（西園寺）実氏（参議）・藤原（葉室）顕俊（参議）

(13) **建保年間の主な出来事**

●建保二年二月四日　栄西、『喫茶養生記』を著す。／三年七月五日　栄西、没。

●建保七年一月二十七日　源実朝、公暁により暗殺。

⒁改元の経緯及び特記事項

『一代要記』は「天変地妖に依る」とし、『皇年代略記』は「天変地震御慎」を理由としている。『猪熊関白記』建保元年十二月六日条は「天変地震の事に依る也」としている。このほか、『明月記』同日条は「両平の夭亡に依る」とし、十一月二十九日・三十日に藤原輔平・親平が相次いで没したことが原因としている。『仁和寺日次記』は「天下静かならず」ことを理由とする。いずれにせよ災異改元である。この時出された勘文は藤原宗業が「建保」「隆治」「長寿」、菅原公輔が「恒久」「徳永」「建大」、藤原孝範が「長徳」「永正」「仁治」、菅原在高が「正徳」「嘉慶」「万祥」、菅原為長が「承久」「元仁」「貞永」「咸保」を選んだものであった（『元秘別録』）。

前掲『猪熊関白記』十二月六日条によれば、改元定において、人々が「承久」でまとまりかけた際に資実が異議を唱えた。それによれば、「承久」もよいが、代始の年号を上の文字を次の年号も続けて用いるのが吉例であるので「建保」がよいとのことであった。頭弁が院に参りこの旨を奏したところ、後鳥羽院から「承久」もよいが資実がいうこともっともであるから「建保」とせよとの仰せがあり、決定した。なお詔では伊勢神宮と八幡宮の訴訟の関係者は大赦の対象から外すこととした。

⒂関係史料

●『大日本史料』第四編之十二　建保元年十二月六日条。

116 承久

一二一九〜一二二二

(1) **改元年月日**…建保七年四月十二日(西暦一二一九年五月二十七日)

(2) **使用期間**……約三年

(3) **改元理由**……災異改元

(4) **読み方**………じょうきゅう(じようきう)/せうきう(皇年代記・王代年代號略頌・番鍛冶次第附録年代記)/Seokiu(ケムペル『日本志』)/ぜうきう(本朝年代歴)/しやうきう(阿蘇文書 建武元年七月十九日宇治惟平書状)/しようきう(八坂神社文書上、某女消息裏書)/そうきう(熊谷家文書 弘長三年十月八日熊谷直時自筆置文)

(5) **天皇/上皇**…順徳天皇/後鳥羽上皇・土御門上皇

(6) **関白/執権**…藤原(近衛)家実[関白]/北条義時[執権]

(7) **勘申者**………菅原(高辻)為長(大蔵卿)

(8) **出典と章句**

●『詩緯』「周起自后稷歴世相承久。」

(9) **候補年号の勘申者**…菅原為長・藤原実業(式部大輔)・藤原孝範(文章博士)・菅原淳高(文章博士)・菅原在高(正三位)・藤原頼範(従三位)

(11) **改元陣議の参仕公卿**…藤原(九条)道家(左大臣)・藤原(九条)良平(権大納言)・源(堀川)通具(権大納言)・源(土御門)定通(権大納言)・藤原(葉室)顕俊(権中納言・右衛門督)・藤原(京極)定家(参議)・藤原(中山)忠定(参議)・二条(藤原)定高(参議・左大弁)

(12)「承久」を冠する用語等

●承久の変（乱）　承久三年五月　後鳥羽上皇が北条義時追討の院宣を出し挙兵したことに始まる。北条政子・義時のもとに結集した幕府軍の勝利に終わったが、討幕の志は後醍醐天皇に受け継がれた。

(13) 承久年間の主な出来事

●承久二年　この頃、慈円、『愚管抄』を著す。

●承久三年六月十六日　承久の変で勝利した北条時房・泰時、六波羅館に入る（六波羅探題のはじまり）。

●承久三年四月二十日　順徳天皇退位、懐成親王即位（仲恭天皇）。

●承久三年七月九日　仲恭天皇退位、茂仁親王即位（後堀河天皇）。

●承久三年七月十三日　後鳥羽法皇（七月八日出家）を隠岐国に流す。／七月二十一日　順徳上皇を佐渡国に流す。

(14) 改元の経緯及び特記事項

『百練抄』は「天変・旱魃・三合等に依る」とし、『一代要記』は「三合変異に依る」、『元秘別録』は「三合後年、并びに天変旱魃に依る」としている。災異改元である。この時提出された勘文は藤原宗業は「喜文」「永宝」、藤原考範は「長応」「康文」「祥久」、菅原淳高は「保禄」「正萬」「嘉慶」、菅原在高は「仁政」「治萬」「養元」、藤原頼範は「嘉徳」「壽延」「仁養」、菅原為長は「承久」「文久」「元仁」を選んでいた（『元秘別録』）。『改元部類記』所引「猪熊関白記」承久元年四月十二日条によれば、同日行われた改元定において、一致して「承久」が支持され、関白・院も同意したため、承久改元と決まった。

(15) 関係史料

●『大日本史料』第四編之十五　承久元年四月十二日条。

117 貞応　一二二二〜一二二四

(1)改元年月日…承久四年四月十三日（西暦一二二二年五月二十五日）
(2)使用期間……約二年七ヶ月
(3)改元理由……代始改元
(4)読み方………じょうおう（ぢやうおう）／ていおう（年号訓點）、Teewo（ケムペル『日本志』）／ぢやうおう（童蒙必読）／ちやうをう（鎌倉遺文八九九八）／ちやうおう（鎌倉遺文三二六四）／じやうおう（多田神社文書）
(5)天皇／上皇…後堀河天皇／後鳥羽法皇・土御門上皇・順徳上皇・仲恭上皇・後高倉院
(6)関白／執権…藤原（近衛）家実［関白］／北条義時［執権］
(7)勘申者………菅原（高辻）為長（大蔵卿）
(8)出典と章句
●『周易』（彖下傳）「中孚以利貞乃応乎天也。」
(9)候補年号の勘申者…菅原為長・菅原淳高（文章博士）・藤原家宣（参議・左大弁）
(10)改元上卿……藤原（近衛）家通（左大臣・左近衛大将）
(11)改元陣議の参仕公卿…藤原（近衛）家通（左大臣）・藤原（徳大寺）公継（右大臣）・源（堀川）通具（権大納言）・藤原（九条）教家（権大納言）・藤原（滋野井）実宣（左衛門督）・藤原（三条）実親（権中納言）・源（中院）通方（権中納言）・藤原（二条）定高（権中納言）・藤原（京極）定家（参議）・源（唐橋）雅清（参議）・源（堀川）具実（参議）
(13)貞応年間の主な出来事
●貞応二年五月十四日　後高倉院、崩御。

●貞応三年六月十三日　北条義時、没。

●貞応三年　この年、親鸞、『教行信証』を著す。

⒁ 改元の経緯及び特記事項

『一代要記』は「御即位に依る」、『皇代記』は「即位に依る」としており、後堀河天皇即位による代始改元である。この時の勘文は「貞応」「天仁」「延嘉」「貞永」「和元」を選んだ菅原為長、「嘉慶」「天保」「正応」「延壽」を選んだ菅原淳高、「寛恵」「長養」を選んだ藤原家宣のものであった（『元秘別録』）。

『編記』承久四年四月十三日条によれば、勘文提出者を四人・五人とするのは「不快」なので六人とすべきだが、誰に命じるかという議論があったが、「上皇の仰せに云はく、寛治・嘉応の吉例に任せて三人定むべきと云々」とあり、後高倉院の命により提出者は三人となった（『元秘別録』所引「為房卿記」も同内容）。また改元定の場においてはほとんどが「貞応」がよいとしたが、公継だけが反対した。『改元部類記』所引「大外記師季記」によれば、議論の後、「貞応」「正応」の二案が院のもとに送られ、「貞応」と決まった。

⒂ 関係史料

●『大日本史料』第五編之一　貞応元年四月十三日条。

118 元仁

一二二四〜一二二五

(1) 改元年月日…貞応三年十一月二十日（西暦一二二四年十二月三十一日）

(2) 使用期間……約五ヶ月／**(3) 改元理由**……災異改元

(4) 読み方………げんにん（ぐえんにん）／げんにん（王代年代號略頌）、GenIn（ケムペル『日本志』）／けんにん（番鍛冶次第附録年代記）／くゑんにん（鎌倉遺文五五八後筆）

(5) 天皇／上皇…後堀河天皇／後鳥羽法皇・順徳上皇・土御門上皇・仲恭上皇

(6) 関白／執権…藤原（近衛）家実［関白］／北条泰時［執権］

(7) 勘申者………菅原（高辻）為長（式部大輔）

(8) 出典と章句

●『周易』（乾卦）「文言曰、元者善之長也。亨者嘉之會也。…故曰、乾元亨利貞。〔正義曰、文言者是夫子第七翼也。…元則仁也。亨則禮也。利則義也。貞則信也。〕」

(9) 候補年号の勘申者…菅原為長・菅原在高（兵部卿）・菅原淳高（文章博士）・藤原長倫（文章博士）

(10) 改元上卿……藤原（徳大寺）公継（右大臣）か

(11) 改元陣議の参仕公卿…藤原公継・藤原（大炊御門）師経（内大臣）・源（堀川）通具（大納言）・源（土御門）定通（大納言）・藤原（姉小路）公宣（権大納言）・藤原（西園寺）実氏（権大納言・右近衛大将）・源（中院）通方（権中納言）・藤原（二条）定高（権中納言）・源（唐橋）雅清（参議）・源（堀川）具実（参議）・藤原（吉田）資経（参議・左大弁）

(14) 改元の経緯及び特記事項

『百練抄』は「天変炎旱に依る也」としており、『公卿補任』は「天下疾疫に依る也」とする。災異改元である。提出された勘文は菅原在高が「貞久」「文始」、菅原淳高が「正応」「応元」「仁治」、藤原長倫が「弘徳」「治定」、菅原為長が「元仁」「延嘉」「和元」を選んだものであった（『元秘別録』）。

『改元部類記』所引「猪熊関白記」元仁元年十一月二十日条によれば、この日改元定が行われ、公卿たちがそれぞれ推す年号案を示した後、結果を奏した。仰せがあり、「仁治」「元仁」のどちらかにせよとのことであったので、「元仁」と決し、改元が行われた。大赦の対象として神社の訴訟に関わる者は除外することとなった。

なお、『編記』貞応三年十一月二十日条によれば、難陳の際、定通が「元仁」を強く推し、源通具が難を申した。それによれば、「元」の字は「二人」と読め、「仁」の字も「二人」と読めるので、合計四人と読めることがよくないとのことであった。しかしこれは根拠がないとされ、「天仁」もその理屈なら四人と読めるが吉例ではないかと反論されている。なお、『吾妻鏡』元仁元年十二月四日条によれば、同日、改元詔書が鎌倉に届いている。

⒂**関係史料**……『大日本史料』第五編之二　元仁元年十一月二十日条。

コラム17　代始改元の行われなかった天皇

天皇の代替わりに行われる代始改元（即位改元）は、年号改元の本来的な在り方であり、践祚＝即位の当年か翌年が多いが、行いえなかった天皇も存在する（土橋誠二〇一〇）。

奈良時代の淳仁天皇朝の年号は、孝謙天皇朝から「天平宝字」が続いて六年近く改元されず、恵美押勝の乱による廃位後、称徳天皇の重祚により「天平神護」と改元されている。また鎌倉時代の仲恭天皇も、承久の変により改元前に退位したため、改元を行なっていない。さらに江戸時代の明正女帝は寛永六年（一六二九）に即位してから、退位までの十五年間改元を行っていない。

代始改元が大幅に遅れた例には、室町時代に即位後十四年間改元が行われなかった称光天皇、江戸時代に即位後十年間改元が行われなかった霊元天皇がいる。その理由は、当時の武家政権（室町幕府・江戸幕府）が天皇よりも将軍の代替に伴う改元を優先させていたためともみられている（久保貴子二〇〇八・久水俊和二〇〇九）。

〔K〕

119 嘉禄

一二二五〜一二二八

(1)**改元年月日**…元仁二年四月二十日（西暦一二二五年五月二十八日）
(2)**使用期間**……約二年八ヶ月
(3)**改元理由**……災異改元
(4)**読み方**………かろく
(5)**天皇／上皇**…後堀河天皇／後鳥羽法皇・土御門上皇・順徳上皇・仲恭上皇
(6)**関白／執権**…藤原（近衛）家実［関白］／北条泰時［執権］
(7)**勘申者**………菅原在高（兵部卿）
(8)**出典と章句**
●『博物志』「任賢使能。陛下擒顕先帝光耀、以奉皇天嘉禄。」
(9)**候補年号の勘申者**…菅原為長（式部大輔）・菅原淳高（文章博士）・藤原長倫（文章博士）・菅原在高（兵部卿）・藤原頼資（参議・左大弁）
(10)**改元上卿**……藤原（徳大寺）公継（左大臣）か
(11)**改元陣議の参仕公卿**…藤原（徳大寺）公継・源（土御門）定通（大納言）・藤原（姉小路）公宣（権大納言）・藤原（三条）実親（中納言）・藤原（大炊御門）家嗣（中納言）・藤原（一条）定高（権中納言）・藤原（鷹司）伊平（参議）・藤原資経（参議・大宰大弐）・藤原隆親（参議）
(13)**嘉禄年間の主な出来事**
●嘉禄元年七月十一日　北条政子、没。
●嘉禄二年一月二十七日　九条頼経を征夷大将軍に任ずる。

⑭ 改元の経緯及び特記事項

『一代要記』は「疱瘡」、『皇代記』は「大疫」によるとするほか、『皇帝紀抄』は「天下不静」を原因としている。災異改元である。提出された勘文では菅原為長が「文承」「恒久」、菅原淳高が「正応」「応久」「養萬」、藤原長倫が「弘徳」「慶延」「応暦」、菅原在高が「嘉禄」「治萬」「久保」、藤原頼資が「貞正」「仁治」を選んだ（『元秘別録』）。藤原定家の『明月記』によれば、嘉禄元年四月十五日条に改元の理由として「是れ元仁不快の由、武家去年咎申すの故」と、鎌倉幕府からの圧力によると記している（所功一九七七）。二十一日には前日の改元を「輕（カロク）尤も大切と謂ふべし。…但し王威如何。誰人挙ぐる所か」と指摘し、改元定を「嬰児此の座に交れり」「議定の間、只興言・雑言、猿楽の如し」と批判している。

『廣橋家記録』所引「頼資卿改元定記」には改元定の経緯が記される。上卿から「嘉禄」は如何と言われ、公宣が難なしとしたが、定通が反論すると「人々微咲す」「臆気有り。其聲常ならず」となり「時の権臣、傍若無人を為すべきか」と頼資は記している。頼資は「禄」は日本では「天禄」が佳例だが、中国では後晋の時に、永康王（渤海の世宗）が用いた例があるが、偽位だと述べた。更に仮名では「カロク」と読めるという大臣の指摘には、定通が重き難を軽くするのだとした。このほか「仁治」は「二人の治」と読めることが、「久保」は上に「久」がある例がよくないことと「保」が「人只十年」と読めることが指摘され、「貞正」は「正」が下にある例が日本にないことが、「正応」は「貞応」と似ること、「弘徳」は「徳」の字がよくない、「恒久」は「恒」がユミハリと読めること、「慶延」は出典が問題とされ、最終的に「嘉禄」改元と決まり、神社の訴訟関係者は大赦対象から外すことが決められた。なお『吾妻鏡』は同年五月二日に京都からの使者が改元を伝えたとのみ記す。

⑮ 関係史料

●『大日本史料』第五編之二　嘉禄元年四月二十日条。

120 安貞　一二二八〜一二二九

(1) 改元年月日…嘉禄三年十二月十日（西暦一二二八年一月十三日）
(2) 使用期間……約二年二ヶ月
(3) 改元理由……災異改元
(4) 読み方………あんてい／あんちやう（『吉田日次記』応永五年三月十一日条にみえる二条家の読み方）／AnTe（ケムペル『日本志』）
(5) 天皇／上皇…後堀河天皇／後鳥羽法皇・土御門上皇・順徳上皇・仲恭上皇
(6) 関白／将軍…藤原（近衛）家実［関白］／藤原（九条）頼経［将軍］・北条泰時［執権］
(7) 勘申者………菅原資高（文章博士）
(8) 出典と章句
●『周易』（彖上傳）「乃終有慶。安貞之吉、応地无疆。」
(9) 候補年号の勘申者…菅原為長（式部大輔）・菅原資高（文章博士）・菅原在高（従二位）・大江周房（文章博士）・藤原頼資（権中納言）・藤原家光（参議・左大弁）
(10) 改元上卿……藤原（九条）良平（左大臣）か
(11) 改元陣議の参仕公卿…藤原（九条）良平・藤原（九条）教実（右大臣）・二条（藤原）定高（権中納言）・藤原（廣橋）頼資（権中納言）・平経高（参議）・藤原（日野）家光（参議・左大弁）・平範輔（参議・右大弁）
(14) 改元の経緯及び特記事項
『百練抄』は「疱瘡に依る」としており、『一代要記』は「天変大風に依る」とする。災異改元である。『廣橋家記録』所引「頼資卿改元定記」嘉禄三年十二月一日条には「世間流布の事（疱瘡流行を指す）并びに三合年に依る」とあり、『吾妻鏡』安貞元年十二月二十五日条には「今年三合に相當るの上、赤班瘡流布」をことを改元理由としている。この時の勘文は菅原為長が「貞永」「寛元」、菅原資高が「安貞」「長養」「和萬」、大江周房が「政和」「文永」「祥応」、藤原頼資が「建長」「治建」「顕応」、菅原在高が「久保」「文暦」、藤原家光が「元徳」「嘉観」を選んでいた（『元秘別録』）。

前掲「頼資卿改元定記」嘉禄三年十二月十日条によれば、改元定での難陳は、「寛元」について、平範輔が「元」は「元（キミ＝王）を宥める」意味だと述べ、頼資は承久の変のことを指しているのかと述べ、問題はないが、この指摘が出た以上、「元久」の例からも採用できないとした（『編記』同日条では「三院御事か、諸卿閉口す」とある）。「安貞」は頼資が「貞」が下に付く例は日本にはなく、中国の例も問題ないとした。頼資は「安和」は短期間、「安元」は建春門院崩御という例があることや「安貞」が三条天皇の諱「居貞」と似ていると思っていたが発言しなかった。「建長」について範輔は「建」が続くことを難じたが、定高は漢武帝の建元以降は「建」が続いたとし、問題ではないとした。「文暦」は教実が「文治」の例から推し、頼資は中国にも悪い例はないとした。「文暦」「建長」がよいのではと奏している間、他にも難を述べよと上卿が言ったため難陳を行なった。しばらくして「安貞」と改元せよとの仰せがあり、神社の訴訟の関係者は大赦の対象から外すこととした。

なお、『吾妻鏡』によれば同年十二月二十五日に「六波羅飛脚」が改元を伝え、二十六日に改元後の吉書始が行われた。

(15) 関係史料

●『大日本史料』第五編之四　安貞元年十二月十日条。

121 寛喜

一二二九～一二三二

(1)改元年月日…安貞三年三月五日（西暦一二二九年三月三十一日）
(2)使用期間……約三年一ヶ月
(3)改元理由……災異改元
(4)読み方………かんぎ（くわんぎ）／くわんき（皇年代記）、Quanki（ケムペル『日本志』）／くわんか（番鍛冶次第附録年代記、喜を嘉と誤記するによるか）
(5)天皇／上皇…後堀河天皇／後鳥羽法皇・土御門上皇・順徳上皇・仲恭上皇
(6)関白／将軍…藤原（九条）道家［関白］／藤原（九条）頼経［将軍］・北条泰時［執権］
(7)勘申者………菅原（高辻）為長（式部大輔）
(8)出典と章句
●『後魏書』「仁興（而）温良、寛興（而）喜楽。」
(9)候補年号の勘申者…菅原為長・菅原資高（文章博士）・大江周房（文章博士）・藤原頼資（式部権大輔）・菅原在高（従二位）・藤原家光（参議・右大弁）
(10)改元上卿……藤原（九条）良平（左大臣）
(11)改元陣議の参仕公卿…藤原（九条）良平・藤原（九条）教実（右大臣・左近衛大将）・藤原（中山）兼宗（前大納言）・藤原（九条）基家（権大納言）・藤原（西園寺）実氏（権大納言）・藤原（三条）実親（権大納言）・源（中院）通方（中納言）・藤原（徳大寺）実基（権中納言）・藤原（一条）定高（権中納言）・藤原（広橋）頼資（権中納言）・平経高（参議）・平範輔（参議・右大弁）・藤原（花山院）宣経（参議）・藤原頼隆（参議）
(12)「寛喜」を冠する用語等

●寛喜の飢饉　寛喜二年から三年にかけて発生した、前年からの冷害・風水害・気候不順による全国的な大飢饉。

●寛喜の新制　寛喜三年十一月に宣下された全四十二条からなる公家新制。公家新制中最も条文が多い。前年の飢饉とそれによる社会不安を受けて出されたものであるが、直接の対応策を含むものではない。

⒀ 寛喜年間の主な出来事

●寛喜三年十月十一日　土御門上皇、阿波国にて崩御。

⒁ 改元の経緯及び特記事項

『百練抄』は「去年大風」、『一代要記』は「飢饉天変」を原因とする。災異改元である。勘文では菅原為長が「寛喜」「貞永」、菅原資高が「寛政」「天休」、大江周房が「寛安」「養寛」「文永」、藤原頼資が「正安」「建長」、菅原在高が「嘉徳」「天正」「萬喜」、藤原家光が「嘉観」「禎祥」「弘長」を選んだ。『玉蘂』寛喜元年三月五日条では改元の理由を「天変」としている。

同日の改元定では多くの公卿が参加し、議論は紛糾した。左大臣が「正安」「寛喜」「寛安」を検討せよとしたところ、「正安」は「正」が「一と止」と読め、また唐の章安大師と紛らわしい、「寛喜」は僧の名前（寛基僧都）に似る、「寛安」は「火難」と紛らわしい、などの意見が出た（『経光卿改元定記』は「此の間、御座の内、喧嘩か。利を争ふこと市塵の如し」とする）。最終的に「寛喜」改元と決まり、神社の訴訟関係者は大赦の対象としないこととされた。鎌倉では同年三月五日に改元詔書が届き、二十五日に吉書始が行われた（『吾妻鏡』）。

⒂ 関係史料

●『大日本史料』第五編之五　寛喜元年三月五日条。

122 貞永　一二三二～一二三三

(1) 改元年月日…寛喜四年四月二日（西暦一二三二年四月二十三日）

(2) 使用期間……約一年一ヶ月

(3) 改元理由……災異改元

(4) 読み方………じょうえい(ぢやうえい)／ていえい(王代年代號略頒・番鍛冶次第附録年代記・年号訓點)／Teejei(ケムペル『日本志』)／譲用（中家実録）／ちやうゑい（鎌倉遺文四四四六）／ていゑい（鎌倉遺文四三三九、後筆）／ちやうえい（『康富記』宝徳元年十月十一日条にみえる中家の説）

(5) 天皇／上皇…後堀河天皇／後鳥羽法皇・順徳上皇・仲恭上皇

(6) 関白／将軍…藤原（九条）教実［関白］／藤原」（九条）頼経［将軍］・北条泰時［執権］

(7) 勘申者………菅原（高辻）為長（大蔵卿）

(8) 出典と章句

●『周易』（坤卦）「用六利永貞（用六之利　利永貞也）〔(正義）曰、用六利永貞也。此坤之六爻總辭也。…故利在永貞。永長也。貞正也。長能貞正也。〕」

(9) 候補年号の勘申者…菅原為長・菅原資高（文章博士）・藤原信盛（文章博士）・藤原頼資（権中納言）・藤原家光（権中納言）・菅原在高（従二位）

(10) 改元上卿……源（土御門）定通（大納言）

(11) 改元陣議の参仕公卿…源（土御門）定通・源（中院）通方（権大納言）・藤原（九条）高実（権大納言）・藤原（京極）定家（権中納言）・源（堀川）具実（権中納言・左衛門督）・藤原（日野）家光（権中納言）・平経高（参議）・平範輔（参議・左大弁）

(12)「貞永」を冠する用語等

●貞永式目　御成敗式目。貞永元年制定。北条泰時が数名の評定衆と共に編纂した鎌倉幕府の基本法典。一定の体系性をもったものとしては最初の武家法典で、武家社会の慣習法を多く取り入れている。

(13)貞永年間の主な出来事

●貞永元年十月四日　後堀河天皇退位。秀仁親王即位（四条天皇）。

(14)改元の経緯及び特記事項

『百練抄』は「去年飢饉に依る」としており、寛喜の大飢饉による災異改元である。これに先立ち、寛喜三年五月十七日に改元定が行われる予定だったが、五月に改元を行なった例はいずれも兵乱が起こっており、六月もよくないので七月に延引することとなった（『民経記』・『洞院摂政記』）。

改めて翌年四月二日に改元定が行われた。この時の勘文では菅原為長が「貞永」「和元」、菅原資高が「康安」「徳延」「嘉元」、藤原信盛が「寛祐」「大応」「久徳」、藤原頼資が「正嘉」「寛恵」「正安」、藤原家光が「成治」「仁治」「延嘉」、菅原在高が「治政」「治萬」を選んでいる（『元秘別録』）。

『民経記』同年四月二日条によれば、改元定では「貞永」は唐の順宗の時の年号である「永順」の逆で、「永順」は順宗が崩御し、李熖の偽朝の年号でもあることが問題とされたが、菅原為長の勘申であることと、関白教実がこだわったため決定となったという。伊勢神宮・八幡宮の訴訟関係者は大赦の対象から外された。『編記』同日条において、菅原為長は自らの撰進年号の採用が六度に至ることを誇っている。

(15)関係史料

●『大日本史料』第五篇之六　寛喜三年五月十七日／同第五編之七　貞永元年四月二日。

123 天福

一二三三〜一二三四

(1) 改元年月日…貞永二年四月十五日（西暦一二三三年五月二十五日）

(2) 使用期間……約一年六ヶ月

(3) 改元理由……代始改元

(4) 読み方………てんぷく／てんふく（王代年代號略頌・番鍛冶次第附録年代記・本朝通鑑・童蒙必読・皇年代記）

(5) 天皇／上皇…四条天皇／後鳥羽法皇・順徳上皇・仲恭上皇・後堀河上皇

(6) 摂政／将軍…藤原（九条）教実［摂政］／藤原（九条）頼経［将軍］・北条泰時［執権］

(7) 勘申者………菅原（高辻）為長（大蔵卿・式部大輔）

(8) 出典と章句

●『尚書』「政善天福之」（典拠に該当部分なし、注にみえる）

●『尚書』（湯誥）「天道福善禍淫、降災于夏、以彰其罪。〔政善天福之、淫過天禍之、故下災異、以明桀罪〕。」

(9) 候補年号の勘申者…菅原為長（大蔵卿・式部大輔）・菅原資高（文章博士）・藤原信盛（文章博士）

(10) 改元上卿／改元奉行…藤原（近衛）兼経（右大臣）［改元上卿］／藤原（廣橋）経光（蔵人頭・右少弁）［改元奉行］

(11) 改元陣議の参仕公卿…藤原（近衛）兼経（右大臣）・源（土御門）定通（大納言）・藤原（二条）定高（前権中納言）・藤原（広橋）頼資（前権中納言）・藤原（日野）家光（権中納言）・平経高（参議）・平範輔（参議・左大弁）・平有親（参議）

(13) 天福年間の主な出来事

●天福元年五月二十九日　藤原基通、没。

●天福二年五月二十日　仲恭上皇、崩御。／八月六日　後堀河上皇、崩御。

⑭ **改元の経緯及び特記事項**

『百練抄』に「代始に依る」とあり、四条天皇の即位に伴う代始改元である。この時提出された勘文では菅原為長が「康暦」「文暦」「正元」「延嘉」、菅原資高が「政治」「慶延」「天順」「建徳」「嘉元」、藤原信盛が「大應」「福應」「嘉恵」を選んでいる（『元秘別録』）。『民経記』天福元年四月十五日条によれば、この日に改元定が行われた。難陳では「天福」は後晋・後漢に例があること、「延嘉」は「嘉」の字を下に置く例がなく、「煙霞」と似ることが難ぜられた。「大應」は「大」が入り、佛号の「大雄」と似ること、「文暦」は「文」の字、「嘉恵」は「恵」の字、「康暦」は典拠が問題とされた。更に『後漢書』の「誅」の字を定通が「チュウ」と読み、頼資が「せめ（る）」と読むと指摘し（『頼資卿改元定記』には定通が「藤家の説か」と言い、「常」と反論したとする）、激しく口論となった。定の経緯を経光が摂政教実と前関白道家に報告したところ、道家が議論の整理を行い、「天福」がよい、中国に同じ年号があっても問題ないとした。経光がこの旨を定で報告すると、一同賛成し、院に報告が行われ、改元となった。

改元の後、藤原定家は唐末の「天復」に似ており「討乱復位の年号也」と批判した（『明月記』同年四月十六日条）。その後、上皇・女院が相次いで没したため『頼資卿改元定記』天福二年十一月一日条には「世人の難〔天服ト云々〕があったとし、『五代帝王物語』は「浅ましかりける年号也」とする。

鎌倉には四月二十三日に到着したとの記事が『吾妻鏡』同日条にある。

⑮ **関係史料**

●『大日本史料』第五編之八　天福元年四月十五日条。

124 文暦 一二三四〜一二三五

⑴ **改元年月日**…天福二年十一月五日（西暦一二三四年十一月二十七日）

⑵ **使用期間**……約一年

⑶ **改元理由**……災異改元

⑷ **読み方**………ぶんりゃく（ぶんりやく）／ふんりやく（皇年代記）／もんれき（番鍛治次第附録年代記）／もんりやく（中家実録・童蒙必読）

⑸ **天皇／上皇**…四条天皇／後鳥羽法皇・順徳上皇

⑹ **摂政／将軍**…藤原（九条）教実［摂政］／藤原（九条）頼経［将軍］・北条泰時［執権］

⑺ **勘申者**………藤原（日野）家光（権中納言）・菅原淳高（刑部卿）

⑻ **出典と章句**

●『文選』（曲水詩序）「皇上以叡文承曆。」

●『唐書』「掌天文曆数」（元秘別録、典拠に当該箇所なし）

●『後漢書』「春秋當初文曆」（元秘別録、典拠に当該箇所なし）

⑼ **候補年号の勘申者**……菅原為長（式部大輔）・菅原資高（文章博士）・菅原経範（文章博士）・藤原頼資（前中納言）・藤原家光（権中納言）・菅原淳高（刑部卿）

⑽ **改元上卿**……藤原（近衛）兼経（右大臣）

⑾ **改元陣議の参仕公卿**…藤原（近衛）兼経・源（土御門）定通（大納言）・源（中院）通方（権大納言）・藤原（広橋）頼資（前権中納言）・藤原（二条）良実（権中納言・左近衛大将）・藤原（日野）家光（権中納言）・平経高（参議）・平範輔（参議・左大弁）・平有親（参議）

(13) 文暦年間の主な出来事

●文暦二年三月二十八日　藤原（九条）教実、没。

(14) 改元の経緯及び特記事項

『百練抄』文暦元年十一月五日条には「改元の事有り。天福の字始めより人受けず。諒闇相続き、其の徴を為すの由、口遊す。」とある。『頼資卿改元定記』天福二年十一月一日条には「去年女院、今年院崩御、世の人の難〔天福と云々〕相叶ふ」と記している。『一代要記』『元秘別録』は「天変地震」によるとする。災異改元である。この時の勘文は菅原資高が「正徳」「康安」「嘉慶」「壽延」を、藤原経範が「天観」「暦仁」「仁保」を、藤原頼資が「仁應」「延嘉」を、藤原家光が「延文」「弘長」を、菅原為長が「恒久」「文承」「應元」「大仁」を選んでいる（『元秘別録』）。

前掲『頼資卿改元定記』は同日に改元定が行われたとする。難陳では「暦仁」は「仁を略す」と読めること、「文暦」は後鳥羽朝の「元暦」「文治」と似ること、典拠が暦についての文章であることが問題とされた。「仁応」は「勅して左右を難ず」とある。「延文」は「文暦」と同じで、中国にも吉例がないと指摘された。「延嘉」は「煙霞」と似る、「嘉元」は出典の『貞観政要』では「喜元」ではと指摘を受け、中国の年号を逆にする（「打返」）のは不吉とされた。「仁保」は「保」の字があると園城寺の騒動があるとして斥けられた。「仁應」「文暦」が最初奏されたが、摂政から「仁」「應」「文」は問題があるとの仰せがあり、更に検討され、「文暦」となった。前関白道家のもとにも報告があり、奏されて改元が行われた。

『頼資卿改元定記』『五代帝王物語』は諒闇中の改元は、「延暦」の例があるが、近年は「養和」しかなく、不吉であるとしている。

(15) 関係史料……『大日本史料』第五編之九　文暦元年十一月五日条。

125 嘉禎 一二三五～一二三八

(1)改元年月日…文暦二年九月十九日（西暦一二三五年十一月一日）
(2)使用期間……約三年一ヶ月
(3)改元理由……災異改元
(4)読み方………かてい／かせき（番鍛治次第附録年代記、誤記か）／Caxŭ（ロドリゲス『日本大文典』、誤記か）／Kassiuku（ケムペル『日本志』、誤記か）
(5)天皇／上皇…四条天皇／後鳥羽法皇・順徳上皇
(6)摂政／将軍…九条道家［摂政］／藤原（九条）頼経［将軍］・北条泰時［執権］
(7)勘申者………藤原（廣橋）頼資（前権中納言）
(8)出典と章句…『北斉書』（帝紀　文宣）「藴千祀、彰明嘉禎。」
(9)候補年号の勘申者…藤原頼資・菅原為長（参議・式部大輔）・菅原資高（文章博士）・藤原経範（文章博士）・藤原家光（前権中納言）
(10)改元上卿……藤原（近衛）兼経（右大臣）
(11)改元陣議の参仕公卿…藤原（近衛）兼経・源（中院）通方（権大納言）・藤原（廣橋）頼資（前権中納言）・藤原（日野）家光（前権中納言）・藤原（葉室）資頼（権中納言）・菅原（高辻）為長（参議・式部大輔）・平有親（参議）
(13)嘉禎年間の主な出来事
●嘉禎四年二月十七日　将軍藤原頼経・執権北条泰時、上洛して六波羅に入る。
●嘉禎年間　狐雲懐奘、『正法眼蔵随聞記』を著す。
(14)改元の経緯及び特記事項

『一代要記』は「天変地震に依る」としており、災異改元である。『頼資卿改元定記』では、藤原頼資が、代始改元は定例だが、国母・藻璧門院と後堀河上皇の崩御による文暦改元で、大嘗祭の前の二度の改元は寿永以来で、問題とされていたが、摂政の死去、石清水・叡山・祇園社の神輿の騒動など、「天下大事相続き競い起こる」によりまた改元となった。大嘗祭の前の三度の改元は初めてで、「改元已に年中行事の如し」と嘆いている。この時の勘文では、藤原頼資が「嘉禎」、菅原為長が「徳元」「徳和」「和元」「康暦」、菅原資高が「大承」「徳延」「嘉元」、藤原経範が「應安」「延仁」「徳治」「延嘉」、藤原家光が「延文」「弘長」「徳元」を選んだ（『元秘別録』）。「暦仁」もあったとされる（『和長卿記』）。

改元定は嘉禎元年九月十九日に行われた。難陳の後、兼経が、難が軽いものを二つ選ぶようにと言った。頼資に促された為長が「延嘉」「仁治」がよいと述べ、この二つが奏された。仰せがあり、「延嘉は「閭巷の難」（通方が「煙霞無跡の句」が「閭巷の人の歌」にあると難じていた）があるだろう。また大嘗祭がたびたび延期しているときに「延」はよくない。仁治は幼主の際の例である仁安がよくないので選びなおすように」とのことであった。改めて検討が行われ「和元」「康暦」はどうか、ほかには適当なものがないと奏された。これを受け旧勘文を下すとの仰せがあり、「嘉観」「乾元」が選ばれたが、斥けられた。更に仰せがあり「延嘉」「嘉禎」のうち、難が軽い方を用いよとのことであったので、「禎」の字に先例がないという難であった「嘉禎」がよいとなり、改元が行われた。その際、神社の訴訟関係者は大赦の対象からは外されている（『頼資卿改元定記』）。

鎌倉には十月八日に改元の詔が届き、十四日に吉書始が行われている（『吾妻鏡』）。

⒂ 関係史料

●『大日本史料』第五編之十　嘉禎元年九月十九日条。

126 暦仁

一二三八～一二三九

(1) **改元年月日**…嘉禎四年十一月二十三日（西暦一二三八年十二月三十日）
(2) **使用期間**……約三ヶ月
(3) **改元理由**……災異改元
(4) **読み方**………りゃくにん（りやくにん）／れきにん（番鍛冶次第附録年代記）
(5) **天皇／上皇**…四条天皇／後鳥羽法皇・順徳上皇
(6) **摂政／将軍**…藤原（近衛）兼経［摂政］／藤原（九条）頼経［将軍］・北条泰時［執権］
(7) **勘申者**………藤原経範（文章博士）
(8) **出典と章句**
●『隋書』（音楽志、宴群臣登歌辭）「皇明御歴、仁深海縣、載擇良辰、式陳高宴。」（『元秘別録』所引藤原経範勘文には「皇明馭暦、仁深海縣」とある）
(9) **候補年号の勘申者**…藤原経範・菅原為長（式部大輔）・藤原光兼（文章博士）・菅原淳高（刑部卿）・藤原長倫（従三位）
(10) **改元上卿**……藤原（二条）良実（左大臣）
(11) **改元陣議の参仕公卿**…藤原（二条）良実・源（堀川）具実（権大納言）・藤原（一条）実有（権大納言・左近衛大将）・源（久我）通忠（中納言）・藤原（葉室）資頼（前権中納言）・藤原（花山院）定雅（権中納言）・藤原（西園寺）公相（権中納言）・藤原（吉田）為経（権中納言）・藤原（山階）実雄（権中納言・右衛門督）・平経高（前参議）・源（土御門）顕定（参議）・藤原（葉室）兼高（参議）
(14) **改元の経緯及び特記事項**
『百練抄』暦仁元年十一月二十三日条に「改元の事有り。…天變に依る也」とあり、災異改元である。『吾妻鏡』

新しい元号を考えるヒント　ここにあり！

『日本年号史大事典』代表編者　所　功

念願の『日本年号史大事典』を発刊してから、はや四年近く経ちます。幸い出版当初より研究者や歴史愛好者などに歓迎されましたが、少し高価のため一般への普及は難しいだろうと諦めかけていました。

ところが、昨年八月に放映された今上陛下の「お言葉」を契機として議論を尽くし、今年六月、『皇室典範』と一体をなす特別法の成立により、来年度中に「高齢譲位」が実施される見通しとなりました。それに伴って新元号への関心が急に高まり、本書も増刷を重ねるに至っております。

このような譲位による代始の改元は、第百十九代光格天皇の譲位により、文化十五年（一八一八）が「文政」と勅定されてから二百年ぶりのことになります。それは「明治」や「大正」「昭和」「平成」のごとく、前帝の崩御によって行われた改元と異なり、近く皇室会議の議を経て譲位の時期が決まれば、来年中（おそらく前半）に政府が内定し、再来年早々

（おそらく三月まで）に皇位継承の儀式が実施され次第、正式に新元号とする政令が新天皇により公布されるものとみられます。

では、その新元号はどのようにして定められるのか、具体的なことは判りません。けれども、それを推理するヒントが、本書には満載されています。年号＝元号は、古代中国から伝来した漢字文化のひとつであり、「大化」（六四五年）「大宝」（七〇一年）以来の歴史をもつ伝統文化ですが、各時代の変化に応じて様々の改革も加えられています。

このような来歴を知っておけば、あるいは新しい元号が予測できるかもしれません。過去二五七の年号に使用されてきた漢字は僅か七二文字にすぎません。一方、かつて候補になった未採用案（出典の明確な二文字の組み合わせ案）が五二〇ほどあります（本書七三三〜七四三頁）。現在の「平成」も幕末「慶応」改元時に初出の案を再吟味して採択されました。従って、かような未採用案が今後も参考にされる可能性は少なくないと思われます。

これを機に、年号＝元号への興味が広まり、理解も深まることを念じてやみません。

（「養老」改元から千三百年の秋記す）

暦仁元年十二月九日条は「熒惑の変に依る」とする。勘文は藤原経範が「暦仁」「延仁」「延應」、菅原為長が「和元」「康暦」「仁昭」、藤原光兼は「貞久」「康承」、菅原淳高は「元寧」「應仁」「保禄」、藤原長倫は「仁寶」「顕應」「祥應」を選んだものが提出された（『元秘別録』）。このほか「正仁」「仁應」もあったとされる（『実有卿記』）。

十一月二十三日に行われた改元定では「暦仁」「延仁」を推す声が多かった。しかし「暦仁」については、為経が「暦は日也、天道也。」として「日」が二つと読めることが問題としたが、経高が「昌泰」は日が二つあること、良実が「天仁」は天が二つと読めることをあげて反論した。また「延仁」については兼高が六条天皇の諱（順仁、のぶひと）と同じ読みができることを問題としたが、具実が「宣仁門」は改名していないではないかとし、勅定によるべきとした。他の年号案については「元寧」は「寧」の字がよくない、「和元」は「軍門の難」がある、「康暦」「仁寶」は典拠がよくない、「成康」は成王・康王の謚号である、「延應」は「應」の字の先例がよくないなどの難があり、斥けられた。議論の結果を奏したところ、一つに定めよとの仰せがあったので、天皇の諱に関わる「延仁」よりも、日の字の問題である「暦仁」のほうが難が軽いということで「暦仁」改元と決した（『改元部類記』所引「実有卿記」嘉禎四年十一月二十三日条）。

鎌倉には十二月九日に使者が伝えている（『吾妻鏡』）。しかし『百練抄』延應元年二月七日条によれば、「暦仁、世俗云はく、略人なり。憚り有り。且つ上下多く夭亡の聞有り」と批判があり、まもなく再びの改元となった（峰岸純夫一九七九）。

⒂関係史料

●『大日本史料』第五編之十二　暦仁元年十一月二十三日条。

127 延応

一二三九〜一二四〇

⑴ **改元年月日**…暦仁二年二月七日（西暦一二三九年三月十三日）
⑵ **使用期間**……約一年五ヶ月
⑶ **改元理由**……災異改元
⑷ **読み方**………えんおう／えんをう（王代年代號略頌・本朝通鑑・年号訓點・皇年代記）／えんのう（年号読様）、「なうと云やうによむ」（本朝年代歴）／Jengo（ケムペル『日本志』、誤記か）
⑸ **天皇／上皇**…四条天皇／後鳥羽法皇・順徳上皇
⑹ **摂政／将軍**…藤原（近衛）兼経［摂政］／藤原（九条）頼経［将軍］・北条泰時［執権］
⑺ **勘申者**………藤原経範（文章博士）
⑻ **出典と章句**
●『文選』（爲賈謐作贈陸機）「廊廟惟清、俊乂是延。擢應嘉擧。」
⑼ **候補年号の勘申者**…菅原為長（式部大輔）・藤原光兼（文章博士）・藤原経範（文章博士）・菅原淳高（式部権大輔・刑部卿）・藤原長倫（従三位）
⑽ **改元上卿**……藤原（二条）良実（左大臣）か
⑾ **改元陣議の参仕公卿**…藤原（二条）良実・藤原（三条）実親（右大臣）・藤原（大炊御門）家嗣（内大臣）・源（堀川）具実（権大納言）・源（久我）通忠（権大納言）・藤原（四条）親俊（権中納言）・藤原（吉田）為経（権中納言）・平経高（前参議）・菅原（高辻）為長（前参議・式部大輔）・源（土御門）顕定（参議）・藤原（葉室）兼高（参議）
⒀ **延応年間の主な出来事**
●延応元年二月十四日　後鳥羽法皇、隠岐において崩御。

●延応二年二月二日　鎌倉幕府、鎌倉市中の禁制を定める。

⒁ 改元の経緯及び特記事項

『一代要記』では「天變地震に依る」とする。『百練抄』延応元年二月七日条には「改元の事有り。世俗云はく、暦仁、世俗云はく、略人なり。憚り有り。且つ上下多く夭亡の聞有り。仍りて延應に改められ了んぬ。但し猶ほ變災に依りて改元の由、詔書に仰せらる」とあり、「暦仁」改元への批判を受けて改元したが、詔では災異改元としたと思われる。この時提出された勘文は菅原為長が「延元」「正元」、菅原淳高が「天聰」「仁治」、藤原長倫が「徳延」「禄長」、藤原光兼が「康萬」「長壽」「慶延」、藤原経範が「延應」「延仁」を選んだものであった（『元秘別録』）。

菅原為長『編御記』によれば、暦仁二年二月七日に改元定があった。まず「延仁」が六条院の諱（順仁）と同じ読み方であることが問題となり、菅原為長が、訓読のものを音読して諱とするのはあたらないとし、避諱についての議論の後、為長が「延仁」の出典は『維城典訓』だが、同じ言葉が、より古い『禮記』では「延」が「近」の字になっているので、こちらを用いるべきと述べた（『改元部類記』ではこの問題で「人々相論すること甚だ狼藉なり。左府制止を加へらる」とある）。この旨が奏されたが、「延仁」に難があるのなら「延元」か「延應」にせよとの仰せがあった（『改元部類記』ではいずれにするかの議論で数刻かかったとする）。最終的に「延應」に決まり、奏された。鎌倉には同年二月十六日に使者が改元を知らせている（『吾妻鏡』）。

しかし、『平戸記』仁治元年正月二日条に「凡そ延應の號、元より甘心せず。」とあるように、当時から批判があり、翌年改元されることとなった。

⒂ 関係史料

●『大日本史料』第五編之十二　延応元年二月七日条。

128 仁治

一二四〇〜一二四三

(1) 改元年月日…延応二年七月十六日（西暦一二四〇年八月五日）

(2) 使用期間……約二年七ヶ月

(3) 改元理由……災異改元

(4) 読み方………にんじ（にんぢ）／にんち（皇年代記・番鍛冶次第附録年代記）、Nintzi（ケムペル『日本志』）

(5) 天皇／上皇…四条天皇／順徳上皇

(6) 摂政／将軍…藤原（近衛）兼経［摂政］／藤原（九条）頼経［将軍］・北条泰時［執権］

(7) 勘申者………藤原経範（文章博士）・菅原（高辻）為長（式部大輔）

(8) 出典と章句

●『書義』「人君以仁治天下」（『元秘別録』所引藤原経範勘文、『書儀』か。典拠がいかなるものか不詳）

●『新唐書』（刑法志）「太宗…以寛仁治天下。」

(9) 候補年号の勘申者…菅原為長・藤原経範・藤原光兼（文章博士）・藤原信盛（参議）・藤原長倫（正三位）

(10) 改元上卿／改元奉行…藤原良実（右大臣）［改元上卿］／改元奉行　平兼親（勘解由次官）［改元奉行］

(11) 改元陣議の参仕公卿…藤原（三条）良実（右大臣）・源（久我）通忠（権大納言）・藤原（吉田）為経（権中納言）・源（土御門）顕定（権中納言・右衛門督）・平経高（前参議・民部卿）・菅原（高辻）為長（前参議・大蔵卿・式部大輔）・藤原（二条）資季（参議）・藤原（九条）忠高（参議・左大弁）・藤原信盛（参議）

(13) 仁治年間の主な出来事

●仁治二年二月七日・八日　鎌倉地震。／四月三日　鎌倉大地震。

●仁治二年八月二十日　藤原定家、没。

●仁治三年一月九日　四条天皇崩御。九条道家、皇位継承者について鎌倉幕府に諮問。
●仁治三年一月二十日　邦仁親王、即位（後嵯峨天皇）。
●仁治四年六月五日　北条泰時、没。北条経時、執権となる。
●仁治四年九月十二日　順徳上皇、佐渡において崩御。

(14) 改元の経緯及び特記事項

『百練抄』は「炎旱に依る」とするが、『一代要記』は「彗星に依る」とする。『皇代記』には「彗星・地震に依る也。炎旱の事、不吉に依り詔文には載せず」とある。災異改元である。勘文では菅原為長が「仁治」「元康」、藤原経範が「仁治」「高治」「安寛」、藤原光兼が「嘉慶」「康萬」「寧永」、藤原信盛が「大應」「康豊」「興文」、藤原長倫が「禄長」「康安」「天隆」を選んでいる（『元秘別録』）。

延応二年正月に彗星により改元が計画されたが、その後沙汰やみとなった。七月六日に「炎旱」による改元は妥当か勅問が下され、九日に「天變地震」を理由に改元することとなった。十六日に定が行われたが、それに先立ち、平経高・菅原為長は摂政兼通・太閤道家から「元康」がよいのではないかと問われている。しかし「元康」は西晋に例があり、よくないとなり、よい年号案がなければ年号定を延引すべきではとなった。結果的に年号定は行われ、「仁治」「寶治」が有力となり、道家の意見もあり、「仁治」改元となった（『平戸記』）。難陳では良実が「仁治」が「二人が治める」と読めることについて、「當世文武を以て治む。是二人也」と述べ、為長から「心得難し」と斥けられていることが注目される（『編御記』）。鎌倉には同年七月二十七日に改元詔書が届いている（『吾妻鏡』）。

(15) 関係史料

●『大日本史料』第五編之十二　仁治元年七月十六日条。

129 寛元

一二四三〜一二四七

(1) **改元年月日**…仁治四年二月二十六日（西暦一二四三年三月十八日）

(2) **使用期間**……約四年一ヶ月

(3) **改元理由**……代始改元

(4) **読み方**………かんげん（くわんげん）／くわんけん（本朝年代歴・番鍛冶次第附録年代記）／くわんくゑん（鎌倉遺文六一九七）／かんけん（鎌倉遺文六二五九）

(5) **天皇**…………後嵯峨天皇

(6) **関白／将軍**…藤原（二条）良実［関白］／藤原（九条）頼経［将軍］・北条経時［執権］

(7) **勘申者**………菅原（高辻）為長（前参議・大蔵卿・式部大輔）

(8) **出典と章句**…『宋書』「禹之際五教在寛、元元地平。」（『元秘別録』所引菅原為長勘文、『宋書』に該当箇所なし）

(9) **候補年号の勘申者**…菅原為長・藤原光兼（文章博士）・藤原経範（文章博士）

(10) **改元上卿**……藤原良実（左大臣）

(11) **改元陣議の参仕公卿**…藤原（二条）良実（左大臣）・藤原（徳大寺）実基（大納言・右近衛大将）・源（久我）通忠（前権大納言）・藤原（花山院）定雅（権大納言）・藤原（西園寺）公相（権大納言）・藤原（山階）実雄（権大納言）・源（土御門）顕定（権大納言）・藤原（大炊御門）冬忠（権中納言）平経高（前参議・民部卿）・菅原（高辻）為長（前参議・大蔵卿・式部大輔）

(13) **寛元年間の主な出来事**

- 寛元元年六月十六日　鎌倉大仏落慶法要。
- 寛元元年八月　九条道家、東福寺を創建し、円爾を住持とする。

●寛元二年四月二十八日　藤原頼嗣を征夷大将軍に任ずる。
●寛元四年正月四日　後嵯峨天皇譲位。久仁親王即位（後深草天皇）。
●寛元四年三月二十三日　北条経時、病により執権を北条時頼に譲る。／閏四月一日　北条経時、没。

⒁ 改元の経緯及び特記事項

『百練抄』仁治三年二月二十六日条に「改元の事有り。代始に依る」とあり、後嵯峨天皇の代始改元である。この時提出された勘文は菅原為長が「正元」「貞吉」、藤原光兼が「禄長」「康承」「永康」、藤原経範が「正建」「元延」「嘉元」を選んでいた（『元秘別録』）。なお、経範は当初「文應」「文建」「正建」を選んだ勘文を提出したが、改元定の直前になり、勘文を改めて提出している（『経光卿改元定記』）。

二十六日の改元定で年号案の検討が行われ、様々な意見が述べられているが、菅原為長が「元延」について、唐末の年号にありよろしくない。中国の年号を用いるのは知っていて用いた例も知らずに用いた例もあるが、不吉と知って用いるのは如何かと述べたことは注目される。定の場では「寛元」に支持が集まったが、実基・公相は「元延」にこだわった（『荒涼記』）。この二つが奏されるべきであったが、上卿の良実は「今一字相具して奏すべきか。正建如何」と述べ、公卿たちが「貞吉」を奏されるのがよいとしたため、三案が奏され、関白のもとにも報告された。その後、「寛元」「元延」のいずれかに定めよとの仰せがあったため、更に議論があり、「寛元」と決まった（『改元部類記』所引「宗雅卿記」）。鎌倉には三月二日に改元詔書が届いている（『吾妻鏡』）。

⒂ 関係史料

●『大日本史料』第五編之十六　寛元元年二月二十六日条。

130 宝治

一二四七～一二四九

(1) 改元年月日…寛元五年二月二十八日（西暦一二四七年四月五日）
(2) 使用期間……約二年一ヶ月
(3) 改元理由……代始改元
(4) 読み方………ほうじ（ほうぢ）／ほうじ（王代年代號略頌）／はうぢ（本朝通鑑）／ほうち（皇年代歴）
(5) 天皇／上皇…後深草天皇／後嵯峨上皇
(6) 摂政／将軍…藤原（近衛）兼経［摂政］／藤原（九条）頼嗣［将軍］・北条時頼［執権］
(7) 勘申者………藤原経範（文章博士）
(8) 出典と章句
●『春秋繁露』（巻七　通国身第二十二）「気之清者爲精。人之清者爲賢。治身者以積精爲寶。治國者以積賢爲道。身以心爲本、國以君爲主。」
(9) 候補年号の勘申者…藤原経範・菅原淳高（式部大輔・刑部卿）・藤原経光（参議・左大弁）
(10) 改元上卿／改元奉行…藤原（鷹司）兼平（左大臣）［改元上卿］／藤原（姉小路）顕朝（蔵人頭・左近衛中将）［改元奉行］
(11) 改元陣議の参仕公卿…藤原（鷹司）兼平・藤原（九条）忠家（右大臣）・源（久我）通忠（権大納言）・藤原（山階）実雄（権大納言）・源（土御門）顕定（権大納言）・平経高（前参議・民部卿）・藤原信盛（参議）・藤原（勘解由小路）経光（参議・左大弁）・藤原（葉室）定嗣（参議）
(12)「宝治」を冠する用語等
●**宝治合戦**　宝治元年六月五日、鎌倉で起こった執権北条氏、その外戚である安達氏と有力御家人三浦氏の武力衝突。

三浦氏が滅ぼされ、北条氏の独裁体制が確立した。三浦氏の乱とも呼ばれる。

⒁ 改元の経緯及び特記事項

『皇代記』に「即位に依る」とあり、後深草天皇即位による代始改元である。勘文は藤原経範が「宝治」「文仁」「嘉元」、菅原淳高が「寛正」「禄永」「天聰」、藤原経光が「元應」「正安」を選んでいる。経範は最初「建正」を選んでいたが、「治」を含む案がよいとされ、「俄かに」「宝治」案を提出した（『葉黄記』宝治元年二月二十八日条）。

『百練抄』宝治元年二月二十八日条は「今日改元定也」とする。難陳では、「宝治」について定嗣が「宝」は中国の例は不吉、日本では「大宝」以降祥瑞を伴わない例がない。「治」は佳例が多いとした。また「文治」は源頼朝を日本国地頭に任じ、「世衰へる始め也」との意見に、頼朝は朝敵を討ち、勲功に預かったのだとの反論があった。なお、定に先立ち定嗣は摂政兼経から、「宝」の先例として「宝亀」は東国の騒乱があり、祥瑞を伴わない「天平勝宝」では、聖武天皇が崩御している。この旨は院にも申し上げたと聞いている。「文仁」は信盛が伯夷・叔斉が「文身」した例をあげたが、定嗣は太伯・虞仲の誤りとした。「嘉元」は中国の「元嘉」の「打返」で、代末の前年号の下の字を用いているので、不吉とされた。「寛正」は典拠の『史記』で、発言した子路が殺されていると信盛が問題にした。「正安」は「章安大師」と似ており、「正」が「一止」と読めるとされた（前掲『葉黄記』）。

結局、「宝治」「嘉元」「寛正」の三案が奏され、院にも報告された後、「宝治」とせよとの仰せがあり、改元が行われた。

⒂ 関係史料

● 『大日本史料』第五編之二十一　宝治元年二月二十八日条。

131 建長　一二四九～一二五六

(1) 改元年月日…宝治三年三月十八日（西暦一二四九年五月二日）
(2) 使用期間……約七年五ヶ月
(3) 改元理由……災異改元
(4) 読み方………けんちょう（けんちやう）／Gentsio（ケムペル『日本志』、誤記か）
(5) 天皇／上皇…後深草天皇／後嵯峨上皇
(6) 摂政／将軍…藤原（近衛）兼経［摂政］／藤原（九条）頼嗣［将軍］・北条時頼［執権］
(7) 勘申者………藤原（勘解由小路）経光（前権中納言）
(8) 出典と章句…『後漢書』（段熲傳）「建長久之策。」
(9) 候補年号の勘申者…藤原経光・菅原淳高（刑部卿・式部大輔）・藤原経範（従三位）・菅原公良（文章博士）・菅原長成（文章博士）
(10) 改元上卿／改元奉行…藤原（徳大寺）実基（内大臣）［改元上卿］／藤原光輔（蔵人）［改元奉行］
(11) 改元陣議の参仕公卿…藤原（徳大寺）実基（内大臣）・藤原（花山院）定雅（権大納言）・源（土御門）顕定（権大納言）・藤原（滋野井）公光（権中納言）・藤原（葉室）定嗣（権中納言）・源（土御門）通行（参議）・藤原（花山院）師継（参議）・藤原（姉小路）顕朝（参議・左大弁）
(12) 「建長」を冠する用語等
●**建長寺**　鎌倉にある臨済宗建長寺派総本山。開基北条時頼、開山蘭渓道隆。建長五年落慶。鎌倉五山の第一位。
(13) 建長年間の主な出来事
●建長元年十二月九日・十三日　鎌倉幕府、引付衆を置く。

●建長四年二月二十日　鎌倉幕府、将軍藤原頼経を廃す。／四月一日　宗尊親王、征夷大将軍に任ぜられる。
●建長五年八月二十八日　道元、没。

⒁ 改元の経緯及び特記事項

『一代要記』には「天變火災に依る也」とあり、『皇年代略記』は「内裏火事・天變に依る」とする。同年二月一日の閑院内裏焼亡を受けての災異改元であろう。この時提出された勘文は藤原経光が「建長」「元應」「文安」、菅原淳高が「元寧」「應元」「寛安」、藤原経範が「文仁」「嘉曆」「嘉元」、菅原公良が「長仁」「延元」、菅原長成が「長禄」「正元」「延嘉」を選んでいる（『元秘別録』）。

改元定は同年三月十八日に行われたが、その前に摂政兼経、内大臣実基らが後嵯峨院のもとで「密々に年號の沙汰」をしている。その際、実嗣が「建長」は「タケチヤウス」と読め、「幼主」（後深草天皇は当時四歳）の時によろしいと述べている。夜に入り、年号定が行われ「建長」「寛安」が奏されたが、「寛元」は「火難」と似ているため「建長」にせよとの仰せがあり、改元となった（『岡屋関白記』）。

『改元部類記』所引「公光卿記」同日条によれば、定の席ではおおよそ「建長」で一致したが、実基がもう一つ加えて奏するべきであるとして、「寛安」が加えられた。その後、まず摂政に報告され、続いて院にも報告が行われた。また、『荒涼記』同日条には権中納言であった二条資季が陣の座に入らないために遠慮して出席せず、後に公光に定の様子を尋ねた書状を見ることができる。

⒂ 関係史料

●『大日本史料』第五編之二十九　建長元年三月十八日条。

132 康元

一二五六〜一二五七

(1) 改元年月日…建長八年十月五日（西暦一二五六年十月二十四日）

(2) 使用期間……約五ヶ月

(3) 改元理由……災異改元

(4) 読み方………こうげん（かうぐゑん）／かうげん（王代年代號略頌・本朝通鑑・年号訓點・本朝年代歴）／かうけん（皇年代記・番鍛治次第附録年代記）／かうくゑん（鎌倉遺文一五一一二）／Koojen（ケムペル『日本志』、誤記か）

(5) 天皇／上皇…後深草天皇／後嵯峨上皇

(6) 関白／将軍…藤原（鷹司）兼平［関白］／宗尊親王［将軍］・北条時頼［執権］

(7) 勘申者………藤原経範（文章博士）

(8) 出典と章句…不詳。諸説あり。

●『唐書』「陛下富教安人、務農敦本、光復社稷、康済黎元之應也。」（『元秘別録』による。該当箇所不明）

●『隋書』（音楽志）「康哉元首、恵我無疆、天長地久。」

(9) 候補年号の勘申者…藤原経範（文章博士）・藤原経光（前権中納言）・藤原信盛（大宰大弐）・藤原公良（式部権大輔）

(10) 改元上卿／改元奉行…藤原良教（権大納言）か［改元上卿］／藤原経俊（蔵人頭）［改元奉行］

(11) 改元陣議の参仕公卿…藤原（二条）良教（権大納言）・藤原（大炊御門）冬忠（権大納言）・藤原（花山院）師継（権大納言）・藤原（九条）忠高（前権中納言・民部卿）・藤原（勘解由小路）経光（前権中納言）・藤原（姉小路）顕朝（権中納言）・藤原親頼（参議）・藤原（鷹司）伊頼（参議）・平時継（参議）

⒀ 康元年間の主な出来事

●康元元年十一月二十二日　執権北条時頼、引退（翌日出家）。北条長時、執権となる。

⒁ 改元の経緯及び特記事項

『百練抄』康元元年十月五日条には「改元。…赤班瘡に依る也」とあり、『荒涼記』建長八年十月五日条にも「赤班瘡に依る」とする。『吾妻鑑』・『百練抄』にはこの年の八月から九月にかけて赤班瘡が流行していた記事があり、それを受けての災異改元である。『一代要記』は「主上時行に依る（麻子瘡）。」とあり、後深草天皇も感染していた。

『吾妻鏡』建長八年十月九日条によれば、この日に改元の詔書が鎌倉に到着している。

⒂ 関係史料

●『後深草天皇実録』建長八年十月五日条。

コラム18　中世の改元が地方まで伝えられた日数

朝廷で決定された新年号が、地方に通達され、地方社会で使用されるまでには、どれほどの時間を要したのだろうか。

『吾妻鏡』には、改元詔書が京都の六波羅探題から鎌倉までもたらされた日付が明記されている。それによれば、京都で改元が決定してから約十日で鎌倉に伝えられ、その後約一か月で一般に通用していたとみられる（千々和到一九九五・峰岸純夫一九七九）。

九州地方では、約五十回の改元が行われた鎌倉時代の文書五五〇七通を対象に、改元後何日で新年号が記されるようになるかが調査され、約二か月で九州全域に広がっていることが確認されている（瀬野精一郎一九六八）。文永の役の際、蒙古襲来の報は博多から京都までおよそ十二日で伝えられていることを考えると、かなりのスピードであり、同時に地域社会も改元の情報に敏感であったことが知られる。

〔K〕

133 正嘉

一二五七〜一二五九

(1) 改元年月日…康元二年三月十四日（西暦一二五七年三月三十一日）

(2) 使用期間……約二年一ヶ月

(3) 改元理由……災異改元

(4) 読み方………しょうか（しやうか）

(5) 天皇／上皇…後深草天皇／後嵯峨上皇

(6) 関白／将軍…藤原（鷹司）兼平［関白］／宗尊親王［将軍］・北条長時［執権］

(7) 勘申者………菅原在章（文章博士）

(8) 出典と章句

●『藝文類聚』（巻四　朝會賦）「肇元正嘉會」

●『漢書』（禮楽志）「佻正嘉吉弘以昌、休嘉砰隠溢四方。」

(9) 候補年号の勘申者…菅原在章・大江信房（文章博士）・藤原光兼（式部大輔）・藤原経光（前権中納言）・菅原公良（式部権大輔）

(10) 改元上卿……藤原（二条）道良（左大臣）

(11) 改元陣議の参仕公卿…藤原（二条）道良・藤原（西園寺）公相（右大臣）・藤原（一条）公持（権大納言）・源（土御門）通行（権大納言）・藤原（花山院）師継（前権大納言）・藤原（勘解由小路）経光（前権中納言）・藤原（花山院）通雅（権中納言）・藤原（姉小路）顕朝（権中納言）・源（堀川）基具（権中納言・左衛門督）・藤原親頼（参議）・藤原（鷹司）伊頼（参議）・平時継（参議）

(12)「正嘉」を冠する用語等

●正嘉の飢饉　正嘉二年以降数年間続いた全国的飢饉。正嘉二年六月の長雨と寒気、八月・十月の台風による凶作にはじまり、飢饉と疫病により多くの死者を出した。

(14)改元の経緯及び特記事項

『百練抄』正嘉元年三月十四日条に「改元定〈官廳已下炎上の事に依る也〉」とあり、『民経記（改元定記）』同日条も二月十日の太政官庁、同二十八日の五条大宮殿の火災による災異改元とする（『一代要記』も同じ）。年号勘文は菅原在章が「正嘉」「寛正」「建治」、大江信房が「正保」「文永」「應暦」「安延」「政和」、藤原光兼が「延慶」「仁寶」、藤原経光が「仁應」「元應」「延嘉」「正安」、菅原公良が「正元」「観仁」「萬長」を選んでいる（『元秘別録』）。

『吉黄記』康元二年三月十四日条によれば、頭弁藤原経俊、権中納言藤原顕朝らが改元定に先立ち、後嵯峨院の御前にて「年号の字の事」について「内々に御沙汰」が有り、「正嘉」がよいとしている。関白兼平も参上し、改元定について協議している。

改元定の場でも「正嘉」が支持され、経俊が兼平にその旨を報告し、更に検討を命ぜられている。難陳では基具が「寛正」は「正」の字が下に来る例は不吉、「元應」は「應」が不吉、「文永」は出典が「無骨」で、「文」が上、「永」が下の例は不吉、「正嘉」は仁明天皇の諱（正良）に通じるのがよくない、と論じた。その後、天皇の諱と通じる年号の例について議論が行われた。経俊が経緯を院と関白に報告したところ、「御諱の字相通ずる事、苦しからずか」として「正嘉」とせよとの院の仰せがあった。この旨は定の場で報告され、「正嘉」がよいとの奏上の後に改元となった。『吾妻鏡』によれば三月十八日に改元詔書が鎌倉に届いている。

(15)関係史料…『後深草天皇実録』康元二年三月十四日条。

134 正元

一二五九〜一二六〇

(1)改元年月日…正嘉三年三月二十六日（西暦一二五九年四月二十日）

(2)使用期間……約一年一ヶ月

(3)改元理由……災異改元

(4)読み方………しょうげん（しやうぐゑん）／しようげん（王代年代號略頌・本朝通鑑・年号訓點）／しようけん（皇年代記・本朝年代歴・番鍛冶次第附録年代記）／しようけむ（鎌倉遺文五〇六六三）

(5)天皇／上皇…後深草天皇／後嵯峨上皇

(6)関白／将軍…藤原（鷹司）兼平〔関白〕／宗尊親王〔将軍〕・北条長時〔執権〕

(7)勘申者………菅原（唐橋）公良（式部権大輔）

(8)出典と章句

●『毛詩緯』「一如正元、萬載相傳、〔注曰、言本正則末理。〕」

(9)候補年号の勘申者…菅原公良・藤原光兼（式部大輔）・菅原在章（文章博士）・大江信房（文章博士）・菅原長成（正三位）

(10)改元上卿……藤原（二条）良教（権大納言）

(11)改元陣議の参仕公卿…藤原（二条）良教・藤原（花山院）師継（権大納言）など

(13)正元年間の主な出来事

●正元元年十一月二十六日　後深草天皇譲位。恒仁親王即位（亀山天皇）。

(14)改元の経緯及び特記事項

『一代要記』正元元年三月二十六日条に「改元。…天下飢饉疾疫に依る也」とあり、災異改元である。『五代帝王物語』には「正嘉三年の春比より世の中に疫癘おびたゞしくはやりて、下臈どもはやまぬ家なし。川原などは路もなきほどに死骸みちて、浅ましき事にて侍りき。…飢饉もけしからぬ事にて、諸国七道の民おほく死亡せしかば、三月二十六日改元ありて正元と改る」とある。

この時提出された勘文では菅原公良が「正元」「萬長」、藤原光兼が「康萬」「禄永」「延壽」、菅原在章が「文元」「正長」「文嘉」、大江信房が「文安」「文永」、菅原長成が「延元」「康安」「嘉徳」「文昭」「保祐」を選んでいる（『元秘別録』）。『百練抄』同年三月二十六日条に改元定の記事があり、『荒涼記』同日条によれば、中納言二条資季は発熱により参加できなかった。

(15) 関係史料

●『後深草天皇実録』正嘉三年三月二十六日条。

135 文応

一二六〇〜一二六一

(1)**改元年月日**…正元二年四月十三日（西暦一二六〇年五月二十四日）
(2)**使用期間**……約十ヶ月
(3)**改元理由**……代始改元
(4)**読み方**………ぶんおう／ぶんをう（王代年代號略頌・年号訓點）／ぶんわう（番鍛冶次第附録年代記）／ぶんのう（年号読様）／ふんをう（皇年代記）
(5)**天皇／上皇**…亀山天皇／後嵯峨上皇・後深草上皇
(6)**関白／将軍**…藤原（鷹司）兼平［関白］／宗尊親王［将軍］・北条長時［執権］
(7)**勘申者**………菅原在章（文章博士）
(8)**出典と章句**
●『晋書』（劉毅傳）「太晋之行、戢武興文之応也。」
●『春秋内事』「伏羲氏以木徳王、未有室宅、未有水火之和。於是乃仰観天文、俯察地理、始書八卦、定天地之位、分陰陽之數、推列三光、建分八節以文応気。」
(9)**候補年号の勘申者**…菅原在章・藤原光兼（式部大輔）・大江信房（文章博士）
(10)**改元上卿／改元奉行**…藤原実雄（右大臣）［改元上卿］／源資平（蔵人頭）［改元奉行］
(11)**改元陣議の参仕公卿**…藤原実雄・藤原（一条）良教（大納言）ほか九人
(13)**文応年間の主な出来事**
●文応元年七月十六日　日蓮、『立正安国論』を北条時頼に献上。
(14)**改元の経緯及び特記事項**

『一代要記』は「代始に依る」としており、亀山天皇即位に伴う代始改元である。この時提出された勘文は菅原在章が「建治」「仁豊」「文永」「仁永」、藤原光兼が「正萬」「仁寶」「昭長」、大江信房が「元萬」「安延」「建明」を選んだものであった（『元秘別録』）。

『続史愚抄』正元二年四月十三日条にこの日改元定が行われたとある。『妙槐記』同日条によれば前日に火災があり、延期するべきかどうか奏聞が行われた。しかし行うべきであるとの仰せがあり、改元定の結果、「文応」改元と決した。

『吾妻鏡』正元二年四月十八日条には、この日に鎌倉に改元詔書が届いたとある。

(15)関係史料……『亀山天皇実録』正元二年四月十三日。

コラム19　改元に伴う大赦（恩赦）

改元に際しては、一定の刑罰の免除、即ち大赦（恩赦）を伴うことが多い。中国では、後漢から一般化し、日本では白雉改元の詔にみえるが、継続して行われるようになったのは大宝年間以降である。これは中国の制度を継受したものだが、異なる部分も多い。

奈良時代の改元に伴う大赦は、しばしば祥瑞出現と一体となって命じられたが、中国では祥瑞による大赦は少ない。むしろ即位に伴う改元の際に多いが、日本では光仁天皇による宝亀改元以降代始改元に伴う大赦は行われず、平安時代半ばになると行わないのが恒例となる。中国の即位に伴う改元・大赦が新しい皇帝による秩序の再構築を意味しており、いわば不可分のものであったのに対し、日本の大赦は一種の祭祀・呪術として行われていた。

平安時代末の治暦改元以降は、神社の訴訟関係者（時に伊勢・八幡に限定される）を大赦の対象から除くとの文言が改元詔に見えはじめる。天皇即位による新しい秩序の構築においても、神社との関係は前代から継承されるところに、日本独自の改元と大赦の関係を見ることができよう（佐竹昭『古代王権と恩赦』雄山閣出版、一九九八）。　〔K〕

136 弘長　一二六一～一二六四

(1) **改元年月日**…文応二年二月二十日（西暦一二六一年三月二十二日）
(2) **使用期間**……約三年
(3) **改元理由**……革年改元
(4) **読み方**………こうちょう（こうちやう）／かうちやう（番鍛冶次第附録年代記）／ほうちやう（詑磨文書、こうちょうの訛か）
(5) **天皇／上皇**…亀山天皇／後嵯峨上皇・後深草上皇
(6) **関白／将軍**…藤原（鷹司）兼平［関白］／宗尊親王［将軍］・北条長時［執権］
(7) **勘申者**………不詳。
(8) **出典と章句**
●『貞観政要』（巻三、封建）「人情之大方、思聞理定之規、以弘長代之業、萬古不見、百廬回帰。」
(9) **候補年号の勘申者**…藤原光兼（式部大輔）・大江信房（文章博士）・菅原高長（文章博士）・藤原経光（民部卿）・菅原長成（正三位）
(10) **改元上卿**……藤原（西園寺）公相（左大臣）
(11) **改元陣議の参仕公卿**…藤原公相・藤原（三条）公親（大納言・右近衛大将）・藤原（花山院）通雅（権大納言）・藤原（花山院）師継（権大納言）・藤原（九条）忠高（中納言）・藤原（勘解由小路）経光（前権中納言）・藤原（姉小路）顕朝（前権中納言）・源（堀川）基具（中納言・左衛門督）・源（土御門）定実（権中納言）・藤原（鷹司）伊頼（参議）・藤原（吉田）経俊（参議・左大弁）

⑿「弘長」を冠する用語等

●弘長の新制　弘長の新制　亀山天皇の弘長三年八月に宣下された四一か条の公家新制。弘長元年十二月に鎌倉幕府が立法した『関東新制条々』全六十一か条に対応して出されたとされる。

⒀弘長年間の主な出来事

●弘長二年十一月二十八日　親鸞、没。
●弘長三年十一月二十二日　北条時頼、没。

⒁改元の経緯及び特記事項

『一代要記』に「辛酉に依る」、『皇年代略記』に「革命に依る」とあり、辛酉革命説による革年改元である。文応二年のはじめから、同年が辛酉革命にあたるかにつき諸道に勘文提出が命ぜられていた。

勘文の多くは、王肇の『開元暦紀経』に基づく場合、今年は辛酉革命ではないが、善宰相（三善清行）説による場合、辛酉革命にあたると論じた。これを受け文應二年二月二十日に定が行われ（『続史愚抄』）、議論の末に辛酉革命とされ、改元定を経て「弘長」改元と決した（佐藤均一九八五）。

この時の革命定の定文は左大弁藤原経俊が記録しているが、翌日、革命定の定文を経俊が「早速に書かしむ」ことに「叡感」があり、院より御剣が下されている（『歴代編年集成』弘長元年二月二十日条）。

鎌倉には二月二十六日に改元詔書が届いている（『吾妻鏡』）。

⒂関係史料

●『亀山天皇実録』文応二年二月二十日条。
●『革暦類』巻七「弘長元年辛酉」（一部は『続群書類従』公事部所収「文応二年革命定」）。

137 文永

一二六四～一二七五

(1) **改元年月日**…弘長四年二月二十八日（西暦一二六四年三月二十七日）
(2) **使用期間**……約十一年二ヶ月
(3) **改元理由**……革年改元
(4) **読み方**………ぶんえい／ふんえい（皇年代記・王代年代號略頌・番鍛冶次第附録年代記）・文ねい（鎌倉遺文 九九一二）
(5) **天皇／上皇**…亀山天皇／後嵯峨上皇・後深草上皇
(6) **関白／将軍**…藤原（二条）良実［関白］／宗尊親王［将軍］・北条長時［執権］
(7) **勘申者**………菅原在章（式部権大輔）
(8) **出典と章句**
●『文選』（曲水詩序）「皇上以叡文、承歴、景屬宸居。隆周之卜既永、宗漢之兆在焉。」
●『後漢書』（荀悦傳）「漢四百有六載、撥亂反正、統武興文、永惟祖宗之洪興、思光啓乎萬嗣。」
(9) **候補年号の勘申者**…菅原在章・菅原良頼（式部大輔）・菅原在公（文章博士）・藤原茂範（文章博士）・藤原経光（民部卿）・菅原長成（従二位）
(10) **改元上卿**……藤原（二条）良教（大納言）
(11) **改元陣議の参仕公卿**…藤原（一条）実経（左大臣）・藤原（近衛）基平（右大臣）・藤原（二条）良教（大納言）・藤原（大炊御門）冬忠（大納言・左近衛大将）・藤原（花山院）師継（権大納言）・源（堀川）基具（権大納言）・藤原（勘解由小路）経光（前権中納言・民部卿）・源（土御門）定実（権中納言）・藤原（吉田）経俊（権中納言）・藤原（鷹司）伊頼（参議）・藤原（土御門）高定（参議）・源資平（参議）

⑿「文永」を冠する用語等

●文永の役　文永十一年十月に起こったモンゴル（のちの元）の侵攻（元寇・蒙古襲来）。元及び高麗軍は対馬・壱岐から九州に至り、博多湾に上陸、大宰府に迫った。夜に入り船に戻ったところで暴風に遭遇、撤退した。

⒀文永年間の主な出来事

●文永元年八月二十一日　北条長時、没。北条政村、執権となる。

●文永三年七月四日　鎌倉幕府、将軍宗尊親王を廃す。／二十四日　惟康王を征夷大将軍に任ずる。

●文永五年三月五日　北条時宗、執権となる。

●文永九年二月十七日　後嵯峨法皇、崩御。

●文永十年一月二十六日　亀山天皇譲位。世仁親王即位（後宇多天皇）。

⒁改元の経緯及び特記事項

『一代要記』には「文永元年甲子二月二十八日改元。甲子に依る也」としており、甲子革令説による革年改元である。『続史愚抄』同日条には「仗議〈今年甲子、革令に當るや否やの事〉有り。…次に改元定行はる」とある。今年が甲子革令にあたるのかどうかという検討が行われ、その後改元定が行われたのである。

勘文は菅原在章が「文永」「寛正」「嘉高」「文元」「建治」、菅原良頼が「應元」「康正」「建禄」、菅原在公が「徳保」「正安」「建大」、藤原経光が「仁應」「元應」「延嘉」、菅原長成が「長禄」「乾元」「建明」を選んでいる（『元秘別録』）。『経光卿改元定記』同日条によれば、最初の定では甲子革令にはあたらないのではないかという意見が有力であったが、改元を行なうこととなった。改元定では議論の内容が関白・院に報告され、院の仰せにより「文永」改元と決した。

⒂関係史料…『亀山天皇実録』弘長四年二月二十八日条。

138 建治　一二七五〜一二七八

(1) **改元年月日**…文永十二年四月二十五日（西暦一二七五年五月二十二日）

(2) **使用期間**……約二年十ヶ月

(3) **改元理由**……代始改元

(4) **読み方**………けんじ（けんぢ）／けんち（番鍛治次第附録年代記）、Kentsi（ケムペル『日本志』）／けんし（鎌倉遺文補一六四〇）

(5) **天皇／上皇**…後宇多天皇／後深草上皇・亀山上皇

(6) **摂政／将軍**…藤原（一条）家経［摂政］／源惟康［将軍］・北条時宗［執権］

(7) **勘申者**………菅原在匡（文章博士）

(8) **出典と章句**

●『周礼』「以治建國爲政」（元秘別録、但し、「治建」は「建治」の逆）

●『唐紀』「明王建邦治民経世垂化。」（元秘別録、典拠不明。広橋本『改元勘文』に誤写かとされる）

(9) **候補年号の勘申者**…菅原在匡・菅原高長（式部大輔）・菅原在公（文章博士）・藤原資宣（権中納言）・菅原長成（前参議）

(10) **改元上卿／改元奉行**…源（土御門）定実（大納言）［改元上卿］／藤原親朝（蔵人頭）［改元奉行］

(11) **改元陣議の参仕公卿**…源（土御門）定実・藤原（大炊御門）信嗣（権大納言）・藤原（日野）資宣（権中納言）など八人

(13) **建治年間の主な出来事**

●建治元年九月七日　鎌倉幕府、元使を斬首とする。

●建治三年十月　阿仏尼、訴訟のために鎌倉を訪れる。

⒁ 改元の経緯及び特記事項

『皇代記』が「即位に依る」とするように、後宇多天皇の代始改元である。この時提出された勘文は、菅原在匡が「観応」「正和」、菅原高長が「延元」「寛安」「文昭」、菅原在公が「政治」「建大」「治萬」「治建」「大嘉」、藤原資宣が「延文」「建定」「遐長」、菅原長成が「和元」「建明」「乾元」をえらんだものであった（『元秘別録』）。

『続史愚抄』文永十二年四月二十五日条によれば、同日改元定が行われ、「建治」改元となった。なお、『続史愚抄』は改元定の日について、「或は二十四日とするが、謬りか」としている。

⒂ 関係史料

●『後宇多天皇実録』文永十二年四月二十五日条。

139 弘安

一二七八～一二八八

(1) **改元年月日**…建治四年二月二十九日（西暦一二七八年三月二十三日）

(2) **使用期間**……約十年二ヶ月

(3) **改元理由**……災異改元

(4) **読み方**………こうあん／かうあん（番鍛冶次第附録年代記）／こうあむ（鎌倉遺文一三〇二五）

(5) **天皇／上皇**…後宇多天皇／後深草上皇・亀山上皇

(6) **摂政／将軍**…藤原（鷹司）兼平［摂政］／源惟康［将軍］・北条時宗［執権］

(7) **勘申者**………藤原茂範

(8) **出典と章句**…『大宗実録』「弘安民道」

(9) **候補年号の勘申者**…藤原茂範・藤原経業（式部大輔）・菅原在公（文章博士）・菅原在嗣（文章博士）・菅原長成（前参議）・菅原在匡（刑部卿）・藤原資信（前権中納言）

(11) **改元陣議の参仕公卿**…藤原（二条）師忠（左大臣）・藤原（鷹司）伊頼（前権大納言・民部卿）・藤原（大炊御門）信嗣（権大納言）・「殿大納言」・藤原（中御門）経任（権大納言）・藤原（二条）教良（中納言）・藤原（滋野井）実冬（権中納言・左衛門督）・藤原（花山院）定長（参議）・藤原（葉室）頼親（参議）・藤原（花山院）家教（参議）・藤原経業（参議）・藤原（吉田）経長（参議・左大弁）

(12) **「弘安」を冠する用語等**

●**弘安の役**　弘安四年六月に起こった元の侵攻。六月六日、東路軍（元・高麗軍）は博多湾で日本軍に撃退され、江南軍（旧南宋軍）と合流。閏七月一日に肥前国で暴風に遭遇、撤退した。

●**弘安の徳政**　弘安七年五月から、幕府は執権北条貞時の外戚である安達泰盛、朝廷は亀山上皇の院政のもとで行われた政治改革。弘安八年に安達泰盛が霜月騒動で滅ぼされると終焉を迎えた。
●「弘安礼節」　弘安八年、亀山上皇の評定において一条内経らにより定められた公家の礼節に関する規式。

⒀ 弘安年間の主な出来事

●弘安五年十月十三日　日蓮、没。
●弘安七年四月四日　北条時宗、没。／七月　北条貞時、執権となる。
●弘安十年十月二十一日　後宇多天皇退位。熙仁親王即位（伏見天皇）。後深草上皇、院政を開始。

⒁ 改元の経緯及び特記事項

『続史愚抄』建治四年二月二十九日条に「改元定也。…去年の春より病の事流布の故也」としており、疫病による災異改元である。勘文は『弘安改元定記』所引「吉續記」同日条では菅原長成・藤原経業・藤原茂範・菅原在公・菅原在匡・菅原在嗣が提出したとするが、『続史愚抄』・『元秘別録』は前権中納言藤原資信も含めて「七人」が提出したとする。『権中納言冬定卿記』は経業の代りに資信を勘文提出者に入れている。

年号案として在公が「徳永」「建大」「大嘉」、在嗣が「正應」「永仁」「文弘」、資信が「延文」「建定」、長成は「治徳」「建明」「乾元」、茂範が「元観」「弘安」「元延」「嘉元」「文仁」、在匡が「観應」「仁永」「正和」を選んだ（『元秘別録』）。前掲「吉續記」によれば改元定に先立ち、院のもとで年号案の検討が行われ、「元観」がよいという意見も出たが、改元定では「弘安」が採用された。

⒂ 関係史料

●『後宇多天皇実録』建治四年二月二十九日条。

140 正応

一二八八〜一二九三

(1)改元年月日…弘安十一年四月二十八日（西暦一二八八年五月二十九日）
(2)使用期間……約五年四ヶ月
(3)改元理由……代始改元
(4)読み方………しょうおう（しやうおう）／しやうをう（皇年代記・王代年代號略頌・本朝通鑑・年号読様・年号訓點）／しやうわう（番鍛治次第附録年代記）
(5)天皇／上皇…伏見天皇／後深草上皇・亀山上皇
(6)関白／将軍…藤原（二条）師忠［関白］／惟康親王［将軍］・北条貞時［執権］
(7)勘申者………藤原茂範（式部大輔）・菅原在嗣（大蔵卿）
(8)出典と章句
●『毛詩注』「徳正応利。」（『元秘別録』菅原在嗣勘文。当該箇所不明）
●『周易』（同人卦）「文明以健、中正而応、君子正也。〔行健不以武而以文明用之。相応不以邪、而以中正応之。君子正也。〕」
(9)候補年号の勘申者…藤原茂範・菅原在嗣・菅原在輔（文章博士）・藤原資宣（民部卿）・藤原経業（大蔵卿）
(10)改元上卿／改元奉行…藤原（九条）忠教（右大臣）か［改元上卿］／藤原俊定（蔵人頭）［改元奉行］
(11)改元陣議の参仕公卿…藤原（九条）忠教（右大臣）・藤原（近衛）家基（内大臣）・源（久我）通基（大納言・右近衛大将）・藤原（大炊御門）信嗣（権大納言）・源（堀川）具守（権大納言）・源（土御門）雅房（権中納言）・藤原（吉田）経長（中納言）・藤原（二条）兼基（権中納言）・源雅憲（参議）・藤原（洞院）実泰（参議）・平（坊門）忠世（参議）・藤原（冷泉）経頼（参議）・藤原（中御門）為方（参議・左大弁）

⒀ 正応年間の主な出来事

- 正応二年十月九日　久明親王を征夷大将軍に任ず。翌日、鎌倉に下向。
- 正応六年三月七日　北条兼時・時家を九州に派遣（鎮西探題）。
- 正応六年四月二十二日　平頼綱（禅門）の乱。北条貞時、平頼綱を滅ぼす。

⒁ 改元の経緯及び特記事項

『続史愚抄』弘安十一年四月二十八日条に「改元定有り。…代始に依る」とする。『帝王編年記』に「代始」、『皇代記』に「即位に依る」とあるように、伏見天皇の即位に伴う代始改元である。ただ『元秘別録』は「疾疫に依る」としている。

弘安十一年四月二十八日の夕方から改元定が行われ、「弘安」と決まった。代始によるため、大赦は行われなかった（『勘仲記』・『実躬卿記』同日条）。

⒂ 関係史料

- 『伏見天皇実録』弘安十一年四月二十九日条。

141 永仁

一二九三〜一二九九

(1) **改元年月日**…正応六年八月五日（西暦一二九三年九月六日）
(2) **使用期間**……約五年八ヶ月
(3) **改元理由**……災異改元
(4) **読み方**………えいにん／ゑいにん（鎌倉遺文一八三六七）／ゑんにん（鎌倉遺文一八三三五）
(5) **天皇／上皇**…伏見天皇／後深草法皇・亀山法皇
(6) **関白／将軍**…藤原（二条）師忠［関白］／久明親王［将軍］・北条貞時［執権］
(7) **勘申者**………菅原在嗣（大蔵卿）
(8) **出典と章句**
●『晋書』（楽志）「冬至初歳少會歌…乃宣乃訓、配享交泰、永載仁風、長撫無外。」
(9) **候補年号の勘申者**…菅原在嗣・藤原兼倫（式部大輔）・菅原在輔（文章博士）・藤原茂範（従二位）・藤原兼仲（参議）
(10) **改元上卿／改元奉行**…藤原（二条）兼基（右大臣）［改元上卿］／藤原（日野）俊光（蔵人頭）［改元奉行］
(11) **改元陣議の参仕公卿**…藤原（二条）兼基・藤原（九条）師教（内大臣）・藤原（大炊御門）良宗（権大納言）・藤原（洞院）実泰（権大納言）・源（中院）通重（権大納言）・藤原（滋野井）冬季（権中納言）・藤原（西園寺）公顕（権中納言・左衛門督）・藤原（勘解由小路）兼仲（権中納言・右大弁）・藤原（堀川）顕世（参議）・平経親（参議）
(12) **「永仁」を冠する用語等**
●永仁の鎌倉地震　正応六年（改元して永仁元年）四月十三日、鎌倉を中心に起こった大地震。
●永仁の徳政令　永仁五年三月六日に鎌倉幕府が発令した日本で最初の徳政令。

(14) 改元の経緯及び特記事項

『続史愚抄』正應六年八月五日条に「改元定行はる。…天變・地震・炎旱等に依る也」とあり、『一代要記』は「六月六日改元。四月十二日関東大地震。」とする。日付には誤りがあるが、関東の地震による災異改元であろう。この時提出された勘文では菅原在嗣が「永仁」「康安」「仁長」「正長」「正和」、菅原在輔が「暦萬」「仁正」「徳永」、菅原在兼が「暦應」「文弘」「應長」・藤原兼倫が「建明」「保徳」、藤原茂範が「應寛」「建正」、藤原兼仲が「養仁」「文安」を選んでいる（『元秘別録』）。

『勘仲記』同日条では、この日行われた改元定の経緯が記されている。難陳では「永仁」について、兼仲が「永」は「遠い」の意味があるので「遠人の難」、外国の侵略を招くとし、更に「寛仁」の時に刀伊の入寇があり、「文永」の時に元寇があったのでそれをあわせるような年号はよくないとしたが、「遠人」は蒙古に限らない、君徳が遠くに及ぶという意味にもとれるではないかと反論されている。元寇の記憶が薄れていないことを示すものであろう。「嘉暦」については「暦」の字がよろしくないとされ、「文安」は師教が、文の字は「身ヲモトロカス、蓄夷の心しかるべからずか」と述べている。おおよそ「永仁」がよいとされたが、冬季が「嘉暦」にこだわったため、二案が奏されることとなった。最終的には「永仁」と決し、改元が行われた。

(15) 関係史料

●『伏見天皇実録』正応六年八月五日条。

142 正安
一二九九〜一三〇二

(1)**改元年月日**…永仁七年四月二十五日（西暦一二九九年五月二十五日）
(2)**使用期間**……約三年七ヶ月
(3)**改元理由**……代始改元
(4)**読み方**………しょうあん（しやうあん）／Xŏan（ロドリゲス『日本大文典』）
(5)**天皇／上皇**…後伏見天皇／後深草法皇・亀山法皇・伏見上皇
(6)**摂政／将軍**…藤原（二条）兼基［摂政］／久明親王［将軍］・北条貞時［執権］
(7)**勘申者**………菅原在嗣（前参議）
(8)**出典と章句**
●『孔子家語』（巻七　観郷射）「此五行者足以正身安国矣。彼国安而天下安矣。」
●『周書』「居正安其身」（『元秘別録』、「正嘉」改元の際の前中納言藤原経光勘文にみえるが、典拠不明）
●『晋書』「居正安其身」（『元秘別録』、「寛喜」「貞永」改元の際の権中納言藤原頼資の勘文にみえるが該当箇所不明）。
(9)**候補年号の勘申者**…菅原在嗣・藤原明範（式部大輔）・藤原淳範（文章博士）・藤原敦継（文章博士）・藤原兼仲（前権中納言）
(13)**正安年間の主な出来事**
●正安元年八月二十三日　『一遍上人絵伝』成立。
●正安三年一月二十一日　後伏見天皇譲位。邦治親王即位（後二条天皇）。
●正安三年八月二十三日　執権北条貞時、出家。北条師時、執権となる。

(14) 改元の経緯及び特記事項

『帝王編年記』は「代始に依る」とし、『一代要記』も「即位に依る」としている。後伏見天皇即位に伴う代始改元である。この時提出された勘文は菅原在嗣が「慶長」「康安」「正安」「嘉暦」「正和」「嘉元」を、藤原明範が「天観」「建文」「嘉元」「弘治」「元延」、藤原淳範が「應安」「安寛」「建嘉」、藤原敦継が「延慶」「天明」「齋萬」、藤原兼仲が「養仁」「文安」「仁應」を選んでいる（『元秘別録』）。

改元定は永仁七年四月二十五日に行われた（『一代要記』『元秘別録』など）。代始改元であるため、大赦は伴わなかったものと思われる。

(15) 関係史料

●『後伏見天皇実録』永仁七年四月二十五日条。

コラム20　中世の改元の通達

律令時代の年号改元は、朝廷から国衙を介して通達されていた。しかし鎌倉時代半ば以降は、六波羅探題から鎌倉の幕府に通達された。朝廷では、改元の後に政始という儀式化された政務が行われ、新年号が通達されるが、詔書を通達された鎌倉でも、政所で吉書始という儀礼を行い、おそらく守護や寺社を介して諸国に通達された。吉書始を行うところに鎌倉幕府の朝廷に対する対抗心を読みとることができるかもしれない。

南北朝・室町時代においても、室町幕府のもとで鎌倉府（鎌倉公方）への通達が行われ、同様の形をとったとされる。南朝は綸旨により直接諸国に伝達した（峰岸純夫一九七九・千々和到一九九〇）。

〔K〕

143 乾元

一三〇二〜一三〇三

⑴ **改元年月日**…正安四年十一月二十一日（西暦一三〇二年十二月十日）

⑵ **使用期間**……約九ヶ月

⑶ **改元理由**……代始改元

⑷ **読み方**………けんげん（けんぐゑん）／けんけん（番鍛冶次第附録年代記）／けんげん（本朝通鑑・年号読様・年号訓點）／けむけん（鎌倉遺文二一四六六）／けんくえん（鎌倉遺文二一六〇六）

⑸ **天皇／上皇**…後二条天皇／後深草法皇・亀山法皇・後宇多上皇・伏見上皇・後伏見上皇

⑹ **関白／将軍**…藤原（二条）兼基［関白］／久明親王［将軍］・北条師時［執権］

⑺ **勘申者**………不詳。菅原（高辻）長成の旧勘文によるか。

⑻ **出典と章句**

●『周易』（乾卦）「乾元亨利貞」

●『周易』（彖上傳）「大哉乾元、萬物資始。乃統天。」

⑼ **候補年号の勘申者**…藤原淳範（文章博士）・藤原淳嗣（文章博士）・藤原俊光（前権中納言）・菅原在嗣（前参議）・菅原在兼（勘解由長官）

⑽ **改元上卿／改元奉行**…藤原（九条）師教（左大臣）か［改元上卿］／藤原（万里小路）宣房（蔵人・大蔵卿）［改元奉行］

⑾ **改元陣議の参仕公卿**…藤原（九条）師教・藤原（洞院）実泰（権大納言）・源（北畠）師重（権中納言）・藤原（花山院）師信（権中納言）・源（六条）有房（参議・左大弁）・藤原（中御門）経継（参議・右大弁）

⒀ 乾元年間の主な出来事

●乾元二年七月十二日　忍性、没。

⒁ 改元の経緯及び特記事項

『一代要記』に「御即位に依る」とあるように、後二条天皇即位に伴う代始改元である。『続史愚抄』によれば正安四年十一月二十一日に改元定が行われた。『吉續記』『冬定卿記』は二十一日としているため、『一代要記』が十一日とするのは誤りであろう。後二条天皇の即位は正安三年（一三〇一）一月二十一日であり、約二年近く代始改元が行われなかったことになる（所功一九七七）。

当初四月に改元が予定されており、二月には既に勘文提出が命ぜられ、式部大輔であった菅原資宗も年号勘文を提出していた。しかし改元が延引され、その間に資宗が死去したため、改めて七月に藤原広範を式部大輔に任じ、十月二十七日に、十一月の改元定のための年号勘文提出を命じたが、広範が関東に住んでおり、日数が経過しても勘文を提出しなかった。そのため、菅原在兼に十一月十九日に勘文提出を命じ、二十一日に改元定を行うこととなった（『元秘別録』）。なお、『元秘別録』には藤原俊光の選んだ「康永」「久化」「永寧」のみ記されている。このような諸事情により、異例の代始改元の遅れが発生したと思われる。

なお、代始改元のため、大赦は伴わなかったと思われる。

⒂ 関係史料

●『後二条天皇実録』正安四年十一月二十一日条。

144 嘉元

一三〇三〜一三〇七

(1) **改元年月日**…乾元二年八月五日（西暦一三〇三年九月十六日）
(2) **使用期間**……約三年四ヶ月
(3) **改元理由**……災異改元
(4) **読み方**………かげん（かぐえん）／かげん（王代年代號略頒・年号訓點・本朝年代歴）／かけん（皇年代記・番鍛冶次第附録年代記・年号読様）／かぐゑん（童蒙必読）
(5) **天皇／上皇**…後二条天皇／後深草法皇・亀山法皇・後宇多上皇・伏見上皇・後伏見上皇
(6) **関白／将軍**…藤原（二条）兼基［関白］／久明親王［将軍］・北条師時［執権］
(7) **勘申者**………菅原在嗣（前参議）・藤原淳範（文章博士）
(8) **出典と章句**
●『藝文類聚』（天部、賀老人星表）「老人星見、體色光明、嘉占元吉、弘無量之祐、隆克昌之祚、普天之同慶、率土之合歡。」
●『修文殿御覧』「天気柔且嘉、元吉隆初已。」
●『貞観政要』（巻四、規諫）「遇大道行而両儀泰、嘉（喜）元良盛（會）而萬國貞。」
(9) **候補年号の勘申者**…菅原在嗣・藤原淳範・藤原敦継（文章博士）・藤原俊光（前権中納言）・菅原在兼（勘解由長官）
(10) **改元上卿／改元奉行**…藤原（鷹司）冬平（右大臣）［改元上卿］／藤原雅俊（蔵人頭）［改元奉行］
(11) **改元陣議の参仕公卿**…藤原（鷹司）冬平・藤原（大炊御門）良宗（大納言）・藤原（吉田）経長（権大納言）・源（北畠）師重（中納言）・藤原（花山院）師信（中納言）・源（久我）長通（権中納言）・藤原（中御門）宗冬（参議）・藤原（坊城）定資（参議・右大弁）
(12) **嘉元を冠する用語等**

●嘉元の乱　嘉元三年四月に鎌倉で起こった騒乱。北条宗方が連署の北条時村を討ち、宗方は執権北条師時の館で殺害された。北条氏内部の権力争いによるものとされる。北条宗方の乱とも呼ばれる。

⒀ 嘉元年間の主な出来事

●嘉元二年七月十六日　後深草法皇、崩御。
●嘉元二年四月六日　鎌倉大地震。
●嘉元三年九月十五日　亀山法皇、崩御。

⒁ 改元の経緯及び特記事項

『皇年代略記』には改元の理由を「炎旱彗星に依る」としており、災異改元である。『続史愚抄』乾元二年八月五日条には、その日改元定が行われたとし、「天變〔公茂公記を按ずるに彗星の事か〕及び炎旱〔按ずるに去・今年か〕に依る」としている。勘文は菅原在嗣が「嘉元」「長永」「弘元」「寛正」「文仁」、藤原淳範は「嘉元」「建文」「弘治」「正弘」「應安」、藤原敦継は「天明」「貞正」「嘉慶」、藤原俊光は「長祥」「齋治」「文観」、菅原在兼が「大長」「和元」「文弘」「康元」を選んでいる。なお、当初式部大輔広範にも勘文提出が命ぜられたが、六月二十日に出家したため改めて在兼に提出を命じたという（『元秘別録』）。

『冬平公記』乾元二年八月五日条によれば、改元定において蔵人頭藤原雅俊が議論の経過を天皇・院に報告に向かい、その間に定の場で「嘉元」「文弘」「久長」から選ぶのがよいとなった。その旨が改めて奏され、仰せがあり、「天變并びに炎旱に依り」、「嘉元」改元が命ぜられた。

⒂ 関係史料

●『後二条天皇実録』乾元二年八月五日条。

145 徳治

一三〇七～一三〇八

(1) **改元年月日**…嘉元四年十二月十四日（西暦一三〇七年一月十八日）
(2) **使用期間**……約一年十ヶ月
(3) **改元理由**……災異改元
(4) **読み方**………とくじ（とくぢ）／とくち（鎌倉遺文八七一一）／Tokuds（ケムペル『日本志』、誤記か）
(5) **天皇／上皇**…後二条天皇／後宇多上皇・伏見上皇・後伏見上皇
(6) **関白／将軍**…藤原（九条）師教［関白］／久明親王［将軍］・北条師時［執権］
(7) **勘申者**………菅原在嗣（前参議）
(8) **出典と章句**
●『尚書』（大禹謨）「俊徳治能之士並在官。」（元秘別録 菅原在嗣勘文。典拠に当該箇所なし）
●『尚書』（皇陶謨）「敷施、九徳咸事、俊乂在官〔俊徳治能之士竝在官〕〔疏、天下俊徳治能之並在官矣。…則俊徳治能之士並在官。〕」
●『春秋左氏伝』（巻三、嬉公三十三年）「文公曰、敬徳之聚也。能敬必有徳、徳以治民、君請用之。」
●『後魏書』「明王以徳治天下。」
(9) **候補年号の勘申者**…菅原在嗣・菅原在輔（式部大輔）・藤原淳範（文章博士）・藤原敦継（文章博士）・藤原俊光（前権中納言）
(10) **改元上卿**……藤原（鷹司）冬平（左大臣）
(11) **改元陣議の参仕公卿**…藤原（鷹司）冬平・藤原（大炊御門）良宗（大納言）・藤原（洞院）実泰（権大納言）・藤原（花山院）師信（権大納言）・源（土御門）雅長（権中納言）・源（六条）有房（権中納言）・源顕資（参議）・藤原（近

衛）実香（参議）・藤原（坊城）定資（参議・左大弁）・藤原（三条）実任（参議）・藤原（滋野井）実前（参議）

⒀ 徳治年間の主な出来事

●徳治三年八月四日　久明親王、帰京。／八月十日　守邦王を征夷大将軍に任ずる。／九月十九日　守邦王に親王宣下。

●徳治三年八月二十五日　後二条天皇崩御。富仁親王即位（花園天皇）。

⒁ 改元の経緯及び特記事項

『一代要記』は改元を「天變に依る」とし、『続史愚抄』嘉元四年十二月十四日条にも「改元定行はる。…天變に依る也〔未だ詳らかならず〕」とある。天變による災異改元である。この時提出された勘文は菅原在嗣が「文仁」「長應」「仁長」「正和」「寛久」、菅原在輔が「寛安」「建安」「建平」「暦長」「暦萬」「文保」、藤原淳範が「建文」「延文」「長寧」「應安」、藤原敦継が「天明」「萬安」「延慶」、藤原俊光が「文観」「仁興」「仁化」を選んでいる（『元秘別録』）。「文弘」案も出されていたとされる（『難陳』）。

改元定では、「徳治」「正和」から選べの仰せがあり、冬平は「徳」の字を用いないのは白河・鳥羽二代の「法言」だが、用いてよいか検討せよと述べ、「徳」の字は中国のみ例があるが不吉で、「正和」がよいと思うが、「和」にも不吉な先例があるとした。更に議論があり、「徳」の字を用いても構わないとなり、奏上の後、「徳治」改元となった。また神社の訴訟関係者は大赦の対象から除くこととなった（『冬平公記』嘉元四年十二月十四日条）。「徳」の字が上にくる年号は初めてである（『実躬卿記』同日条）。

⒂ 関係史料

●『後二条天皇実録』嘉元四年十二月十四日。

146 延慶

一三〇八〜一三一一

(1) **改元年月日**……徳治三年十月九日（西暦一三〇八年十一月二十二日）

(2) **使用期間**……約二年六ヶ月

(3) **改元理由**……代始改元

(4) **読み方**……えんきょう（えんきやう）／えんけい（番鍜治次第附録年記・年号読様・年号訓點、「延享」との区別のためか）、Jenke（ケムペル『日本志』）／ゑんきやう（鎌倉遺文二三五九〇）／ゑんけい（鎌倉遺文二三六二八）

(5) **天皇／上皇**……花園天皇／後宇多法皇・伏見上皇・後伏見上皇

(6) **摂政／将軍**……藤原（九条）師教［摂政］／守邦親王［将軍］・北条師時［執権］

(7) **勘申者**……藤原俊光（前権中納言）

(8) **出典と章句**

●『後漢書』（馬武傳）「建武之世、候者百餘。若夫數公者、則與參國議、分均休咎、其餘並優、以寛科完其封禄、莫不終以功名延慶于後。」

●『後漢書』（郎顗傳）「本文武之業、擬堯舜之道、攘災延慶、號令天下。」

(9) **候補年号の勘申者**……藤原俊光・菅原在輔（式部大輔）・藤原淳範（文章博士）・藤原敦継（文章博士）

(10) **改元上卿**……藤原（鷹司）冬平（左大臣）

(11) **改元陣議の参仕公卿**……藤原（鷹司）冬平・藤原（洞院）実泰（権大納言）・西園寺（藤原）公顕（権大納言）・藤原（花山院）師信（権大納言）・花山院（藤原）家定（権大納言）・源（土御門）雅長（権中納言）・藤原（吉田）定資（権中納言・左衛門督）・中御門（藤原）為行（参議）

(14) 改元の経緯及び特記事項

『一代要記』は改元の理由を「御即位に依る」とし、『続史愚抄』徳治三年十月九日条には「改元定行はる。…代始に依る也」とある。花園天皇即位に伴う代始改元である。ただ、この改元は即位後一月ほどで行われており、踰年改元の慣例を破っている。この改元について『冬平卿記』徳治三年十月二日条には「先例多くは譲位の翌年、此の事有り。而るに今度、関東内々に申す旨有るの間、すべて別儀を行はるる也」と記されている。また『改元宸記』所引「心日御記」（後伏見天皇御記）にも「今度、関東密密、入道相国（前関白二条兼基）に申す旨有るの由、聞こゆ。仍りて左右に及ばず、其の沙汰有る也」とある。つまり、この改元は鎌倉幕府からの申し入れにより行われている。その理由については明確ではないが、同年八月十日に守邦王が征夷大将軍に任ぜられ、九月十九日に親王宣下があったことを考えると、親王将軍就任を慶祝するためであった可能性が高い（所功一九七七・峰岸純夫一九七九）。

この時提出された勘文では、藤原俊光が「延慶」「慶長」「康永」、菅原在輔が「正慶」「暦長」、藤原淳範が「弘建」「建文」「延文」「應安」「正弘」、藤原敦継が「嘉慶」「天明」「明長」を選んでいる（『元秘別録』）。『後伏見天皇御記』延慶元年十月九日条によれば、改元定に先立ち、上皇（伏見院か）のもとで摂政師教も参加して年号案の検討があり、「延慶」がよいとなった。これに関連して、後伏見上皇は改元定の際、内裏と院の居所（仙洞）の間を蔵人が往復して決める慣例について記している。改元定では「延慶」「康永」の二案が有力であったが、最終的には「延慶」に決した（前掲『冬平卿記』も同内容）。

(15) 関係史料

●『花園天皇実録』徳治三年十月九日条。

147 応長

一三一一～一三一二

(1) **改元年月日**…延慶四年四月二十八日（西暦一三一一年五月十七日）
(2) **使用期間**……約十一ヶ月
(3) **改元理由**……災異改元
(4) **読み方**………おうちょう（おうちやう）／わうちやう（番鍛冶次第附録年代記）／をうちやう（皇年代記・王代年代號略頌・年号読様・年号訓點）
(5) **天皇／上皇**…花園天皇／後宇多法皇・伏見上皇・後伏見上皇
(6) **関白／将軍**…藤原（鷹司）冬平［関白］／守邦親王［将軍］・北条師時［執権］
(7) **勘申者**………菅原在兼（勘解由長官）
(8) **出典と章句**
●『旧唐書』（礼儀志）「応長暦之規、象中月之度、広綜陰陽之數、傍通寒暑之和。」
(9) **候補年号の勘申者**…菅原在兼・菅原在輔（式部大輔）・菅原在登（文章博士）・藤原資名（文章博士）・藤原俊光（前権中納言）
(10) **改元上卿**……藤原（花山院）師信（権大納言）
(11) **改元陣議の参仕公卿**…藤原（花山院）師信（権大納言）・藤原（花山院）家定（権大納言）・源（中院）長通（権大納言）・藤原（西園寺）実衡（権中納言）・藤原（三條）公秀（権中納言）・藤原（洞院）公賢（権中納言・左兵衛督）・平惟輔（参議）・源（北畠）親房（参議）
(13) **応長年間の主な出来事**
●応長元年九月二十二日　北条師時、没。大仏宗宣、執権となる。

●応長元年十月二十六日　北条貞時、没。

⒁改元の経緯及び特記事項

『一代要記』には改元の理由を「病事に依る也」とし、『冬定卿記』延慶四年四月二十八日条も同様である。『続史愚抄』延慶四年四月二十八日条は「天下疫病」により改元としており、疫病流行による災異改元である。『園太暦』によればこの年は「四月以来世間病事流布」であった。提出された勘文は菅原在兼が「應長」「文弘」「正和」「天観」、菅原在輔が「天寧」「建平」「暦萬」「安長」、菅原在登が「祥和」「仁應」「嘉恵」、藤原資名が「天貞」「長養」、藤原俊光が「文観」「康永」「久應」を選んでいる（『元秘別録』）。

改元は延慶四年四月二十八日に行われた。当初上卿には大納言・左近衛大将である洞院（藤原）実泰が行うはずであったが、「改元の定、大将上卿の例不快」との指摘があり、伏見上皇・関白冬平との協議の結果、権大納言・中宮大夫であった藤原師信を上卿として行うこととなった。検討の結果、「應長」に決まり、改元が行われた（『花園天皇宸記』）。関白藤原冬平は、「應長」年号について、「此の號、唐書志文に云々、件の書に此の文無しの由、衆人沙汰す也。」「應の字の事先例、…應徳・應保甘心せず。」「或る人云はく、延喜を延長と為す。聖代の改元の時と雖も、舊號の上、新號の下の長、宜しからず。彼の例に似たるの由、相談せらる」と、当時から様々な評価があったことを記し、その上で「今度又俗難有り。然るに毎度の事也」、つまりこのような批判はいつもあることであるとしている（『冬平卿記』）。

なお、『逸號年表補考』によれば、伊豆加茂郡入間村の三嶋明神の棟札に「應長十三年」と記されているものがあり、翌年の改元の後も「ナホ舊年號ヲ用フル」例としている。

⒂関係史料

●『花園天皇実録』延慶四年四月二十八日条。

148 正和　一三一二〜一三一七

(1) 改元年月日…応長二年三月二十日（西暦一三一二年四月二十七日）
(2) 使用期間……約四年十一ヶ月
(3) 改元理由……災異改元
(4) 読み方………しょうわ（しやうわ）／しゃうハ（鎌倉遺文二六〇二六B）／Sooa（ケムペル『日本志』）
(5) 天皇／上皇…花園天皇／後宇多法皇・伏見上皇・後伏見上皇
(6) 関白／将軍…藤原（鷹司）冬平［関白］／守邦親王［将軍］・北条宗宣［執権］
(7) 勘申者………不詳。菅原在兼（勘解由長官）か。
(8) 出典と章句
●『唐紀』「皇帝受朝奏正和」（元秘別録所引の菅原永嗣・在兼の勘文にみえるが典拠不明。『旧唐書』音楽志にもあるが「政和」とする）。
●『旧唐書』（音楽志）「皇帝受朝、奏政和。皇太子軒懸出入奏承和。」
●『帝王略論』（元秘別録　菅原在匡勘文にみえるが本文なし）
(9) 候補年号の勘申者…菅原在兼・菅原在輔（式部大輔）・藤原種範（文章博士）・菅原在登（文章博士）・藤原俊光（前権中納言）
(10) 改元上卿……二條（藤原）道平（右大臣）
(11) 改元陣議の参仕公卿…二条（藤原）道平など
(13) 正和年間の主な出来事
●正和元年六月十二日　執権大仏宗宣、没。／六月二日　北条熙時、執権となる。

●正和四年八月十二日　執権北条熙時、辞任（十九日に没）。北条基時、執権となる。
●正和五年一月　鎌倉幕府、京極為兼を土佐に流す。
●正和五年七月十日　北条基時、執権を辞任。北条高時、執権となる。

⑭ 改元の経緯及び特記事項

『一代要記』は改元の理由を「天變に依る」とし、『皇年代略記』は「天變地震」としている。『続史愚抄』應長二年三月二十日条は「改元定行はる。…天變地震等の事に依る也」としている。

勘文は藤原俊光が「康永」「久化」「永寧」を選んでいる（『元秘別録』）。俊光も含めて五人の勘申者のうち、誰の案が採用されたかは不明。応長改元の際に「正和」を年号案として提出していた菅原在兼ともされる（森本角蔵一九三三）。

『花園天皇宸記』應長二年三月二十日条は「今夜改元定也。是れ去年の事に依る也」とし、改元定での検討が行われた後、「仙洞」（院、伏見上皇か）への報告が行われ、最終的に「正和」と決まったとしている。

⑮ 関係史料

●『花園天皇実録』応長二年三月二十日条。

149 文保

一三一七〜一三一九

(1) 改元年月日… 正和六年二月三日（西暦一三一七年三月十六日）
(2) 使用期間…… 約二年三ヶ月
(3) 改元理由…… 災異改元
(4) 読み方……… ぶんぽう／ぶんほう（王代年代號略頌・本朝通鑑・年号読様・年号訓點・童蒙必読）／ぶんほ（番鍛冶次第附録年代記）／ふんほう（鎌倉遺文二六二一六）／ぶんはう（八坂神社文書）
(5) 天皇／上皇… 花園天皇／後宇多法皇・伏見法皇・後伏見上皇
(6) 関白／将軍… 藤原（二条）道平［関白］／守邦親王［将軍］・北条高時［執権］
(7) 勘申者……… 不詳。菅原在輔（式部大輔）か
(8) 出典と章句
●『梁書』「姫周基文久保七百」（『元秘別録』所引菅原在輔勘文にみえるが該当箇所不明）
(9) 候補年号の勘申者… 菅原在輔・菅原家高（文章博士）・菅原在兼（民部卿）・藤原資名（左大弁）
(10) 改元上卿…… 藤原（洞院）実泰（右大臣）
(11) 改元陣議の参仕公卿… 藤原（洞院）実泰ほか
(12) 「文保」を冠する用語等
●**文保の和談**　文保元年四月九日　鎌倉幕府が皇位継承につき、後深草天皇の子孫である持統院統と亀山天皇の子孫である大覚寺統の両血統が交互に即位すること（両統迭立）とした合意。
(13) 文保年間の主な出来事
●文保元年九月三日　伏見法皇、崩御。

●文保二年二月二十六日　花園天皇譲位。尊治親王即位（後醍醐天皇）。

⒁ **改元の経緯及び特記事項**

『一代要記』には「二月三日改元。正月三日、地大いに震へ、東寺の塔の九輪、動き傾く」としており、地震による災異改元である。『続史愚抄』正和六年二月三日条は「改元定行はる。地震に依る。勘者四人〔元五人、而るに一人卒去す。四人の勘文を按ずるに、中に文保の字無し。若しくは舊號を執りて用ゐらるか〕」としている。『元秘別録』は「一人泰範、去月四日卒去」とし、提出された勘文が選んでいた年号案として菅原在輔は「慶安」「天寧」、菅原家高は「康安」「慶仁」「文弘」、菅原在兼は「康永」「天観」、藤原資名は「文観」「天貞」「長養」を選んでいたとする。ここには「文保」は見えず、徳治改元の際に「文保」を年号案としている菅原在輔によるものかと推測されている（森本角蔵一九三三）。

『花園天皇宸記』文保元年二月三日条裏書によれば、改元定においては「康永」「文保」が支持されたが、「康永」は「二物の名の上字を取合はす」もので、そのような典拠からの選び方は「前例を覚えず」とされている。また、後漢桓帝の時の年号が「永康」「永壽」であり、日本において「壽永」は不吉であること、また「正和」から「康永」への改元というのも「養和」から「壽永」への改元を思わせて不吉であるということから「文保」に決まった。

⒂ **関係史料**

●『花園天皇実録』正和六年二月三日。

150 元応　一三一九～一三二一

(1)**改元年月日**…文保三年四月二十八日（西暦一三一九年五月十八日）
(2)**使用期間**……約一年十ヶ月
(3)**改元理由**……代始改元
(4)**読み方**………げんおう／けんをう（皇年代記）／けんわう（番鍛冶次第附録年代記）／げんのう（年号読様）／ぐゑんおう（童蒙必読）／Guenvô（ロドリゲス『日本大文典』）／Genwo（ケムペル『日本志』）
(5)**天皇／上皇**…後醍醐天皇／後宇多法皇・後伏見上皇・花園上皇
(6)**関白／将軍**…藤原（一条）内経［関白］／守邦親王［将軍］／北条高時［執権］
(7)**勘申者**………藤原（日野）俊光（前大納言）・菅原在輔（式部大輔）
(8)**出典と章句**
●『唐書』「陛下富教安人、務農敦本、光復社稷、康濟黎元之應也。」
(9)**候補年号の勘申者**……菅原在兼（正二位）・菅原在登（文章博士）・藤原資朝（右中弁・文章博士）
(10)**改元上卿／改元奉行**…藤原（洞院）実泰（左大臣）［改元上卿］／藤原（柳原）資明（蔵人左衛門佐）［改元奉行］
(11)**改元陣議の参仕公卿**…藤原（西園寺）実衡（大納言）・藤原（鷹司）冬教（大納言）・藤原（洞院）公賢（春宮大夫）・藤原（三条）公秀（中納言）・源（北畠）親房（中納言）・滋野井実前（中納言）・藤原（花山院）師賢（中納言）・藤原（中御門）冬定（中納言）・藤原（坊城）俊実（左大弁・参議）・藤原（吉田）隆長（検非違使別当）・藤原（三条）公明（参議）
(13)**元応年間の主な出来事**
●元応元年十二月一日　藤原行長、『荏柄天神縁起絵巻』を描く。

●元応二年正月　度会家行による『類聚神祇本源』完成する。

(14) 改元の経緯及び特記事項

文保の和談に従って、改元の前年二月二十六日に花園天皇が譲位したあとは、後宇多法皇の皇子尊治親王（後醍醐天皇）が受禅し、後二条天皇の皇子邦良親王が皇太子となった。元応の改元は、この後醍醐天皇の代始めに伴うものであるが、この年正月には東大寺八幡社神輿が入京し、四月には延暦寺衆徒が園城寺の戒壇落慶に反対して蜂起するなど、京都周辺は騒動が絶えなかった。四月二十五日には園城寺が山徒の放火により焼亡するという事件にまで発展したため、本来この日に行われるはずであった改元定が延引し、けっきょく三日後の二十八日に行われている。元応・正慶の二年号が候補として奏上されたが、なお一つに纏めるようにとの勅があり、元応になった。出典は『唐書』（本唐書）であるが、この本を所持する人が少なく、蓮華王院の宝蔵に納められていた『唐書』を召し出し、上皇より禁裏に進められた。しかし『唐書』にはこの文言が見えなかったため、勘文により『太平御覧』百八十が引く文言によって推定されたという。また勘者の日野俊光は大納言勘者の初例で、後醍醐天皇の信任を反映している。

(15) 関係史料

●『後醍醐天皇実録』文保三年四月二十八日条。
●『改元部類』「不知記」文保三年四月条。

151 元亨　一三二一～一三二四

(1) **改元年月日**…元応三年二月二十三日（西暦一三二一年三月二十二日）
(2) **使用期間**……約三年九ヶ月
(3) **改元理由**……革年改元
(4) **読み方**………げんこう（げんかう）／ぐゑんかう（島津家文書）／ぐわんかう（年号訓点）／Guencŏ（ロドリゲス『日本大文典』）／Genko（ケムペル『日本志』）
(5) **天皇／上皇**…後醍醐天皇／後宇多法皇・後伏見上皇・花園上皇
(6) **関白／将軍**…藤原（一条）内経［関白］／守邦親王［将軍］／北条高時［執権］
(7) **勘申者**………藤原（日野）資朝（文章博士）
(8) **出典と章句**…『周易』（彖上傳）「其徳剛健而文明、應乎天、而時行。是以元亨、」
(9) **候補年号の勘申者**……藤原（日野）資朝・菅原家高（文章博士）
(10) **改元上卿／改元奉行**…藤原（花山院）師信（内大臣）［改元上卿］／藤原（日野）資朝［改元奉行］
(11) **改元陣議の参仕公卿**…源（久我）通雄（太政大臣）・藤原（吉田）定房（権大納言）・藤原（洞院）公賢（春宮大夫）・藤原（近衛）実香（大宰権帥）・藤原（花山院）師賢（権大納言・中宮権大夫）・藤原（三条）実任（参議・弾正大弼）・藤原（中御門）冬定（参議・大蔵卿）・藤原（三条）公明（参議）
(12) **「元亨」を冠する用語等**
●『元亨釈書』　元亨二年成立。虎関師錬による仏教史書。僧伝・資治表・志・略例・智通論により成る。全三十巻。虎関師錬は、この書を朝廷に奉り『大蔵経』に加えることを請い、延文五年（一三六〇）に許されている。
(13) **元亨年間の主な出来事**

●元亨元年四月　後宇多法皇が大覚寺金堂を建立する。
●元亨元年十二月九日　後宇多法皇、院政を停止し、後醍醐天皇、親政を開始する。同じ頃、記録所を設置。
●元亨二年四月九日　後伏見上皇、院中庶務の譲渡を迫るが、花園上皇、固辞する。
●元亨四年四月十二日　後伏見上皇、量仁親王の立坊を日吉社に祈願する。
●元亨四年六月二十五日　後宇多法皇が崩御する。

⒁ 改元の経緯及び特記事項

元応三年二月二十三日、「今年辛酉革命に当たるや否や」の仗議が行われたのち、改元定が行われた。辛酉革命に当たるか否かについては、諸道勘奏は明確ではなく、諸卿の議論もさまざまであった。けれどもけっきょく「謹慎の余り」改元することにしたという（『改元部類』所引「不知記」同日条）。これを後醍醐天皇が辛酉革命説を否定したとする見解（平泉澄一九三四）があり、宋学の影響を指摘する説もある（佐藤進一『南北朝の動乱』中央公論社、一九六五・佐藤均一九八一）。『花園天皇宸記』同年二月二十四日条にも「兼日改元あるべからざるの由風聞」とある。勘文は藤原（日野）資朝が「元亨」「天成」「康永」、菅原家高が「応安」「弘元」「康永」を選んでいる。このうち、「元亨」の年号を勘申した資朝は、蔵人として改元定の奉行も同時に勤めており、後醍醐天皇の信頼が厚く、この年四月六日には参議に補任され公卿になっている。のち正中の変で六波羅探題に捕らえられ、佐渡に流され、許されてのち、今度は元弘の変で捕らえられて配所で殺害された。「弘元」「元亨」の両年号が候補になり、天皇と法皇に奏された結果、「元亨」に決められた。後醍醐天皇は、改元のこの年十二月に、院政を廃して親政をはじめており、この改元でも指導的な立場にあったと推察される。

⒂ 関係史料

●『後醍醐天皇実録』元応三年二月二十三日条。／『改元部類』「不知記」元応三年二月二十三日条。

152 正中

一三二四～一三二六

(1) 改元年月日…元亨四年十二月九日（西暦一三二四年十二月二十五日）

(2) 使用期間……約一年六ヶ月

(3) 改元理由……風水による。

(4) 読み方………しょうちゅう（しゃうちゅう）／しゃうちう（年代号略頌・番鍛冶次第・本朝通鑑等）／Xǒchǔ（ロドリゲス『日本大文典』）／Seotsju（ケムペル『日本志』）

(5) 天皇／上皇…後醍醐天皇／後伏見上皇・花園上皇

(6) 関白／将軍…藤原（九条）房実［関白］／守邦親王［将軍］／北条高時［執権］

(7) 勘申者………藤原有正（文章博士）

(8) 出典と章句

●『易経』（文言伝）「見龍在田利見大人、何謂也、子曰、龍徳而正中者也、又曰、需有孚、光亨、貞吉、位乎天位以正中也、」

(9) 候補年号の勘申者…藤原行氏（文章博士）・藤原藤範（式部大輔）・菅原在登（文章博士）・菅原家高（大学頭）

(10) 改元上卿／改元奉行…藤原（鷹司）冬教（左大臣）［改元上卿］／藤原（万里小路）季房（蔵人右少弁）［改元奉行］

(11) 改元陣議の参仕公卿…藤原（洞院）公賢（春宮大夫）・藤原（万里小路）宣房（大納言）・平（押小路）惟継（参議勘解由長官）・藤原（三条）公明（中納言）・藤原（花山院）師賢（中納言中宮大夫）・藤原（三条）実任ヵ（中納言）・藤原（万里小路）藤房（参議）。

(12)「正中」を冠する用語等

●**正中の変**　元亨四年（十二月に改元して正中元年）九月、後醍醐天皇の討幕計画が発覚した政変。土岐頼有などが討たれ、翌年八月には日野資朝が佐渡に流罪となったが、天皇は幕府に釈明し、ことなきを得た。

⒀ 正中年間の主な出来事

●正中二年正月二十一日　後伏見・花園両上皇が量仁親王の立太子を幕府に諮り、関白鷹司冬平に奏上させる。
●正中二年閏正月八日　皇太子邦良親王、六条有忠を幕府に派遣し、密かに即位を謀る。
●正中二年十二月十八日　二条為定、『続後拾遺和歌集』を撰進する。
●正中三年三月十三日　北条高時が出家する。／三月十六日　金沢貞顕、執権となる。
●正中三年三月二十日　邦良親王、薨去する。

⒁ 改元の経緯及び特記事項

この年は甲子に当たったが、それを理由とする改元は行われず、年末にいたって風水による改元が行われた（佐藤均一九八一）。実際、この年八月二十六日には、京中が大暴風雨に見舞われ、洪水のために人畜多数が死んだ。さらに疫病も流行した。その後、九月には後醍醐天皇の意を受けた日野資朝・俊基の倒幕計画の謀議が、天皇方に召集された土岐頼員の密告によって発覚し、土岐頼貞・多治見国長が殺害される、という事件も起こっている（正中の変）。後醍醐天皇は、万里小路宣房を幕府に派遣して異心のない旨、告文を以て伝え、事なきを得たが、京都をとりまく政情は不安で、改元はこのような状況のなか、十二月九日に行われた。

勘文は藤原藤範が「弘暦」「大建」「建福」、菅原在登が「慶安」「康安」「建文」、藤原行氏が「万寧」「文安」「建正」、藤原有正が「正中」「天祐」「正永」、菅原家高は「文弘」「康安」「文仁」「天観」「正慶」「応仁」「康永」を選んでいる（『元秘別録』）。

⒂ 関係史料

●『後醍醐天皇実録』元亨四年十二月九日条。

153 嘉暦　一三二六〜一三二九

(1) 改元年月日…正中三年四月二十六日（西暦一三二六年五月二十八日）
(2) 使用期間……約三年四ヶ月
(3) 改元理由……天変地震疾疫による。
(4) 読み方………かりゃく／Carequi（ロドリゲス『日本大文典』）／Karaku（ケムペル『日本志』）
(5) 天皇／上皇…後醍醐天皇／後伏見上皇・花園上皇
(6) 関白／将軍…藤原（鷹司）冬平［関白］／守邦親王［将軍］／赤橋守時［執権］
(7) 勘申者………藤原藤範（式部大輔）
(8) 出典と章句
●『旧唐書』（本紀）「四序嘉辰、歴代増並、漢崇上巳、晋紀重陽、宋韻曰、暦数也」
(9) 候補年号の勘申者……藤原行氏（文章博士）・藤原家倫（文章博士）・菅原在登（式部権大輔）・藤原家高（ママ）（大学頭）
(10) 改元上卿／改元奉行…源（北畠）親房（大納言）［改元上卿］／藤原（葉室）光顕（蔵人右少弁）［改元奉行］
(11) 改元陣議の参仕公卿…藤原（三条）実任（権中納言）藤原（三条）公明（侍従中納言）・藤原（万里小路）藤房（権中納言）・藤原（中御門）冬定（参議大蔵卿）・平（押小路）惟継（勘解由宰相）
(13) 嘉暦年間の主な出来事
●嘉暦元年七月二十四日　量仁親王（光厳天皇）、立太子する。
●嘉暦二年十二月六日　尊雲法親王（護良親王）、天台座主となる。
●嘉暦三年六月三日　後伏見上皇、量仁親王への譲位を日吉社、ついで石清水八幡に祈る。

⒁ 改元の経緯及び特記事項

改元の前年六月二十六日には、京中雷雨のため洪水が起こり、人畜多数が死んだ。また十月二十一日には大地震があり、その後も余震がつづいている。さらに翌年の四月になってからは疫病が流行したため、この改元定のあった当日、改元定の直前に四角四堺祭が行なわれている。

改元はこうした天変地震疾疫を理由に行われた。年号に関しては、およそ「嘉暦」で意見がまとまったが、この間、後醍醐天皇は密かに台盤所の御椅子において、議論のようすを聞いたという。

⒂ 関係史料……『後醍醐天皇実録』正中三年四月二十六日条。

コラム21 後醍醐天皇・花園上皇と辛酉革命・甲子革令説

後醍醐天皇の元亨改元・正中改元はそれぞれ辛酉革命・甲子革令にあたる。しかし元亨改元の詔書は辛酉革命説を「典籍の旧章に非ず。術士の家の著作する所なり」とし、否定する立場をとる。それに先立ち提出された明経道助教・中原師緒の革命勘文に「緯説不可用の事」とあり、詔書はその説を採用したとされる（平泉澄一九三四）。

正中改元に際しては、甲子革令説を理由として改元すべきという意見もあったが、結局風水害による改元となった。花園上皇はこれについて「余思ふに、緯候の文言、聖人用ゐざる所也」として、後醍醐天皇の決断を高く評価している（『花園天皇宸記』元亨四年二月三十日条）。政治的には対立することもあった後醍醐天皇と花園上皇であるが、その政治姿勢には共通するところもあった。

なお、この革命・革令否定の姿勢には宋学（朱子学）の影響も指摘される（内藤湖南「日本文化の独立」『日本文化史研究』弘文堂書房、一九三四・佐藤進一『南北朝の動乱』中央公論社、一九六五）。一方で、実際には改元していることから、否定したのは革命説で、辛酉年改元の初例である醍醐天皇の先例は尊重したとする説もある（佐藤均一九八一）。〔K〕

154 元徳

一三二九～一三三一（大覚寺統　元徳三年）／一三三二（持明院統　元徳四年）

(1) 改元年月日…嘉暦四年八月二十九日（西暦一三二九年九月二十二日）

(2) 使用期間……約二年／約二年八ヶ月

(3) 改元理由……疾疫による。

(4) 読み方………げんとく／ぐゑんとく（童蒙必読・御諡号年号読例）／Guentocu（ロドリゲス『日本大文典』）／gentoku（ケムペル『日本志』）

(5) 天皇／上皇…後醍醐天皇／後伏見上皇・花園上皇

(6) 関白／将軍…藤原（二条）道平［関白］／守邦親王［将軍］／赤橋守時［執権］

(7) 勘申者………藤原行氏（文章博士）

(8) 出典と章句

●『周易』「乾元亨利貞、[正義] 曰、乾健也、言天之体以建為用、於人事言之、則君也、元者善之長、謂天之元徳始生万物、故能為物也、始而亨通、」（藤原実綱の延久度・承保度、藤原有綱の永保度・大江匡房の天仁度、藤原行盛の天治度、藤原資長の永万度、藤原兼光の元暦度等の勘文による。）

(9) 候補年号の勘申者……菅原在登（式部大輔）・菅原在淳（文章博士）

(10) 改元上卿……藤原（近衛）経忠（右大臣源

(11) 改元陣議の参仕公卿…源（北畠）親房（大納言）・源（堀川）具親（権大納言）・藤原（万里小路）宣房（権大納言）・藤原（三条）公明（侍従権中納言）・藤原（西園寺）公宗（春宮大夫）・藤原（三条）実治（左大弁宰相）・藤原（洞院）実世（右大弁宰相）

(12) 「元徳」を冠する用語等

●『元徳二年三月日吉社并叡山行幸記』 延暦寺と園城寺の抗争や武士との闘争、諸塔・諸谷間の様などの騒乱を中心に、永仁六年（一二九八）から元徳二年三月の後醍醐天皇行幸までの事件を記したもの。『群書類従』帝王部所収。

(13) 元徳年間の主な出来事

●元徳二年二月 花園上皇、『誡太子書』を量仁親王に贈る。
●元徳二年三月八日 後醍醐天皇、春日大社・東大寺・興福寺に行幸する。
●元徳二年三月二十六日 後醍醐天皇、日吉社に行幸。翌日、延暦寺に行幸して大講堂を供養する。
●元徳二年六月十五日 朝廷、飢民救済のため、兵庫関以下諸関の升米徴収を八月まで停止。
●元徳二年九月十七日 世良親王が薨去し、北畠親房が出家する。

(14) 改元の経緯及び特記事項

疫病の流行による改元である。元徳の「徳」の字については仗議で議論があった。すなわち寛徳時には後朱雀院の崩御、応徳時には白河中宮藤原賢子の崩御があったので白河院の勅語により中絶していたのを、徳治の年号の時に再び用いられるようになったという。

三条実任はその日記で、その徳治年間には遊義門院（姈子内親王）の崩御があったのに、ふたたび「徳」の字を用いることに疑問を呈している。元徳と元弘が最終的な候補となり、勅定によって元徳と決まった。

持明院統の光厳天皇は、四年正月二十八日に正慶と改元するまでこの年号を使用する。

(15) 関係史料

●『後醍醐天皇実録』嘉暦四年八月二十九日条。

155 元弘

一三三一〜一三三四（一三三二）

⑴ **改元年月日**…元徳三年八月九日（西暦一三三一年九月一日）

⑵ **使用期間**……約二年五ヶ月

⑶ **改元理由**……疾疫による。

⑷ **読み方**………げんこう／くわんこう（『大友編年史料』二、小山田氏文書裏書）／Guenco（ロドリゲス『日本大文典』）

⑸ **天皇／上皇**…後醍醐天皇／後伏見上皇・花園上皇

⑹ **関白／将軍**…藤原（鷹司）冬教［関白］／守邦親王［将軍］／赤橋守時［執権］

⑺ **勘申者**………菅原在登（式部大輔）

⑻ **出典と章句**…『芸文類聚』「老人星体色光明、嘉占（古）元吉、弘無量之祐（裕）、隆（降）克昌之祚、普天同慶、率土合歓、」

⑼ **候補年号の勘申者**……菅原在淳（文章博士）・菅原在成（文章博士）

⑽ **改元上卿**……源（久我）長通（右大臣）

⑾ **改元陣議の参仕公卿**…藤原（万里小路）宣房（大納言）・源（堀川）具親（大納言）・藤原（三条）実忠（中宮大夫・権大納言）・藤原（西園寺）公宗（春宮大夫・権大納言）・藤原（万里小路）藤房（中納言）・藤原（三条）実治（左大弁・参議）・藤原（万里小路）季房（右大弁・参議）・藤原（葉室）光顕（参議）

⑿ **「元弘」を冠する用語等**

●元弘の変　元徳三年五月五日、後醍醐側の倒幕の企てが漏れ、僧文観・円観らが捕らわれた事件。

⒀ **元弘年間の主な出来事**

●元弘元年八月二十四日　後醍醐天皇、神器を奉じて奈良に行幸する。つづいて二十七日、笠置寺に行幸。

●元弘元年九月二十日　後伏見上皇の詔を以て量仁親王（光厳天皇）が践祚する。（北朝）
●元弘二年三月七日　幕府、後醍醐天皇を隠岐島に配流する。
●元弘三年閏二月二十二日　光厳天皇が即位する。（北朝）
●元弘三年閏二月二十四日　後醍醐天皇、隠岐島を脱出。名和長年に迎えられて伯耆国船上山に拠る。
●元弘三年六月五日　後醍醐天皇、帰京する。
●元弘三年六月十五日　綸旨により旧領の回復、安堵を命令する。

⒁ **改元の経緯及び特記事項**

後醍醐天皇の倒幕計画が正中の変によって失敗した後、天皇方と鎌倉方は不穏な関係がつづき、元徳三年（一三三一）には吉田定房の密告によって、再度の倒幕計画が漏れ、幕府は僧文観・円観を逮捕することになる（五月五日）。こうした不安な社会情勢の中で、疫病流行を理由として改元が行われた。菅原在淳と菅原在成の両博士から年号勘文が出されたが、これらのなかにふさわしい候補がなかったので、元徳改元（嘉暦四年八月）時の式部大輔菅原在登の勘申年号「康安」「元弘」が加えられ、そのうちから「元弘」が選ばれた。

鎌倉幕府はこの年号を用いず、後醍醐天皇はまもなく、八月二十四日に神器を奉じて奈良に行幸し、つづいて笠置寺に拠った。幕府側は、後伏見上皇の詔をもって量仁親王（光厳天皇）を践祚させ、後醍醐天皇も捕らわれ、隠岐に配流となって、年号も翌年四月二十八日、正慶元年と改元される。

しかし、後醍醐天皇は隠岐にあって引きつづき元弘の年号を用いている。隠岐より脱出して船上山に挙兵して後の元弘三年五月二十五日、改めて正慶を廃止、元弘の年号を復した。

⒂ **関係史料**

●『後醍醐天皇実録』元徳三年八月九日条。

156 建武

一三三四～一三三六（一三三八）

⑴改元年月日…元弘四年正月二十九日（西暦一三三四年三月十三日）（これ以前、正慶二年五月二十三日に北朝年号の正慶を廃して元弘三年とする。）

⑵使用期間……北朝は約四年八ヶ月・南朝は約二年一ヶ月

⑶改元理由……王朝を復興した偉業を天下に示す。

⑷読み方………けんむ／けんふ（『阿蘇文書』、『観念寺文書』等）

⑸天皇／上皇…後醍醐天皇／光厳上皇・後伏見上皇・花園上皇

⑺勘申者………菅原在惇（文章博士）・菅原在成（文章博士）の連署

⑻出典と章句…なし。（後漢光武帝の年号をそのまま用いる）

⑼候補年号の勘申者…藤原藤範（前式部大輔）・菅原長員（式部大輔）・菅原在登（前左大弁三位）・藤原行氏（式部権大輔）・菅原在淳（文章博士）

⑾改元上卿……右大臣源（久我）長通

⑿「建武」を冠する用語等

●**建武新政**（**建武中興**）　後醍醐天皇が正中・元弘の変を経て鎌倉幕府を倒し、公家一統による新政を断行した。平安時代の醍醐天皇による「延喜の治」を理想としたので「建武中興」とも称されるが、武家らの反発を招き三年足らずで失敗に終わった。

●『**建武年中行事**』　後醍醐天皇自身が著した仮名書きの年中行事書。三巻。

●『**建武記**』　後醍醐天皇によって樹立された建武政権の法令記録。全一冊。法令のほかに多くの結番交名や「二条河原落書」なども含み、建武政権研究の根本史料。問注所執事家の太田時連（法名道大）の編と考えられる。

●『建武式目』 建武三年十一月七日成立の室町幕府法令集。十七ヶ条。足利尊氏(高氏)が幕政の参考にするために鎌倉幕府の評定衆であった二階堂道昭らに答申させたもの。
●『建武以来追加』 鎌倉幕府法である『御成敗式目』を補足するもので、建武年間以降に出された室町幕府の法令集。

(13) 建武年間の主な出来事

●建武元年三月二十八日 詔して新銭「乾坤通宝」を鋳造し、紙幣と併用させる(実際には紙幣発行の痕跡なし)。
●建武二年八月一日 成良親王を征夷大将軍とする。/八月九日 足利尊氏を征東将軍とする。
●建武二年十一月十九日 尊良親王・新田義貞らに命じて、足利尊氏・直義を追討する。
●建武三年正月十日 後醍醐天皇、神器を奉じて近江国坂本に行幸する。
(以下、南朝は二月二十九日、延元に改元。北朝は建武年号のまま)
●建武三年五月二十五日 足利尊氏、兵庫湊川で新田義貞・楠木正成と合戦してこれを破り、正成敗死する。
●建武三年六月十四日 足利尊氏、光厳上皇を奉じて入京する。/八月十五日 豊仁親王(光明天皇)践祚する。
●建武三年十月十日 後醍醐天皇、京都に還幸する。/十一月二日 後醍醐天皇、光明天皇に神器を渡す。
●建武三年十二月二日 後醍醐天皇、吉野に遷幸する(南北朝分立)。
●建武四年八月十一日 光明天皇、足利尊氏を征夷大将軍に任ずる。

(14) 改元の経緯及び特記事項

改元の前年閏二月二十四日、後醍醐天皇は隠岐を脱出、五月七日、これに応じた足利高氏が六波羅探題を攻めて滅ぼし、二十二日、新田義貞は鎌倉を攻めて鎌倉幕府を倒した。その翌日、後醍醐天皇は、北朝年号である正慶を廃して、天皇在位時の年号である元弘に復している。そして年が明けて正月に「建武」に改元したのである。

親政を志す後醍醐天皇の気概は改元方法と新年号にもよく表れている。それは「本文の善悪に依らず」「異朝の例を以て当時の義に叶う字」を考えるようにというもので、あらかじめ儒卿（前民部卿藤原藤範・式部大輔菅原長員・前左大弁三位菅原在登・式部権大輔藤原行氏）と文章博士の菅原在淳に年号を注進させた。その候補の中から、建武・大武・武功が選ばれ、あらためて天長の例を以て両翰林（文章博士）の在淳・在成に、出典を載せずにこの三年号のみを連署で勘申させる、というものであった。天皇の意向を強く反映してのことである。

その結果選ばれて定められた建武の年号は、後漢を再興した光武帝が、新の王莽を滅ぼして立てた年号で、「新年を期して年号を改めて、人心を一新するとともに、新年号には簒奪者鎌倉幕府を倒して、王朝を復興した偉業を的確に表現する文字を用いて新世の意義を天下に示したい」（佐藤進一一九六五）という後醍醐天皇の考えをよく示しているといえる（その意味では従来の革命・即位・疾疫・戦乱による改元とは大きく異なる）。

とくに年号に「武」の文字が入るのは異例で、『中院一品記』によれば、後漢の例は、その間に二、三年兵革のことがあって不吉であるという意見が公卿の間であったらしい。のちの建武から次の延元に改元される際のことであるが、改元について後醍醐天皇から意見を問われた大蔵卿平惟継が反論して、建武の年号は不吉ではないとしたうえで、もともと天皇が自身で決められるときに、後漢の例に兵乱の事実があることは陛下自身がわかっておられたはずだ、と答えている。

建武三年二月二十九日、延元に改められたが、この年五月、足利尊氏は後醍醐天皇を比叡山に追いやり、八月十五日に光明天皇を践祚させた（北朝の成立）のに伴い、北朝では二年後に暦応と改元されるまで、建武を使うこととなり、その間、南朝北朝二つの年号が併存した。

(15) 関係史料

● 『大日本史料』第六編之一　建武元年正月二十九日条。

コラム22 『太平記』にみえる改元の心理

『太平記』巻三十四の末尾「吉野御廟上北面夢之事付将軍為始諸勢開陣之事」に、遁世を決意した上北面が、吉野の後醍醐天皇の廟に暇乞いに来て天皇の夢をみるという話がある。夜叉羅刹の如き形相の先帝後醍醐が旧臣日野資朝・俊基を前に南朝侵攻の逆臣を撃退する陣立てを評議したあと、「サテハ年号ノ替ラヌ先ニ疾々退治セヨ」と仰せられて、廟の中に入るかとみて、夢は覚めた、というものである。

これは醍醐天皇の旧臣藤原公忠が、頓死して冥宮で醍醐天皇に会い、「もし改元あらばいかが」という言葉を聞いて、延喜から延長に改元された、という天神説話を取り込んだものであるらしい。もともとの天神説話の意味はともかく、『太平記』ではこの醍醐天皇の言葉を、「若し年号ヲ改テ過ヲ謝スル道アラバ如何候ベキ」と解釈して引用しており、これは先の後醍醐天皇の「年号ノ替ラヌ先ニ」という発言と相通じるものがあるという。

つまり『太平記』では、改元という意味をより重視していることがわかる。北朝がたびたび改元を繰り返したことはよく知られるが、このことは『太平記』でも、康安への改元が改元間もない三月晦日の京都大焼亡について、「改元ノ始ニ洛中彼様ニ焼ヌル事、先不吉ノ表事」と改元に効果がなかったことを述べたり、この後醍醐天皇の発言が直接想定している貞和の改元についても、南方の蜂起が鎮まり、「実モ改元ノ験ニヤ」と、改元による静謐が浸透していることを述べていることと通じるという。

改元は、表面的には疫病や災害によることが多いが、実際にはこうした後醍醐の亡霊に対する畏怖とその慰撫という意味もあったとみられる（小秋元段「『太平記』巻三十九・四十成立試論」『三田国文』一七、一九九二）。〔G〕

157 南 延元

一三三六～一三四〇

(1) **改元年月日**…建武三年二月二十九日（西暦一三三六年四月十九日）
(2) **使用期間**……約四年二ヶ月
(3) **改元理由**……時勢不吉による。
(4) **読み方**………えんげん／Yenguen（ロドリゲス『日本大文典』）
(5) **天皇**…………後醍醐天皇
(7) **勘申者**………菅原長員（式部大輔）
(8) **出典と章句**…『梁書』「聖徳所被、上自蒼蒼、下延元元、」
(9) **候補年号の勘申者**……藤原藤範（文章博士）・平惟継（文章博士）
(10) **改元上卿／改元奉行**…藤原（洞院）公賢（右大臣）［改元上卿］／藤原経季（大膳大夫）［改元奉行］
(11) **改元陣議の参仕公卿**…源（堀川）具親（中宮大夫）・藤原（三条）実忠（大納言）・藤原（三条）公明（侍従中納言）・平（押小路）惟継（前中納言）・藤原（徳大寺）公清（中納言）・藤原（洞院）実世（春宮権大夫）・藤原（坊門）清忠（右大弁宰相）・源（中院）通冬（参議）・藤原（六条）有光（宰相中将）・藤原（葉室）長光（参議）
(13) **延元年間の主な出来事**
- 延元元年五月二十五日　楠木正成、摂津湊川にて戦死する。これにより後醍醐天皇、坂本に行幸する。
- 延元元年十二月二日　後醍醐天皇、吉野に遷幸する（南北朝分立）。
- 延元四年三月　義良親王、吉野に帰り、皇太子となる。
- 延元四年六月二十九日　後醍醐天皇、懐良親王に綸旨を下し、九州経営を委ねる。
- 延元四年八月十五日　後醍醐天皇譲位（翌日崩御）、義良親王（後村上天皇）受禅し、十月五日、即位する。

⑭ 改元の経緯及び特記事項

後醍醐天皇の親政はその当初から現実との乖離を含んでいたが、建武二年七月に、信濃の諏訪頼重が北条高時の遺児時行を擁して挙兵した反乱（中先代の乱）をきっかけに、勅許を得ずして討伐に向かった足利尊氏が離反する。当初、表面的には新田義貞と尊氏の対立の様相を示していたが、ついに尊氏は、後醍醐側の軍勢を破って京都に入ろうとしたので、急遽正月十日、後醍醐天皇は近江国坂本に神器を奉じて行幸することになった。その後、まもなく尊氏は新田義貞に敗れて京都を出、さらに摂津国で敗退して鎮西に走る。前後して二月四日、後醍醐天皇は京都に帰還するが、このタイミングで改元が行われた。それは社会の親政に対する不安と批判に押されての改元だったと考えられる。

突然の改元には公卿の異論もあったらしく、『中院一品記』によると、高倉光守は、凶徒が京都に乱入したといってもすぐに敗退したのであるから、建武の年号が不吉というのは根拠がない、と主張したという。また文章博士平惟継は、後醍醐天皇から直接下問を受けたので、建武の年号が不吉でない由、あえて兵乱の「武」の字を年号を天皇自身が付けられたのであるから、今更改める必要がない、と答えた。

これに対して後醍醐天皇は改元定めの陣座でいったんは意見を述べるように命じたものの、再度それを撤回し意見を言うことを禁じた。後醍醐天皇自身の揺れる心の葛藤を物語っている。しかし大勢は改元を望む声が大きく、「民庶は改元を謳歌」しており、また「民心体を改める」ことが求められていたという。足利尊氏は、この年六月十四日、光厳上皇を奉じて入京するが、以降この年号を用いず、建武の年号を引きつづき用いた。

⑮ 関係史料

●『大日本史料』第六編之三　延元元年二月二十九日条。

158 南 興国 一三四〇〜一三四六

(1)改元年月日…延元五年四月二十八日（西暦一三四〇年六月二日）

(2)使用期間……約六年八ヶ月／**(3)改元理由**……代始改元

(4)読み方………こうこく

(5)天皇…………後村上天皇

(13)興国年間の主な出来事

●興国元年春　鎮守府将軍北畠顕信、陸奥に下る。

(14)改元の経緯及び特記事項

『元弘日記裏書』（『光明寺残篇』）に「今年［足利号暦応三年］［興国元］四月廿八日、興国に改元す。」とあり、南朝年号の延元五年四月二十八日に改元したことがわかる。『大日本史』は、和漢合運、関城書裏書等により、後村上天皇践祚の年の延元四年の改元とするが、「結城文書」延元五年正月廿二日北畠親房御教書等、延元五年の五月以前の文書がいくつかあることにより、延元四年改元はありえない（村田正志「古文書研究」『村田正志著作集』二、思文閣出版、一九八三）。また『五条家文書』の五条頼元に宛てた朝敵追討の趣旨を述べた四月二十九日付後村上天皇綸旨写に「去る廿八日改元定を行われ、興国元年とす」とある。後村上天皇は、前年延元四年八月十五日に践祚しているので、代始による改元である。

この年が神武天皇の即位を紀元として二〇〇〇年に相当するから、いわゆる皇紀を記念したものであろうとする説があったが、前例がないなどの理由で、現在では否定的である。建武改元のとき、内々注進した菅原長員の勘申年号のなかに興国がある。林屋辰三郎はこの年号に、全国統一の意味が込められていた、と考えている。

(15)関係史料……『大日本史料』第六編之六　暦応三年四月二十八日条。

159 南 正平 一三四六〜一三七〇

(1) **改元年月日**… 興国七年十二月八日（西暦一三四七年一月二十八日）／(2) **使用期間**… 約二十三年八ヶ月

(4) **読み方**……… しょうへい（しやうへい）／Xofei（ロドリゲス『日本大文典』）

(5) **天皇**………… 後村上天皇

(12) **「正平」を冠する用語等**

●**正平一統** 北朝を奉ずる足利尊氏が観応二年十月、南朝に帰順して、崇光天皇が廃され、年号も正平六年に一統された。

(13) **正平年間の主な出来事**

●正平三年正月六日 後村上天皇、賀名生に移る。二十八日、高師直、吉野を攻略し、吉野行宮・蔵王堂などを焼く。

●正平六年十月二十四日 足利尊氏、南朝に下り、十一月七日、崇光天皇を廃す（正平一統）。

●正平七年二月二十六日 後村上天皇、摂津住吉ついで山城八幡に移る。

●正平七年閏二月二十一日 光厳・光明・崇光三上皇らを八幡に迎え、五月二十八日、賀名生に移す。

●正平九年三月二十二日 光厳・光明法皇、崇光上皇、河内金剛寺に移る。

●正平九年十月二十八日 後村上天皇、金剛寺に遷幸する。

●正平十年三月十二日 南朝軍、幕府軍と京都で戦い、敗退する。

●正平十二年五月 後村上天皇、河内観心寺に移る。

●正平十五年九月 後村上天皇、摂津国住吉社に移る。

●正平二十二年四月二十九日 南朝、葉室光資を京都に遣り講和を計るが、不調に終わる。

●正平二十三年三月十一日 後村上天皇崩御し、寛成親王（長慶天皇）践祚する。

●正平二十四年四月 長慶天皇、河内国金剛寺に移る。

⒁ 改元の経緯及び特記事項

『阿蘇文書』正月二十八日付氏名未詳書状写に「去月八日改元ありて正平と号す。今年八二年ニ成候也。」とあり、この文書が正平二年と推定できるので、前年十二月八日に改元があったことが確認できる（村田正志「出雲神魂神社に於ける古柱銘と古文書」『村田正志著作集』六、思文閣出版、一九八五）。林屋辰三郎は、「正平」の号は、「正常なる平和」「正当による平和」を意味するものと考えられるとし、これは興国五年（一三四四）の春の頃、北畠親房が吉野に帰参して南朝の指導的な立場を回復した時期と符合するという。つまり親房の著作『神皇正統記』の中心思想を元号化したもので、この改元に前後して、南朝が発給した文書の文中に「天下一統せしめば」の語句が多く使用されているのも、この風潮を反映し、かなりの見通しをもって使われたのであろう、と推理している（林屋『内乱のなかの貴族』角川書店、一九七五）。

正平六年十一月ごろ、足利尊氏・義詮は、九州の足利直義・直冬と対立して、追討に専念するため、南朝に帰順して崇光天皇を廃し、観応の年号を止めてしばらくの間、正平を用いる（正平一統）。しかしはやくも正平七年閏二月、南軍の京都進撃により、正平一統が破れ、足利義詮は再び観応三年を用いた。森茂暁によると、尊氏・義詮が正平の年号を用いた期間は、南朝に対して請文を出した正平六年（観応二）十一月三日から、在鎌倉の尊氏の場合、正平七年三月十日の袖判制札（「円覚寺文書」）から観応に戻り、在京の義詮の場合は、正平七年閏二月十九日付御教書（東寺文書・栗栖文書）まで「正平」、数日後の観応三年閏二月二十三日付軍勢催促状（「朽木文書」）から観応を使用しているという（森『南北朝の動乱』（戦争の日本史）吉川弘文館、二〇〇七）。

⒂ 関係史料

●『大日本史料』第六編之十　正平元年十二月八日条。

コラム23 正平版の『論語』（集解）

正平年間に刊行された本で、刊記に「正平」の年号をもつものを正平版という。正平六年十月重祐刊『法華経釈』、六年十二月重祐刊『理趣経開題』、七年二月刊『悉曇字記』、七年二月重祐刊『梵字悉曇字母并釈義』の高野版、十九年道祐居士刊『論語集解』の堺版のほかに、河内大隠庵の円昌刊『大方等大集経』、河内教興寺の叡空刊『菩薩戒本宗要』など、いずれも南朝の勢力下にあった地域で出版されたものである。なかでも『論語集解』は日本最古の経書の刊本で、世に正平版『論語』として名高く、初刻本は不完本二部しかないが、覆刻本やその後印本、再覆刻本など数種類がある。〔G〕

コラム24 足利氏の内紛と三年号の鼎立

貞和五年（一三四九）八月、足利尊氏のもとで副将軍的な役割をしていた弟の足利直義と執事であった高師直との対立が表面化し、直義が失脚すると、九州にいた直義の養子直冬（実は尊氏の庶子）は、京都の幕府に反旗を翻えして上洛を目指す。これに対応して、尊氏も翌年貞和六年を改元して観応元年となった年の六月、直冬追討軍を派遣、十月二十八日にはみずからも追討のため出陣することになる。

この後、直義は一時的に南朝に降伏し、ついで、尊氏に追われて九州に逃亡する。直冬は肥後国河尻に上陸して、周辺の国人を味方に誘う。この時すでに北朝の観応に替わっていたにもかかわらず、直冬は「貞和六年」の年号を用いており、尊氏の体制に反抗する姿勢を明らかにしている。つまり、幕府の命を受けて九州経営に当たっていた一色道猷側は北朝の観応、征西将軍宮を支持する勢力は南朝の正平を用いていたから、九州ではこの間しばらく三年号が鼎立していたことになる。直冬がはじめて「観応」を用いるのは、都甲小四郎宛の観応二年六月十日付の軍忠状である。

その後、今度は尊氏が南朝に降って、観応の年号を廃し、正平を用いるが、その情報が九州に伝わるまではしばらく時間がかかる。その間、つまり正平六年（観応二年）十一月ころから、尊氏と南朝の和議が解消する翌年三月ころまで、一色道猷を支持する勢力と征西将軍宮を支持する勢力は正平年号を用い、直冬党は観応年号を用いている。〔G〕

160 南 建徳 一三七〇～一三七二

⑴ 改元年月日…正平二十五年月日不明（二月五日以前）。『続史愚抄』は或記として、七月四日に改元とするが、根拠はない。

⑵ 使用期間……約一年八ヶ月

⑶ 改元理由……代始によるか。

⑷ 読み方………けんとく

⑸ 天皇………長慶天皇

⒀ 建徳年間の主な出来事

● 建徳元年三月　明使趙秩、日本に向かい、ついで懐良親王に国書を呈する。

● 建徳二年九月　懐良親王の使僧祖来、明に到り、表箋を呈し、捕虜七十余名を返す。

⒁ 改元の経緯及び特記事項

長慶天皇が正平二十三年に践祚しており、その代替わりによる改元と考えられる（八代國治『長慶天皇御即位の研究』明治書院、大正九年）。史料に乏しく、改元日時等は不明。『大日本史料』は、この年、七月二十七日に項目を立て、『久米田文書』と『阿波祖谷三木文書』を引いて、正平二十五年四月二十六日以降七月二十七日以前とするが、村田正志は『大徳寺文書』建徳元年二月五日重快・妙阿連署田畠売券の存在を指摘して、少なくともそれまでには改元があったことを指摘した（村田「長慶天皇御事蹟の新史料」「長慶天皇と慶寿院」『村田正志著作集』一、思文閣出版、一九八三）。

⒂ 関係史料

●『大日本史料』第六編之三十二　正平二十五年七月二十七日条。

161 南 文中

(1) **改元年月日**…建徳三年四月六日以降、四月二十八日以前。
(2) **使用期間**……約三年一ヶ月
(4) **読み方**………ぶんちゅう／Bunchu（ロドリゲス『日本大文典』）
(5) **天皇**…………長慶天皇
(13) **文中年間の主な出来事**
●文中二年八月十日　楠木正儀・細川氏春ら、天野行宮を襲撃する。これにより、長慶天皇は吉野に移る。
(14) **改元の経緯及び特記事項**
『大日本史料』は同年四月二十八日条を立てて、同日付の『金剛寺文書』長慶天皇綸旨を引いて、これ以前の改元とするが、村田正志は『古和文書』建徳三年四月五日付北畠顕能御教書の存在を指摘して、上限は四月六日であるとする。『続史愚抄』後円融院応安五年十月四日条に、或記として「南方改建徳三年、為文中元年云、未詳」とあるのは誤り。これに基づく『読史備要』や八代国治『国史年表』、黒板勝美『国史研究年表』等も誤りである（村田正志「長慶天皇と慶寿院」一九八三）。
(15) **関係史料**
●『大日本史料』第六編之三十五　文中元年四月二十八日条。

162 南 天授 一三七五〜一三八一？

(1) **改元年月日**…文中四年六月二日以前

(2) **使用期間**……約五年九ヶ月

(3) **改元理由**……山崩れ・地妖による。

(4) **読み方**………てんじゅ／Tenju（ロドリゲス『日本大文典』）

(5) **天皇**…………長慶天皇

(7) **勘申者**………藤原（花山院）長親（権大納言右近大将）

(13) **天授年間の主な出来事**

●天授元年八月二十五日　橋本正督、北朝に下り、和泉より紀伊に侵攻する。

●天授元年八月二十六日　島津氏久、今川了俊に敵対して南朝に呼応する。

●天授二年夏　菊池武朝、征西将軍良成親王を奉じて出陣する。

●天授四年九月二十九日　菊池武朝、良成親王軍とともに肥後詫摩原に今川了俊と戦う。

●天授五年正月二十三日　山名義理ら南征軍、橋本正督の土丸城を攻め落とす。

●天授六年八月二十三日　紀伊の南朝方須田一族、山名氏清軍に敗れる。

(14) **改元の経緯及び特記事項**

『続史愚抄』は「或記」により、五月二十七日とするが、根拠はない。年号の初見史料は、『高野山文書』又続宝簡集所収の学侶集会評定事書に「天授元年六月二日学侶御集会御評定事書云」と記すものである。『南朝編年記略』によると、この年四月に、大和・紀伊・河内以下の諸国で大規模な山崩れがあり、改元はそれによるものという。

(15) **関係史料**……『大日本史料』第六編之四十三　天授元年五月二十七日条。

163 南 弘和 一三八一？〜一三八四

(1) 改元年月日…天授六年六月以降、同七年六月以前、月日不明（村田正志）。

(2) 使用期間……約三年三ヶ月

(3) 改元理由……不明。天授七年が辛酉年に当たるので、辛酉革命によるか。

(4) 読み方………こうわ／Cova（ロドリゲス『日本大文典』）／Koowa（ケムペル『日本志』）

(5) 天皇…………長慶天皇

(13) 弘和年間の主な出来事

- 弘和元年　長慶天皇、『仙源抄』を著す。
- 弘和二年閏正月二十四日　楠木正儀、南朝に復帰する。河内国平尾にて、山名氏清に敗れる。
- 弘和三年三月二十七日　征西大将軍懐良親王、筑後国にて薨ず。
- 弘和三年末　長慶天皇譲位し、熙成親王（後亀山天皇）践祚する。

(14) 改元の経緯及び特記事項

『大乗院日記目録』『和漢合運指掌記』ともに月日を記さずに、北朝の永徳元年を南朝の弘和元年とする。『金剛寺文書』にある弘和元年六月二十一日付長慶天皇綸旨に、弘和の年号がはじめて見えるので、これ以前の改元である。『続史愚抄』永徳元年二月十日条には、或記を引用して、この日に改元があったとする。

(15) 関係史料

- 『長慶天皇実録』天授七年是年条。

164 南 元中 一三八四～一三九二

(1) **改元年月日**……弘和四年。月日は不明であるが、同年十一月五日以前である（村田正志）。『南方紀伝』『続史愚抄』はこの年四月二十八日とする。

(2) **使用期間**……約八年六ヶ月

(3) **改元理由**……代始改元

(4) **読み方**………げんちゅう／Guenchu（ロドリゲス『日本大文典』）

(5) **天皇／上皇**…後亀山天皇／長慶上皇

(13) **元中年間の主な出来事**

●元中元年七月四日　菊池武朝・葉室親善、南朝に累代の戦功を奏上する。

●元中六年六月十八日　河内国観心寺に和泉国御酢免一分を知行させる。

●元中七年春　楠木・和田勢、河内国にて山名・畠山軍と戦う。

●元中九年十月二十五日　北朝との講和がなる。北朝、神器帰座の日時を卜定する。

●十月二十八日　後亀山天皇、吉野を出発する。

●閏十月五日　後亀山天皇、後小松天皇に神器を譲る。

(14) **改元の経緯及び特記事項**

『栄山寺文書』中の元中元年十一月五日付後亀山天皇綸旨が、この年号の初見であり、それ以前の改元とみられる。前年暮れごろに長慶天皇の譲位を受けて後亀山天皇が践祚したと考えられ、それを受けての改元と考えられる。『南方紀伝』『続史愚抄』には、北朝年号の至徳元年四月二十八日条に、この日、南方の弘和四年を改めて元中元年とするとある。

元中九年（一三九二）閏十月に、後亀山天皇は京都に帰還し、神器を後小松天皇に渡して、ここに南北朝の合一がなり、元中の年号は廃されて、明徳に統一される。しかし、なおその後も、南朝を護持する勢力によって元中の年号はしばらく用いられる（『古和文書』元中九年十一月一日付北畠顕泰御教書、『阿蘇文書』元中十年二月九日付良成親王令旨、『五条文書』元中十一年十二月十九日付良成親王名字充行状、同年月日付良成親王令旨など）。

(15) 関係史料

●『後亀山天皇実録』弘和四年四月二十八日条。

コラム25　北陸で建てられた「白鹿」年号

「得江文書」に「白鹿二年卯月廿日」付の中院右中将の御教書といわれるものが残っている。この文書には「白鹿」の私年号が用いられているが、龍安寺本『太平記』巻二十五の奥書に「京方貞和元年乙酉、南方号白鹿元年、同京方貞和二年丙戌、南方正平に移る」とあって、この年は北朝の貞和元年、翌年は南方の正平元年に該当するとされる。宛所の得江九郎は北陸の土豪であるが、北陸は、新田義貞が延元二年に後醍醐天皇の意向を受け、皇子の恒良親王を奉じて北陸に下向し、かの国で王朝の命脈を伝えさせたようとした土地柄である。その後恒良親王が捕らえられ、義貞が戦死した後も、北陸朝廷の命脈を保とうとする動きがあったと考えられている。

（村田正志「南北朝と室町」『村田正志著作集』第三巻、思文閣出版、一九八三／久保常晴『日本私年号の研究』（新装版）吉川弘文館、二〇一二）

〔G〕

165 北 正慶 一三三二〜一三三三

(1) **改元年月日**…元徳四年四月二十八日（西暦一三三二年五月三十一日）
(2) **使用期間**……約一年九ヶ月
(3) **改元理由**……代始めによる。
(4) **読み方**………しょうきょう（しゃうきゃう）／しゃうけい（『番鍛治次第』）／Seoke（ケムペル『日本志』）／Xoquio（ロドリゲス『日本大文典』）
(5) **天皇／上皇**…光厳天皇／後伏見上皇・花園上皇
(6) **関白／将軍**…藤原（鷹司）冬教［関白］／守邦親王［将軍］
(7) **勘申者**………菅原長員（式部大輔）
(8) **出典と章句**…『周易』（益卦）注「以中正有慶之徳、有攸往也、何適而不利哉」
(9) **候補年号の勘申者**……菅原在登（前左大弁三位）・菅原公時（大蔵卿）・菅原在淳（文章博士）・菅原在成（文章博士）
(10) **改元上卿**……源（久我）長通（右大臣）
(11) **改元陣議の参仕公卿**…源（中院）通顕（春宮大夫・大納言）・源（堀川）具親（大納言）・藤原（三条）実任（中納言）・藤原（三条）公明（中納言）・藤原（洞院）俊実（大宰権帥・権中納言）・平宗通（宮内卿・参議）・源（六条）有光（参議）
(13) **正慶年間の主な出来事**
●正慶二年四月十六日　足利高氏、入京する。
●正慶二年五月七日　赤松則村ら、六波羅軍を攻撃する。探題北条仲時ら、光厳天皇を奉じて近江国に敗走する。
●正慶二年五月九日　北条仲時ら、近江国蓮華寺にて自刃し、光厳天皇、後伏見・花園両上皇が捕らえられる。

●正慶二年五月二十二日　北条高時が自殺し、鎌倉幕府終わる。

⒁ **改元の経緯及び特記事項**

改元の前年九月二十日、光厳天皇が践祚、この年三月二十二日即位したことによる代始めの改元である。『花園天皇御記』によると、後伏見上皇より「正長」の年号が推されたが、花園上皇は、「長」の字は鎌倉方に有事があることが多いとして（建長・応長を指す）、慎重にするように意見を伝えている。

正慶二年閏二月、隠岐を脱出して伯耆国から京都回復を伺っていた後醍醐天皇は、足利高氏が六波羅探題を攻略してこれを滅ぼし、光厳天皇、後伏見・花園上皇が捕らえられたとの報を受けると、五月二十五日、光厳天皇を廃して正慶の年号を止め、あらためて元弘の年号に復した。南北朝の並立は、建武新政以後、後醍醐天皇と足利尊氏との間の決裂が引き金となって後醍醐天皇が吉野に逃れ、北朝が光明天皇を立ててからをいうが、その端緒となった持明院統の光厳天皇の治世下で改元されたこの正慶の年号を、北朝年号の最初とする。

⒂ **関係史料**

●『光厳天皇実録』元弘二年四月二十八日条。

166 北 暦応 一三三八〜一三四二

(1)**改元年月日**…建武五年八月二十八日（西暦一三三八年十月十九日）
(2)**使用期間**……約三年八ヶ月
(3)**改元理由**……代始めによる。
(4)**読み方**………りゃくおう／れきわう（『番鍛冶次第』）／Riakuwo（ケムペル『日本志』）
(5)**天皇／上皇**…光明天皇／光厳上皇・後伏見法皇・花園法皇
(6)**関白／将軍**…藤原（一条）経通［関白］／足利尊氏［将軍］
(7)**勘申者**………菅原公時（勘解由長官）
(8)**出典と章句**…『帝王代（世カ）記』「暁時有草、夾階而生、王者以是占暦、応和而生」
(9)**候補年号の勘申者**……藤原家倫（文章博士）・藤原房範（文章博士）・菅原長員（式部大輔）・藤原行氏（従三位）
(10)**改元上卿／改元奉行**…藤原道教（九条・右大臣）［改元上卿］／藤原宣明（蔵人頭右大弁）［改元奉行］
(11)**改元陣議の参仕公卿**…源（堀川）具親（大納言）・藤原（徳大寺）公清（中納言）・藤原資明（右衛門督）・藤原（三条）実治（参議）・藤原（六条）有光（宰相中将）・藤原（葉室）長光（宰相）・藤原（洞院）実夏（右兵衛督）
(12)**「暦応」を冠する用語等**

●**暦応寺**　正式には「霊亀山暦応資聖禅寺」という。暦応二年十月五日　後醍醐天皇の冥福を弔うため、足利尊氏の奏請により亀山殿を寺院として、夢窓疎石を開山に迎えて後醍醐天皇の廟所とし、光厳院よりこの勅号を賜る。これがのちの天龍寺である。寺号に年号を冠することについて、延暦寺以外に例がないとして、山門は難色を示した。

●**暦応雑訴法**　暦応三年五月十四日に施行。武家の訴訟の例を参考にしながら、整理されてきた公家の訴訟手続き法を集大成したもの。これによって、公武に共通するおおよその訴訟方式が定まった。

⒀ 暦応年間の主な出来事

●暦応三年七月二十四日　光厳上皇、河内国楠葉関を春日社に寄進する。
●暦応四年七月二十二日　光厳上皇、暦応寺の寺号を天龍寺と改める。

⒁ 改元の経緯及び特記事項

後醍醐天皇は、建武三年二月二十九日、延元と改元するが、六月十四日、足利尊氏が光厳上皇を奉じて入京し、八月十五日に豊仁親王が践祚すると（光明天皇）、天皇は再び年号を「建武」に戻してこれを引きつづき用いた。いっぽう、後醍醐天皇は十二月二十一日に吉野に移り、延元の年号を用いる。ここに南北朝が分裂し、年号も延元・建武が並立することになる。そして二年後の建武五年八月二十八日になって、北朝は暦応に改元するのである。したがって年号は、延元（南朝）・暦応（北朝）の二年号が並立することになる。

改元の陣座で、堀川具親は、建武の年号を替える以上は、今度は「文」の文字を用いるべきだと主張したが、それは将軍の弟足利直義の意見を反映したものである。『実夏公記』によると、直義は、文を守り、文武を併用するためには、『『文』字もっとも簡要の由」意見を述べたという。ここに執権政治の復活を考える直義の根底に儒教思想があることを佐藤進一は指摘している。

なおこの改元は、武家伝奏の手違いで仙洞からすぐには幕府に伝わらなかった。そのため、幕府はしばらく建武のままの年号を用い、九月四日になってようやく暦応の年号を用いたという。

⒂ 関係史料

●『大日本史料』第六編之五　建武五年八月二十八日条。

167 北 康永　一三四二～一三四五

(1) **改元年月日**…暦応五年四月二十七日（西暦一三四二年六月九日）
(2) **使用期間**……約三年六ヶ月
(3) **改元理由**……天変地妖疱瘡による。
(4) **読み方**………こうえい（かうえい）／Coyei（ロドリゲス『日本大文典』）
(5) **天皇／上皇**…光明天皇／光厳上皇・花園法皇
(6) **関白／将軍**…藤原（九条）道教［関白］／足利尊氏［将軍］
(7) **勘申者**………紀行親（文章博士）
(8) **出典と章句**…『漢書』（志）「海内康平、永保国家」
(9) **候補年号の勘申者**……菅原長員（式部大輔）・菅原在淳（治部卿・文章博士）
(10) **改元上卿／改元奉行**…藤原（徳大寺）公清（権大納言）［改元上卿］／藤原（四条）隆持（頭中将）［改元奉行］
(11) **改元陣議の参仕公卿**…藤原（西園寺・竹林院）公重（権大納言）・源（中院）通冬（権大納言・按察使）・藤原（洞院）実夏（権中納言）・源（六条）有光（宰相中将）・藤原（滋野井）公尚（宰相中将）・藤原（鷲尾）隆職（四条宰相）
(13) **康永年間の主な出来事**
●康永二年八月　天龍寺仏殿が竣工し、光厳上皇が上棟銘を書く。
●康永四年二月六日　光厳上皇、幕府の奏請により、足利尊氏・直義が元弘以来の戦没者を弔って国毎に建立した寺院・塔に、安国寺・利生塔と命名する。
(14) **改元の経緯及び特記事項**
改元詔によると、前年の春から疫病が流行したことによるとするが、『太平記』ではこの年三月二十日に法勝寺の塔が焼亡したためとしている。

仗議では概ね康永の年号で意見が一致したが、広橋兼綱はその日記で、この康永の年号は、かつて乾元の改元の時、菅原在兼が勘申したことがあって、中国における後漢等の年号「永康」の字を逆にしたもので（打反）、不快の例が多い、と批判している。また、改元詔が、将軍足利尊氏だけではなく、弟の足利直義にも直接伝えられたのは、当時の政治的な力関係（二頭体制）を反映している。

⒂ 関係史料

●『大日本史料』第六編之七　康永元年四月二十七日条。

コラム26　中国年号の打反（うちかえし）

中国の年号の漢字二字が、日本で上下逆に入れ替えて使われる例がいくつかある。これを打返という。元永（鳥羽天皇）—永元（漢和帝）、寿永（安徳天皇）—永寿（漢桓帝）、貞永（後堀河天皇）—永貞（唐順帝）、嘉元（後二条天皇）—元嘉（漢桓帝）、康元（後深草天皇）—元康（漢宣帝）、康永（光明天皇）—永康（西晋恵帝）、建永（土御門天皇）—永建（後漢順帝）、の年号である。康永改元のとき、広橋兼綱はこの年号に決まったことに対して、元永（元年が飢饉）、寿永（天子西海に入水）、建永（二年に洪水疱瘡、天子儲君病）など、中国年号の打反は、わが国では不快の例が多いとしている。〔G〕

168 北 貞和 一三四五～一三五〇

(1) **改元年月日**……康永四年十月二十一日（西暦一三四五年十月二十一日）

(2) **使用期間**……約四年四ヶ月

(3) **改元理由**……水害・疾疫による。

(4) **読み方**……じょうわ（ちやうわ）／ていわ（『番鍛治次第』）／Teiua（ロドリゲス『日本大文典』）

(5) **天皇／上皇**……光明天皇／光厳上皇・花園法皇

(6) **関白／将軍**……藤原（鷹司）師平［関白］／足利尊氏［将軍］

(7) **勘申者**……菅原在成（勘解由長官）

(8) **出典と章句**……『芸文類聚』（帝王部巻十二）「体乾霊之休徳、稟貞和之純精」

(9) **候補年号の勘申者**……藤原言範（文章博士）・菅原高嗣（文章博士）・菅原長員（式部大輔兼豊前権守）・菅原在登（正三位）

(10) **改元上卿／改元奉行**……藤原（洞院）公賢（左大臣）［改元上卿］／藤原宗光（蔵人頭）［改元奉行］

(11) **改元陣議の参仕公卿**……源（中院）通冬（権大納言）・源（久我）通相（権中納言）・藤原（洞院）実夏（権中納言・春宮大夫）・藤原（鷲尾）隆職（四条宰相）・藤原（甘露寺）藤長（参議）

(12) **「貞和」を冠する用語等**

●「貞和御餝記」　鎌倉時代末期の伊勢外宮の遷宮記録。『群書類従』神祇部所収。付図に「貞和元年十二月遷宮之時」云々とあるので、この書名が付けられたらしいが、実際は正中の遷宮のときの内容である。

(13) **貞和年間の主な出来事**

●貞和二年十一月九日　藤原（洞院）公賢、『風雅和歌集』を撰進する。

●貞和二年十二月二十八日　光厳上皇が倹約令を出す。
●貞和三年七月二十二日　花園上皇が僧慧玄に一流再興を促し、妙心寺の造営を託す。
●貞和四年一月五日　高師直、河内国四条畷で南朝軍と戦い、楠木正行を戦死させる。
●貞和四年一月二十六日　高師直、吉野を攻略し、吉野行宮・蔵王堂を焼く。
●貞和四年十月二十七日　光明天皇譲位し、興仁親王（崇光天皇）が践祚する。
●貞和五年閏六月二日　足利直義と高師直の不和により、京中騒動する。直義、尊氏邸に避難する。
●貞和五年十一月十一日　花園法皇が崩御する。
●貞和五年十二月二十六日　崇光天皇が即位する。

⑭改元の経緯及び特記事項

奉行の藤原宗光が大外記に改元先例の勘申注進を求めた状によると、このたびの改元理由は「彗星による水害疾疫」とあるので、彗星の天変がそもそもの動機であった。上卿の公賢は、軽服であったが、光厳上皇のたびたびの命によってこれを勤めた。公賢は改元定の陣座の前に、上皇に会い、勘文の年号のうち、貞和・文和などがよいという内意を受けている。

改元の詔書は暦応・康永のときと同様、外記より将軍家（足利尊氏）と左武衛（足利直義）の両者に伝達された。なお直義の養子足利直冬は、尊氏に追われて九州に勢力を振るうが、観応に改元された後もこれを用いずに、引きつづいて貞和を用いている。

⑮関係史料

●『大日本史料』第六編之九　貞和元年十月二十一日条

169 北 観応

一三五〇〜一三五二

(1)**改元年月日**……貞和六年二月二十七日（西暦一三五〇年四月十二日）

(2)**使用期間**……二年八ヶ月

(3)**改元理由**……即位による。

(4)**読み方**………かんおう（くわんおう）／かんのう（『年号読様』）／Quano（ケムペル『日本志』）

(5)**天皇／上皇**…崇光天皇／光厳上皇・光明上皇

(6)**関白／将軍**…藤原（二条）良基［関白］／足利尊氏［将軍］

(7)**勘申者**………藤原行光（文章博士兼越中介）

(8)**出典と章句**…『荘子』（外篇天地十二）「玄古之君、天下無為也、疏曰、以虚通之理、観応物之数、而无為、」

(9)**候補年号の勘申者**……菅原長員（式部大輔）・菅原在淳（式部権大輔兼武蔵権守）

(10)**改元上卿／改元奉行**…藤原（洞院）公賢（太政大臣）［改元上卿］／藤原（万里小路）仲房（頭右大弁）［改元奉行］

(11)**改元陣議の参仕公卿**…藤原（近衛）道嗣（右大臣）・源（中院）通冬（大納言）・藤原（大宮）公名（権大納言）・藤原（三条）公忠（権大納言）・源（久我）通相（権大納言）・藤原（洞院）実夏（権大納言兼春宮大夫）・藤原（正親町）忠季（権中納言兼右衛門督）・藤原（花山院）家賢（宰相中将）・藤原（今出川）公冬（宰相中将）

(12)**「観応」を冠する用語等**

●**「観応二年日次記」**　醍醐地蔵院房玄法印の日記。南北朝期の重要な史料になっている。本来『房玄法印日記』というべきもので、『続群書類従』雑部に同じく収められる「貞和四年記」と一連のもの。

●**観応の擾乱**　室町幕府の足利尊氏と直義の兄弟による二頭政治が、それぞれを支えようとする武士層の対立・抗争を引き起こした政治的混乱。その間、両勢力が南朝と融和と分裂を繰り返したが、この間の幕府内に原因する混乱を「観応の擾乱」という。『師守記』貞治六年五月四日条に、筆者中原師茂が、鎌倉公方足利基氏死去に際しての朝務停止の先例を注進する際、「兵衛督入道［直義卿］薨去の時、是非の沙汰に及ばず」として、この理由を「観応擾乱之時分」と記している。

⒀ 観応年間の主な出来事

●足利尊氏の政権内部で高師直と足利直義が対立したことを端緒に、観応元年十月、尊氏は九州で挙兵した直義の養子直冬を追討する。それを機会に直義が挙兵して師直を殺害し、尊氏・直義の対立へと発展する。この間、直義は、南朝に降伏して尊氏に抗しようとするが（十二月十三日）、その後戦況が不利になった尊氏が、今度は直義・直冬を討伐する間、南朝に帰伏する（観応二年十月二十四日）。こうして、尊氏・直義と、九州に勢力を張った足利直冬との「天下三分の形勢」（『太平記』）となった。しかし翌年には、この南朝と尊氏の間も破綻する。

⒁ 改元の経緯及び特記事項

年号勘申者は当初五人の予定であったが、菅原在世（左大弁）・菅原高嗣（文章博士）の両人は触穢により勘文を進めていない。改元定の上卿は上皇の命によって太政大臣洞院公賢が勤めることになったが、太政大臣が上卿を勤めるのはきわめて異例であった。この観応の年号について、権大納言通相は、引文の『荘子』が異端であるとの難を述べたが、先例がある（正治）として受け入れられなかった。

観応二年十月に、足利尊氏が南朝に帰順したとき、「元弘一統のはじめ」に戻すことが南朝側の講和条件とされ、尊氏はこれを受け入れたため、年号も一時的に北朝の正平になった（正平一統）。しかし、これもたちまち破綻をきたし、尊氏の子足利義詮は、観応三年閏二月二十三日、近江朽木で観応の年号を復活した。また、足利直義の養子直冬は、尊氏に追われて九州に勢力を振るい、観応の前の貞和をそのまま用いている。

⒂ 関係史料……『大日本史料』第六編之十三　観応元年二月二十七日条

170 北 文和

一三五二～一三五六

(1)改元年月日…観応三年九月二十七日（西暦一三五二年十一月十二日）
(2)使用期間……約三年六ヶ月
(3)改元理由……代始による。
(4)読み方………ぶんわ／ぶんな（『年号読様』）／Bunva（ロドリゲス『日本大文典』）
(5)天皇／上皇…後光厳天皇／光明法皇・光厳上皇・崇光上皇
(6)関白／将軍…藤原（二条）良基［関白］／足利尊氏［将軍］
(7)勘申者………菅原在淳（式部権大輔）・菅原在成（従三位）
(8)出典と章句
●在淳『唐紀』（『旧唐書』順宗紀）「叡哲温文、寛和仁恵」
●在成『呉志』（『三国志』呉志巻二、孫権伝）「文和於内、武信于外」
(9)候補年号の勘申者……藤原行光（文章博士）・菅原高嗣（宮内卿兼文章博士）
(10)改元上卿／改元奉行…藤原道嗣（右大臣）［改元上卿］／藤原（万里小路）仲房（蔵人頭左大弁）［改元奉行］
(11)改元陣議の参仕公卿…源（中院）通冬（大納言）・藤原（洞院）実夏（権大納言）・藤原（西園寺）実俊（権中納言）・藤原（葉室）長顕（参議）
(13)文和年間の主な出来事
●文和二年六月六日　南朝軍京都に迫るにより、後光厳天皇、延暦寺に行幸する。
●文和二年九月二十一日　足利尊氏・義詮、後光厳天皇を奉じて入京する。
●文和三年十二月二十四日　足利直冬・桃井直常軍が京都に迫り、足利尊氏、後光厳天皇を奉じて近江国牟佐寺に移る。

●文和四年三月十二日　幕府軍京都の南朝軍を破る。／三月二十八日、後光厳天皇、京都に還幸する。
●文和五年三月二十五日　二条良基らが『菟玖波集』を撰進する（勅撰集に準じる）。

⑭ 改元の経緯及び特記事項

正平の一統が破綻してのち、南朝の後村上天皇は、北朝の光厳・光明・崇光の三上皇を河内国東上ついで賀名生に引き連れ移ってしまったので、北朝では窮余の策として、光厳・光明両上皇の母広義門院（藤原寧子）の令旨をもって、この年八月十七日、崇光上皇の弟弥仁親王を践祚させた。後光厳天皇である。

そこで、幕府は北朝の権威回復のため、緊急に改元の必要に迫られた。即位前の改元の例は稀であるにもかかわらず、こうして武家側の催促によって、改元が行われることになった。年号勘申者の一人菅原在淳は、服喪によって式部権大輔を辞していたが、勘申に先だって二十五日に還任している。また、また改元詔を草進すべき大内記の氏種が服喪中であったために、儒者が作ることになり、右少弁藤原時光がこれに当たった。

⑮ 関係史料

●『大日本史料』第六編之十七　文和元年九月二十七日条。

171 北 延文　一三五六〜一三六一

(1) **改元年月日**…文和五年三月二十八日（西暦一三五六年五月七日）
(2) **使用期間**……約五年
(3) **改元理由**……兵革による。
(4) **読み方**………えんぶん／Yembun（ロドリゲス『日本大文典』）
(5) **天皇／上皇**…後光厳天皇／光明法皇・光厳法皇・崇光上皇
(6) **関白／将軍**…藤原（二条）良基［関白］／足利尊氏［将軍］
(7) **勘申者**………藤原忠光（文章博士）
(8) **出典と章句**…『漢書』（儒林伝）「延文学儒者数百人」
(9) **候補年号の勘申者**……藤原（勘解小路）兼綱（参議大蔵卿兼左大弁）・藤原家倫（式部大輔）・藤原長綱（文章博士）
(10) **改元上卿／改元奉行**…藤原（近衛）道嗣（右大臣）［改元上卿］／藤原（柳原）忠光（蔵人左少弁）［改元奉行］
(11) **改元陣議の参仕公卿**…源（久我）通相（権大納言右大将）・藤原（西園寺）実俊（権大納言）・藤原（三条）実音（権中納言）・藤原（勘解小路）兼綱（参議左大弁）
(12) **「延文」を冠する用語等**

●**「延文百首」**　後光厳天皇が当代の和歌名人に詠進を命じた百首和歌で、勅撰集の『新千載和歌集』撰進のための準備と考えられる。

●**「延文元年賀茂臨時祭記」**　延文元年十二月二十七日に行われた賀茂神社の臨時祭、ならびに翌年正月七日の白馬節会の記録。『園太暦』が引いた「兼綱公記」の抄録である。『続群書類従』神祇部に収録。

●**「延文四年結縁灌頂記」**　延文四年四月二十九日に等持院で行われた足利尊氏一周忌追善のための結縁灌頂の記録。

東寺の亮忠という僧の筆。『続群書類従』釈家部に収録。

●「延文四年記」『続群書類従』雑部に収録する日記。筆者は不詳。当年の具中暦に記されたため名付けられた。

⑬ 延文年間の主な出来事

●延文二年二月十八日　光厳法皇・崇光上皇らが京都に還幸する。

●延文三年四月三十日　足利尊氏が死去する。／十二月八日　足利義詮を征夷大将軍とする。

●延文四年四月二十八日　二条為定が『新千載和歌集』を撰進する。

●延文四年十二月二十三日　足利義詮が京都を出発し、摂津国尼崎に向かう。畠山国清ら、河内に進み南朝軍と戦う。

⑭ 改元の経緯及び特記事項

前年までのたびたびの南朝との京都争奪の戦乱により、この年正月、改元の年号勘者の宣下があった。しかし、上卿の故障により数度延引し、三月になった。

改元の詔書は、将軍足利尊氏と鎌倉の足利義詮の両者に対して二通が進められた。

⑮ 関係史料

●『大日本史料』第六編之二十　延文元年三月二十八日条。

172 北 康安 一三六一～一三六二

(1) **改元年月日**…延文六年三月二十九日（西暦一三六一年五月十二日）
(2) **使用期間**……約一年六ヶ月間
(3) **改元理由**……天変地震疾疫等による。
(4) **読み方**………こうあん（かうあん）／Coan（ロドリゲス『日本大文典』）
(5) **天皇／上皇**…後光厳天皇／光明法皇・光厳法皇・崇光上皇
(6) **関白／将軍**…藤原（九条）経教［関白］／足利義詮［将軍］
(7) **勘申者**………菅原長綱（刑部卿）・菅原高嗣（勘解由長官）
(8) **出典と章句**
●長綱『史記正義』「天下衆事咸得康安、以致天下太平」
●高嗣『唐紀』「作治康凱安之舞」
(9) **候補年号の勘申者**……菅原時親（文章博士）・藤原氏種（文章博士）・藤原（勘解由小路）兼綱（前権中納言）・藤原時光（権中納言兼右衛門督）
(10) **改元上卿／改元奉行**…藤原（近衛）道嗣（左大臣）［改元上卿］／藤原行知（蔵人右中弁）［改元奉行］
(11) **改元陣議の参仕公卿**…源（中院）通冬（前大納言）・藤原（三条）実音（中納言）・藤原（万里小路）仲房（中納言）・藤原（坊城）俊冬（中納言）・藤原（柳原）忠光（左大弁宰相）
(13) **康安年間の主な出来事**
●康安元年十二月八日　南朝軍が京都に迫るにより、足利義詮、後光厳天皇を奉じて近江に逃れる。
●康安元年十二月二十七日　足利義詮が京都を回復する。

●康安二年二月十日　後光厳天皇が京都に還幸する。

●康安二年九月一日　光厳法皇、法隆寺に御幸、ついで吉野に赴き後村上天皇と会見する。

⒁改元の経緯及び特記事項

『愚管記』によると、前年から疫病の流行や戦乱で改元要請の動きがあり、ようやくこの年になって改元することになったという。しかし、その後の重なる戦乱と京都の混乱により、はやくも翌年九月、天変地妖を理由にに貞治に改元された。

⒂関係史料

●『大日本史料』第六編之二十三　康安元年三月二十九日条

173 北 貞治 一三六二～一三六八

(1) 改元年月日…康安二年九月二十三日（西暦一三六二年十月十九日）
(2) 使用期間……約五年五ヶ月
(3) 改元理由……天変・地妖・兵革による。
(4) 読み方………じょうじ（ちやうち）／ていじ（『番鍛治次第』）／Teigi（ロドリゲス『日本大文典』）
(5) 天皇／上皇…後光厳天皇／光明法皇・光厳法皇・崇光上皇
(6) 関白／将軍…藤原（近衛）道嗣［関白］／足利義詮［将軍］
(7) 勘申者………藤原（柳原）忠光（参議左大弁）
(8) 出典と章句…『周易』（巽卦）「利武人之貞、志治也」
(9) 候補年号の勘申者……藤原時光（権中納言）・藤原有範（式部大輔）・菅原高嗣（勘解由長官）・菅原長綱（大蔵卿）・菅原時親（刑部卿）・藤原氏種（文章博士）
(10) 改元上卿／改元奉行…藤原（鷹司）冬通（右大臣）［改元上卿］／藤原（万里小路）嗣房（蔵人左少弁）［改元奉行］
(11) 改元陣議の参仕公卿…藤原（三条）実継（按察大納言）・藤原（坊城）俊冬（中納言）・藤原（日野）時光（中納言）・藤原（油小路）隆家（右兵衛督）・藤原（土御門）保光（新宰相）・藤原（柳原）忠光（参議左大弁）
(12) 「貞治」を冠する用語等
●「貞治六年中殿御会記」「雲井の花」とも。同年春、清涼殿で行われた和歌御会の記録。このときの関白であった二条良基の筆。『群書類従』和歌部所収。同書蹴鞠部には姉妹編ともいうべき「貞治二年御鞠記」もある。
(13) 貞治年間の主な出来事
●貞治三年四月二十日　二条為明が『新拾遺和歌集』を撰進する。

●貞治三年七月七日　光厳法皇、山城国常照寺において崩御する。
●貞治六年四月十八日　足利義詮が、天龍寺において高麗使を引見する。高麗使、和冦禁圧を要請する。
●貞治六年五月二十三日　高麗の牒状について審議し、翌月使者に返牒を付して帰国させる。
●貞治六年十一月二十五日　足利義詮、病により政務を足利義満に譲り、管領細川頼之に補佐させる。

⒁改元の経緯及び特記事項

前年六月二十一日には、畿内諸国に大地震があり、摂津国四天王寺の金堂が転倒し、難波浦にも大津波が襲った。また、十月二十七日には嵯峨臨川寺が焼亡している。さらに十二月には、南朝軍が京都に迫り、将軍足利義詮は後光厳天皇を奉じて一時的であったが、京都を離れて近江国に逃れた。後光厳天皇が京都に還幸できたのは、翌年の二月十日になってのことであった。

こうした地震などの災害と戦乱によって、康安の年号はわずか一年半で廃され、貞治に改元された。年号勘者が七人という多さは異例で、これ以前には弘安改元時にあるのみである。仗議において「貞」の字につき、柳原忠光と坊城俊冬の間で争論があったが、大勢は貞治に落ち着いて、これに決まった。

⒂関係史料

●『大日本史料』第六編之二十四　貞治元年九月二十三日条。

174 北

応安

一三六八〜一三七五

⑴**改元年月日**…貞治七年二月十八日（西暦一三六八年二月十五日）
⑵**使用期間**……約七年
⑶**改元理由**……天変・地妖・病患による。
⑷**読み方**………おうあん
⑸**天皇／上皇**…後光厳天皇／光明法皇・崇光上皇
⑹**摂関／将軍**…藤原（鷹司）冬通［関白］／足利義満［将軍］
⑺**勘申者**………菅原時親（治部卿）
⑻**出典と章句**…『毛詩正義』（大雅江漢）「今四方既危（ママ）已平服、王国之内幸応安定、」
⑼**候補年号の勘申者**……藤原（勘解由小路）兼綱（前権中納言）・藤原（柳原）忠光（右衛門督・検非違使別当）・菅原高嗣（勘解由長官）・藤原（日野）氏種（文章博士）・菅原長綱（大蔵卿）
⑽**改元上卿／改元奉行**…藤原（二条）師良（右大臣）［改元上卿］／藤原（中御門）宣方（蔵人右中弁）［改元奉行］
⑾**改元陣議の参仕公卿**…源（久我）通相（太政大臣）・藤原（三条）実音（権大納言）・藤原（万里小路）仲房（権大納言）・藤原（柳原）忠光（右衛門督・検非違使別当）・平（西洞院）行時（参議）・源（中院）通氏（参議・右近中将）
⑿**「応安」を冠する用語等**
●「応安の新式」　応安五年十二月に、二条良基が編集、救済法師が校閲してできた連歌の式目。連歌の軌範となる。
●「応安の半済令」　応安元年六月十七日、幕府が皇室領・殿下渡領・寺社一円領以外に半済法を発布した。
⒀**応安年間の主な出来事**
●応安元年七月二十六日　延暦寺、南禅寺襲撃を企てるにより、天台座主尊道法親王に衆徒を慰撫させる。

●応安元年十二月三十日　足利義満を征夷大将軍に任じる。
●応安二年三月　南朝の楠木正儀が足利義満に通じ、南朝軍と合戦する。足利義満、赤松光範らの援軍を派遣する。
●応安四年三月二十三日　後光厳天皇、譲位し、緒仁親王（後円融天皇）践祚する。
●応安四年十一月二日　幕府、即位式のために、洛中洛外の酒屋土倉に銭を、諸国に段銭を課す。
●応安七年十二月二十八日　後円融天皇が即位式をあげる。

⒁ 改元の経緯及び特記事項

改元の日を『公卿補任』は二月十七日、『大乗院日記目録』『改元烏兎記』は二月二十七日とするが、いずれも誤りである。はやくも前年の貞治六年六月二十一日に、年号勘者宣下があったが、たびたびの延引により、年が明けてからの改元になった。

勘者のうち兼綱・時親・氏種の三人は、前年のうちにすでに勘文を進めていたので、そのまま年を越えて同じ勘文が使われた。改元定めの陣座には、太政大臣である通相が加わり、上臈であったが、上卿が太政大臣という例がないので、一上の右大臣師良が上卿を勤めた。前関白の藤原（近衛）道嗣は、陣座に先だち、勅問を受けて応安の年号を勧めている。天皇からも陣座の公卿に、応安の年号にしたいという意向があらかじめ内々に伝えられたらしく、陣座では実質的な議論がされず、すんなりとこの年号に決まった。

⒂ 関係史料

●『大日本史料』第六編之二十八　貞治六年七月十三日条、同第六編之二十九　応安元年二月十八日条。

175 北 永和 一三七五～一三七九

(1) **改元年月日**…応安八年二月二十七日（西暦一三七五年四月六日）
(2) **使用期間**……約四年一ヶ月
(3) **改元理由**……代始め（即位）による。
(4) **読み方**………えいわ
(5) **天皇／上皇**…後円融天皇／光明法皇・崇光上皇
(6) **関白／将軍**…藤原（二条）師良［関白］／足利義満［将軍］
(7) **勘申者**………藤原（柳原）忠光（権中納言）
(8) **出典と章句**
●『尚書』（舜典）「詩言志、歌永言、声依永、律和声（歌）、八音克（ナシ）諧、無相奪倫、神人以和」
●『芸文類聚』八「九功六義之興、依永和声之製、志由興作、情以詞宣」
(9) **候補年号の勘申者**……藤原（勘解由小路）兼綱（前権中納言）・藤原（柳原）忠光（権中納言）・菅原長綱（左大弁）・菅原在胤（文章博士）・藤原（日野）氏種（大学頭・文章博士）
(10) **改元上卿／改元奉行**…藤原（九条）忠基（右大臣）［改元上卿］／藤原（坊城）俊任（蔵人右少弁）［改元奉行］
(11) **改元陣議の参仕公卿**…藤原（三条）実音（太宰権帥・前権大納言）・源（中院）具通（権大納言）・藤原（近衛）兼継（大納言）・藤原（柳原）忠光（権中納言）・藤原（洞院）公定（権中納言）・藤原（三条西）公時（権中納言）・藤原（万里小路）嗣房（権中納言・検非違使別当）・藤原（中御門）宗泰（参議）
(12) **「永和」を冠する用語等**
●「**永和大嘗会記**」永和元年十一月二十三日に行われた後円融天皇の大嘗会を、御禊行幸から豊明節会まで記したもの。二条良基の筆であるが、名前は故意に伏せて、見物人の体で文体も和文である。
●「永和二年結縁灌頂記」 永和二年七月七日に、伏見大光明寺で行われた光厳天皇十三回忌のための結縁灌頂の記録。筆者はこの法会で大阿闍梨を勤めた禅守（式部卿邦省親王の皇子）。

(13) 永和年間の主な出来事

●永和元年、高麗使が来国し倭寇の禁圧を要請する。幕府、使者を拘留する。／二年十月 高麗に帰す。
●永和三年二月十八日 京都の大火災で、室町幕府・柳原邸・菊亭邸・御霊社等が焼亡する。
●永和四年三月十日 足利義満、花御所を新造し、移る。

(14) 改元の経緯及び特記事項

後光厳天皇の譲位を受けて、応安四年に皇位を継承した後円融天皇が、ようやく即位式を執行したのは三年後の応安七年十二月二十八日であった。それを受けて、翌年に代始めの改元が行われた。

陣座では、源（中院）具通が、「和」は軍門（武）の意味があり、そのうえ「永」は「ヤウ（よう）」の音があるから、「養和」の年号と通じてしまうので不快である、という意見を述べたが、議論の大勢は問題がないということで落ち着いている。幕府は新年号を用いる吉書始めを、三月九日に行った。

(15) 関係史料

●『大日本史料』第六編之四十一 永和元年二月二十七日条。

176 北 康暦

一三七九〜一三八一

⑴改元年月日…永和五年三月二十二日（西暦一三七九年四月十七日）

⑵使用期間……約一年十一ヶ月

⑶改元理由……天変・疾疫・兵革

⑷読み方………こうりゃく（かうりやく）／Corequi（ロドリゲス『日本大文典』）／Kooraku（ケムペル『日本志』）

⑸天皇／上皇…後円融天皇／光明法皇・崇光上皇

⑹関白／将軍…藤原（九条）忠基［関白］／足利義満［将軍］

⑺勘申者………菅原長嗣（式部大輔）

⑻出典と章句…『唐書』「承成康之暦業」

⑼候補年号の勘申者……藤原長綱（兵部卿）・菅原秀長（文章博士）・菅原淳嗣（文章博士）・藤原（広橋）仲光（権中納言）・藤原（裏松）資康（権中納言）・藤原（日野）資教（参議左大弁）

⑽改元上卿／改元奉行…源（久我）具通（権大納言）［改元上卿］／（坊城）俊任（蔵人頭右大弁）［改元奉行］

⑾改元陣議の参仕公卿…藤原（洞院）公定（権大納言）・藤原（三条西）公時（侍従権中納言）・藤原（万里小路）嗣房（権中納言）・藤原（裏松）資康（権中納言）・藤原（広橋）仲光（権中納言）・藤原（葉室）宗顕（参議）・藤原（日野）資教（参議左大弁）

⑿「康暦」を冠する用語等

●「康暦元年結縁灌頂記」　康暦元年十一月三十日に等持院で行われた足利義詮の十三回追善のための結縁灌頂の記録。筆者は奥書により金剛仏子祐盛とわかるが、経歴等は不詳。『続群書類従』釈家部所収。

⒀康暦年間の主な出来事

●康暦元年閏四月十四日　足利義満が諸将の請により、細川頼之の管領職を解任する（康暦の政変）。
●康暦二年正月五日　足利義満を従一位に叙す。

⑭ 改元の経緯及び特記事項

この年、対南朝との戦闘は比較的穏やかであったが、幕府内では将軍義満を補佐してきた管領細川頼之と前執事の斯波義将一派の勢力との対立がくすぶりはじめ、関東では鎌倉公方足利氏満に謀反の動きがあり、三月七日にはそれを諌言した関東管領上杉憲春が自刃するという事件が起こっている。そうした不穏な動きを鎮めるために改元が行われたのであろう。

幕府からは、「延」「貞」の字を不吉として（足利尊氏が延文三年に、足利義詮が貞治六年に、それぞれ死んでいることをいう）、これを用いないようにあらかじめ意向が伝えられたという。当初、長嗣・長綱・秀長・淳嗣の四人が年号勘者に宣下され、三月十五日に改元定が行われる予定であったが、先に勘者に当てられていた従一位の近衛兼嗣辞退の替えとして、改元前日に仲光（権中納言）が当てられ、さらに翌日それぞれみずからが望んで資康と資教が追加されて、計七人の勘者になった。このため、改元定も延期されて二十二日になっている。三大臣が仗議に加わらなかったので、異例であったが大納言の具通が上卿を勤めた。

なお、『改元烏兎記』が改元を三月二十七日とするのは誤り。

⑮ 関係史料

●『後円融天皇実録』天授五年三月二十二日条。

177 北 永徳

一三八一〜一三八四

(1) **改元年月日**…康暦三年二月二十四日（西暦一三八一年三月二十八日）
(2) **使用期間**……約三年
(3) **改元理由**……辛酉革命による。
(4) **読み方**………えいとく／Yeitocu（ロドリゲス『日本大文典』）
(5) **天皇／上皇**…後円融天皇／崇光上皇
(6) **関白／将軍**…藤原（二条）師嗣［関白］／足利義満［将軍］
(7) **勘申者**………藤原（広橋）仲光（権中納言）（『続史愚抄』は藤原（裏松）資康（按察権中納言）とする。）
(9) **候補年号の勘申者**……菅原秀長（文章博士）・菅原淳嗣（文章博士）・藤原（日野）資教（参議左大弁）・菅原長嗣（式部大輔）・藤原（裏松）資康（按察権中納言）・菅原長綱（式部権大輔）
(10) **改元上卿／改元奉行**…藤原（近衛）兼嗣（右大臣）［改元上卿］／藤原（勧修寺）経重（蔵人頭右大弁）［改元奉行］
(11) **改元陣議の参仕公卿**…源（久我）具通（権大納言）・藤原（洞院）公定（権大納言）・藤原（三条西）公時（侍従権中納言）・藤原（万里小路）嗣房（権中納言）・藤原（裏松）資康（按察権中納言）・藤原（広橋）仲光（権中納言）・藤原（日野）資教（検非違使別当・権中納言）・藤原（坊城）俊任（参議左大弁）
(12) **「永徳」を冠する用語等**

●**「永徳行幸記」**　永徳元年三月十一日の後円融天皇の室町殿方違行幸の記録で、一般には「さかゆく花」（『群書類従』帝王部所収）として知られる。仮名書きで作者を二条良基に擬す説もある。もと上下巻で、残るのは上巻のみ。

●**「永徳二年春日焼失記」**　永徳二年閏正月二十三日の春日社焼失の記事にはじまり、その後の造営、遷宮、内院・外院の造営を記す。成立は至徳四年で、筆者は若宮常住神殿守の春雄。『続群書類従』神祇部に収録する。

(13) 永徳年間の主な出来事

- 永徳元年三月十一日　後円融天皇、室町殿に行幸する。
- 永徳二年一月二十六日　足利義満を左大臣とする。
- 永徳二年四月十二日　後円融天皇が譲位し、幹仁親王（後小松天皇）が践祚する。
- 永徳三年一月十四日　足利義満を源氏長者とし、ついで奨学院・淳和院別当とする。
- 永徳三年六月二十六日　足利義満を准三后とする。

(14) 改元の経緯及び特記事項

まず革命定の陣座が行われ、引きつづいて改元定が行われた。勘申された候補の年号はわかっていないが、陣座ではとくに異論なく、永徳で意見が一致したという。

改元定の最中、天皇とともに足利義満が陣座の東方に臨席し、議論をしばらく聞く、というハプニングもあった。また恩赦とともに天下諸神に対して一階位を加えるべき由、宣下が出されている。

なお、『興福寺略年代記』が二月二十七日とするのは誤り。

(15) 関係史料

- 『後円融天皇実録』弘和元年二月二十四日条。

178 北 至徳

一三八四〜一三八七

(1)**改元年月日**…永徳四年二月二十七日（西暦一三八四年三月二十七日）

(2)**使用期間**……約三年七ヶ月

(3)**改元理由**……甲子革令および代始めによる。

(4)**読み方**………しとく／Xitocu（ロドリゲス『日本大文典』）

(5)**天皇／上皇**…後小松天皇／後円融上皇・崇光上皇

(6)**摂政／将軍**…藤原（二条）良基［摂政］／足利義満［将軍］

(7)**勘申者**………藤原（裏松）資康（権中納言・左衛門督）

(8)**出典と章句**…『孝経』（開宗明義章）「先王有至徳要道、以訓（順）天下、民用和睦、上下忘（無）怨」

(9)**候補年号の勘申者**……藤原（広橋）仲光（権中納言・大宰権帥）・藤原（日野）資教（権中納言）・菅原長嗣（式部大輔）・菅原（東坊城）長綱（参議）・藤原元範（文章博士）・菅原淳嗣（文章博士）

(10)**改元上卿／改元奉行**…藤原（近衛）兼嗣（右大臣）［改元上卿］／平（安居院）知輔（蔵人権右中弁）［改元の奉行］

(11)**改元陣議の参仕公卿**…藤原（万里小路）嗣房（権大納言）・藤原（裏松）資康（権中納言・左衛門督）・藤原（広橋）仲光（太宰権帥・権中納言）・藤原（日野）資教（権中納言）・藤原（坊城）俊任（権中納言）・藤原（勧修寺）経重（権中納言）・菅原長綱（参議）

(12)**「至徳」を冠する用語等**

●**「至徳二年記」**　春日社権神主大中臣（西）師盛の日記。この年八月二十九日に足利義満が春日社参した記事を含むので、この年の分だけが早くから世上に流布した。『続群書類従』神祇部所収。

●**「至徳二年道快僧正拝堂下行物記」**　至徳二年に東寺と長者として任じられた僧正道快の諸堂参拝の際の費用・下行

物の注記。書名は後人が便宜的に付けたものである。筆者は権少僧都宥寿。『続群書類従』釈家部所収。

⒀ 至徳年間の主な出来事

●至徳二年三月　足利義満が嵯峨に興聖寺（宝幢寺）を創建し、落慶供養を行う。
●至徳二年八月二十九日　足利義満が二条良基とともに春日大社に参詣し、翌日、正倉院を開ける。
●至徳三年七月十日　幕府、京都・鎌倉の五山を定め、南禅寺を五山の上とする。

⒁ 改元の経緯及び特記事項

改元の前々年、後円融天皇が践祚し、この年が甲子に当たっていたので改元になった。改元当日は五墓日であったが、貞観元年の代始め改元の例により、この日の改元になった。

将軍足利義満は、左大臣で前年に准三后の宣下を受けており、朝廷内でも絶大な勢力をもつようになっていたが、改元に先だって内々に五山の高僧と相談のうえ、この年号を勘申に出すべき由を、藤原（裏松）資康に伝えてあったという。義満は、仗議の間も、摂政の藤原（二条）良基とともに台盤所に詰め、議論の報告を聞いている。そして、新年号が決まると、良基とともに「至徳」の字を揮毫したという。

⒂ 関係史料

●『後円融天皇実録』弘和四年二月二十七日条。

179 北 嘉慶 一三八七〜一三八九

(1)**改元年月日**…至徳四年八月二十三日（西暦一三八七年十月十三日）
(2)**使用期間**……約一年六ヶ月
(3)**改元理由**……疾疫。流行病にて前関白近衛道嗣が死んだことによる。
(4)**読み方**………かけい／かきょう（『番鍛治次第』『本朝通鑑』等）／Kakei（ケムペル『日本志』）
(5)**天皇／上皇**…後小松天皇／後円融上皇・崇光上皇
(6)**摂政／将軍**…藤原（二条）良基［摂政］／足利義満［将軍］
(7)**勘申者**………菅原（東坊城）秀長（前右大弁三位）
(8)**出典と章句**…『毛詩正義』「将有嘉慶、禎祥先来見也」
(9)**候補年号の勘申者**……藤原（裏松）資康（権大納言）・藤原（広橋）仲光（権中納言・大宰権帥）・藤原（日野）資教（権中納言）・菅原長綱（式部大輔）・藤原元範（文章博士）・藤原資国（文章博士）
(10)**改元上卿／改元奉行**…源（久我）具通（右大将・権大納言）［改元上卿］／藤原頼房（蔵人頭右大弁）［改元奉行］
(11)**改元陣議の参仕公卿**…藤原（今出川）実直（権大納言）・藤原（万里小路）嗣房（権大納言）・藤原（裏松）資康（権大納言）・源（中院）通氏（権中納言）・藤原（広橋）仲光（太宰権帥・権中納言）・藤原（日野）資教（権中納言）・藤原（坊城）俊任（権中納言）・藤原（勧修寺）経重（権中納言）・藤原（中御門）宣方（参議）
(12)**「嘉慶」を冠する用語等**
●「嘉慶元年春日臨時祭記」　鎌倉時代の春日若宮旅所での大衆による私祭を記録したもので、田楽の芸能史料として知られる。書名に嘉慶とあるが、巻尾の写本奥書の年号を誤って書名としてしまったもの。『続群書類従』神祇部に所収する。

⒀ 嘉慶年間の主な出来事

●嘉慶二年三月　足利義満が紀伊国和歌浦・紀三井寺を訪れる。
●嘉慶二年九月十六日　足利義満が駿河国に下向し、富士山を観る。また今川泰範を訪ねる。

⒁ 改元の経緯及び特記事項

この年春から疫病が流行し、三月十七日には、前関白の近衛道嗣が疫病で死ぬ。そうした社会不安から改元が行われた。

改元年号の字は、前年号改元時と同じく、将軍足利義満の意向が大きかったらしい。三月四日に、義満の室町邸において年号勘者宣下が行われている。また勘申者の菅原秀長はあらかじめ、将軍邸に赴いて彼に案を見せている。義満は、仗議の間、御湯殿の上で、年号の案が天皇に奏聞されるのを聞いたという。評議の結果、「康応」「嘉慶」の二案が奏上され、さらに二者択一が仗議に委ねられたが、万里小路嗣房らが義満の内意を受けて、この年号に決まった。

⒂ 関係史料

●『後円融天皇実録』元中四年八月二十二日条。

180 北 康応　一三八九～一三九〇

(1) **改元年月日**…嘉慶三年二月九日（西暦一三八九年三月十五日）
(2) **使用期間**……約一年二ヶ月
(3) **改元理由**……死者多きによる。
(4) **読み方**………こうおう（かうおう）／Cavo（ロドリゲス『日本大文典』）／KooO（ケムペル『日本志』）
(5) **天皇／上皇**…後小松天皇／後円融上皇・崇光上皇
(6) **関白／将軍**…藤原（二条）師嗣［関白］／足利義満［将軍］
(7) **勘申者**………菅原（東坊城）秀長（前右大弁従三位）
(8) **出典と章句**…『文選』（曹植七啓）「国静（富）民康、神応休臻、屢獲嘉祥」
(9) **候補年号の勘申者**……藤原（裏松）資康（権大納言）・藤原（広橋）仲光（権中納言・大宰権帥）・藤原（日野）資教（権中納言）・菅原長綱（式部大輔）・藤原元範（文章博士）・藤原資国（文章博士）
(10) **改元上卿／改元伝奏／改元奉行**…源（久我）具通（右大臣）［改元上卿］／藤原（勧修寺）経重（権中納言）［改元伝奏］／平（安居院）知輔（蔵人頭大蔵卿）［改元奉行］
(11) **改元陣議の参仕公卿**…藤原（広橋・勘解由小路）仲光（権大納言）・源（中院）通氏（権中納言）・藤原（日野）資教（権中納言）・藤原（坊城）俊任（権中納言）・藤原（勧修寺）経重（権中納言）・藤原（柳原）資衡（左大弁参議）
(13) **康応年間の主な出来事**
●康応二年三月十一日　足利義満、安芸国厳島社に参詣し、そののち周防国大内義弘と会見する。
●康応二年九月十六日　足利義満、高野山に参詣する。
(14) **改元の経緯及び特記事項**

前年二月に前関白藤原（二条）良基、三月に摂政藤原（近衛）兼嗣、六月に前内大臣入道藤原（三条）実継、准大臣藤原（万里小路）仲房、さらにこの年になって三宝院僧正光と、僧俗の重要人物が多く他界したことにより、改元となった。

参議として改元定の陣座に参加した藤原（柳原）資衡は、同時に儒者でもあったので、年号勘者を望んだが、八人の例がないとして退けられた。年号勘者七人のうち、三人までが軽服であったが、除服を仰せられて勘進した。仗議ではおおむね「康応」で意見が一致して、そのまま奏聞され、認められた。戦乱により、わずか一年あまりで改元される。

⒂ 関係史料

●『後円融天皇実録』元中六年二月九日条。

181 北 明徳

一三九〇～一三九四

(1) 改元年月日…康応二年三月二十六日（西暦一三九〇年四月二十日）
(2) 使用期間……約四年四ヶ月
(3) 改元理由……天変兵革による。
(4) 読み方………めいとく／Meitocu（ロドリゲス『日本大文典』）
(5) 天皇／上皇…後小松天皇／後円融上皇・崇光上皇
(6) 関白／将軍…藤原（二条）師嗣［関白］／足利義満［将軍］
(7) 勘申者………藤原（日野）資康（前権大納言）
(8) 出典と章句…『礼記』（大学 第四二）「在明明徳、在新（親）民」
(9) 候補年号の勘申者……藤原（広橋）仲光（権大納言）・藤原（日野）資教（権中納言）・菅原長綱（式部大輔）・菅原（東坊城）秀長（前右大弁従三位）・藤原元範（文章博士）・藤原（広橋）兼宣（文章博士）
(10) 改元上卿／改元奉行…藤原（洞院）公定（権大納言）［改元上卿］／平（安居院）知輔（蔵人頭大蔵卿）［改元の奉行］
(11) 改元陣議の参仕公卿…藤原（万里小路）嗣房（前権大納言）・藤原（裏松）資康（前権大納言）・藤原（広橋・勘解由小路）仲光（権大納言）・藤原（日野）資教（権中納言）・藤原（柳原）資衡（参議）
(12) 「明徳」を冠する用語等
●明徳の乱　明徳二年、足利義満が、一族で十一ヶ国の守護職をもち「六分一衆」といわれた守護大名の山名氏清を京都から放逐し、内野の合戦で敗走させた合戦。この事件を記したのが『明徳記』（『群書類従』合戦部）である。
(13) 明徳年間の主な出来事
●明徳三年二月十三日　足利義満、大内義弘を和泉・紀伊国に派遣し、山名義理を討たせる。

●明徳三年十月二十五日　南北朝の講和がなり、神器帰座の日を卜定する。
●明徳三年閏十月五日　後亀山天皇、大覚寺で後小松天皇に神器を譲る（南北朝合一）。
●明徳三年十二月二十七日　足利義満、高麗使に返書を与える。
●明徳四年四月二十六日　後円融上皇が崩御する。
●明徳五年二月二十三日　後亀山上皇に太上天皇の尊号を贈る。

⒁ **改元の経緯及び特記事項**

当初、年号勘者のなかに藤原資国（文章博士）があったが、辞退により、蔵人左少弁藤原（広橋）兼宣を文章博士に補任した後、年号勘者に宣下した。

陣座では、「明徳」「寛永」の両年号でまとまり、奉行の知輔が後円融上皇に伺いをたて、「明徳」と定まった。それは将軍足利義満がこの年号にしたい旨あらかじめ諸卿に伝えていて、その形勢を上皇が斟酌したためという。そのため、仗議ではほとんど議論が行われなかった。明徳三年閏十月五日、後亀山天皇から神器が後小松天皇に譲られたことにより、南北朝並立が解消され、元中九年が廃される。

⒂ **関係史料**

●『後小松天皇実録』元中七年三月二十六日条。

182 応永

一三九四〜一四二八

(1) **改元年月日**…明徳五年七月五日（西暦一三九四年八月二日）

(2) **使用期間**……三十三年十ヶ月／(3) **改元理由**……災異

(4) **読み方**………おうえい（おうゑい）／Vôyei（ロドリゲス『日本大文典』）／Oo Jei（ケムペル『日本志』）

(5) **天皇**…………後小松天皇

(6) **関白／将軍**…藤原（二条）師嗣［関白］／足利義満［将軍］

(7) **勘申者**………日野重光

(8) **出典と章句**…『唐会要』「久応称之、永有天下」

(9) **候補年号の勘申者**……広橋仲光・日野資教・武者小路資俊・柳原資衡・東坊城秀長・藤原元範

(10) **改元上卿／改元伝奏／改元奉行**…洞院公定［改元上卿］／万里小路嗣房［改元伝奏］／勧修寺経豊［改元奉行］

(11) **改元陣議の参仕公卿**…万里小路嗣房・勘解由小路仲光・日野実範・坊城俊任・武者小路資俊・柳原資衡・東坊城秀長

(12) **「応永」を冠する用語等**

●応永の乱　応永六年十二月、将軍足利義満に対し、周防・長門ら六か国の守護であった大内義弘が起こした乱。義弘は足利公方らと結び抗戦したが、敗死した。

●応永の外寇　応永二十六年六月、朝鮮が倭寇の根拠地の一つであった対馬を大軍で襲った事件。

(13) **応永年間の主な出来事**

●応永元年十二月二十五日　足利義満、太政大臣に就任する。

●応永十五年五月六日　足利義満（五十一歳）、没する

●応永二十三年十月二日　上杉氏憲（禅秀）が鎌倉公方の足利持氏に対して乱を起こす。（上杉禅秀の乱）
●応永三十年三月十八日　足利義持、征夷大将軍を辞し、子の義量が将軍宣下を受ける。
●応永三十五年一月十八日　足利義持没し、次期将軍をくじ引きで青蓮院義円（義教）に決定する。

⒁ 改元の経緯及び特記事項

「応永」年号は、使用期間が三十五年に及び、江戸時代以前の年号のなかでは最も長く用いられた年号である。改元理由は、明徳四年四月に後円融天皇が崩御したことによる災異改元である。

明徳五年六月上旬には、改元奉行が決定し、その後も準備が進められたと考えられる。七月一日に、東坊城秀長が勘進した年号案七号（正永・永吉・安慶・興徳・宝暦・正禄・応仁）を足利義満に見せたところ、義満はこのうち正永など五案が良いとした上で、年号案のうちの「興徳」の「興」字を「洪」に改めるようにと求めた。当時、明で「洪武」年号が用いられ、二十年以上に及んでいたためで、義満は「尤珍重」としている。

しかし、朝廷内では「洪」字が日本では一度も用いられたことがないことや、洪水を連想させることなどから否定的な見解が多く出された。改元定は、足利義満も見学していたが、難陳の際にも「洪」字は多く疑問が出され、結局「応永」に決定している。

一方、応永年間には複数回改元に向けた動きが確認できる。応永十五年には、足利義満の死去を直接の契機として改元が準備され、年号勘者の宣下が行われたが、沙汰止みとなっている。また、応永十九年夏にも、改元仗議が行われたが、なお応永を続けるべきだとの群議があったとの記録がある。さらに、応永三十年には、応永号が三十年を超えたことなどを理由として、改元が提起されているが、幕府に認められずに実現していない。

⒂ 関係史料……『大日本史料』第七編之一／『後小松天皇実録』明徳五年七月五日条。

183 正長 一四二八～一四二九

(1)改元年月日…応永三十五年四月二十七日（西暦一四二八年六月十日）
(2)使用期間……一年四ヶ月
(3)改元理由……代始
(4)読み方………しょうちょう（しやうちやう）／Xǒchǒ（ロドリゲス『日本大文典』）／Seootsjo（ケムペル『日本志』）
(5)天皇／上皇…称光天皇／後小松上皇
(6)関白…………藤原（二条）持基
(7)勘申者………唐橋在直
(8)出典と章句…『礼記正義』「在位之君子、威儀不差忒、可以正長」
(9)候補年号の勘申者……唐橋長興・唐橋在豊・土御門資家・日野義資・日野秀光・広橋親光
(10)改元上卿／改元伝奏／改元奉行…久我清通［改元上卿］／万里小路時房［改元伝奏］／日野政光［改元奉行］
(11)改元陣議の参仕公卿…万里小路時房・久我清通・勧修寺経興・洞院実熙・広橋親光
(12)「正長」を冠する用語等
●**正長の土一揆**　正長元年八月以降、畿内一円で発生した徳政一揆。徳政を求めた農民は、京都や奈良などに乱入し、酒屋や土倉を襲い、土民蜂起の初めとも言われた。
(13)正長年間の主な出来事
●正長二年三月十五日　足利義宣、義教と改名し、将軍宣下を受ける。
(14)改元の経緯及び特記事項
正長は、実質一年七か月余りしか用いられておらず、室町時代ではもっとも使用期間が短い年号である。応永三十五年三月には、幕府側から朝廷側に、応永号の使用が「多年」にわたることや、将軍足利義持の死去（応永三十五年一月）を理由として改元の申入れがなされている。その後、改元の理由についての議論が朝廷内で交わされ、後小松上皇は、将軍義持の死去を理由とする改元に当初は不快感を示した。

結果としては、称光天皇の代始改元として行われたが、実質は、践祚後十九年を経過していることから、将軍義持の死去を直接の理由としたものと考えられ、改元理由においても、幕府の意向が強く反映されていることが分かる。

その後も準備は順調に進み、四月上旬には、改元日が四月二十七日に決定した。この改元日については、決定以前に、後小松上皇と足利義宣（義教）に申入れがなされ、いずれからも承認されている。その後、改元の直前になって、天皇から改元定に参陣する公卿が六人であるのは、明徳改元の例により憚りがあるため、五人にすべきとの意向が伝えられている。この明徳の例については、「薩戒記」の著者中山定親もよく理解できなかったようで、明徳年間に後円融天皇が崩御したことがその理由ではないかと推測している。

改元は予定通り四月二十七日に行われ、年号案の明治・文承・徳和・建和・寛安・長嘉・明万・文昭・天寛・万貞・文万・正長・平和・文平・慶長・和宝・文安などの中から「正長」が選ばれた。なお、この「正長」年号については、改元定以前の二十五日の時点で、年号案の中から後小松上皇が選択し、関白の二条持基と足利義宣の了解を得て決定されている（臼井信義一九五二・森茂暁二〇一一）。

⒂ 関係史料

●『称光天皇実録』応永三十五年四月二十七日条。

184 永享

一四二九〜一四四一

(1)**改元年月日**…正長二年九月五日（西暦一四二九年十月三日）
(2)**使用期間**……十一年五ヶ月
(3)**改元理由**……代始
(4)**読み方**………えいきょう（ゑいきやう）／Yeicoô（ロドリゲス『日本大文典』）／Jeiko（ケムペル『日本志』）
(5)**天皇／上皇**…後花園天皇／後小松上皇
(6)**摂政／将軍**…藤原（二条）持基［摂政］／足利義教［将軍］
(7)**勘申者**………唐橋在豊
(8)**出典と章句**
●『後漢書』「能立魏々之功、伝于子孫、永享無窮之祚」
(9)**候補年号の勘申者**……唐橋長卿・土御門資家・日野西盛光・日野秀光・広橋親光・唐橋在直
(10)**改元上卿／改元奉行**…万里小路時房［改元上卿］／甘露寺房長［改元奉行］
(11)**改元陣議の参仕公卿**…勧修寺経成・葉室定豊・広橋親光・中山定親
(12)**「永享」を冠する用語等**
●**永享の乱**　永享十年八月、鎌倉公方の足利持氏、関東管領の上杉憲実と対立し、将軍足利義政に追討される
(13)**永享年間の主な出来事**
●永享四年八月　足利義教、遣明使を再開する。
●永享十二年三月四日　足利持氏の遺児を下総の結城氏らが擁立し、室町幕府に反乱する（結城合戦）。

⒁ 改元の経緯及び特記事項

永享改元は、正長元年七月に践祚した後花園天皇の代始改元である。正長二年二月には、すでに改元を行うことが朝廷内で検討されており、後小松上皇は同年七月の改元を希望している。その後の改元に向けた準備を具体的に追うことはできないが、七月に入ると、一日には改元勘者宣下が行われており、また朝廷側から足利義教に対し、代始改元を九月に行いたい旨の申入れがなされ、義教もそれを了承している。

一方、新年号案の選定も進められ、年号勘者からは年号案として、建定・嘉観・永同・久和・元喜・永寧・文安・天和・仁応・宝暦・慶安・和元・恒久・永享・応平が提出されている。その後絞り込まれた三号（宝暦・永享・元喜）の中から、後小松天皇は「宝暦」を希望したが、足利義教は、宝暦は「謀略」に通じるとして、摂政の二条持基や准后の満済に意見を聞いて、最終的には永享と決定し、九月五日、改元が行われた。

改元後、室町殿において新年号の祝が催されている。改元理由については、後花園天皇の代始改元であるとされるが、実質的には将軍足利義教の代始改元であったとの指摘もある（森茂暁二〇一一）。なお、足利持氏が支配していた鎌倉府においては、当初永享の改元を認めず、永享三年八月になって新年号の利用を開始している。

⒂ 関係史料

●『後花園天皇実録』正長二年九月五日条。

185 嘉吉

一四四一〜一四四四

(1)改元年月日…永享十三年二月十七日（西暦一四四一年三月十日）
(2)使用期間……三年
(3)改元理由……辛酉革命
(4)読み方………かきつ（かきち）／Caquit（ロドリゲス『日本大文典』）／Kakitz（ケムペル『日本志』）
(5)天皇…………後花園天皇
(6)関白／将軍…藤原（二条）持基［関白］／足利義教［将軍］
(7)勘申者………東坊城益長
(8)出典と章句
●『周易』「孚于嘉吉、位正中也」
(9)候補年号の勘申者……唐橋在綱・唐橋在直・日野資親・五条為清
(10)改元上卿／改元奉行…近衛房嗣［改元上卿］／中御門明豊［改元奉行］
(11)改元陣議の参仕公卿…万里小路時房・三条西公保・洞院実熙・中御門宗継・中山定親・四条隆遠・土御門定長
(12)「嘉吉」を冠する用語等
●嘉吉の乱　嘉吉元年六月二十四日、赤松満祐、将軍足利義教を殺害、播磨に逃れるが、幕府により討たれる。
●嘉吉の土一揆　嘉吉元年九月、畿内周辺を中心に土一揆が起こり、徳政を要求し寺や土倉などを襲う。
(13)嘉吉年間の主な出来事
●嘉吉三年九月　尊秀・日野有光ら、南朝後胤を擁して禁裏に乱入し、神璽などを奪う（禁闕の変）。
(14)改元の経緯及び特記事項

嘉吉改元は、永享十三年が辛酉年に当たることによる辛酉革命改元である。当時はすでに辛酉・甲子年の革命・革令改元は定着しており、今回も特に問題なく準備がなされたと考えられる。永享十三年一月には、革命勘文の宣下が行われ、当年が革命に当たるかどうかの議論が行われた。その後は改元への準備が本格化し、一月二十九日には、東坊城益長ら五人に対して年号勘者宣下が行われた。二月に入ると、辛酉勘文の準備などが進められており、十三日には辛酉革命条事定が行われている。

なお、朝廷内での年号案の絞り込みの際、「延」の字を用いた年号案「延嘉」「延徳」について、延文三年に足利尊氏が死去しており、将軍足利義教の意向を計り難いとして、両号ともに取り換えられている。なお、年号勘者からは新年号案として、仁厚・治万・建平・嘉吉・洪徳・宝暦・文安・慶長・咸和・徳建・長祥・享徳・和元・徳和などが挙げられた。

二月十七日には、改元定が行われ、「嘉吉」と改元された。この際、後花園天皇が内々に孔雀間から改元の儀式を聴聞しており、さらに足利義教も内々に伺候していることから、将軍義教が改元に際して強い影響力を持っていたと考えられる（森茂暁二〇一一）。なお、改元四日後の二十一日には、改元吉書始が幕府において行われており、幕府側の正式な新年号の利用はこの日から始まっている。

⒂ 関係史料

●『後花園天皇実録』永享十三年二月十七日条。

186 文安

一四四四〜一四四九

(1) 改元年月日…嘉吉四年二月五日（西暦一四四四年二月二十三日）
(2) 使用期間……五年七ヶ月
(3) 改元理由……甲子革令
(4) 読み方………ぶんあん（ふんあん）／Bun an（ロドリゲス『日本大文典』）／Bunjan（ケムペル『日本志』）
(5) 天皇…………後花園天皇
(6) 関白…………藤原（二条）持基
(7) 勘申者………日野兼郷・唐橋在直
(8) 出典と章句
●『晋書』「尊文安漢社稷」
●『尚書』「欽明文思安安」
(9) 候補年号の勘申者……烏丸資任・高辻継長・東坊城益長
(10) 改元上卿／改元伝奏／改元奉行…鷹司房平［改元上卿］／中山定親［改元伝奏］／坊城俊秀［改元奉行］
(11) 改元陣議の参仕公卿…万里小路時房・中山定親・洞院実熙・中御門宗継・日野兼郷・四条隆遠・唐橋在豊
(13) 文安年間の主な出来事
●文安四年七月十九日　山城の西岡を拠点とした国人衆らが徳政を求めて京中に乱入するが、幕府により撃退される。
●文安六年四月二十九日　足利義成（義政）、征夷大将軍に任じられる。
(14) 改元の経緯及び特記事項
本改元は、嘉吉四年が甲子年に当たることによる甲子革令改元である。前年の嘉吉三年十二月十九日には、既に翌年が甲子による革令に当たるかどうかについての議論がなされており、翌嘉吉四年に入ってから、改元への準備が本格化した。一月二十四日には、甲子仗議を来月五日に行う方針が朝廷内で伝えられており、二十九日には条事定が行われ、翌三十日には、甲子革令に関係する明経道勘文などが奏進されている。

二月はじめには改元勘文が公卿たちの間で廻覧された。二月三日には、年号案に対する勅問が行われ、複数の公卿によって「文安」が推されている。その後の二月五日に改元定が行われ、文安と改元された。改元勘者による年号案として、承慶・文安・平和・寛永・建正・洪徳・徳寿・安永・寧和・長禄・万和が挙げられている。

なお、この「文安」については、後に中国南朝斉の文恵太子の后で、鬱林王の母である宣徳皇太后の諡号文安皇后と同様のものであるとの意見が出されている。

⒂ 関係史料

●『後花園天皇実録』嘉吉四年二月五日条。

187 宝徳

一四四九～一四五二

(1) **改元年月日**… 文安六年七月二十八日（西暦一四四九年八月十六日）
(2) **使用期間**…… 三年
(3) **改元理由**…… 災異
(4) **読み方**……… ほうとく／Fôtocu（ロドリゲス『日本大文典』）／Fotoku（ケムペル『日本志』）
(5) **天皇**………… 後花園天皇
(6) **関白／将軍**… 藤原（一条）兼良［関白］／足利義政［将軍］
(7) **勘申者**……… 五条為賢
(8) **出典と章句**

●『旧唐書』「朕宝三徳、曰慈倹謙」

(9) **候補年号の勘申者**…… 高辻継長・唐橋在直・唐橋在豊・烏丸資任・東坊城益長
(10) **改元上卿／改元奉行**… 洞院実熙［改元上卿］／葉室教忠［改元奉行］
(11) **改元陣議の参仕公卿**… 中御門宗継・久我通尚・鷹尾隆遠・正親町持季・柳原資綱・坊城俊秀
(13) **宝徳年間の主な出来事**

●宝徳元年九月九日　足利成氏、鎌倉公方に任じられる。

(14) **改元の経緯及び特記事項**

諸社の怪異や地震、疫病を理由とした災異改元である。文安年間には、彗星の出現（文安元年閏六月）や暴風雨（文安二年六月）、疫病の流行（文安四年）などにより社会不安が増大しており、一揆なども度々発生している。これらの状況から、改元を行う機運が高まったものと考えられる。

文安六年七月二十日には、年号勘者宣下が行われ、七月二十八日に「宝徳」と改元された。年号案として改元勘者は、安永・万貞・文昭・慶長・咸和・文昭・寛安・洪徳・長享・建和・正永・康楽・慶徳・宝徳・大応・仁昭などを勘進したが、この中から、「宝徳」が選ばれている。

なお、改元の直後には、改元を扱った落書が立てられたほか、「東寺執行日記」の改元当日条には、改元当日の夜に祇園社や山王社が鳴動したため、洛中をはじめ各地で大般若経や仁王経などを読むべき旨が触れられたと記している。

⒂ 関係史料

●『後花園天皇実録』文安六年七月二十八日条。

188 享徳

一四五二〜一四五五

(1)改元年月日…宝徳四年七月二十五日（西暦一四五二年八月十日）
(2)使用期間……三年
(3)改元理由……三合
(4)読み方………きょうとく（きやうとく）／Cŏtocu（ロドリゲス『日本大文典』）
(5)天皇…………後花園天皇
(6)関白／将軍…藤原（一条）兼良［関白］／足利義政［将軍］
(7)勘申者………五条為賢
(8)出典と章句…
●『尚書』「世世享徳、万邦作式」
(9)候補年号の勘申者……唐橋在治・烏丸資任・東坊城益長・日野勝光・唐橋在直・高辻継長
(10)改元上卿／改元奉行…三条実豊［改元上卿］／勧修寺教秀［改元奉行］
(11)改元陣議の参仕公卿…中御門宗継・久我通尚・東坊城益長・坊城俊秀・甘露寺親長
(12)「享徳」を冠する用語等
●享徳の乱　享徳三年十二月二十七日　鎌倉公方足利成氏が関東管領上杉憲忠を殺害した争乱。
(14)改元の経緯及び特記事項

享徳改元は「三合」および疫病の流行を理由とした改元であり、「建内記」では、疫病について「赤斑瘡」と記している。三合とは、陰陽道における厄年であるが、これ以降三合を理由とした改元は行われていない。

宝徳四年五月中旬には年号勘者が決定され、新年号案の勘進が求められるなど、改元に向けた準備が進められている。改元日については、五月および六月は過去の例に問題があるとして、七月に決定された。当初は七月十一日に改元される予定であったが、どのような理由か延期され、七月八日には二十五日に実施されることが朝廷内に伝えられている。二十五日には予定通り改元定が行われ、文昭・享徳・康徳・安永などの勘申年号の中から、「享徳」と改元された。

なお、改元の際に、応永改元以降途絶えていた、官方吉書・蔵人方吉書の奏聞が昼御座で行われている。

一方、この改元について、「建内記」の筆者万里小路時房は、全く良い年号案がなかったが、改元を実施することは決まっていたため、やむを得ずその中から難が軽いものを用いた、としている。また、改元伝奏について、「建内記」は、今回は置かれなかったとしている。なお、東国においては、次の「康正」以後の改元を認めず、享徳号が長期間にわたって用いられた。

⒂ 関係史料

●『後花園天皇実録』宝徳四年七月二十五日条。

189 康正

一四五五～一四五七

(1) 改元年月日…享徳四年七月二十五日（西暦一四五五年九月六日）
(2) 使用期間……二年二ヶ月
(3) 改元理由……改元理由　災異
(4) 読み方……こうしょう（かうしやう）／Cōxō（ロドリゲス『日本大文典』）／Kosio（ケムペル『日本志』）
(5) 天皇…………後花園天皇
(6) 関白／将軍…藤原（二条）持通［関白］／足利義政［将軍］
(7) 勘申者………唐橋在治・東坊城益長
(8) 出典と章句
●『史記』「「平康正直」
●『尚書』「平康正直、注曰、世平安正直治之」
(9) 候補年号の勘申者……五条為賢・烏丸資任・日野勝光・広橋綱光
(10) 改元上卿／改元奉行…久我通尚［改元上卿］／庭田雅行［改元奉行］
(11) 改元陣議の参仕公卿…日野資綱・万里小路冬房・甘露寺親長・正親町公隆・広橋綱光
(13) 康正年間の主要な出来事
●康正三年五月十四日　蝦夷地でコシャマインが蜂起する。
(14) 改元の経緯及び特記事項

康正改元は、享徳三年以来の戦乱多発による兵革を理由とした改元であり、幕府から内々に改元が申し入れられた。改元の発議の経緯など不明な点は多いが、享徳四年七月五日には、洞院実熙邸で改元勘者宣下が行われている。

当初、改元は七月十七日に行われる予定であったが、理由は不明ながら延引し、最終的には七月二十五日に行われた。改元前日の二十四日に年号勘者の一人である唐橋在治が勘文を提出していることから、十七日の段階では改元勘文が出そろっていなかった可能性も考えられる。

勘申された年号は、大応・文承・仁昭・文仁・文観・康正・安永・万貞・宝暦・文昭・慶長・治万・至安・文康などで、改元前日には既に後花園天皇の意向として、内々に新年号が「康正」に決まっている。

なお、恩赦など関連行事も含めて改元の儀式が終了したのは朝方の「卯刻」であった。改元定終了後まもなく、万里小路冬房が新年号を折紙に記して、将軍足利義政のもとへ赴き、改元の終了と新年号の報告を行っている。これに対して義政からは、無事に改元が終了しめでたい旨の返事があった。一連の儀式とも考えられるほど迅速に幕府に改元が伝えられており、朝廷側の幕府への深い配慮を読み取ることが出来る。

⒂ 関係史料

●『後花園天皇実録』享徳四年七月二十五日条。

190 長禄

一四五七〜一四六一

(1) **改元年月日**… 康正三年九月二十八日（西暦一四五七年十月十六日）
(2) **使用期間**…… 三年三ヶ月／(3) **改元理由**…… 災異
(4) **読み方**……… ちょうろく（ちやうろく）／Chǒrocu（ロドリゲス『日本大文典』）／Tsioorok（ケムペル『日本志』）
(5) **天皇**………… 後花園天皇／(6) **関白**／**将軍**… 藤原（二条）持通［関白］／足利義政［将軍］
(7) **勘申者**……… 高辻継長
(8) **出典と章句**… 『韓非子』「其建生也長、持禄也久」
(9) **候補年号の勘申者**…… 藤原資任・日野勝光・広橋綱光・唐橋在治
(10) **改元上卿**／**改元奉行**… 久我通尚［改元上卿］／海住山高清［改元奉行］
(11) **改元陣議の参仕公卿**… 甘露寺親長・勧修寺教秀・広橋綱光・高辻継長・四条隆量
(12) **「長禄」を冠する用語等**
●**長禄の変**　長禄元年十二月二日、嘉吉の乱のため取り潰された赤松氏の遺臣らが後南朝の行宮を襲い、禁闕の変で奪われた神璽を奪還した事件。その後一旦は後南朝方に奪われるが翌年には再度奪還し、京都へ持ち帰った。この功で幕府は赤松氏の再興を許している。
(14) **改元の経緯及び特記事項**
長禄改元は、炎旱などによる災異改元である。九月八日には、高辻継長ら五人に改元勘者宣下が行われ、二十八日に改元定が行われた。改元勘者による年号案では、長禄・寧和・安永・文昭・万貞・安永・文康・成徳・仁徳・寛正・治万・慶長などが勘進されている。
(15) **関係史料**……『後花園天皇実録』康正三年九月二十八日条。

191 寛正　一四六一〜一四六六

(1) 改元年月日…長禄四年十二月二十一日（西暦一四六一年二月一日）
(2) 使用期間……五年二ヶ月
(3) 改元理由……飢饉
(4) 読み方………かんしょう（くわんしやう）／Quanxo（ロドリゲス『日本大文典』）／Quanisjo（ケムペル『日本志』）
(5) 天皇…………後花園天皇
(6) 関白／将軍…藤原（一条）教房［関白］／足利義政［将軍］
(7) 勘申者………日野勝光
(8) 出典と章句…『孔子家語』「外寛而内正」
(9) 候補年号の勘申者……西坊城顕長・東坊城長清・高辻継長・広橋綱光・唐橋在治
(10) 改元上卿／改元奉行…正親町三条公綱［改元上卿］／中御門宣胤［改元奉行］
(11) 改元陣議の参仕公卿…日野資綱・万里小路冬房・葉室教忠・高辻継長・甘露寺親長・四条隆量・勧修寺経茂
(12)「寛正」を冠する用語等
●**寛正の飢饉**　長禄三年の西日本の凶作に引き続き、寛正元年には長雨や洪水により全国的な凶作で飢饉となった。
(13) 寛正年間の主な出来事
●寛正五年七月　後花園天皇、譲位し、成仁親王（後土御門天皇）践祚する。
(14) 改元の経緯及び特記事項
飢饉や大旱、兵革などを理由とした災異改元であるが、改元に至る経緯についての詳細は不明である。「大乗院日記目録」は、改元の理由として、「五穀不熟、旱損、虫損、飢饉也」としている。すでに長禄三年の段階で西日本を中心に凶作による飢饉が発生しており、翌長禄四年（寛正元年）は、全国的な凶作による飢饉となり、社会不安が増大している中で、改元が発議されたものと考えられる。

十二月二十一日には改元定が行われ、「寛正」と改元された。年号勘者による年号案としては、安永・寛正・明和・永正・長慶・仁応・文正・慶治・文仁・成功・和元・仁昭・明応・文承などが挙げられている。

(15) **関係史料**……『後花園天皇実録』長禄四年十二月二十一日条。

コラム27　東国の鶴岡八幡宮に伝わった私年号

鎌倉の鶴岡八幡宮の供僧であった香蔵院珍祐は、寛正二年（一四六一）十二月の記録に、「当年寛正二年十一月ヨリ改元也、延徳元年十二月日」と記した。つまり、この年の十二月に、先月改元があって年号が寛正から延徳に変わったという情報が、鎌倉までもたらされたということになる。

ところが、約半年後の翌年七月、今年は昨年の改元を受けて延徳二年と記していたところ、堀越公方の足利政知から、延徳とは改元されておらず、京都では引き続き寛正年号が使われているとの情報が届いたため、延徳の使用をやめて寛正に復することとなった。

当時、全国各地に改元がどのように伝わっていたのかについては、不明な点も多いが、東国においては、享徳の乱以後の混乱の影響もあり、鎌倉の鶴岡八幡宮でさえ、半年以上に渡って誤った情報に基づいて年号が認識されていたことが分かる。

また、戦国時代の東国で頻繁にみられる私年号が、公年号と同様の情報経路で伝えられていたことも分かり、私年号の発生やその伝達方法を考える上でも興味深い。〔Y〕

192 文正　一四六六～一四六七

(1) 改元年月日… 寛正七年二月二十八日（西暦一四六六年三月十四日）

(2) 使用期間…… 一年／**(3) 改元理由**…… 代始

(4) 読み方……… ぶんしょう（ぶんしやう）／Bunxŏ（ロドリゲス『日本大文典』）／Bunsio（ケムペル『日本志』）

(5) 天皇／上皇… 後土御門天皇／後花園上皇／**(6) 関白／将軍**… 藤原（二条）持通［関白］／足利義政［将軍］

(7) 勘申者……… 広橋綱光

(8) 出典と章句…『荀子』「積文学、正身行」

(9) 候補年号の勘申者…… 東坊城長清・五条顕長・唐橋在治

(10) 改元上卿／改元奉行… 洞院公教［改元上卿］／中御門宣胤［改元奉行］

(11) 改元陣議の参仕公卿… 中院通秀・勧修寺教秀・高辻継長・勧修寺経茂・鷲尾隆頼

(12)「文正」を冠する用語等

●文正の政変　文正元年九月、将軍足利義政の側近である伊勢貞親らが、義政弟の義視の暗殺を企て追放された事件。

(13) 文正年間の主な出来事

●文正元年十二月十八日　後土御門天皇の即位に伴う大嘗祭が行われる（以後貞享四年まで中断）。

(14) 改元の経緯及び特記事項

文正改元は、寛正五年に践祚した、後土御門天皇の代始を理由とした改元である。二月二十八日に改元定が行われたが、参仕する予定の公卿の中には、俄かに故障を起こし出仕しなかったものがいる。

なお、年号勘者による年号案としては、永宝・文正・至安・慶応などが候補として挙げられている。

(15) 関係史料……『後土御門天皇実録』寛正七年二月二十八日条。

193 応仁

一四六七～一四六九

(1) **改元年月日**…文正二年三月五日（西暦一四六七年四月九日）
(2) **使用期間**……二年二ヶ月
(3) **改元理由**……災異
(4) **読み方**………おうにん（をうにん）／Vōnin（ロドリゲス『日本大文典』）／Onin（ケムペル『日本志』）
(5) **天皇／上皇**…後土御門天皇／後花園上皇
(6) **関白／将軍**…藤原（二条）持通［関白］／足利義政［将軍］
(7) **勘申者**………高辻継長
(8) **出典と章句**…『維城典訓』「仁之感物、物之応仁、若影随形、猶声致響」
(9) **候補年号の勘申者**……広橋綱光・唐橋在治・西坊城顕長・東坊城長清
(10) **改元上卿／改元伝奏／改元奉行**…中院通秀［改元上卿］／広橋綱光［改元伝奏］／柳原量光［改元奉行］
(12) **「応仁」を冠する用語等**
●**応仁・文明の乱**　応仁元年五月、足利義政治世下の幕閣で力をつけた山名持豊と細川勝元の対立に端を発し、十年以上にわたって続いた全国的な内乱。
(13) **応仁年間の主な出来事**
●応仁二年八月十九日　関白一条兼良、相伝の記録類などとともに戦火を避け奈良に疎開。
(14) **改元の経緯及び特記事項**
　前年から引き続いた兵革を理由とする災異改元で、文正二年の一月下旬には、すでに「去年当年兵革」が比類ないものであるとして、二月頃の改元に向けた相談が行われている。直接的には、文正元年に発生した文正の政変と、その後の混乱を直接の理由として改元が発議されたものと考えられる。文正二年二月十八日には、室町第において、将軍足利義政を上卿として年号勘者宣下が行われている。武家である将軍を上卿としての勘者宣下は極めて異例のことであり、幕府の改元への関与が非常に強まっている様子が分かる。三月五日に改元定が行われ、「応仁」と改元された。年号勘者によって勘進された年号は、和宝・天和・文建・安観・応仁・観徳・文観・寛永・仁昭・宝暦・文仁・慶応などであった。翌六日には、改元吉書始が幕府によって行われている。

応仁改元に関する記録は、前後の改元に比較してもひときわ少なく、改元詔書のほか、改元参仕の公卿の名前も現在のところ確認できないなど、基本的な事柄も分からないことが多い。直後に発生する応仁の乱により、禁裏・公家文庫が大きな被害を受けたことがその原因とも考えられるが、朝廷にとっても異例であった幕府の改元への直接的な関与を受けて、積極的に記録が残されなかった可能性もある。

⒂ 関係史料

●『大日本史料』第八編之一／『後土御門天皇実録』文正二年三月五日条。

194 文明

一四六九〜一四八七

(1) **改元年月日**…応仁三年四月二十八日（西暦一四六九年六月八日）

(2) **使用期間**……十八年三ヶ月

(3) **改元理由**……災異

(4) **読み方**………ぶんめい（ふんめい）／Bummei（ロドリゲス『日本大文典』）／Fumjo（ケムペル『日本志』）

(5) **天皇／上皇**…後土御門天皇／後花園上皇

(6) **関白／将軍**…藤原（一条）兼良［関白］／足利義政［将軍］

(7) **勘申者**………東坊城長清

(8) **出典と章句**…『周易』「文明以健、中正而応、君子正也」

(9) **候補年号の勘申者**……高辻継長・高辻長直・唐橋在治・烏丸季光

(10) **改元上卿／改元伝奏／改元奉行**…中院通秀［改元上卿］／甘露寺親長［改元伝奏］／町広光［改元奉行］

(11) **改元陣議の参仕公卿**…高辻継長・甘露寺親長・勧修寺経茂・坊城俊顕

(12) **「文明」を冠する用語等**

●応仁・文明の乱（「応仁」に前出）

(13) **文明年間の主な出来事**

●文明十七年十二月十七日　敵対する両畠山軍が宇治川で衝突した際、山城の国人らが蜂起し、両軍を撤退させる（山城国一揆）。

(14) **改元の経緯及び特記事項**

文明改元は、応仁の乱による災異改元である。早くも応仁二年十二月には、翌年春に改元を行うとの計画が持ち上がっている。翌応仁三年三月十四日には、改元を行うことが朝廷内で相談されており、準備が本格化している。この中では、戦乱により京都を離れている公家が多く、改元仗議に支障があるため、仗議を行わないで改元を行った先例について朝廷内で調査が行われた。その結果、天平宝字頃の先例があることが分かったが、一条兼良は、仗議が行われないことはやはり問題があるとして、この案を退けている。また、同日には勘者宣下と改元定の日程について候補が挙げられており、改元日は、来月十九日か二十八日と勘申されている。また、十六日には、改元伝奏や年号勘者、改元定に参加する公卿なども決定されている。

一方、改元奉行となった町広光は、この時近江坂本に滞在していたが、四月十日に上洛し、改元の準備に取り掛かっている。この頃には、改元日も四月二十八日に決定しており、また、関白一条兼良らに対して、年号案についての勅問も行われた。年号勘者による年号案としては、永正・長享・章明・大応・和光・斉徳・康徳・弘文・安永・文明・慶応・宝暦などが挙げられている。

当時、戦乱などの影響により、御所で改元を行うことが不可能であったため、洛外で改元を行う予定で調整が進められていたが、これに対する批判が朝廷内で起こり、先例などが調べられた。しかし、結果として先例があり問題ないとの結論に達している。その後、四月二十八日に予定通り改元定が行われ、「文明」と改元された。改元の儀式については、室町第を内裏に見立てる形で行われ、また改元に関する費用も、幕府側で調達している。なお、この時、西軍側にも年号があったとの記録も残っているが、具体的な年号名は伝わっていない。

(15) 関係史料

●『大日本史料』第八編之二／『後土御門天皇実録』応仁三年四月二十八日条。

195 長享

一四八七〜一四八九

(1)改元年月日…文明十九年七月二十日（西暦一四八七年八月九日）
(2)使用期間……二年一ヶ月
(3)改元理由……災異
(4)読み方………ちょうきょう（ちやうきやう）／Chŏcŏ（ロドリゲス『日本大文典』）／Tsiooko（ケムペル『日本志』）
(5)天皇…………後土御門天皇
(6)関白／将軍…藤原（九条）政忠［関白］／足利義尚［将軍］
(7)勘申者………唐橋在数
(8)出典と章句…『文選』「喜得全功、長享其福」
(9)候補年号の勘申者……唐橋在治・唐橋在永・高辻長直・東坊城和長
(10)改元上卿／改元伝奏／改元奉行…西園寺実遠［改元上卿］／甘露寺親長［改元伝奏］／葉室光忠［改元奉行］
(11)改元陣議の参仕公卿…勧修寺教秀・海住山高清・中御門宣胤・日野広光・三条西実隆・姉小路基綱・橋本公夏・甘露寺元長
(13)長享年間の主な出来事
●長享二年十二月　加賀で一向一揆が起こり、翌年には守護富樫政親を敗死させる。
(14)改元の経緯及び特記事項

長享改元は、火災や病事、兵革などを理由とした災異改元である。特に改元前年の文明十八年に、伊勢の外宮や東寺が火災に遭ったことが直接のきっかけとなり、改元が発議されたと考えられる。文明十九年の正月には、すでに朝廷内で改元が話題となっており、四月下旬には、天皇から改元の意向が示され、改元奉行や改元参仕公卿の人選が進められている。四月二十七日には、甘露寺親長が改元伝奏に決定した。また、改元の時期について、吉月の例などが調べられた結果、七月に改元が行われることが決定されている。

その後も順調に改元への準備が進められ、五月七日には、改元上卿が西園寺実遠に決定し、加えて改元定の参仕公卿も固まったほか、七月中と決まっていた改元の日時も、七月四日と決定している。五月十一日には、年号勘者五名も内定している。六月十七日には、改元上卿に任じられた西園寺実遠の故障により、改元が七月十七日に延引された。また、七月九日には勘申された年号について太閤の二条持通、九条政基、近衛政家、九条政忠らに勅問がなされている。しかしその後、上卿西園寺の再びの故障により改元が二十日に延期された。

改元日直前には、度々改元の習礼が行われており、二十日に改元定が行われ、長享と改元された。年号勘者による年号案としては、康徳・明治・天定・文元・安長・寛祐・万和・康楽・功永・寛安・長享・瑞応・寛安・宝暦などが勘進されている。改元定は、青蓮院尊応が裏頭姿で見物しているほか、道永親王・尭胤法親王も改元をそれぞれ見物した。

改元にかかる費用については、幕府側から提供されることが通例であったが、今回は、幕府側の「難渋」により、公家側で自弁している。また、今回勘者となった日野量光は、戦乱を避けて因幡国に在国中であったため、勘文を送ることが出来なかった。

⒂ 関係史料

●『大日本史料』第八編之二十／『後土御門天皇実録』文明十九年七月二十日条。

196 延徳

一四八九～一四九二

(1) **改元年月日**…長享三年八月二十一日（西暦一四八九年九月十六日）
(2) **使用期間**……二年十一ヶ月
(3) **改元理由**……災異
(4) **読み方**………えんとく（ゑんとく）／Yentocu（ロドリゲス『日本大文典』）／Jentoku（ケムペル『日本志』）
(5) **天皇**…………後土御門天皇
(6) **関白**…………藤原（一条）冬良
(7) **勘申者**………高辻長直
(8) **出典と章句**…『孟子』「開延道徳」
(9) **候補年号の勘申者**……唐橋在治・唐橋在数・東坊城和長・日野広光
(10) **改元上卿／改元伝奏／改元奉行**…徳大寺実淳［改元上卿］／甘露寺親長［改元伝奏］／広橋守光［改元奉行］
(11) **改元陣議の参仕公卿**…三条西実隆・勧修寺経茂・中山宣親・橋本公夏・甘露寺元長・葉室光忠・中院通世
(13) **延徳年間の主な出来事**
●延徳二年七月五日　足利義材、征夷大将軍に任じられる。
(14) **改元の経緯及び特記事項**

延徳改元は、長享三年三月に足利義尚が死去したことを契機として、足利義政が朝廷に申し入れて行われた。翌月には改元奉行の選定が始まっているが、正親町三条実望や中御門宣秀らが相次いで故障として辞退するなど予定通りに進まなかった。その後、奉行候補となった広橋守光もはじめは辞退したが、最終的には受け入れ、改元奉行を勤めている。六月上旬には、改元日が七月二十三日に内定した。また、改元の理由について朝廷内で議論が行われており、後土御門天皇の不例をはじめとする万人の病悩や、変異などが理由として挙げられている。七月上旬には、改元日や吉書について幕府側と交渉が行われており、改元日が当初予定されていた七月から八月へと延期されている。七月二十九日には、八月二十一日に改元を行うことが内定した。

八月に入ると、公卿らとともに、足利義政に対しても新年号の勅問がなされ、十六日には、条事定・改元定の習礼が行われている。当初年号勘者が勘進した年号案は、宝仁・元喜・順安・寛永・徳和・永正・昭仁・永禄・応平・昭応、明暦・寛永などであった。

しかし、改元直前の八月十九日には、年号勘文の追加が命じられ、年号案が追加される（安永・文観・明応・建正・明治・延徳）など、この時点でも年号案が定まっていなかったことがうかがえる。また、新年号案の絞り込みの際、幕府側が、足利尊氏が延文年間に死去したことから延の字を忌んでいるとの記録がある。

八月二十一日には、改元定が行われた。上卿以下は寛永・明暦の両号を挙申したが、後土御門天皇が「延徳」が然るべきであるとして、公卿らが挙奏した案を覆して、「延徳」と決定し、同日改元された。この時の改元陣儀は、後土御門天皇・勝仁親王・伏見宮邦高親王などが見物している。

改元の武家吉書始は当初、十月に予定されていたが、十月十一日になって、足利義政が不例であるとして中止となった。

⒂ 関係史料

●『大日本史料』第八編之二十八／『後土御門天皇実録』長享三年八月二十一日条。

197 明応

一四九二～一五〇一

(1) **改元年月日**…延徳四年七月十九日（西暦一四九二年八月十二日）
(2) **使用期間**……八年七ヶ月
(3) **改元理由**……疾病流行
(4) **読み方**………めいおう／Meiuô（ロドリゲス『日本大文典』）／Me O（ケムペル『日本志』）
(5) **天皇**…………後土御門天皇
(6) **関白／将軍**…藤原（一条）冬良［関白］／足利義稙［将軍］
(7) **勘申者**………唐橋在数
(8) **出典と章句**
●『文選』「徳行修明、皆宜応受多福、保乂子孫」
●『周易』「其徳剛健而文明、応乎天」
(9) **候補年号の勘申者**……高辻長直・東坊城和長
(10) **改元上卿／改元伝奏／改元奉行**…徳大寺実淳［改元上卿］／中御門宣胤［改元伝奏］／中御門宣秀［改元奉行］
(11) **改元陣議の参仕公卿**…甘露寺親長・四条隆量・松木宗綱・小倉季種・中院通世・姉小路基綱
(12) **「明応」を冠する用語等**
●**明応の政変**　明応二年、細川政元が河内出兵中の足利義材をクーデターで廃し、新将軍として足利義澄を擁立した事件。
●**明応の大地震**　明応七年八月二十五日に東海道沖で発生した大地震。関東地方から紀伊半島にかけて太平洋沿岸で津波による甚大な被害が出た。

(13) 明応年間の主な出来事

●明応九年六月七日　応仁の乱で中断していた祇園会での山鉾巡行が復興される。

(14) 改元の経緯及び特記事項

明応改元は、疾病流行を理由とした改元である。延徳四年五月には、甘露寺親長が疾病流行を理由に改元を申入れており、改元への準備が本格的に進んでいる。同年には、畿内周辺で飢饉が深刻化し、朝廷でも悪疫流行防止のため、京畿諸国の諸寺諸山に祈祷を命じるほどであった。さて、六月三十日には、日時勘申により、改元日が七月十日か十三日のどちらかとされ、十日が選ばれた。しかし、その後、幕府側が盆前を理由に改元の延期を求め、改元日は延期された。新年号については、幕府側から「明」字を用いるように指示がなされていることから、幕府が新年号の文字選定自体にまで関わっていることが分かる。また、七月六日には、改元日が七月十九日に決定されており、九日には、左大臣の徳大寺実淳邸において改元勘者宣下が行われている。

さて、改元定はその後、予定通り七月十九日に実施された。改元日当日の朝には、後土御門天皇の典侍で、のちの後柏原天皇の母にあたる新大典侍（庭田朝子）が、中風の症状が悪化し重体に陥ったため、改元の実施が危ぶまれたが、改元定は予定通り行われた。年号勘者が候補として挙げた年号案は、立徳・昭建・明応・陽安・明暦・瑞応・順応・明保・文承などであったが、新年号の明応は兼ねてから内々で定まっていたため、難陳は行われなかったとする記録がある（『後法興院記』）。

別の史料も合わせて考えると、明応以外に明暦に対しても難陳が行われているようであるが、いずれも幕府が希望した「明」字を含む候補であることから、実質的には幕府側の求めによって年号が決定されたものと考えてよいであろう。また、幕府の改元吉書始は七月二十八日に行われている。（久保常晴一九六七）

(15) 関係史料……『後土御門天皇実録』延徳四年七月十九日条。

198 文亀

一五〇一～一五〇四

(1)改元年月日……明応十年二月二十九日（西暦一五〇一年三月十八日）

(2)使用期間……三年

(3)改元理由……辛酉革命

(4)読み方……ぶんき／Bunqui（ロドリゲス『日本大文典』）／Bunki（ケムペル『日本志』）

(5)天皇……後柏原天皇

(6)関白／将軍…藤原（一条）冬良［関白］／足利義澄［将軍］

(7)勘申者……東坊城和長

(8)出典と章句

●『爾雅』「一曰神亀、二曰霊亀、三曰摂亀、四曰宝亀、五曰文亀、六曰筮亀、七曰山亀、八曰沢亀、九曰水亀、十曰火亀」

(9)候補年号の勘申者……高辻長直・高辻章長

(10)改元上卿／改元伝奏／改元奉行…九条常経［改元上卿］／中御門宣胤［改元伝奏］／広橋守光［改元奉行］

(11)改元陣議の参仕公卿…三条西実隆・勧修寺政顕・甘露寺元長・小倉季種・園基富・庭田重経・中御門宣秀

(13)文亀年間の主な出来事

●文亀元年三月　九条政基、和泉国日根野荘に下向する。

(14)改元の経緯及び特記事項

文亀改元は、辛酉革命を理由とする改元である。改元前年の二月から三月にかけて、すでに翌年の辛酉改元に向けた、辛酉革命勘文のことが朝廷内で議論されており、翌明応十年の一月には、辛酉革命を理由とした改元を行うことが決定されている。なお、文亀改元の理由として、明応九年に践祚した後柏原天皇の代始を挙げるものもあるが、改元の形式としては、辛酉革命改元として行われている。一方、恩赦については、代始の例により行われていない。

一月末には、改元仗議に参仕する公卿が決定するなど、着々と準備が進んでいる様子が分かる。二月九日には、年号案の勅問が関白の一条冬経らに対して行われており、この前後で朝廷内において新年号案の絞り込みが行われている。

なお、新年号案として年号勘者らは、文亀・貞徳・延禄・永禄・寛永・永正・万治・永光・文承などを勘進しており、その中から文亀が選ばれた。辛酉仗議は当初二月二十五日に予定されていたが延引し、改元定当日の二月二十九日に行われている。二十九日の改元定は予定通り行われたが、翌日の朝まで大分長引いたようである。

三月十一日には、幕府において改元吉書始が行われた。また、三月二十一日には、公家衆が室町第へ赴き、改元御礼の参賀を行っている。

⒂関係史料

●『後柏原天皇実録』明応十年二月二十九日条。

199 永正

一五〇四～一五二一

(1) 改元年月日…文亀四年二月三十日（西暦一五〇四年三月十六日）

(2) 使用期間……十七年六ヶ月

(3) 改元理由……甲子革令

(4) 読み方………えいしょう（ゑいしやう）／Yeixŏ（ロドリゲス『日本大文典』）／Jeeseo（ケムペル『日本志』）

(5) 天皇…………後柏原天皇

(6) 関白／将軍…藤原（九条）尚経［関白］／足利義澄［将軍］

(7) 勘申者………高辻長直

(8) 出典と章句…『周易緯』「永正其道、咸受吉化」

(9) 候補年号の勘申者……東坊城和長・高辻章長・五条為学

(10) 改元上卿／改元伝奏／改元奉行…菊亭公興［改元上卿］／甘露寺伊長［改元伝奏］／甘露寺伊長［改元奉行］

(11) 改元陣議の参仕公卿…三条西実隆・小倉季種・甘露寺元長・万里小路宣秀

(12)「永正」を冠する用語等

●**永正の錯乱**　永正四年の細川政元暗殺をきっかけとして始まった細川家内部の抗争。

(13) 永正年間の主な出来事

●永正四年六月二十三日　細川澄之、父の細川政元を殺害し、次いで細川澄元を追放する。

●永正五年四月十六日　足利義澄、近江へ逃亡し、同年七月には足利義尹（義稙）が征夷大将軍に任ぜられる。

●永正十八年三月二十二日　後柏原天皇、践祚後二十二年を経て即位式を行う。

⒁ 改元の経緯及び特記事項

永正改元は、文亀四年が甲子年にあたることを理由とする甲子革令改元である。甲子革令改元についてはこの時期、すでに定着していたため、前年の段階ですでにある程度の準備が進められていたものと考えられるが、詳細は不明である。文亀四年二月十五日になって、もともと二月二十四日に行われる予定であった改元が延期されることとなり、二月三十日に改元定が行われた。

年号勘者によって勘進された新年号案は、康徳・寛永・徳暦・文化・徳和・文承・永正・明保・乾徳・宝暦・久暦などで、この中から絞り込まれて「永正」と決定されている。改元の費用については、改元直前まで幕府側で調整が出来なかったようで、今月の改元を延期して七月にすべきとの意見も出るほどであったが、最終的には調達された。

また、この改元自体については、即位以前に二度の改元が行われることは前例がないとの意見も出されている。実際に、当時の後柏原天皇は、後土御門天皇崩御後の明応九年に践祚したものの、即位式が行われないまま、文亀・永正と改元が行われている。なお、後柏原天皇の即位式は大永元年（一五二一）まで行われなかった。

一方、永正の文字について、改元日前日に意見を求められた近衛政家は、「正」は、「一たび止まる」との古来の難があること、「正」は「キミ」とも読み、「キミ」を下に置くのは憚りがあること、「正」字を下に置く例は古代にはなく、近来は「康正」「寛正」「文正」などみな不快の例であると指摘している。

⒂ 関係史料

●『後柏原天皇実録』文亀四年二月三十日条。

200 大永

一五二一～一五二八

(1) 改元年月日…永正十八年八月二十三日（西暦一五二一年九月二十三日）
(2) 使用期間……六年十一ヶ月
(3) 改元理由……災異
(4) 読み方………だいえい／Deiyei（ロドリゲス『日本大文典』）／Teije（ケムペル『日本志』）
(5) 天皇…………後柏原天皇
(6) 関白…………藤原（二条）尹房
(7) 勘申者………五条為学
(8) 出典と章句
●『杜氏通典』「庶務至微、至密、其大則以永業」
(9) 候補年号の勘申者……東坊城和長・高辻長直・東坊城長光・五条為康
(10) 改元上卿／改元伝奏／改元奉行…徳大寺公胤［改元上卿］／甘露寺元長［改元伝奏］／庭田重親［改元奉行］
(11) 改元陣議の参仕公卿…中御門宣秀・甘露寺伊長・五条為学・冷泉為和・万里小路秀房
(13) 大永年間の主な出来事
●大永元年十二月二十五日　足利義晴、征夷大将軍に任じられる。
●大永七年二月　桂川合戦で幕府側敗退、将軍足利義晴・細川高国、近江へ逃亡する。
(14) 改元の経緯及び特記事項

大永改元は、兵革などによる災異改元である。先の永正年間には永正四年（一五〇七）にも足利義澄から改元の申入れが行われているが、実施に至っていない。この理由については、永正四年に細川澄之が殺害されるなど政変が相次いだことによると考えられている（池享二〇〇三）。

今回の改元に際しては、逃亡していた足利義稙に代わって新将軍を擁立するために、細川高国が朝廷側に改元を申し入れている。このことから、細川高国としては、将軍代始の改元を志向していたことが分かる。

七月二十八日には、翌月に改元を行うことを、幕府側から朝廷に申し入れている。八月七日には改元を同月二十三日に行うことが発表され、また翌八日には、年号勘者宣下が行われ、新年号の選定作業が本格化している。中旬には勘文が後柏原天皇に密奏され、その前後には近衛尚通や九条尚経などにも勅問が行われたようである。その後も準備は順調に進み、八月二十三日に改元定が行われ、「大永」と改元された。年号勘者による年号案としては、康徳・万安・大暦・寛安・徳暦・大永・乾天・徳和・観国・和元・徳喜・顕祥・徳禄・久和などが示されている。

⒂ 関係史料

●『後柏原天皇実録』永正十八年八月二十三日条。

201 享禄 一五二八～一五三二

(1)**改元年月日**…大永八年八月二十日（西暦一五二八年九月三日）
(2)**使用期間**……三年十一ヶ月
(3)**改元理由**……災異
(4)**読み方**………きょうろく（きやうろく）／Quiŏrocu（ロドリゲス『日本大文典』）／Koraku（ケムペル『日本志』）
(5)**天皇**…………後奈良天皇
(6)**関白／将軍**…藤原（近衛）稙家［関白］／足利義晴［将軍］
(7)**勘申者**………東坊城和長
(8)**出典と章句**…『周易』「居天位享天禄也」
(9)**候補年号の勘申者**……東坊城長淳・五条為康
(10)**改元上卿／改元奉行**…三条西公条［改元上卿］／広橋兼秀［改元奉行］
(11)**改元陣議の参仕公卿**…三条公頼・中院通胤・庭田重視・柳原資定
(13)**享禄年間の主な出来事**
●享禄四年六月　細川高国、三好元長に敗れ自害する。
(14)**改元の経緯及び特記事項**

享禄改元は、戦乱などを理由とした災異改元である。六月末には、当時近江坂本にいた将軍足利義晴により改元が発議されている。その後、朝廷側でも準備が進められており、七月十六日には、東坊城和長以下五人に対して改元勘者宣下が行われた。

当初は七月二十三日に改元が行われる予定であったが、宮中の触穢のため、七月二十日になって翌八月二十日に改元日が延期されている。八月に入ると準備が加速しており、十二日には改元勘文を将軍足利義晴に見せ、義晴は、この中から「延禄」「同徳」の二号を除くように指示している。また、八月十八日には、内々に新年号についての勅問が関白近衛稙家などに行われており、また、改元定に参仕する公卿らによる習礼も行われている。八月二十日には改元定が行われ、「享禄」と改元された。

年号勘者らによって挙奏された年号案は、寛安・享禄・至元・和元などであった。

⒂ 関係史料

●『後奈良天皇実録』大永八年八月二十日条。

202 天文

一五三二〜一五五五

(1) **改元年月日**…享禄五年七月二十九日（西暦一五三二年八月二十九日）

(2) **使用期間**……二十三年三ヶ月

(3) **改元理由**……災異

(4) **読み方**………てんぶん／Tembun（ロドリゲス『日本大文典』）／Tembun（ケムペル『日本志』）

(5) **天皇**…………後奈良天皇

(6) **関白／将軍**…藤原（近衛）稙家［関白］／足利義晴［将軍］

(7) **勘申者**………高辻長雅

(8) **出典と章句**…『尚書』「舜察天文、斉七政」

(9) **候補年号の勘申者**……五条為康・五条為学

(10) **改元上卿／改元奉行**…三条西公条［改元上卿］／広橋兼秀［改元奉行］

(11) **改元陣議の参仕公卿**…三条公頼・五条為学・庭田重視・三条西実世

(12) **「天文」を冠する用語等**

● **天文法華の乱**　天文五年七月、延暦寺門徒らが京都の法華寺院を襲い、法華一揆を壊滅させた戦乱。上京は戦火により全焼した。

(13) **天文年間の主な出来事**

● 天文五年二月二十六日　後奈良天皇の即位式が行われる。

● 天文十二年二月十四日　織田信秀、朝廷に内裏修理料四千貫を献上する。

● 天文十二年八月二十五日　ポルトガル船、種子島に漂着し、鉄砲を伝える。

●天文十五年十二月二十日　足利義藤（義輝）、征夷大将軍に任じられる。
●天文十八年七月三日　イエズス会宣教師フランシスコ・ザビエル、鹿児島に上陸する。

(14) 改元の経緯及び特記事項

改元理由は、疫病流行等による災異改元であるが、改元の詳しい経緯などは不明な点が多い。七月上旬には、当時近江に滞在していた足利義晴によって改元の申入れがなされており、その後急速に改元に向けた準備が進められたものと考えられる。

七月二十一日には九条稙通邸で改元勘者宣下が行われ、二十九日には改元定があり、「天文」と改元された。年号勘者による年号案としては、漢徳・文承・天文・弘暦・康徳・寛永・文元・大応・天保・寛安・徳和・乾徳などが挙げられている。

(15) 関係史料

●『後奈良天皇実録』享禄五年七月二十九日条。

203 弘治

一五五五〜一五五八

(1) **改元年月日**…天文二十四年十月二十三日（西暦一五五五年十一月七日）
(2) **使用期間**……二年四ヶ月
(3) **改元理由**……災異
(4) **読み方**………こうじ（こうぢ）／Cŏji（ロドリゲス『日本大文典』）／Koodsi（ケムペル『日本志』）
(5) **天皇**…………後奈良天皇
(6) **関白／将軍**…藤原（近衛）前久［関白］／足利義輝［将軍］
(7) **勘申者**………高辻長雅
(8) **出典と章句**…『北斉書』「祇承宝命、志弘治体」
(9) **候補年号の勘申者**……五条為康
(10) **改元上卿／改元奉行**…万里小路惟房［改元上卿］／甘露寺経元［改元奉行］
(11) **改元陣議の参仕公卿**…広橋国光・五条通為・高辻長雅・水無瀬親氏・庭田重保
(13) **弘治年間の主な出来事**
●弘治三年十月二十七日　方仁親王（正親町天皇）、践祚する
(14) **改元の経緯及び特記事項**

天文九年四月には、朝廷側から幕府に対して、前年の水害や当年の病流行などを理由として、改元を行うことが申し入れられ、幕府内で議論が行われている。その後、改元費用の調達方法や、公家衆などとの相談も行われたが、結果として天文年号は、若君（後の足利義輝）の誕生や将軍の京都帰還などはあったが、さしたる差し障りがなく、「尤も然るべき」年号であり、改元を行う必要はないとして延引されている。

弘治への改元についての詳細な経緯は、不明な点が多いが、災異改元として準備が進められた。天文二十四年十月十三日には改元勘者宣下が行われ、その後、年号選定にともなう勅問が関白近衛前久らに対して行われ、改元前日と当日にそれぞれ勅答が届けられている。十月二十三日には改元定が行われたが、改元の上卿を勤める予定であった西園寺公朝が故障のため、急遽万里小路惟房が上卿を勤めた。

仗議では、文化・弘治・元亀・文元・寛安・貞正・乾徳などが候補として議論された後、新年号は「弘治」と決定された。改元定は、明け方まで及んでいる。

なお、改元に関係する費用については、「御湯殿上日記」の改元当日条に、「御てさた（手沙汰）にておこなわるゝ」とあることから、朝廷側で費用を調達して改元に及んだと考えられている。

⒂ 関係史料

●『後奈良天皇実録』天文二十四年十月二十三日条。

204 永禄　一五五八〜一五七〇

(1)**改元年月日**…弘治四年二月二十八日（西暦一五五八年三月十八日）
(2)**使用期間**……十二年二ヶ月
(3)**改元理由**……代始
(4)**読み方**………えいろく（ゑいろく）／Yeirocu（ロドリゲス『日本大文典』）／Jeekoku（ケムペル『日本志』）
(5)**天皇**…………正親町天皇
(6)**関白／将軍**…藤原（近衛）前久［関白］／足利義輝［将軍］
(7)**勘申者**………高辻長雅
(8)**出典と章句**…『群書治要』「保世持家、永全福禄者也」
(9)**候補年号の勘申者**……五条為康
(10)**改元上卿／改元奉行**…西園寺公朝［改元上卿］／柳原淳光［改元奉行］
(11)**改元陣議の参仕公卿**…柳原資定・中院通為・高辻長雅・水無瀬親氏
(13)**永禄年間の主な出来事**

●永禄三年五月十九日　織田信長、桶狭間の戦いで今川義元を破る。
●永禄十一年九月二十六日　織田信長、足利義昭を奉じて上洛。

(14)**改元の経緯及び特記事項**

永禄改元は、前年に践祚した正親町天皇の代始改元である。

改元の実施にいたる経緯は、不明な点が残るが、弘治四年二月二十二日には、改元の内勘文が天皇のもとへ上げられており、この前後には改元日も決定したものと考えられる。改元勘者から永安・徳暦・延禄・永禄・寛安・享寿などの号が挙げられ、仗議をへて「永禄」と決定された。

「惟房公記」によれば、改元後二か月が経過した五月末になっても、永禄へと改元したことが将軍足利義輝に伝えられず、義輝は弘治の年号を使い続けていたという。当時、義輝は近江朽木へ逃れており、実質的には三好長慶や松永久秀が政権を掌握していた。その後、万里小路惟房が将軍側近の三淵藤英を通して永禄への改元を伝達している。

一方、御所で行われた改元の際の警固を、室町幕府の政所執事であった伊勢貞孝が勤めている。伊勢はこの頃、在京しており、三好長慶とともに行動をしていることから、この改元は、足利義輝に対抗する形で、三好長慶が深く関与していたことが推定される。

なお、改元後の永禄年間には度々改元が発議されていることが諸資料から確認できる。永禄七年には松永久秀から改元実施の申入があったが、実現せず、翌八年の十二月にも朝廷内で改元の実施が発表されているが沙汰やみとなっている。

一方、永禄年間中に、この時期以前には通例として改元が行われていた辛酉年と甲子年（永禄四年および永禄七年）があったが、改元は行われなかった。朝廷が窮乏していた時期でもあるが、改元不実施の理由は不明である。

⒂ 関係史料

●『正親町天皇実録』弘治四年二月二十八日条。

205 元亀

一五七〇～一五七三

(1) **改元年月日**……永禄十三年四月二十三日（西暦一五七〇年五月二十七日）
(2) **使用期間**……三年三ヶ月
(3) **改元理由**……災異
(4) **読み方**……げんき（ぐゑんき）／Guenqui（ロドリゲス『日本大文典』）／Genki（ケムペル『日本志』）
(5) **天皇**……正親町天皇
(6) **関白／将軍**…藤原（二条）晴良［関白］／足利義昭［将軍］
(7) **勘申者**……高辻長雅
(8) **出典と章句**
●『毛詩』「憬彼淮夷、来献其琛、元亀象歯、大賂南金」
●『文選』「元亀水卿処、潜龍蟠於沮沢、応鳴鼓而興雨」
(9) **候補年号の勘申者**……東坊城盛長
(10) **改元上卿／改元伝奏／改元奉行**…三条西実澄［改元上卿］／中山孝親［改元伝奏］／甘露寺経元［改元奉行］
(11) **改元陣議の参仕公卿**…三条西実澄・甘露寺経元・菊亭晴季・中山孝親・持明院基孝・四条公遠
(13) **永禄年間の主な出来事**
●元亀元年六月二十八日　織田信長、姉川の戦いで浅井長政を破る。
●元亀二年九月十二日　織田信長、比叡山を焼き討ちにする。
●元亀四年七月　足利義昭、京都から追放され、室町幕府が滅亡する。
(14) **改元の経緯及び特記事項**

永禄十一年九月、織田信長に奉じられて足利義昭が上洛し、同年中には義昭から朝廷側に改元が申し入れられた。義昭は上洛後征夷大将軍に任じられており、将軍代始を理由とした改元を希望していたと考えられる。翌永禄十二年四月には、義昭から当月中に改元を行うべき旨が朝廷側に申し入れられたが、準備の時間がないことや、年号勘者の高辻長雅が在京していないことを理由として、朝廷側では実施が困難な旨を幕府側に伝え、七月には必ず行うとのことで準備が進められている。

改元日については、五月、閏五月、六月は、「其例悪」しとして、七月が選ばれた。また、改元伝奏に中山孝親、改元奉行に甘露寺経元がそれぞれ任じられ、準備が進められている。しかし、七月の改元については、その後沙汰やみとなったようである。理由は不明であるが、六月末には姉川の戦いが発生するなど、情勢が流動化していたことが原因である可能性が考えられる。

その後、永禄十三年一月になり、再び幕府側から改元が沙汰されており、改元費用についての相談も朝幕間でなされている。なお、改元の費用については後の記録から、五十貫が調達されたことが知られる。それ以前は毎回三十貫であったが、公家装束などの調達に不便であるとして増加された。

二月には、改元勘者宣下や仗議参仕の公卿について朝廷内で相談されており、八日には年号勘者宣下が行われ、十八日には参仕の公卿が決定している。四月十三日には、改元の勘文が到来し、翌日には二条輝良・一条内基らに改元の勅問が行われている。同月十八日、二十二日には改元の習礼が行われるなど、着々と準備が進み、二十三日には改元が行われた。年号案としては、明徴・寛永・乾徳・元亀・天正・建正・安化・明和の八号が挙げられ、この中から難陳などを経て、「元亀」が選ばれた。

⒂ 関係史料

●『大日本史料』第十編之四／『正親町天皇実録』永禄十三年四月二十三日条。

206 天正

一五七三〜一五九三

(1) **改元年月日**…元亀四年七月二十八日（西暦一五七三年八月二十五日）

(2) **使用期間**……十九年四ヶ月／(3) **改元理由**……災異

(4) **読み方**………てんしょう（てんしやう）／Tenxǒ（ロドリゲス『日本大文典』）／Jensoo（ケムペル『日本志』）

(5) **天皇**…………正親町天皇

(6) **関白**…………藤原（二条）晴良

(7) **勘申者**………高辻長雅

(8) **出典と章句**…『文選』「高以下為基、民以食為天、正其末者端其本、善其後者慎其先」／『老子経』「清静者為天下正」

(9) **候補年号の勘申者**……東坊城盛長

(10) **改元上卿／改元奉行**…菊亭晴季［改元上卿］／中山親綱［改元奉行］

(11) **改元陣議の参仕公卿**…菊亭晴季・高辻長雅・四辻公遠・甘露寺経元

(12) **「天正」を冠する用語等**

●**天正遣欧使節**　九州の大名であった大友宗麟らの名代としてローマに派遣された使節団。使節には伊藤マンショら四人の少年が含まれ、長崎を出発したのち、ローマに至り、当時の教皇グレゴリオ十三世に謁見した。

●**天正地震**　天正十三年十一月二十九日に発生した地震。震源は岐阜県附近と考えられているが不明。飛騨の帰雲城が土砂崩れにより全壊したと伝えられるほか、美濃大垣城・近江長浜城、伊勢長島城でも城が崩壊するなど、北陸地方から中部地方、近畿地方にかけての各地で甚大な被害が発生した。

(13) **天正年間の主な出来事**

●天正元年八月　織田信長、一乗谷の戦いで朝倉氏を、小谷城の戦いで浅井氏をそれぞれ滅ぼす。

●天正十年三月十一日　織田信長・徳川家康ら武田氏を攻め、武田勝頼が自害、武田氏が滅亡する。
●天正十年六月二日　明智光秀によって本能寺の変が起こされ、織田信長が自害する。
●天正十五年五月八日　豊臣秀吉の九州攻めにより、島津義久が出家し降伏する。
●天正十八年七月　豊臣秀吉、小田原城を包囲し、北条氏政を自害させる（小田原合戦）。
●天正二十年四月　小西行長をはじめとする軍勢が朝鮮半島に上陸し、文禄の役が始まる。

⒁ 改元の経緯及び特記事項

元亀四年二月に織田信長が足利義昭に申し入れた十七箇条の中に、「元亀之年不吉」であるため、「かいけん（改元）可然」ところ、未だに行われておらず、「御油断、不可然」との記載がある。実際に、前年の元亀三年三月には、朝廷側で改元が発議され、幕府と織田信長に伝えられたが、幕府側で費用の調達が行われなかったため、改元が延期されている。

信長は、その足利義昭を京都から追放し、七月十八日には宇治槇島城で降伏させた。その直後の七月二十一日には、信長から朝廷に対し「にはかに」改元の申入れがあり、朝廷では改元の勘文を信長に見せている。その後は異例の速さで準備が進められ、七月二十八日には改元が行われ天正となった。

なお、改元勘者の宣下は元亀三年段階で既に行われていたようである。天正の文字については、信長も天正を望んでおり、年号の制定には信長の強い影響があったものと考えられる。また、天正改元においては、織田信長にあてて正親町天皇の綸旨が出されている。この中では、改元が行われ天正と年号が定まったことを「珍重」とした上で、「天下静謐安穏之基」であり「満足」であるとしている。

⒂ 関係史料

●『大日本史料』第十編之十六／『正親町天皇実録』元亀四年七月二十八日条。

207 文禄

一五九三〜一五九六

(1) 改元年月日…天正二十年十二月八日（西暦一五九三年一月十日）

(2) 使用期間……三年十ヶ月

(3) 改元理由……代始

(4) 読み方………ぶんろく／Bunrocu（ロドリゲス『日本大文典』）／Bunroku（ケムペル『日本志』）

(5) 天皇…………後陽成天皇

(6) 関白…………豊臣秀次

(7) 勘申者………東坊城盛長

(8) 出典と章句…

●『杜氏通典』（禄秩巻貞観二年制注）「凡京文武官、毎歳給禄」

(9) 候補年号の勘申者……五条為良

(10) 改元上卿／改元奉行…菊亭晴季［改元上卿］／中御門資胤［改元奉行］

(11) 改元陣議の参仕公卿…水無瀬兼成・庭田重通・広橋兼勝・中山慶親

(12)「文禄」を冠する用語等

●**文禄・慶長の役**　明の征服を企てた豊臣秀吉により、文禄元年（一五九三）から慶長三（一五九八）年にかけて二度に渡り、主として朝鮮半島を舞台に戦われた戦争。

(13) 文禄年間の主な出来事

●文禄四年七月十五日　豊臣秀吉、高野山で豊臣秀次を自害させる。

●文禄五年閏七月十三日　近畿地方を中心に大地震が発生、伏見城が崩壊し、方広寺大仏殿が大破するなど甚大な被害が出る（慶長伏見地震）。

●文禄五年九月　豊臣秀吉、大坂城で明使と会見するも、講和内容に激怒し、朝鮮への再出兵を命じる。

⒁ 改元の経緯及び特記事項

後陽成天皇の代始を理由として行われた改元であるが、天正十四年（一五八六）の践祚からはすでに六年を経過しており、直接的な理由ではないと考えられる。一つの年号の使用期間が二十年以上の長期に渡ると、改元の機運が高まることがあり、江戸時代にもそのような事例が散見される（寛永、享保）ことから、文禄改元の理由の一つになった可能性もある。当時太閤であった豊臣秀吉にとっては、後北条氏を滅亡させ、天下統一を果たしたことや、朝鮮出兵に着手したことを契機として、改元を希望した可能性も指摘されている（池享二〇〇三）。

新年号の文禄については、同じく候補であった「正保」とともに、難陳が行われていないことから、秀吉が希望した年号であるともみられている。年号勘者より勘申された案は、天澄・享明・延禄・万永・文弘・寛永・正保・文禄などである。

⒂ 関係史料

●『後陽成天皇実録』天正二十年十二月八日条。

コラム28　歴代と年号の暗誦歌（覚え歌）

現在、天皇は一二五代に亘り、また年号は二四七を数える。これらを全て覚えることは容易でないが、参考になる暗誦歌（覚え歌）が昔から作られ使われている。

まず一つは、平安末期ころ一たん成立して鎌倉末期まで追補されたA「年代略頌」である（『簾中抄』所載）。ついで、それを補訂して室町中後期に成立したB「年代記［暗誦］」（東大史料編纂所蔵『類聚』所載）である。

さらに、室町末期から江戸初期に出来あがったC『年代号略頌』は、A・Bを受け継ぎながら口調を整えたもので、寛文九年（一六六九）後水尾法皇の「御口誦」を聴いて書きとめた写本が伝存する（所、一九八八に全文翻刻）。

その冒頭は「文武十一、先四年、大宝三年、慶雲四、元明七年、是和銅……」といった調子で始まる。文武天皇は在位十一年に及ぶが、先（初め）の四年は年号がなく、ついで「大宝」が三年、「慶雲」が四年と続く。次の元明天皇は在位七年に及ぶが、その間すべて「和銅」年号であった、という事実を簡潔にまとめている。

同じくC末尾は「（霊元）上皇在位二十四、寛文八尚十ケ年、延宝八年、天和三、貞享最初ノ三ケ年。／今上（東山）皇帝」で終わる。このように天皇の称号と在位年数、及び年号名と使用年数を絡み合わせ、それを大体七五調で整えて表す工夫が見られる。

なお、これとは別の『年号歌』もある（『日本教科書大系別巻『往来物系譜』』）。それは文化十年（一八一三）の成立で、「乾々斎主人」の作という。その冒頭にもみられるとおり、「年号ハ皇極帝ノ四年ニテ……孝徳即位乙巳（を）大化元トゾ申ケル。是年号ノ始ナリ。今（文化十年）ヨリ千百六十九（年前）、五年ニ改む（冠位）十九階、八省百官置玉フ……」とCより詳しい。〔T〕

コラム29　年号の読み方・書き方

現在使われている江戸時代以前の年号の読み方は、習慣的に用いられているもので、同時代に、人々に対して正式に読み方が伝えられることはなかった。江戸時代には、朝廷内での新年号案の絞り込みや、幕府での検討などの際には、読み方や音に注意されることがあり、不吉な音や言葉につながる候補は外されたが、正式な読み方について、朝廷と幕府の間で議論されたことはないようである。江戸時代後期になると、新年号に振り仮名をつけた触が出された例もあるが、全国的に行われたものではない。

このため、例えば「明暦」については、当時「めいれき」と読んだか「めいりゃく」と読んだか、はっきりしない。年号の読み方が統一されなかったため、当時の記録からも、両様で読まれた例が確認できる。

一方、新年号の字について、漢字を略字で書くかどうかについては、幕末の「萬延」年号の際に、年号は重要なことであるので、「萬」と正字で記すようにという触れが出されている。

しかし、「万治」の時にはそのような触れは確認できない。江戸時代当時は読み方、書き方ともに、朝廷や幕府から人々への指示はなかったようである。

〔Y〕

コラム30　朝廷と幕府による年号の伝達

江戸時代の改元は、朝廷で儀式が行われて正式に決定されるが、新年号は全国にどのように伝えられたのだろうか。

まず、朝廷で改元が行われると、朝廷内においてはその日から新年号が用いられた。しかし、京都の町内では、幕府からの正式な通達を待ってから新年号が用いられたため、朝廷で改元が行われてから新年号が用いられるまで平均して一〇日程度がかかっている。

朝廷で改元が行われたことは、直ちに京都所司代を通じて幕府に伝えられた。幕府はその直後に、諸大名を江戸城に出仕させ、老中列座のもとで改元を伝達した。幕府の正式な改元日は、朝廷での改元日ではなく、江戸城での披露の日とされ、全国にも幕府での披露日が改元日として伝えられた。また、藩によっては、家臣を集めて藩において改元を披露するところもあった。

松前や対馬、薩摩など遠方の国々も含めて、全国にはおよそ一ヶ月から二ヶ月で新年号が伝達されている。伊豆大島では改元四ヶ月後に伝達されたという事例が、現在確認できた中では最も遅いものであるが、島嶼部も含めて相当の速度で全国に改元が伝えられていたことが分かる。

〔Y〕

208 慶長

一五九六〜一六一五

(1) 改元年月日…文禄五年十月二十七日（西暦一五九六年十二月十六日）
(2) 使用期間……十八年九ヶ月
(3) 改元理由……災異
(4) 読み方………けいちょう（きやうちやう）／Quiŏchŏ（ロドリゲス『日本大文典』）／Keitsjo（ケムペル『日本志』）
(5) 天皇…………後陽成天皇
(7) 勘申者………五条為経
(8) 出典と章句…『毛詩注疏』「文王功徳深厚、故福慶延長」
(9) 候補年号の勘申者……東坊城盛長
(10) 改元上卿／改元伝奏／改元奉行…鷹司信房［改元上卿］／中山親綱［改元伝奏］／葉室頼宣［改元奉行］
(11) 改元陣議の参仕公卿…日野輝資・久我敦通・水無瀬兼成・広橋兼勝・花山院家雅・万里小路充房・高倉永孝・六条有広
(12)「慶長」を冠する用語等
●慶長の役（「文禄」に前出）
●慶長金銀　慶長大判・小判・慶長銀の総称で、徳川家康の鋳造した貨幣。元禄八年の金銀改鋳まで流通した。
●慶長版　慶長年間に出版された活字本の総称で、後陽成天皇による「日本書紀神代巻」「職原抄」「大学」等の慶長勅版、徳川家康による伏見版など、公武、民間を含めて多数出版された。
●慶長大地震　慶長九年十二月十六日に本州の太平洋沖で発生した地震。関東から九州にかけて津波が発生した。
(13) 当慶長年間の主な出来事

●慶長三年八月十八日　豊臣秀吉（六十三歳）、没する。
●慶長五年九月十五日　関ヶ原の合戦が起こり、徳川家康率いる東軍が、石田三成率いる西軍を破る。
●慶長八年二月十二日　徳川家康、征夷大将軍に任命され、江戸幕府を開く。
●慶長十九年十月　大坂冬の陣が起こる。
●慶長二十年四月　大坂夏の陣が起こり、翌月、豊臣秀頼と淀殿が自害する。

⒁ 改元の経緯及び特記事項

文禄四年十一月には、早くも前田玄以と公家衆との間で、改元に関するやりとりが行われている。結果としては沙汰止みとなったが、関白豊臣秀次が文禄四年七月に自害したことにより、秀頼を中心とした新しい豊臣政権の展開を内外に示すことを目的とした改元であったとも考えられている（神田裕理二〇一一）。

翌文禄五年は秋以降地震が頻発し、朝廷では祭主の藤波慶忠を伊勢神宮に派遣して、地震の終息を祈らせるなど緊張が高まっていた。八月七日には、前田玄以から朝廷側に地震を鎮めるための祈祷と改元が申し入れられている。これを受けて朝廷側では、本格的に改元に向けた準備が進められたと考えられ、改元参仕の公卿や改元勘者が決定されたほか、九月以降には改元の習礼が少なくとも三回行われている。

その後、十月二十七日には改元定が行われ、慶長と改元された。年号勘者の挙奏した号は、長祥・万安・宝暦・康徳・享明・寛安・大応・建正・天観・慶長・嘉福などであった。当日は大雨となったため、改元の儀式を見学する予定であった梵舜は、見学を見送っている。改元難陳では、「慶長」号の難陳のみ行われなかったことから、秀吉が希望した号であるともみられている。

⒂ 関係史料

●『後陽成天皇実録』文禄五年十月二十七日条。

209 元和　一六一五～一六二四

(1) 改元年月日…慶長二十年七月十三日（西暦一六一五年九月五日）

(2) 使用期間……八年八ヶ月

(3) 改元理由……代始、大坂城落城

(4) 読み方………げんな（けんわ、ぐゑんわ）／Geniwa（ケムペル『日本志』）

(5) 天皇／上皇…後水尾天皇／後陽成上皇

(6) 関白／将軍…藤原（鷹司）信尚［関白］／徳川秀忠［将軍］

(7) 勘申者………五条為経

(8) 出典と章句…唐憲宗年号

(9) 候補年号の勘申者……東坊城長維・五条為適

(10) 改元上卿／改元伝奏／改元奉行…近衛信尋［改元上卿］／広橋兼勝［改元伝奏］／広橋兼賢［改元奉行］

(11) 改元陣議の参仕公卿…花山院定煕・日野資勝・六条有広・飛鳥井雅庸・烏丸光広・広橋総光・徳大寺実久・西園寺公益・菊亭宣季・日野光慶

(12)「元和」を冠する用語等

●元和偃武　大坂冬の陣・夏の陣で豊臣氏が滅亡したことにより、応仁の乱以降の戦乱が集結したことを示した語句で、「偃武」とは、『書経』周書に由来する、武器をおさめて用いない平和な様子を示した言葉。

●元和大殉教　元和八年、長崎でカトリックのキリスト教徒ら五十五名が火刑・斬首により処刑された事件。

(13) 元和年間の主な出来事

●元和元年七月　武家諸法度、禁中並公家諸法度が公布される。

●元和二年四月十七日　徳川家康（七十五歳）、没する。
●元和六年六月十八日　徳川秀忠の娘和子、後水尾天皇に入内する。
●元和九年七月二十七日　徳川家光、征夷大将軍に任じられる。

⒁ 改元の経緯及び特記事項

慶長十六年に即位した後水尾天皇の代始改元として行われたが、実際には慶長十九年から二十年にかけての大坂の両陣（大坂冬の陣・夏の陣）で豊臣氏を滅ぼしたことを契機として、幕府からの強い要請があって行われたものと考えられる。慶長二十年五月末には、徳川家康からの改元を行うべきとの申し入れを受け、朝廷内で準備が開始されており、六月一日には、一旦六月二十八日に改元が行われることが決定された。しかし、その後六月の改元の先例に疑問が提起され、改元は七月へと延引された。朝廷は六月の段階で既に年号案を絞り込んでいたとみられるが、最終的には幕府の意向を反映して唐の憲宗の年号である元和を選択した。六月下旬には、改元日が七月十三日か十七日かに絞り込まれ、閏六月十七日には七月十三日に行われることが決定している。

その後、七月六日には改元の習礼、同八日には勘者宣下が行われ、七月十三日に慶長から元和へと改元が行われた。直後には禁中並公家諸法度が発布され、改元にも法度による制限が行われることとなった。一方、奈良の春日大社の記録では、改元が京都から伝えられなかったため、八月十五日まで伝達がずれ込んだ。

「春日社司祐範記」は、新年号の元和について、「元和は唐憲宗の年号、将軍の御意ということだが、陣儀はあった」と伝えている。

⒂ 関係史料

●『大日本史料』第十二編之二十二／『後陽成天皇実録』慶長二十年七月十三日条。

210 寛永

一六二四～一六四五

(1) 改元年月日…元和十年二月三十日（西暦一六二四年四月十七日）
(2) 使用期間……二十年十ヶ月
(3) 改元理由……甲子革令
(4) 読み方………かんえい（くわんゑい）／Quan Je（ケムペル『日本志』）
(5) 天皇…………後水尾天皇
(6) 関白／将軍…藤原（近衛）信尋［関白］／徳川家光［将軍］
(7) 勘申者………東坊城長維
(8) 出典と章句…『毛詩朱氏注』「寛広、永長」
(9) 候補年号の勘申者……五条為適
(10) 改元上卿／改元伝奏／改元奉行…一条兼遐［改元上卿］／中院通村［改元伝奏］／竹谷光長［改元奉行］
(11) 改元陣議の参仕公卿…烏丸光広・西園寺公益・四辻季継・阿野実顕・日野光慶・中院通村・広橋兼賢・柳原業光・花山院定好
(12) 「寛永」を冠する用語等

●**寛永寺**　東京都台東区上野にある天台宗の関東総本山。山号は東叡山。開山は天海で、江戸時代前期以降、皇族の法親王が日光山輪王寺門跡として居住した。慶応四年五月の上野戦争の際に主要伽藍を焼失した。

●**寛永通宝**　寛永十三年以降、幕末まで鋳造された、江戸時代の基本銭貨。これ以前は、永楽銭や鐚銭などが混合した状況で銭が流通していたが、寛永通宝のみに統一されていった。

⒀寛永年間の主な出来事

- 寛永四年七月十九日　紫衣事件起こる。
- 寛永六年十一月八日　後水尾天皇が譲位し、明正女帝が即位する。
- 寛永九年五月二十九日　肥後熊本藩主加藤忠広、改易される。／十月十二日　駿府藩主徳川忠長、改易される。
- 寛永十四年十月二十五日　天草・島原の乱起こる。

⒁改元の経緯及び特記事項

寛永改元は、元和十年が甲子年に当たることを理由とする甲子革令改元であり、戦国時代の永正改元（一五〇四）以来一二〇年ぶりの復活であったが（佐藤一九八八）、徳川家光がこの直前に将軍に就任したことと関連付けたものとの指摘もある（所一九八八、山田一九七九）。また、元和六年ころには京都などでは治安が悪化し、放火などが頻発しており、「元和の字はケムクワ（喧嘩）と読むべし」などとして、巷で元和年号は不評となっていた。

一方、甲子革令改元と同様に、平安時代以降慣例として行われてきた辛酉革命改元について、朝廷内では、辛酉年前年の元和六年末に翌年の辛酉革命改元に向けた動きが若干見られるが、結果としては実施されなかった。これらのことから考えれば、徳川家光の将軍就職を契機として、甲子革令改元を復活したと考えるのが妥当であろう。

元和九年末の段階で、来年早々に甲子革令改元を行うことが決定され、準備が進められている。二月初めには二月三十日に改元が行われることが決定され、参仕の公卿らに伝達された。年号は、朝廷から幕府に対し八号を提示し、その中の三号（寛永・享明・貞正）から天皇の意向により定めることを幕府も了解し、寛永と改元されることとなった。（久保一九九八）

⒂関係史料……『後水尾天皇実録』元和十年二月三十日条。

211 正保　一六四五〜一六四八

(1) **改元年月日**…寛永二一年十二月十六日（一六四五年一月十三日）
(2) **使用期間**……三年二ヶ月
(3) **改元理由**……代始
(4) **読み方**………しょうほう（しやうほう）／Seofo（ケムペル『日本志』）
(5) **天皇／上皇**…後光明天皇／後水尾上皇
(6) **摂政／将軍**…藤原（二条）康道［摂政］／徳川家光［将軍］
(7) **勘申者**………東坊城知長
(8) **出典と章句**…『尚書正義』「正保衡佐我烈祖、格于皇天」
(9) **候補年号の勘申者**……五条為適・高辻長純
(10) **改元上卿／改元伝奏／改元奉行**…九条道房［改元上卿］／広橋兼賢［改元伝奏］／正親町実豊［改元奉行］
(11) **改元陣議の参仕公卿**…徳大寺公信・姉小路公景・鷲尾隆量・清閑寺共綱・平松時庸・広橋綏光・日野弘資
(12) **「正保」を冠する用語等**

●**正保国絵図**　正保元年、幕府が各大名に命じて提出させた国絵図。郷帳（土地台帳）や城絵図なども合わせて作成が命じられた。以後江戸時代、複数回にわたって国絵図の編纂が命じられている。

(14) **改元の経緯及び特記事項**

正保改元は、寛永二十年に即位した後光明天皇の代始改元として行われているが、「改元物語」には、後光明天皇の即位により、一年号が三代に渡る例がないとの理由で、改元が行われたと記される。また、寛永年号が二十年を超えていたことも要因の一つと考えられるが、寛永飢饉への対応など幕府側の理由を指摘する研究もある（北原一九七一）。なお、今回の改元では将軍家光の御前で朝廷から示された勘文が読み上げられ、家光が「年号は天下共に用ることとなれば、武家より定むべきこと勿論なり。公家武家の政は正しきに若はなし、正しくして保たば大吉なり」と議定したと伝わる。

朝廷側では、寛永二十一年の八月の段階で、すでに勘者宣下が行われており、その後に改元奉行なども決定されている。十月になると、新年号について、朝廷側で絞り込みを行う前に、事前に幕府との相談が必要かどうかなどについて朝廷内で意見が交わされており、二条康道はその方向で進めるべきであると意見を述べている。その後、朝廷側から幕府側に新年号案が示され、十一月一日付の返書が六日に朝廷に到来し、正保が良いとの意向が伝えられ、正保と改元することが内定した。

この方式は、江戸時代の改元方法の基本的な手順であり、この正保改元においてそれが確立したとの評価がなされている（高埜利彦一九八九・久保貴子一九九八）。その後も改元に向けた準備が着々と進められ、十二月十六日に改元が行われた。この時、近衛尚嗣は裹頭姿で改元の儀式を暁天まで見物している。翌々十八日には、左大臣九条道房の邸宅で、国解定文の奏聞が行われている。

⒂ 関係史料

●『後光明天皇実録』寛永二一年十二月十六日条。

212 慶安

一六四八〜一六五二

(1) **改元年月日**…正保五年二月十五日（西暦一六四八年四月七日）

(2) **使用期間**……四年七ヶ月

(3) **改元理由**……不明（御慎）

(4) **読み方**………けいあん／Kejan（ケムペル『日本志』）

(5) **天皇／上皇**…後光明天皇／後水尾上皇

(6) **関白／将軍**…藤原（一条）昭良［関白］／徳川家光［将軍］

(7) **勘申者**………五条為適

(8) **出典と章句**…『周易』「乃終有慶、安貞之吉、応地無疆」

(9) **候補年号の勘申者**……東坊城知長・高辻長純

(10) **改元上卿／改元伝奏／改元奉行**…近衛尚嗣［改元上卿］／広橋兼賢［改元伝奏］／園基福［改元奉行］

(11) **改元陣議の参仕公卿**…徳大寺公信・姉小路公景・野宮定逸・平松時庸・持明院基定・難波宗種・正親町実量・柳原資行・烏丸資慶

(12) **「慶安」を冠する用語等**

●慶安の御触書　江戸幕府が、慶安年間に農民支配のために出した法令であるとかつてはされていたが、研究により、現在では、甲斐で出されていた百姓への教諭書が広まって、慶安年間に仮託されたものであると考えられている。

●慶安事件　慶安四年に、由井正雪・丸橋忠弥らによって計画された、浪人たちを中心とした幕府転覆計画であるが、事前に露見。由井正雪は自害し、丸橋忠弥らは処刑された。

⒀ 慶安年間の主な出来事

● 慶安四年四月二十日　徳川家光、没する。
● 慶安四年十二月十一日　大名の改易による浪人の増大を防ぐため、末期養子の禁を緩和する。

⒁ 改元の経緯及び特記事項

慶安改元については、改元の理由や、朝幕どちらの申し入れによるものかは判然としない。理由については、「御慎み」との記録もあるが、その内容は定かではない。「改元物語」は、京都での噂として、「正保」は「焼亡」と響きが似ている、保の字を分ければ人口木となって飢饉を連想させる、正保元年と連署すれば「正に保元の年」（保元の乱）と読め、大乱の兆しがある、正の字は「一にして止む」と読め、久しくないことを意味する、などの噂が満ちたので、京都所司代の板倉重宗が幕府に改元を申し入れたとする。

正保五年当初には、改元へ向けての動きが確認でき、一月中旬には勘者宣下が行われている。年号勘者から勘申された号は、明暦・天和・慶安・文寛・万祥・明保・宝暦・明治・永安などである。閏一月中旬には、前摂政二条康道邸に後水尾天皇が行幸し、摂政一条昭良などと新年号につき相談を行い、明暦・慶安などを候補として幕府に伝えることとなった。しかし、閏一月二十一日に仁和寺宮覚深法親王が薨じたことにより、改元上卿の近衛尚嗣や弟である関白一条昭良が服忌に入ったため、二月三日の改元予定日が一旦延期されている。

閏一月下旬には、幕府から慶安でよいとの返答があり、新年号が固まった。二月十二日には、近衛邸で改元の習礼があり、十五日に改元定が行われた。なお、今回の改元において、官方・蔵人方の吉書の奏聞が、清涼殿の「ひの御座」（日御座）において行われことについて、小槻忠利は「近比まれなり、珍重々々」と記している。

⒂ 関係史料

● 『後光明天皇実録』正保五年二月十五日条。

213 承応
一六五二～一六五五

(1) 改元年月日…慶安五年九月十八日（西暦一六五二年十月二十日）
(2) 使用期間……二年七ヶ月
(3) 改元理由……災異、将軍家光死去
(4) 読み方………じょうおう（せうをう）／Seoo（ケムペル『日本志』）
(5) 天皇…………後光明天皇
(6) 関白／将軍…藤原（近衛）尚嗣［関白］／徳川家綱［将軍］
(7) 勘申者………東坊城知長
(8) 出典と章句…『晋書』（律暦志）「夏商承運、周氏応期」
(9) 候補年号の勘申者……東坊城長維・菅原良長
(10) 改元上卿／改元伝奏／改元奉行…二条光平［改元上卿］／広橋兼賢［改元伝奏］／油小路隆貞［改元奉行］
(11) 改元陣議の参仕公卿…転法輪三条公富・山科言総・日野弘資・正親町実豊・柳原資行
(12)「承応」を冠する用語等
●承応事件　改元直前の慶安五年九月、浪人であった別木庄左衛門らが、増上寺での徳川秀忠室崇源院二十七回忌に合わせて老中らを殺害することを計画したが、露見し処刑された事件。
(13) 承応年間の主な出来事
●承応二年九月二十八日　琉球の慶賀使、江戸で徳川家綱に謁見する。
●承応三年九月二十日　後光明天皇、崩御。

⒁ 改元の経緯及び特記事項

承応改元については、改元の理由は不明であるが、慶安五年二月の段階で、幕府から朝廷に改元が申入れられている。二月十六日には、後光明天皇の意向で改元が八月から九月ころに行われることに決定した。三月二十一日には勘者宣下が行われ、四月には年号勘文について朝廷内で協議が行われている。

この時、後光明天皇は、幕府への年号の提示方法や提示の数について積極的に発言をしているほか、年号案の絞り込みにも直接関わっている。年号勘者から勘進された、享応・文嘉・文長・承禄・承延・承応のなかから、承応・文嘉・享応の三号に絞り込んで幕府側に案が提示され、幕府側はその中から承応を選んで、新年号が事実上決定した。

七月上旬には、後光明天皇が九月に改元を行うことを決定し、改元に向けた準備が本格化する。八月下旬には改元の勘文が準備されて、二条光平の邸宅で国解続文と改元勘文の奏聞が行われている。その後、一旦九月十六日に改元日が決定するが、後水尾院の「御徳日」に当たるとして、九月九日に同月十八日に延引されることが決まった。十三日には二条光平邸で改元の習礼が行われ、十八日に改元定が行われた。翌十九日には、二条光平邸で国解定文の奏聞が行われている。

今回の改元の理由について、当初より幕府からは示されず、「慶安の時の如く御慎にて改元」として朝廷側では改元が行われた。「改元物語」では、改元前年に将軍家光が没し、徳川家綱が襲職したことを理由としており、将軍代始改元の意図が濃厚であったと考えられている（久保貴子一九九八）。

⒂ 関係史料

●『後光明天皇実録』慶安五年九月十八日条。

214 明暦

一六五五〜一六五八

(1) **改元年月日**…承応四年四月十三日（西暦一六五五年五月十八日）
(2) **使用期間**……三年三ヶ月／(3) **改元理由**……代始
(4) **読み方**………めいれき、めいりゃく／Meiruku（ケムペル『日本志』）
(5) **天皇**…………後西天皇
(6) **関白／将軍**…藤原（二条）光平［関白］／徳川家綱［将軍］
(7) **勘申者**………五条為庸
(8) **出典と章句**…『漢書』（律暦志）「大法九章而五紀明歴法」／『後漢書』「黄帝造歴、歴与暦同作」
(9) **候補年号の勘申者**……東坊城知長・東坊城長維
(10) **改元上卿／改元伝奏／改元奉行**…一条教輔［改元上卿］／清閑寺共綱［改元伝奏］／中御門資熙［改元奉行］
(11) **改元陣議の参仕公卿**…久我広通・葉室頼業・藪嗣孝・小川坊城俊広・清閑寺熙房・中院通茂
(12) **「明暦」を冠する用語等**

●**明暦の大火**　明暦三年一月十八日から十九日にかけて、江戸本郷の本妙寺付近などから出火し、江戸の広範囲を焼き尽くした大火。江戸城の天守閣や本丸・二の丸をはじめ、多くの大名屋敷も焼失した。振袖火事とも。

(13) **明暦年間の主な出来事**

●明暦三年二月二十七日　徳川光圀、『大日本史』の編纂に着手する。

(14) **改元の経緯及び特記事項**

明暦改元は、承応三年（一六五四）の後西天皇の即位による代始改元であるが、後光明天皇が崩御する以前の承応三年五月の段階で、「この秋か来年春」に改元が行われる方向で調整が進められており、六月十三日には年号勘者宣下が行われている。この時にはすでに改元上卿や伝奏・奉行、参仕公卿なども決まっており、本格的な準備が進んでいたと思われるが、秋に後光明天皇が崩御したため、結果として改元は翌年までずれ込んだ。この際の改元理由は不明だが、後光明天皇は承応三年には体調を崩しており、天皇の不例を理由とした改元の準備が進められていた可能性も考えられる。また、更にその前年の皇居炎上がきっかけであった可能性も指摘されている（久保貴子一九九八）。

一方、明暦改元をめぐる朝幕間、朝廷内での検討の様子については、不明な点が多い。承応四年四月一日には、一条教輔の邸宅で、五条為庸以下三人に対して勘者宣下が行われた。その後も順調に準備が進められ、十三日に改元定が行われ、「明暦」と改元された。年号勘者による年号案としては、文元・徳久・天明・貞正・明治・文長・明保・安永・文化・明暦・寛安・宝暦などが挙奏されている。

⒂**関係史料**……『後西天皇実録』承応四年四月十三日条。

コラム31　天皇が蔵書印に刻まれた年号

歴代の天皇が用いた蔵書印に、年号の文字が用いられる例がいくつかある。江戸時代初期の後西天皇は、即位後に改元された「明暦」を彫った印を蔵書に押している。また江戸時代中期の東山天皇は同じく「元禄」を、桜町天皇は「延享」をそれぞれ用いている。後西天皇の明暦と、東山天皇の元禄は、それぞれ自身の即位を理由として行われた改元で採用された年号である。

江戸時代は、一世一元の制が定められる以前で、天皇の即位以外にも、火災や地震などの天災、辛酉・甲子の革命・革令を理由とした改元などが行われており、即位中に複数回年号が変わることも多かった。中でも、天皇が自身の即位を理由とした改元で用いられた年号を、印として用いるということは、後の一世一元の制につながる考え方が当時からすでに芽生えていた、と考えても良いのかもしれない。

〔Y〕

215 萬治　一六五八〜一六六一

(1) **改元年月日**…明暦四年七月二十三日（西暦一六五八年八月二十一日）
(2) **使用期間**……二年九ヶ月
(3) **改元理由**……災異
(4) **読み方**………まんじ（まんぢ）／Bantsi（ケムペル『日本志』）
(5) **天皇**…………後西天皇
(6) **関白／将軍**…藤原（二条）光平［関白］／徳川家綱［将軍］
(7) **勘申者**………高辻豊長
(8) **出典と章句**…『史記』「衆民乃定、萬国為治」
(9) **候補年号の勘申者**……東坊城長維・東坊城知長・五条為庸
(10) **改元上卿／改元伝奏／改元奉行**…三条公富［改元上卿］／勧修寺経広［改元伝奏］／葉室頼業［改元奉行］
(11) **改元陣議の参仕公卿**…葉室頼業・園基福・小川坊城俊広・中御門宗条・六条有和・東園基賢・万里小路雅房・小倉実起
(13) **萬治年間の主な出来事**
●萬治四年一月十五日　京都大火によって内裏や仙洞御所が焼失する。
(14) **改元の経緯及び特記事項**

明暦三年一月十八日に発生し、江戸の大半を焼き尽くした明暦の大火を契機として行われた改元で、幕府側から申入れがあった。江戸時代に入ってから初の災異改元である。改元は、大規模な戦乱や飢饉、火災、地震などの災害を契機として行われることも多いが、京都以外の都市で発生した火災を契機とした改元は今回が初めてである。

同年八月下旬には、十一月には改元を行う方向で、朝廷内で検討が進められている。八月末には新年号候補が幕府側に伝達されるなど準備が進んでいたが、十月に入り、将軍家綱の意向として、年内の改元は延期し、来年一月か二月に改元を行いたいとの意向が朝廷側に示され、朝廷でも先例の調査などに取り掛かっている。その後、具体的な改元への動きが見られないまま明暦四年に入り、改元は七月まで延期されることになった。

七月五日には年号勘者宣下が三条公富邸で行われ、その後の二十一日には改元定が行われ、萬治と改元された。年号勘者から勘申された年号は、永安・文長・至正・文嘉・康徳・文元・文平・大正・乾永・寛禄・貞正・宝観・萬治・永禎・嘉徳などであった。

⒂ 関係史料

●『後西天皇実録』明暦四年七月二十三日条。

216 寛文

一六六一～一六七三

(1) 改元年月日… 万治四年四月二十五日（西暦一六六一年五月二十三日）
(2) 使用期間…… 十二年五ヶ月
(3) 改元理由…… 災異
(4) 読み方……… かんぶん（くわんぶん）／Quan Bun（ケムペル『日本志』）
(5) 天皇………… 後西天皇
(6) 関白／将軍… 藤原（二条）光平［関白］／徳川家綱［将軍］
(7) 勘申者……… 五条為庸
(8) 出典と章句… 『荀子』「節奏陵而文生民、寛而安上文下安、巧名之極也」
(9) 候補年号の勘申者…… 東坊城知長・高辻豊長
(10) 改元上卿／改元伝奏／改元奉行…鷹司房輔［改元上卿］／清閑寺共綱［改元伝奏］／桂昭房［改元奉行］
(11) 改元陣議の参仕公卿… 烏丸資慶・中院通茂・清閑寺煕房・今出川公規・五条為庸・平松時量・中御門資煕
(12)「寛文」を冠する用語等
●**寛文印知**　四代将軍徳川家綱が、寛文四年から翌年にかけて、全国の大名・寺社・公家などにあてて一斉に同形式の朱印状と領知目録を発給したこと。
(13) 寛文年間の主な出来事
●寛文元年閏八月九日　幕府、甲府に徳川綱重を、館林に徳川綱吉を封じる。
●寛文三年一月二十六日　後西天皇、譲位する。
●寛文三年五月二十三日　幕府、武家諸法度を改訂し、殉死を禁止する。

●寛文十三年五月九日　京都で大火が起き、内裏が炎上する。

⒁ 改元の経緯及び特記事項

寛文改元は、万治四年正月十五日に京都で発生した大火により、御所が炎上したことを契機として行われた災異改元で、朝廷側から幕府側に申入れられた。先の万治改元が江戸の大火を理由として実施されたことを受け、幕府では「万治の改元は江戸の火事に由てなり、然れば今度内裏の炎上に因て改元あるべきとの勅定なれば、武家より兎角仰らるるに及ばず」（「改元物語」）との意向が示され、改元に向けた準備が本格化した。

朝廷では三月上旬にはすでに改元に向けた準備が進められており、下旬には新年号候補を幕府に示し、幕府側からは「寛文」が最善案との返答がなされている。この際、幕府側からは公家から希望があった改元なので、一つに絞らず、寛文に二つの案を加え、三案のうち叡慮次第として返答を行っている。

なお、改元勘者から勘申された年号は、享久・文久・文長・嘉徳・永禎・宝永・大延・寛文・安永などであった。四月上旬になって、上卿を勤める鷹司房輔の邸で年号勘者宣下が行われ、続いて同月二十一日にはやはり鷹司邸で年号勘文と国解の奏聞が行われている。四月二十五日には、条事定に続いて改元定が行われ、新年号は「寛文」と決定した。

⒂ 関係史料

●『後西天皇実録』万治四年四月二十五日条。

217 延宝

一六七三～一六八一

(1)改元年月日…寛文十三年九月二十一日（一六七三年十月三十日）
(2)使用期間……八年
(3)改元理由……災異、京都大火
(4)読み方………えんぽう（ゑんぽう）／Jempo（ケムペル『日本志』）
(5)天皇…………霊元天皇
(6)関白／将軍…藤原（鷹司）房輔［関白］／徳川家綱［将軍］
(7)勘申者………五条為庸
(8)出典と章句…『隋書』「分四序、綴三光、延宝祚、渺無疆」
(9)候補年号の勘申者……五条為致・東坊城長詮・高辻豊長・東坊城知長
(10)改元上卿／改元伝奏／改元奉行…九条兼晴［改元上卿］／葉室頼業［改元伝奏］／日野資茂［改元奉行］
(11)改元陣議の参仕公卿…万里小路雅房・大炊御門経光・五条為庸・葉室頼孝・勧修寺経慶・今城定淳・甘露寺方長・

鷲尾隆尹

(12)「延宝」を冠する用語等

●**延宝房総沖地震**　延宝五年十月九日に、房総半島東方沖付近で発生したと考えられる地震。規模や震源の詳細は明らかでないが、宮城県から東北地方から中部地方の太平洋側で津波の被害が記録されている。

(13)延宝年間の主な出来事

●延宝八年五月八日　徳川家綱、没する。
●延宝八年八月十九日　後水尾法皇、崩御。

⒁ 改元の経緯及び特記事項

延宝改元は、京都での大火をはじめとした災害の頻発を理由とする災異改元である。寛文十三年五月八日に京都で大火があり、内裏をはじめ多くの建物が焼失した。これを受け、七月には、「出火之難」を理由として幕府と改元に向けた交渉が行われ、幕府から了解が得られている。他にも、同年五月の西日本を中心とした集中豪雨による洪水や、霊元天皇の代始改元を理由とする記載もある。

霊元天皇即位による代始改元については、「改元物語」に、「寛文三年、当今（霊元天皇）皇帝即位マシマス、御宇ノ初メナレハ改元アリタクオホシメス沙汰アリシトナン、然ト事遂サレハ、江戸ヨリ御許容ナカリケル」とあり、朝廷側から申入れがあったにも関わらず、幕府側ではこれを拒否したとされる。

一方、霊元天皇代始改元について、朝廷側では寛文四年以降延引を続けているとの認識があった。実際、延宝改元の際の吉書の取り扱いなどは代始改元に準じた形で行われている（「重房宿祢記」）。これらのことから、朝廷側としては表向き京都大火をきっかけとする災異を理由として改元を行ったが、内々では霊元天皇の代始改元との認識があったことが分かる。当該期、幕府は実質的に天皇代始改元を認めず、将軍代始改元を志向していたとも指摘されており（久保貴子一九九八）、改元理由についても、朝廷側の意向が反映されにくい状況であったことがうかがえる。

七月末には、八月もしくは九月に改元を行う方向で調整が進められた。九月十三日には九条兼晴邸で年号勘者宣下、十七日には改元の習礼、二十一日には改元定が行われ、「延宝」へと改元された。

⒂ 関係史料

●『霊元天皇実録』寛文十三年九月二十一日条。

218 天和 一六八一〜一六八四

⑴ **改元年月日**… 延宝九年九月二十九日（西暦一六八一年十一月九日）
⑵ **使用期間**…… 二年五ヶ月
⑶ **改元理由**…… 辛酉革命
⑷ **読み方**……… てんな（てんわ）／Tenwa（ケムペル『日本志』）
⑸ **天皇**………… 霊元天皇
⑹ **関白／将軍**… 藤原（鷹司）房輔［関白］／徳川綱吉［将軍］
⑺ **勘申者**……… 唐橋在庸
⑻ **出典と章句**… 『後漢書』「天人協和、万国咸寧」
⑼ **候補年号の勘申者**…… 東坊城長詮・高辻豊長
⑽ **改元上卿／改元伝奏／改元奉行**…近衛基熙［改元上卿］／油小路隆貞［改元伝奏］／松木宗顕［改元奉行］
⑾ **改元陣議の参仕公卿**… 清閑寺熙房・三条実通・近衛家熙・柳原資廉・今出川伊季・醍醐冬基・千種有維・万里小路淳房・正親町公通
⒀ **天和年間の主な出来事**
●天和二年十二月二十六日　江戸駒込大円寺より出火し大火となる（お七火事）。
⒁ **改元の経緯及び特記事項**

天和改元は、文亀改元（一五〇一）以来一八〇年ぶりの辛酉革命改元である。延宝九年が辛酉の年に当たっていたことから、五月には辛酉革命を理由とした改元を行うことが朝幕間で決定し、準備が本格化している。辛酉革命改元は春に行われることが通例であったが、霊元天皇の父後水尾院が延宝八年八月に崩じたことによる諒闇のため、春の改元は見送られている（「堯恕法親王日記」）。

六月中旬には、九月か十月ころには改元を行う方向で検討が進められており、七月末には九月中に改元を行うことが決定し、八月には勘進年号の調整に入っている。しかし、勘進された年号について、霊元天皇や左大臣近衛基熙などの了解が得られず、再びの勘進などが行われた結果、朝廷による幕府への新年号案の提示は九月中旬までずれ込んだ。九月十四日には、辛酉仗議等の習礼を未明まで行っており、二十二日には、改元日が二十九日に決定している。

幕府は九月二十六日には、新年号を「天和」として差支えない旨を朝廷側に返答し、予定通り九月二十九日に改元定が行われ、「天和」と改元された。しかし、霊元天皇の意向は「天明」であったとされ、「天和」号に決定したことについて、霊元天皇が、「御気色不快」な様子であったとの風聞が伝えられている（「基熙公記」）。

なお、改元詔書については永享十三年の例により作成されており、辛酉革命改元の先例が調査されていることが分かる。

⒂ 関係史料

●『霊元天皇実録』延宝九年九月二十九日条。

219 貞享 一六八四～一六八八

(1)改元年月日…天和四年二月二十一日（西暦一六八四年四月五日）
(2)使用期間……四年七ヶ月
(3)改元理由……甲子革令
(4)読み方………じょうきょう（ぢやうきやう）／Dsiokio（ケムペル『日本志』）
(5)天皇…………霊元天皇
(6)関白／将軍…藤原（一条）冬経［関白］／徳川綱吉［将軍］
(7)勘申者………東坊城恒長
(8)出典と章句…『周易』「永貞吉、王用享于帝吉」
(9)候補年号の勘申者……高辻豊長・東坊城長詮・唐橋在庸・高辻長量
(10)改元上卿／改元伝奏／改元奉行…鷹司兼熙［改元上卿］／清閑寺熙房［改元伝奏］／中山篤親［改元奉行］
(11)改元陣議の参仕公卿…烏丸光雄・鷲尾隆尹・日野資茂・松木宗顕・東園基量・清水谷実業・庭田重条
(12)「貞享」を冠する用語等
●貞享暦　貞享元年に、それまで用いられていた宣命暦を改めて改暦宣下が行われた暦で、翌年から使用された。
●貞享騒動　貞享三年に信濃国松本藩で発生した一揆。加助騒動とも。
(13)貞享年間の主な出来事
●貞享四年十一月十六日　東山天皇の即位にともない、大嘗祭が再興される。
(14)改元の経緯及び特記事項
貞享改元は、寛永改元に続く江戸時代二回目の甲子革令改元である。改元前年の天和三年十一月には、朝廷側で甲子革令改元を行う準備が進められ、来年二月を目途に改元を行うことや、改元定への参加公卿や改元伝奏や改元奉行、年号勘者などが内々に決定している。十二月七日には、革令当否勘者宣下が、鷹司兼熙邸で行われた。

天和四年正月には、年号の勘進が行われ、十五号（大応・嘉徳・文承・安永・明和・享応・社長・天明・弘徳・貞徳・元寧・貞享・文長・寛禄・貞正）の中から文長・天明、特に文長が良いとの意向が幕府側に伝えられたが、幕府は「先日挙申字不快」として、勘進のやり直しを求めた。その後、朝廷では再び年号案を絞りこみ、勅問として幕府に宝永・安永・貞享の三号を案として伝えた。

幕府はその中から貞享を選択し、新年号が決定した。これが朝廷に伝えられたのは二月二十一日の改元直前の二月十九日であった。二月十六日には、鷹司兼熙邸で国解奏聞があり、また同日には条事定も行われている。二月二十一日には、革令定ののち改元定が行われ、新年号が「貞享」と決定した。なお、難陳の様子を議定所において霊元天皇が見聞しているほか、関白の一条冬経も陣座脇で見聞している。

⒂ 関係史料

●『霊元天皇実録』天和四年二月二十一日条。

220 元禄

一六八八〜一七〇四

(1) **改元年月日**…貞享五年九月三十日（西暦一六八八年十月二十三日）
(2) **使用期間**……十五年五ヶ月
(3) **改元理由**……代始
(4) **読み方**………げんろく（ぐゑんろく）／Genroku（ケムペル『日本志』）
(5) **天皇／上皇**…東山天皇／霊元上皇
(6) **摂政／将軍**…藤原（一条）冬経［摂政］／徳川綱吉［将軍］
(7) **勘申者**………高辻長量
(8) **出典と章句**…『文選』「建立元勲、以応顕禄、福之上也」
(9) **候補年号の勘申者**……高辻豊長・東坊城恒長
(10) **改元上卿／改元伝奏／改元奉行**…近衛家熙［改元上卿］／烏丸光雄［改元伝奏］／葉室頼重［改元奉行］
(11) **改元陣議の参仕公卿**…久我通誠・万里小路淳房・姉小路公量・広幡豊忠・中山篤親・清閑寺熙定・西洞院時成・油小路隆真・藪嗣章・正親町三条実久
(12) **「元禄」を冠する用語等**

●**元禄文化**　元禄時代を中心に、京都・大坂などの上方を中心に花開いた文化。井原西鶴や近松門左衛門をはじめとして多くの文化人を輩出した。

●**元禄地震**　元禄十六年十一月二十三日に、千葉県の房総半島南方沖で発生したと推定される地震。東北や畿内でも揺れが感じられ、南関東や東海では津波による被害も大きく、小田原では小田原城天守が倒壊した。

⒀ 元禄年間の主な出来事

● 元禄十四年三月十四日　浅野長矩、江戸城中で高家吉良義央に切りつけ、切腹・改易を命じられる。

● 元禄十五年十二月十五日　赤穂浪士、江戸の吉良邸に討ち入り、吉良義央を殺害する。

⒁ 改元の経緯及び特記事項

元禄改元は、貞享四年（一六八七）に即位した東山天皇の代始改元である。貞享五年九月初めには、朝廷で挙げられた年号案十一号（寛延・文嘉・寛禄・宝文・天成・文定・宝永・文亨・元禄・弘永・享和）が所司代を通して幕府に伝えられた。このように、事前に年号案を幕府と相談することについて、東園基量はこの時、「年号を江戸で先に一号に決めて伝えてくれれば、仗議が「有名無実」となってしまうので、今回は幕府側で二、三号を選定し、そのなかから仗議で年号を治定したい。このため、先年は年号案を三号、幕府側に遣わしたが、今回は勘文をすべて江戸へ遣わしたいと所司代に伝え、所司代も尤であるとして、江戸へ伝えると申していた」（「基量公記」）と日記に書きとめている。江戸時代初期に確立していた改元の作法について、約百年を経て、疑問を持つ公家がいたことがわかる。しかし、九月十八日、幕府は年号案から元禄・享和と二号を選んで返答したものの、その中から特に元禄が良いとの但し書きをつける形で、幕府が事実上、最終的に年号を決定する権限を持っていることを確認している。また、霊元上皇が希望していた「宝永」号は、採用されていない。九月三十日、改元定が行われ、元禄と改元された。

⒂ 関係史料

●『東山天皇実録』貞享五年九月三十日条。

221 宝永
一七〇四〜一七一一

⑴ **改元年月日**…元禄十七年三月十三日（西暦一七〇四年四月十六日）
⑵ **使用期間**……七年一ヶ月
⑶ **改元理由**……代始
⑷ **読み方**………ほうえい
⑸ **天皇**…………東山天皇
⑹ **関白／将軍**…藤原（鷹司）兼熙［関白］／徳川綱吉［将軍］
⑺ **勘申者**………五条為範
⑻ **出典と章句**…『唐書』「宝祚惟永、暉光日新」
⑼ **候補年号の勘申者**……東坊城長詮・清岡長時・東坊城総長
⑽ **改元上卿／改元伝奏／改元奉行**…九条輔実［改元上卿］／勧修寺経慶［改元伝奏］／中山兼親［改元奉行］
⑾ **改元陣議の参仕公卿**…今出川伊季・徳大寺公全・平松時方・葉室頼重・大炊御門経音・醍醐昭尹・石井行豊・坊城俊清・東園基長
⑿ **「宝永」を冠する用語等**
●**宝永地震**　宝永四年十月四日に、紀伊半島沖を震源として発生した巨大地震。関東から九州までの広範囲を強い揺れが襲い、太平洋側では大津波が発生し甚大な被害が出た。
●**宝永噴火**　宝永四年十一月二十三日にはじまった富士山の大規模な噴火で、降灰は江戸を含む関東地方の広範囲に及んだ。この際に出来た新たな火口は宝永火口と呼ばれる。これ以後、富士山は現在まで噴火をしていない。

⒀ 宝永年間の主な出来事

●宝永六年一月　徳川綱吉没し、生類憐みの令廃止される。
●宝永七年八月十一日　新井白石の建言により、東山天皇皇子直仁親王を初代とする閑院宮家が創設される。

⒁ 改元の経緯及び特記事項

元禄十六年の十二月には、十一月二十三日に発生した南関東の大地震と同月二十九日に起こった江戸の大火（水戸様火事）を理由とした改元の申し入れが、幕府側から行われている。翌元禄十七年正月五日には、二月中旬以前には改元を行うことが朝幕間で合意され、その後参仕公卿の選定など、急速に改元の準備が進められた。一月にはすでに新年号案が勘進され、絞り込み作業が行われている。この中で、霊元上皇は、案の中にあった「寛安」号について、読み方が「火難」「患難」につながることから憚るべきであるとの意向を示している。

二月に入ると、それらをふまえて計七号（安永・正観・享和・乾永・明和・寛延・天保）の年号案が幕府側に示されたが、「勘文不可然」として更なる勘申が求められた。このため当初二月二十三日に予定されていた改元は、三月へと延期されることになる。この事態を受けて近衛基熙は、「武権超過」「諸般凡慮之外也、嗚呼々々」と嘆きをその日記に記している。息子の近衛家熙も、「其意趣一向不分明」と不快感をにじませている。その後再び示された案の中から幕府は「宝永」を選択し、三月十三日、改元定が行われ、「宝永」と改元された。

⒂ 関係史料

●『東山天皇実録』元禄十七年三月十三日条。

222 正徳　一七一一～一七一六

(1) **改元年月日**… 宝永八年四月二十五日（西暦一七一一年六月十一日）
(2) **使用期間**…… 五年二ヶ月
(3) **改元理由**…… 代始
(4) **読み方**……… しょうとく（しやうとく）
(5) **天皇／上皇**… 中御門天皇／霊元上皇
(6) **摂政／将軍**… 藤原（近衛）家熙［摂政］／徳川家宣［将軍］
(7) **勘申者**……… 東坊城総長
(8) **出典と章句**…『尚書正義』「正徳者自正其徳」
(9) **候補年号の勘申者**…… 清岡長時・五条為範・唐橋在廉
(10) **改元上卿／改元伝奏／改元奉行**… 二条綱平［改元上卿］／中院通躬［改元伝奏］／園基香［改元奉行］
(11) **改元陣議の参仕公卿**… 九条師孝・正親町三条公統・下冷泉為経・久我惟通・鷲尾隆長・六条有藤・野宮定基・万里小路尚房
(12) **「正徳」を冠する用語等**
● 正徳新例　正徳五年一月、貿易に際し、国外への金銀等の流出を制限する海舶互市新例が出される。
(13) **正徳年間の主な出来事**
● 正徳四年三月　大奥の老女絵島が、歌舞伎役者の生島新五郎らに遊興に及んだことが発端となり、大奥に対し大規模な綱紀粛正が行われる（絵島・生島事件）。
● 正徳五年九月二十五日　霊元法皇皇女八十宮と徳川家継との婚約が成立する。

⑭ 改元の経緯及び特記事項

正徳改元は、宝永六年（一七〇九）に践祚した中御門天皇の代始改元である。当初は践祚翌年の宝永七年に改元が行われる予定であったが、宝永六年十二月に東山上皇が崩御し、続いて中御門天皇の生母新崇賢門院が薨去したため、翌年の改元は延期された。宝永八年になると、改元に向けた動きが再び確認でき、二月には中御門天皇や霊元上皇が春中には改元を行う意向を示している（平井誠二一九九六）。

同時期には、幕府からも、朝廷に対して改元を急ぐように伝えられている。理由として幕府は、天皇の代始以外に、富士山の噴火や宝永五年三月の京都大火、宝永六年正月の徳川綱吉の死去などを念頭に置いたとみられる「打続凶事」を挙げている。加えて徳川家宣の将軍就任も含め、幕府側においてもこの時期、改元への機運が熟しつつあったと考えられている（久保貴子一九九八）。

宝永八年三月末には、朝幕間で改元の合意に達し、朝廷側では準備が急速に進められた。四月二日には改元陣儀参加者が決定し、八日には、年号勘者宣下が行われた。四月十五日には、朝廷から示された年号案から、幕府が「正徳」を選択し、新年号が事実上決定している。霊元上皇は、「寛保」を推していたが、保の字が柳沢吉保（松平保山）を連想させるとして採用されなかった。

なお、この「正徳」年号は、新井白石による推薦があり幕府側で決定されている。四月二十五日に条事定、次いで改元定が行われ、年号が「正徳」と改められた。この際、寛保・享保・享和・正徳・明和などの年号案に対して難陳が行われている。

⑮ 関係史料

●『中御門天皇実録』宝永八年四月二十五日条。

223 享保

一七一六～一七三六

(1)**改元年月日**…正徳六年六月二十二日（西暦一七一六年八月九日）
(2)**使用期間**……十九年十一ヶ月
(3)**改元理由**……災異、将軍家継死去
(4)**読み方**………きょうほう（きやうほう）
(5)**天皇／上皇**…中御門天皇／霊元法皇
(6)**摂政**…………藤原（九条）輔実
(7)**勘申者**………桑原長義・唐橋在廉
(8)**出典と章句**…『後周書』「享茲大命、保有万国」
(9)**候補年号の勘申者**……東坊城資長・高辻総長・清岡致長
(10)**改元上卿／改元伝奏／改元奉行**…近衛家久［改元上卿］／油小路隆真［改元伝奏］／庭田重孝［改元奉行］
(11)**改元陣議の参仕公卿**…広幡豊忠・一条兼香・滋野井公澄・油小路隆典・今出川公詮・風早公長・甘露寺尚長・園基香
(12)**「享保」を冠する用語等**
●享保の改革　八代将軍徳川吉宗によって主導された幕政改革。慢性的な財政状況の悪化に対応するため、倹約令などで支出を抑える一方、上米の制などで年貢の増収を図った。また、小石川養生所の設置や株仲間の公認、貨幣の改鋳を行うなど、改革は多岐にわたった。
●享保の飢饉　享保十七年に西日本を中心に発生した飢饉。冷害に伴う不作が重なり、西国各地で大きな被害が出た。
(13)**享保年間の主な出来事**
●享保元年八月十三日　徳川吉宗、征夷大将軍に任じられる。

●享保四年十一月十五日　徳川吉宗、金銭関係の訴訟の増大に対応するため、相対済し令を発布する。
●享保六年八月二日　徳川吉宗、幕政の参考にするため、江戸市民からの投書を受け付ける目安箱を設置する。

(14) 改元の経緯及び特記事項

徳川家宣に続いて、徳川家継が正徳六年四月に死去したことをきっかけにした災異改元である。幕府側から改元の申入れがあり、五月中旬には六月中旬に改元を行うことや、改元上卿などが決定している。しかし、六月の改元については、過去に二例しかなく、その中でも平安時代末期、二条天皇の年号である永万は悪例であるため、避けるべきだとの意見もあった。しかし、摂政の九条輔実は、六月の改元を容認しており、近衛基煕などはそれに反発している。

幕府は改元を相当急がせたようで、「基煕公記」には、「毎事可為急々」と記されている。六月三日には、改元勘者の宣下が行われているが、この段階ではまだ改元の日時は固まっていない

朝廷は、幕府に対して、享保・明宝・文長・保和・延享・明和・元文の七号を内々に送っているが、十五日ころになって、幕府からの返答があり、年号が「享保」と内定している。十八日には改元日が二十二日に決定し、二十二日に条事定と改元定が行われた。改元の申入れから実施までわずか一ケ月余りという、極めて早い速度で改元の実施に至っており、朝廷内でも十分な準備ができていなかったようである。

(15) 関係史料

●『中御門天皇実録』正徳六年六月二十二日条。

224 元文　一七三六～一七四一

(1) **改元年月日**…享保二十一年四月二十八日（西暦一七三六年六月七日）
(2) **使用期間**……四年十ヶ月
(3) **改元理由**……代始
(4) **読み方**………げんぶん（ぐゑんぶん）
(5) **天皇／上皇**…桜町天皇／中御門上皇
(6) **関白／将軍**…藤原（近衛）家久［関白］／徳川吉宗［将軍］
(7) **勘申者**………唐橋在秀
(8) **出典と章句**…『文選』「武創元基、文集大命、皆体天作制、順時立政、至于帝皇、遂重熙而累盛」
(9) **候補年号の勘申者**……東坊城総長・五条為成
(10) **改元上卿／改元伝奏／改元奉行**…一条兼香［改元上卿］／勧修寺高顕［改元伝奏］／広橋兼胤［改元奉行］
(11) **改元陣議の参仕公卿**…三条利季・西園寺公晃・二条宗熙・醍醐兼潔・坊城俊将・中山栄親・唐橋在廉・万里小路稙房・清閑寺秀定
(12) **「元文」を冠する用語等**
●**元文金銀**　元文元年に改鋳され、その後文政年間まで鋳造が続いた金銀貨。従前の正徳金銀に比べて品位を大幅に引き下げたため、一時的に物価が高騰するなどの混乱があった。
(13) **元文年間の主な出来事**
●元文三年十一月十九日　桜町天皇の践祚に伴い、貞享年間以来中絶していた大嘗祭が復興された。
●元文五年十一月十八日　徳川吉宗四男宗尹、一橋家を創始する。

⑭ 改元の経緯及び特記事項

元文改元は、享保二十年に践祚した桜町天皇の代始改元として行われた。享保二十一年二月中旬には、四月下旬に代始を理由とした改元が行われることが朝廷内で発表され、同時に改元伝奏や奉行なども決定している。直後には年号勘者も内定した。桜町天皇の強い意向で菅原氏ではない、伏原宣通の年号勘者への登用が検討されたが、その後菅原氏らの強い反発もあり、撤回している（コラム参照）。

その後も順調に準備が進み、四月一日には一条兼香邸で年号勘者宣下が行われ、提出された新年号案の中から朝廷内で絞り込み作業が行われた。この段階では、年号勘者から、天明・文長・寛延・久治・明安・天悠・元文・明治・宝文・万禄・徳寿・大亀・宝暦・明和・永安などの年号が勘進されている。翌二日には、関白近衛家久らに対して年号案について勅問が行われている。四月八日には、先に示された年号案のうち七号について、案を絞り込んだうえで幕府に勅問し、十九日には、「元文」との意向が幕府より伝えられ、事実上新年号が決定した。

四月二十六日には、国解并年号勘文が奏聞され、二十八日には条事定につづいて改元定が行われ、元文と改元された。五月三日には、改元詔書の覆奏が行われている。

⑮ 関係史料

●『桜町天皇実録』享保二十一年四月二十八日条。

コラム32　年号勘申を続けた菅家のプライド

年号案を提出する年号勘者は、改元ごとに二〜五名程度任命される。この年号勘者には、菅原氏の人々が多く任命されており、特に江戸時代以降はほぼ独占の状況となった。菅原氏は、菅原道真の血を引く一族で、江戸時代には六家（高辻家・五条家・唐橋家・東坊城家・清岡家・桑原家）あり、紀伝道や儒学を専らとする学問の家である。

ところが、元文改元（一七三六）の際、今まで独占していた菅原氏以外に、清原氏の流れの伏原宣通が年号勘者に内定したことから、菅原氏は衝撃を受ける。しかも、それが中御門上皇の意向であるというからたまらない。菅原氏は、直後に連名で、改元の実務を行う改元奉行と改元伝奏あてに「大宝以来紀伝道儒者が勘進を行っており、明経道儒者が勘進を行った例はない」との意見を提出し、伏原宣通の改元勘者への内定の撤回を求めた。しかし、紀伝道の者しか勧進できない証拠はと問われて、東坊城長誠は「確かな証拠はないが、改元の記録から考えると、紀伝道の他には（勘進を行った）所見がない」と苦しい意見を述べている。

実際に遡れば、紀伝道以外の人々が勧進した例も複数確認できる。しかし、結果としては、朝廷内でやはり問題があるとの意見が出たこともあり、桜町天皇が伏原宣通を勘者から外すことを決断し、一件落着となった。その後、江戸時代を通じて菅家以外のものが勘者になることは遂になかったのである。〔Y〕

コラム33　深夜の改元、真冬の改元

改元の陣儀は、深夜にかけて行われることが多い。改元の日時は、土御門家によって行われる日時勘文の中から選ばれ、決定されるが、改元定の儀式は、大抵が酉や戌刻頃（現在の夕方から夜のはじめころ）になってから始まる。儀式の内容は複雑で、年号を絞り込む難陳や、天皇への奏聞など数時間を要し、明け方まで長引くこともある。

陣座で行われる儀式は、松明などが暗闇を照らす中、粛々と進められていく。改元の陣儀は、公家などが多く見学していることが日記などから分かるが、その中には深夜になったため途中で退出してしまうことも珍しくない。また、上卿に

よる儀式の段取りが悪いために長引くこともあった。

一方、改元は過去の例から、六月や閏月など行われるのが少ない月もあるが、基本的にはどの月でも行われた。江戸時代にも、天保・弘化改元は十二月、寛政は一月で、辛酉・甲子年の革命・革令改元は二月に行われるのが通例であった。十二月や一月は現在の暦に直せば、一月から二月の一年で最も寒い時期にあたる。陣座は屋根はあるが、塀に囲まれたつくりではないため、実際には相当な寒さであったと考えられる。深夜に、それも寒い中で行われる儀式によって、年号が決まることもあったのである。〔Y〕

コラム34　全国の農村でも使われた年号

江戸時代の農村では、年号はどの程度人々に知られていたのだろうか。

当時、改元は、幕府や藩などを通して全国津々浦々にまで伝えられており、少なくとも村の名主や庄屋などには確実に伝えられている。

農村の古文書を見ていると、年号ではなく干支を用いて年月日を記すこともあるが、借用書などの証文類などでは干支ではなく年号が使われることが多い。また、過去帳や石碑などには干支よりもむしろ年号が用いられることが多い。争論の経緯などを記した古文書にも、過去の年号を用いて「〇〇元年以来…」などと説明がなされることもある。

さらに、年号普及に当たり大きな効果があったと考えられるものに、暦がある。伊勢の御師が各地を回って頒布した伊勢暦には、はっきりと毎年の年号が記されている。

これらのことから、江戸時代には農村部も含めて、年号をほとんどの人が知っていたと考えてよいであろう。〔Y〕

225 寛保

一七四一〜一七四四

⑴**改元年月日**…元文六年二月二十七日（西暦一七四一年四月十二日）
⑵**使用期間**……三年
⑶**改元理由**……辛酉革命
⑷**読み方**………かんぽう（くわんぽう）
⑸**天皇**…………桜町天皇
⑹**関白／将軍**…藤原（一条）兼香［関白］／徳川吉宗［将軍］
⑺**勘申者**………清岡長香
⑻**出典と章句**…『国語』「寛所以保本也、注云本位也、寛則得衆」
⑼**候補年号の勘申者**……高辻家長・唐橋在廉
⑽**改元上卿／改元伝奏／改元奉行**…九条稙基［改元上卿］／日野資時［改元伝奏］／勧修寺顕道［改元奉行］
⑾**改元陣議の参仕公卿**…三条西公福・大炊御門経秀・今出川誠季・飛鳥井雅香・東園基楨・広橋兼胤・六条有起・八条隆英・甘露寺規長
⑿**「寛保」を冠する用語等**

●**御触書寛保集成**　徳川吉宗の命により、幕府評定所でまとめられた幕府の法令集で、元和元年から寛保三年までの法令が集められている。延享元年に完成。

●**寛保の洪水・高潮**　寛保二年七月末から八月にかけて、関東から近畿地方の広い範囲を襲った風水害。京都の桂川や信濃の千曲川、関東の荒川や多摩川などが氾濫し、江戸の下町地域では洪水により甚大な被害が出た。

⒀ 寛保年間の主な出来事

●寛保二年四月六日　徳川吉宗が編纂を命じた、江戸幕府の基本法典である「公事方御定書」が成立する。

⒁ 改元の経緯及び特記事項

寛保改元は、辛酉革命による改元である。辛酉年の前年の元文五年秋にはすでに朝廷内で改元に向けた動きがみられ、十一月には来年二月ごろに辛酉革命改元を行うことが幕府に伝えられ、了承されている。十一月末には改元伝奏・改元奉行が、十二月上旬には上卿や仗議に参加する公卿らが決定し、更に年号の案も勘進された。

翌元文六年一月には本格的な新年号候補の選定が行われ、合わせて年号勘者宣下も行われている。天皇の意向により、追加での年号勘進が行われ、さらには公卿らへの勅問を経て、二月七日には年号案のうち七号（寛保・延享・嘉徳・文長・嘉延・天保・享和）が幕府側に示された。

この中でも朝廷では、寛保・延享を推し、その中でも大臣の挙奏が多いとして特に寛保を推している。これに対し、幕府側は寛保を選定した。なお、年号案を幕府に送付する際、朝廷側は二月二十日ころまでの返答を幕府に求めている。また、この間に改元伝奏の油小路隆典に故障が発生したため、日野資時に変更されている。

二月二十四日には条事定が、二十七日には辛酉革命当否仗議に続いて改元定が行われ、「寛保」と改元された。

⒂ 関係史料

●『桜町天皇実録』元文六年二月二十七日条。

226 延享

一七四四〜一七四八

(1) 改元年月日…寛保四年二月二十一日（西暦一七四四年四月三日）

(2) 使用期間……四年五ヶ月

(3) 改元理由……甲子革令

(4) 読み方………えんきょう（えんきやう）

(5) 天皇…………桜町天皇

(6) 関白／将軍…藤原（一条）兼香［関白］／徳川吉宗［将軍］

(7) 勘申者………清岡長香

(8) 出典と章句…『芸文類聚』「聖主寿延、享祚元吉」

(9) 候補年号の勘申者……五条為範・東坊城長誠・高辻家長・唐橋在廉

(10) 改元上卿／改元伝奏／改元奉行…一条道香［改元上卿］／中山栄親［改元伝奏］／園基望［改元奉行］

(11) 改元陣議の参仕公卿…久我通兄・広幡長忠・二条宗基・清閑寺秀定・柳原光綱・野宮定俊・庭田重熙・勧修寺顕道・正親町三条公積

(13) 延享年間の主な出来事

●延享二年十一月二日　徳川家重、将軍宣下を受ける。

●延享三年八月二十一日　人形浄瑠璃の「菅原伝授手習鑑」が、大坂竹本座で初演される。

(14) 改元の経緯及び特記事項

延享改元は、甲子革令による改元である。甲子年の前年の寛保三年十一月には朝幕間で改元の合意がなされ、同月中には、改元奉行・改元伝奏・改元定参仕公卿などが決定されている。十二月上旬には、すでに勘者から年号案が提出されており、翌寛保四年正月にかけて、新年号案の絞り込み作業が行われた。一月二十七日には年号勘者宣下が行われ、次いで二月七日には、新年号案が七号（天明・延享・宝暦・明和・明安・嘉徳・延祚）に絞り込まれ、この中から特に天明・延享・宝暦が良いとの意向が朝廷から幕府側に伝えられた。

これを受け幕府側ではこの中から延享か宝暦、特に延享が良いとの返答がなされ、新年号が事実上決定した。二月十九日には条事定が行われ、二月二十一日、甲子革命仗議の後改元定があり、「延享」へと改元された。

⑮ 関係史料

●『桜町天皇実録』寛保四年二月二十一日条。

コラム35 小林一茶・小山田与清と私年号「美禄」（弥勒）

化政期の俳人・小林一茶の句日記『七番日記』には、文化九年（一八一二）、目吹村（現野田市）の閻魔堂で「美禄二年ノ石塔掘出セル由」を聞き、雨の中その地を訪れたと記されている。残念ながら一茶が訪れた時には「文明明應年間ノモノノミ」で、「美禄」も「享禄」の誤りであろうとしており、失望したせいか風邪をひいている。

この「美禄二年」の石塔とは何か。国学者の小山田与清の著『松屋叢記』（文化十一年刊）は「下総国野田の里にて…墓碑をほり出しに、弥勒二年三月廿五日と彫りたりし」とみえ、近世に多く用いられた私年号「弥勒」が彫られた石塔ではなかったと推測されている。一茶も文化九年の「春立や みろく十年 辰の年」など、「みろく十年」という言葉を入れた句を複数詠んでいることと関わりがあるのだろう（北野浩之二〇〇二）。

〔K〕

227 寛延
一七四八～一七五一

(1) **改元年月日**…延享五年七月十二日（西暦一七四八年八月五日）
(2) **使用期間**……三年四ヶ月
(3) **改元理由**……代始
(4) **読み方**………かんえん（くわんえん）
(5) **天皇／将軍**…桃園天皇／桜町上皇
(6) **摂政／将軍**…藤原（一条）道香［摂政］／徳川家重［将軍］
(7) **勘申者**………五条為範
(8) **出典と章句**…『文選』「開寛裕之路、以延天下之英俊也」
(9) **候補年号の勘申者**……清岡長香・桑原長視
(10) **改元上卿／改元伝奏／改元奉行**…近衛内前［改元上卿］／三条実顕［改元伝奏］／正親町実連［改元奉行］
(11) **改元陣議の参仕公卿**…九条尚実・万里小路稙房・清閑寺秀定・冷泉宗家・甘露寺規長・正親町三条公積・冷泉為村・橋本実文・小倉宜季
(13) **寛延年間の主な出来事**
●寛延四年六月二十日　徳川吉宗（六十八歳）、没する。
(14) **改元の経緯及び特記事項**

寛延改元は、延享四年に践祚・即位した桃園天皇の代始改元である。天皇即位の翌年に改元が行われる形式はすでに定着していたと考えられ、翌延享五年正月の段階で桜町上皇・桃園天皇の意向として、幕府に改元が申し入れられ、幕府も改元の実施を了承している。二月には、四月に改元を行うことと、上卿・改元伝奏・改元奉行がそれぞれ決定し、朝廷内で発表された。その後も準備は着々と進められ、三月下旬には改元が四月二十五日に行われることが決定された。また、三月二十八日には、近衛内前邸で年号勘者宣下が行われている。

年号については、朝廷内で八字に絞り込みが行われ、その中でも嘉徳・天明・宝暦の三号、特に嘉徳が良いとして幕府側に伝えられた。その際、京都所司代より改元日について、四月二十五日は徳川家継の三十三回忌法要が行われる初日であるため、改元を延期してほしいとの要請がなされている。これを受け、翌十日には朝廷内で改元の延引が発表され、その後、六月二日に条事定と改元定が行われることになり、五月中旬には年号案を再度京都所司代に示している。

ところが、予定日前日の六月一日になっても幕府側からの返答が朝廷側に到着しなかったため、再度改元日が延期されることになった。改元を朝廷側で予定しながらも、幕府側から新年号が正式に伝えられない状況では、朝廷単独で改元を行うことが出来ない状況であることがここから分かる。

六月中旬になって、朝廷は幕府から、朝鮮通信使の来日に際して、通信使にあてた文書の年号が二号にまたがるのは不都合であるとして、通信使の通行以後に改元日を定めてほしいと伝えられている。朝鮮通信使帰国後に改元の交渉が再開され、幕府側から新年号は「寛延」が良いとの意向が示され内定した。六月二十八日には、改元定の日程を七月十二日とすることが朝廷内で決定され、幕府も了承している。七月十二日には、条事定ののち改元定が行われ、「寛延」と改元された。

⒂ 関係史料

●『桃園天皇実録』延享五年七月十二日条。

228 宝暦　一七五一～一七六四

(1) 改元年月日…寛延四年十月二十七日（西暦一七五一年十二月十四日）
(2) 使用期間……十二年八ヶ月
(3) 改元理由……災異（桜町上皇崩御）
(4) 読み方………ほうれき、ほうりゃく
(5) 天皇…………桃園天皇
(6) 摂政／将軍…藤原（一条）道香［摂政］／徳川家重［将軍］
(7) 勘申者………五条為範
(8) 出典と章句…『貞観政要』「及恭承宝暦、夤奉帝図、垂拱無為、氛埃靖息」
(9) 候補年号の勘申者……清岡長香・唐橋在富
(10) 改元上卿／改元伝奏／改元奉行…二条宗基［改元上卿］／庭田重熙［改元伝奏］／油小路隆義［改元奉行］
(11) 改元陣議の参仕公卿…醍醐兼潔・中山栄親・松木宗長・冷泉為村・中院通枝・烏丸光胤・河鰭輝季・園基衡・正親町三条実連
(12) 「宝暦」を冠する用語等
●**宝暦治水事件**　宝暦年間に幕命により薩摩藩が行った濃尾平野の治水対策としての、揖斐川・長良川・木曽川の工事をめぐり、工事中に薩摩藩士ら多数が自害・病死した事件。
●**宝暦事件**　宝暦八年七月に、竹内式部に学んだ少壮公家らが、桃園天皇に垂加流の「日本書紀」神代巻を講義したことから、摂関家らが公家を処分し、講義を行った竹内式部が所司代によって重追放に処された事件。
(13) 宝暦年間の主な出来事

●宝暦十年九月二日　徳川家治、将軍宣下を受ける。
●宝暦十二年七月二十七日　後桜町女帝（二十三歳）、践祚する。

⑭改元の経緯及び特記事項

宝暦改元の理由については、寛延三年四月の桜町院の崩御から、同年八月の大雷、翌寛延四年二月の地震、六月の徳川吉宗の死去など、災変が打ち続いたことによる災異改元である。寛延四年七月にはすでに朝幕間で改元が議論され、八月には改元への合意に達し、一旦は九月に改元が行われる方針が決まった。しかし、摂政一条道香の「故障」などにより改元は翌十月へと延期された。

十月上旬には、十月下旬に改元を行うことが決定され、合わせて改元伝奏・奉行の人選も行われた。十月七日には、年号勘者宣下が行われ、その後新年号案が示された。朝廷内で年号案の検討が行われた結果、七号（宝暦・天明・明和・安長・天保・万保・文長）に絞り込まれ、その中でも宝暦・天明・明和の三号が良く、特に宝暦は桃園天皇や丞相中も推す年号として幕府へ示すこととなった。

この時に同時に恩赦や改元にかかる費用や、改元定の日時などについても幕府に諮られている。これを受けて幕府側でも検討が行われた結果、新年号の文字は宝暦と決定し、十月中旬には朝廷側に伝えられた。同月二十七日には、条事定と改元定が行われ、「宝暦」と改元された。

なお、この時、京都所司代の松平資訓が改元定の見物を申し出て、朝廷側も受け入れていたが、持病などの理由で実際には見物は行われなかった。

⑮関係史料

●『桃園天皇実録』寛延四年十月二十七日条。

229 明和

一七六四～一七七二

(1) **改元年月日**…宝暦十四年六月二日（西暦一七六四年六月三十日）
(2) **使用期間**……八年五ヶ月
(3) **改元理由**……代始
(4) **読み方**………めいわ
(5) **天皇**…………後桜町天皇
(6) **摂政／将軍**…藤原（近衛）内前［摂政］／徳川家治［将軍］
(7) **勘申者**………唐橋在家
(8) **出典と章句**…『尚書』「百姓昭明、協和万邦」
(9) **候補年号の勘申者**……東坊城綱忠・菅原世長・東坊城輝長・五条為璞
(10) **改元上卿／改元伝奏／改元奉行**…九条尚実［改元上卿］／三条季晴［改元伝奏］／今城定興［改元奉行］
(11) **改元陣議の参仕公卿**…清水谷実栄・大炊御門家孝・万里小路韶房・油小路隆前・清閑寺益房・滋野井公麗・四条隆叙・日野資枝・橋本実理
(12) **「明和」を冠する用語等**

●**明和事件**　江戸で兵学や儒学を講義し、尊王思想を広めたとして、明和四年八月、山形大弐が死罪に処せられた事件。宝暦事件で重追放となっていた竹内式部も処分され遠島に処された。

●**明和の大火**　明和九年二月二十九日に、江戸目黒行人坂から出火し江戸城下の過半を焼き尽くした大火。神田明神や湯島天神なども類焼し、死者は一万五千人に達したとも伝えられる。

⒀ 明和年間の主な出来事

●明和七年十一月二十四日　後桜町天皇譲位し、英仁親王（後桃園天皇）践祚する。

⒁ 改元の経緯及び特記事項

明和改元は、宝暦十二年七月に践祚した後桜町天皇の代始改元である。通例では翌年に代始改元が行われるが、桃園天皇崩御による諒闇や、翌年秋には朝鮮通信使が来日することが決まっており、その時期を避けて改元の日取りが決められた結果、即位から二年後の宝暦十四年春に改元が行われることが決まった。改元前年の宝暦十三年十一月の段階で、一旦は翌年の一月二十八日に改元を行うことが決定され、十二月には改元定に参仕する公卿も決定している。しかし、朝鮮国内での凶作などにより、通信使の来日が遅れるなどした結果、改元の日程が度々延期され、結果として六月に改元が行われることとなった。

一方、年号案については、朝廷内で七号（明和・大応・万保・天明・嘉享・天亀・文化）に絞り込まれ、その中から天明・明和が良く、特に明和が良いとして幕府に伝えられ、幕府も明和を選択した。

六月二日の改元定には、後桜町天皇が陣儀を見学していることが、自身の日記の記載から分かる。後桜町天皇は、他にも事前に陣儀等の次第を手元に取り寄せるなど、改元にも積極的に関与している。

また、改元奉行であった櫛笥隆望は、改元日直前に親類の死による服喪のため、奉行を辞任し、急遽今城定興を改元奉行として選出し、改元が行われた。

⒂ 関係史料

●『後桜町天皇実録』宝暦十四年六月二日条。

230 安永

一七七二〜一七八一

(1) **改元年月日**… 明和九年十一月十六日（西暦一七七二年十二月十日）
(2) **使用期間**…… 八年五ヶ月
(3) **改元理由**…… 災異
(4) **読み方**……… あんえい
(5) **天皇**………… 後桃園天皇
(6) **関白／将軍**… 藤原（近衛）内前［関白］／徳川家治［将軍］
(7) **勘申者**……… 唐橋在煕
(8) **出典と章句**…『文選』「寿安永寧」
(9) **候補年号の勘申者**…… 唐橋在家・高辻世長・東坊城益良・清岡輝忠
(10) **改元上卿／改元伝奏／改元奉行**… 一条輝良［改元上卿］／油小路隆前［改元伝奏］／烏丸光祖［改元奉行］
(11) **改元陣議の参仕公卿**… 広幡輔忠・西園寺賞季・近衛師久・日野資枝・広橋伊光・橋本実理・山科敬言・阿野実紐・柳原紀光
(13) **安永年間の主な出来事**
●安永三年八月　前野良沢・杉田玄白ら、「ターヘル・アナトミア」を翻訳し、「解体新書」を刊行する。
●安永八年十一月八日　閑院宮典仁親王皇子祐宮（光格天皇）、践祚する。
(14) **改元の経緯及び特記事項**

安永改元は、江戸での大火を理由とする災異改元である。明和九年二月二十九日、江戸・目黒行人坂にある大円寺から出火した火災は大火となり、江戸の大半を焼きつくし、多数の死傷者が出た（目黒行人坂の大火）。「明和」

は「めいわ」と読むが、明和の年号が使われ始めてから、「明和九年」が「迷惑年（めいわくねん）」に当たるとの噂がなされており、そのような中でちょうど明和九年に大火が発生したことから、改元の機運が高まった。同年は前年に光格天皇の践祚が行われているが、代始改元としては行われていない。改元は幕府側から申入れられ、大火と秋の大風が理由とされた。

九月には改元をめぐる朝幕間の交渉が始まっており、十月十七日には来月に改元を行うことが朝廷内で発表されている。また、二十四日には年号勘者宣下が行われた。一方、年号勘者によって勘進された新年号案の絞り込み作業が朝廷内で行われている。

このなかで、朝廷は幕府へ九号（安永・文長・万保・建正・嘉徳・天保・建安・天久・永安）を送ることを決め、その中でも安永・文長が良く、特に安永号は、後桃園天皇・後桜町上皇・丞相中ともに推薦する号であるとして、幕府側に伝えている。その後、幕府側でも評議が行われ、「安永」と決定し、十一月九日には返書が朝廷へもたらされた。十一月十六日には条事定と改元定が行われ、「安永」と改元された。

⒂ 関係史料

●『後桃園天皇実録』明和九年十一月十六日条。

231 天明

一七八一～一七八九

(1)改元年月日…安永十年四月二日（西暦一七八一年四月二十五日）
(2)使用期間……七年十ヶ月
(3)改元理由……代始
(4)読み方………てんめい
(5)天皇…………光格天皇
(6)摂政／将軍…藤原（九条）尚実［摂政］／徳川家治［将軍］
(7)勘申者………五条為俊
(8)出典と章句…『尚書』「顧諟天之明命」
(9)候補年号の勘申者……高辻胤長・唐橋在熙
(10)改元上卿／改元伝奏／改元奉行…鷹司輔平［改元上卿］／転法輪三条実起［改元伝奏］／甘露寺篤長［改元奉行］
(11)改元陣議の参仕公卿…大炊御門家孝・今出川実種・広橋伊光・冷泉為栄・花山院愛徳・高辻胤長・阿野実紐・日野資矩・勧修寺経逸
(12)「天明」を冠する用語等

●**天明の大飢饉**　天明年間は、天明三年の浅間山の噴火による降灰被害や気候不順などにより、断続的に飢饉状態となった。特に天明六年には、東北地方をはじめ東日本で深刻な飢饉が発生し、十万人以上の餓死者が出た。

●**天明の大火**　天明八年一月三十日に、京都で発生した大火で、京都御所、二条城、京都所司代屋敷、東西の京都町奉行所をはじめ、京都中心部の大部分が灰燼に帰した。

⒀ 天明年間の主な出来事

●天明六年八月二十七日　老中田沼意次、失脚する。
●天明七年六月十九日　松平定信、老中に就任し、寛政の改革始まる。

⒁ 改元の経緯及び特記事項

天明改元は、光格天皇の代始改元である。後桃園天皇の崩御により、光格天皇が閑院宮家から迎えられ、安永九年十一月に践祚した。践祚の準備と並行して改元が検討されており、朝廷側では十一月の段階で、すでに代始改元として、翌年の二月か三月に改元を行う方針を決め、幕府側に伝えた。十二月上旬には幕府側も改元を認め、本格的な準備に取り掛かっている。

当初改元は二月か三月に行われる予定とされていたが、三月になって改元が四月に延期され、改めて幕府に諮られた。この際、朝廷側は勘申された年号から絞り込んだ七号（天明・天保・延祚・文長・保和・明保・文化）を示し、その中の天明・天保、特に天保を推した。

幕府側は、三月中旬には新年号を「天明」と決定し、朝廷に伝えている。これを受けて最終的な準備が朝廷で進められ、四月二日、条事定に続いて改元定が行われ、天明と改元された。

⒂ 関係史料

●『光格天皇実録』安永十年四月二日条。

232 寛政

一七八九〜一八〇一

(1) **改元年月日**…天明九年一月二十五日（西暦一七八九年二月十九日）
(2) **使用期間**……十二年
(3) **改元理由**……災異
(4) **読み方**………かんせい（くわんせい）
(5) **天皇**…………光格天皇
(6) **関白／将軍**…藤原（鷹司）輔平［関白］／徳川家斉［将軍］
(7) **勘申者**………高辻胤長
(8) **出典と章句**…『左伝』「施之以寛、寛以済猛、猛以済寛、政是以和」
(9) **候補年号の勘申者**……高辻世長・唐橋在煕・高辻福長・五条為徳
(10) **改元上卿／改元伝奏／改元奉行**…近衛経煕［改元上卿］／花山院愛徳［改元伝奏］／坊城俊親［改元奉行］
(11) **改元陣議の参仕公卿**…二条治孝・徳大寺実祖・中院通古・醍醐輝文・勧修寺経逸・中山忠尹・水無瀬忠成・庭田重嗣・葉室頼煕
(12) **「寛政」を冠する用語等**

●**寛政の改革**　老中松平定信を中心に進められた幕政改革。株仲間や専売制の廃止などの商業政策や、人足寄場の設置、飢饉に備えた囲米の実施や、旗本ら救済のための棄捐令実施などが行われた。

●**寛政異学の禁**　幕府が昌平坂学問所において朱子学を正学とし、それ以外の学派の内容の講義を禁じたもの。松平定信によって主導されたが、巷間の諸学問にも大きな影響を与えた。

●**寛政暦**　幕府天文方の高橋至時・間重富らが、西洋天文学の知見も取り入れ完成させた。寛政十年から使用。

⒀ 寛政年間の主な出来事

●寛政二年五月二十四日　寛政異学の禁が出される。
●寛政四年九月九日　ロシア使節ラクスマン、大黒屋光太夫らを乗せて根室へ来航。
●寛政四年十一月　幕府、光格天皇父閑院宮典仁親王への尊号宣下を中止させる（尊号一件）。
●寛政十年七月　近藤重蔵ら、択捉島に渡り、「大日本恵登呂府」の碑を建てる。
●寛政十年「寛政暦」を採用する。
●寛政十二年閏四月十九日　伊能忠敬、蝦夷地などの測量に出発する。

⒁ 改元の経緯及び特記事項

寛政改元は、天明八年正月に京都で発生した大火による災異改元である。天明八年十二月二日、朝廷内で、京都での大火を理由として来年正月中下旬に改元を行う方針が示され、伝奏や奉行などが決定した。同月上旬には年号案が示され、また同月十七日には勘者宣下が行われるなど、朝廷内での準備が本格化している。その後、翌天明九年一月十日には、改元を同月二十五日に行うことが決定された。また、前年末から年号案の絞り込み作業が朝廷内で行われている。

幕府には七号（寛政・文化・文長・寛安・享和・嘉享・天祐）が提示され、特に寛政・文化・寛安が良いとの意向が伝えられ、幕府側はその中から「寛政」を選んだ。一月二十五日には改元定が行われ、「寛政」と改元された。

⒂ 関係史料

●『光格天皇実録』天明九年一月二十五日条。

233 享和　一八〇一～一八〇四

(1) **改元年月日**…寛政十三年二月五日（西暦一八〇一年三月十九日）
(2) **使用期間**……三年
(3) **改元理由**……辛酉革命
(4) **読み方**………きょうわ（きやうわ）／Kiówa（ドンケル・クルチウス『日本文典』） Kiyoo-wa（ホフマン『日本文典』）
(5) **天皇**…………光格天皇
(6) **関白／将軍**…藤原（鷹司）政熙［関白］／徳川家斉［将軍］
(7) **勘申者**………唐橋在熙
(8) **出典と章句**…『文選』「順乎天而享其運、応乎人而和其義」
(9) **候補年号の勘申者**……高辻世長・東坊城益長・高辻福長・五条為徳・清岡長親・桑原為顕・東坊城尚長
(10) **改元上卿／改元伝奏／改元奉行**…一条忠良［改元上卿］／三条公修［改元伝奏］／葉室頼寿［改元奉行］
(11) **改元陣議の参仕公卿**…広幡前秀・葉室頼熙・徳大寺公迪・綾小路俊資・今出川尚季・広橋胤定・高辻福長・正親町実光・柳原均光
(13) **享和年間の主な出来事**
●享和二年二月二十三日　幕府、蝦夷奉行（箱館奉行）を新設する。／七月二十四日　幕府、東蝦夷地を直轄地とする。
(14) **改元の経緯及び特記事項**

享和改元は、寛政十三年が辛酉年に当たることによる辛酉革命改元である。前年末からすでに改元への準備が進んでいたようで、十二月上旬には、改元勘者の人選が始まり、十二月二十七日には改元勘者宣下が行われるとともに、辛酉革命諸道勘文や外記勘例などが奏聞されている。

翌年の寛政十三年正月五日には、翌月二日に条事定を、五日に改元定を行うことが朝廷内で発表された。同時に新年号の絞り込み作業も行われたと考えられる。その後も準備が順調に進み、二月二日には条事定が行われ、同月五日に予定通り、辛酉革命定に引き続いて改元定が行われた。

なお、この時には、改元を理由とした「御百度」が仰付けられている（「御湯殿上日記」）。

⒂ 関係史料

●『光格天皇実録』寛政十三年二月五日条。

コラム36 庶民にも親しまれた年号の狂歌

江戸時代の人々が、年号についてどのように考えていたのかを知る一つの資料に、年号をめぐる狂歌がある。狂歌とは、社会風刺などを織り込んで和歌としたもので、江戸時代中期以降に盛行した。その中でも、改元や年号について詠んだ狂歌が特に幕末期を中心に数多く残されている。

これらを見ると、当時の人々が年号の改元に、変化の希望を託していたことや、逆に閉塞する時代にはその矛先が年号に向けられていたことも分かる。実際、江戸時代の初期には京都での人々の噂が改元の理由の一つとなったこともあり、幕府としても年号の評判には神経を尖らせていた。

安永（あんえい）という年号に対して、江戸の人々は物価高の世相を背景に、「安永は安く永いは米と銭　塩が高いは辛き世のゆへ」と詠む。また、外交問題や自然災害が頻発した安政から改元があって万延となった時には、「無安政津浪地震に大嵐　ころり（コレラ）大火に桜田の難」とも詠まれている。ころりは安政年間に流行したコレラのことを、桜田の難は安政七年三月に大老井伊直弼が暗殺された桜田門外の変のことをそれぞれ指している。これらの狂歌からは、当時から人々にとって、年号がその時代を象徴するものとして認識されていたことが分かる。

〔Y〕

234 文化　一八〇四〜一八一八

(1) **改元年月日**…享和四年二月十一日（西暦一八〇四年三月二十二日）
(2) **使用期間**……十四年七ヶ月／(3) **改元理由**……甲子革令
(4) **読み方**………ぶんか（ぶんくわ）／Boen kwa（ドンケル・クルチウス『日本文典』）Bun-kwa（ホフマン『日本文典』）
(5) **天皇**…………光格天皇／(6) **関白**／**将軍**…藤原（鷹司）政煕［関白］／徳川家斉［将軍］
(7) **勘申者**………五条為徳
(8) **出典と章句**…『周易』（賁卦彖伝）「観乎天文、以察時変、観乎人文、以化成天下」
(9) **候補年号の勘申者**……桑原為顕
(10) **改元上卿**／**改元伝奏**／**改元奉行**…二条治孝［改元上卿］／徳大寺公迪［改元伝奏］／甘露寺国長［改元奉行］
(11) **改元陣議の参仕公卿**…三条公修・四条隆師・大炊御門経久・九条輔嗣・山科忠言・唐橋在煕・五条為徳・葉室頼寿・滋野井公敬
(12)「**文化**」**を冠する用語等**
●**化政文化**　徳川家斉治世の文化・文政年間に江戸町人を中心に花開いた文化。当時の年号を取って「化政文化」という。洒落本や黄表紙、狂歌や錦絵などが大流行し、出版も盛んに行われた。
(13) **文化年間の主な出来事**
●文化元年九月六日　ロシア使節レザノフ、長崎に来航し、幕府に通商を要求する。
●文化十四年三月二十二日　光格天皇譲位し、仁孝天皇が践祚する。
(14) **改元の経緯及び特記事項**

文化改元は、甲子革令による改元である。甲子年の前年の享和三年十二月には朝幕間で改元の合意がなされており、十二月二十一日には改元勘者宣下が行われた。その後、朝廷内で年号案の絞り込みが行われ、十二月二十七日には、朝廷側から七号（文化・嘉徳・嘉政・万宝・嘉永・文政・万徳）が幕府側に示された。

そのうちの文化と嘉徳、特に文化を良い旨が幕府側に伝えられている。幕府側ではこの中から文化を選定した。その後も準備は順調に進み、二月十一日に甲子革令定、次いで改元定があり、「文化」と改元された。

⒂ 関係史料

●『光格天皇実録』享和四年二月十一日条。

コラム37 ニセの改元を売り歩いて入牢

江戸時代、江戸の町では改元が行われた直後に、新しい年号を紙に書き付けて、売り歩いたという記録がいくつか残っている。その中には、実際には行われていない改元を、あったものとして書き付けて売り歩いたという例もある。

享和四年（一八〇四）二月、享和から文化へと改元される直前の江戸の町では、「元明」と改元したと書き付けて売り歩いたものが捕まって、中追放に処されている（「街談文々集要」）。

また、文化十四年（一八一七）には「永長」に改元したと書き付けて売り歩いたものが現れ、入牢している（「我衣」「藤岡屋日記」）。さらに、天保十五年（一八四四）十二月には、弘化と改元される直前に「嘉政」と書いて売ったものが八人も捕まり入牢している（「藤岡屋日記」）。

記録されたもの以外にも、類似の事件はあったかもしれないが、いずれも中追放や入牢などに処分され、幕府がその存在に神経を尖らせていることが分かる。特に「嘉政」などは、現在の政治への不満を背景とした行動であるとも考えられる。人々は改元に、現状の変化への期待を託していたのかもしれない。
〔Y〕

235 文政 一八一八〜一八三一

(1)**改元年月日**…文化十五年四月二十二日（西暦一八一八年五月二十六日）
(2)**使用期間**……十二年八ヶ月
(3)**改元理由**……代始
(4)**読み方**………ぶんせい／Boen sei（ドンケル・クルチウス『日本文典』）Bunsei（ホフマン『日本文典』）
(5)**天皇／上皇**…仁孝天皇／光格上皇
(6)**関白／将軍**…藤原（一条）忠良［関白］／徳川家斉［将軍］
(7)**勘申者**………清岡長親・五条為定
(8)**出典と章句**
●『漢書』「選豪俊講文学、稽参政事祈進民心」
●『群書治要』「政平於人者謂之文政矣」
(9)**候補年号の勘申者**……清岡長親・東坊城聡長
(10)**改元上卿／改元伝奏／改元奉行**…近衛基前［改元上卿］／徳大寺実賢［改元伝奏］／小川坊城俊明［改元奉行］
(11)**改元陣議の参仕公卿**…大炊御門経久・広幡経豊・醍醐輝弘・庭田重能・万里小路建房・中院通知・日野西延光・小倉豊季・正親町三条実義
(13)**文政年間の主な出来事**
●文政四年七月　伊能忠敬らにより作成された「大日本沿海輿地全図」が幕府に献上される。
●文政八年二月十八日　幕府、異国船打払令を発令する。
●文政十年三月十八日　徳川家斉、太政大臣に任じられる。

●文政十一年八月九日　シーボルト事件起こる。

⒁改元の経緯及び特記事項

文政改元は、仁孝天皇の代始改元である。仁孝天皇は、文化十四年九月に即位したため、当初から翌年に改元が行われる方針が示された。文化十五年正月には、代始改元として四月か五月に改元を行いたいとの意向が朝廷から幕府側に示され、二月十日には幕府から叡慮次第との返答が示され、改元に向けた準備が本格化している。二月末には、四月に改元定を行う方針が示され、伝奏・奉行が決定したほか、新年号案の選定に取り掛かった。三月十日には、新年号案が七号（文政・万延・文長・延化・嘉政・洪徳・嘉延）に絞り込まれ、このうち文政・文長、特に文政が光格上皇・仁孝天皇、丞相中も推薦しているとして、幕府側に伝えられた。また、同時に改元日も四月二十日に決定し、幕府側に伝えられている。

しかし、改元日については、理由は不明ながら、三月二十五日に、四月二十日から二十二日への変更がなされている。その後の三月十九日には、改元勘者宣下が行われ、四月九日には、幕府からの返答があり、新年号が文政に内定している。四月二十日には、条事定の後改元定が行われ、「文政」と改元された。

なお、改元当日には京都所司代が参内して、儀式の一部を見聞したほか、年号を記した書付が直接所司代に渡されている。

⒂関係史料

●『仁孝天皇実録』文化十五年四月二十二日条。

236 天保

一八三一〜一八四五

(1)**改元年月日**…文政十三年十二月十日（西暦一八三一年一月二十三日）
(2)**使用期間**……十四年
(3)**改元理由**……災異
(4)**読み方**………てんぽう（てんほう）／Ten fô（ドンケル・クルチウス『日本文典』） Ten-foo（ホフマン『日本文典』）
(5)**天皇／上皇**…仁孝天皇／光格上皇
(6)**関白／将軍**…藤原（鷹司）政通［関白］／将軍　徳川家斉［将軍］
(7)**勘申者**………桑原為顕
(8)**出典と章句**…『尚書』「欽崇天道、永保天命」
(9)**候補年号の勘申者**……高辻以長・唐橋在久
(10)**改元上卿／改元伝奏／改元奉行**…二条斉信［改元上卿］／三条実万［改元伝奏］／柳原隆光［改元奉行］
(11)**改元陣議の参仕公卿**…花山院家厚・徳大寺実堅・広幡基豊・高倉永雅・清水谷実揖・広橋光成・勘解由小路資善・岩倉具集・葉室顕孝
(12)**「天保」を冠する用語等**

●**天保の改革**　老中水野忠邦を中心として行われた幕政改革。出版への検閲の強化や歌舞伎の制限など、文化や風俗面にも大きな影響を与えた。価格制御のための株仲間解散令や、農村振興のための人返しの法なども出されたが、失敗に終わった。
●**天保の飢饉**　天保四年を中心に発生した飢饉。被害地域は全国に及び、米価の高騰や一揆などが続発した。
●**天保通宝**　幕府が天保年間に鋳造を行った銭貨で、天保六年から発行された。

⒀ 天保年間の主な出来事

●天保十年十二月十六日　幕府、渡辺崋山を蟄居に、高野長英を終身禁固に処す（蛮社の獄）。
●天保十三年七月二十四日　幕府、薪水給与令を発令する。

⒁ 改元の経緯及び特記事項

天保改元は、文政十三年七月に発生した地震を理由として行われた災異改元である。早くも八月には朝廷内で改元を行う方針が示され、年内に改元を実施する意向が幕府側に伝えられている。幕府側からも了承する旨の返事があり、十月上旬には改元の実施が朝廷内で発表された。この時には、勘者宣下を十一月下旬から十二月上旬に行う方向性が示され、また上卿以下の役職も決定されている。その後、改元定を十一月中下旬に、年号案の絞り込み作業が行われ、絞り込まれた七号（天保・嘉延・嘉享・安延・寛安・嘉徳・万安）のうち、天保と嘉永、特に天保を推すことが幕府側に伝えられた。その後、幕府も「天保」を選択し、新年号が内定した。

一方、年号の内勘文が朝廷内で廻覧されているが、この際に年号に音をつけた（ルビを振った）勘文が作られ、一緒に廻覧されている。十一月中旬には、勘者宣下と改元定の日時が、それぞれ十一月二十八日と十二月十日に決定している。その後も準備が進められ、予定通り十一月二十八日には、年号勘者宣下が行われた。十二月十日には改元定が行われ、新年号が「天保」と決定した。

⒂ 関係史料

●『仁孝天皇実録』文政十三年十二月十日条。

237 弘化　一八四五～一八四八

(1) 改元年月日…天保十五年十二月二日（西暦一八四五年一月九日）
(2) 使用期間……三年三ヶ月
(3) 改元理由……災異
(4) 読み方………こうか（こうくわ）／Kô kwa（ドンケル・クルチウス『日本文典』）Koo-kwa（ホフマン『日本文典』）
(5) 天皇…………仁孝天皇
(6) 関白／将軍…藤原（鷹司）政通〔関白〕／徳川家慶〔将軍〕
(7) 勘申者………五条為定
(8) 出典と章句…『尚書』「弘化、寅亮天地」
『晋書』「聖徳格于皇天、威霊被于八表、弘化已熙、六合清泰」
(9) 候補年号の勘申者……高辻以長・唐橋在久・清岡長熙
(10) 改元上卿／改元伝奏／改元奉行…二条斉信〔改元上卿〕／広橋基豊〔改元伝奏〕／烏丸光政〔改元奉行〕
(11) 改元陣議の参仕公卿…醍醐輝弘・三条実万・一条忠香・久我建通・山科言知・久世通理・綾小路有長・万里小路正房・中山忠能
(13) 弘化年間の主な出来事
●弘化二年九月二日　老中の水野忠邦ら失脚する。
●弘化三年八月　孝明天皇、海防を厳重にするよう勅書を出す。十月には幕府が異国船の来航状況を報告する。
●弘化四年三月九日　学習所（後の学習院）、開講する。

⒁ 改元の経緯及び特記事項

弘化改元は、天保十五年五月十日に発生した江戸城本丸の火災を理由とした災異改元である。火災発生直後から、朝廷側でも改元を行うべきかについての相談がなされており、京都所司代にもその内容が伝えられた。七月上旬には改元を行うことが朝幕間で合意に達した。九月二十二日には朝廷内でも正式に改元を行うことが発表されている。

この時には先の本丸火災に加えて、天保九年に発生した江戸城火災も加えた「関東城郭両度焼亡」がその理由とされ、万治改元（明暦の大火を理由とする災異改元）の例に沿って改元を準備することとされている。同時に改元伝奏・奉行などの役者も決定し、改元時期は十一月下旬か十二月上旬とされた。十一月四日には、朝廷内で改元定を十二月二日に行うことが決定され、武家伝奏から京都所司代に伝えられている。

その後、朝廷内で勘申された年号が七号（弘化・嘉徳・万安・万延・文久・嘉永・嘉延）に絞り込まれ、このうち弘化か嘉徳、特に弘化が良号であるとして幕府側に伝えられた。この時、朝廷側は先の七号を幕府側に提示しつつも、「両号之中御治定あるべき」と、嘉徳か弘化のどちらかを選ぶように伝えている。但し書きでは、嘉徳も良い号であるし、それ以外の号であっても遠慮なく申してほしいとしているが、前代に比べて朝廷側が改元の実施に自信を深めている様子をうかがうことができる。その後、幕府は新年号を「弘化」と決定して朝廷に返答し、十二月二日に改元が行われ、「弘化」と定められた。また、京都所司代が改元定を見聞したのち、新年号の書付を渡されている。

⒂ 関係史料

●『仁孝天皇実録』天保十五年十二月二日条。

238 嘉永

一八四八～一八五五

(1)改元年月日…弘化五年二月二十八日（西暦一八四八年四月一日）
(2)使用期間……六年九ヶ月
(3)改元理由……代始
(4)読み方………かえい／Ka-jei（ドンケル・クルチウス『日本文典』） Ka-yei（ホフマン『日本文典』）
(5)天皇…………孝明天皇
(6)関白／将軍…藤原（鷹司）政通［関白］／徳川家慶［将軍］
(7)勘申者………高辻以長
(8)出典と章句…『宋書』（楽志）「思皇享多祐、嘉楽永無央」
(9)候補年号の勘申者……五条為定・清岡長熙・桑原為政
(10)改元上卿／改元伝奏／改元奉行…九条尚忠［改元上卿］／徳大寺公純［改元伝奏］／坊城俊克［改元奉行］
(11)改元陣議の参仕公卿…広幡基豊・日野隆光・中山忠能・山科言知・桑原為顕・東坊城聡長・東久世通today・烏丸光政・甘露寺愛長
(13)嘉永年間の主な出来事
●嘉永六年六月三日　アメリカ東インド艦隊司令長官ペリー、浦賀に来航。
●嘉永六年六月二十二日　将軍徳川家慶、没する。
●嘉永六年七月十八日　ロシア使節プチャーチン、長崎に来航し、国書受理を要求する。
●嘉永七年一月　ペリーが再来日し、三月に日米和親条約を締結する。

⒁ 改元の経緯及び特記事項

嘉永改元は、孝明天皇の代始改元である。孝明天皇は弘化三年に践祚し、当初は翌弘化四年中には改元が予定されていた。弘化四年十月には、年内に改元を行うことが決定したが、十月十三日には仁孝天皇女御で当時皇太后であった新朔平門院（鷹司祺子）が薨じたため、改元が明春に延期された。十二月二十三日には、改元を二月下旬か三月上旬に行うことが決まり、準備が進められている。その後、年号案の勘進が行われている。

翌弘化五年一月五日には、年号勘者宣下と改元定の日時がそれぞれ二月二十二日と二十八日に決定しており、また新年号についての勅問が関白らに行われている。その後、年号案の絞り込みが行われ、幕府側に七号（天久・嘉永・大元・明治・嘉延・永寧・万延）が示されることとなり、その中でも天久と嘉永、特に天久が良号であるとして幕府側に伝達された。二月十三日、幕府で新年号を弘化と決定し、朝廷側に伝えた。

その後、二月二十二日には改元勘者宣下が行われている。二十八日には、条事定および改元定が行われ、年号が「嘉永」と改元された。

⒂ 関係史料

●『孝明天皇実録』弘化五年二月二十八日条。

239 安政　一八五五～一八六〇

(1) **改元年月日**…嘉永七年十一月二十七日（西暦一八五五年一月十五日）
(2) **使用期間**……五年四ヶ月／(3) **改元理由**……災異
(4) **読み方**………あんせい／Ansei（ドンケル・クルチウス『日本文典』）Ansei（ホフマン『日本文典』）
(5) **天皇**…………孝明天皇
(6) **関白／将軍**…藤原（鷹司）政通［関白］／徳川家定［将軍］
(7) **勘申者**………東坊城聡長
(8) **出典と章句**…『群書治要』「庶人安政、然後君子安位矣」
(9) **候補年号の勘申者**……高辻以長・桑原為政・唐橋在光
(10) **改元上卿／改元伝奏／改元奉行**…鷹司輔熙［改元上卿］／中山忠能［改元伝奏］／柳原光愛［改元奉行］
(11) **改元陣議の参仕公卿**…三条実万・二条斉敬・徳大寺公純・姉小路公遂・広幡忠礼・四辻公績・正親町三条実愛・三条西季知・坊城俊克
(12) **「安政」を冠する用語等**

●**安政地震**　嘉永七年十一月四日に遠州灘を震源とする東海地震が発生し、翌日には紀伊半島沖を震源とする南海地震が発生した。強い揺れに加えて、関東から九州の沿岸は津波に襲われ、大坂でも津波による被害が出た。

●**安政江戸地震**　安政二年十月二日に、関東南部を震源として発生した地震で、江戸で大きな被害が出た。大名屋敷の倒壊や火災も相次ぎ、水戸藩の藤田東湖らも死亡した。また、直後には鯰絵などの瓦版が大量に出版されている。

●**安政の大獄**　安政五年から翌年にかけて、大老井伊直弼らが一橋派などを弾圧した事件。将軍後継を南紀派が推していた徳川慶福に決定したのち、一橋派の徳川斉昭・松平慶永らも隠居や謹慎の処分を受けた。また、京都でも尊攘派や公家達への弾圧が行われ、梅田雲浜・橋本左内・吉田松陰らが獄死や死罪となるなどした。

●**安政の五か国条約**　安政五年に幕府が日米修好通商条約を結んで以降、続けて結ばれた日英・日仏・日露・日蘭間の修好通商条約の総称。いずれも、関税自主権がなく、領事裁判権を認めるなどの不平等条約であった。

⒀ 安政年間の主な出来事

●安政五年四月二十三日　井伊直弼、大老に就任する。

●安政五年六月十九日　幕府、日米修好通商条約に調印する。

●安政七年三月三日　大老井伊直弼、暗殺される（桜田門外の変）。

⒁ 改元の経緯及び特記事項

安政改元は、嘉永七年四月の内裏炎上と、異国船の度々の来航などによる世情不穏を理由として行われた。同年八月には朝廷から京都所司代に対して、これらの災異を理由とした十月中の改元の意向が伝えられた。その後、幕府も改元に同意し、改元に向けての準備が本格化している。この年の一月には、日米和親条約が結ばれており、異国船の来航を理由とする改元に、幕府としても理解しやすい状況であったと考えられる。

その後、年号案の絞り込みが行われ、十月中旬には七号（文長・安政・安延・和平・寛裕・寛禄・保和）が決定し、この中から文長と安政、特に文長が良号であるとして幕府側に伝えられた。十一月上旬には幕府からの返答があり、新年号が「安政」と内定した。また、朝廷側からは改元日を十一月二十日としていたが、幕府側が将軍家慶の忌日を理由に延期を求め、十一月二十七日に改元日が決定した。十一月十日には、年号勘者宣下が、二十七日には条事定および改元定が行われ、年号が「安政」に改元された。

⒂ 関係史料……『孝明天皇実録』嘉永七年十一月二十七日条。

コラム38　二十四回も落選した苦難の「文長」

年号を決める時には、年号の文字を選ぶ年号勘者から、合わせて一〇以上の候補が出され、最終的に一つに絞り込まれる。その時に、多くの候補が落選してしまうが、今まで多く候補に上りながら落選が続いている年号の一つに「文長」がある。

「文」「長」単独では、それぞれ多数の使用例があり、いかにも使われていそうな年号であるが、落選すること何と二四回に及ぶ。古くは南北朝時代の永和改元（一三七五）の際、東坊城長綱が勘申しており、その後もしきりに登場するが、なかなか採用されない。江戸時代の終わりころの文政改元（一八一八）と安政改元（一八五四）の時には、最終候補の二つにまで残り、特に安政改元では、朝廷として最も良い号であると江戸幕府に相談されたが、最終的に安政に決定し、文長が採用されることはなかった。

他に多く勘申されている年号としては、寛安（三三回）、建正（二六回）、大応（二四回）、文承（二二回）、貞正（二二回）などがある。「文長」も今後、採用されるチャンスがあるかもしれない。〔Y〕

コラム39　幕末の「延寿」、明治の「征露」

慶応四年（一八六八）五月十七日付「中外新聞」に、仙台方面で「延寿」と改元したという風聞があったと記される。当時は戊辰戦争の最中であり、仙台は奥羽越列藩同盟に与していたことを考えると、明治政府に対抗し、徳川幕府の「寿命を延長する」といった意味から用いられた可能性があるにせよ、あくまで風聞に留まる（久保常晴一九六七）。

また、明治十七年（一八八四）に起こった秩父事件の際には、武装蜂起した秩父困民党が、郡役所を「革命本部」とし、「革命軍総理」田代栄助の名で布告を出したが、その際に「自由自治元年」なる年号（あるいは紀年）を用いたという（所功一九七八）。

これらはいわば反明治政府の立場から出された私年号である。一方、明治三十八年（一九〇五）日露戦争の勝利を受けて、「征露二年」という表記が流行した。これは強い国家意識を背景に、戦勝を記念する言葉が、月日などを付すことで私年号化してしまったものと思われる。〔K〕

コラム40　早とちりの改元証文で失敗

江戸時代後期に記された話である。

大磯の切通しに三十代の町人風の男がいた。小さい風呂敷包みをかたわらに置いて、何やら書き物をつくづくと見ている。何事かと思い事情を聞いてみると、不慮の事で箱根の関所を越えることが出来ず、江戸表へ引き返すところだという。

わけを聞いてみると、私は江戸麹町六丁目の菓子屋の召使をしているが、遠州須賀まで行くところ、菓子屋の番頭が記してくれた証文の年号が間違っていたため、箱根の関所を通ることができず引き返しているのだという。その関所切手を見てみると、年号に「永長元年四月」と書いてある。それは、二十八日に文化の年号が永長と改まるとの噂があり、その日に江戸を出るので、文化と書いては差し障りがあるとして、番頭が永長と書きつけたのだが、今に至っても改元の沙汰がないので、関所で大変いぶかしく思召され、「少しの文字の書き誤りならば、申し訳によって通すこともあるが、改元の御触もない年号を書き入れるのは不届きの第一だ」と、大いに叱られ、何度も何度も願ったけれどもかなわず、仕方なく帰ってきたという。

その後、広島藩主の浅野侯が関所を通る時、知り合いがいたので、荷駄の脇につき関所へ通りかかった所、関所の者三、四人に見つかり捕えられてしまった。番所の奥に引き入れられ、しばらくすると、「お前は悪い奴だが今回は赦免するぞ、早く江戸へ帰れ」と言われて、送りの人を添えられ返されたが、酒匂の渡し（現神奈川県小田原市）で送りの人も引き返した。さてさて危ない目にあったので、すごすごと江戸へ帰っているのだと話した。世には稀なることもあるものだ。

これは、加藤曳尾庵の記した随筆「我衣」に記された話である。〔Y〕

240 萬延

一八六〇～一八六一

(1) **改元年月日**…安政七年三月十八日（西暦一八六〇年四月八日）
(2) **使用期間**……一年
(3) **改元理由**……災異
(4) **読み方**………まんえん／Man-en（ホフマン『日本文典』）
(5) **天皇**…………孝明天皇
(6) **関白／将軍**…藤原（九条）尚忠［関白］／徳川家茂［将軍］
(7) **勘申者**………五条為定
(8) **出典と章句**…『後漢書』（馬融伝）「豊千億之子孫、歴萬載而永延」
(9) **候補年号の勘申者**……桑原為政・唐橋在光
(10) **改元上卿／改元伝奏／改元奉行**…一条忠香［改元上卿］／正親町実徳［改元伝奏］／葉室長順［改元奉行］
(11) **改元陣議の参仕公卿**…広幡忠礼・烏丸光政・近衛忠房・四辻公績・日野資宗・今出川実順・六条有容・橋本実麗・広橋胤保
(13) **萬延年間の主な出来事**
●萬延元年十月十八日　仁孝天皇皇女和宮（親子（ちかこ）内親王）の降嫁が決まる。
(14) **改元の経緯及び特記事項**

萬延改元は、江戸城の本丸が安政六年十月十七日に焼失したことを理由とする災異改元である。火災直後にはすでに朝廷内で改元に向けた相談がなされており、内裏の炎上による改元を先例として行いたい旨が朝廷から幕府側に申し入れられた。十二月には、改元を来年二月か三月に行う方向で調整が進められており、安政七年正月には、三月中旬の改元実施が内定した。二月七日には、三月二日に年号勘者宣下、同十八日に改元定が行われることが決められている。

二月中旬には、朝廷内で新年号案が七号（萬延・文久・和平・万和・大応・建正・至元）に絞り込まれ、その中でも萬延と文久、特に萬延が良号であるとして幕府に伝えられている。また、同時に改元予定日も三月十八日として伝えられた。三月一日には、幕府側から新年号を「萬延」とする旨の返答があり、改元日も了承されている。その後、三月十八日に条事定ならびに改元定が行われ、年号は萬延と改元された。また、三月二十一日には、改元詔書の覆奏が行われている。

萬延改元は、翌年に辛酉年が迫っていたことから、もともと一年弱の年号であったが、押して改元が行われたと考えられる。改元の理由について、江戸城本丸の炎上に加えて、異国船の度々の来航や条約締結等による幕府政治の動揺が大きな影響を与えたものと考えられる。

⒂ 関係史料

●『孝明天皇実録』安政七年三月十八日条。

241 文久

一八六一〜一八六四

(1) **改元年月日**…萬延二年二月十九日（西暦一八六一年三月二十九日）
(2) **使用期間**……三年
(3) **改元理由**……辛酉革命
(4) **読み方**………ぶんきゅう（ぶんきう）／Bun-kiu（ホフマン『日本文典』）
(5) **天皇**…………孝明天皇
(6) **関白／将軍**…藤原（九条）尚忠［関白］／徳川家茂［将軍］
(7) **勘申者**………五条為定
(8) **出典と章句**…『後漢書』（謝該伝）「文武並用、成長久之計」
(9) **候補年号の勘申者**……桑原為政・唐橋在光・高辻脩長
(10) **改元上卿／改元伝奏／改元奉行**…二条斉敬［改元上卿］／大炊御門家信［改元伝奏］／鷲尾隆賢［改元奉行］
(11) **改元陣議の参仕公卿**…中山忠能・正親町三条実愛・一条実良・醍醐忠順・三条西季知・冷泉為理・飛鳥井雅典・中院通富・柳原実愛
(12) **「文久」を冠する用語等**

●**文久の改革**　薩摩前藩主島津久光らが兵を率いて上洛し、幕府に幕政改革の圧力をかけたことから行われた幕府改革。将軍後見職に一橋慶喜、政事総裁職に松平慶永を任命し、京都守護職を新たに設置するなど人事面での改革に加え、参勤交代制の緩和や、西洋式兵制の採用などが行われた。

(13) **文久年間の主な出来事**

●文久二年一月十五日　老中安藤信正が負傷、失脚する（坂下門外の変）。

●文久二年八月二十一日　生麦事件起こる。
●文久三年五月十日　長州藩、下関で外国船に砲撃を加える。／七月　薩英戦争起こる。

⒁ 改元の経緯及び特記事項

文久改元は、現在に至るまで最後の辛酉革命を理由とする改元である。この時期には辛酉革命改元はすでに定着しており、前年に萬延と改元されていたが、特に問題とされることなく改元の発議がなされている。萬延元年九月には、すでに朝幕間で改元に向けた交渉が始められており、十一月中旬には来年二月中下旬に改元を行うことが朝廷内で発表されている。

その後、新年号案の絞り込みが行われ、十二月末には、幕府に伝える年号案として七号（文久・令徳・明治・建正・萬保・永明・大政）が決定された。翌萬延二年一月中旬には、改元日が二月十九日に決定し、更に幕府からの返答があり、新年号が文久に内定した。

二月二十九日には、辛酉革命定が行われた後、改元定があり、文久と改元された。

⒂ 関係史料

●『孝明天皇実録』萬延二年二月十九日条。

242 元治

一八六四〜一八六五

(1) **改元年月日**…文久四年二月二十日（西暦一八六四年三月二十七日）
(2) **使用期間**……一年一ヶ月
(3) **改元理由**……甲子革令
(4) **読み方**………げんじ（ぐゑんぢ）／Gen-dzi（ホフマン『日本文典』）
(5) **天皇**…………孝明天皇
(6) **関白／将軍**…藤原（二条）斉敬［関白］／徳川家茂［将軍］
(7) **勘申者**………五条為栄
(8) **出典と章句**…『周易』「乾元用九、天下治也」／『三国志』「天地以四時成功、元首以輔弼興治」
(9) **候補年号の勘申者**……桑原為政・唐橋在光・高辻脩長・高辻脩長
(10) **改元上卿／改元伝奏／改元奉行**…徳大寺公純［改元上卿］／坊城俊克［改元伝奏］／清閑寺豊房［改元奉行］
(11) **改元陣議の参仕公卿**…大炊御門家信・醍醐忠順・九条道孝・八条隆祐・冷泉為理・庭田重胤・愛宕通祐・山科言成・葉室長順
(13) **元治年間の主な出来事**
●元治元年七月十八日　禁門の変起こり、京都市中の過半が焼失する。
●元治元年八月五日　四国艦隊下関砲撃事件起こる。
(14) **改元の経緯及び特記事項**
元治改元への動きは、前年の文久三年十一月に、朝議において改元が発表されることではじまった。同日には、翌年春に改元を行うことや、改元伝奏・奉行などが決定されている。江戸時代の改元は、朝幕間の事前交渉を経た上で、形式的には朝廷で改元に関する儀式を行い、改元されていたが、元治度の改元では、事前に幕府と朝廷との間での交渉が行なわれず、朝廷が独自に改元を実施することを発表した。これについて朝廷側は「御変革」をその理由としている。これは、文久年間の儀礼上の諸変革における内慮伺いの停止などを指していると考えられるが、幕府側も、旧例とは異なる方法であったため、老中などはその対応に追われた。

年号の文字については、幕府側との交渉があったが、朝廷は令徳・元治の両号を候補として示した上で、特に令徳が叡慮に叶うとして、令徳と他に一、二号に絞って返答するよう求めている。これを受けて幕府側は、令徳に加えて「元治亦可然」として、令徳・元治の二号を返答している。しかし、幕閣では、「令徳」は、「徳川に命令する」という意味が込められているとしてこれを「殊の外忌」み嫌っていた。また元治についても、「元に治まる」ということで王政復古を意味するなどとの批判があったが、令徳に比してより「穏当」であるとした。

しかし、幕府は表向きにはこれらの批判を朝廷に申入れず、内々に松平慶永らが中川宮朝彦親王や、関白二条斉敬などへ働きかけを行い、その結果、朝廷内で元治と定まった（『続再夢紀事』）。当時の幕閣では、叡慮として示された「令徳」号を、公然と覆すことが出来ない状況となっており、江戸時代を通じて行われてきた朝幕間の改元の仕組みが、大きく変化したことを示す改元となった。

しかし、改元後すぐに禁門の変が発生し、京都市中が広く焼失するなど甚大な被害が発生したため、早くも翌年には改元の動きがあり、「慶応」へと改元が行なわれた。その際、「元治」の年号は、「保元・平治の乱」から一文字ずつとった「悪号」であるとの批判もなされた。

なお、これは現在に至るまで最後の辛酉・甲子の革命・革令を理由とする改元である。

⒂ 関係史料

●『孝明天皇実録』文久四年二月二十日条。

243 慶応

一八六五〜一八六八

(1) 改元年月日……元治二年四月七日（西暦一八六五年五月一日）

(2) 使用期間……三年五ヶ月

(3) 改元理由……災異

(4) 読み方……けいおう／Kei-oo（ホフマン『日本文典』）／Keiō（アストン『日本語文典』）

(5) 天皇……孝明天皇

(6) 関白／将軍…藤原（二条）斉敬［関白］／徳川家茂［将軍］

(7) 勘申者……唐橋在光

(8) 出典と章句…『文選』「慶雲応輝皇階授木」

(9) 候補年号の勘申者……清岡長熙・高辻脩長

(10) 改元上卿／改元伝奏／改元奉行…近衛忠房［改元上卿］／日野資宗［改元伝奏］／甘露寺勝長［改元奉行］

(11) 改元陣議の参仕公卿…醍醐忠順・鷹司輔政・六条有容・中院通富・野宮定功・葉室長順・梅渓通善

(12) 「慶応」を冠する用語等

●慶應義塾　福沢諭吉が安政六年（一八五九）創立した私塾で、慶応四年に現在の港区浜松町へ移転した際、当時の年号をとって改称した。

(13) 慶応年間の主な出来事

●慶応二年一月二十一日　薩長同盟が成立する。

●慶応二年七月二十日　将軍家茂が没し、まもなく長州戦争が終結する。

●慶応三年一月九日　睦仁親王（明治天皇）践祚。

●慶応三年八月　三河を皮切りに、全国に「ええじゃないか」が波及する。
●慶応三年十月十四日　大政奉還が行われる。
●慶応三年十二月九日　「王政復古の大号令」出される。
●慶応四年一月三日　鳥羽伏見の戦いが起こり、戊辰戦争がはじまる。

⑭ 改元の経緯及び特記事項

元治二年二月には、朝廷内で改元に関する相談が行われ、二月中旬には三月中旬に改元を行うことが決定されている。改元の発議者について、「孝明天皇宸記」では「さる人」とされており判然としないが、別の史料では一橋慶喜の申入れによるとも記されており、幕府側から何らかの申入れがあったものと考えられる。三月中旬には、年号案が七号（乾永・文隆・大暦・万徳・慶応・明定・天政）に絞り込まれ、慶応を叡慮とした上で、それ以外の二二号の選定が幕府に求められた。これに対して幕府は「叡慮之通慶応可然」とした上で、「明定」号もまた良いが、七号いずれを採用しても異存は無いと返答している。

江戸時代最後の慶応改元では、新年号案の決定権は事実上幕府から朝廷に移っていると考えてよいだろう。四月七日には、予定通り改元が行われ、新年号は「慶応」と定められた。

⑮ 関係史料

●『孝明天皇実録』元治二年四月七日条。

244 明治　一八六八～一九一二

(1) **改元年月日**…慶応四年九月八日（西暦一八六八年十月二十三日）
(2) **使用期間**……約四十三年九ヶ月
(3) **改元理由**……代始改元
(4) **読み方**………めいぢ
(5) **天皇**…………明治天皇
(7) **勘申者**………菅原（唐橋）在光（式部大輔）
(8) **出典と章句**…『周易』（説卦伝）「聖人南面而聴、天下嚮明而治」
(10) **改元上卿**……藤原（醍醐）忠順（権大納言）
(11) **改元詔書の連署者**

A　九月八日　岩倉具視（議定官輔相）・中山忠能・三条実愛・徳大寺実則・中御門経之・松平慶永・山内豊信・伊達宗城（以上七名、同議定）、阿野公誠・鍋島正大・三岡公正・福岡孝弟・小松清謙・後藤象二郎・大久保利通・木戸孝允・広沢真臣・副島龍種・横井時存・岩下方年・大木喬任（以上十三名、同参与）、坊城俊政・勘解由小路資生・五辻安仲・秋月種樹・西四辻公業・神山君風・田中輔（以上七名、行政官弁官事）、鷹司輔煕（神祇官知官事）・植松雅言・福羽美静（以上、同判官事）・万里小路博房（会計官知官事）・池辺永盛（同判官事）・有馬頼威（軍務官副知事）・坊城俊章（陸軍少将）・海江田信義（同判官事）・小松清廉（同副知官事）、大原重徳（刑部省知官事）・備前章政（同副知官事）・中島錫胤・土肥実匡（同判官事）・長谷信篤（京都府知府事）・松田道行・青山貞（同判府事）

B　九月十二日　有栖川宮幟仁親王（中務卿）以下十六名（公卿）

(12)「明治」を冠する用語等

●明治維新　幕藩体制の封建社会から天皇中心の近代的統一国家・資本主義社会への大変革。
●明治十四年の政変　国会開設をめぐって、漸進論の伊藤博文らが急進論の大隈重信らを政府から追放し、十年後の明治二十三年（一八八九）開設を約束した政変。
●明治神宮　大正九年（一九二〇）完成した明治天皇と照憲皇太后を祀る官幣大社。
●明治節　昭和二年（一九二七）制定された明治天皇の誕生日を記念する祝日（四大節の一つ、戦後「文化の日」）。

(13)明治年間の主な出来事

●明治元年三月十四日「五箇条の御誓文」で国是を示す。
●明治二年三月二十八日　天皇、東京の皇居に到着（事実上の東京遷都。前年七月、江戸を東京と改称）。
●明治二十二年二月十一日「皇室典範」「大日本帝国憲法」（「明治憲法」）制定。
●明治二十三年十月三十日「教育に関する勅語」（教育勅語）発布。
●明治二十七年八月一日～翌二十八年四月十七日　日清戦争。
●明治三十七年二月十日～翌三十八年九月五日　日露戦争。
●明治四十三年八月二十二日　韓国併合（日韓条約調印）。

(14)改元の経緯及び特記事項

明治改元は代始改元であるが、従来と異なる形で勅定された。『明治天皇紀』等によれば、岩倉具視の提案によって「旧慣を改め、御一代一号に定めら」れたのである。しかも、その手続きは、「清菅両家堂上」（実際は菅原氏の儒学者）から年号案の勘文が提出されると、それまでのような難陳の仗議をせず、議定の松平慶永が勘文の中から「佳号二三を撰進」して「聖択を奏請」した。

そこで、九月七日夜、天皇は「内侍所（賢所・天照大神）に謁し、御神楽を奏せしめたまひ、御揖あらせら」れてから、「躬ら御籤を抽き、明治の年号を得たまふ」たのである。

ただ、従来の進め方も無視せず、八日朝八時、権大納言醍醐忠順を上卿として「改元定の儀を行」い、また「天下に大赦を行」わしめられ、さらに改元詔書の覆奏も、A新政府の輔相岩倉具視以下の加署だけでなく、B従来の中務卿幟仁親王以下公卿の加署とも作った。

その上で、九月十二日、行政官から「慶応四年を改めて明治元年と為す」と共に、「今より御一代一号に定められ」たことも併せて布告（十八日、外国公使にも通告）している。

(15) **関係史料**……『岩倉公実記』（中巻）、『逸事史補』、『明治天皇紀』第一

コラム41 近現代の元号と西暦の換算法

一世一号の元号（明治＝M、大正＝T、明治＝S、平成＝H）と西暦（ADの下2桁）との換算は、切りの良い西暦年数の対応年次を覚えておき（たとえば一九〇〇年＝M33年、一九二〇＝T9年、一九五〇年＝S25年、二〇〇〇年＝H12年）、そこから加減をすればよい。あるいは、元号の年次に、一定数（Mなら33年、Tなら11年、Sなら25年、Hなら12年）を加減してもよい。〔T〕

表18　元号と西暦の換算例

明治元年－33年＝（18）68年 ※
明治33年－33年＝（19）00年
大正元年＋11年＝（19）12年
大正9年＋11年＝（19）20年
昭和元年＋25年＝（19）26年
昭和25年＋25年＝（19）50年
平成元年－12年＝（19）89年 ※
平成12年－12年＝（20）00年

※明治の33年（1900）まで19世紀、平成の12年（2000）までは20世紀のため、減算に注意を要する（逆にM33年までは67年、H12年までは88年を加えた方がよいかもしれない）。

コラム42　岩倉具視の改革した一代一号（一世一元）

新政府の輔相岩倉具視は、慶応四年（一八六八）八月二十五日、二日後の即位礼に先立って議定・参与に書状を送り、「改元の儀……御大礼後直ちに行はれ候か」「御一代御一号の制に決定せられ候ては如何」「年号の文字、然るべきもの二三号ばかり御撰択にて、賢所に於て臨時御祭典を為し行はれ、聖上親しく神意に問ひ為され候て然るべきか。いはゆる祭政一致の御趣旨にて、これらの儀は鄭重に遊ばされ方と存じ候」と提案している（『岩倉具視関係文書』第四）。すると「議定・参与、皆これを是とす。因りて上奏、聖裁を経た」ので、「松平慶永に命じ、菅原家の堂上が勘文に認め、その語の佳なるもの二三を撰進せしめ、以て聖択を奏請す」る（『岩倉公実記』中巻）に及んだのである。〔T〕

コラム43　天皇の追号と元号

「明治」改元（一八六八）以降、一世一元（一代一号）となったことにより、天皇の追号（崩御後に奉られる称号）として、その在位中の元号が贈られるようになった。「明治天皇」「大正天皇」「昭和天皇」がそれである。

昭和五十四年（一九七九）制定の「元号法」も一世一元の原則を受け継いでいるから、将来も元号が追号とされる可能性が高い。

これは正式の追号であるが、それ以前でも在位中の代表的な年号が当該天皇の別称として用いられた例は少なくない。その主な呼称を表示すれば下の通りである（諡号は在世中の功績を讃えて贈られる称号）。〔T〕

表19　天皇の年号別称の例示

a 諡号 b 追号	別称	出典
a 桓武	延暦天子	三代実録
〃	延暦帝主	寛平遺誡
b 平城	大同帝	元亨釈書
b 嵯峨	弘仁帝皇	東宝記
b 淳和	天長聖主	三代格
a 仁明	承和聖帝	〃
a 文徳	天安皇帝	江淡抄
b 清和	貞観皇帝	広隆寺記
b 宇多	寛平法皇	中右記
b 醍醐	延喜聖主	古事談
b 村上	天暦天皇	江史部集
b 円融	天禄帝	〃
b 三条	長和天皇	後拾遺往生伝
b 後三条	延久聖主	玉葉
b 亀山	文応皇帝	南禅寺記
a 霊元	寛文帝	年山紀聞
a 仁孝	弘化帝	実麗卿記

（『帝室制度史』第六巻参照）

245 大正　一九一二〜一九二六

(1) **改元年月日**……明治四十五年七月三十日（西暦一九一二年七月三十日）

(2) **使用期間**……約十四年五ヶ月

(3) **改元理由**……代始改元

(4) **読み方**……たいしゃう（官報）

(5) **天皇**……大正天皇

(6) **内閣首相**……西園寺公望

(7) **勘申者**……国府種徳（内閣書記官嘱託）

(8) **出典と章句**…『易経』「大亨以正、天之道也。又曰、剛上而尚賢、能止健大正也」

(9) **候補年号の勘申者**……岡田正之（学習院教授）・高島張輔（宮内省図書助）・多田好問（宮内省御用係）・股野琢（内大臣秘書官長）

(10) **改元上卿**……山県有朋（枢密院議長）

(11) **改元詔書の連署者**……西園寺公望（首相）・斎藤実（海軍相）・林董（逓信相）・松田正久（司法相）・原敬（内務相）・内田康哉（外務相）・牧野伸顕（農商相）・長谷場純孝（文部相）・山本達雄（大蔵相）・上原勇作（陸軍相）

(12) **「大正」を冠する用語等**

●**大正政変**　大正元年（一九一二）十二月、第三次桂太郎内閣が憲政擁護を叫ぶ政友会・国民党により倒された政変。

●**大正デモクラシー**　ほぼ大正年間、政治・社会・文化のデモクラシー（民本主義）、リベラリズム（自由主義）の潮流。

(13) **大正年間の主な出来事**

●大正三年八月　ドイツに宣戦布告（第一次大戦に連合国側で参戦。〜七年十一月）

●大正七年九月　原敬、初の本格的な政党内閣成立（～十年十一月）

●大正十年三月　皇太子裕仁親王、東宮御学問所修了し欧州歴訪。十一月二十五日、摂政に就任。

●大正十二年九月　関東大震災。十二月、虎ノ門事件。

●大正十四年四月　「治安維持法」公布。五月、「普通選挙法」公布。

⒁ 改元の経緯及び特記事項

大正改元は代始改元である。明治二十二年（一八八九）制定の[甲]『皇室典範』と同四十二年制定の[乙]『登極令』の中で、[甲]第十二条「践祚の後、元号を建て、一世の間に再び改めざること、明治改年の定制に従ふ。」[乙]第二条「天皇践祚の後に直に元号を改む。／元号は枢密院顧問に諮問したる後、これを勅定す。」および[甲]第二十一条と[乙]第三条に「改元は、詔書を以て之を公布す。」と定められていた。

そこで、これに基づき、明治天皇が午前零時四十三分崩御されると、新帝が践祚直後に「元号建定」を命じられ、前日までに西園寺首相のもとで用意してあった「元号案」と「詔書案」が枢密院に諮詢された。元号案は、第一「大正」、第二「天興」、第三「興化」の三つが提出され、枢密院の全員審査委員会と本会議で合計四十名出席のもと、従来のごとく「難問・講究を重ね」てから「大正と為すこと」および詔書案も「全会一致を以て可決」された。そして夕方五時半、山県議長より「謹んで上奏し、更に　聖明の採択を仰ぐ」と奏上したところ、その議決どおりに勅定されるに至った。よって、直ちに改元詔書が発せられ、それに内閣の全員が副署を加えて官報により公布し、即日公布された。また、その読み方も、「内閣告示第一号」により「大正（タイシャウ）」と示されている。

⒂ 関係史料

●『大正大礼記録』巻五「改元」（国立公文書館所蔵。平成六年『産大法学』二七巻二号の所功論文に全文翻刻掲載）

246 昭和

一九二六〜一九八九

(1) **改元年月日**……大正十五年（一九二六）十二月二十五日
(2) **使用期間**……約六十二年半月
(3) **改元理由**……代始改元
(4) **読み方**………せうわ（しょうわ）（官報）
(5) **天皇**…………昭和天皇
(6) **内閣首相**……若槻礼次郎
(7) **勘申者**………吉田増蔵（宮内省図書寮編修官）
(8) **出典と章句**…『書経（尚書）』堯典「克明俊徳、以親九族、九族既睦、平章百姓、百姓昭明、協和万邦、黎民於変時雍。」
(9) **候補年号の勘申者**……国府種徳（内閣嘱託）
(10) **改元上卿**……倉富勇三郎（枢密院議長）
(11) **改元詔書の連署者**……若槻礼次郎（首相）・宇垣一成（陸軍相）・財部彪（海軍相）・幣原喜重郎（外務相）・岡田良平（文部相）・安達謙蔵（逓信相）・江木翼（司法相）・片岡正温（大蔵相）・井上匡四郎（鉄道相）・町田忠治（農林相）・藤沢幾之輔（商工相）
(12) **「昭和」を冠する用語等**

●**昭和維新**　昭和初期に青年将校らが掲げた国家改造のスローガン。
●**昭和恐慌**　昭和四年（一九二九）の世界恐慌から深刻化した一連の経済恐慌。
●**昭和基地**　日本の南極観測隊が昭和三十二年（一九五七）越冬のためオングル島一帯に築いた基地。
●**昭和元禄**　昭和四十三年（一九六八）ころの高度成長政策による太平ムードを元禄時代と結びつけた流行語。

●昭和の日　昭和天皇の誕生日が平成元年から「みどりの日」となり、同十九年それが改称された（国民の祝日）。

⒀ 昭和時代の主要な出来事

●昭和十五年十一月十日　「紀元二千六百年」記念式典
●昭和十六年十二月八日「大東亜戦争」（同十二年からの「支那事変」も含む。～二十年八月十五日）
●昭和二十一年十一月三日　「日本国憲法」公布（半年後に施行）
●昭和二十七年四月二十八日　対日講和（平和）条約発効
●昭和三十九年十月十日　東京オリンピック開会
●昭和四十五年三月十四日　大阪万国博覧会開会
●昭和五十四年六月十二日　「元号法」公布

⒁ 改元の経緯及び特記事項

昭和改元は代始改元である。大正天皇の病状進行により、大正十年（一九二一）十一月二十五日から皇太子裕仁親王が摂政に就任。そのころから万一に備えて改元の準備も秘かに始められていたとみられる。ただ具体的には、同十五年（一九二六）十二月に入り「大正天皇、不予大漸」のため、一方で宮内大臣一木喜徳郎は、宮内省図書寮編修官の吉田増蔵に「慎重に元号（案）を勘進すべきこと」を命じた。他方、総理大臣若槻礼次郎も、内閣嘱託の国府種徳（「大正」年号の勘申者）に内々「元号（案）の勘申を求め、両者から提出された数案を内閣書記官長の塚本清治が精査して三案に絞り込み、「昭和を選定し、参考として元化・同和の二案を添付」するに至った。

やがて十二月二十五日午前一時二十五分、大正天皇が葉山の御用邸で崩御されると、直ちに践祚された昭和天皇から「改元建定」と「詔書案」作成を枢密院に諮詢された。そこで、午前七時前、内閣から届けられた元号原案について、枢密顧問官の全員審査委員会と本会議が開かれ、「政府の説明を聴取し、質疑応答を経て……慎重審議を遂げ」た上で「元号を昭和と定むること」が「全会一致」で決議され、そして午前十一時過ぎ、「原案を墨書し、院議の決する所（詔書案の修正）を朱書し」、議長倉富勇三郎から「更に聖明の採択を仰ぐ」ため上奏文が捧呈され、それが昭和天皇により裁可勅定された。それを承けて、全閣僚の副署した改元詔書が作成され、前回と同様、「元号の称呼……昭和（セウワ）」と読み方を示す内閣告示第一号と共に「官報」に登載され、即日施行されるに至った。

⒂ 関係史料

●『昭和大礼記録』第一冊「改元」（石渡隆之氏「公的記録上の『昭和』」国立公文書館報『北の丸』七号、昭和五十一年にほぼ全文紹介）

コラム44　西園寺公望の指揮した「大正」改元

明治四十五年（一九一二）首相西園寺公望（六三歳）は、明治天皇（五九歳）の御病状回復不可能と診断された七月二十八日、万一に備えて「元号勘申の内案」作成を内閣書記官長南弘に命じた。そして翌二十九日夜、提出された元号案を閣僚に僉議させ「各大臣特に異議なし」とした。

しかし、首相は「一も採る所なし」と却下し、改めて提出された元号案も「採る所なし」としたので、三たび元号案を提出させた。それを見て「総理大臣は……大正を第一とし、天興を第二とし、更に興化を第三として、元号勘文内案」とするに至った（『大正大礼記録』）。その結果、前述のとおり枢密院の議を経て「大正」と勅定されたが、これはもっぱら漢籍に明るい西園寺の指揮により選ばれたといってよい。

ただ、さらに博識の森林太郎は、大正六年（一九一八）から宮内省図書頭に任じられ、歴代天皇の「謚号」と「元号」の出典調査に専念していたところから、晩年の同九年四月、賀古鶴所あての書簡（『鴎外全集』所収）で「大正は安南人の立てた越といふ国の年号にあり……不調べの至りと存じ候」と批判している。〔T〕

コラム45 吉田増蔵の努力と「光文」誤報事件

大正九年（一九二〇）から図書頭森鷗外に招かれて宮内省の図書寮編修官となった吉田増蔵は、鷗外の遺作「帝謚考」「元号考」を完成させた。

ついで同十年十二月、元号案の勘申を委嘱されると、斎戒沐浴して数十の案を作り、その中から厳密に精査した十案を選んで勘申し、その第一案「昭和」が採択されるに至った。

ただ、もう一人の国府種徳は、「大正」年号の勘申者であった。そのためか、この時彼の提出した五案は早い段階で候補から除去されていたにも拘らず、その一つの「光文」案に内定した、と『東京日日新聞』がスクープしてしまった。しかも、そのために「光文」を退け「昭和」に内定、という俗説まで流布している。

しかし詳細な審議記録をみても、そのようなことはありえず、全くの誤報というほかない。（猪瀬直樹一九八三）〔T〕

コラム46 幕末に初登場していた「平成」案

元号「平成」は、一説によれば、昭和五十四年（一九七九）六月「元号法」成立直後、内々に考案を委嘱された安岡正篤（まさひろ）氏（当時八一歳）から提出されたものだという。

しかし四年半後（同五十八年十二月）同氏の他界により封印されていた。それが五年後（同六十四年早々）、あらためて精査した山本達郎氏（東京大学名誉教授、七八歳）から提出され採用されたのではないかとみられている。

しかも、年号案としては、すでに幕末の「慶応」改元（一八六八）の際、文章博士の高辻（菅原）修長（当時二五歳）からの勘申案の一つに「平成」が含まれている。修長は菅原道真から数えて三十二世の後裔であり、のち明治・大正両天皇に仕えた。「平成」の出典として、今回と同じく『尚書（書経）』大禹謨の「地平天成……万世永頼」をあげている。

ちなみに、諸橋轍次氏『大漢和辞典』第四巻（初版昭和三十五年）には、「平」の熟語として「平成〔ヘイセイ〕」をあげ、『尚書』と『春秋左氏伝』を出典に引き、「治まる。平も成の意。水土の治まるを平といひ、五行の敍（つい）づるを成といふ。」（四九九頁）と説明されている。（所功一九八九）〔T〕

247 平成
一九八九〜

(1) **改元年月日**…昭和六十四年一月七日（施行一月八日） (2) **使用期間**……現在満二十八年）
(3) **改元理由**……代始改元
(4) **読み方**………へいせい（官報）
(5) **天皇**…………今上陛下
(6) **内閣首相**……竹下登
(7) **勘申者**………未詳（一説に山本達郎〈東京大学名誉教授〉か）
(8) **出典と章句**…『史記』五帝本紀「父義、母慈、兄友、弟恭、子孝、内平外成」
『書経』大禹謨「地平天成、六府三事允治、万世永頼」
(9) **候補年号の勘申者**……未詳（一説に宇野精一〈東京大学名誉教授〉・目賀田誠〈九州大学名誉教授〉および市古貞次〈東京大学名誉教授〉・小川環樹〈京都大学名誉教授〉等か）
(10) **改元上卿**……小渕恵三（内閣官房長官）
(11) **改元詔書（政令公布）の連署者**…竹下登（首相）・高辻正己（法務相）・宇野宗佑（外務相）・村山達雄（大蔵相）・西岡武夫（文部相）・小泉純一郎（厚生相）・羽田孜（農水相）・三塚博（通産相）・佐藤信二（運輸相）・片岡清一（郵政相）・丹羽兵助（労働相）・小此木彦三郎（建設相）・坂野重信（自治相）・金丸三郎（国務相）・小渕恵三（官房長官）
(12) **「平成」を冠する用語等**
●**平成景気**　昭和六十一年十二月から平成三年四月までの好景気（バブル景気）。
●**平成の大合併**　平成七年（一九九五）改正の「市町村合併特例法」により十年余り続けられた大合併。
(13) **「平成時代」（現在まで）の主要な出来事**

●平成十一年八月十三日　「国旗及び国歌に関する法律」公布。
●平成二十三年三月十一日　東日本大震災。

⒁ 改元の経緯及び特記事項

昭和五十四年の「元号法」制定から九年後（同六十三年）の九月十九日、昭和天皇が危篤状態に陥られたので、政府は万一に備えて改元の準備を始めたとみられる。具体的には、官房長官が数名の碩学に元号候補名の考案を委嘱し、提出された数案を検討・整理して、法制局長官とも協議の上、「平成」「正化」「修文」の三案を選定した。

やがて翌年一月七日の午前六時三十三分、昭和天皇の崩御により、十時に皇太子が「剣璽等承継の儀」で践祚された。すると政府では、「元号法」の「1、元号は、政令によって定める。2、元号は、皇位の継承があった場合に限り改める。」との定めに基づき、それを直ちに実施した。

すなわち、小渕官房長官が、まず午後一時から首相官邸で「元号に関する懇談会」を開き、あらかじめ用意した原案を各界の代表的な有識者（八名）に示して意見を求めたところ、政府が第一案としていた「平成」案に全員賛成した。ついで国会内で国民代表の衆参両院正副議長（四名）に意見を求めると、内閣に一任するとの了承をえた。さらに午後二時ころ、全閣僚が賛同し、引き続き臨時閣議で正式に決定された。そこで、午後二時半ころ、小渕官房長官から官邸の記者会見室で新年号を公表した。それに先立って天皇に新年号の決定が報告され、天皇の政令公布手続き（国事行為）を経て、その政令が「官報」に掲載され、翌一月八日午前零時から施行された。

⒂ 関係史料

●NHK報道局編『全記録・昭和の終った日』（日本放送出版協会、平成元年）／読売新聞社政治部編『平成改元』（行研、同年）／毎日新聞政治部『ドキュメント新元号　平成』（角川書店、同年）

Ⅲ 資料

1 日本公年号の改元詔書集成
2 年号関係研究評論文献目録

資料1　日本公年号の改元詔書集成

2 白雉

又詔曰、四方諸國郡等、由天委付之故、朕總臨而御寓。今我親神祖之所知穴戸國中、有此嘉瑞。所以大赦天下、改元白雉。

（『日本書紀』巻二十五　白雉元年二月甲申条）

5 慶雲

詔大赦天下、改元為慶雲元年。高年・老疾並加賑恤、又免壬寅年以往大税、及出神馬郡當年調。又親王・諸王・百官使部已上、賜祿有差。献神馬國司、守正五位下猪名眞人石前進位一階。初見慶雲人式部少丞従七位上小野朝臣馬養三階。並賜絁十疋・絲廿絇・布卅端・鍬（卌）口。

（『続日本紀』巻三　慶雲元年五月甲午条）

6 和銅

詔曰、現神御宇倭根子天皇詔旨勅命〈乎〉、親王・諸王・諸臣・百官人等、天下公民衆聞宣。高天原〈由〉天降坐〈志〉、天皇御世〈乎〉始而、中・今〈尓〉至〈麻氐尓〉、天皇御世御世、天〈豆〉日嗣高御座〈尓〉坐而治賜慈賜來食國天下之業〈止奈母〉、隨神所念行〈佐久止〉、詔命〈乎〉衆聞宣。如是治賜慈賜來〈留〉天〈豆〉日嗣之業、今皇朕御世〈尓〉當而坐者、天地之心〈乎〉勞〈弥〉重〈弥〉辱〈弥〉恐〈弥〉坐〈尓〉、聞看食國中〈乃〉東方武藏國〈尓〉、自然作成和銅出在〈止〉奏而獻焉。此物者天坐神・地坐祇〈乃〉相〈于豆奈比〉奉福〈波倍〉奉事〈尓〉依〈而〉、顯〈久〉出〈多留〉寶〈尓〉在〈羅之止奈母〉、神随所念行〈須〉。是以、天地之神〈乃〉顯奉瑞寶〈尓〉依而、御世年號改賜換賜〈波久止〉詔命〈乎〉衆聞宣。

故、改慶雲五年而和銅元年為而、御世年號〈止〉定賜。是以、天下〈尓〉慶命詔〈久〉。冠位上可賜人々治賜。大赦天下。自和銅元年正月十一日昧爽以前大辟罪已下、罪无輕重、已發覺未發覺、繋囚見徒、咸赦除之。其犯八虐、故殺人、謀殺人已殺、賊盜、常赦所不免者、不在赦限。亡命山澤、挾藏禁書、百日不首、復罪如初。高年百姓、百歳以上、賜籾三斛。九十以上二斛、八十以上一斛。孝子・順孫・義夫・節婦、表其門閭、優復三年。鰥寡惸獨、不能自存者賜籾一斛。賜百官人等祿各有差。諸國國郡司加位一階。其正六位上以上不在進限。免武藏國今年庸、當郡調詔天皇命乎衆聞宣。

（『続日本紀』巻四　和銅元年正月乙巳条）

7 霊亀

詔曰、朕欽承禪命、不敢推讓、履祚登極、欲保社稷。粤得左京職所貢瑞龜。臨位之初、天表嘉瑞。天地貺施不可不酬。其改和銅八年、爲靈龜元年。大辟罪已下、罪無輕重、已發覺・未發覺、已結正・未結正、繋囚・見徒、咸從赦除。但謀殺々訖、私鑄錢、強竊二盜、及常赦所不原者、並不在赦限。親王已下及百官人、并京畿諸寺僧尼、天下諸社祝部等、賜物各有差。高年鰥寡孤獨疾疹之徒、不能自存者、量加賑恤。孝子・順孫、義夫・節婦、表其門閭、終身勿事。免天下今年之租。又五位已上子孫、年廿已上者、宜授蔭位。獲瑞人大初位下高田首久比麻呂。賜從六位上并絁廿疋、綿(四十)屯、布八十端、稻二千束。

（『続日本紀』巻七　霊亀元年九月庚辰条）

8 養老

詔曰、朕以今年九月、到美濃國不破行宮。留連数日。因覧當耆郡多度山美泉、自盥手面、皮膚如滑。亦洗痛處、無不除愈。在朕之躬、甚有其驗。又就而飲浴之者、或白髪反黒、或頽髪更生、或闇目如明。自餘痼疾、咸皆平愈。昔聞、後漢光武時、醴泉出。飲之者、痼疾皆愈。符瑞書曰、醴泉者美泉。可以養老。蓋水之精也。寔惟、美泉即合大瑞。朕、雖庸虚、何違天貺。可大赦天下、改霊亀三年、爲養老元年。天下老人年八十已上、授位一階。若至五位、不在授限。百歳已上者、賜絁三疋・綿三屯・布四端・粟二石。九十已上者、絁二疋・綿二屯・布三端・粟一斛五斗。八十已上者、絁一疋・綿一屯・布二端・粟一石。僧尼亦准此例。孝子・順孫・義夫・節婦、表其門閭、終身勿事。鰥寡惸獨、疾病之徒、不能自存者、量加賑恤。仍令長官親自慰問、加給湯藥。亡命山澤、藏禁兵器、百日不首、復罪如初。又美濃國司及當耆郡司等、加位一階。又復當耆郡來年調庸、餘郡庸。賜百官人物各有差。女官亦同。

（『続日本紀』巻七　養老元年十一月癸丑条）

9 神亀

詔曰、現神大八洲所知倭根子天皇詔旨〈止〉勅大命〈乎〉親王・諸王・諸臣・百官人等、天下公民、衆聞食宣。高天原〈尓〉神留坐皇親神魯岐神魯美命、吾孫將知食國天下〈止〉与佐斯奉〈志〉麻尓麻尓、高天原〈尓〉事波自米而、四方食國天下〈乃〉政〈乎〉、弥高弥廣〈尓〉天日嗣〈止〉高御座〈尓〉坐而、大八嶋國所知倭根子天皇〈乃〉大命〈尓〉坐詔〈久〉、此食國天下者掛畏〈岐〉藤原宮〈尓〉天下所知、美麻斯〈乃〉父〈止〉坐天皇〈乃〉、美麻斯〈尓〉賜〈志〉天下之業〈止〉、詔大命〈乎〉、聞食恐〈美〉受賜懼〈理〉坐事〈乎〉、衆聞食宣。可久賜時〈尓〉、美麻斯親王〈乃〉齡〈乃〉弱〈尓〉、荷重〈波〉不堪〈自加止〉所念坐而、皇祖母坐〈志志〉掛畏〈岐〉我皇天皇〈尓〉授奉〈岐〉。依此而是平城大宮〈尓〉現御神〈止〉坐而、大八嶋國所知而、靈龜元年〈尓〉、此〈乃〉天日嗣高御座之業食國天下之政〈乎〉、朕〈尓〉授賜讓賜而、教賜詔賜〈都良久〉。挂畏淡海大津宮御宇倭根子天皇〈乃〉萬世〈尓〉不改常典〈止〉立賜敷賜〈閇留〉隨法、後遂者我子〈尓〉、佐太加〈尓〉牟倶佐加〈尓〉、無過事授賜〈止〉、負賜詔賜〈比志尓〉、坐間〈尓〉去年九月天地貺大瑞物顯來〈理〉。又四方食國〈乃〉年實豊〈尓〉、牟倶佐加〈尓〉得在〈止〉見賜、而隨神〈母〉所念行〈尓〉于都斯〈久母〉皇朕〈賀〉御世當、顯見〈留〉物〈尓〉者不在。今將嗣座御世名〈乎〉記而、應來顯來〈留〉物〈尓〉在〈良志止〉所念坐而、今神龜二字御世〈乃〉年名〈止〉定〈氐〉改養老八年爲神龜元年而天日嗣高御座食國天下之業〈乎〉吾子美麻斯王〈尓〉授賜讓賜〈止〉詔天皇大命〈乎〉頂受賜恐〈美〉持而、辭啓者、天皇大命恐被賜仕奉者拙〈久〉劣而無所知。進〈母〉不知退〈母〉不知、天地之心〈母〉勞〈久〉重、百官之情〈母〉辱愧〈美奈母〉、隨神所念坐。故親王等始而王臣汝等、清〈支〉明〈支〉正〈支〉直〈支〉心以、皇朝〈乎〉穴〈比〉扶奉而、天下公民〈乎〉奏賜〈止〉詔命、衆聞食宣。辞別詔〈久〉、遠皇祖御世始而、中今〈尓〉至〈麻氐〉、天日嗣〈止〉高御座〈尓〉坐而、此食國天下〈乎〉撫賜慈賜〈波久波〉、時時状状〈尓〉従而、治賜慈賜來業〈止〉、隨神所念行〈須〉。是以宜天下〈乎〉慈賜治賜〈久〉、大赦天下。内外文武職事及五位已上爲父後者、授勳一級。賜高年百歳已上穀一石五斗、九十已上一石、八十已上、并惸獨不能自存者五斗。孝子・順孫・義夫・節婦、咸表門閭、終身勿事。天下兵士減今年調半。京畿悉免之。又官官仕奉韓人部一人二人〈尓〉、其負而可仕奉姓名賜。又百官官人及京下僧尼大御手物取賜治賜〈久止〉詔天皇御命、衆聞食宣。

（『續日本紀』巻九　神亀元年二月甲午条）

10 天平

詔曰、現神御宇倭根子天皇詔旨勅命〈乎〉、親王等・諸王等・諸臣等・百官人等、天下公民、衆聞宣。高天原〈由〉天降坐〈之〉天皇御世始而、許能天官御座坐而天地八方治調賜事者、聖君〈止〉坐而賢臣供奉、天下平〈久〉百官安〈久〉爲而〈之〉、天地大瑞者顯來〈止奈母〉、隨神所念行〈佐久止〉詔命〈乎〉、衆聞宣。如是詔者、大命坐、皇朕御世當而者、皇〈止〉坐朕〈母〉、聞持〈流〉事乏〈久〉、見持〈留〉行少〈美〉、朕臣爲供奉人等〈母〉、一二〈乎〉漏落事〈母〉在〈牟加止〉、辱〈美〉愧〈美〉所思坐而、我皇太上天皇大前〈尓〉恐〈古士物〉進退匍匐廻〈保理〉白賜〈比〉受被賜〈久〉者、卿等〈乃〉問來政〈乎〉者加久〈耶〉答賜、加久耶答賜〈止〉白賜、官〈尓〉耶治賜〈止〉白賜〈倍婆〉、教賜於毛夫氣賜答賜宣賜隨〈尓〉、此〈乃〉食國天下之政〈乎〉行賜敷賜乍供奉賜間〈尓〉、京職大夫從三位藤原朝臣麻呂等〈伊〉負圖龜一頭獻〈止〉奏賜〈不尓〉、所聞行驚賜恠賜、所見行歡賜嘉賜〈氐〉所思行〈久〉者、于都斯久母皇朕政〈乃〉所致物〈尓〉在〈米〉耶。此者太上天皇厚〈支〉廣〈支〉徳〈乎〉蒙而、高〈支〉貴〈支〉行〈尓〉依而、顯來大瑞物曾〈止〉詔命〈乎〉、衆聞宣。辞別、此大瑞物者天坐神・地坐神〈乃〉相〈宇豆奈比〉奉福奉事〈尓〉依而、顯奉〈留〉貴瑞以而、御世年號改賜換賜。是以改神龜六年爲天平元年、而大赦天下、百官主典已上等冠位一階上賜事〈乎〉始、一二〈乃〉慶命惠賜行賜〈止〉詔天皇命〈乎〉、衆聞食宣。

（『続日本紀』巻十　天平元年八月癸亥条）

11 天平感宝

宣、現神御宇倭根子天皇詔旨宣大命、親王・諸王・諸臣・百官人等、天下公民衆聞食宣。高天原〈由〉天降坐〈之〉天皇御世〈乎〉始〈天〉、中・今〈尓〉至〈麻弖尓〉、天皇御世御世、天日嗣高御座〈尓〉坐〈弖〉治賜〈比〉恵賜來〈流〉食國天下〈乃〉業〈止奈母〉、神奈我良〈良母〉所念行〈久止〉宣大命、衆聞食宣。加久治賜〈比〉恵賜來〈流〉天日嗣〈乃〉業〈止〉、今皇朕御世〈尓〉當〈弖〉坐者、天地〈乃〉心〈遠〉勞〈弥〉重〈弥〉辱〈美〉恐〈美〉坐〈尓〉、聞食食國〈乃〉東方陸奥國〈乃〉小田郡〈尓〉金出在〈止〉奏〈弖〉進〈礼利〉。此〈遠〉所念〈波〉種種法中〈尓波〉佛大御言〈之〉國家護〈我〉多仁〈波〉勝在〈止〉聞召、食國天下〈乃〉諸國〈尓〉最勝王經〈乎〉坐、盧舍那佛化奉〈止〉爲〈弖〉、天坐神・地坐神〈乎〉祈祷奉、挂畏遠我皇天皇御世始〈弖〉拝仕奉〈利〉衆人〈乎〉伊謝〈奈比〉率〈弖〉仕奉心〈波〉、禍息〈弖〉善成危變〈弖〉全平〈牟等〉念〈弖〉仕奉間〈尓〉、衆人〈波〉不成〈哿登〉疑、朕〈波〉金少〈牟止〉念憂〈都都〉在〈尓〉、三寶〈乃〉勝神〈枳〉大御言驗〈乎〉蒙〈利〉、天坐神・地坐神〈乃〉相宇豆〈奈比〉奉佐枳〈波倍〉奉〈利〉、又天皇御靈〈多知乃〉恵賜〈比〉撫賜〈夫〉事依〈弖〉顯〈自〉示給〈夫〉物在〈自等〉念召〈波〉、受賜〈利〉歡、受賜〈利〉貴、進〈母〉不知、退〈母〉不知、夜日畏恐〈麻利〉所念〈波〉、天下〈遠〉撫恵〈備〉賜事、理〈尓〉坐君〈乃〉御代〈尓〉當〈弖〉可在物〈乎〉、拙〈久〉多豆何〈奈伎〉朕時〈尓〉顯〈自〉示賜〈礼波〉、辱〈美〉愧〈美奈母〉念〈須〉。是以朕一人〈夜波〉貴大瑞〈乎〉受賜〈牟〉、天下共頂受賜〈利〉歡〈流自〉理可在〈等〉、神奈我〈良母〉念坐〈弖奈母〉、衆〈乎〉恵賜〈比〉治賜〈比〉、御代年号〈尓〉字加賜〈久止〉宣天皇大命、衆聞食宣。辞別〈弖〉宣〈久〉、大神宮〈乎〉始〈弖〉諸神〈多知尓〉御戸代奉〈利〉、諸祝部治賜〈夫〉。又寺々〈尓〉墾田地許奉〈利〉、僧綱〈乎〉始〈弖〉衆僧尼敬問〈比〉、治賜〈比〉新造寺〈乃〉寺〈止〉可成〈波〉官寺〈止〉成賜〈夫〉。大御陵守仕奉人等一二治賜〈夫〉。又御世御世〈尓〉當〈天〉天下奏賜〈比〉國家護仕奉〈流〉事〈乃〉勝在臣〈多知乃〉侍所〈尓波〉置表〈弖〉、与天地共人〈尓〉不令侮、不令穢治賜〈部止〉宣大命、衆聞食宣。又天日嗣高御座〈乃〉業〈止〉坐事〈波〉、進〈弖波〉挂畏天皇大御名〈乎〉受賜〈利〉、退〈弖波〉婆婆大御祖〈乃〉御名〈乎〉蒙〈弖之〉食國天下〈乎婆〉撫賜惠賜〈夫止奈母〉神奈我良〈母〉念坐〈須〉。是以王〈多知〉大臣〈乃〉子等治賜〈伊自〉、天皇朝〈尓〉仕奉〈利〉、婆婆〈尓〉仕奉〈尓波〉可在。加以挂畏近江大津宮大八嶋國所知〈之〉天皇大命〈止之弖〉奈良宮大八洲國所知〈自〉我皇天皇〈止〉御世重〈弖〉朕宣〈自久〉、大臣〈乃〉御世重〈天〉明淨心以〈弖〉仕奉事〈尓〉依〈弖奈母〉天日嗣〈波〉平安〈久〉聞召來〈流〉。此辞忘給〈奈〉、弃給〈奈止〉宣〈比之〉大命〈乎〉受賜〈利〉恐〈麻利〉、汝〈多知乎〉惠賜〈比〉治賜〈久止〉宣大命、衆聞食宣。又三國眞人・石川朝臣・鴨朝臣・伊勢大鹿首部〈波〉、可治賜人〈止自弖奈母〉簡賜〈比〉治賜〈夫〉。又縣犬養橘夫人〈乃〉天皇御世重〈弖〉明淨心以〈弖〉仕奉〈利〉、皇朕御世當〈弖毛〉無怠緩事〈久〉助仕〈天〉奉〈利〉、加以、祖父大臣〈乃〉殿門荒穢〈須〉事无〈久〉守〈都都〉在〈自之〉事、伊蘇〈之美〉宇牟賀〈斯美〉忘不給〈止自弖奈母〉孫等一二治賜〈夫〉。又爲大臣〈弖〉仕奉〈部留〉臣〈多知乃〉子等、男〈波〉隨仕奉状〈弖〉種種治賜〈比都礼等母〉女不治賜。是以所念〈波〉、男〈能未〉父名負〈弖〉女〈波〉伊婆〈礼奴〉物〈尓〉阿礼〈夜〉、立雙仕奉〈自〉理在〈止奈母〉念〈須〉。父〈我〉加久斯〈麻尓〉在〈止〉念〈弖〉於母夫〈氣〉教〈祁牟〉事不過失家門不荒〈自弖〉天皇朝〈尓〉仕奉〈止自弖奈母〉汝〈多知乎〉治賜〈夫〉。又大伴・佐伯宿祢〈波〉常〈母〉云如〈久〉天皇朝守仕奉、事顧〈奈伎〉人等〈尓〉阿礼〈波〉、汝〈多知乃〉祖〈止母乃〉云來〈久〉、海行〈波〉美〈豆久〉屍、山行〈波〉草〈牟須〉屍、王〈乃〉幣〈尓去曾〉死〈米〉、能杼〈尓波〉不死〈止〉、云來〈流〉人等〈止奈母〉聞召〈須〉。是以、遠天皇御世始〈弖〉今朕御世〈尓〉當〈弖母〉、内兵〈止〉心中〈古止波奈母〉遣〈須〉。故是以子〈波〉祖〈乃〉心成〈伊自〉子〈尓波〉可在。此心不失〈自弖〉明淨心以〈弖〉仕奉〈止自弖奈母〉男女并〈弖〉一二治賜〈夫〉。又五位已上子等治賜〈夫〉。六位已下〈尓〉冠一階上給〈比〉、東大寺造人等二階加賜〈比〉、正六位上〈尓波〉子一人治賜〈夫〉。又五位已上。及皇親年十三已上、无位大舍人等、至于諸司仕丁〈麻弖尓〉大御手物賜〈夫〉。又高年人等治賜〈比〉、困乏人惠賜〈比〉、孝義有人其事免賜〈比〉、力田治賜〈夫〉。罪人赦賜〈夫〉。又壬生治賜〈比〉、知物人等治賜〈大〉。又見出金人及陸奥國國司・郡司・百姓至〈麻弖尓〉治賜〈比〉、天下〈乃〉百姓衆〈乎〉撫賜〈比〉惠賜〈久止〉宣天皇大命、衆聞食宣。

（『続日本紀』巻十七　天平勝宝元年四月甲午朔条）

13 天平宝字

勅曰、朕以寡薄、忝繼洪基、君臨八方、于茲九載。曾無善政、日夜憂思。危若臨淵、愼如履氷。於是、去三月廿日。皇天、賜我以天下大平四字、表區宇之安寧、示歴數之永固。尓乃賊臣廢皇太子道祖、及安宿・黄文・橘奈良麻呂・大伴古麻呂・大伴古慈斐・多治比國人・鴨角足・多治比犢養・佐伯全成・小野東人・大伴駿河麻呂・答本忠節等、禀性兇頑、昏心轉虐、不顧君臣之道、不畏幽顯之資、潜結逆徒、謀傾宗社、悉受天讀、咸伏罪疊。是以、二叔流言、遂輟肅墻、四凶群類、遠放邊裔。京師肅肅、已無痴民、朝堂寥廓、更有賢輔。竊恐、德非虞舜、運属時艱、武拙殷湯、任當撥乱。晝思夜想、廢寢与食。登民仁壽、致化興平。爰得駿河國益頭郡人金刺舍人麻自獻蚕兒成字。其文云、五月八日開下帝釋標知天皇命百年息。國内、頂戴茲祥、踊躍歡喜、不知進退。悚息交懷。即下群臣議。便奏云、維天平勝寶九歳歳次丁酉夏五月八日者、是陛下奉爲太上天皇周忌、設齋悔過之終日也。於是、帝釋感皇帝・皇后之至誠、開通天門、下鑒勝業、標陛下之御宇、授百年之遠期。日月所臨、咸看聖胤繁息。乾坤所載、悉知寶祚延長。仁化滂流、寓内安息、慈風遠洽、國家全平之驗也。謹案、蚕之爲物、虎文而有時蛻、馬吻而不相爭。生長室中、衣被天下。錦繍之麗、於是出焉。朝祭之服、於是生矣。故令神虫作字、用表神異。而今蕃息之間、自呈靈字。止戈之日、已奏丹墀。實是自天祐之。吉無不利。五八雙數、應寶壽之不惑、日月共明、象紫宮之永配。朕祗承嘉符、還恐寡德。豈朕力之所致。是賢佐之成功。宜与王公共辱斯貺。但景命爰集、隆慶伊始。思俾惠澤被於天下。宜改天平勝寶九歳八月十八日、以爲天平寶字元年。其依先勅、天下諸國調庸、每年免一郡者。宜令所遺諸郡今年倶免。其所掠取賊徒資財、宜与士庶共遍均分。」又准令、雜徭六十日者。頃年之間、國郡司等不存法意、必滿役使。平民之苦、略由於此。自今已後、皆可減半。其負公私物、未備償者。是由家道貧乏。實非奸欺所爲。古人有言。損有餘補不足、天之道也。宜自天平勝寶八歳已前擧物之利、悉應除免。」又今年晩稻稍逢亢旱。宜免天下諸國田租之半。寺神之封、不在此例。」其獻瑞人白丁金刺舍人麻自、宜叙從六位上、賜絁廿疋、調綿卅屯、調布八十端、正税二千束。執持參上驛使中衛舍人少初位上賀茂君繼手、應叙從八位下、賜絁十疋、調綿廿屯、調布廿端。其不奏上國郡司等、不在恩限。但當郡百姓賜復一年。

（『続日本紀』巻廿　天平宝字元年八月甲午条）

14 天平神護

勅曰、朕以眇身、忝承寳祚。無聞德化、屢見姧曲。又疫癘荐臻、頃年不稔。傷物失所、如納深隍。其賊臣仲麻呂、外戚近臣。先朝所用。収勘委寄、更不猜疑。何期苞藏禍逆之意、而鴆毒潜行於天下、犯怒人神之心、而怨氣感動於上玄。幸頼神靈護國、風雨助軍、不盈旬日、咸伏誅戮。今元惡已除、同歸遷善、洗滌舊穢、与物更新。宜改年号、以天平寳字九年、爲天平神護元年。其諸國神祝宜各加位一階。其從去九月十一日至十八日、職事及諸司番上、六位已下供事者、宜亦加一階。唯正六位上依例賜物。其京中年七十已上者賜階一級。布告遐邇、知朕意焉。

（『続日本紀』巻廿六　天平神護元年正月己亥条）

15 神護景雲

詔曰、日本國〈尓〉坐〈天〉大八洲國照給〈比〉治給〈布〉倭根子天皇〈我〉御命〈良麻止〉勅〈布〉御命〈乎〉、衆諸聞食〈止〉宣。今年〈乃〉六月十六日申時〈仁〉東南之角〈尓〉當〈天〉甚奇〈久〉異〈尓〉麗〈岐〉雲七色相交〈天〉立登〈天〉在。此〈乎〉朕自〈毛〉見行〈之〉、又侍諸人等〈毛〉共見〈天〉怪〈備〉喜〈備津津〉在間〈仁〉伊勢國守從五位下阿倍朝臣東人等〈我〉奏〈久〉、六月十七日〈尓〉度會郡〈乃〉等由氣〈乃〉宮〈乃〉上〈仁〉當〈天〉五色瑞雲起覆〈天〉在。依此〈天〉彼形〈乎〉書寫以進〈止〉奏〈利〉。復陰陽寮〈毛〉七月十日〈尓〉西北角〈仁〉美異雲立〈天〉在。同月廿三日〈仁〉東南角〈仁〉有雲本朱末黄稍具五色〈止〉奏〈利〉。如是〈久〉奇異雲〈乃〉顯在〈流〉所由〈乎〉令勘〈尓〉、式部省等〈我〉奏〈久〉、瑞書〈尓〉細勘〈尓〉是即景雲〈尓〉在。實合大瑞〈止〉奏〈世利〉。然朕念行〈久〉、如是〈久〉大〈仁〉貴〈久〉奇異〈尓〉在大瑞〈波〉、聖皇之御世〈尓〉至德〈尓〉感〈天〉天地〈乃〉示現〈之〉賜物〈止奈毛〉常〈毛〉聞行〈須〉。是豈敢朕德〈伊〉

天地〈乃〉御心〈乎〉令感動〈末都流倍岐〉事〈波〉无〈止奈毛〉念行〈須〉。然此〈方〉大御神宮上〈尓〉示顯給。故尚是〈方〉大神〈乃〉慈〈備〉示給〈幣流〉物〈奈梨〉。又掛〈毛〉畏〈岐〉御世御世〈乃〉先〈乃〉皇〈我〉御靈〈乃〉助給〈比〉慈給〈幣流〉物〈奈梨〉。復去正月〈尓〉二七日之間諸大寺〈乃〉大法師等〈乎〉奏請〈良倍天〉最勝王經〈乎〉令講讃〈末都利〉又吉祥天〈乃〉悔過〈乎〉令仕奉〈流尓〉諸大法師等〈我〉如理〈久〉勤〈天〉坐〈佐比〉、又諸臣等〈乃〉天下〈乃〉政事〈乎〉合理〈天〉奉仕〈尓〉依〈天之〉三寶〈毛〉諸天〈毛〉天地〈乃〉神〈多知毛〉共〈尓〉示現賜〈幣流〉奇〈久〉貴〈伎〉大瑞〈乃〉雲〈尓〉在〈良之止奈毛〉念行〈須〉。故是以、奇〈久〉喜〈之支〉大瑞〈乎〉頂〈尓〉受給〈天〉忍〈天〉默在〈去止〉不得〈之天奈毛〉諸王〈多知〉臣〈多知乎〉召〈天〉共〈尓〉歡〈備〉尊〈備〉、天地〈乃〉御恩〈乎〉奉報〈倍之止奈毛〉念行〈止〉詔〈布〉天皇〈我〉御命〈遠〉、諸聞食〈止〉宣。然夫天〈方〉萬物〈乎〉能覆養賜〈比〉慈〈備〉愍〈美〉賜物〈仁〉坐〈須〉。又大神宮〈乃〉祢宜大物忌内人等〈尓波〉叙二級。但御巫以下人等叙一級。又伊勢國神郡二郡司及諸國祝部有位无位等賜一級。又六位以下及左右京男女年六十以上賜一級。但正六位上重三選以上者、賜上正六位上。又孝子・順孫・義夫・孝婦・節婦・力田者賜二級、表旌其門、至于終身田租免給。又五位以上人等賜御手物。又天下諸國今年田租半免。又八十以上老人及鰥寡孤獨不能自存者賜籾。又示顯賜〈弊流〉瑞〈乃末尓末仁〉年号〈波〉改賜〈布〉。是以改天平神護三年爲神護景雲元年〈止〉詔〈布〉天皇〈我〉御命〈遠〉、諸聞食〈止〉宣。又天下有罪、大辟罪已下、罪無輕重、已發覺・未發覺、已結正・未結正、繫囚・見徒、咸赦除之。但犯八虐、故殺人、私鑄錢、強竊二盜、常赦所不免者、不在赦限、普告天下、知朕意焉。

（『続日本紀』巻廿八　神護景雲元年八月癸巳条）

16　宝亀

詔曰、天皇〈我〉詔旨勅命〈乎〉、親王・諸王・諸臣・百官人等、天下公民、衆聞食宣。掛〈母〉恐〈伎〉奈良宮御宇倭根子天皇、去八月〈尓〉此食國天下之業〈乎〉拙劣朕〈尓〉被賜而仕奉〈止〉負賜授賜〈伎〉勅天皇詔旨〈乎〉、頂〈尓〉受被賜恐〈美〉、受被賜懼、進〈母〉不知〈尓〉退不知〈尓〉、恐〈美〉坐〈久止〉勅命〈乎〉、衆聞食宣。然此〈乃〉天日嗣高御座之業者、天坐神・地坐祇〈乃〉相宇豆奈〈比〉奉相扶奉事〈尓〉依〈弖志〉此座者平安御坐〈弖〉、天下者所知物〈尓〉在〈良之止奈母〉所念行〈須〉。又皇坐而天下治賜君者、賢臣能人〈乎〉得而〈志〉天下〈乎波〉平安治物〈尓〉在〈良志止奈母〉聞看行〈須〉。故是以、大命坐勅〈久〉、朕雖拙弱、親王始而王臣等〈乃〉相穴〈奈比〉奉相扶奉〈牟〉事〈尓〉依而〈志〉此之負賜授賜食國天下之政者、平安仕奉〈止奈母〉所念行〈須〉。故是以、衆淨明心正直言以而、食國政奏〈比〉、天下公民〈乎〉惠治〈倍之止奈母〉所念行〈須止〉勅天皇命、衆聞食宣。辞別詔、今年八月五日肥後國葦北郡人日奉部廣主賣獻白龜。又同月十七日同國益城郡人山稻主獻白龜。此則並合大瑞。故、天地貺大瑞者、受被賜歡、受被賜可貴物〈尓〉在。是以改神護景雲四年爲寳龜元年。又仕奉人等中〈尓〉、志〈何〉仕奉状隨〈弖〉、一二人等冠位上賜〈比〉治賜〈布〉。又大赦天下。又天下六位已下有位人等給位一階。大神宮始〈弖〉諸社之祢宜等給位一階。又僧綱始〈弖〉諸寺師位僧尼等〈尓〉御物布施賜〈布〉。又高年人等養賜。又困乏人等惠賜〈布〉。又孝義有人等、其事免賜。又今年天下田租免賜〈久止〉宣天皇勅、衆聞食宣。

（『続日本紀』巻卅一　宝亀元年十月己丑朔条）

17 天応

詔曰、以天爲大、則之者聖人。以民爲心、育之者仁后。朕以寡薄、忝承寳基。無善萬民、空歷一紀。然則惠澤壅而不流、憂懼交而弥積。日愼一日、念茲在茲。比有司奏、伊勢齋宮所見美雲。正合大瑞。彼神宮者國家所鎭。自天應之。吉無不利。抑是朕之不德、非獨臻茲。方知凡百之寮、相諧攸感。今者元正告曆、吉日初開。宜對良辰共悦嘉貺。可大赦天下、改元曰天應。自天應元年正月一日昧爽以前、大辟以下、罪無輕重、未發覺・已發覚、未結正・已結正、繫囚・見徒、咸皆赦除。但犯八虐、故殺・謀殺、私鑄錢・強竊二盜、常赦所不免者、不在赦例。其齋宮寮主典已上、及大神宮司并祢宜・大物忌・内人、多氣・度會二郡司、加位二級。自餘番上、及内外文武官主典已上一級。但正六位上者廻授一子。如無子者、宜量賜物。其五位已上子孫、年廿已上者、亦叙當蔭之階。又如有百姓爲呰麻呂等被詿誤、而能弃賊來者、給復三年。其從軍入陸奥出羽諸國百姓、久疲兵役、多破家產。宜免當戸今年田租。如無種子者、所司量貸。又去年恩免神寺封租者、宜以正税塡償。天下老人、百歳已上賜籾三斛。九十已上二斛。八十已上一斛。鰥寡孤獨不能自存者、量加賑恤、孝子順孫、義夫節婦、旌表門閭、終身勿事。

（『続日本紀』巻三十六　天応元年正月辛酉朔条）

18 **延暦**

詔曰、殷周以前、未有年号、至于漢武始稱建元。自茲厥後、歴代因循。是以、繼體之君、受禅之主、莫不登祚開元、錫瑞改号。朕以寡徳、纂承洪基、託于王公之上、君臨寰宇、既経歳月、未施新号。今者宗社降靈、幽顯介福、年穀豊稔、徵祥仍臻。思与萬国、嘉此休祚。宜改天應二年、曰延暦元年。其天下有位、及伊勢大神宮禰宜大物忌内人、諸社禰宜祝、并内外文武官把笏者、賜爵一級。但正六位上者廻授一子。其外正六位上者不在此限。

（『続日本紀』巻三十七　延暦元年八月己巳条）

19 **大同**

詔、給諸社禰宜祝、及諸寺智行僧尼、孝義人等、位一階。又五畿内鰥寡孤獨之不能自存者給物。又免天下言上未納。

（『日本後紀』巻十四　大同元年五月辛巳条）　※改元について直接の記述なし。

20 **弘仁**

詔曰、飛鳥以前、未有年號之目。難波御宇、始顯大化之稱。爾來因循歴世、至今是用。皇王開国承家、莫不登極称元、隨時施號也。朕以眇虚、嗣守丕業、照臨四海、于茲二周。雖日月淹除、而未施新號。方今時屬豊稔、人頌有年。實頼宗廟之靈、社稷之祐、非朕之寡徳、所能可致也。念與天下、嘉斯休祥。宜改大同五年爲弘仁元年。布告遐邇、知朕意焉。

（『日本後紀』巻廿　弘仁元年九月丙辰条）

21 **天長**

詔曰、云々、可改弘仁十五年、爲天長元年。

（『日本紀略』巻十四　天長元年正月乙卯条）

22 **承和**

詔曰、三微迭代、必制之以嘉名、五運因循、終甄之以徽号。是知正始重本之典。千帝同符、履端建号之規、百王合契。朕恭膺明命、纘守鴻基。分至推遷、節候亟換、方今攝提發歳、天紀更始之辰。大簇報春、品彙惟新之日。宜有草創、以光舊章。其改天長十一年爲承和元年。

（『続日本後紀』巻三　承和元年正月甲寅条）

23 **嘉祥**

詔曰、玄枵丹軸、通上靈以凝禎祥津。伯鱗宗魚。暢潛貺以發祉庸虛。名爲巨瑞、千載而稀一遭、謂爲四靈、百王之所同貴。近有大宰府献白龜。所管豊之後國大分郡擬少領膳伴公家吉、於寒川石上得之。公卿上表曰、孝經援神契云、王者徳澤洽則神龜來、孝道行則地龜出。熊氏瑞應圖云、王者不偏不黨、尊用耆老、不失故舊、徳澤流洽則靈龜出。後魏書云、冀州獻白龜。王者不私人以官、尊耆任舊、無偏無黨之瑞。依據圖諜、實合大瑞。朕自君臨赤縣、子愛蒼甿、勞尫體於萬機、空成腒腊。而被薫腴於億兆、遂慙勳華。何以副上玄之神契、應幽贊之冥符。故抑而不宣、勅斷慶賀。而同稱靈應、重表慇懃。朕不忍閇距、反覆念之。昔王仲任、貶儒言以爲隘、猶謂麟鳳之類難萃。唐太宗嫌瑞物以爲謙、仍令龜竜之流依舊。况皇天之意、唯欲愛人、介福之臻、豈獨在予。當是上頼宗祧之冥祐、下縁台輔之慤誠。使蠢蠢含生同驤首於壽域、茫々率土共開懷於仁風。宜播茲雷雨、与天下惟新。其改承和十五年、爲嘉祥元年。自今日昧爽以前大辟以下、罪無輕重、未發覺・已發覺、未結正・已結正、繋囚見徒、咸皆赦除。但犯八虐、故殺・謀殺、私鑄錢、強竊二盗、常赦所不免者。不在赦例。令天下無輸今年田租之半。又復徭役十日。若已役者、宜折來年。大分之郡、嘉瑞攸出、令免今年田租。其献龜人叙正六位上、給物准例。内外文武官主典已上加位一級。但正六位上者廻授一子。若無子者、宜量賜物。五位已上孫年廿已上者、亦叙當蔭之階。天下老人及僧尼八十已上者、節級賜物。鰥寡孤獨、不能自存者、量加賑恤。孝子順孫・義夫節婦、旌表門閭、終身勿事。早先青衣而施。莫致掛壁之譏。

（『続日本後紀』巻十八　嘉祥元年六月庚子条）

24 仁寿

詔曰、體元居正、陽秋之格言、去故成新、易象之玄訓。是以皇流異派、帝竇分暉。莫不改正朔以乘風、變徽章以演化者也。朕以不敏、嗣奉鴻基、諒陰之礼已終、瘡巨之痛猶切。但逾年以後、日月推移、不率舊章、恐招新譏。去年即位之初、頻得白龜及甘露之瑞。雖朕之不徳推而不居、而聽於公卿、告之宗廟。方今純陽布徳、萬物成文。宜顧靈應於往時、變年紀於今日。孫氏瑞應圖云、甘露降於草木、食之令人壽。其改嘉祥四年、爲仁壽元年。

（『日本文徳天皇実録』巻三　仁寿元年四月庚午条）

25 斉衡

詔曰、上稽帝載、下酌皇流、莫不鍾靈貺以開元、割神符以改号者。近來石見國上醴泉。味寫濁醪、狀凝芳醴。雖朕之不徳、讓而弗怡。然天意若曰、使兆人頼之。亦是宗社降靈、俊乂在官之攸致。豈其爲身而有顓辞也。有司宜擇吉日告宗社。又改仁壽四年爲齊衡元年。其瑞出地主美濃郡大領桧前淡海麻呂叙正六位上、賜物准例。復郡内當年徭。伊勢大神宮祢宜大物忌内人、諸社祢宜祝、及内外文武官把笏者、賜爵一級。但正六位上者廻授一子、如無子者、宜量賜物。五位已上子孫、年廿已上者、叙當蔭之階。賜天下老人百歳已上穀三斛、九十已上二斛、八十已上一斛。欲使曠代禎符及萬邦以共慶、随時徳政逐五帝而齊衡。

（『日本文徳天皇実録』巻六　斉衡元年十一月辛亥条）

26 天安

詔曰、玄穹質暗、効珎符而不言、皇王至公、代神工而布徳。緬尋前載、遵來尚矣。朕以寡昧、纉守洪基、垂拱巖廊、如履氷谷。勞形育物、亭毒之仁未弘、展敬奉天、貫徹之誠或缺。不知幽顯有何感通。去歳冬中、景貺荐委。美作國貢白鹿一頭、色均霜雪、自絶毛群、性是馴良、足称仁獸。不因仙來在彤庭。重彼遐齡、毓于靈囿。常陸國上言、生連理樹二也。一郡山裏、兩處森然、分根合幹、異體同枝。或相連其間、一丈餘尺、或交柯之上、更挺好姿。斯皆書緹史而可傳、稽瑞圖而有慶。朕之菲虛、非可能致。唯由宗社垂祐、股肱叶贊。今欲鍾此休徵、不享獨美、施之惠澤、遍及萬方。宜復美作常陸二國百姓當年傜役廿日。就中瑞祥所出、重以優矜、苫田郡調、眞壁郡庸今年可輸、並皆免之。其畢得異蹄郡司蝮臣全繼叙正六位上、賜物准例。見著祥木吏民二人、亦宜量與爵賞。又復天下黔黎今年之半傜。伊勢大神宮祢宜大物忌内人、諸社祢宜及内外文武官把笏者、賜爵一級。但正六位上廻授一子、如無子者、宜量賜物。五位已上子孫、年廿已上者、叙當蔭之階。天下老人及僧尼百歳已上者賜穀四斛、九十已上三斛、八十已上二斛、七十已上一斛。鰥寡孤獨、不能自存者、量加賑恤。孝子・順孫、義夫・節婦。旌表門閭、終身勿事。又令京畿及諸國將順春令、埋胔掩骼。且夫隨時紀號、邦國之恒規、因瑞建元、古今之通典。可齊衡四年爲天安元年。又朕欲令泣辜滌瑕自新、然而數赦爲害、先聖攸禁。所以肆眚之詔今日寂寥。溥告遐邇、咸使知聞。

(『日本文徳天皇実録』天安元年二月乙酉条・二月己丑条)

27 貞観

詔曰、朕聞、自古軆元居正者、雖運殊根英、聲別金石、莫不改正朔變徽章、以易民之視聽也。故能皇疏不測、萬朔酌而不厭。帝系無涯、千載沿布而无沫。方今春忠已達、夏徳爲余、衆鳥調翼而始、百花成實而新結。見候物之如此、知開元之所宜。其改天安三年、以爲貞觀元年。將使皇猷正一、被群品以用全、寶曆延長。均兩儀以年遠。

(『日本三代実録』天安三年四月十五日庚子条)

28 **元慶**

詔曰、朕聞、善政之報、靈不違。洪化之符、神輸必至。朕以寡薄、辱奉不基、徳未動天、恵非感物。而去正月即位之日、但馬國獲白雉一、二月十日尾張國言、木連理、閏二月廿一日、備後國貢白鹿一。或體誤曉月、羽毛映於丹墀、或幹淩寒霜、枝柯被於青。皆應符改色、感祥變容。豈人事乎、盖天意也。當是上玄錫祉、下民蒙恩。今若抑而不宣、謂朕孱昧。思與海内同此休徵。亦夫因瑞建元、非無故實。嗣位紀号、既有前聞。況今柘燧改煙、葭灰正氣、風物和暖、卉木繁滋。宜逮佳辰以開寶運。其改貞觀十九年、爲元慶元年。自今日昧爽以前、大辟已下、罪無輕重、已發露・未發露・已結正・未結正繫囚見徒、悉皆原放。但犯八虐・故殺・謀殺・強竊二盜・私鑄錢、常赦所不免者、不在赦例。又内外文武官主典已上賜爵一級、其正六位上者廻授一子、五位已上子孫年廿已上者、叙當蔭之階、僧尼滿位已上加位一階、其大法師位已上者廻授弟子。夫以、九州雲接、百郡星連。天降禎祥、地有處所。宜復尾張・但馬・備後等三國百姓當年傜役十日。就中瑞所出土、特須優矜。其葦田郡刎輸今年之調。春部及養父郡並免當年之庸。其接得神物者、多治〔比、都氏文集〕部橘・但馬公得繼等叙正六位上、賜物准例。看著珍木者、僧道能・到岸等授位二階。庶使鴻休罔極、流遠近而普霑、鳳曆无疆、配乾坤而弥久。

（『日本三代実録』元慶元年四月十六日丁亥条・『都氏文集』もほぼ同文）

29 **仁和**

詔曰、自古撫蘿図、臨瓊籙者、咸憲三微以敷教、粛五始而成規。想彼体元居正之為、豈啻革故鼎新之務。朕謬以微爝、纘茲重光、懍々乎如乗奔而無轡也。日慎一日、忽復二年。龍星再躔、鳳律頻変。若歴年襲前号、恐謂我忘旧章。其改元慶九年、為仁和元年。

（『日本三代実録』巻四十七　仁和元年二月廿一日丁未条）

30 **寛平**

詔、改元寛平。

（『日本紀略』前篇巻廿　寛平元年四月廿七日戊子条）

31 **昌泰**

詔、改寛平十年、爲昌泰元年。

（『日本紀略』後篇巻一　昌泰元年四月十六日乙卯条）

32 **延喜**

去歳之秋、老人垂壽昌之耀。今年之暦、辛酉呈革命之符。又云今日昧爽以前大辟已下罪無軽重、已發覺・未發覺、已結正・未結正、咸皆赦除。但犯八虐。故殺・謀殺・私鑄錢・強竊二盜、常赦所不免者、不在赦限。又復天下今年半徭。老人及僧尼年百歳以上、給穀人別四斛。九十以上三斛、八十以上二斛、七十以上一斛、布告遐邇、俾知朕意。主者施行。

（『改元部類記』）

34 **承平**

詔云、古之帝王、北辰正位、南面嚮明者。何嘗不變（脱アルカ）微章而叶天心、改正朔而易民聽。故披宿霧於連山、革故之風不墮。酌流例於魯史、體元之訓已傳。前事不忘、後代之師也。朕以弱齡、嗣登天位、道徳未洽於九縣、寒暑猶乖於四時、懍乎若朽索馭六馬。夫周誦踵武、不開姫發之晨、漢弗守文、已建始元之號、非開鳳暦、何纂鴻規、方今玉琯移灰、珠胎換月。踰年號令、今則其時。宜紬仍舊之蹤、以宣鼎新之化、可改延長九年為承平元年。主者施行。

（『改元部類』所引「不知記」延長九年四月廿六日条）

35 **天慶**

詔、朕夙膺慈睠、虔奉叡圖。萬姓爲心、荷責之憂自切、四海在念、負重之懼彌深。履薄馭朽九載于茲。而保章司暦、去春奏以厄運之期、坤徳失宜、今夏驚其地動之異。静思彼咎、實疚于懐。方今訪遺風於西漢、畏警誡而開元、檢舊跡於先朝、忌革命而改號。是則修徳勝灾、與物更始之意也。可改承平八年爲天慶元年、大赦天下。今日昧爽以前、大辟已下罪無輕重、已發覺・未發覺、已結正・未結正、及犯八虐者、皆悉赦除、又一度竊盜計贓三端已下者同放免。但強竊二盜、故殺謀殺、私鑄錢者、不在此限。又承平三年以往調庸未進在民身者、同亦免除。若與善之悲（非カ）妄、何轉禍之可疑。宣布遐邇、知朕意焉。主者施行。

（『改元部類』所引「外記記」承平八年五月廿二日条）

36 天暦

詔、遐親（視カ）翠篆、眇鑒緗篇、正位開元、先王之茂典、踰年闡號、列聖之徽猷。太上天皇同符軒后、擬化唐堯、遊黄屋以褰裳、慕大庭之閑放、占白雲而駐蹕、追姑射之逸遊。跡邈矣於寰中、□窅然於物外、遂以丕業授于菲躬。朕肅承神規、虔鑽叡緒、垂旒負扆。雖體曜魄之尊、受籙披圖、若履水淵之薄、陶甄圖量、撫字生靈、自理萬機、於斯二載。方今孟夏嘉辰、純陽合節、琁衡叶候。玉帛順人、蓂灰改律、不愆不忘、竹牒無文。宜遵革故之蹤、暢惟新之命、其改天慶十年爲天暦元年、主者施行。

天暦元年四月廿二日　從四位下中務大輔源朝臣博雅宣奉行

（『改元部類』所引「外記記」天慶十年四月廿二日条）

37 天徳

詔、遇（温カ）故知新、義（羲カ）皇演八卦而不朽、體元居正、魯聖憲五始而長傳。緬尋謙（慊カ）緗亮來尚矣。朕以不敏、忝守洪基、徳未爲車、雖慕黄軒之蹤。（脱アルベシ）改（政カ）如鶩（驚カ）、雖静赤縣之風。爰理萬機、既經一紀。而此年水旱不節、恠異荐臻。使我華夏之民、遭此澆醨之代。方今故實於漢日、畏天譴而開元。訪往時於當朝、依時變而建號。是皆思易民聽、與物更始之義也。其改天暦十一年、爲天徳元年。今日昧爽以前、大辟已下罪無輕重、已發覺・未發覺、已結正・未結正、繫囚見徒及犯八虐者、皆悉赦除。又一度竊盜計贓三端已下者同以放免。但強竊二盜、故殺謀殺、私鑄錢者、不在此限。又天暦六年以往調庸未進在民身者、同亦免除。若施恩之有効、何消禍之可々（希カ）布。遍告遐邇、俾知朕意。主者施行。

（『改元部類』所引「外記記」天暦十一年十月廿七日）

38 **応和**

詔文云、（朕脱カ）忝居握符之名、未知馭俗之道。況比年灾異荐臻、未秋皇居孽火之妖急起、此歳辛酉革命之符既呈。懍乎、如垂（乗カ）奔而無轡。方今緬検虫篇、遠尋烏榮（鳥策カ）。上古帝王、南面稱孤者、或畏警誡而建元、或警咎徵而改號。是則修徳却灾、與物更始之義也。其改天徳五年爲應和元年、大赦天下。今日昧爽以前、大辟已下罪無輕重、已發覺・未發覺、已結正・未結正、但犯八瘧（虐カ）、故殺、謀殺、私鑄錢、強窃二盗、常赦所不免者不在赦限。又老人及僧尼年百歳以上給穀人別四斛、九十以上三斛、八十以上二斛、七十以上一斛、普告中外、俾知朕意云々。

（『革命』所引元応三年二月八日中原師緒勘文）

39 **康保**

朕以不徳久君臨天下、而今歳天變地震、災變相頻。須施徳政改年号、以攘災殃。即可載大赦天下、大辟已下罪可從原免但犯八虐、故殺、謀殺、強竊二盗、常赦所不免者非此限。又天下高年及鰥寡孤独、篤癃不能自存者、量賜物之由。

（『応和四年甲子勘文』所引「村上天皇御記」応和四年七月十日条）

41 **天禄**

詔、魯史垂文、革故之風高扇。漢朋傳訓、建元之道長存。是用受龍圖繼鴻業之君、靜赤縣撫蒼生之主。莫不有時而開基、踰年而改號者（名イ）矣。朕以弱齡、忝膺大器、專賴元老之輔弼、度奉宗廟之神靈。不愆不忘、所守先生之遺範。一言一事、所愼列聖之通規。方今鳳管律移、鶯花春暮、不易民聽於今日、恐墜皇猷於斯時。其改安和三年、爲天禄元年、大赦天下。今日昧爽以前、大辟已下、罪無輕重、已發覺・未發覺、已結正・未結正、咸皆赦除。但犯八虐・故殺・謀殺・私鑄錢・強竊二盜・常赦所不免者、不在赦限。又復天下今年半傜、老人及僧尼、年百歳以上、賜穀人四斛、九十以上三斛、八十以上二斛、七十以上一斛、庶使添恩波於四海之中、潤恵露於一天之下。布告遐邇、俾知朕意。主者施行。

天禄元年三月廿五日

（『改元部類記』所引「外記記」安和三年三月廿五日条）

42 天延

詔、君四海者、期波瀾之不拧（掲イ）。御萬邦者、愼煙塵之無警。車書同其規文、機務通其故跡。然猶因祥瑞而替歴名、畏天變而改年號。因古之所行來于今、以敢被準的者也。朕謬受龍圖、恭嗣鴻緒、俗酌澆醨之流、化無冠冕之（脱アルカ）。常慮眇身之難任、絲（ママ）慙黔首之夫（失イ）望。去春以來、天譴頻示、地震屢警。戒懼之懐且千、悚克之心非一。將鑒革故（政イ）之象、以重體堯之規。克惟新、與民更始之意也。其改天禄四年、爲天延元年、亦拂天以徳、施仁却邪、大赦天下。今日昧爽以前、大辟已下、罪無輕重、已發覺・未發覺・已結正・未結正・犯八虐・僧俗未得解由（者イ）、常赦所不免者、悉以原免。各赦督（咎カ）令得日新。但故殺人・謀殺人・強竊二盗・私鑄錢者、不在赦限。又安和元年以往、調庸未進在民身免除之。又賑給天下、老人百歳已上穀三斛、九十已上二斛、八十已上一斛。鰥寡孤独、不能自存者、量賜物。遍施徳化、以致太平。廣使宸居詔安、配乾坤以長久、夤亮信穏、並槐棘而榮華。布告遐邇、普令知聞。主者施行。

天延元年十二月廿日

（『改元部類記』所引「外記」天禄四年十二月廿日条）

45 永観

詔、唐堯之馭民也、敬雖授時而未號。漢武之撫俗也、初以建元施行而爲名。自爾以来、或遇休祥以開元、或依灾變以革暦。朕以庸虚猥守神器。愼日是幾多日、計年只（亦イ）十五年。天之未忘、屢呈妖怪而相誡。徳之是薄、雖致兢惕而不消。去年黍稷之遇炎旱矣、民戸殆無天。宮室之爲灰燼焉、皇居唯有地。欲修又作百姓之費、將廢素非一人之居。惻隠于懐、寤寐難忍。方今上玄之譴使如是、中丹之謝欲奈何。宜改正朔以易率土之聽、施徳政以解圖扉之冤。其改天元六年爲永觀元年、大赦天下。今日昧爽已前、大辟已下、罪無輕重、已發覺・未發覺、已結正・未結正、咸皆赦除之。又一度竊盗計臟、三端已下、同以赦免。但犯八虐・故殺・謀殺・私鑄錢・強竊二盗、常赦所不免者、不在赦限。又老人及僧尼、年百歳已上給穀四斛、九十已上三斛、八十已上二斛、七十已上一斛。庶幾攘餘殃於未萌、期幣俗於有截。布告遐邇、令知朕意。主者施行。

（慶滋保胤「改元詔」『本朝文粋』巻二　詔）

46 **寛和**

詔、前燭後燭帝跡迭照、或馳或騖王道代興。太上天皇、頤（顧）天下而窅然、居物素而邈矣。未敢蔽蔽以事爲事。朕猥承聖緒、虔纂洪基。從履薄氷、旣垂二載。宜率由舊章於往古、永創徽號於惟新。其改永觀三年爲寛和元年。主者施行。

（『改元部類』）

53 **長和**

詔、古之帝王各圖撫運者、何啻不愼日、寒心踰年紀號。故□天行以理萬邦、稽月令以調四序。唐堯數法授時之跡遺塵、魯聖五始革故之風吹訓（ママ）。詩不云乎、不愆不忘、率由舊章。朕以寡（虚カ）簿（脱アラン）蓋以丕基、謝徳宇而耻昔、謬受昭華猶（於カ）頽風云（之カ）。思政道而待朝、無潤民草、蜜（於脱カ）露之影。方今驚玄冬欲暮之候、訪西漢建元之猷。其改寛弘九年、爲長和元年。主者施行。

長和元年十二月廿五日

從五位下守中務少甫（輔）藤原朝臣惟光宣奉行

大内記江爲清作

（『元秘別録』所引「不知記」）

57 **長元**

詔、眇覿連山、草（革）故之道不墜、更酌大漢建元之例長流。蓋依休祥而相賀、或驚災景（ミセケチ、異と傍書）而所謝也。朕以庸瑣謬承丕基、日愼漸深。雖踰一紀風化猶淺、還愧萬民。況天下不靜、妖怪發臻。去年多夭折之聞、今夏有旱疫之患。商略其法、惻隠于懐。宜随時惟新與物更始矣。其改萬壽五年爲長元々年、又却妖以徳施仁、閑邪大□□□（赦天下カ）。

今日昧爽以前、大辟以下罪無輕重、已嚴（ミセケチ、發と傍書）覺・未發覺、已結正・未結正、皆悉赦除、但犯八虐・故殺・謀殺・私鑄錢・強竊二盜・常赦所不免者、不在此限。又高年及鰥・寡・狐（孤）・独・篤癃、不能自存者、量加賑恒（恤）。庶消殃孽於一天之下、將期昇平於四海之中、布告遐邇、普俾同知。主者施行。

（『小右記』長元元年七月二十五日条）

69 応徳

詔、朕夙受玄珪、嗣膺寶籙。小量而應域中之大、陋質而處天下之尊。履春氷於深淵焉、負重失歩、被秋霧於連山矣、革故傳蹤。方今青紙施仁漸及三陽之半、甲子開暦宜愼一元之初、興夫廢寝忘食。豈如修德防妖。須尋漢榮出建元之微（徽カ）號。又解殷網（綱カ）出宥過之洪慈。其改永保四年爲應德元年。大赦天下、今日昧爽以前大辟以下罪無輕重、已發覺・未發覺、已結正・未結正、咸赦除。但犯八虐故殺謂（謀カ）殺私鑄錢強竊二盜、常赦所不免者、不在此限。又高年及鰥寡孤独篤疾不能自存者、量加賑給。庶降渥□出圓蒼之下、將扇薫風□淳素之基。普告遐邇俾知朕意。主者施行。

応徳元年二月七　大内記藤原朝臣敦基作之。

（『革暦類』）

70 寛治

詔、羲皇演卦、露垂温故之元。虞舜受圖、風薫改正之化。是以自古、登紫極而開基、臨赤縣而易號。蓋是前修之芳躅、抑亦往哲之恒規也。太上天皇恩澤流于寰海、仁雨施于普天。遜洪業於出震（宸）之位、追逸遊於陰陽之蹤。遂以大諏授此眇身。雖無德華之惟馨、只任鹽梅之克調。方今當來夏告律之候、訪西漢建元之儀。宜尋皇猷於踰年、以新民聽於今日。其改應德四年、爲寛治元年、主者施行。

寛治元年四月十日　作者大内記　菅原在良

左大辦匡房擇申

（『改元部類』所引「右大御記」応徳四年四月七日条）

71 嘉保

詔□改寛治八年爲嘉保元年、可大赦天下。今日昧爽以前、大辟已下、罪無輕重、已發覺・未發覺、已結正・未結正、咸悉赦除。但犯八虐、故殺、謀殺、私鑄錢、強竊二盜、常赦所不免者、不在赦限。

（『元秘別録』巻一）

74 康和

詔、訪連山之奥義、則革故之蹤長存。酌大漢之遺流、亦建元之源無渇。是以握乾符闡坤珍之君、撫瑤圖臨赤縣之主、莫不歷歲月而開基、依咎徵而改號。朕以眇身謬爲元首、所守者前哲之道焉。唯思法言之可愼、所傳者列聖之規矣。更恥政化之難弘。爰去春之比、地有震動之驚。茲夏之間、人遇疾病之困。若不易民聽於今日、猶恐背物議於斯時。其改承徳三年、爲康和元年、大赦天下。今日昧爽以前、大辟以下罪無輕重、已發覺・未發覺、已結正・未結正、咸皆赦除。但犯八虐、故殺、謀殺、私鑄錢、強竊二盜、常赦所不免者、并觸神社訴輩、不在此限。又復天下今年半徭。老人及僧尼、年百歲以上給穀人別四斛、九十以上三斛、八十以上二斛、七十以上一斛。庶依一天之與善、将期九州之有慶。普告遐邇、明俾聞知。主者施行。

康和元年八月廿八日 〔御畫〕 中務少輔從五位上藤原朝臣家保宣奉行

上卿左大臣　大内記兼衡下詔

（『本朝世紀』康和元年八月廿八日条）

76 嘉承

詔、朕恭承景命、嗣握乾符。勛華謝徳、月草之瑞無聞。純朴隔射、星揄之變不靜。況乎當陽春之告律、有彗芒之見天。蒼々之識（誡カ）未忘、永念厥咎。栗々之心難慰、何知所裁。逖訪皇猷、或稽帝載。漢朝元光之年、改徽號而易聽。唐室貞觀之曆修善政而消妖。皆克已復禮、與物更始之義也。今遵舊章施新化。其改長治三年、爲嘉承元年。大赦天下。今日昧爽以前、大辟以下、罪無軽重、已發覚・未發覚、已結正・未結正、咸皆赦除。但犯八虐、故殺、謀殺、私鑄錢、強竊二盜、常赦所不免者、不在此限。又老人及僧尼百歳以上、賜穀四斛、九十以上三斛、八十以上二斛、七十以上一斛。庶因露黨之葵議、將却雲物□（之カ）殃。布告天下、稱朕意焉。主者施行。

嘉承元年四月九日　作者大内記藤敦光

（『改元部類記』所引「永昌御記」）

87 永治

詔、朕以庸虚奉承聖業、少量之隔靜淵焉、履薄氷而先歩、大化之難滂流矣。愼一日而送年、況乎浴及澆醨。暦告辛酉、訪規矩於裏榮、被畏懼於裏禁。夫革故傳跡、連山之霧披披蒙、宥過恩圖與（ママ）之塵蕩穢。宜替元號次新萬邦之聽、省法禁以施一面之仁。政（改カ）保延七年爲永治元年。

今日昧爽以前、大辟以下、罪無輕重、已發覺・未發覺、已結正・未結正、咸皆赦除。但犯八虐、故殺謂、謀殺、私鑄錢、強竊二盜、常赦所不免者、觸神社訴輩、不在此限。又復天下今年半徭。老人及僧尼、年百歳以上、給人別四斛、九十以上三斛、八十以上二斛、七十以上一斛。庶灑泥立澤於四海之中、將扇涼風於八荒之外。告天下稱朕意矣。主者施行。

永治元年七月十日　大内記令明朝臣草之

上卿左大臣　　少内記守光清書　（『改元部類』所引略記　保延七年七月十日条）

91 仁平

詔、朕謬膺陰陽之烋（世紀、休）運、忝受天地之寶命（世紀、位）。璇璣不在、遥隔耀（輝イ、世紀同）於勲（世紀、勛）華之（世紀、之日）。社稷未知、難馭僥（世紀、流）俗於季葉之風。乾象爲之相誡、變異日（世紀、因）其屬（世紀、屢）呈。就中、去年国逢暴風之難、人有洪水之困。朕之不達、咎及黎民（世紀、元）。夕惕之思、寒（世紀、塞）心無（世紀、无）聊。抑（世紀、仰）驚譴告於（世紀、以）改暦、舊史氏之遺文承傳（世紀、永傳）。放（世紀、弘）恵化於退邪、在先帝之芳躅（世紀、屬）不朽。宜易視聽於率土、以解冤結於圓（世紀、囚）扉、其改久安七年爲仁平元年、大赦天下。今日昧爽以前、大辟以下、罪無輕重、已發覺・未發覺、已結正・未結正、咸皆赦除。但犯八虐、故殺、謀殺、私鑄錢、強竊二盜、常赦所不免者、不在此限（世紀、赦限）。又老人及僧尼百歳以上、賜穀四斛、九十以上三斛、八十以上二斛、七十以上一斛。庶施渥澤於三春之初、將攘妖祥於一天之下、布告遐邇明俾聞知。主者施行。

仁平元年正月廿六日

（『台記』久安七年正月廿六日条・『本朝世紀』仁平元年正月廿六日条）

93 保元

詔、羲皇握符開上元以統序、漢帝膺籙建年暦以始基。是以通三明一之君、經天緯地之主。登乾位以改號、當南面以替聽。朕繼體惟善、雖受百王之大寶、御俗猶暗、未得萬國之歡心。方今一日之愼二廻于茲。宜迎夏律警節之期、以遵音史踰年之制。蓋革故復禮與物更新之養也。其改久壽三年、爲保元々年。主者施行。

保元々年四月廿七

（『兵範記』久壽三年四月廿七日条　裏書）

95 永暦

詔、君道得於下、則休祥著于上。庶事告（失カ）其序、則咎徵見于象。朕謬以小量猥受大寶、遥隔徳馨於重華之風。雖致雍濫於季葉之俗。因茲上天呈變、寸地有煌、加以兵革荐記（超カ）、人庶不靜。朕之庸昧未知攸裁。宜改暦號以易民聽。其改平治二年爲永暦元年、又修善消妖者先哲之徽猷、敷恵防邪者烈聖之彝範。須絶（ママ）肆青（ママ）之仁、以解冤徒之愁。大赦天下。今日昧爽以前、大辟以下罪無輕重、已發覺・未發覺、已結正・未結正、咸皆赦除。但犯八虐、故殺謀殺、私鑄錢、強竊二盜、常赦所不免者、不在此限。又復天下今年半傜、老人及僧尼百歳以上給穀四斛、九十以上三斛、八十以上二斛、七十以上一斛。庶仰感應於二儀、將期靜謐於九土。布告遐邇、俾知朕意。主者施行。

永暦元年正月十日

（『顯時卿改元定記』平治二年正月十日）

100 **嘉応**

詔、元始垂風草故憶道、劉漢則孝武早開建元之號、本朝則孝徳始著大化之稱、爾後歴代因修行來尚矣。太上天皇仁侔于軒轅之近（丕カ）、澤溢于江漢之域、遜黄屋而謝紫極之尊位、促仙蹕而追始（姑カ）射之逸遊。遂以丕業授此眇身。朕謬雖幼稚虔受昭華徳、惟菲薄猶慙陶鈞之難、致俗□澆醅（醨カ）、只任鹽梅之克調、一日之愼二載于茲。方今鳳律節改鷃辰春、過（遇あるいは遺か）逮此純陽之迎候。宜訪舊典於踰年、更叶天心欲新民聽。其改仁安四年爲嘉應元年。主者施行。

嘉應元年四月八日

（『兵範記』仁安四年四月八日条）

102 **安元**

詔、建元者聖代之芳猷也。芸縑垂露草。故者明時之彝典也。竹簡經霜、是以、握契提衡之君、世間（繼躰イ）守文之主、無不因祥瑞以開基。謝災異、以改號。朕以庸昧、忝受不圖、以四海雖爲家、滂流之化不遍、以萬民雖如子、撫育之恩難施、仁風未扇、八年于茲。方今、去春以來、天下不靜、皰疫間流行、老幼頻流困。眇身之不徳也。黔首有何事哉。宜易赤縣之聽、以除請（諳カ）室之冤。其改承安五年爲安元々年、大赦天下。今日昧爽以前、大辟以下、罪無輕重、已發覺・未發覺、已結正・未結正、咸皆赦除。但犯八虐、故殺、謀殺、私鑄錢、強竊二盜、常赦所不免者、及觸神社訴之輩、不在赦限。又復天下今年半傜。老人及僧尼、年百歳已上、給穀人別四斛、九十已上三斛、八十已上二斛、七十已上一斛。庶施恵化於金商之初、將期凱樂於華夏之際。普告遐邇、俾知朕意。主者施行。

安元元年七月廿八日

（『玉葉』承安五年九月三日条）

103 **治承**

詔、朕以昧菲、副握乾符。馭俗道踈、遥隔三五之歩驟。濟世慮淺、未致寶海之粛清。爰榆蹕之變荐示、梓愼之奏寔繁。

況鐘去中呂律、火于大極殿。百辟朝享之舊基（基カ）、灰燼空積、一人夕惕之疑念、丹府無聊。政季之訛也。上懼祖宗之靈、徳華之薄也。下慙民庶之聽。每顧其治、惻隱于懷。方今或（式）考帝載、旁訪皇猷。依咎徵以建元。驚厄會以革故。是皆克己復禮、與物更始之義也。其改安元三年、爲治承元年、大赦天下。今日昧爽以前、大辟已下罪無輕重、已發覺・未發覺、已結正・未結正、及僧侶未得解由者、皆悉赦除名、加教督令得自新。但犯八虐、故殺、謀殺、私鑄錢、強竊之二盜、常赦所不免、不在此限。又承安二年以往、調庸未進在民身者、同以免除之。又天下老人百歳以上賜穀三石、九十以上二石、八十以上一石。鰥寡孤独、不能自存者、各量給物。庶光蒼蠅告市聲、將來彩鳳巣閣之翅。布告遐邇、明俾聞知、主者施行。

治承元年八月四日

（『玉葉』安元三年八月五日条）

106 **元暦**

詔、温故之義稽沿革於魯文。建元之縱、資準的於漢武。是以經天緯地之君、握契提衡之主。不忘前修率由往册者也。朕忝莅其極、謬撫蒼元。愚昧兮徳化難施、幼齢兮政理未治。亦依賢佐之弼諧、將致帝道之允穆。方今孟夏告律、純（記イ）陽布仁。宜訪皇猷於逐古之規、以易民聽於踰年之制。蓋與物更始之義也。其改壽永元年爲元暦元年。主者施行。

元暦元年四月十六日

（『改元部類』所引「吉御記」）

108 **建久**

詔、朕以幼齢、忝承洪緒。馭俗道疎、雖慕皇明、於舜日之再中。撫民慮淺（コノ一句誤脱アラン）、施々音於澆（堯カ）風之升末。於是今年之暦、厄會不輕、術家所告、畏途多端。加之近日以來、變異屢示。云彼云此、不能不愼。仍旁訪前規、遍勘曩策、或依咎徵而開元、或驚警誡而革政。蓋修仁却邪、與物更始之義也。其改文治六年爲建久元年。可大赦天下。今日昧爽以前、大辟已下罪無輕重、已發覺・未發覺、已結正・未結正、咸皆赦除。但犯八虐、故殺、謀殺、私鑄錢、強竊二盜、常赦所不免者、及觸神社訴之輩不在赦限。又老人及僧尼百歳以上賜穀四石、九十以上三石、八十以上二石、七十以上□□（一石カ）。庶依乾心之有感、遥保宸位於無疆。並告遐邇、俾知朕意。圭（主イ）者施行。

建久元年四月十一日　（『参議貞永卿記』建久元年四月十一日条）

109 **正治**

詔、踰年之制、魯文照然可觀。建元之儀、漢冊（ママ）編以不朽。緬訪舊式率由尚焉。太上天皇恵洽寰中、守在海外。仁聖開道、惠（忽カ）馳德車於軒丘之月。閑放樂心、更追虛舟於汾水之陽、遂以授洪緒于眇身。朕雖慙幼齡之庸昧、偏委輔翼之賢明。方今孟夏嘉辰、純陽令節。當此皇運之昌期、欲新民聽於今日。其改建久十年、爲正治元年。主者施行。

正治元年四月廿七日　作者大内記宗業　（『改元部類記』所引「師重改元定記」）

110 **建仁**

詔、革故者法制應時以乃明、鼎新者尊卑有序以元吉。是以握乾符關坤珍之君、賀禎祥謝咎徵之道、莫不遵彼蟻木之訓、改其草之名（脱字アラン）。誠是非先王之法言弗敢言、非先王之德行弗敢行者。月（朕カ）以薄（脱字アラン）紹茲寶運、德風惟疎、未知函夏之草、瑞鳳遲至、唯思軒唐之梧。慙懼之深、惻隱于懷。況乎今當於辛酉、雖非大變、古來逢此支干、猶以爲愼。尋累聖之跡、廻攘災之謀。宜新號令兮返淳素之化、宿刑法兮解若廬（盧）之冤。其改正治三年爲建仁元年、大赦天下。今日昧爽以前、大辟以下、罪無輕重、已發覺・未發覺、已結正・未結正、咸皆赦除。但犯八虐・放（故）殺・私鑄錢・強竊二盜、常赦所不免者、觸神社訴輩不在此限。又復天下今（年脱カ）、老人反（及カ）僧尼百歳以上賜人別穀四斛、九十以上三斛、八十以上二斛、七十以上一斛。庶施恩澤於三陽布仁之時、將除妖氣於六甲環廻、（、脱カ）。普告天下、稱朕意焉。主者施行。

建仁元年二月十三日　作者大内記爲長　（『改元部類』所引「不知記」建仁元年二月十三日条）

111 元久

詔、連山披露、羲文垂革故之範。隆漢傳塵、孝武著建元之名。歴代佳猷遵來尚矣。朕謬以幼冲之身、託爲黎元之首。握昭華而寒心、薄氷隨歩、承季業而夕惕、淳風隔聲。唯守法言於不愆不忘之跡。偏委政績於多材多藝之賢。方今甲子一元之初、際會愼運。陽春二月之節、品物示和。宜替號令於率土、以解寃結於囚扉。其改建仁四年爲元久元年、大赦天下。今日昧爽以前、大辟以下罪無輕重、已發覺・未發覺、已結正・未結正、咸皆赦除。但猶八虐、故殺謀殺、私鑄錢強竊二盜、常赦所不免者、觸神社訴輩、不在赦限。又高年及鰥寡孤獨、篤癃不能自存者、量加賑給。庶播霈然之澤、將聞康哉之哥。普告遐邇、俾知朕意。主者施行。

元久元年二月廿日　　作者大内記藤成信

（『改元部類記』所引「猪熊関白記」建仁四年二月廿日条）

112 建永

詔、皇雄革故之文、早述初九之道、帝鴻甲子之制、先正上元之基。尓降經邦緯俗之主、朝日夕月之君、或施徳化而改正朔、或因徵驗而開暦年。朕以微眇之質、謬居皇王之尊。恵澤隔潤、四海之池（波カ）未清。仁風謝聲、百姓之蕠無靡。何況從去歳冬、曁今茲夏皰（疱カ）疫淹流行、老莊多夭折。誠是朕之不徳、民其何辜。夙宵克己、慙慨無聊。宜替元號以化時邕之俗、數教令以寛秋刑之威。蓋自天降休、與物更始之義也。夫改元久三年爲建永元年、大赦天下。今日昧爽以前、大辟以下罪無輕重、已發覺・未發覺、已結正・未結正、咸皆赦除。但犯八虐、故殺謀殺、私鑄錢、強竊二盜、常赦所不免者、觸神社訴輩、不在赦限。又老人及僧尼、年百歳已上給穀人別四斛、九十上三斛、八十已上二斛、七十以上一斛。庶灑渥恩於諸華之露、永攘餘妖於萬極之塵。普告遐邇、俾知朕意。主者施行。

建永元年四月廿七日

（『三長記』建永元年四月二十七日条）

119 嘉禄

詔、緬披皇圖、若稽帝籍。太昊之一百載、革故之制始闡。姫日之四十年、惜刑之美永傳。爾來承三統而居上、握二柄而臨下之。若無不驚咎徴、以改號解冤愁、以肆眚。朕雖冲昧、仰希前修。堯衢謝道、遊童之謠未聞。舜海隔波、王母之環雖納。唯任鹽梅之克調、偸憶函華之無爲、履氷負重。畏途尤深。方今病源競起、率土不靜、或久臥濾水之月、或長遊岱嶺之風。何依朕之不逮、忽困民之無辜。商量其治、殷勤于懐。夫元者善之長也、仁者徳之基也。宜率徽章以答天心、緩禁法以從人望。其改元仁二年、爲嘉禄元年、大赦天下。今日昧爽以前、大辟以下罪無輕重、已發覺・未發覺、已結正・未結正、咸皆赦除。但犯八虐、故殺謀殺、私鑄錢、強竊二盗常赦所不免者、并觸神社訴之輩、不在赦限。又後天下今年半徭。老人及僧尼、年百歳以上、給穀人別四斛、九十以上三斛、八十以上二斛、七十以上一斛。庶攘拔（妖カ）気於萬里、將致王道之一平。布告遐邇、明俾聞知。主者施行。

嘉禄元年四月　日

（『広橋家記録』所引「頼資卿改元定記」）

121 寛喜

詔、朕謬握昭華瑞露之光末未瑩、雖撫民草、徳風之聲難扇、偏馮股肱之佐、將致國家之治。然間比年災異頻示、畏懼尤甚。或因禎祥以改元號、或驚妖異以易民聽。自古所行來、在今爲定準、誠是克己復禮、與物更始之儀也。其改安貞三年、爲寛喜元年、大赦天下。今日昧爽以前、大辟以下罪無輕重、已發覺・未發覺、已結正・未結正、咸皆赦除。但犯八虐、故殺謀殺、［　　　　］輩、不在此限。又高年及鰥寡孤獨、篤癃不能自存者、量加賑給。庶施惠化於棘暑之中、准（唯カ）憶靜謐於華夏之際。布告遐邇、明俾聞知。主者施行。

元年三月

（『頼資卿改元定記』安貞三年三月五日条）

122 **貞永**

詔、大徳曰生、資二儀以成化。大寶曰位、應五運以逸昌。或觀天文兮知時變、或改季曆兮易民聽。非啻我國之遺範、便是漢朝之故事也。朕隔明一之徳、為元二之首。河不出録圖、洛不出丹書。符瑞未彰、大昊氏之龍、小昊氏之□。功業難及、日愼一日、季餘十季。於元无乾瑞坤祥之顯、臺有天變地妖之示。何以都（却カ）殷雉之邪、何以消漢家之□（妖カ）。況乎頃年來風雨不節。宜遵布新之義、以施簡□之恵、其改寛喜四年爲貞永元年、大赦天下。今日昧爽以前、大辟以下罪無輕重、已發覺・未發覺、已結正・未結正、咸皆赦除。但犯八虐、故殺謀殺私鑄錢、強竊二盜、常赦所不免者、及觸伊勢太神宮・八幡宮等訴輩、不在赦限。又老人及僧尼百歳已上賜穀四斛、九十以上三斛、八十以上一斛。庶四海静謐、万姓娯樂。普告遐邇、俾知朕意。主者施行。

貞永元年四月二日　　大内記公良作

（『経光卿改元定記』）

123 **天福**

詔、大皡氏之王天下、推列三光建分八節。孝武帝之莅民間、簡定律曆肇修舊章。是以通三之君、并一之初、改正朔以基皇徳、異元號以變民聽。太上天皇遜大寶於天子之位、追虞舟於汾陽之波。以其洪業授此幼齡、雖謝瑞草於朝階、偸思堯日之南明、不及重華之昔跡、爭期虞年之上治。每慙徳化之寂、偏任股肱之惟良。方今尅已復禮、與物更始之義也。宜改貞永二年爲天福元年。主者施行。

天福元年四月十五日　御畫字

（『民経記』天福元年四月十五日条）

124 **文暦**

詔、羲木之應天也、八卦始著圖象之文、堯蓂之授時也、萬民遂歸和氣之瑞。朕以幼齡忝膺寶命、披録（籙）啚（圖）而多恕。慙先蹤於大魚之書、馭一　一如馳謝之上。御於五龍之駕、於是更無乾瑞坤徳之顯。荐有天變地妖之示。宜易諸華之聽、早解三木之冤。是則克己復禮、與物更始之義也。其改天福二季爲文曆元年、大赦天下。今日昧爽以前、大辟以下罪、无輕重已發覺・未發覺、已結正・未結正、繫囚見徒皆以赦除。但犯八虐・故殺・謀殺・強竊二盜常赦所不免者、及觸神社訴輩、不在赦限。又老人及僧尼百歳以上、給穀四斛、九十以上三斛、八十以上二斛、七十以上一斛。庶恵四海之泰平、稱百姓之愷樂。普告遐邇、俾知朕意。主者施行。

文曆元季十一月五日　　大内記公良作

（『改元部類記』所引「師光朝臣記」文曆元季十一月五日条）

125 **嘉禎**

詔、朕謬以天下之尊、猥居域仲之大、幼齡而隔徇濟。未覃帝鴻之十歳、庸昧而耻有虞、爭奉皇象之七政。唯任惣庶於外祖、欲期輔翼於上洛。於是天示變兮、累三光之明、地成妖兮、添千兢之思。每顧年灾、不堪日愼。運何籌策除此咎徵。殷納緩刑、而左右任心、三面之鳥誇徳、夏曆改號、而遠近易聽、九土之民歸仁。其改文曆二季爲嘉禎元年。今日昧爽以前大辟以下、罪無輕重、已發覺・未發覺、已結正未結正、咸皆赦除。但犯八虐・故殺謀殺・私鑄錢・強竊二盜、常赦不免者、并觸神社訴之輩不在赦限。又高年及鰥寡孤独篤癃、不能自存者、量加賑給。庶仰一天之與善、將期萬姓之有慶。普告遐邇、俾知朕意。主者施行。

嘉禎元年九月十九日　　大内記公良作

（『改元部類記』所引師光朝臣記　嘉禎元年九月十九日条）

126 **曆仁**

詔、降譴告者上天之明誡也、改號令者大漢之徽猷也。故振古多示時變、累聖必易民聽。朕幼握昭華、空隔淳朴。居正以降、雖任靜謐於惣庶之理世、愼日之心、猶成畏懼於躔。運何籌策、謝其咎過。彼見秡（秩）而爲善寧、非殷成湯之一言哉。修徳而鎖災、便是唐太宗之仁化也。宜彰治績于泥紫、以解冤結于若廬。其改嘉禎四季爲曆仁元年、大赦天下。今日昧爽以前、大辟以下罪无輕重、已發覺・未發覺、已結正・未結正、咸皆赦除。但犯八虐・故殺謀殺・私鑄錢・強竊二盜、常赦不免者、并觸神社訴之輩不在赦限。又老人及僧尼季百歲以上、給穀人別四斛、九十以上三斛、八十以上二斛也。七十以上一斛。庶答乾心之靈應、鎮保而（南カ）面之尊任。普告中外、俾知朕意。主者施行。

暦仁元季十一月廿三日

大内記宗範作（『改元部類記』所引「愚暦」嘉禎四年十一月廿三日条）

127 **延応**

詔、朕以幼齡謬守神器、愼日是幾多許、計年亦五六廻。爭齊七政而致欽翼焉。遙謝重華之聖日、未躬萬機而任大庶矣。只隨靡草之徳風、天之不忌示變兮。雖相誡政之有闕歸善兮、未補過蒼々之譴便如是。栗々之心將奈何。誠答天心宜易民聽。其改暦仁二季爲延應元年、大赦天下。今日昧爽以前、大辟以下罪无輕重、已發覺・未發覺、已結正・未結正、咸皆赦除。但犯八虐・故殺謀殺・私鑄錢・強竊二盜、常赦所不免者、并觸神社訴之輩不在赦限。又渡天下今年半傜。老人及僧尼、年百年以上給穀、人別四斛、九十以上三斛、八十以上二斛也。七十以上一斛。庶施淳化於百季之間、將期昇平於萬邦之内。普告遐邇、俾知朕意。主者施行。

延應元年二月七日

作者大内記信房（『改元部類記』所引「師光朝臣記」延応元年二月七日条）

128 **仁治**

詔、殷徳大治、遂彰桑雉之祥。宋言早達、忽退楡象之變。見災脩徳、灾還爲善者歟。朕以幼齡、誤守洪緒、隔勛華之徳、只任鹽梅之佐。於去春以来、天變頻示、地震屢驚思謝、厥咎未知所裁。宜替元號、以新民聽。其改延應二年作仁治元季、可大赦天下。今日昧爽以前、大辟以下罪無輕重、已發覺・未發覺、已結正・未結正、咸皆赦除。但犯八虐、故殺、謀殺、私鑄錢、強竊二盜常赦所不免者、及觸伊勢太神宮、八幡宮等訴之輩、不在赦限。又老人及僧尼百歲以上賜穀四斛、九十以上三斛、八十以上二斛、七十以上一斛。庶依一天之與善、將期九州之有慶、普告遐邇、俾知朕意。主者施行。

仁治元年七月十六日

作者大内記信房（『改元部類記』所引「師光朝臣記」仁治元年七月十六日条）

129 **寛元**

詔、資準的於劉漢、則建元之餘風久傳。尋濫觴於本朝、亦大化之遺塵無絶。是以膺籙負扆之君、明一通三之主隨時兮開號、列代之勝躅也。朕謬以庸璅早承洪緒、堯之四時、舜之五教、聖明難及。河無龍圖、洛無龜書、皇化獨踈。二廻于茲、萬機未調、踰年之禮、自古兮然。仍遵帝典、將易民聽。其改仁治四年、爲寛元元年。主者施行。

寛元元年二月廿六日　御畫也

（『経光卿改元定記』仁治四年二月廿六日条）

131 **建長**

詔、徳侔天地稱之皇、鍾五運兮馭曆。明合日月謂之聖、鑑萬象兮成規。朕謬以冲幼恭受景圖、瑞露未霑。爭抽美（華）平於春王之圃、惠風難扇。猶憶子育於夏裔之郷、帝軒氏徇齊之智、四聰隔譽、姫洛公翊周之材、萬樞委政。是以乾蓋之間荐示變異、宸襟之底彌增悚兢。宜易草氓之聽、以解木囚之冤、是則修徳勝災、與物更始之義也。其改寶治三年爲建長元年、大赦天下。今日昧爽以前、大辟以下罪無輕重、已發覺・未發覺、已結正・未結正、及僧俗未得解由者、悉以原免。各加教督令得自新。但犯八虐・故殺人・謀殺人・強竊二盜・私鑄錢・常赦所不免者、并觸神社訴之輩、不在赦限。又寛元二年以往調庸未進在民身、免除之。又賑給天下老人、百歳已上給穀三斛、九十已上二斛、八十以上一斛。鰥寡孤獨不能自存者量給物。庶幾施玄渙於九域、保寶祈（ミセケチ、祚と傍書）於億齡。布告遐邇、明俾聞知。主者施行。

建長元年三月十八日　御畫

（『岡屋関白記』建長元年三月一日条）

136 **弘長**

改文応二年為弘長元年詔書被載　歳當辛酉、縦非大変之期無中烟之畏、古来所愼之由又天下鎮神可奉増一階之由。被仰大内記　藤原　範朝臣

（国立国会図書館蔵『革暦勘文』）

141 永仁

詔、道超二儀、謂之皇徳、伊一氣謂之帝功、兼文理謂之王法、并術勇謂之覇。朕隔彼四才謬治萬機、譬猶無筌蹄而欲捕魚兎、無舟檝而欲濟江海。然間玄黄示變、炎旱致祥、廻何智略、謝此咎徴。方今採故事於大漢、則驚灾異而開元。撿舊式於本朝、亦愼驚誡而建號。是皆取法於天地之上、立徳於陰陽之初、易政復礼與物更始之義也。其改正應六年爲永仁元年、大赦天下。今日昧爽以前大辟以下、罪無輕重、已發覺・未發覺、已結正・未結正、僧俗未得解由者、悉以厚（原）免、各加教督令得自新、但犯八虐、故殺謀殺、強竊二盗、私鑄錢者、不在赦限。又正應元年以往調庸未進在民身免除之。老人百歳已上給穀三石、九十已上二石、八十已上一石、鰥寡孤独不能自存者、量給物。庶得天道之與善將興聖代之至治、普告遐邇、俾知朕意。主者施行。

永仁元年八月五日

（『勘仲記』正応六年八月五日条）

150 元応

詔、漢朝建元者、武帝建号之濫觴也、唐室貞観者、文皇貞正之洪基也、是以経天緯地之君、受図膺録〈竹＋録〉之主、当千載之昌期、尋累代之嘉模、革故制令行来尚矣、朕謬以微眇之身、猥備黎元之首、日慎一日、雖謝聖日淳素之徳、年及両年、欲遂翌年改元之例、方今迎孟夏之時節、訪曽古之旧規、蓋与物更始之儀也、其改文保三年為元応元年、主者施行、

元応元年四月日

（『改元部類』所引「不知記」）

151 元亨

改元応三年（為）元亨元年詔書被載　暦数當辛酉之年。符契称革命之運。是則出自緯候之新意。非千（于）典籍之舊章。術士之家所著作也。聖人之道豈可然乎。但与物更始者恒久之理世之由。

（国立国会図書館蔵『革

165 **正慶**

詔、伏犠氏之演八卦也、始著乾道革故之跡、孝武帝之調四序也、早開漢室建元之源、爾来膺籙負扆之君、明一通三之主、発時令而施化、率旧章而改号者也、朕謬以眇身忝受大統、仁風難翔（翻）于海表、皇澤不治于寰宇、方今孟夏之天、純陽之節、宜訪皇猷於□（碌カ）年、以易民聴於今日、其改元弘二年、為正慶元年、主者施行、

正慶元年四月廿八日

（『花園天皇宸記』元弘二年四月二十八日条）

167 **康永**

詔、式観元始、眇稽前脩、義文垂象、井道之義聿著、孝武開基、漢室之風永伝、是以経天緯地之君、膺籙受図之主、或依祥瑞而建元、或除災変（脱字アラン）改号者也、朕謬以庸瑣纂承洪緒、世治未致、送夏暦欲七廻、寒心無聊、履春氷臨萬仭、徳之惟薄也、不聞慶雲寿星之奏、譴之至重也、荐有天変地妖之誡、況亦去春以降、瘴煙屢起、都鄙多懊悩、人庶間夭折、併眇身之咎徴也、黔首有何辜哉、晨夕兢惕、寤寐惻隠、宜易草𠰻之聴、以緩梏囚之法、其改暦応五年為康永元年、大赦天下、今日味爽以前、大辟以下、罪無軽重、已発覚、未発覚、已結正、未結正、咸皆赦除、但犯八逆故殺謀殺私鋳銭強竊二盗、常赦所不免者、不在赦限、又復天下今年半傜、老人及僧尼、年百歳已上、給穀人別四斛、九十已上三斛、八十已上二斛、七十已上一斛、庶施恩波於海内、将扇薫風於民間、普告遐邇、俾知朕意、主者施行、

康永元年四月廿七日

（『中院一品記』康永元年四月二十七日）

168 **貞和**

詔、義文之垂象也、配八卦於八埏、尭暦之推律也、調四序於四嶽、是以躰天則地之君、居正承基之主、或発時令而施化、或率旧章而改号者也、朕以庸昧之身、謬為黎元之首、仁沢不治、争聞勦（蓼）蕭之詠焉、徳風遅扇、何表華抨（平）之瑞矣、

何況天道示変、水害成災、疾疫流行、尊卑愁苦、兢惕之尤甚、寤寐而無休、宜訪先蹤、早易民聴、是則克己復礼、与物新始之義也、其改康永四年、為貞和元年、又祥者福先、却邪攘妖、大赦天下、今日昧爽以前、大辟以下、罪無軽重、已発覚未発覚、已結正未結正、咸皆赦除、但犯八逆故殺謀殺、私鋳銭強竊二盗、常赦所不免者、不在此限、又復天下今年半徭、老人及僧尼、年百歳以上給穀四斛、九十以上三斛、八十以上二斛、七十以上一斛、庶以有道之政化、将致萬邦於太平、普告遐邇、俾知朕意、主者施行、

貞和元年十月廿一日

（『園太暦』貞和元年十月二十一日条）

169 観応

詔、伏犧氏之演八卦也、始著乾道革故之跡、孝武帝之調四序也、早開漢室建元之源、爾来経天緯地之君、膺籙受図之主、発時令兮施化、率旧章兮改元者也、朕謬以眇身忝嗣大統、黄軒聖聡之誉、雖叵階及、赤県泰平之化、普憶沢恵、只依賢佐之匡弼、将底帝道之允穆、方今王春告律、諸夏布仁、日慎一日、年渉三年、宜訪皇猷於徳風、以易民聴於今日、蓋興物更始之義也、其改貞和六年、為観応元年、主者施行、

観応元年二月廿七日

（『園太暦』観応元年二月二十七日条）

170 文和

詔、漢朝建元者、武帝弘号之濫觴也、唐室貞観者、太宗革故之准的也、是以経天緯地之君、受図膺籙之主、継千載之昌期、尋百代之嘉模、或発時令兮施化、或率旧章兮著制、朕謬以眇身、忝備大統、日慎一日、自謝聖日淳素之徳、月渉両月、欲遂今月改元之例、方今当三秋之佳節、訪萬古之恒規、蓋与物新始之義也、其改観応三年、為文和元年、主者施行、

文和元年九月廿七日

（『師守記』文和元年九月二十七日条）

171 **延文**

詔、沿革随時、義木垂八卦之象、建元扇風、卯金遺六代之初（功カ）、前脩斯然、遵来尚矣、朕謬以璅薄、紹茲宝運、遥隔徳馨於勲華之跡、難致雍熙季葉之塵、日慎一日、刻己之畏雖深、年及五年、御俗之化未施、玄象之誡示変、丹情之襟無聊、何況兵革荐動、人庶不静、徳之惟薄、未知所裁、須改聖暦、以易民聴、其改文和五年為延文元年、大赦天下、今日昧爽以前、大辟以下、罪無軽重、已発覚未発覚、已結正未結正、咸皆赦除、但犯八虐、故殺、謀殺、私鋳銭、強竊二盗、常赦所不免者、不在赦限、又復天下今年半徭、老人及僧尼、年百歳以上、賜穀四斛、九十以上三斛、八十已上二斛、七十以上一斛、庶攘余殃於一天之下、将期太平於四海之中、普告遐邇俾知朕意、主者施行、

延文元年三月廿八日

（『愚管記』延文元年三月二十八日条）

172 **康安**

詔、受図迄十載、未底重華之有截、膺籙詢萬機、偏憶政李之無爽、而天道示変、地妖成災、加之自去年至斯春、疾疫頻流行、老壮多夭折、運何智謀、除此咎徴、宜易草氓之聴、以解木囚之冤、是則修徳却禍、与物更始之義也、其改延文六年為康安元年、大赦天下、今日昧爽以前、大辟已下罪無軽重、已発覚、未発覚、已結正、未結正、咸皆赦除、但犯八虐、故殺謀殺、私鋳銭、強竊一（二）盗、常赦所不免者并触神社訴之輩、不在赦限、又老人及僧尼百歳以上、賜穀四斛、九十以上三斛、八十以上二斛、七十以上一斛、庶仰仁風於八表、将攘妖気（氛）於萬里、普告遐邇俾知朕意、主者施行、

康安元年三月廿九日

（『愚管記』康安元年三月二十九日条）

173 **貞治**

詔、示変者天地之誡也、告妖者国家之兆也、仁以攘災、恵以降祉、朕謬以眇末之身、久備大中之尊、四海之波瀾不静、

萬機之諮詢易紊、雖慎丹心於一日、未悦黔首於群方、徳之惟薄最以為憂、爰匪啻逢玄蓋之降譴、頻又恐黄輿之驚聴兵塵未散、叡襟旁労、夕惕之至、時而不体（休カ）、或依各（咎カ）徴以建元、或驚厄会以革故、是以皆克復礼、与物更始之義也、其改康安二年為貞治元年、大赦天下、今日昧爽以前、大辟以下罪、無軽重、已発覚、未発覚、已結正、未結正、咸皆赦除、但犯八虐、故殺謀殺、私鋳銭、強竊二盗、常赦所不免者、不在此限、又復天下今年半徭、老人及僧尼、年百歳以上賜穀四斛、九十已上三斛、八十已上二斛、七十以上一斛、庶仰霊応於二儀、将却余殃於萬里、普告中外、俾知朕意、主者施行、

康安二年九月廿三日

（『改元部類記』永和一品御記）

175 **永和**

詔、天者大之一也、其時至則雲行而龍飛、革者変之常也、其化沢則雨施而豹蔚、上謂之大人、下謂之君子、羲文画卦、漢武立号、以降歴世憲章令古、若稽朕意璅謬承宝厚、尭曰則天、天豈階及、舜又何人、人唯道善已耳、縦隕徳核試開政華、方今改元更一元也、我天地逮昧草踰年及五年也、魯春秋未書筴剋已復礼、去故取新之義也、其改応安八年為永和元年、主者施行、

永和元年二月廿七日

（『愚管記』永和元年二月二十七日条）

176 **康暦**

詔、仰見天文、日月照□（ママ）以垂象、俯察地理、山川原載以含章、而因朕之菲徳荐示道之靡常、星纏（ママ）之度不正、時序之運无調、黎萌多遭疾疫之告、兵卒間起驕恣之心、於焉防僻帰正不如草（ママ）故布新、須改聖暦以易民聴、其改永和五年為康暦元年、大赦天下、今日昧爽以前、大辟以下罪無軽重、已発覚未発覚、已結正未結正、咸皆赦除、但犯八虐故殺謀殺、私鋳銭、強竊二盗、常赦所不免者不在此限、又復天下今年半徭、老人及僧尼年百歳以上給穀四斛、九十以上三斛、八十以上二

斛、七十以上一斛、庶俾徳於二儀、照育之仁日盛、宜保祚於億載、雍熙之化時新、普告中外、俾知朕意上(ママ)者施行、
康暦元年三月廿二日　御□也
（『迎陽記』康暦元年三月二十二日条）

178 至徳

詔、朕在位已至通三、則天而未明一欲斉幼聴於軒黄委任輔弼於伊周、然而体元之象、開乾符、闢坤珍、立制之儀鼎取新革去、故方今初雖恐甲子、政本在和、上下先施徳、以不必行、赦後緩刑、以可思依仁易民之聴、知与物更始、其改永徳四年為至徳元年、主者施行、
至徳元年二月廿七日
（『大外記清原良賢記』至徳元年二月二十七日条）

179 嘉慶

詔、義尽(ママ)八卦(ママ)草故之文肇興、尭暦四時就新之義斯著、爾降則大(ママ)居尊之主、受命膺籙之君、或感祥瑞以改旧章、或因咎徴以建元号、映（朕カ）雖執冠礼未致耳目之聡明、恭保実(ママ)図偏頼股肱之輔翼、於焉去春疾疫流行、今茲長幼天（夭カ）折、生民甚於夏畦之君、時俗寛以秋刑之威、蓋脩徳却妖与物更始之義也、改至徳四年為嘉慶元年、大赦天下、今日昧爽以前、大辟以下罪、無軽重、已発覚、未発覚、已結正、来（未カ）結正、咸皆教（赦カ）除、但犯八虍（虐カ）、故殺、謀殺、私舟鑄（鋳カ）銭、強竊二盗、常赦所不免者、不在此限、又復天下半除、老人及僧尼年萬（百カ）歳已上給穀四斛、九十已上三斛、八十已上二斛、七十已上一斛、庶易氏（民カ）聴攘妖気於未兆、須敷王化耀聖明於無溢、普遐邇(ママ)、俾知朕意(ママ)者施行、
至徳四年八月廿五日
（『迎陽記』至徳四年八月二十四日条）

180 **康応**

詔、草［革歟］者変之常也、狗［豹歟］蔚文灼、元者善之長也、龍飛徳新、朕身稟幼冲葉愧協菲［菲歟］薄、雖有復壁［辟歟］之義、猶存任賢之心、聖時挙二八而致昇平、尭世稽三五而思淳朴、而昨茲多失賢良、今春又聞大［夭歟］折、朕之不徳、民其何事日慎無聊夕惕若厲、宜改元号、以化方［萬歟］拝［邦歟］之俗、早敷仁声、以宣八隅之風、蓋降烋自天与物更始之義也、夫改嘉慶三年為康応元年、大赦天下、今日昧爽以前大辟以下罪、無軽重已発覚未発覚、已結正未結正、咸皆赦除、但犯八扈（虐カ）、故致謙［殺歟謀歟殺歟］致、私鋳銭、強竊二盗、常赦所不免者、并触神社訴之輩、不在赦限、又老人及僧尼年百歳以上、給穀人別四斛、九十以上三斛、八十以上二斛、七十以上一斛、庶布渥沢於無涯、永攘災妖於未兆、普告遐邇俾知朕意、至［主］者施行、

康応元年二月九日

（『大外記清原良賢記』嘉慶三年正月二十五日条）

181 **明徳**

詔、感祥瑞而開元、聖人云制也、依咎徴而建号、王者之常也、前鑑不遠、古来卒凶、朕以庸璅幸承鴻休、居尊号九年、仁化未洽於巡［遐］邇、慎徽号幾日、政教編任于股肱、於焉乾象示変星躔非常、阿況兵革方起、疾疫未休、徳云候薄不知所載、政頃聖暦以易民聴、其改康応二年為明徳元年、又仁解却妖禍即転福、大赦天下、今日昧爽以前、大辟以下罪無軽重、已発覚、未発覚、已結正、未結正、咸皆赦除、但犯八虐、故殺、謀殺、私鋳銭、強竊二盗、常故所不免者、不在此限、又復天下今年半傜、老人及僧尼年百歳已上給穀四斛、九十以上三斛、八十以上二斛、七十以上一斛、庶在機衡以耀三辰、永酋戢千才以理萬国、普告中外、俾和朕意、主者施行、［明徳元年三月廿六日］

（『迎陽記』明徳元年三月二十六日条）

189 康正

詔、三皇之為君也、不常心、以天下為心、五帝之践祚也、不常欲、以黎元為欲、負三皇之扆、纂五帝之図、当国俗之澆醨、四海之波瀾、猶未静、顧風化薄略、一日之兢惕惟弥深、恐乎兵塵間動、越棘繁弱、朕因菲昧之徳、民苦徭役之労、玄蓋所慙、叡襟無聊、宜新暦英之号、以易諸華之聴、是克与物更始之義也、其改享徳四年為康正元年、大赦天下、今日昧爽以前、大辟以下、罪無軽重、已発覚未発覚、已結正未結正、咸皆赦除、但犯八虐・故殺・謀殺・私鋳銭・強竊二盗、常赦所不免者、不及此限、又復天下今年半徭、老人及僧尼、百歳以上、給穀四斛、九十以上三斛、八十以上二斛、七十以上一斛、庶施玄渙乎九土、浹洪恤乎八埏、宝算億齢、干戈永戢、普告遐邇、俾知朕意、主者施行、

康正元年七月廿五日

（189康正以降の改元詔書については『天皇実録』『日本年号大観』等により、明らかな誤字等は一部修正を行った。）

194 文明

詔、天之経者久、地之誼者長、是国家之化恩、尤人神之命禄、朕謬以眇末之身矣、斉即坤元之位焉、雖志霑恵露於六合之中、猶未扇徳風於八紘之外、然間去二月、既見異星之変、又三歳不聴兵塵之休、依茲庶類者愁戮、遁山林之奥、黎元者懼難、空野田之耕、黔首所悲、慎誡不少哉、朕表庸昧之咎、多不寧之惶、以何利蒼生、以何報菲徳、故是思周王之祠、慕漢主之跡、建元古了、曜要道於一天之下、而以修礼、改号今了、去変妖於他州之外、而以易民、方今当孟夏之令辰、訪逐古之旧制、是剪長鯨清海、欲掃欃槍廓天、盖与物更始之儀也、其改応仁三年為文明元年、大赦天下、今日昧爽以前、大辟以下、罪無軽重、已発覚未発覚、已結正未結正、咸放除之、但八虐・故殺・謀殺・私鋳銭・強竊二盗、常赦所不免者、并触神社訴之輩、不在赦限、又老人及僧尼、年百歳以上、賜穀人別四斛、九十以上三斛、八十以上二斛、七十以上一斛、庶上下属泰平之風、夏夷歌至治之楽、普告遐邇、俾知朕意、主者施行、

文明元年四月廿八日

195 **長享**

詔、察瑞開元、明時之化也、却凶進善、賢代之祥也、朕叨以庸昧之躬、久守乾坤之位、理国俗而仁政之徳不備、敬霊器而天然之運猶軽、頃年六合之風塵易乱、一統之諮詢無綏、剰妖変之慎、火災之恐、啻令驚天聴、直量済民労、爰以革故施新、是皆礼、与物更始之義也、其改文明十九年為長享元年、大赦天下、今日昧爽以前、大辟以下、罪無軽重、已発覚未発覚、已結正未結正、咸皆赦除、但犯八虐・故殺・謀殺・私鋳銭・強竊二盗、常赦所不免者、不在此限、又復天下今年半傜、老人及僧尼、年百歳以上、給穀四斛、九十以上三斛、八十以上二斛、七十以上一斛、庶鎮三光之変、正照五徳之精、攘癘疾之禍於千里、溢育沢之恵於萬邦、普告中外、俾知朕意、主者施行、

長享元年七月十八日

196 **延徳**

詔、則天之明而揚三皇之旧章、因地之利而刷五帝之正誼、聖代之礼典不乱、賢主之法服無侵、其教弗粛而成焉、其政弗厳而治矣、爰頃比有宿曜之変、示君臣之慎、有病疾之災、為老弱之労、巇呼依朕之不徳、無民之安居、一人三台更下恩恵之宣、千村萬落令誇撫育之化、進新除故、抜凶施祥、与物更始之儀也、其改長享三年為延徳元年、大赦天下、今日昧爽以前、大僻以下、罪無軽重、已発覚未発覚、已結正未結正、咸皆赦除、但犯八虐・故殺・謀殺・私鋳銭・強竊二盗、常赦所不免者、不在此限、又復天下今年半傜、老人及僧尼、年百歳以上、給穀四斛、九十以上三斛、八十以上二斛、七十以上一斛、然則復朝廷無事之日、到国土昇平之時、普告遐邇、俾知朕意、主者施行、

延徳元年八月廿一日

197 **明応**

詔、政業善天応之厥徳為徳、礼術直地順彼厥豊為豊、恵人有常撫民孔寧、爰従一陽之芳香、至三伏之極暑、疫疾侵扉

小長失立、疱病満野、男女悉方所有司之愁所陛下之耻、故以国家不穏、朝廷無綏、温聖之佳謨、称賢之令典、改元新暦、攘災致祥、是皆礼、与物更始之義也、其改延徳四年為明応元年、大赦天下、今日昧爽以前、大辟以下、罪無軽重、已発覚未発覚、已結正未結正、咸皆赦除、但八虐・故殺・謀殺・私鋳銭・強竊二盗、常赦所不免者、不在此限、又復天下今年半傜、老人及僧尼、年百歳以上、給穀四斛、九十以上三斛、八十以上二斛、七十以上一斛、庶天垂象而銷年之咎徵矣、将神降瑞而隆時之歓娯焉、四海清平、萬邦長育、普告中外、俾知朕意、主者施行、

明応元年七月十九日

198 **文亀**

詔、天地明察、三皇之道仰弥高、日月照臨、五帝之徳克垂象、礼典以法、前漢始編建元之年、暦運示祥、本朝又存大化之号、肆負扆膺図之主、紹運居正之君、践祚必以新元、憲章豈非佳躅、朕謬稟庸昧、始得洪基、省不徳之身、更羨唐虞之風化、逮三綱之廃、欲興夏殷之聖猷、嗟吁不見黄龍献図之祥、何知白魚入舟之瑞、兢々而臨深矣、翼々而小心焉、加之迎辛酉年、論変革之当否、於建卯之月、尋旧勘之遺蹤、其慎在今春、所恐同疇昔、速改号令、将攘変妖、蓋与物更始之義也、其改明応十年為文亀元年、主者施行、

文亀元年二月廿九日

199 **永正**

詔、陽曜陰蔵、自有二儀之相感、雲行雨施、或得四時之化成、常雖唱撃壌歌、猶未代結縄政、朕叨稟庸璅、恭居至尊也、及澆漓、愧五典之道将廃、歳当革令、聴三経之術区分、況推神武初首之季、或過周詩大節之変、天数在我、夕惕小心、因茲専施鼎義之新、宜開暦運之号、蓋与物更始之義也、其改文亀四年為永正元年、大赦天下、今日昧爽以前、大辟以下、罪無軽重、已発覚未発覚、已結正未結正、咸皆赦除、但犯八虐・故殺・謀殺・私鋳銭・強竊二盗、常赦所不免者、不

在此限、又復天下今年半傜、老人及僧尼、年百歳已上、給穀四斛、九十以上三斛、八十以上二斛、七十以上一斛、庶朝野属太平之風、夏夷誇至治之楽、普告遐邇、俾知朕意焉、主者施行、

永正元年二月卅日

200 **大永**

詔、漢室徳碩、建元之弘号久伝、日域道興、大化之余風豈尽、礼典垂法、暦運示祥、是以膺籙負扆之君、開基而発政、経天緯地之主、随時而成章、朕謬以眇身、早承洪緒、雖羨堯舜之至聖、未足治大猷、更尋夏殷之嘉摸、或欲帰淳素、戦競心不浅、咎徴慎在今、兵革如旦昏、懼四海之不穏、乾象示災変、見象星之犯来、須改旧年以易民聴、其改永正十八年為大永元年、大赦天下、今日昧爽以前、大辟以下、罪無軽重、已発覚未発覚、已結正未結正、咸皆赦除、但犯八虐・故殺・謀殺・私鋳銭・強竊二盗、常赦所不免者、不在此限、又復天下今年半搖、老人及僧尼、年百歳以上、給穀四斛、九十以上三斛、八十以上二斛、七十以上一斛、庶永戢干戈、以理萬国、仁能却妖禍、更安一天、普告遐邇、俾知朕意、主者施行、

大永元年八月廿三日

201 **享禄**

詔、応瑞開元明時之典法、却凶進善清代之恒規、聖情無偏、政教有度、朕稟坤元位、慙庸昧躬、始開洪基、再希紹堯緒、既得大宝、専欲復漢儀、然都鄙未安、動其聴兵塵起人民労苦、況今罹炎旱災、願夫迎五風十雨之時、正三綱萬機之道、速替号令、須去変妖、盖与物更始義也、其改大永八年為享禄元年、主者施行、

享禄元年八月廿日

202 **天文**

詔、聖代建号、執濫觴於漢朝、徳風攘災、記祥瑞於夏暦、三綱雖有道、九復未曽安、朕叨以庸昧之躬、恭居大宝之位、更羨唐虞雍熙之美化、今愁跖蹻阿党之妖奸、処々聴兵革争、時々有咎徴慎、須改旧歳以施新元、蓋与物更始之義也、其改享禄五年為天文元年、大赦天下、今日昧爽以前、大辟以下、罪無軽重、已発覚未発覚、已結正未結正、咸皆赦除、但犯八虐・故殺・謀殺・私鋳銭・強竊二盗、常赦所不免者、不在此限、又復天下今年半搖、老人及僧尼、年百歳以上、給穀四斛、九十以上三斛、八十以上二斛、七十以上一斛、庶法中規矩、四海浴無窮恩、永戢干戈、萬邦唱太平曲、普告遐邇、俾知朕意、主者施行、

天文元年七月廿九日

203 **弘治**

詔、謝咎徴而開元、抗叡明於堯舜禹、賀禎祥而革故、続文質於夏商周、大化乃存、洪鈞転運、朕稟坤元之位、慙庸昧之躬、兵塵間々起焉、未扇徳風於八紘之外、民生常苦矣、無霑恵露於六合之中、須改旧歳以施新元、蓋与物更始之義也、其改天文廿四年為弘治元年、大赦天下、今日昧爽以前、大辟以下、罪無軽重、已発覚未発覚、已結正未結正、咸皆赦除、但犯八虐・故殺・謀殺・私鋳銭・強竊二盗、常赦所不免者、不在此限、又復天下今年半搖、老人及僧尼、年百歳以上、給穀四斛、九十以上三斛、八十以上二斛、七十以上一斛、庶櫜弓矢、朝野属泰平之時、永戢干戈、夏夷浴至治之沢、布告遐邇、俾知朕意、主者施行、

弘治元年十月廿三日

204 **永禄**

詔、朝朴道興、思魯衛兄弟之政、国安世治、仰唐虞雍熙之和、風化有余、鴻緒無極、朕謬稟庸昧、始開洪基、更省不

徳之身、偏羨三代之礼楽、既践大宝之祚、欲諧萬機之諮詢、庶幾一天唱泰平、四海事貢挙、仍遵帝典、将易民聴、盖与物更始之義也、其改弘治四年為永禄元年、主者施行、

永禄元年二月廿八日

205 **元亀**

詔、唐堯之御民、敬施徳風、而未号、漢武之撫俗、初開建元而為名、朕謬以庸虚之躬、斉即大宝之位、雖然乾象示妖変、動視異星之犯来、兵塵如旦昏、常懼都鄙之不穏、仁思攘災矣、恵欲降祉焉、蓋与物更始之義也、其改永禄十三年為元亀元年、大赦天下、今日昧爽以前、大辟以下、罪無軽重、已発覚未発覚、已結正未結正、咸皆赦除、但犯八虐・故殺・謀殺・私鋳銭・強竊二盗、常赦所不免者、不在此限、又復天下今年半搖、老人及僧尼、年百歳以上、給穀四斛、九十以上三斛、八十以上二斛、七十以上一斛、庶在機衡兮、耀三辰、永戢干戈兮、理萬国、普告遐邇、俾知朕意、主者施行、

元亀元年四月廿三日

206 **天正**

詔、資準的於劉漢、建元之暦運久長、尋濫觴於本朝、大化之礼典豈遠、感祥瑞而行政矣、依咎徴而改号焉、朕謬以眇身、忝承洪緒、欲霑恵露乎、薄天之下未扇徳風乎、率土之浜兵革無休、兢々慎不浅、干戈難戢翼、候心在今、故是以進新注故、蓋与物更始之儀也、其改元亀四年為天正元年、大赦天下、今日昧爽以前、大辟以下、罪無軽重、已発覚未発覚、已結正未結正、咸皆赦除、但犯八虐・故殺・謀殺・私鋳銭・強竊二盗、常赦所不免者、不在此限、又復天下今年半傜、老人及僧尼、年百歳以上、給穀四斛、九十以上三斛、八十以上二斛、七十以上一斛、然則庶仰霊応於二儀、将却余殃於千里、普告遐邇、俾知朕意、主者施行、

天正元年七月廿八日

207 **文禄**

詔、日域道興、抗叡明於堯舜禹、国安世治、続文質於夏商周、政要有余、鴻緒無極、朕謬稟庸昧、恭居至尊、更顧不徳之身、戦兢心不浅、既践大宝之祚、咎徴慎在今、庶幾霑恵露於六合之中、施仁風於八紘之外、須遵帝典、将易民聴、盖与物更始之義也、其改天正廿年為文禄元年、主者施行、

文禄元年十二月日

208 **慶長**

詔、察祥瑞而開元、明時之典法、謝咎徴而建号、清代之芳猷、温故知新、移風易俗、爰時々著乾象之変異、示君臣之欽、日々有坤儀之動揺、為老若之労、嚱呼因朕之菲徳、無民之安居、一天太平、今下恩恵之宜矣、千村萬落令誇撫育之栄焉、須退妖災、以進号暦、盖与物更始之義也、其改文禄五年為慶長元年、大赦天下、今日昧爽以前、大辟以下、罪無軽重、已発覚未発覚、已結正未結正、咸皆赦除、但犯八虐・故殺・謀殺・私鋳銭・強竊二盗、常赦所不免者、不在此限、又復天下今年半搖、老人及僧尼、年百歳以上、給穀四斛、九十以上三斛、八十以上二斛、七十以上一斛、庶雨弗破壊、野農忘憂、風弗動塵、鬼神無忿、普告遐邇、俾知朕意、主者施行、

慶長元年十月廿七日

209 **元和**

詔、資準的於劉漢、建元之余風久伝、尋濫觴於本朝、大化之遺塵豈尽、礼典垂法、暦運示祥、朕謬以庸瑣恭承洪緒、雖羨周王之美化、未足治大猷、更移漢室之嘉模、忽欲帰淳素、肆施新元、須改旧号、蓋与物更始之義也、其改慶長廿年為元和元年、主者施行、

元和元年七月十三日

210 **寛永**

詔、為天之経哉、普幬而四時代謝、為地之誼也、厚載而百物滋生、朕謬用昏虚之身、斉任乾坤之位、雖然未牝馬之道、何遂徳風於八紘、無飛龍之功、豈降仁雨於四海、伏思、行者依五典、化者則三墳、爰今当革令節、而遇災厄之運、歴数在我、戦兢小心焉、示革鼎之義、去故而開新暦之号、蓋与物更始之義也、其改元和十年為寛永元年、大赦天下、今日昧爽以前、大辟以下、罪無軽重、已発覚未発覚、已結正未結正、咸皆赦除、但犯八虐・故殺・謀殺・私鋳銭・強竊二盗、常赦所不免者、不在此限、又復天下今年半搖、老人及僧尼、年百歳以上、給穀四斛、九十以上三斛、八十以上二斛、七十以上一斛、庶上下仰均正之風、夏夷蒙至治之沢、普告遐邇、俾知朕意焉、主者施行、

寛永元年二月卅日

211 **正保**

詔、体天則地之主、貫徹古今、弘道移風之君、経理宇内、是以謬膺瑤籙、受皇猷之統基、忝以眇身守大宝之尊位、唯頼賢良之輔弼、将継列聖之宏規、方今神化潜通、咸協和六合、武威旁暢、正保安萬邦、踐祚必以新元、革故更訪佳躅、仍遵帝典、宜易民聴、其改寛永廿一年為正保元年、主者施行、

正保元年十二月十六日

213 **承応**

詔、居安不忘危者聖代之嘉摸也、行仁懐萬邦者賢主之恒規也、朕庸虚早受皇猷之統基、忝守大宝之尊位、素雖慕舜日

之徳、未施明時之化、方今四海静謐、雖八紘昇平、謹慎慮弥深恐懼心不浅、肆遵帝典宜易民聴、其改慶安五年為承応元年、大赦天下、今日昧爽以前、大辟以下、罪無軽重、已発覚未発覚、已結正未結正、咸皆赦除、但犯八虐・故殺・謀殺・私鋳銭・強竊二盗、常赦所不免者、不在此限、又復天下今年半搖、老人及僧尼、年百歳以上、給穀四斛、九十以上三斛、八十以上二斛、七十以上一斛、庶伝聖運於無疆、将攘祆孽於未萠、普告遐邇、俾知朕意、主者施行、

承応元年九月十八日

214 明暦

詔、感天地明察之道、編建元之暦年、慕本朝休祥之時、立大化之礼典、肆負扆膺図之主、守文居正之君、践祚必以新元、憲章豈非隹躅、朕謬以眇末、恭得洪基、高羨唐虞之古風、偏頼賢哲之輔弼、正継夏商之休烈、庶起聖業之皇猷、故移嘉摸欲帰淳素、其改承応四年為明暦元年、主者施行、

明暦元年四月十三日

215 萬治

詔、慕唐堯明時之化、希道徳之淳、移漢武清代之模、追昇平之跡、朕叨稟乾坤之位、偏慙庸昧之躬、然有頃年火災之懼、却凶進善、服海内安全之思、延慶呈祥、故是新号之元易夷夏之聴、蓋与物更始之義也、其改明暦四年為萬治元年、大赦天下、今日昧爽以前、大辟以下、罪無軽重、已発覚未発覚、已結正未結正、咸皆赦除、但犯八虐・故殺・謀殺・私鋳銭・強竊二盗、常赦所不免者、不在此限、又老人及僧尼、年百歳以上、給穀四斛、九十以上三斛、八十以上二斛、七十以上一斛、庶幾一天静謐、萬邦泰平、普告遐邇、俾知朕意、主者施行、

萬治元年七月廿三日

216 **寛文**

詔、周室俗淳、蒙徳沢、兆民従又、漢朝道起、開建元、萬世久伝、朕謬以眇末之身、恭守至尊之位、方今火災之慎、兢兢而臨深焉、妖変之惶、慄慄而小心矣、故是速改号令正施新元、盖与物更始之義也、其改萬治四年為寛文元年、大赦天下、今日昧爽以前、大辟以下、罪無軽重、已発覚未発覚、已結正未結正、咸皆赦除、但犯八虐・故殺・謀殺・私鋳銭・強竊二盗、常赦所不免者、不及此限、又復天下今年半徭、老人及僧尼、年百歳以上、給穀四斛、九十以上三斛、八十以上二斛、七十以上一斛、庶致昇平四海之中、除余殃八紘之外、普告遐邇、俾知朕意、主者施行、

寛文元年四月廿五日

217 **延宝**

詔、遙稽表年之号、拓源於漢室建元、仰観歴代之編、造端于本朝大化、朕謬当神器之重、暦数在躬、謾躡聖烈之蹤、本支伝祚、雖頼舟楫輔、未成元首才、愚昧而教化難施、居常守曠官戒、菲薄而負荷不克、乃者罹回禄災、殷々憂傷、慄慄危懼、宜有協和之志、君臣共欽哉、豈無惻隠之心、人民亦労止、除禍享福、冀得時若之休徴、図治計安、思修日新之明徳、須拠体元之義、普易率土之聴、其改寛文十三年為延宝元年、主者施行、

延宝元年九月廿一日

218 **天和**

詔、常羨魯衛之聖化、正感唐虞之昇平、朕謬以庸瑣躬、受四海之図籍、恭守至尊、位膺萬国之貢珍、兢兢而臨深、翼翼而小心、加之当辛酉年、論変革之当否、尋旧勘之遺蹤、其慎在夙夜、速改号令攘災孽於未萌、及禎祥於無疆、蓋与物更始之義也、其改延宝九年為天和元年、大赦天下、今日昧爽以前、大辟以下、罪無軽重、已発覚未発覚、已結正未結正、咸皆赦除、但犯八虐・故殺・謀殺・私鋳銭・強竊二盗、常赦所不免者、不在此限、又老人及僧尼、年百歳以上、

給穀四斛、九十以上三斛、八十以上二斛、七十以上一斛、庶幾一天静平、萬邦保寧、普告遐邇、俾知朕意、主者施行、
天和元年九月廿九日

219 **貞享**
詔、天之経者昭明而無窮、地之誼者厚載而不重、因茲四時代行百物滋生、朕謬以庸薄之躬、恭握乾坤之枢、雖志霑恵露於六合之中、猶未扇徳風于八紘之外、何有使衆偃之功哉、思夫道原聖経行依賢伝、于茲今当甲子節、而遭遇災厄之運、天数在我、戦兢小心、示革令之義、須改旧歳、以施新元、盖与物更始之儀也、其改天和四年為貞享元年、大赦天下、今日昧爽以前、大辟以下、罪無軽重、已発覚未発覚、已結正未結正、咸赦除、但犯八虐・故殺・謀殺・私鋳銭・強竊二盗、常赦所不免者、不在此限、又復天下、今年半徭、老人及僧尼、年百歳以上、賜穀四斛、九十以上三斛、八十以上二斛、七十以上一斛、庶朝野属太平之風、夏夷浴至治之沢、普告遐邇、俾知朕意、主者施行、
貞享元年二月廿一日

220 **元禄**
詔、乾坤交泰三皇之道仰弥高、日月照臨五帝之徳克垂象、資準的於劉漢建元之余風久伝、尋濫觴於本朝大化之遺塵無尽、肆負扆膺図之主、守文居正之君、践祚必以新元憲章、豈非佳躅、朕叨以幼質正得洪基、慕聖猷之模恩、更始之義、仍遵帝典、将易民聴、其改貞享五年為元禄元年、主者施行、
元禄元年九月卅日

221 **宝永**
詔、天地者以順四時不忒、聖人者布徳萬邦自治矣、朕以庸昧之躬、恭居大宝位、常羨唐虞雍熙之美化焉、今有東国坤

儀之動揺、而為君臣之慎、更下恩恵之宣、進新除故、祓凶施祥、与物更始之義也、其改元禄十七年為宝永元年、大赦天下、今日昧爽以前、大辟以下、罪無軽重、已発覚未発覚、已結正未結正、咸皆赦除、但犯八虐・故殺・謀殺・私鋳銭・強竊二盗、常赦所不免者、不在此限、又復天下、今年半傜、老人及僧尼、年百歳以上、給穀四斛、九十以上三斛、八十以上二斛、七十以上一斛、庶上下属泰平之風、夏夷歌至治之楽、普告遐邇、俾知朕意、主者施行、

宝永元年三月十三日

222 **正徳**

詔、裁成輔相之道、参賛天地、礼楽綱紀之迹、彌綸古今、朕謬膺図籙、承祖宗之洪基、叨守大宝、以幼冲之眇身、惟頼良弼之力、尚遵列聖之訓、夫創業之君、登極必改正、守成之主、継統亦新元、是以夏正漢元、永伝本邦、庶幾堯風舜日、偏覃遐陬、仍率聖々之典章、宜易元々之観聴、其改宝永八年為正徳元年、主者施行、

正徳元年四月廿五日

223 **享保**

詔、虞帝楽善儀鳳感、商王修徳祥桑消、実先世之佳蹤而後代之恒規也、朕以薄徳居大宝、常懐累卵之危、天賚良弼輔皇猷、既歴破瓜之齢、雖承太平於前聖、尚畏明威于上天、故以叡旨早改暦号、宜用新元而遵鼎義、其改正徳六年為享保元年、大赦天下、今日昧爽以前、大辟以下罪無軽重、已発覚未発覚、已結正未結正、咸皆赦除、但犯八虐・故殺・謀殺・私鋳銭・強竊二盗、常赦所不免者、不在此限、又復天下今年半傜、老人及僧尼、年百歳以上、給穀四斛、九十以上三斛、八十以上二斛、七十以上一斛、庶攘妖蘖於未萠、耀徳華于無窮、普告遐邇、俾知朕意、主者施行、

享保元年六月廿二日

224 元文

詔、劉漢協和武帝有建元之美、李唐泰平文皇有貞観之盛、凡上天授命下民帰徳、履端居正、改元布新、実前王之礼典、我朝之旧章也、朕謬承洪基、以薄徳臨黎庶、叨奉神器、顧眇身畏皇天、尚頼股肱匡救之力、以致政教雍熙之化、垂拱仰成述而不作、紀元慎始建而不悖、其改享保二十一年為元文元年、主者施行、

元文元年四月廿八日

225 寛保

詔、軒轅推莢、順陰陽天地之占、虞帝察璣、日月星辰之運、朕謬以寡薄嗣服累聖之統、恭承丕図、君臨庶兆之上、寅畏之虔寝興在慮、恒懼至誠未達景化不敷、加之迎辛酉年、論変革之当否、更始之旧典、速革紀年之号、以施在宿之沢、聿乗和気攘陰慘於未萠、式御恵風行陽舒於無疆、盖与物更始之義也、其改元文六年為寛保元年、大赦天下、今日昧爽以前、大辟以下、罪無軽重、已発覚未発覚、已結正未結正、咸皆赦除、但犯八虐・故殺・謀殺・私鋳銭・強竊二盗、常赦所不免者、不在此限、又復天下今年半傜、老人及僧尼、年百歳以上、給穀四斛、九十以上三斛、八十以上二斛、七十以上一斛、庶幾乾坤交泰、大和保合、禎符照有道之長、吉兆啓永年之暦、普告遐邇、俾知朕意、主者施行、

寛保元年二月廿七日

226 延享

詔、天地相位萬物資以育生、日月互行四時統而成歳、紀年一元先聖正名之法、縁事建号後王遇変之儀、朕以徼眇之躬、当此暦数所在仰観乾建俯察坤順、兢々其懼、孜々不怠、欲使上下和睦、貴賎富饒、然其徳惟薄、厥化未洽、今茲歳星次甲子、故論復変之当否、気運革令之時也、幹支周而復初、陰陽還以起瑞、是亦天道之変、宜除旧用新、蓋与物更始之義也、其改寛保四年為享元年、大赦天下、今日昧爽以前、大辟以下、罪無軽重、已発覚未発覚、已結正未結正、咸

皆赦除、但犯八虐・故殺・謀殺・私鋳銭・強竊二盗、常赦所不免者、不在此限、又復天下今年半傜、老人及僧尼、年百歳以上、給穀四斛、九十以上三斛、八十以上二斛、七十以上一斛、庶萬民被無偏之風、四海楽無彊之治、普告遐邇、俾知朕意、主者施行、

延享元年二月廿一日

227 寛延

詔、新立元号更頒暦年、漢室建元誕肇、本朝大化聿則、朕以幼眇、辱纘聖緒、恭守神器、惟頼左右保衡匡弼、共同寰宇億兆欣戴、尚冀緝熙時雍之化、以応地平天成之祥、允遵先王礼典、普易百姓視聴、永闢泰平之基、咸仰皇沢之盛、其改延享五年為寛延元年、主者施行、

寛延元年七月十二日

228 宝暦

詔、継天立極、君臨兆民、萬邦有罪、無以萬方、此古明王之所以永言配命也、朕以幼冲之躬、当昊穹之暦数、未嘗不従事於小心翼々、為庶幾頼鼎璽之保伝、而黎元浴於熙々之化、潤於皡々之沢、爰以叡旨遂革元号、服于天之明命矣、其改寛延四年為宝暦元年、大赦天下、今日昧爽以前、大辟以下、罪無軽重、已発覚未発覚、已結正未結正、咸皆赦除、但犯八虐・故殺・私鋳銭・強竊二盗、常赦所不免者、不在此限、又復天下今年半傜、老人及僧尼、年百歳以上、給穀四斛、九十以上三斛、八十以上二斛、七十以上一斛、庶攘旧害乎未萠、被徳鳳乎四極、普告遠邇、俾知朕意、主者施行、

宝暦元年十月廿七日

229 **明和**

詔、経天緯地五帝御宇之垂範、体元居正三王治世之遺典、朕謬以至静之資、恭居守文之位、如履薄冰、唯頼股肱安安、庶幾垂拱以治四海、百司維正流化遍及億兆、萬国咸寧、仍遵聖聖之礼典、以易元元之視聴、維新布政之造、宜改紀年之号、其改宝暦十四年為明和元年、主者施行、

明和元年六月二日

230 **安永**

詔、帝堯命義和授人時庶績熙、虞舜在璣衡斉七政萬邦寧、実先世之嘉蹟、而後代之準的也、朕以薄徳辟四方、常懐済大川無津涯、天賚良弼輔徽猷、既得嗣先王、恭令徳迪民寧畏天譴、殊以有所思、早改暦号、宜用新元、而遵鼎義、其改明和九年為安永元年、大赦天下、今日昧爽以前、大辟已下、罪無軽重、已発覚未発覚、已結正未結正、咸皆赦除、但犯八虐・故殺・謀殺・私鋳銭・強竊二盗、常赦所不免者、不在此限、又復天下今年半傜、老人及僧尼、年百歳以上、給穀四斛、九十以上三斛、八十以上二斛、七十以上一斛、庶攘妖災於未起、被丕徳於黎民、普告遠近、俾知朕意、主者施行、

安永元年十一月十六日

231 **天明**

詔、資準的於劉漢、建元之遺音長振、尋濫觴於本朝、大化之餘風久伝、是以創業之君、登極必改正、修徳之主、継統亦新元、朕苟以庸昧躬、唯頼良弼之力、載臨大宝位、将遵列聖之訓、宜改旧号以施新化、其改安永十年為天明元年、主者施行、

天明元年四月二日

232 **寛政**

詔、慕唐堯之欽若昊天、遵周王之昭事上帝、念茲在茲、夙夜無懈、然而誠不感物、化不及遠、元気堙鬱祝融為祟、殃及衆庶、実是皆朕之速戾也、朕率由前聖之嘉模、后王之恒規、乃以薄徳、嗣守神器、一物失所無忘罪己、茲懐災祥之懼、弥懋安全之思、上副天心、下応民望、故以勅旨、早改暦号、宜用新元而遵鼎義、其改天明九年為寛政元年、大赦天下、今日昧爽以前、大辟以下、罪無軽重、已発覚未発覚、已結正未結正、咸皆赦除、但犯八虐・故殺・謀殺・私鋳銭・強竊二盗、常赦所不免者、不在此限、又復天下今年半傜、老人及僧尼、年百歳以上、給穀四斛、九十以上三斛、八十以上二斛、七十以上一斛、庶幾四海静謐、萬邦昌平、普告遠邇、俾知朕意、主者施行、

寛政元年正月廿五日

233 **享和**

詔、天之為経、普幬而四時行、地之為義、厚載而百物生、為人之上者、豈可不則傚乎、朕謬以瞑昧、久居宝位、猥統萬機、以臨八紘、謳歌不聞、囹圄未空、常懐履薄之憂、方値辛酉之運、仰恐九五之危、俯思億兆之畏、於是欲顧諟明命、与物更始、傚改革於旧典、布徳沢於新陽、其改寛政十三年為享和元年、大赦天下、今日昧爽以前、大辟以下、罪無軽重、已発覚未発覚、已結正未結正、咸皆赦除、但犯八虐・故殺・謀殺・私鋳銭・強竊二盗、常赦所不免者、不在此限、又復天下今年半傜、老人及僧尼、年百歳以上、給穀四斛、九十以上三斛、八十以上二斛、七十以上一斛、庶幾夏夷偃風、上下合瑞、体衆善之長、庸永年之始矣、普告遠邇、俾知朕意、主者施行、

享和元年二月五日

234 **文化**

詔、治暦明時、著在周易、勝残去殺、載諸魯論、明王之道先聖之教、所当若稽以則傚也、朕以眇末、獲纉睿図、枉庸

神器、馭朽雖久、推恩未遍、旰食宵興居安思危、爰値甲子之年、当創制之運、弥顧庸虚、唯恐失墜、因替元号、祗順改革之義、且放繫囚、聊示惻隠之心、宜乗春和、以布徳澤、其改享和四年為文化元年、大赦天下、今日昧爽以前、大辟以下、罪無軽重、已発覚未発覚、已結正未結正、咸皆赦除、但犯八虐・故殺・謀殺・私鋳銭・強竊二盗、常赦所不免者、不在此限、又復天下今年半傜、老人及僧尼、年百歳以上、給穀四斛、九十以上三斛、八十以上二斛、七十以上一斛、庶発起枯沉、与物更始、承天之永命、得民之歓心、普告遠邇、俾知朕意、主者施行、

文化元年二月十一日

235 **文政**

詔、古聖膺籙、欽若昊天授時、新主握乾、建立徽号紀年、考之異域、既為累葉玉条、尋之本朝、亦是列代亀鑑、朕以劣質、肇承神器、心之憂危若渉春氷、庶幾遵奉上皇、文教恩化益敷、倚頼大臣良佐、徳政弥行、方今孟夏長養之時也、宜穆風声以新民聴、其改文化十五年為文政元年、主者施行、

文政元年四月廿二日

236 **天保**

詔、感禎祥而建号、前史之所記、因変異而改元、後王之所則、穆謬以菲薄曽為元首、恭守三器、誤御四海、雖尽夕惕乾乾之心、雖致鶏鳴孳孳之思、政令不節乎、教化不行乎、此歳東西或殃累時、民庶難穏、何図宗廟有事、人火延及京師告変、地震非軽、宮闈弥懐危懼、上下益加驚愕、朕之不逮、何以是裁、今会廷臣与衆同儀、年択嘉号、新発恩令、其改文政十三年為天保元年、大赦天下、今日昧爽以前、大辟已下、罪無軽重、已発覚未発覚、已結正未結正、咸皆赦除、但犯八虐・故殺・謀殺・私鋳銭・強竊二盗、常赦所不免者、不在此限、又復天下今年半傜、老人及僧尼、百歳以上、給穀四斛、九十以上三斛、八十以上二斛、七十以上一斛、今也玄陰将謝、蹤青陽且布和、庶乗此時令宜与物更始、

普告遠近、俾知此意、主者施行、

天保元年十二月十日

237 **弘化**

詔、朕聞、皇猷得和則天地表符瑞、政教罔孚則陰陽示災眚、是以乗乾之后、膺籙之主、莫不感禎祥、而建元因咎徵而改号、朕以庸昧之身、恭居大宝之位、日慎一日年将卅年、心雖労于惕厲、化未及于雍熙、頃年武蔵国言、城中有災、今年又聞遭祝融祟、此城也、国之要害、朝之重鎮、重鎮有災是誰謬歟、霊譴不虚咎在朕躬、爰尋繹先蹤、奉遵旧典、革紀年之号、敷在宥之沢、其改天保十五年為弘化元年、大赦天下、今日昧爽以前、大辟已下、罪無軽重、已発覚未発覚、已結正未結正、咸皆赦除、但犯八虐・故殺・謀殺・私鋳銭・強竊二盗、常赦所不免者、不在此限、又復天下今年半傜、老人及僧尼、年百歳以上、給穀四斛、九十以上三斛、八十以上二斛、七十以上一斛、冀上答天心下協人望、攘気祲於一旦、期休祥於萬年、普天率土、俾知此意、主者施行、

弘化元年十二月二日

238 **嘉永**

詔、唐堯之臨民也、敬雖授時而未号、漢武之御宇也、初以建元而紀年、是以経天緯地之君、居正承基之主、或発時令而施化、或率旧章而改元、朕以劣質、忝嗣鴻業、敢遵列聖之訓、偏頼良弼之力、以施徳義之政、弥致治理之風、宜改旧号以施新化、其改弘化五年為嘉永元年、主者施行、

嘉永元年二月廿八日

239
安政

詔、蓋聞、皇猷得宜而寰宇又安、則天地表祥瑞之応、庶政不明而民人疾苦、則陰陽示災眚之変、嗚呼可不慎哉、朕叨以眇眇之躬、恭託元元之上、自纘鴻業、八閲寒暑、夙夜祗恐匪遑底寧、然誠不感物、化不覃遠、元気鬱塞、祝融為祟、宮闕蕩然殃逮閭閻、洋夷出没腥羶薫騰、辺海不靖勤労士夫、加之六月以来坤徳逆常、近幾地震、余動及京、于今未息、詳念咎徴、在予一人、思俾導迎大和、式弭消衆変、宜易冠元之名、普施宥過之沢、其改嘉永七年為安政元年、大赦天下、今日昧爽以前、大辟以下、罪無軽重、已発覚未発覚、已結正未結正、咸皆赦除、但犯八虐・故殺・謀殺・私鋳銭・強竊二盗、常赦所不原者、不在此限、又復天下今年半傜、老人及僧尼、年百歳以上、給穀四斛、九十以上三斛、八十以上二斛、七十以上一斛、庶幾自今与物一新、上答天譴、下協人望、六府維修、萬方無虞、布告天下、令知朕意、主者施行、

安政元年十一月廿七日

240
萬延

詔、皇猷修明、則萬邦自能協和、政教叢脞、則皇天必降災眚、天譴影響人事氷谷、可不畏哉可不慎哉、朕叨以庸昧之躬、辱践大宝之祚、夕尽惕若乾々之心、朝致鶏鳴孳々之思、去年武蔵国有火災、大藩鎮為灰燼、固政令之不節、将教化之不行、況復蛮夷要和、事情雖穏、浜海為市、旧制難復、奈何天意、恐失民望、加之地厲流行、黎庶損傷、災眚如茲、咎在朕躬、宜革旧号以施新元、蓋与物更始之義也、其改安政七年為萬延元年、大赦天下、今日昧爽以前、大辟以下、罪無軽重、已発覚未発覚、已結正未結正、咸皆赦除、但犯八虐・故殺・謀殺・私鋳銭・強竊二盗、常赦所不免者、不在此限、又復天下今年半傜、老人及僧尼、年百歳以上、給穀四斛、九十以上三斛、八十以上二斛、七十以上一斛、庶幾伝昇平於無疆、除妖孽於未萌、普告天下、俾知朕意、主者施行、

萬延元年三月十八日

241 **文久**

詔、感祥瑞而建新元、聖人之制也、依咎徴而改旧号、王者之常也、朕謬以庸昧之身、恭居元首之尊、肝食宵興、居安畏危、爰値辛酉之歳、当革命之運、戦々而如臨深、翼々而彌小心、徳之惟薄不知所裁、今乗春陽、扇仁風於無彊、速建新元、攘妖孽於未萠、蓋与物更始之義也、宜改萬延二年以為文久元年、大赦天下、今日昧爽以前、大辟以下、罪無軽重、已発覚未発覚、已結正未結正、咸皆赦除、但犯八虐・故殺・謀殺・私鋳銭・強竊二盗、常赦所不免者、不在此限、又復天下今年半傜、老人及僧尼、年百歳以上、給穀四斛、九十以上三斛、八十以上二斛、七十以上一斛、庶幾上答天心、下応人望、輝皇祚於千秋、期泰平於萬年、普告遠邇、俾知此意、主者施行、

文久元年二月十九日

242 **元治**

詔、夫王者徳配日月、照臨八紘之外、慈則四時撫育億兆之民、朕謬以庸昧、辱膺神器之重、頒政之朝、如履薄氷臨深淵、使民之以操朽索馭悍馬、恩露未溢于四海之外、頌声豈起于七道之内、兢々翼々無不夙夜戒慎焉、爰値甲子歳、在一元之初、宜改徽号以順改革之儀、放去幽囚、聊示仁慈之意、時乗春和、欲布徳沢之恩、其改文久四年為元治元年、大赦天下、今日昧爽以前、大辟以下、罪無軽重、已発覚未発覚、已結正未結正、咸皆赦除、但犯八逆・故殺・謀殺・私鋳銭・強竊二盗、常赦所不免者、不在此限、又復天下今年半徭、老人及僧尼、年百歳以上、給穀四斛、九十以上三斛、八十以上二斛、七十以上一斛、庶幾攘去妖孽、与物更始、天下一帰、弥属太平之風、普告遐邇、俾知朕意、主者施行、

元治元年二月二十日

243 **慶応**

詔、感禎祥而建元聖人常制、依咎徴以改号王者恒規、朕庸昧承運膺萬国之貢珍、瑞応未呈値外夷之窺辺、加以去年秋

七月、防長凶徒卒犯禁闕、銃炮余火忽灰輦下、海内殆将扇動、庶民不得安居、朕之不徳、民其何辜、方今顧思天下形勢、如素卵之累殼、似玄燕之巣幕、戦々兢々不知所裁、宜従先蹤以施新元、蓋与物更始之義也、其改元治二年為慶応元年、大赦天下、今日昧爽以前、大辟以下、罪無軽重、已発覚未発覚、已結正未結正、咸皆赦除、但犯八虐・故殺・謀殺・私鋳銭・強竊二盗、常赦所不免者、不在此限、又復天下今年半徭、老人及僧尼、年百歳以上、給穀四斛、九十以上三斛、八十以上二斛、七十以上一斛、庶幾被徳風于四極、致太平于萬邦、普告遐邇、俾知朕意、主者施行、

慶応元年四月七日

244 **明治**

詔、体太乙而登位、膺景命以改元、洵聖代之典型、而萬世之標準也。朕雖否徳、幸頼祖宗之霊、祗承鴻緒、射親萬機之政、乃改元欲與海内億兆更始一新。其改慶応四年為明治元年、自今以後、革易旧制、一世一元以為永式。主者施行。

（「明治天皇紀」慶応四年九月八日）

245 **大正**

朕、菲徳ヲ以テ大統ヲ承ケ、祖宗ノ霊ニ誥ケテ萬機ノ政ヲ行フ。茲ニ先帝ノ定制ニ遵ヒ、明治四十五年七月三十日以後ヲ改メテ大正元年ト為ス。主者施行セヨ。

御名御璽

明治四十五年七月三十日

（「官報」明治四十五年七月三十日）

246 **昭和**

朕、皇祖皇宗ノ威霊ニ頼リ、大統ヲ承ケ萬機ヲ総フ。茲ニ定制ニ遵ヒ、元号ヲ建テ、大正十五年十二月二十五日以後

ヲ改メテ昭和元年ト為ス。

（「官報」大正十五年十二月二十五日）

247 **平成**

元号を〔昭和から平成へと〕改める政令をここに公布する。

（「官報」昭和六十四年一月七日）

資料2　年号関係研究評論文献目録

久禮旦雄・吉野健一／編

凡例　一、この目録は、年号（元号）に関する明治以後の研究（**著書は太字**）と評論の主なものを抄出し収録した。紀年論・祥瑞災異思想・陰陽道研究に関する論文は年号に関係する主なものに限った。

一、その配列は、全体を年代順とし、同年内は著者名（著者名のないものは書名）の五十音順とした。同一雑誌・著書等に複数名の論文が掲載されている場合は、一括して掲載順に配列して（同前）と表示した。

一、これは、所功「年号関係文献目録」（『日本の年号』昭和五十二年、雄山閣出版）などをベースにして、久禮と吉野の気付いたものを集成したが、見落としも多いと思われる。後日の補訂を期したい。

●明治二十二年（一八八九）

大城戸宗重「明治年号難陳」（『如蘭社話』一〇）

●明治二十四年（一八九一）

宮崎幸麿「御即位新式并建元論」（『如蘭社話』二六）

●明治二十六年（一八九三）

木村正辞「万葉集左注日本紀年紀改」（『国学院雑誌』四―四・五）

●明治三十三年（一九〇〇）

佐藤誠実「白鳳朱雀并法興元考」（『史学雑誌』十一―十）（↓瀧川政次郎［編］『佐藤誠実博士　律令格式論集』平成三年、汲古書院）

●明治三十四年（一九〇一）

栗田　寛「逸年号考」（『栗里先生雑著　下』吉川弘文館）

●明治三十九年（一九〇六）

岩倉具視「年号明治ト改元ノ事」（多田好問［編］『岩倉公実記』中巻　皇后宮職）

●明治四〇年（一九〇七）

平出鏗二郎「古文書の上に見える年号の読み方」（『史学雑誌』一八―二）

●明治四十一年（一九〇八）

神宮司庁編（佐藤誠実等）『古事類苑』天部・歳時部「年号」（吉川弘文館）

●明治四十三年（一九一〇）

内田良平「隆熙改元秘事」（同［編］『日韓併合始末』（出版社不明）（↓韓国史料研究所編刊『朝鮮統治史料　第四巻（韓日合邦 第二）』一九七〇）

●明治四十四年（一九一一）

今西　龍「正豊峻豊等の年号」（『東洋学報』一―一）

同　「寿隆の年号に就て故平子尚氏の所説を紹介す」（『考古学雑誌』一―一〇）

●明治四十五年（一九一二）

今西　龍「高麗の年號「光徳」の年代　高麗史紀年に錯誤あるの疑」（『考古学雑誌』三―一）

同　「光徳年代考補」（『考古学雑誌』三―三）

同　「朝鮮における国王在位の称元法」（『東洋学報』二―三）

●大正元年（一九一二）

関根正直「改元故事」（『国学院雑誌』一八―一〇）

●大正四年（一九一五）

齋藤　励「年号の起源及改元の動機」（『王朝時代の陰陽道』創元社）（↓水口幹記解説、名著刊行会、平成十九年）

●大正十一年（一九二二）

高橋莧三「辛酉甲子改元説の起源について」（『国学院雑誌』二八―一一）

平泉　澄「頼朝と年号」（『史学雑誌』二八―一〇）

●大正十二年（一九二三）

武田勝藏「二度の改元を知らぬ釣鐘」（『史学』二―三）

●大正十四年（一九二五）

梅原末治「支那年号鏡の二三の新資料」（『鑑鏡の研究』大岡山書店）

同　「年号銘ある支那古鏡の新資料」（同前）

●大正十五年（一九二六）

津田左右吉「漢代政治思想の一面　第三章　改元」（『満鮮地理歴史研究報告』第十一）（↓『津田左右吉全集』十七巻、岩波書店、昭和四十年）

森林太郎（鷗外）（吉田増蔵補訂）「帝謚考」「元号考」（↓『鷗外全集』第二十巻、岩波書店、昭和四十八年）

●昭和二年（一九二七）

平　久隆『**昭和改元朝見式勅語釈義**』（博文堂出版部）

●昭和三年（一九二八）

市村瓚次郎「年号に現れたる時代思想」（『史学雑誌』三九―四）

小田省吾「三国史記の称元法並に高麗以前の称元法の研究」（『東洋学報』十一―一・二）

坂本太郎「白鳳朱雀年号考」（『史学雑誌』三九―五）（↓『日本古代史の基礎的研究　制度篇』東京大学出版会、昭和三十九年）

●昭和六年（一九三一）

P.M. Suski.『日支年号考 The year names of China and

Japan』（Los Angeles : Science Society）

●昭和七年（一九三二）

喜田貞吉「白鳳朱雀の年號に就いて」（『夢殿』五）（↓『藤原京』鵤故郷舎出版部、昭和十七年）

●昭和八年（一九三三）

森本角蔵『日本年号大観』（目黒書店、のち昭和五十八年、講談社復刻）

●昭和九年（一九三四）

根川礫川「明治年号の出典と意義」（『歴史公論』三―四）

平泉　澄「革命説の否定」「建武の改元」（『建武中興の本義』至文堂）

福山敏男「飛鳥寺の創立に関する研究」（『史学雑誌』四五―一〇）（↓『日本建築史研究　正編』墨水書房、昭和四十三年）

●昭和十年（一九三五）

岡田希雄「和漢年号字抄と東宮切韻佚文」（立命館大学［編］『立命館三十五周年記念論文集　文学篇』立命館出版部）

●昭和十一年（一九三六）

福山敏男「法隆寺の金石文に関する研究」（『夢殿』十三号）（↓『日本建築史研究　続編』墨水書房、昭和四十六年）

藤田至善「史記漢書の一考察　漢代年號制定の時期に就いて」（『東洋史研究』一―五）

同　「漢武帝の年號制定に就いて　雷海宗「漢武帝建年號始於何年?」の批判」（『東洋史研究』二―一）

●昭和十四年（一九三九）

岩垂憲徳［編］『東亞年號綜覽』（三省堂）

松平慶永「逸事史補」（松平春嶽［著］・蘆田伊人［編］『松平春嶽全集』第一巻、三秀舎）

●昭和十六年（一九四一）

神田喜一郎「元の昭宗の年号「宣光」に就いて」（京都帝国大学文学部史学科［編］『紀元二千六百年記念史学論文集』）

●昭和二十二年（一九四七）

辻善之助［編］『日本紀年論纂』（東海書房）

丸山二郎『日本紀年論批判』（大八洲出版）

●昭和二十三年（一九四八）

那珂通世［著］・三品彰英［増補］『上世年紀考』（養徳社）

●昭和二十五年（一九五〇）

井上　清「年号制廃止論」（『世界評論』五―二）

上野陽一「元号をやめて西暦にする案について」（『能率道』一七―六）

大内兵衛「元号は廃止されねばならぬ」（『心』三―五）（↓『大内兵衛著作集　第七巻』岩波書店、昭和五十年）

河上徹太郎「元号廃止のことなど」（『雄鶏通信』六―五）

坂本太郎「年号の歴史」（『ニューヒストリー』一―一）（↓『日本歴史の特性』講談社学術文庫、昭和六十一年）

佐藤達夫「元号談義」（『法曹』昭和二十五年十二月号）

瀧川政次郎「元号廃止是か非か」（『朝日評論』五―六）

田永精一「元号廃止の問題」(『仏教思潮』三―四)
津田左右吉「元号の問題について」(『中央公論』六五―七)(↓『津田左右吉全集』二〇、岩波書店、昭和四十年)
宮沢俊義「元号について」(『法律タイムズ』昭和二十五年四月号)
村尾次郎「元号論」(『朱鳥』昭和二十五年三月号)
文部省大臣官房総務課「第七国会における元号問題」(『文部時報』八七二)
山田孝雄『**年号読方考証稿**』(宝文館出版)
●**昭和二十六年**(一九五一)
太田晶二郎「「年号読方考証稿」を読みて」(『日本歴史』三四)
丸山二郎「〝史疑〟と〝改元物語〟」(『日本歴史』四〇)
●**昭和二十七年**(一九五二)
松島栄一「西暦と元号」(『刑政』六三―一二)
林　修三「元号考」(『旬刊時の法令解説』六四)
臼井信義「正長の改元」(『日本歴史』五二)
●**昭和二十八年**(一九五三)
日本放送協会放送文化研究所[**編**]『**尊号と年号の呼び方**』(ラジオサービスセンター)
●**昭和三十一年**(一九五六)
森　清人『**日本紀年の研究**』(詔勅講究所)
●**昭和三十二年**(一九五七)
大友信一「日本史年表における朝鮮年号の不統一について」(『日本歴史』一〇九)
田村吉永「私年号六題」(『日本歴史』一〇八)
●**昭和三十三年**(一九五八)
岩城隆利「日本の年号とその背景についての素描」(『寧楽史苑』六)
岡田芳朗「革命改元について」(『古代』二九・三〇)
景山春樹「応治元年乙酉の久能山御正体―中世私年号の一資料」(『Museum』八八)
藤田亮策「朝鮮の年号の紀年　上」(『東洋学報』四一―二)(↓『朝鮮學論考』藤田先生記念事業会、昭和三十八年)
同「朝鮮の年号と紀年　下」(『東洋学報』四一―三)(↓同前)
●**昭和三十四年**(一九五九)
久保常晴「我国に於ける所謂古代年号に関する二三の問題」(『立正大学文学部論叢』一一)
●**昭和三十五年**(一九六〇)
片山　勝「年号読方異説」(『日本歴史』一三九)
佐藤達夫「一九六〇年―西暦と元号」(『時の法令』三三八)
森原　章「白石書簡の研究―「新佐手簡」の年号考証」(『愛知学芸大学研究報告　人文科学』九)
●**昭和三十七年**(一九六二)
大島延次郎「日本の改元」(『石田・和田・竜・山中四先生頌寿記念史学論文集』日本大学史学会)
岡田芳朗「沖縄の時計と暦」(『月刊時計』七―九)

●昭和三十八年（一九六三）
藪田嘉一郎『日本年号索引　改訂増補版』（綜芸舎）
陶　棟『歴代建元考』（台湾中華書局）
●昭和三十九年（一九六四）
久保常晴「我が国の私年号に関する研究（1）平安時代より南北朝まで」（『立正大学文学部論叢』一八）
布施弥平治「年号についての二三のこと」（『法学紀要』六）
●昭和四十年（一九六五）
佐藤進一「建武改元」「延元の改元論議」（『日本の歴史9 南北朝の動乱』中央公論社）
瀬野精一郎「足利直冬と年号」（『日本歴史』二〇五）
●昭和四十一年（一九六六）
市川任三「漢牘改元考」（『無窮会東洋文化研究所紀要』七）
久保常晴「我が国の私年号に関する研究（2）室町時代」（『立正大学文学部論叢』二四）
前山仁郎・広瀬秀雄「他編」「下段暦注による暦の年号決定について」（『金沢文庫研究』一二一一二）
●昭和四十二年（一九六七）
大矢根文次郎「淵明詩文における甲子年号について」（『東洋文学研究』一五）
鎌田永吉「いわゆる大政改元史料」（『秋大史学』一四）
久保常晴『日本私年号の研究』（吉川弘文館）
●昭和四十三年（一九六八）
岡田芳朗「『万葉集』の紀年」「和同開珎」と平城遷都」「三善清行と革命改元」（『日本古代史の諸問題』福村出版）
佐藤宗諄「年号制成立に関する覚書―「律令国家と天皇」によせて」（『日本史研究』一〇〇）
瀬野精一郎「改元の伝播」（『日本歴史』二三八）
田村円澄「「法興」私年号考」（『日本歴史』二四三）
友田吉之助「日本書紀の年代学的研究」「万葉集左注」（『日本書紀成立の研究』風間書房）
長谷川四郎「万延元年のフットボールのボール―以江戸城火外交難疫癘改元・「元号考」」（『文芸』七―四）
前川明久「日本古代年号使用の史的意義」（『日本歴史』二四二）
村尾次郎「元号」（『事典シンボルと公式制度』国際図書）
●昭和四十四年（一九六九）
高橋茂夫「明治以来の元号」（『日本歴史』二五三）
東野治之「飛鳥・奈良朝の祥瑞災異思想」（『日本歴史』二五九）
所　功「三善清行の辛酉革命論」（『神道史研究』十七―一）
（↓『年号の歴史』雄山閣出版、昭和六十三年）
松村　潤「崇徳の改元と大清の国号について」（『鎌田博士還暦記念歴史学論叢』）（↓『明清史論考』山川出版社、平成二十年）
●昭和四十五年（一九七〇）
清水馨八郎「昭和改元のすすめ」（『潮』一二四）

神田　茂「本邦における被害地震の日本暦の改元について」（『地震』二―三―四）
上横手雅敬「寿永二年宣旨」（『日本中世政治史研究』塙書房）
宮田　登「ミロク私年号の意味」（『ミロク信仰の研究　日本における伝統的メシア観』未來社）

●昭和四十六年（一九七一）
金子光晴「ヒロヒト天皇と昭和改元」（『潮』一四七）
北原章男「家光の朝儀粛正と正保改元」（『日本歴史』二八一）
田村円澄「「白鳳」年号考」（『日本歴史』二七八）
渡辺一太郎『元号について』（私家版）

●昭和四十七年（一九七二）
植村清二「昭和年号論」（『諸君』昭和四十七年正月号）
岡田芳朗「年号の始行」（『日本の暦』木耳社）
川井清敏『一世一元制の法制化を訴える』（神社本庁）
坂本太郎「年号あれこれ」（『学士会会報』七一六）
長谷川公茂「年号の入った背銘仏」（『円空研究』一）
矢部秀一「「天皇万歳」と「昭和」元号」（『月刊社会党』一八五）

●昭和四十八年（一九七三）
岡田芳朗「年号に関する基礎知識」（『歴史読本臨時増刊　万有こよみ百科』新人物往来社）（↓『日本の暦―旧暦と新暦がわかる本』新人物往来社、平成二十一年）
岡部長章「特に貞享甲子の改元改暦と元禄三大家（西鶴・近松・芭蕉）の関連表現試論」（『近世文芸』二一）
奥　貴雄「国号と元号」（『大阪学院大学論叢』二一）
奥野高広「年号訓方考」（『日本歴史』二九八）
高梨公之「法―名言とことわざ　年号をめぐって―元号論」（『時の法令』八二一）
高梨公之『元号の法制について』（自民党政務調査会）
高橋茂夫「元号の境目」（『日本歴史』三〇五）
田中　卓「元号問題について」（『動向』七月号）
橋本義彦「改元雑考」（『日本歴史』三〇〇）
古田武彦「九州年号の発掘」（『失われた九州王朝』朝日新聞社）
宮沢俊義「元号と憲法」（『ジュリスト』五三二）
薬師寺志光「元号よ何処へ行く―年号に関する諸問題」（『国学院法学』一一―二）
和歌森太郎「元号の意義を問う」（『月刊エコノミスト』六月号）

●昭和四十九年（一九七四）
安居香山「わが国に於ける改元と緯書思想」（井川定慶博士喜寿記念会［編］『日本文化と浄土教論攷』井川博士喜寿記念会出版部〈専称寺内〉）
井出成三「元号法制化の必要性」（『日本』正月号）
重松明久「白鳳時代の年号の復元的研究」（『日本歴史』三一九）
瀧川政次郎『元號考証』（永田書房）
矢部秀一「日の丸・君が代「元号」の問題」（『月刊社会党』

二〇八）

渡辺一太郎「元号（年号）について」（『月刊自由民主』二一八）

●昭和五十年（一九七五）

葦津珍彦「国史上最長の昭和年号」（『すみのえ』正月号）

井上　清「歴史的視点から年号制を排す」（「揺れる元号制〈特集〉」『朝日ジャーナル』一七―四二）（→鈴木武樹［編］『元号を考える』現代評論社、昭和五十二年）

今谷　明『戦国期の室町幕府』（角川書店）

岡田道雄『元号制度の確立をめざして』（神社本庁）

北爪真佐夫「（時評）元号法制化問題によせて」（『歴史学研究』四二六）

桑原武夫「元号について（憲法記念講演会から）」（『世界』三五七）（→鈴木武樹［編］『元号を考える』）

佐藤伸雄「〝昭和五十年〟と元号問題」（『前衛』四月号）

佐藤　均「干支と予言」（『歴史読本』臨時増刊号）（→『革命・革令勘文と改元の研究』佐藤均著作集刊行会、平成三年）

清水幾多郎「回想の「昭和五十年」」『東京新聞』昭和五十年一月十六日号（→村松剛・葦津珍彦［他］『元号―今問われているもの』）

瀧川政次郎「元号について―その反対論の根拠」（『月刊自由民主』二四〇）

所　功「日本の年号と天皇」（『歴史読本』正月号）

同「年号論議の再検討」（『浪曼』一月号）

同『日本の年号―その歴史的意義』（『皇學館大學講演叢書第三十四輯』）

平泉　澄「年号の意義」（『日本』九月号）

福地重孝「孝明天皇期における「改元」と「祈禳」の歴史的意義について」（『和歌森太郎先生還暦記念　明治国家の展開と民衆生活』弘文堂）

藤樫準二「幻の〝光文〟」（『別冊週刊読売』）

藤田省三「「昭和」とは何か　元年批判　上・中・下」（『朝日ジャーナル』十七―一・二・三）（→『精神史的考察　いくつかの断面に即して』平凡社、昭和五十七年）

増田　孝「改元の手紙」（調べることの楽しさ）（『日本古書通信』四〇―一）

宮沢俊義［他］「私はこう思う」（「揺れる元号制〈特集〉」『朝日ジャーナル』一七―四二）

林　修三「元号の法制的背景」（同前）

尾藤正英・橋川文三［対談］「だれが元号を決めるのか―元号問題の思想史的背景」（同前）

●昭和五十一年（一九七六）

芦野　弘「元号問題あれこれ（時の課題）」（『公正取引』三〇三）

上山春平「年号への愛着」（『プレジデント』五月号）

大森和夫『元号「昭和のあと」はどうなる？』（長崎出版）

織田健嗣「元号法制化への展望」（『祖国と青年』一二一）

木村尚三郎「日本的心情に密着」（『読売新聞』夕刊　昭和五十一年十一月二十七日号）（↓『元号—今問われているもの』日本教文社、昭和五十二年）

内閣総理大臣官房［編］『世論調査報告書　昭和五一年八月調査　元号に関する世論調査』（広報室）

林屋辰三郎「元号問題私見（歴史万華鏡）」（『日本史研究』一七二）

福田恒存「宜しく両建てにすべし」（『読売新聞』夕刊　昭和五十一年十二月六日号）（↓『元号—今問われているもの』）

藤井貞文「元治四年と言ふ年号」（『日本歴史』三八六）

藤谷俊雄「元号制と歴史学的研究」（『日本史研究』一六一）

松島栄一「元号問題をめぐって」〈天皇制〈特集〉〉（『法律時報』四八—四）（↓『元号問題の本質』白石書店、昭和五十四年）

峯岸賢太郎「元号問題と国民の歴史意識」（『歴史評論』三一五）（↓『元号問題の本質』）

●昭和五十二年（一九七七）

川口謙二・池田政弘『元号事典』（東京美術）（↓『改訂新版元号事典』として刊行、平成元年）

佐藤　均「応和四年甲子革令勘文について」（『史聚』七）（↓『革命・革令勘文と改元の研究』平成三年）

重松明久「古代における祥瑞思想の展開と改元」（『地域文化研究』三）（↓『古代国家と宗教文化』吉川弘文館、昭和六十一年）

清水　潔［書評］「所功著『日本の年号』」（『皇學館論叢』一〇—三）

鈴木武樹［編］『元号を考える』（現代評論社）

藪内　清「紀元制の歴史」（前掲『元号を考える』）

藤堂明保「中国の元号」（同前）

井上秀雄「朝鮮の元号」（同前）

佐藤宗諄「古代日本の元号」（同前）

松島栄一「近代天皇制における元号問題」（同前）

鈴木武樹「解説　元号を考える」（同前）

鈴木良一「反元号問題私見」（『日本史研究』一七五）

田中　卓「年号の成立—初期年号の信憑性について」（『神道史研究』二五—五・六）（↓『年号の研究』神道史学会、昭和五十四年）（↓『田中卓著作集六　律令制の諸問題』（国書刊行会、昭和六十一年）

清水　潔「年号の制定方法」（同前）

荒川久寿男「一世一元制の成立」（同前）

小森義峯「年号と現行法」（同前）

井上順理「年号の出典」（同前）

所　功『日本の年号　揺れ動く—〈元号〉問題の原点—』（雄山閣出版）

同「年号研究と群書類従」（『温故叢誌』三一）（↓『年号の歴史』）

同「「年代号略頌」と「年号歌」」（『皇學館論叢』一〇—五）

（↓『年号の歴史』）

松浦総三「「元号」制定―その問題点を採る」（『公明』一八一）

村松剛・葦津珍彦［他］『元号―今問われているもの』（日本教文社）

村松　剛「元号と文化」（同前）

黛　敏郎「元号について」（同前）

葦津珍彦「一世一元制の意義」（同前）

荒川久壽男「明治改元と維新の大精神」（同前）

西田廣義「元号の法的背景」（同前）

森田征史「元号論争の裏にあるもの」（同前）

竹内光則・佐藤憲三「（対談）元号法制化の意味するもの」（同前）

日本青年協議会「〝元号問題〟理解のために」（同前）

同「戦後の元号擁護論」（同前）

同「元号問題関係年表」（同前）

●昭和五十三年（一九七八）

浅沼徳久「室町時代における日光山の私年号使用」（『古文書研究』十二）

石田和外・神島二郎［対談］「元号論の底流―憲法・天皇制・伝統…（対決討論）」（（元号と「ふたつの日本」〈特集〉）『朝日ジャーナル』二〇―二六）

松本健一「天皇制の露頭としての元号」（同前）

家永三郎「（元号　意見・異見）見逃せぬ戦争国家へのノスタルジア」（同前）

木村尚三郎「（元号　意見・異見）日本人の心情に根ざす」（同前）

村松　剛「（元号　意見・異見）元号維持は文化の問題」（同前）

渡辺一民「（元号　意見・異見）普遍性乏しい「一世一元」」（同前）

大森和夫「元号法制化の底流にあるもの―右傾化傾向と野党の分極化が拍車」（『朝日ジャーナル』二〇―三四）

金子　毅「有事立法、元号法制、教育反動化に反対する教職員組合運動」（『労働運動』一五六）

河野益夫「元号法制化は必要か」（『あすの農村』四九）

小久保崇明「千葉本大鏡における漢字の振りがな及び声点について　附「年号読方考証稿」鶏肋」（『語文』四四）

佐木秋夫「元号問題など反動攻勢の背景―天皇の政治的利用を権威づけるための神格化」（『前衛』四三二）

同「天皇制の復活強化と宗教右翼」（『歴史評論』三三八）（↓『元号問題の本質』白石書店、昭和五十四年）

佐々木隆爾「「元号法制化」の問題点」（『教科書裁判ニュース』一三四）（↓『元号問題の本質』）

佐藤忠雄「促進派のための元号にしてはならない―終戦間もなくは西暦一本が大勢」（『朝日ジャーナル』二〇―三九）

佐藤　均「革命勘文と兼良公三革説」（『立正史学』四二）（↓

『革命・革令勘文と改元の研究』平成三年）

同「平安時代の革命・革令勘文の勘申者―延喜・康保―」（『史正』五・六合併号）（↓同前）

佐野知三郎「年号を失った石塔残欠」（『史迹と美術』四八―一〇）

高井統嗣「元号法制化の策動の新たな局面」（『前衛』四三〇）

田中真人「元号問題雑感―朝鮮人・戸籍・憲法そして日本史研究会（歴史万華鏡）」（『日本史研究』一九〇）

所　功「大宝以前の年号―諸説の再検討」（弥永貞三先生還暦記念会［編］『日本古代の社会と経済』吉川弘文館）（↓『年号の歴史』）

中島　泉『元号存置　紀年年次統一案』

中村平治「キリスト教暦とアジア・アフリカ」（『歴史学研究月報』二一八）（↓『元号問題の本質』）

野田　哲「元号法制化への世論操作―「昭和」の後はどうすべきか〔含 資料・「元号制」の存続に反対する党見解―日本社会党〕」（『月刊社会党』二六二）

松井やより「靖国・元号・君が代とアジア」（『世界』三九五）

松浦健太郎「元号法制化を急ごう―日本の文化・伝統を守るために」（『月刊自由民主』二七三）

松浦　玲「「元号」は日本古来の伝統ではない―中国皇帝政治の発明を明治に利用」（『エコノミスト』五六―四三）

松島栄一「元号＝年号について考えること」（『赤旗』九月十六日・十七日）（↓『元号問題の本質』）

山崎芳二「「元号」法制化の暴力行為」（『月刊社会党』二六一）

同「元号の意味を考えよう」（『月刊社会党』二六四）

歴史科学協議会全国委員会「元号を法制化しようとするもののたくらみはなにか」（『歴史評論』三四三）

●昭和五十四年（一九七九）

青地晨・大槻健・榊利夫［鼎談］「全国民の声よ起これ―有事立法、元号法制化等反動攻勢に対決して」（『前衛』四三三）

赤沢史朗「一九五〇年の元号論議」（「元号法制化をめぐる最近の動きについて」『歴史評論』三四五）（↓『元号問題の本質』）

葦津珍彦「元号と天皇―上山春平氏に答える」（『中央公論』九四―七）

有倉遼吉「元号法制化問題の憲法学的考察」（『法律時報』五一―四）

家永三郎「元号法制化問題の法史学的考察」（同前）

永井憲一「元号法制化と国民教育」（同前）

池　享［他］「報告 元号法制化問題とわれわれの歴史学」（『歴史学研究』四六七）

永原慶二「報告　前近代の天皇」（同前）

井上　清「「元号」問題と部落解放」（「元号」法制化と「有事立法」は何をもたらすか）（『部落解放』一三二）

上地龍典『元号問題 その歴史的・現実的意味』（教育社）

上山春平「元号と天皇」（『中央公論』九四―五）

宇野精一［他　座談会］「元号の法制化をめぐって」（『ジュリスト』六八八）

江口圭一「元号法制化反対論の論理と背理」（『歴史学研究』四七三）

江口朴郎「元号法制化と現代史の課題」（『文化評論』二一三）

大森和夫『元号問題あなたはどうする「昭和」が消える時、何が起こるのか』（エール出版社）

加太こうじ「私と元号について」（『国民文化』六）

「「元号」で大衆運動燃えず―意外に平穏審議が進んだ政治力学」（『朝日ジャーナル』二一―二四）

「元号法案に関する民社党の代表質問〔資料〕」『〔歴史評論〕三五〇』）

「元号法制化は主権在民への挑戦―三月一六日、上田卓三議員衆議院本会議代表質問」（『部落解放』一三五）

「元号問題関係資料―民社党、公明党への元号法制化についての質問状、元号法制化に反対する教科書執筆者の声明」（『歴史評論』三五一）

「元号問題を考える一・一六集会」報告（『歴史評論』三四八）

『元号・靖国・教育勅語・君が代』（日本共産党中央委員会出版局）

国立国会図書館調査及び立法考査局文教課「戦後「元号（年号）」問題関係文献目録―一～一二―」（『国立国会図書館月報』二一四～二一五）

小林直樹「元号法成立の意味と問題点」（『法律時報』五一―八）

佐木秋夫「天皇神格化をめぐる歴史的考察―国家神道復活と「元号法制化」への道」（『季刊科学と思想』三三）

佐々木隆爾「元号法制化に関する日本歴史学協会の声明について」（『日本史研究』二〇三）

佐藤　功「憲法問題の視点と論点　1～9」（『法学セミナー』二八六～二九六）

佐藤伸雄「元号と歴史教育」（『歴史地理教育』二八九）（↓『元号問題の本質』）

同「元号法制化のねらいと実態」（『前衛』四三三）

佐藤　均「革命勘文・革令勘文について」（『史報』一）（↓『革命・革令勘文と改元の研究』）

佐藤正紀「元号法（五四・六・一二公布、法律第四三号）」（『時の法令』一〇四八）

鮫島真男「司法・法務関係の新法律の解説―特に元号法について」（『法曹時報』三一―八）

徐　敏秀「元号についての一つの感想」（『朝鮮研究』一八八）

神社本庁時局対策本部［編］**『伝統回帰への潮流　元号法制化運動の成果』**（神社本庁時局対策本部）

神道史学会編『年号の研究』（皇学館大学出版部）
「宣言、決議、元号法制化に関する特別決議」（第三六回自由民主党大会〈特集〉）（『月刊自由民主』）
高久泰文「元号法について」（『ジュリスト』六九六）
同「元号の法的根拠をめぐって」（『立法と調査』九一）
高橋碩一「元号法制化―迷惑する側の論理」（『文化評論』二一五）（↓『元号問題の本質』）
立石　克「元号法制化の危険なねらい」（『月刊社会党』二六九）
たなかしげひさ「模倣元号雑考」（『史迹と美術』四九―七）
千々和到「中世東国の「私年号」」（『歴史評論』三四八）
遠山茂樹「元号法制化の本質」（『歴史学研究月報』二八〇）（↓『元号問題の本質』）
徳武敏夫「教科書と元号法制化問題」（『前衛』四三七）
黒沢真一「元号法制化と国民主権―推進派各党の態度を問う」（同前）
所　功「『元号法』の成立過程　上・下」（『日本』二十九―八・九）（↓『年号の歴史』）
永原慶二・松島栄一［編］『元号問題の本質』（白石書店）
永原慶二「元号問題を考える視点」（『歴史地理教育』二八八）（↓『元号問題の本質』）
西村尚治・細川隆元・村松英子［鼎談］「元号―法制化しよう民族の慣習」（『月刊自由民主』二八〇）
日本社会党政策審議会内閣部会「「元号法案」をめぐる大平内閣の政治的ねらいとわが党の見解」（資料一九七九・二・二）
野口武彦「「元号考」考―権力支配のメカニズムと元号」（『世界』四〇一）
野沢　豊「元号法制化と歴史学者」（『文化評論』二一四）
林　修三「元号法制定をふりかえって」（第八七回国会の動き〈特集〉）（『法律のひろば』三二―八）
同「元号法についての考え方」（『月刊自由民主』）
藤井貞文「元治四年と言ふ年号」（『日本歴史』三六八）
星野安三郎「元号法制化とイデオロギー政策」（『法と民主主義』一三七）
堀田光明「元号法案をめぐる論議」（八七国会回顧特集）（『立法と調査』九三）
本多公栄「歴史教育と元号問題」『歴史地理教育』二八八）（↓『元号問題の本質』）
松浦総三「元号法制化と天皇制」（『月刊社会党』二七三）
山部芳秀「政治反動と元号法制化」（同前）
松島栄一「一世一元の年号について―大正・昭和の年号をどういう手続きで定めたか」（『歴史評論』三四六）（↓『元号問題の本質』）
同「〝元号・君が代〟と教育権」（君が代・元号と教育権〈特集〉）（『季刊教育法』三三）

星野安三郎「君が代・元号と学校教育」(同前)
小林孝輔「元号法の法学的検討」(同前)
大槻　健「君が代・元号と学校運営」(同前)
諸沢正道「学校教育における国旗・国歌・元号」(同前)
浅羽千之助「最近の教科書における元号問題」(同前)
丸山照雄「「元号・靖国」の創作と操作の構造」(『現代の眼』二〇―一二)
円山雅也「元号法が頭をかかえ込むとき」(以下二篇『月刊新自由クラブ』三―二七)
峰岸純夫「封建時代の年号と天皇」(東京歴史科学協議会『転換期の歴史学』合同出版)(↓「災異と元号と天皇」として『中世　災害・戦乱の社会史』吉川弘文館、平成十三年)
文部省初等中等教育局地方課「元号法について」(『教育委員会月報』三一―三)
所　　功「元号―その文化史的意義」(同前)
山口啓二「歴史家は元号をどのようにみるか」(『国民文化』2)(↓『山口啓二著作集 第五巻』校倉書房、平成二十一年)
山田忠雄「近世の元号雑感―改元をめぐる民衆の反応あれこれ」(『歴史評論』三四九)
吉田　晶「歴史の現段階と元号法制化」(『考古学研究』二五―四)
吉田力雄「天皇象徴論と元号問題」(『大阪経済法科大学法学論集』三)
渡辺洋三「元号と法―元号法案をどうみるか〔含 資料〕」(『法学セミナー』二九二)

●昭和五十五年(一九八〇)

落合道夫「元号の本質的意味と反対論」(『自由』二二―四)
小野信二「元号攷」(『拓殖大学論集』一二九)
倉田　勇「時の観念からみた元号と西暦―生活諸様式(文化)を中心として」(『アカデミア』三二)
国立国会図書館調査及び立法考査局文教課「戦後「元号(年号)」問題関係文献目録―一二―(完)」(『国立国会図書館月報』二二六)
笹川紀勝「思想の自由―靖国・元号・司法修習生の問題をめぐって」(『ジュリスト』七〇九)
佐藤　均「『革暦類』についての考察―治安元年辛酉を中心として―」(竹内理三編『古代天皇制と社会構造』校倉書房)(↓『革命・革令勘文と改元の研究』)
同　「(書評) 日本思想大系8『古代政治社会思想』所収『革命勘文』」(『史正』九)(↓『革命・革令勘文と改元の研究』)
高久泰文「小林教授論文「元号法の法学的検討」に対する反論」(『季刊教育法』三七)
並河丈二「元号法について」(梅花女子大学紀要委員会編『開学十五周年記念論文集』梅花女子大学)
西平重喜「世論調査にみる同時代史―2―天皇・元号・国歌・国旗」(『自由』二二―一〇)

野村忠夫「養老改元と方県郡の〝百姓〟」(『岐阜市史　通史編　原始・古代・中世』岐阜市、一九八〇)
原田清司「元号法について」(『経済と貿易』一二九)
原秀三郎「孝徳紀の史料批判と難波朝廷の復元―二つの大化年号と孝徳即位をめぐって―」(『日本古代国家史研究―大化改新論批判―』東京大学出版会)
松島隆裕「祥瑞の主体としての天―白雉改元における天観念の受容」(『倫理思想研究』五)
宮地正人「戦後天皇制の現段階―国会の元号論議を手掛りとして」(『歴史評論』三五八)
菊池克美「一九二八年の儀式と「国民」―即位式と奉祝行事」(同前)
中島三千男「今日における政治と宗教」(同前)
井ケ田良治「イギリスにおける王治世年と西暦―土地証文を通じてみる」(同前)
小松　裕「登極令の制定について―元号問題との関連において」(同前)
大川一郎「靖国問題の新動向(歴史の眼)」(同前)
歴史評論編集委員会「元号法制下の教科書検定(歴史の眼)」(同前)
ポンス　フィリップ・上村　祥二［訳］「フランス人記者の見た元号法制化論争―ナショナリズムの復括か」(同前)
西島有厚「元号と切手(切手から見た歴史)」(同前)
山田忠雄「公儀と改元―近世における年号の制定と施行について―」(『慶応義塾志木高等学校研究紀要』第一〇輯)

●昭和五十六年(一九八一)

荒川久寿男「正徳の年号と新井白石」(『藝林』三〇―三)
大久保典夫「〈西暦〉と〈元号〉という複眼」(『国文学解釈と鑑賞』四六―一二)
岸田英夫「辛酉改元・譲位論の危険」(『諸君』一三―五)
佐藤　均「後醍醐天皇の元亨改元・正中改元について」(『立正史学』四八)(↓『革命・革令勘文と改元の研究』)
村山修一「革命革令思想の台頭と災異思想の因習化」(『日本陰陽道史総説』塙書房)

●昭和五十七年(一九八二)

網野善彦「東の文化と西の文化」(『東と西の語る日本の歴史』そしえて文庫)(↓講談社学術文庫、平成十年)
幸田正孝「日本の暦法と年号制」(『津山工業高等専門学校紀要』二〇)
所　功「日本年号と水戸史学」(『水戸史学』十七)(↓『年号の歴史』)
前川清一「熊本県の私年号小考」(『熊本史学』五七)

●昭和五十八年(一九八三)

石村喜英「私年号板碑」(坂詰秀一編『板碑の総合研究　総論編』柏書房)
猪瀬直樹「天皇崩御の朝に―スクープの顛末」「元号に賭け

る—鴎外の執着と増蔵の死」(『天皇の影法師』朝日新聞社)
岩城隆利「日本の年号について」(『名古屋学院大学論集 人文・自然科学篇』一九—二)
木本好信「大江匡房の年号勘申—匡房と俊房との関係」(『神道史研究』三二—四)
佐藤 均「(史料紹介と覚書)『甲子紀伝勘文部類』について」(『国書逸文研究』一〇)
同「天養度の革命勘文について」(『古代文化』三五—一二)(↓『革命・革令勘文と改元の研究』)
竹内理三「『日本年號大觀』の覆刻によせて」(森本角蔵『日本年号大観』〔復刻版〕)
所 功「類聚国史の年号表記」(『史料』六七)(↓『年号の歴史』)
同「まぼろしの〝九州年号〟」(『季刊邪馬台国』十八)(↓『年号の歴史』)
服部英雄「未来年号考—文書の日付とそれが書かれた日」(『古文書研究』二〇)
同「未来年号の世界から 日付に矛盾のある文書よりみた荘園の様相」(『史學雑誌』九二—八)
村田正志『村田正志著作集』一(思文閣出版)
森本角蔵『日本年号大観』〔復刻版〕(講談社)
●昭和五十九年(一九八四)
嵐 義人「大宝以前における年号の性格」(瀧川政次郎先生米寿記念論文集刊行会編『神道史論叢』国書刊行会)
佐藤 均「(史料紹介と覚書)『元亨元年革命定文』について」(『国書逸文研究』一三)(↓『革命・革令勘文と改元の研究』)
同「建仁辛酉改元と九条良経」(竹内理三先生喜寿記念論文集刊行会編『竹内理三先生喜寿記念論文集下巻 荘園制と中世社会』東京堂出版)(↓『革命・革令勘文と改元の研究』)
同「那珂通世の辛酉革命説について」『岩手史学研究』六八)(↓『革命・革令勘文と改元の研究』)
斉藤国治「天変記事のある無年号文書—古天文学の一応用例」(『日本歴史』四三五)
高木繁吉「「延寿」元年の北総村方騒動」(『我孫子市史研究』八)
宮下忠雄「中国の廃両改元について」(『商経学叢』三一)
●昭和六十年(一九八五)
岡部長章「京音羽焼暦形掛花生の作について—貞享改元改暦の事実をめぐり」(『陶説』三八三)
佐藤 均「継体・欽明朝の紀年について」『暦の百科事典』(新人物往来社)(↓『革命・革令勘文と改元の研究』)
大浜 游『改元・とまどってばかり:パーソナル昭和史(その1)』(鶏鳴出版)
古田武彦「九州年号」(『古代は輝いていた3 法隆寺の中の九州王朝』朝日新聞社)
●昭和六十一年(一九八六)
飯田重平『元号(年号)考究録 和西暦対照表』(私家版)

国民情報総合研究所『昭和大改元』（リーブル）

●昭和六十二年（一九八七）

「暦と年号・度量衡」（『週刊朝日百科日本の歴史四七』朝日新聞社）（→平成十五年、新訂増補として出版）

佐藤　均「江戸時代の辛酉改元・甲子改元について」（『国士舘大学教養論集』二六）（→『革命・革令勘文と改元の研究』）

同　「紀年論」（『古代史研究の最前線』四、雄山閣出版）（→『革命・革令勘文と改元の研究』）

所　功「一世一元制の史的考察」（『産大法学』二十一—一・二）（→『年号の歴史』）

同　「「昭和」の改元と今後の元号：〝不易〟と〝流行〟の接点」（『世界の窓』京都産業大学世界問題研究所所報三）

同　「菅原氏の勘申した年号」（『とびうめ』六八）（→『年号の歴史』）

同　「〈資料〉和二一年の「元号法案」関係資料：国立国会図書館所蔵『佐藤達夫文書』より」（『産大法学』二二—三）

●昭和六十三年（一九八八）

石田　孝「始遺魏使は、景初二年か、三年か—改元法と日暦干支から検証する」（『歴史評論』四五六）

猪瀬直樹・橘川俊忠・安東仁兵衛［座談会］「京都遷都と元号・踰年問題」（『現代の理論』二五—一〇）

桶谷秀昭「昭和精神史のこころみ—1—昭和改元」（『文学界』四二—六）

君が代訴訟をすすめる会編『またいけん君が代：君が代・日の丸・元号…』（阿吽社）

高島幸次「私年号「征露二年」について」（『日本歴史』四八七）

千々和到『板碑とその時代』（平凡社）

所　功『年号の歴史—元号制度の史的研究—』（雄山閣出版）

同　「年号の選定方法」（『京都産業大学世界問題研究所紀要』八）（→『年号の歴史』）

同　「中国と日本の年号」（『月刊歴史研究』三三二）（→同前）

前島慶太郎・前多健吉・豊秀一「元号　こんなものいらない!?」（『朝日ジャーナル』三〇—四七）

山崎真佐恵「十五・六世紀における私年号の考察—「永喜」を中心にして—」（『栃木史学』二）

●昭和六十四年・平成元年（一九八九）

井上　清『元号制批判　やめよう元号を』（明石書店）

宇野精一「元号に托されたもの」（『文藝春秋』六七—四）

NHK報道局［編］『全記録・昭和の終った日』（NHK出版）

大石　真「元号制度の諸問題」（『法律時報』六一—一）

京都府埋蔵文化財調査研究センター［編］『謎の鏡—卑弥呼の鏡と景初四年銘鏡—』（同朋社出版）

小林孝輔「元号制度と憲法」（『ジュリスト』九三三）

佐藤　均「年号勘文の勘申者」（『史正』一八）（→『革命・革令勘文と改元の研究』）

白川　静「新元号雑感」（『中央公論』一〇四—三）（→『文

字遊心』平凡社、平成二年）
関川夏央「単なる習慣としての元号」（『公明』三三四）
高埜利彦「江戸幕府の朝廷支配」（『日本史研究』三一九）
所　功『年号の歴史―元号制度の史的研究―〈増補版〉』（雄山閣出版）
同「元号〝平成〟の誕生と意義」（『文藝春秋』三月号）（↓『年号の歴史〈増補版〉』）
同「日本史上の天皇と元号」『月刊プレジデント』（三月号）（↓『年号の歴史〈増補版〉』）
同「新元号「平成」の出典」（『歴史書通信』六四）（↓『皇室の伝統と日本文化』広池学園出版部、平成八年）
毎日新聞政治部『ドキュメント　新元号平成』（毎日新聞社）
読売新聞政治部『平成改元』（行研）
和田　萃「養老改元―醴泉と変若水―」（福永光司編『道教と東アジア』人文書院）（↓『日本古代の儀礼と祭祀・信仰　中』塙書房、平成七年）
●平成二年（一九九〇）
井原今朝男「千々和到報告「改元と私年号」を聞いて」（『歴史評論』四八一）
今谷　明『室町の王権』（中央公論社）
上岡国夫「元号「平成」のイメージ研究」（『高崎経済大学論集』三三―四）
田仲一成「粤東天地会の組織と演劇」（『東洋文化研究所紀要』一一一）
千々和到「改元と私年号」（『歴史評論』四七七）
所　功「孝明天皇朝における年号改元」（『霊山歴史館紀要』三）
同「〝慶応〟年号の成立過程」（『慶応義塾大学法律学科開設百年記念論文集』慶應通信）
中沢伸弘「近世改元日考―朝廷と幕府と」（『神道学』一四五）
中島義一「年号がかわる頃」（『お茶の水地理』三一）
●平成三年（一九九一）
池田　温「東亜年号管見―踏襲・模倣をめぐって」（『東方学』八二）
行政法制研究会「重要法令関係慣用語の解説―即位の礼、元号」（『判例時報』一三七八）
佐藤　均『革命・革令勘文と改元の研究』（佐藤均著作集刊行会）
辻達也［編］『日本の近世2　天皇と将軍』（中央公論社）
中沢伸弘「近世改元日考―改元勘申の家」（『神道学』一四八）
平野雅曠『九州年号の証言』（熊本日日新聞情報文化センター）
三鬼清一郎「戦国・近世初期の天皇・朝廷をめぐって」（『歴史評論』四九二）
●平成四年（一九九二）
阿部浩一「戦国期東国の暦・私年号に関する一考察」（『遥かなる中世』一二）（↓『戦国期の徳政と地域社会』吉川弘文館、平成十三年）
陳　舜臣『三灯随筆1　元号の還暦』（中央公論社）

丸山晋司『古代逸年号の謎　古写本『九州年号』の原像を求めて』（アイピーシー）

吉井　巌「『日本書紀』の改元をめぐって」（吉井巌編『記紀万葉論叢』塙書房）（↓『天皇の系譜と神話　三』塙書房、平成四年）

厚谷和雄『革命・革令勘文と改元の研究』佐藤均」（『日本歴史』五四〇）

今谷　明「義満政権と天皇」（『講座前近代の天皇　第一巻』青木書店）

●平成五年（一九九三）

大井　剛「年号論」（『アジアのなかの日本史5』東大出版会）

大島晃一「近世における触書系文書の順達―宝暦改元の盛岡藩・仙台藩領内順達の場合―」（『えにす』一九、岩手県立盛岡第三高等学校）

五味文彦「（新刊紹介）瀬野精一郎編『鎌倉遺文無年号文書目録』」（『史學雑誌』一〇二）

瀬野精一郎「『鎌倉遺文』無年号文書の重複について」（『早稲田大学大学院文学研究科紀要　哲学・史学編』三九）

千々石到「中世私年号一覧」（歴史学研究会編『日本史年表増補版』岩波書店）

所　功「〈資料〉大正大礼記録「改元」」（『産大法学』二七―二）

山口　洋「中国古代における踰年改元について」（『中央大学大学院研究年報（文学研究科）』二二）

山崎芳信［編］『元号・年号の索引』（私家版）

●平成六年（一九九四）

岡田芳朗『明治改暦―時の文明開化―』（大修館書店）

影山正治「元号法制化は天の声」（『影山正治全集』第二十九巻）

日下幸男「寛永改元について」（『日本歴史』五五二）

清水真澄「文学の歴史叙述に於ける遡及年号について―「平家物語」の紀年の問題から」（『中世文学』三九）

仁藤敦史「天平宝字改元と益頭郡」（『静岡県史　通史編1原始・古代』静岡県）

松橋達良［編著］『元号はやわかり　東亜歴代建元考』（砂書房）

棟居快行「憲法裁判相談室―1―元号からの自由―卒業証書西暦記載訴訟」（『法学セミナー』四七三）

●平成七年（一九九五）

千々和到「暦と改元」（『講座・前近代の天皇　第四巻　統治的諸機能と天皇観』青木書店）

所　功「元号の現状と法的根拠」（『月刊若木』五五二）（↓『皇室の伝統と日本文化』広池学園出版部、平成八年）

林屋辰三郎「延暦の改元」（『京都市歴史資料館紀要』一二号）

平井誠二「新井白石と正徳改元」（『季刊日本思想史』四六）

水口幹記「藤原朝臣麻呂の祥瑞関与」（『早稲田大学大学院文学研究科紀要』四一―四）

三潴信邦「高野岩三郎の「日本共和国憲法私案」―「元号法」

廃止の原点（資料）」（『統計学』六八）
八尾隆生「黎朝仁宗元号考（文化編）」（『大阪外国語大学論集』一三）
●平成八年（一九九六）
池田温「中国と日本の元号制」（『日中文化交流史叢書2　法律制度』大修館書店）
犬養道子「元号と選挙権」（『世界』六二三）
勝俣鎮夫「戦国時代東国の地域年号について」（『戦国時代論』岩波書店）
国民文化会議編『知るや元号知らずや即位・大嘗祭』（新興出版社）
佐竹　昭「中国古代の帝位継承と恩赦・改元」（『地域文化研究』二三）（↓『古代王権と恩赦』雄山閣出版、平成十年）
寺尾英智「日蓮遺文の書式について—日付に年号が記された書状小考」（『印度学仏教学研究』四四—二）
平井誠二「正徳改元の経緯について」（『大倉山論集』三九）
林　譲「源頼朝の花押—その形体変化と治承・寿永年号の使用をめぐって」（『東京大学史料編纂所研究紀要』六）
吉田洋子「豊臣秀頼と朝廷」（『ヒストリア』一九六）

●平成九年（一九九七）

今井正之助「改元と年号表記『平家物語』・『太平記』付、四鏡」（『愛知教育大学大学院国語研究』五）
金　英達「韓国・朝鮮の年号について」（『アプロ21』一—八）
佐藤文明『「日の丸」「君が代」「元号」考』（緑風出版）
東野治之「滋賀県超明寺の「養老元年」碑」（国立歴史民俗博物館［編］『古代の碑』）（↓『日本古代金石文の研究』岩波書店、平成十六年）
戸川芳郎「元號「平成」攷」（二松學舍大学）大学院紀要一一）
「20世紀の証言 平成改元綱渡りの舞台裏—元内閣官房副長官石原信雄」（『This is 読売』八—一〇）
山口康助「日本の国号、元号、祝祭日」（戦後教育悲史一四）（『月刊カレント』三四）
渡部恵美子「戦国期の私年号について—福徳・弥勒・命禄を中心として—」（『信濃』四九—十二）

●平成十年（一九九八）

江平　望「『鎌倉遺文』と島津家文書—特に無年号および収録重複文書について—」（『鎌倉遺文研究』二）
小笠原敦子「鏡背に刻まれた年号は何を語る？　卑弥呼の鏡と中国年号」（『サンデー毎日』七七—九）
久保貴子「朝廷の再生と朝幕関係」「改元に見る朝幕関係」（『近世の朝廷運営』岩田書院）
丹生晃一「元号法制化運動の経緯」（『神社本庁教学研究所紀要』三）
服部和彦［編著］『近世年号入り容器』（和玄洞集古館）
山田邦明「香取文書にみる中世の年号意識」（『千葉県史研究』六）

●平成十一年（一九九九）

川端　勝「「日の丸」「君が代」「元号」考―起源と押しつけの歴史を問う」（『ひょうご部落解放』八八）
倉持孝司「憲法見て歩き（一八）「元号・君が代・日の丸」を見て歩く」（『法学セミナー』四四―一〇）
筑紫敏夫「私年号「神徳」と木更津船の船持」（『東京湾学会誌』一―三）
釣　洋一「四季散策　元号を外して日本史は語れない」（『教育じほう』六二一）
所　功「近世天皇の代始諸儀―践祚式・即位礼・改元儀・大嘗祭」（『歴史読本』四四―七）（↓『年号の歴史』）
牧野和夫「成簣堂文庫蔵『年号次第』一冊とその周辺―「平家物語」の生成の一齣」（『実践国文学』五六）（↓『延慶本『平家物語』の説話と学問』思文閣出版、平成十七年）
水口幹記「『革命勘文』における類書・図書の利用について―天文・祥瑞の典拠とその意味―」（『古代文化』五一―四）（↓『日本古代漢籍受容の史的研究』汲古書院、平成十七年）
森　明彦「和銅開珎の基礎的考察」（薗田香融［編］『日本古代社会の史的展開』塙書房）

●平成十二年（二〇〇〇）

池田幸恵「改元詔書と改元宣命」（『日本語学』一九―一三）
伊藤信吉「詩人たちの年号」（『日本古書通信』六五―一）
大井剛「年号―独立と従属の標識」（脇田晴子・アンヌ ブッシィ［編］『アイデンティティ・周縁・媒介』（吉川弘文館）
片山章雄「吐魯番出土「唐改元年月録」をめぐって」（『唐代史研究』三）
北爪真佐夫「元号と武家」（『札幌学院大学人文学会紀要』六八）（↓『文士と御家人―中世国家と幕府の吏僚―』青史出版、平成十四年）
佐藤宗諄「紀年木簡と年号」（『東アジアの古代文化』一〇三）
竹内順一「新乾山考（一四）箱書の年号」（『茶道の研究』四五―一二）
丹羽晃子「『続日本紀』養老改元記事における「白髪黒に反り～」の表現について」（戸谷高明［編］『古代文学の思想と表現』新典社、平成十二年）
秦　政明「『崇峻紀』四年の画期―隠された法興年号」（『古代史の海』一九）

●平成十三年（二〇〇一）

伊藤宏之「史料紹介　台東区蓮窓寺所在の板碑―私年号「元真」再考」（『鴨台史学』二）
榎村寛之「「大宝」年号の使用開始にかかる一仮説―律令国家の「七〇五年問題」」（『ＭＩＥ　ＨＩＳＴＯＲＹ』十二）
菅　秀実「ポスト「近代文学史」をどう書くか?―「元号」と「世代」をこえて」（『小説 tripper 2001（秋季）』）
鈴木善次「「年号」から「文明」を問う」（『理科の教育＝Science education monthly』五〇―一二）

李宗智［編著］『**修訂本　中國歴代年號考**』（中華書局）

●平成十四年（二〇〇二）

江田郁夫「東国の元中年号文書と新田一族」（『古文書研究』五五）

北野浩之「一茶が残した謎の年号『美禄』考」（『野田市史研究』十三）

小坂広志「唐箕の地域的特色―江戸時代の紀年銘唐箕を中心にして」『川崎市市民ミュージアム紀要』十五）

「名物記者が小説でしか書けなかった元号「平成」誕生の秘話」（『週刊文春』四四―一一）

●平成十五年（二〇〇三）

池　享「朝廷政治の形態変化（1）叙位任官・改元の手続き」（『戦国織豊期の武家と天皇』校倉書房）

井上喜久男「中世の焼物に刻まれた文字―年号・人名・地名」（『紫明』一二）

王　仲殊［著］・井之口茂［訳］「那須国造碑の永昌（年号）と庚子（歳次）について」（『博古研究』二六）

王　福順「中国の年号の一考察―その思想理論をめぐって」（『名城法学論集』三一）

管宗次・井戸智子「明治8年以文社「年號展覧目録」―明治初期京都における考古家たち」（『武庫川国文』六二）

谷口真起子「「開元の詔書を読む」と延喜改元」（和漢比較文学会編『菅原道真論集』勉誠出版）

仁平義孝「鎌倉幕府発給文書にみえる年号裏書について」（『日本中世の政治と社会』吉川弘文館、平成十五年）

林　陸朗「元号「天応」「延暦」について」（『國學院短期大学紀要』二〇）

福田和也「悪と、徳と―岸信介と未完の日本（8）昭和改元」（『正論』三七六）

松尾　光「日本古代史の最前線　大化元号と「戊申年」木簡制定された元号は使われたのか」（『歴史研究』四五―三）

三浦龍昭「南北朝期無年号文書に関する一考察―『阿蘇文書』四條隆資書状考」（『大正大学大学院研究論集』二七）

米田雄介［編］『**歴代天皇・年号事典**』（吉川弘文館）

●平成十六年（二〇〇四）

犬養道子「天地を見る人―年号と西暦」（『世界』七二六）

王　福順「日本の年号の一考察―平成の改元を中心に―」（『修平人文社会学報』三）

同　「年号の勘文奏進者・出典内容及びその文字」（同四）

「教育法規あらかると　番外編　元号と卒業証書」（『内外教育』（五四四四）

山口康助「教育きのう今日あす　戦後日本の祝祭日と元号の問題」（『月刊カレント』四一―三）

米田雄介「光仁天皇の即位―天智天皇の皇統に復帰（『歴代天皇・年号事典』刊行に寄せて）」（『本郷』五〇）

李　寅生［編著］『中日古代帝王年号及大事対照表』（四川辞

书出版社）

●平成十七年（二〇〇五）

王　福順「明治以後の改元」（『修平人文社会学報』五）

「元号「光文」誤報事件」（『新潮45』二四―七）

濱田耕策「百済紀年考」（『史淵』一四二）

松木武彦「私の大学院時代（一三）授業より大切なこと」（『日本の科学者』四四五）

三崎良章「十六国夏の年号について」（『史觀』一五二）（↓『五胡十六国の基礎的研究』汲古書院、平成十八年）

水口幹記「表象としての〈白雉進献〉」（『日本古代漢籍受容の史的研究』汲古書院）

●平成十八年（二〇〇六）

有馬俊一「「平成」改元と即位の礼と　元号法と新旧皇室典範を読む」（『日本史の方法』四）

石田洵「貞治改元から見た『太平記』」（『日本文学会誌』）↓『太平記考　時と場と意識』双文社出版、平成十九年）

王　福順「朝鮮とベトナムの年号についての一考察」（『修平人文社会学報』七）

大芝英雄「法興年号と、吉備王朝」（『国際教育研究』二六）

兼川　晋「九州年号と九州の政権主権者」（『国際教育研究』二六）

菱村幸彦「教育法規こぼれ話（一一・三）元号か西暦か」（『週刊教育資料』九二八）

●平成十九年（二〇〇七）

亀井輝一郎「日本古代年号攷序説―七世紀「年号」をめぐって」（『福岡教育大学紀要　第二分冊　社会科編』五六）

●平成二十年（二〇〇八）

犬養道子「橋をわたる（四）西暦・元号・コムレード」（『婦人之友』一〇二―六）

岩下紀之「国文学研究範囲の拡大について―改元詔書、即位の宣命を論じて昭和二十年の詔書に及ぶ」（『愛知淑徳大学国語国文』三一）

謝　秦「院政期貴族日記に見える改元記事について」（『鶴山論叢』八）

東野治之「法興年号と仏教興隆」（上田正昭・千田稔［編］『聖徳太子の歴史を読む』文英堂）

所　功「五箇条の御誓文と明治の改元」（『神園』一）

同「「年号」制度の基礎知識Q＆A」（『歴史読本』五三―一）

遠藤慶太「大化」「白雉」「朱鳥」「法興」の謎」（同前）

高島英之「金石文に記された年号の謎」（同前）（↓『出土文字資料と古代の東国』同成社、平成二十四年）

関　周一「足利義満「建文」年国書事件の真相」（同前）

久保貴子「江戸幕府と「改元」」（同前）

川田敬一「一世一元制と明治『皇室典範』」（同前）

小山田和夫「「私年号」とは何か」（同前）

岡田芳朗「暦と年号」（同前）

同「世界の暦と紀年法」(同前)
田中　聡「年号を冠する寺号・社号・屋号の由来」(同前)
松尾　光「四字年号の採用とその経緯」(同前)
原　遙平「「年号」にちなむ歴史的事件―政治史編/法制史編/経済史編/戦乱史編/飢饉編」(同前)
所　功「年代・年号の諳誦歌」(同前)
同「日本年号の文字総覧」(同前)
篠田孝一「日本の公年号二四七総覧」(同前)
仁藤敦史「年号と元号―制定の意味」(『天皇・天皇制をよむ』東京大学出版会)

●平成二十一年(二〇〇九)

大槻健・市川昭午[監修・編集]「君が代・元号と学校運営」(『資料で読む戦後日本と愛国心　第二巻』日本図書センター)
梶山孝夫「『大日本史』の年月と改元の記載」(『日本歴史』七二八)(↓『大日本史の史眼　その構成と叙述』錦正社、平成二十五年)
片山章雄「唐・高宗の龍朔改元再論」(『紀尾井史学』二八)
後桜町女帝宸記研究会「後桜町女帝宸記研究会―宝暦十四年三月一日条~六月一日条」(『京都産業大学日本文化研究所紀要』一五)
佐野眞一「ドキュメント　昭和が終わった日(二)元号「平成」決定の瞬間」(『文芸春秋』八七―三)
長沼正子「『運歩色葉集』の年号に関わる二つの問題」(『日本アジア研究』七)
「日本年号の改元年月日表(特集 日本の暦―旧暦の見方 楽しみ方)」(『歴史読本』五四―一)
久水俊和「改元と仏事からみる室町期の皇統意識―後光厳院流後花園天皇の誕生」(『国史学』一九九)(↓『室町期の朝廷公事と公武関係』岩田書院、平成二十三年)
同「室町時代の改元をめぐる公武関係」(『年報中世史研究』三四)(↓同前)
諸澤正道・市川昭午[監修・編集]「学校教育における国旗・国歌・元号」(『資料で読む戦後日本と愛国心　第二巻』日本図書センター)

●平成二十二年(二〇一〇)

相原精次「「朱鳥」元号と『万葉集』」(史遊会編『歴史のみち草　埋もれた真相に挑む』彩流社)
許　海華「清末の在華日本公使・領事報告にみる同治帝の訃報と改元」(『アジア文化交流研究』五)
Kインターナショナル『元号論』(文芸社)
滝野邦雄「宋・太宗の太平興国の改元について」(『和歌山大学経済学会研究年報』一四)
辛　徳勇[著]・田村俊郎[訳]「東アジアの年号紀年体系の形成年代について論ず―漢武帝前期の紀年文物の考察を中心に―」(『河合文化教育研究所』研究論集』八)
土橋　誠「即位改元について」(『創立三十周年記念誌　京都

府埋蔵文化財論集 第六集』)
丹羽晃子「上代日本における「をち水」について―「出雲国造神賀詞」の「をつ」と『続日本紀』養老改元記事の若返り表現の考察を中心に」(『東京経営短期大学紀要』一八)
野村　玄「旧高松宮家伝来東山天皇宸翰と宝永改元―下光の制度的位置」(『国立歴史民俗博物館研究報告』一六〇)
山下克明「災害と改元・徳政」(『陰陽道の発見』NHKブックス)

●平成二十三年(二〇一一)

石野博信「丹・但・摂の年号鏡とヤマト」(奈良県香芝市二上山博物館[編]『邪馬台国時代の丹波・丹後・但馬と大和』学生社)
王　福順「改元思想背景及びその実態についての一考察」(『修平人文社会学報』十一)
小倉慈司「日本の年号」(『古語大鑑』第一巻、東京大学出版会)
椛島有三「元号法制化運動と葦津珍彦先生」(『祖国と青年』三九三)
神田裕理「織豊期の改元」(『戦国・織豊期の朝廷と公家社会』校倉書房)
新川登亀男「「大化」「白雉」「朱鳥」年号の成り立ち」(『史料としての『日本書紀』津田左右吉を読みなおす』勉誠出版)
辛　徳勇「所謂「天鳳三年鄣郡都尉」磚銘文と秦「故鄣郡」の名称及び王莽新時期の年号問題」(『交響する古代：東アジアの中の日本』東京堂出版)
森　茂暁『室町幕府崩壊：将軍義教の野望と挫折』(角川学芸出版)

●平成二十四年(二〇一二)

「アウトルック 文書は最低西暦を併記 統計からは元号一掃を」(『週刊東洋経済』六三七二)
千々和到「解説」(久保常晴『新装版　日本私年号の研究』吉川弘文館)
堀内和明「応安六年天野・長野合戦と年号問題」(『上方文庫三八　河内金剛寺の中世的世界』和泉書院)
古田史学の会[編]『「九州年号」の研究　近畿天皇家以前の古代史』(ミネルヴァ書房)
室伏志畔「古代史の奪回(三)磐井の乱と九州年号　継体年号論」(『情況 変革のための総合誌 第四期』一―五)
歴史と元号研究会『日本の元号』(新人物往来社)

●平成二十五年(二〇一三)

佃　収「「九州の王権」と年号(その一)「倭王武」と年号「磐井の乱」は「辛亥年(五三一年)」」(東アジアの古代文化を考える会同人誌分科会編『古代文化を考える』六二)
伴瀬明美「応永年号の一散状から」(『日本歴史』七七八)
松尾　光「光明・仲麻呂政権下の四字年号」(木本好信[編]『藤原仲麻呂政権とその時代』岩田書院)

●平成二十六年(二〇一四)

所　功[編著]『日本年号史大事典』(雄山閣)

所功「柳原紀光日記「明和」改元記事」（『藝林』六四―一）

斎藤夏来・田淵光「備前吉備津宮からみた一宮制」（『（岡山大学教育学部）研究集録』一五七）

貝　英幸「中世寺院創建譚の創出と勧進」（『（仏教大学）歴史学部論集』四）

佃　収「「九州の王権」と年号（その三）」（『古代文化を考える』六四）、「同（その四）」（『古代文化を考える』六五）

高田宗平・名和敏光「国立歴史民俗博物館所蔵『日野家代々年号勘文 自応保度至応安度』影印・翻印篇」（『国立歴史民俗博物館研究報告』一八六）

林　譲「源頼朝寄進状 建久二年の鶴岡八幡宮再建に際して、遡って寿永年号を使用し所領を寄進した「正文」」（『歴史読本』五九―一〇）

高橋典幸「観応三年三月十二日足利尊氏御判御教書（越前島津家文書）足利尊氏が御家人を周防守に推薦した文書「観応三年」年号から浮かび上がる尊氏の決意」（『歴史読本』五九―一一）

鈴木洋仁「「明治百年」に見る歴史意識　桑原武夫と竹内好を題材に」（『人文学報』一〇五）

鈴木洋二「元号の歴史社会学・序説「明治の精神」を事例として」（『情報学研究　学環　東京大学大学院情報学環紀要』八六）

鈴木洋二「時間意識の近代 元号、皇紀、新暦を素材として」（『情報学研究 学環 東京大学大学院情報学環紀要』八七）

荒川善夫「元号「建武」の呼称「けんむ」と「けんぶ」」（『栃木県立文書館研究紀要』一八）

犬塚博英「「元号法制化」に民族派思想運動の立脚点を探る」（『伝統と革新』一五）

●平成二十七年（二〇一五）

保阪正康「昭和天皇実録 表と裏を視る（第二六回）「昭和」という元号に秘めている「協和万邦」」（『サンデー毎日』九四―一五）

目黒杏子「書評 辛徳勇著『建元与改元 西漢新莽年号研究』」（『史林』九八―四）

河内春人「年号制の成立と古代天皇制」（『駿台史学』一五六）

佃　収「「九州の王権」と年号（その五）」（『古代文化を考える』六六）、「同（その六）」（『古代文化を考える』六七）

椙澤和夫「高校の授業 日本史 歴史を学ぶ視点を考える一時間：学生服・年号・伊藤博文と安重根」（『歴史地理教育』八三三）

吉野健一「後桜町天皇と年号」（『あふひ aoi 京都産業大学日本文化研究所報』二一）

もぐら・藤井青銅『アラサーの平成ちゃん、日本史を学ぶ日本人だから知りたい！』（竹書房）

●平成二十八年（二〇一六）

グループ SKIT 編著『元号でたどる日本史』（ＰＨＰ研究所）

Ⅳ 付録

付1 日本公年号の出典と勘申者

32までの出典は、六国史などに記されていない。ただ森本角蔵『日本年号大観』に推定例示されている出典の一部は、左の通りである

（飛鳥）

1大化……漢書・宋書・晋書・文選など、2白雉……後漢書・宋書・文選など、3朱鳥……礼記・史記・文選など、4大宝……周易・周礼・宋書・文選など、5慶雲……漢書・宋書・文選など、

（奈良時代）

6和銅……不明、7霊亀……周易・宋書・文選など、8養老……礼記・後漢書・文選など、9神亀……爾雅・宋書など、10天平……易経・礼記・史記・文選など、11天平感宝・12天平勝宝・13天平宝字・14天平神護……不明、15神護景雲……後漢書・孝経・文選など、16宝亀……爾雅・礼記・漢書など、17天応……周易・礼記・漢書・後漢書・文選など、

（平安前期）

18延暦……群書治要・崔時政論など、19大同……礼記・晋書など、20弘仁……晋書・文選・貞観政要など、21天長……老子・文選、22承和……藝文類聚、23嘉祥……漢書・宋書・文選など、24仁寿……漢書・群書治要など、25斉衡……周礼など、26天安……礼記・晋書・宋書など、27貞観……周易・文選、28元慶……周易・文選、29仁和……礼記・魏書、30寛平……後漢書・貞観政要、31昌泰……詩経、32延喜……尚書・文選など。

尚、21天長は菅原清公・都腹赤・南淵弘貞の連署勘申、32延喜は紀長谷雄勘申、33延長は醍醐天皇勅選によることが判明している。

（平安前期）

No.	年号	AD	文章博士		式部大輔
18	延暦	782	賀陽豊年		藤原縄主 和気広世
19	大同	806	高村田使		吉備泉 賀陽豊年
20	弘仁	810	菅原清公		藤原冬嗣・多治比今麻呂・藤原三守・菅原清公
21	天長	824	菅原清公(再任)	都腹赤	南淵弘貞・藤原吉野・藤原愛発・三原春上・安倍吉人・朝野鹿取
22	承和	834			藤原衛・滋野貞主・伴善男
23	嘉祥	848		春澄善縄	
24	仁寿	851	菅原是善		藤原貞守・南淵年名
25	斉衡	854			大江音人〈少輔〉
26	天安	857			
27	貞観	859	橘広相	巨勢文雄	春澄善縄・菅原是善
28	元慶	877	菅原道真	都良香	橘広相・藤原春景
29	仁和	885	菅野惟肖	橘広相(再任)	菅原道真・平惟範
30	寛平	889		安倍興行	紀長谷雄
31	昌泰	898	紀長谷雄 三善清行	藤原菅根	安倍興行・藤原根菅・藤原興範・藤原清貫
32	延喜	901	橘公統	藤原春海	三善清行・滋野良幹
33	延長	923	菅原淳茂 三善文江	三統理平 藤原博文	三統理平・橘公統・平伊望

（平安中期）

No.	年号	AD	年号出典	年号勘申者	旧勘文勘申者
34	承平	931	漢書	大江維時・大江朝綱	
35	天慶	938	漢書	大江朝綱	
36	天暦	947	論語	大江維時	
37	天徳	957	周易	秦具瞻	
38	応和	961	晋書	菅原文時	
39	康保	964	尚書	△	38菅原文時
40	安和	968	（礼記）		
41	天禄	970	（書経）	大江昌言	
42	天延	973	（藝文類聚）		
43	貞元	976	（文選）		
44	天元	978	（史記）		
45	永観	983	（書経）		
46	寛和	985	（書経）		
47	永延	987	（漢書）		
48	永祚	989	晋書	大江維時	
49	正暦	990	（史記）	菅原輔正	
50	長徳	995	揚雄文	△	39大江維時
51	長保	999	周易	大江匡衡	
52	寛弘	1004	漢書	大江匡衡	
53	長和	1012	礼記	菅原宣義・大江通直	
54	寛仁	1017	会稽記	藤原広業	52大江匡衡

（平安後期）

No.	年号	AD	年号出典	年号勘申者	旧勘文勘申者
55	治安	1021	漢書	善滋為政	36大江朝綱
56	萬寿	1024	毛詩	善滋為政	
57	長元	1028	六韜	善滋為政	
58	長暦	1037	春秋	藤原善忠	
59	長久	1040	老子	大江挙周・藤原資業	
60	寛徳	1044	後漢書	大江挙周・平定親	
61	永承	1046	宋書	平定親	
62	天喜	1053	抱朴子	平定親	
63	康平	1058	後漢書	藤原実範	53大江挙周・60藤原資業
64	治暦	1065	尚書正義	藤原実綱	58大江挙周・60藤原資業
65	延久	1069	尚書注	藤原実綱	64にも実綱
66	承保	1074	尚書	藤原正家	56藤原義忠・63藤原定義・61平定親・64にも正家
67	承暦	1077	維城典訓	藤原実綱・藤原正家	57藤原家経・66にも実綱
68	永保	1081	尚書	藤原行家	
69	応徳	1084	白虎通	藤原有綱	64藤原実綱・藤原明衡・68藤原行家
70	寛治	1087	礼記	大江匡房	60藤原資房・63平定親・60藤原正家
71	嘉保	1094	史記	大江匡房	38菅原文時・39大江維時旧勘文・藤原忠義

72	永長	1096	後漢書・礼記正義	大江匡房	62平定親・63藤原実範・68藤原行家
73	承徳	1097	周易	原藤敦基	71にも敦基
74	康和	1099	寔崔政論	藤原正家	60平定親・藤原資房
75	長治	1104	漢書	藤原俊信・菅原在良	
76	嘉承	1106	漢書	菅原在良	75にも在良
77	天仁	1108	文選・大戴礼	菅原在良・大江匡房	75にも在良
78	天永	1110	尚書	大江匡房	75菅原在良
79	永久	1113	毛詩・蔡邕議	菅原在良	78にも在良
80	元永	1118	(周易)	菅原在良	
81	保安	1120	(漢書)	菅原在良	78・80にも在良
82	天治	1124	易緯	藤原敦光	79菅原在良
83	大治	1126	河図・賈誼	藤原敦光	58菅原忠貞・78源俊明
84	天承	1131	漢書	藤原敦光	
85	長承	1132	史記	藤原敦光	82・83にも敦光
86	保延	1135	文選	藤原顕業	
87	永治	1141	晋書・魏文帝典論	藤原永範・藤原実光	
88	康治	1142	宋書	藤原永範	
89	天養	1144	後漢書	藤原茂明	
90	久安	1145	晋書	藤原永範	77菅原在良・85菅原時登・87藤原顕業・89藤原敦光
91	仁平	1151	後漢書	藤原永範	
62	久寿	1154	隋書・抱朴子	藤原朝隆	88藤原永範・91にも朝隆
93	保元	1156	顔氏家訓	藤原永範	
94	平治	1159	史記	藤原俊経	77藤原俊光・92藤原永範
95	永暦	1160	後漢書	藤原永範	
96	応保	1161	尚書	藤原資長	87藤原敦光・88藤原永範・95藤原実光
97	長寛	1163	維城典訓	藤原範兼	89藤原実光
98	永萬	1165	漢書	藤原俊経	96・97にも俊経
99	仁安	1166	毛詩正義	藤原成光	
100	嘉応	1169	漢書	藤原資長	86菅原時登・96藤原永範
101	承安	1171	尚書	藤原資長	62藤原実綱・70大江匡房・藤原敦宗・73藤原正家・藤原行家・75藤原俊信・74・77菅原在良・86藤原顕業・菅原時登・87藤原永範・95藤原長光
102	安元	1175	漢書	藤原俊経	
103	治承	1177	河図	藤原光範	95藤原俊経・97藤原長光
104	養和	1181	後漢書	藤原敦周	103藤原永範
105	寿永	1182	毛詩	藤原俊経	100・101にも俊経
106	〔元暦〕	1184	尚書	藤原光範	
107	文治	1185	礼記	藤原兼光	106にも兼光
108	建久	1190	呉志・晋書	藤原光輔	106にも光輔

（鎌倉時代）

109	正治	1199	荘子	菅原在茂	77大江匡房
110	建仁	1201	文選	藤原宗業	
111	元久	1204	毛詩正義	藤原親経	
112	建永	1206	文選	藤原範光・菅原在高	109菅原在茂・111にも範光
113	承元	1207	通典	藤原資実	
114	建暦	1211	後漢書・宋書・春秋命歴	菅原為長・藤原孝範・藤原資実	
115	建保	1213	尚書	藤原宗業	56藤原義忠・89・96藤原永範・109藤原光範
116	承久	1219	詩緯	菅原為長	114・115にも為長
117	貞応	1222	周易	菅原為長	
118	元仁	1224	周易	菅原為長	115・116・117にも為長
119	嘉禄	1225	博物志	菅原在高	72藤原成季・93藤原永範
120	安貞	1227	周易	菅原資高	85菅原時登・97藤原永範・102藤原光範も
121	寛喜	1229	後魏書	菅原為長	
122	貞永	1232	周易注疏	菅原為長	114・115・117・120・121にも為長
123	天福	1233	尚書	菅原為長	
124	文暦	1234	唐書・文選	藤原家光・菅原為長	120菅原在高・123にも為長
125	嘉禎	1235	北斉書	藤原頼資	
126	暦仁	1238	隋書	藤原経範	124にも経範
127	延応	1239	文選	藤原経範	126にも経範

128	仁治	1240	書義・新唐書	藤原経範・菅原為長	103藤原光範・102藤原資長・105藤原敦周・108藤原光輔・藤原資長・111藤原資実・115藤原孝範・119藤原頼資・122藤原家光・127菅原淳高
129	寛元	1243	宋書	菅原為長	
130	宝治	1247	春秋繁露	藤原経範	103藤原永範・128にも経範
131	建長	1249	後漢書	藤原経光	120藤原頼資
132	康元	1256	（唐書）	藤原経範	
133	正嘉	1257	藝文類聚	菅原在章	122藤原頼資
134	正元	1259	毛詩緯	菅原公良	123菅原為長・131菅原長成・133にも公良
135	文応	1260	晋書	菅原在章	129藤原経範
136	弘長	1261	貞観政要	△	121・124・125藤原家光
137	文永	1264	（晋書）	菅原在章	120大江周房・124菅原為長・133大江信房・135にも在章
138	建治	1275	周礼	菅原在匡	133菅原在章
139	弘安	1278	太宗実録	藤原茂範	
140	正応	1288	毛詩注	菅原在嗣	117菅原淳高・139にも在嗣
141	永仁	1293	晋書	菅原在嗣	139にも在嗣
142	正安	1299	孔子家語	菅原在嗣	121藤原頼資・133藤原経光・137菅原在公
143	乾元	1301	（周易）	△	137・138・140菅原長成
144	嘉元	1303	藝文類聚・修文	菅原在嗣	122菅原資高・129藤原経範・139藤原茂範・

（南北朝時代）

			殿御覧	藤原淳範	142藤原明範・菅原在嗣も
145	徳治	1306	尚書注疏・左伝	菅原在嗣・藤原淳範	
146	延慶	1308	後漢書	藤原俊光	111藤原宗業・133藤原光兼・142藤原惇継
147	応長	1311	唐書	菅原在兼	141にも在兼
148	正和	1312	唐書	菅原在兼	138菅原在匡・141菅原在嗣・146にも在兼
149	文保	1317	梁書	菅原在輔	145にも在輔
150	元応	1319	唐書	菅原在輔・藤原俊光	131藤原経光
151	元亨	1321	周易	藤原資朝	
152	正中	1324	周易	藤原有正	
153	嘉暦	1326	唐書	藤原藤範	131藤原経範・141藤原茂範・142菅原在嗣
154	元徳	1329	周易	藤原行氏	65藤原実綱・68大江匡房・82藤原資長・107藤原兼光・112藤原資実・121藤原家光
155	元弘	1331	藝文類聚	△	154菅原在登
156	建武	1334	後漢書	藤原藤範・菅原在登・菅原在惇・菅原在成	
157	延元	1336	梁書	菅原長員	127菅原為長・131菅原公良・134菅原長成・138菅原高長
158	興国	1340	五代史	菅原長員	157にも長員
159	正平	1346	（宋書）		
160	建徳	1370	文選・唐暦	△	55藤原宣義・82大江有光・123菅原資高・140藤原資高
161	文中	1372	（周易）		
162	天授	1375	（史記）		
163	弘和	1381	（尚書）		
164	元中	1384	（周易）		
165	〔正慶〕	1332	周易注	菅原長員・菅原公時	146菅原在輔・150菅原在兼・152菅原家高・155にも長員
166	暦応	1338	帝王世紀	菅原公時	140菅原在兼・165にも公時
167	康永	1342	漢書	紀行親	146藤原俊光・165菅原公時
168	貞和	1345	藝文類聚	菅原在成	106藤原光範
169	観応	1350	荘子（疏）	藤原行光	138菅原在匡
170	文和	1352	唐書・呉志	菅原在淳・菅原在成	
171	延文	1356	漢書	藤原忠光	124藤原家光・138藤原資宣・145藤原淳範・150藤原資朝
172	康安	1361	唐書・史記正義	菅原高嗣・菅原長嗣	112菅原為長・122菅原資高・133菅原長成・141菅原在嗣・152菅原在登・153菅原家高・155菅原在淳・166藤原行氏・170藤原行光
173	貞治	1362	周易	藤原忠光	
174	応安	1368	毛詩正義	菅原時親	25藤原経範・152菅原家高・152菅原在登・167菅原在淳

（室町時代）

175	176	177	178	179	180	181	182	183	184	185	186
永和	康暦	永徳	至徳	嘉慶	康応	明徳	応永	正長	永享	嘉吉	文安
1375	1379	1381	1384	1387	1389	1390	1394	1428	1429	1441	1444
尚書・藝文類聚	唐書	（唐書）	孝経	毛詩正義	文選	礼記	唐会要	礼記正義	後漢書	周易	尚書・晋書
藤原忠光	菅原長嗣	藤原仲光	藤原資康	菅原秀長	菅原秀長	菅原資康	藤原重光	菅原在直	菅原在豊	菅原益長	藤原兼郷 菅原在直
174にも忠光	123菅原為長・155大江維房・153菅原在登・165菅原長員		115菅原在高・116菅原淳高・124菅原資高・128藤原光兼・144藤原敦継・155菅原在成・165菅原在登・166藤原家倫・168菅原高嗣・170藤原氏種・175藤原兼綱・177菅原秀長・169菅原長嗣・藤原仲光			178・179・180にも資康	173藤原時光・176・179資康	110藤原親経・134大江匡房・菅原在章・139藤原経業・141菅原在嗣・155菅原在淳・大江紙房・167紀行親・168菅原在登・170藤原行光・172藤原家倫・761菅原長嗣			131藤原経光・134大江信房・141藤原兼仲・152藤原行氏・155大江維房166・藤原房範・168菅原在登・170菅原

	187	188	189	190	191	192	193	194	195	196	197	198	199
	宝徳	享徳	康正	長禄	寛正	文正	応仁	文明	長享	延徳	明応	文亀	永正
	1444	1452	1455	1457	1460	1466	1467	1469	1487	1489	1492	1501	1504
	唐書	尚書	史記・尚書	韓非子	孔子家語	荀子	維城典訓	周易	文選・後漢書	孟子	文選・周易・史記	爾雅	易緯
	菅原為賢	菅原為賢	菅原在治 菅原益長	菅原継長	藤原勝光	藤原綱光	菅原継長	菅原長清	菅原在数	菅原長直	菅原在数	菅原和長	菅原長直
行光・171藤原兼綱・藤原長綱・176藤原仲光・183藤原親光・菅原在直も		185菅原為清	172藤原兼綱・174藤原長綱	131菅原長成・186にも継長	133菅原在章・145菅原在嗣・172菅原高嗣・175藤原兼綱・190藤原綱光	172藤原兼綱・191にも綱光	101藤原永範・126菅原淳高・152菅原在登・170菅原高嗣・172藤原氏種・180菅原秀長	153藤原家倫	187菅原在豊・188菅原在治・192菅原継長	156藤原藤範・73菅原在成・168菅原長綱・175菅原在胤	191菅原長清		115藤原孝範・178菅原淳嗣・191菅原継長・196・198にも長直

（桃山時代・安土時代）（206–208）　（江戸時代）（209–212）

200	201	202	203	204	205	206	207	208	209	210	211	212
大永	享禄	天文	弘治	永禄	元亀	天正	文禄	慶長	元和	寛永	正保	慶安
1521	1528	1532	1555	1558	1570	1573	1592	1596	1615	1624	1644	1648
杜氏通典	周易・文選	周易・尚書孔注	北斉書	群書治要	毛詩・文選・史記	文選・老子	杜氏通典	毛詩注疏	唐書	毛詩朱注	尚書	周易
菅原為学	菅原和長	源重親 菅原長雅	菅原長雅	菅原長雅	菅原長雅	菅原長雅	菅原盛長	菅原為経	菅原為経	菅原長維	菅原知長	菅原為適
			97藤原永範・141藤原明範・144藤原淳範	196菅原在数	203にも長雅	120菅原在高・205にも長雅	201菅原和長・206長雅	142菅原在嗣・147藤原俊光・菅原在輔・155菅原在淳・菅原在成・192菅原長綱・178藤原資教・182藤原資俊・183藤原秀光・185菅原在直	（以下、菅原のみ氏を略す）175藤原忠光・181長綱・	186藤原元範・182藤原益長・193顕長・196和長・長直・198章長・202為康・206盛長	133大江信房・207盛長・120長維	149在輔・165在登・184在正・211長純

213	214	215	216	217	218	219	220	221	222	223	224	225	226	227	228
承応	明暦	萬治	寛文	延宝	天和	貞享	元禄	宝永	正徳	享保	元文	寛保	延享	寛延	宝暦
1652	1655	1658	1661	1673	1681	1684	1688	1704	1711	1716	1736	1741	1744	1748	1751
晋書	漢書・後漢書	史記・唐書	荀子	隋書	漢書・後漢書・尚書・荘子	周易	宋史・文選	唐書	尚書・晋書・国語	後漢書・藝文類聚	文選	国語	藝文類聚	文選	貞観政要
菅原知長	菅原為庸	菅原豊長	菅原為庸	菅原為庸	菅原為庸	菅原恒長（知）	菅原長量	菅原為範	菅原総長	菅原長義 菅原在廉	菅原在秀	菅原長香	菅原長香	菅原為範	菅原為範
	196和長・206盛長・209為経・211にも為庸	198長正・210長維			153藤原行氏・156長員・168藤原言範・154藤原親光・193藤原綱光・212為適	217にも知長＝恒長		621為庸・219在庸・220長量	113在高・124資高・178淳嗣・181秀長		224長義	221為範	223致長・225にも長香	220豊長・224総長	177秀長・180長綱・184在直・185益長・193長清・195和長・208盛長・122長純・214為庸・221長時・224為成・227長親

229	明和 1764	尚書	菅原□（為範カ）	191総長・219在庸・222長時・223在廉・224為成・226長香
230	安永 1772	文選・唐書	菅原在溉・菅原為弘	155在淳・176藤原資康・186資任・188勝光・194藤原季光・196藤原在数・206長雅・215豊長・216為庸・219在庸
231	天明 1781	尚書・左伝・尚書	菅原為俊	86藤原敦光・93藤原永範・142藤原惇継・168藤原言範・212長維・214知長・218豊長・223総長・225家長・227為範
232	寛政 1789	左伝・尚書正義	菅原胤長	121資高・180元範
233	享和 1801	文選	菅原在溉	220長量・222長時・225在廉・227長香
234	文化 1804	周易・後漢書	菅原為徳	199為学・203長雅・233為顕
235	文政 1818	漢書・群書治要	菅原長親・菅原為定	233為徳
236	天保 1830	尚書	菅原為顕	49輔正・72藤原敦基・82藤原行盛・97藤原茂明・117淳高・166長員・202為学・209為経・210長維・222長時・223致長・225家長・228長香・230世長・231俊為
237	弘化 1844	尚書・晋書	菅原為定	182秀長

（東京時代）

238	嘉永 1848	宋書	菅原以長	217為致・218豊長・233胤長・236・237にも以長
239	安政 1854	群書治要	菅原聡長	235にも聡長
240	萬延 1860	後漢書	菅原為定	235にも為定・236以長
241	文久 1861	後漢書 梁書	菅原為定	116為長・216和長・29綱忠・235聡長・237以長・238長溉・240も為定
242	元治 1864	周易・三国志	菅原為栄	
243	慶応 1865	文選	菅原在光	182藤原重光・192藤原長清・193・194も長清・231為俊・283胤長
244	明治 1868	周易	菅原在光	183長興・195在治・202長純・230長維・218在庸・222総長・224在秀・238長溉・241・242にも在光
245	大正 1912	周易	国府種徳	155長員・213知長・215知長・219長量
246	昭和 1926	書経	吉田増蔵	
247	平成 1989	史記・書経	（未詳）	243在光

（　）内は不明な出典の森本氏前掲書による推定例。
備考欄は旧勘文で当該年号を勘申していた者の氏名
（数字は勘申時点の公年号番号）。

付2　日本公年号勘申者の略系図（菅原・大江・藤原氏）

〈菅原氏〉（平安前期〜桃山時代）

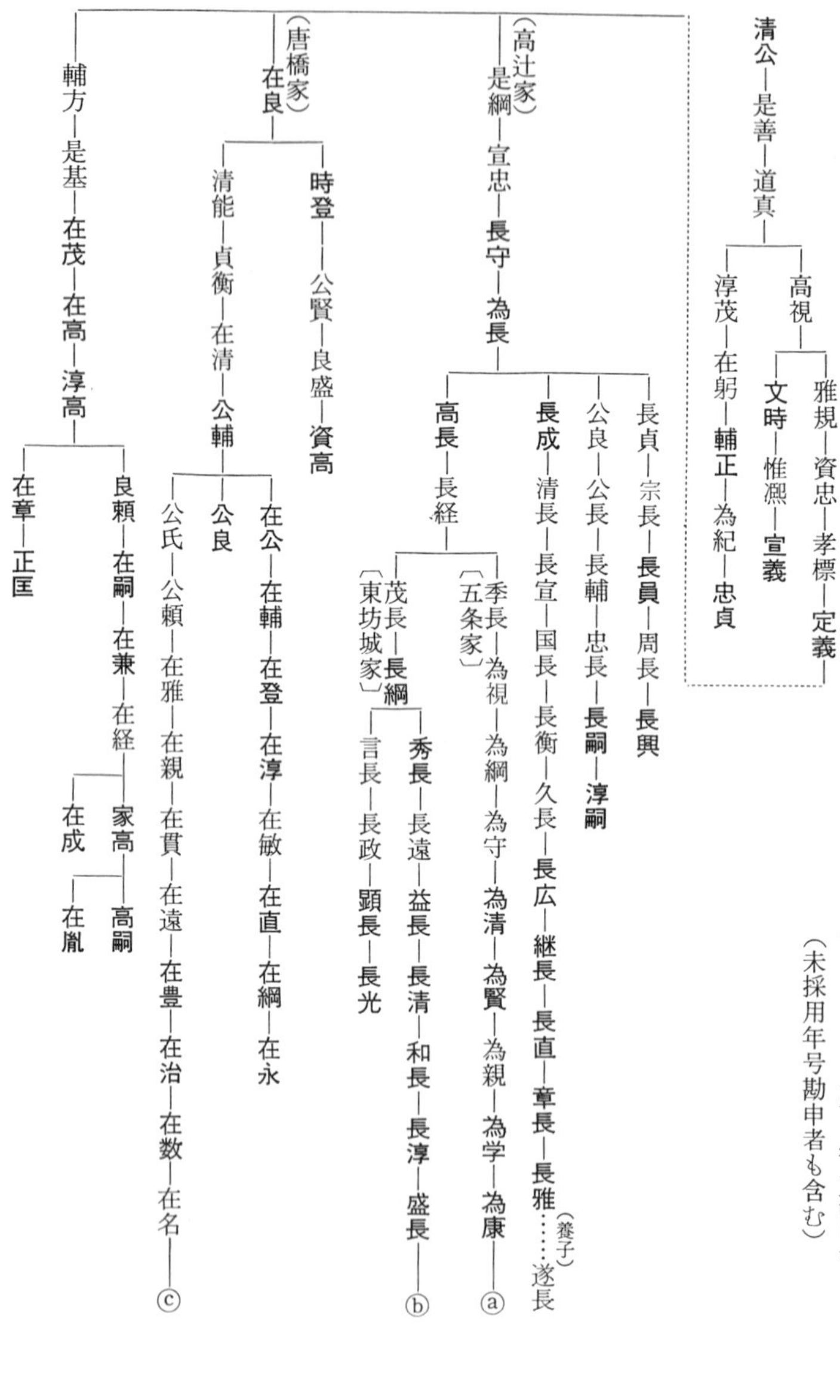

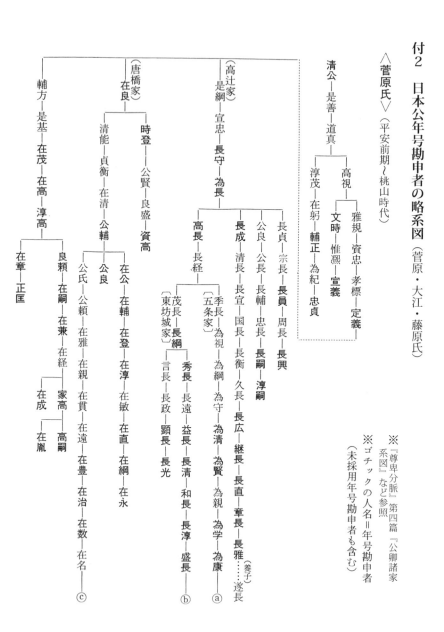

※『尊卑分脈』第四篇『公卿諸家系図』など参照

※ゴチックの人名＝年号勘申者（未採用年号勘申者も含む）

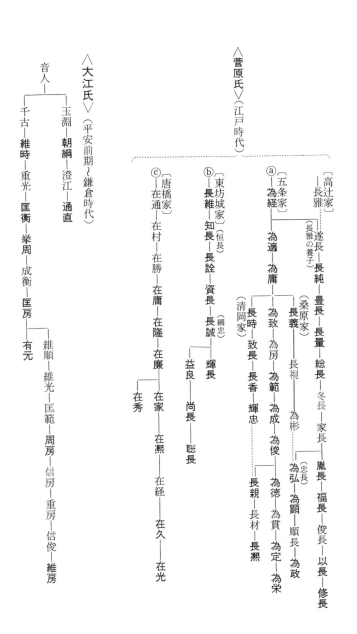

〈菅原氏〉（江戸時代）

- 〔高辻家〕長雅…遂長（長雅の養子）―長純―豊長―長量―総長―冬長―家長―胤長―福長―俊長―以長―修長
  - 家長―為弘（忠長）
- ⓐ〔五条家〕為経―為適―為庸
  - 為経―遂長
  - 為庸―〔桑原家〕長義―長視―為彬…為弘（忠長）―為顕―順長―為政
  - 為庸―為致―為房―為範―為成―為俊―為徳―為貫―為定―為栄
  - 為庸―〔清岡家〕長時―致長―長香―輝忠…長親―長材―長凞
  - 為俊―長親
- ⓑ〔東坊城家〕長維―知長（恒長）―長詮―資長―長誠（綱忠）―輝長
  - 長誠―益良―尚長―聡長
- ⓒ〔唐橋家〕在通―在村―在勝―在庸―在隆―在廉―在家―在凞―在経―在久―在光
  - 在廉―在秀

〈大江氏〉（平安前期～鎌倉時代）

- 音人―玉淵―朝綱―澄江―通直
- 音人―千古―維時―重光―匡衡―挙周―成衡―匡房―有元
  - 匡房―維順―維光―匡範―周房―信房―重房―信俊―維房

〈藤原氏〉（平安中期～室町時代）

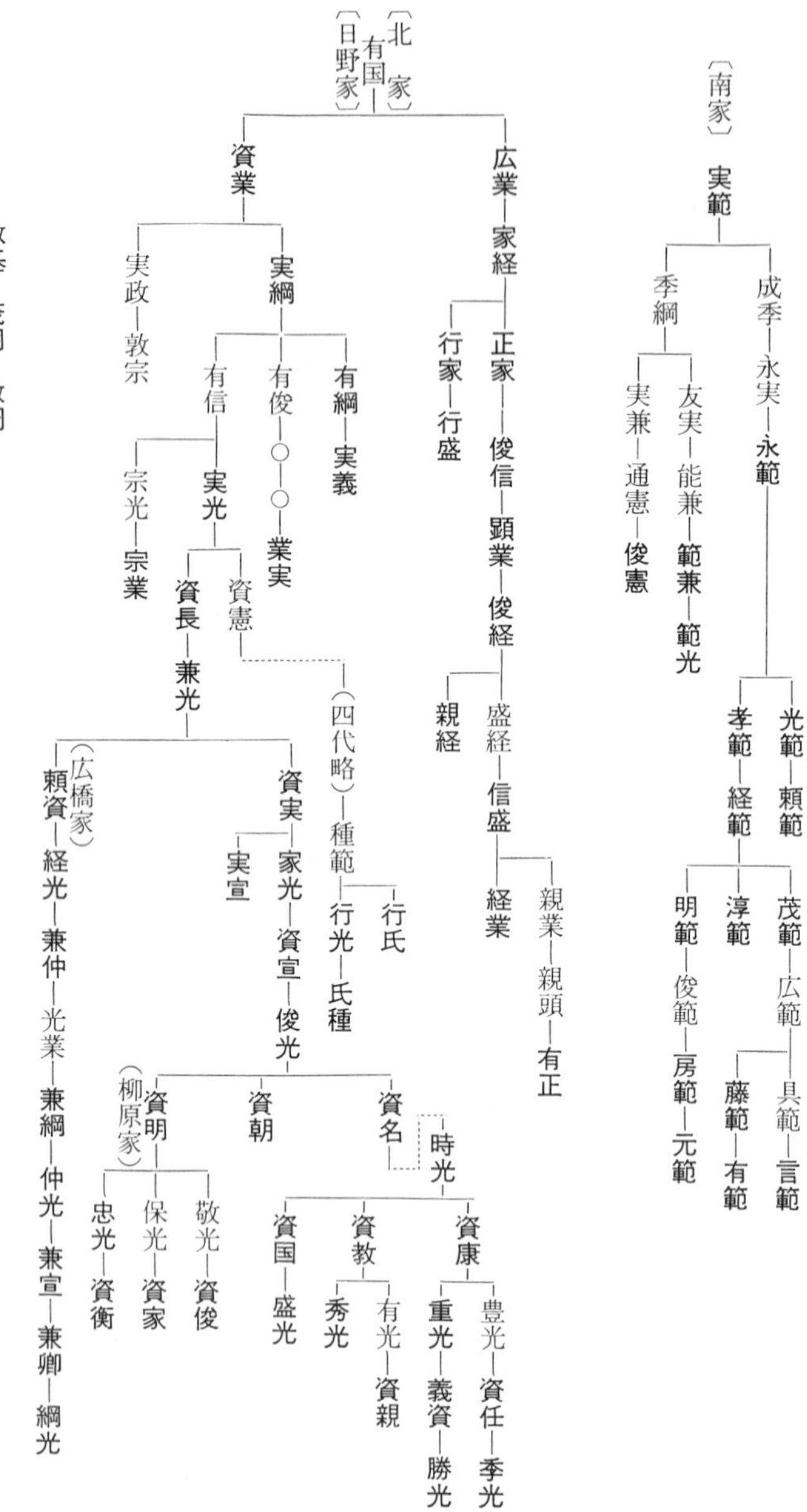

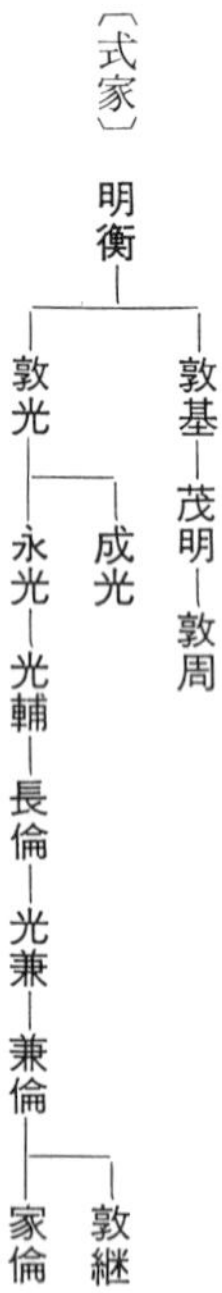

＊北家では他に資房（小野宮家）・朝隆（勧修寺家）など、式家では他に後生（佐世孫）・義忠（公方孫）など勘申。

付3 日本公年号の文字総覧（A公年号・B未採用案）

凡例一、本表は森本角蔵氏前掲書の第三編資料第九を参考に、大正・昭和・平成度の未採用文字も加えた。

一、漢字をほぼ音読み五十音順に並べ、A＝公年号（公式採用年号）は上側と下側の字別・年代順に、B＝未採用案は上側と下側の字別・五十音順に列挙した。

( )内は正字、Aの文字上の数字は公年号の通し番号、Bの文字下の数字は年号案の勘申回数である。

一、年号の通し番号は、森本氏前掲書と異なり、「白鳳」を白雉の異称とみて省き、「元暦」を公年号に加え、北朝年号十六も南朝年号の後に繰り入れたので、左の如き関係になる。

{森本氏…3 白鳳　4 朱鳥〜106 寿永　×　107 文治〜　164 元中　北1 正慶〜北16 康応　165 明徳〜230 昭和
{本　表…×　3 朱鳥〜105 寿永　106 元暦　107 文治〜　164 元中　165 正慶〜180 康応　181 明徳〜247 平成

安（A17回、上5回・下12回）（B25回、上10回・下15回）

A上　40 安和　102 安元　120 安貞　230 安永　239 安政

A下　26 天安　55 治安　81 保安　90 久安　99 仁安　101 承安
139 弘安　142 正安　172 康安　174 応安　186 文安　212 慶安

B上　安延 5　安化 1　安寛 2　安観 2　安慶 2　安恒 1
安治 2　安長 9　安徳 3　安寧 1

B下　永安 16　皆安 1　享安 1　寛安 33　元安 2　建安 3
至安 2　順安 1　大安 2　徳安 3　能安 1　宝安 2
萬安 13　明安 5　陽安 1

育（B下1回）　B下　長育 2

允（B上1回）　B上　允徳 1

運（運）（B下1回）　B下　広運 1

雲（A下2回）

A下　5 慶雲　15 神護景雲

永（A29回、上16回・下13回）（B33回、上20回・下13回）

A上　45 永観　47 永延　48 永祚　61 永承　68 永保　72 永長
79 永久　87 永治　95 永暦　98 永萬　141 永仁　175 永和
177 永徳　184 永享　199 永正　204 永禄

A下　78 天永　80 元永　105 寿永　112 建永　122 貞永　137 文永
167 康永　182 応永　200 大永　210 寛永　221 宝永　230 安永
238 嘉永

B上　永安 16　永康 2　永基 1　永吉 3　永光 1　永昌 1
永錫 2　永受 3　永世 1　永清 1　永大 1　永貞 3
永禎 3　永同 1　永寧 10　永平 5　永宝 5　永命 2
永明 2　永隆 1

B下　欽永 1　慶永 1　乾永 2　堅永 1　功永 1　弘永 1
正永 10　長永 2　徳永 5　仁永 2　寧永 1　萬永 1
禄永 1

延（延）（A16回、上11回・下5回）（B20回、上10回・下10回）

A上　18 延暦　32 延喜　33 延長　65 延久　127 延応　146 延慶

157延元　171延文　196延徳　217延宝　226延享
A下　42天延　47永延　86保延　227寛延　240萬延
B上　延嘉11　延化1　延弘1　延祥1　延寿14　延世7
延善1　延祚16　延仁3　延禄7
B下　安延5　嘉延17　享延1　慶延8　元延4　寿延2
承延4　治延1　徳延4　寧延1

応(應)（A20回、上7回・下13回）（B25回、上9回・下16回）
A上　38応和　69応徳　96応保　147応長　174応安　182応永
193応仁
A下　17天応　100嘉応　117貞応　127延応　135文応　141正応
150元応　166暦応　169観応　180康応　197明応　213承応
243慶応
B上　応休1　応久1　応寛2　応観1　応元4　応平2
応宝1　応暦9　応禄1
B下　久応1　享応2　寛応1　顕応5　弘応1　祥応2
順応2　瑞応4　昭応1　大応24　治応1　長応3
禎応1　仁応15　福応3　萬応2

嘉（A12回、上11回・下1回）（B26回、上14回・下12回）
A上　23嘉祥　76嘉承　71嘉保　100嘉応　119嘉禄　125嘉禎
144嘉元　153嘉暦　179嘉慶　185嘉吉　238嘉永
A下　134正嘉
B上　嘉猷1　嘉延17　嘉高1　嘉康2　嘉享8　嘉観7
嘉恵2　嘉彰1　嘉政4　嘉長2　嘉徳40　嘉仁1
嘉福7　嘉文1
B下　延嘉11　元嘉1　顕嘉3　建嘉1　柔嘉1　大嘉3
長嘉4　貞嘉1　天嘉3　徳嘉1　文嘉6　保嘉1

化（A下3回）（B下13回）
A下　1大化　234文化　237弘化
B下　安化1　延化1　久化1　寛化1　元化2　興化1
神化1　政化1　昭化1　徳化1　仁化1　明化2
「正化2

遐（B上1回）　B上　遐長1
皆（B上1回）　B上　皆安1
会(會)（B上1回）　B上　会同1
開（B上1回）　B上　開成1

寛(寬)（A15回、上14回・下1回）（B17回、上9回・下8回）
A上　30寛平　46寛和　52寛弘　54寛仁　60寛徳　70寛治
121寛喜　129寛元　191寛正　216寛文　220寛永　225寛保
232寛政　237寛延　／A下　97長寛
B上　寛安33　寛応1　寛久2　寛化1　寛恵4　寛承2
寛寧2　寛裕15　寛禄9
B下　安寛2　応寛2　承寛1　靖寛1　大寛2　天寛1
文寛5　養寛1

観(觀)（A3回、上1回・下2回）（B13回、上3回・下10回）
A上　169観応
A下　27貞観　45永観
B上　観国1　観仁2　観徳5
B下　安観2　応観2　嘉観7　元観3　正観2　大観2
長観1　天観9　文観7　寛観2

咸（B上5回）
B上　咸章1　咸定1　咸寧2　咸保1　咸和6

感（A中1回）
A中　11天平感宝

監（B上1回）　B上　監漢1

漢（漢）（B上1回・B下1回）　B上　漢徳1／B下　監漢

含（B上1回）　B上　含弘1

紀（B下1回）　B下　淳紀1

基（B下1回）　B下　永基1

熙（B2回、上1回・下1回）
B上　熙康1　／B下　文熙1

喜（A下3回）（B7回、上3回・下4回）
A下　32延喜　62天喜　121寛喜
B上　喜慶1　喜元2　喜文2
B下　元亀7　大喜9　長喜1　萬喜2

亀（龜）（A下5回）（B下2回）
A下　7霊亀　9神亀　16宝亀　198文亀　205元亀
B下　大亀2　天亀6

義（B上1回）　B上　義同1

吉（A下1回）　A下　185嘉吉

久（A9回、上2回・下7回）（B18回、上9回・下9回）
A上　18久安　92久寿
A下　59長久　65延久　79永久　108建久　111元久　116承久
241文久

欽（B上1回）　B上　欽永1
B上　久応1　久化1　久承1　久治2　久長4　久徳2
久保2　久暦1　久和7
B下　応久1　享久3　寛久2　恒久13　祥久1　貞久11
天久5　徳久3　暦久2

休（B下2回）　B下　休祐2　休和1

烋（B下2回）　B下　応烋1　天烋2

求（B下1回）　B下　天求1

恭（B上1回）　B上　恭明1

享（A8回、上4回・下4回）（B15回、上10回・下5回）
A上　188享徳　201享禄　223享保　233享和
A下　183永享　195長享　219貞享　226延享
B上　享安1　享延1　享応2　享久3　享寿4　享正1
享長1　享宝2　享封1　享明4
B下　嘉享8　順享1　天享2　文享1　明享1

教（敎）（B下2回）　政教1　明教1

協（B上2回）　B上　協中1　協和1

業（B下2回）　B下　定業1　天業1

景（A中1回）　A中　15神護景雲

啓（B下1回）　B下　天啓1

敬（B上1回）　B上　敬徳1

継（繼）（B上4回）　B上　継天1　継明1

恵（惠）（B下3回）　B下　嘉恵2　寛恵4　天恵1

慶（A9回、上4回・下5回）（B11回、上6回・下5回）

A上　5慶雲　208慶長　212慶安　243慶応
A下　28元慶　35天慶　146延慶　165正慶　179嘉慶
B上　慶永1　慶延8　慶成1　慶治1　慶仁1　慶徳2
B下　安慶2　喜慶1　承慶5　大慶1　長慶2

見（B下1回）　B下　祥見1

堅（B上1回）　B上　堅永1

建（建）（A上9回）（B28回、上20回・下8回）
A上　108建久　110建仁　112建永　114建暦　115建保　131建長
138建治　156建武　160建徳
B上　建安3　建寿1　建光1　建功1　建初1　建承1
建正26　建聖1　建大3　建太1　建中1　建久1
建定7　建福1　建文7　建平5　建萬2　建明6
建禄2　建和2
B下　弘建1　正建1　昭建1　治建4　天建2　徳建1
文建3　明建1

健（B下1回）　B下　天健1

顕（顯）（B上3回）　B上　顕応5　顕嘉3　顕祥1

乾（A上1回）（B上5回）
A上　143乾元
B上　乾永2　乾亨1　乾綱1　乾天1　乾徳8

元（A27回、上15回・下12回）（B27回、上81回・下9回）
A上　28元慶　80元永　106元暦　111元久　118元仁　150元応
151元亨　154元徳　155元弘　164元中　205元亀　209元和
220元禄　224元文　242元治
A下　43貞元　44天元　57長元　93保元　102安元　113承元
129寛元　132康元　134正元　143乾元　144嘉元　157延元
B上　元安2　元延4　元嘉1　元化1　元康1　元喜7
元吉4　元化3　元観3　元功1　元初1　元聖1
元長1　元貞1　元寧4　元宝2　元萬1　元龍1
B下　応元4　喜元2　弘元3　至元6　大元2　徳元2
文元15　養元8　和元14

玄（B上1回）　B上　玄通1

護（護）（A2回、中1回・下1回）
A中　15神護景雲　／A下　14天平神護

光（B3回、上1回・下2回）
B上　光文1　／B下　永光1　建光1

広（廣）（B上1回）　B上　広運1

康（A上10回）（B15回、上8回・下7回）
A上　39康保　63康平　74康和　88康治　132康元　167康永
172康安　176康暦　180康応　189康正
B上　康承2　康長1　康徳10　康寧4　康文2　康豊3
康萬3　康楽4
B下　永康2　嘉康2　熙康1　元康1　大康1　文康4
平康3

弘（A8回、上6回・下2回）（B15回、上8回・下7回）
A上　20弘仁　136弘長　139弘安　163弘和　203弘治　237弘化
A下　52寛弘　155元弘
B上　弘永1　弘応1　弘元3　弘建1　弘徳13　弘文1

弘保10　弘暦4
B下　延弘1　含弘1　正弘2　大弘1　天弘1　文弘1
萬弘1

衡（A下1回）　A下　25斉衡

功（B6回、上1回・下5回）
B上　功永1　／B下　元功1　建功1　成功1　武功1
文功2

恒（恆）（B2回、上1回・下1回）
B上　恒久13　／B下　安恒1

拱（B下1回）　B下　垂拱1

洪（B上1回）　B上　洪徳6

厚（B下1回）　B下　仁厚1

考（B下1回）　B下　寿考2

高（B2回、上1回・下1回）
B上　高克1　／B下　嘉高1

洽（B上1回）　B上　洽和1

綱（B下1回）　B下　乾綱1

亨（A下1回）（B下3回）
A下　151元亨
B下　乾亨1　大亨3　貞亨1

興（A上1回）（B6回、上3回・下3回）
A上　158興国
B上　興化1　興徳1　興文1
B下　中興1　天興1　仁興3

国（國）（A下1回）（B下1回）　A下　158興国　／B下　観国1

克（B下1回）　B下　高克1

載（B上1回）　B上　載徳2

斉（齊）（A上1回）（B5回、上4回・下1回）
A上　25斉衡
B上　斉泰1　斉治1　斉徳2　斉萬2　／B下　徳斉1

始（B下1回）　B下　文始1

祉（祉）（B上1回）　B上　祉長1

至（A上1回）（B6回、上5回・下1回）
A上　178至徳　／B上　至安2　至元6　至正3　至治2
至平1　／B下　政至1

字（A下1回）　A下　13天平宝字

錫（B下1回）　B下　永錫2

朱（A上1回）　A上　3朱鳥

受（B下2回）　B下　永受3　天受3

授（A下1回）　A下　162天授

寿（壽）（A4回、上1回・下3回）（B11回、上4回・下7回）
A上　105寿永　／A下　24仁寿　56萬寿　92久寿
B上　寿延2　寿考2　寿長2　寿徳1
B下　延寿14　享寿4　長寿4　天寿6　徳寿1　得寿1
養寿7

修（B上1回）　B上　修文1

柔（B上1回）　B上　柔嘉1

俊（B上1回）　B上　俊徳1

淳（B上3回）　淳紀1　淳徳3　淳仁2
順（B7回、上5回・下2回）
B上　順安1　順応2　順享1　順治1　順明1
B下　天順1　明順1
初（B下3回）　B下　元初1　建初1　大初4
叙（敍）（B下1回）　B下　天叙1
正（A19回、上13回・下6回）（B16回、上9回・下7回）
A上　49正暦　109正治　133正嘉　134正元　140正応　142正安
148正和　152正中　159正平　165正慶　183正長　211正保
222正徳
A下　189康正　191寛正　192文正　199永正　206天正　245大正
B上　正永10　正吉1　正観2　正建1　正弘2　正仁1
正萬2　正禄1
B下　享正1　建正26　至正3　長正1　延正1　貞正22
仁正1　正化1
昌（A上1回）（B下2回）
A上　31昌泰
B下　永昌1　治昌1
章（B上1回・B下2回）
B上　章明2　／B下　咸章1　平章2
祥（祥）（A下1回）（B10回、上4回・下6回）
A下　23嘉祥
B上　祥応2　祥久1　祥見1　祥和1
B下　延祥1　顕祥1　長祥12　禎祥2　文祥1　萬祥3

紹（B上1回）　B上　紹明1
彰（B下1回）　B下　嘉彰1
勝（A中1回）（B下1回）
A中　12天平勝宝　／B下　貞勝1
承（A14回、上9回・下5回）（B14回、上8回・下6回）
A上　22承和　34承平　48承暦　66承保　73承徳　101承安
116承久　113承元
A下　61永承　76嘉承　84天承　85長承　103治承
B上　承延4　承寛1　承慶5　承天7　承統1　承寧1
承宝12　承禄4
B下　宝承2　久承11　建承1　康承2　大承3　文承20
昭（A上1回）（B6回、上4回・下2回）
A上　246昭和
B上　昭応1　昭化1　昭建1　昭長1　昭徳1
B下　仁昭6　文昭15
神（神）（A3回、上2回・中1回）（B上2回）
A上　9神亀　15神護景雲　／A中　14天平神護
B上　神化1　神和1
慎（愼）（B上1回）　B上　慎徳1
垂（B上1回）　B上　垂拱1
綏（B上1回）　B上　綏禄1
瑞（B上1回）　B上　瑞応4
崇（B上1回）　B上　崇徳1
政（A下3回）（B16回、上8回・下8回）

A下　232寛政　235文政　239安政
B上　政化2　政教1　政至1　政善2　政治7　政徳1
政平3　政和18
B下　嘉政4　大政1　治政1　天政1　徳政1　仁政1
明政1　和政1

世（B下2回）　B下　永世1　延世7

清（清）（B下1回）　B下　永清1

靖（靖）（B上1回）　B上　靖寛1

静（靜）（B下1回）　B下　天静1

盛（盛）（B上1回）　B上　盛徳2

聖（B下2回）　B下　至聖1　建聖1

成（成）（A下1回）（B10回、上4回・下6回）
A下　247**平成**
B上　成功1　成治1　成徳15　成和1
B下　開成1　慶成1　天成7　仁成1　能成1　立成1

節（節）（B下1回）　B下　天節1

善（B下3回）　B下　延善1　政善2　徳善1

祚（祚）（A下1回）（B下3回）
A下　48永祚
B下　延祚16　天祚3　徳祚1

聡（聰）（B下1回）　B下　天聡1

大（A上6回）（B27回、上24回・下3回）
A上　1大化　4大宝　19大同　83大治　200大永　245大正
B上　大安2　大応24　大嘉3　大康1　大亨7　大喜9
大亀2　大観2　大寛2　大慶1　大元2　大弘1
大初4　大承3　大政1　大長1　大中1　大仁1
大寧1　大武2　大平2　大萬1　大暦7　大禄1
B下　永大1　建大3　天大1

太（B下1回）　B下　建太1

泰（A下1回）（B3回、上1回・下2回）
A下　31昌泰
B上　泰和2／B下　斉泰1　平泰2

治（A21回、上3回・下18回）（B22回、上10回・下12回）
A上　55治安　64治暦　103治承
A下　70寛治　75長治　82天治　83大治　87永治　88康治
94平治　107文治　109正治　128仁治　130宝治　138建治
145徳治　173貞治　203弘治　215萬治　242元治　244明治
B上　治延1　治応1　治建4　治昌1　治政1　治定1
治徳6　治平2　治萬9　治和7
B下　安治2　有治1　久治2　慶治1　至治2　順治1
斉治1　政治7　成治1　寧治1　養治5　隆治1

地（B上1回）　B上　地寧2

雉（A下1回）　A下　2白雉

秩（B下1回）　B下　天秩2

中（A下3回）（B5回、上2回・下3回）
A下　152正中　161文中　164元中
B上　中2　中興1／B下　協中1　建中1　大中1

鳥（A下1回）　A下　朱鳥3

澄（B下1回）　B下　天澄1

徴（徵）（B下1回）　B下　明徴1

長（A19回、上11回・下8回）（B33回、上15回・下18回）

A上　50長徳　51長保　53長和　57長元　58長暦　59長久　75長治　85長承　97長寛　190長禄　195長享

A下　21天長　33延長　72永長　131建長　136弘長　147応長　183正長　208慶長

B上　長育2　長永2　長応3　長嘉4　長喜1　長観1　長慶2　長祥13　長寿4　長正1　長仁3　長寧1　長平1　長萬1　長養8

B下　安長9　遐長1　嘉長2　久長4　享長1　元長1　康長1　祉長1　寿長2　昭長1　大長1　仁長5　寧長2　文長24　萬長2　明長1　暦長2　禄長3

貞（A8回、上7回・下1回）（B13回、上7回・下6回）

A上　27貞観　43貞元　117貞応　122貞永　168貞和　173貞治

A下　120安貞

B上　貞嘉1　貞亨1　貞久11　貞吉2　貞正22　貞勝1　貞徳3

B下　永貞3　元貞1　建貞1　天貞3　保貞3　萬貞6

禎（禎）（A下1回）（B3回、上2回・下1回）

A下　125嘉禎

B上　禎応1　禎祥2　／B下　永禎3

廷（廷）（B上1回）　B上　廷正1

定（B8回、上2回・下6回）

B上　定業1　定保1

B下　咸定1　建定7　治定1　天定1　文定3　明定1

天（A上27回）（B40回、上37回・下3回）

A上　10天平　11天平感宝　12天平勝宝　13天平宝字　14天平神護　17天応　21天長　26天安　35天慶　36天暦　37天徳　41天禄　42天延　44天元　62天喜　77天仁　78天永　82天治　84天承　89天養　123天福　162天授　192天文　206天正　218天和　231天明　236天保

B上　天祐14　天佑1　天悠2　天嘉3　天亀6　天久5　天烋2　天求1　天享2　天観9　天寛1　天恵1　天啓1　天業1　天建2　天健1　天弘1　天興1　天寿6　天受3　天順1　天叙1　天成7　天政1　天静1　天節1　天祚3　天聡1　天大1　天秩2　天澄1　天貞3　天定1　天統2　天同1　天寧5　天隆2

B下　継天3　乾天1　承天7

統（B下2回）　B下　承統1　天統2

同（A下1回）（B7回、上1回・下6回）

A下　19大同

B上　同徳1

B下　永同1　義同1　会同1　天同1　文同3　和同2

銅（A下1回）　A下　6和銅

道（道）（B下1回）　B下　礼道1

徳（德）（A15回、上1回・下14回）（B55回、上18回・下37回）

A上　145 徳治
A下　37 天徳　50 長徳　60 寛徳　69 応徳　73 承徳　154 元徳
160 建徳　177 永徳　178 至徳　181 明徳　187 宝徳　188 享徳
196 延徳　222 正徳
B上　徳安 3　徳永 5　徳永 4　徳嘉 1　徳久 3　徳化 1
徳元 1　徳建 2　徳寿 1　徳政 1　徳斉 1　徳善 1
徳祚 1　徳仁 1　徳保 1　徳暦 5　徳禄 2　徳和 9
B下　安徳 3　允徳 1　康徳 10　嘉徳 40　漢徳 1　久徳 2
観徳 5　慶徳 2　乾徳 1　監徳 8　弘徳 13　洪徳 4
興徳 1　載徳 2　寿徳 1　淳徳 3　俊徳 1　昭徳 1
慎徳 1　崇徳 1　政徳 1　斉徳 1　成徳 15　成徳 2
治徳 6　貞徳 3　同徳 2　秉徳 1　保徳 3　輔徳 1
萬徳 5　容徳 1　龍徳 1　立徳 2　令徳 1　和徳 2

得（B上1回）
B上　得寿 1

仁（A13回、上5回・下8回）（B26回、上14回・下12回）
A上　24 仁寿　29 仁和　91 仁平　99 仁安　128 仁治
A下　20 弘仁　54 寛仁　77 天仁　110 建仁　118 元仁　126 暦仁
141 永仁　193 応仁
B上　仁永 2　仁応 15　仁化 1　仁興 3　仁厚 1　仁正 1
仁昭 6　仁成 1　仁成 1　仁長 5　仁宝 5　仁保 4
仁豊 1　仁養 4
B下　延仁 3　嘉仁 1　観仁 2　慶仁 1　正仁 1　淳仁 2
大仁 1　長仁 3　徳仁 1　文仁 17　寛仁 4　養仁 3

寧（寧）（B19回、上5回・下14回）
B上　寧永 1　寧延 1　寧治 1　寧長 2　寧和 2
B下　安寧 1　永寧 10　康寧 4　咸寧 2　寛寧 2　元寧 4
承寧 1　大寧 1　地寧 2　長寧 1　天寧 5　保寧 1
萬寧 5　和寧 2

能（B上2回）
B上　能安 1　能成 1

白（A上1回）
A上　2 白雉

福（福）（A下1回）（B4回、上1回・下3回）
A下　123 天福
B上　福応 3　／B下　嘉福 7　建福 1　萬福 2

武（A下1回）（B2回、上1回・下1回）
A下　156 建武
B上　武功 1　／B下　大武 2

文（A19回、上15回・下4回）（B31回、上22回・下9回）
A上　107 文治　124 文暦　135 文応　137 文永　149 文保　161 文中
170 文和　186 文安　192 文正　194 文明　198 文亀　207 文禄
234 文化　235 文政　241 文久
A下　171 延文　202 天文　216 寛文　224 元文
B上　文嘉 6　文康 4　文熙 1　文享 1　文寛 6　文観 7
文元 15　文建 3　文功 2　文弘 13　文始 1　文祥 1
文承 20　文昭 15　文長 24　文定 3　文同 3　文仁 17
文邦 1　文平 2　文萬 1　文隆 1
B下　康文 9　嘉文 1　喜文 1　建文 7　光文 1　興文 1
弘文 1　宝文 2　修文 1

平（A12回、上2・中4・下6）（B14回、上4回・下10回）

A上　93平治　247**平成**

A中　11天平感宝　12天平勝宝　13天平宝字　14天平神護

A下　10天平　30寛平　34承平　63康平　91仁平　159正平

B上　平康3　平章2　平泰2　平和3

B下　永平5　応平2　建平5　至平1　政平3　大平2

治平2　長平1　文平2　和平7

秉（B上1回）　B上　秉徳1

輔（B上1回）　B上　輔徳1

保（A15回、上3回・下12回）（B17回、上7回・下10回）

A上　81保安　86保延　93保元

A下　39康保　51長保　66承保　68永保　71嘉保　96応保

115建保　149文保　211正保　223享保　225寛保　236天保

B上　保佑1　保嘉1　保貞3　保徳3　保寧1　保禄4

保和6

B下　咸保1　久保2　建保5　弘保10　定保1　徳保1

仁保4　萬保3　明保7　用保1　和保2

宝（寶）（A10回、上5・中1・下4）（B13回、上4回・下9回）

A上　16宝亀　130宝治　187宝徳　221宝永　228宝暦

A中　13天平宝字

A下　4大宝　11天平感宝　12天平勝宝　217延宝

B上　宝安2　宝観2　宝仁4　宝文2

B下　永宝5　応宝1　享宝2　元宝2　承宝12　仁宝5

萬宝4　明宝1　和宝2

邦（B下1回）　B下　文邦1

封（B下1回）　B下　享封1

豊（豐）（B下2回）　B下　康豊3　仁豊1

万（萬）（A4回、上3回・下1回）（B28回、上15回・下13回）

A上　56萬寿　215萬治　240萬延　／A下　98永萬

B上　萬安13　萬永1　萬応2　萬喜2　萬弘1　萬祥3

萬長2　萬貞6　萬徳5　萬寧5　萬福2　萬保8

萬宝4　萬禄3　萬和14

B下　康萬3　元萬1　建萬2　正萬2　斉萬2　大萬1

治萬9　長萬1　文䒿1　明䒿1　養䒿3　暦䒿3

和萬4

命（B下1回）　B下　永命2

明（A7回、上5回・下2回）（B19回、上13回・下6回）

A上　181明徳　197明応　214明暦　229明和　244明治

A下　194文明　231天明

B上　明安5　明享1　明化2　明教1　明建1　明順1

明政1　明長1　明徴1　明定1　明保8　明宝1

明䒿1

B下　永明2　継明1　享明4　恭明1　建明6　順明1

章明2　紹明1

有（B上1回）　B上　有治1

猷（B下1回）　B下　嘉猷

祐（祐）（B下2回）　B下　休祐2　天祐14

佑（B下2回）　B下　天佑1　保佑1

裕（B下1回）　B下　寛裕15

悠（B下1回）　B下　天悠2

養（A3回、上2回・下1回）（B8回、上6回・下2回）
A上　8養老　104養和
A下　89天養
B上　養寛1　養元8　養寿7　養治5　養仁3　養萬3
B下　長養8　仁養4

陽（B上1回）　B上　陽安1

容（B上1回）　B上　容徳1

用（B上1回）　B上　用保1

雍（B上1回）　B上　雍和1

楽（樂）（B下1回）　B下　康楽1

立（B上2回）　B上　立成1　立徳2

隆（隆）（B4回、上1回・下3回）
B上　隆治1／B下　永隆1　天隆2　文隆1

竜（龍）（B2回、上1回・下1回）
B上　龍徳1／B下　元龍1

令（B上1回）　B上　令徳1

霊（靈）（A上1回）　A上　7霊亀

礼（禮）（B上1回）　B上　礼道1

暦（曆）（A15回、上2回・下13回）（B11回、上4・下7回）
A上　126暦仁　166暦応
A下　18延暦　36天暦　49正暦　58長暦　64治暦　67承暦
95永暦　106元暦　114建暦　124文暦　153嘉暦　214明暦
228宝暦
B上　暦久2　暦長2　暦萬3　暦和1
和暦1
B下　応暦9　康暦7　久暦1　弘暦4　大暦7　徳暦5

老（A下1回）　A下　8養老

禄（祿）（A下7回）（B13回、上2回・下11回）
A下　41天禄　119嘉禄　190長禄　201享禄　204永禄　207文禄
220元禄
B上　禄永1　禄長3
B下　延禄7　応禄1　寛禄9　建禄2　正禄1　承禄4
綏禄1　大禄1　徳禄3　保禄4　萬禄3

和（A19回、上1回・下18回）（B30回、上10回・下20回）
A上　6和銅
A下　22承和　29仁和　38応和　40安和　46寛和　53長和
74康和　104養和　148正和　163弘和　168貞和　170文和
175永和　209元和　218天和　229明和　233享和　246昭和
B上　和元14　和政1　和徳2　和同2　和寧2　和平7
和保2　和宝2　和萬4　和暦1
B下　咸和6　久和7　休和1　協和1　建和2　洽和1
祥和1　神和1　成和1　政和18　泰和2　治和7
同和1　徳和9　寧和2　平和3　保和6　萬和14
雍和1　暦和1

付4　日本公年号の改元要覧

※各年号の出典と勘申者は付1参照。

(代)天皇	№.年号	改元年(西暦・干支)・月・日	改元の理由(参考事項)
◁飛鳥時代▷			
(36)孝徳	1 大化	〔皇極4〕(六四五・乙巳)・6・19	a代始(6・12乙巳の変。6・14践祚)
〃	2 白雉	大化6(六五〇・庚戌)・2・15	b祥瑞(2・9穴戸より白雉献上)
			〔斉明・天智・弘文の三代改元ナシ〕
(40)天武	3 朱鳥(アカミトリ)	〔天武14〕(六八六・丙戌)・7・20	e(5年前朱雀奏瑞。5月天皇不予)
			〔持統女帝一代改元ナシ〕
(42)文武	4 大宝	〔文武5〕(七〇一・辛丑)・3・21	b祥瑞(対馬より金献上。8・3律令完成)
〃	5 慶雲	大宝4(七〇四・甲辰)・5・10	b祥端(宮中慶雲)
◁奈良時代▷			
(43)元明	6 和銅	慶雲5(七〇八・戊申)・正・11	ab代始・祥瑞(前年7・17践祚。武蔵より和銅献上)
(44)元正	7 霊亀	和銅8(七一五・乙卯)・9・2	ab代始・祥瑞(践祚同日改元、左京より瑞亀献上)
〃	8 養老	霊亀3(七一七・丁巳)・11・17	b祥瑞(9・20美濃の美泉に行幸)
(45)聖武	9 神亀	養老8(七二四・甲子)・2・4	ab代始・祥瑞(践祚同日改元、左京より白亀献上)
〃	10 天平	神亀6(七二九・己巳)・8・5	b祥瑞(6・20左京より瑞亀献上)
〃	11 天平感宝	天平21(七四九・己丑)・4・14	b祥瑞(2・22陸奥より黄金献上)
(46)孝謙	12 天平勝宝	天平感宝元(〃・〃)・7・2	a代始(践祚同日改元)〔7・24東大寺大仏鋳造〕
〃	13 天平宝字	天正勝宝9(七五七・丁酉)・8・18	b祥瑞(宮中と駿河で神虫霊字)
			〔淳仁廃帝一代改元ナシ〕
(48)称徳	14 天平神護	天平宝字9(七六五・乙巳)・正・7	a代始(前年10・9孝謙重祚)
〃	15 神護景雲	天平神護3(七六七・丁未)・8・16	b祥瑞(6・7宮中と伊勢で景雲)
(49)光仁	16 宝亀	神護景雲4(七七〇・庚戌)・10・1	ab代始・祥瑞(践祚同日改元、肥後より白亀献上)
〃	17 天応	宝亀12(七八一・辛酉)・正・1	b祥瑞(伊勢斎宮に美雲)
(50)桓武	18 延暦	天応2(七八二・壬戌)・8・19	a代始(前年4・3践祚)

〈平安前期〉

〈平安中期〉 ▽

(51)平城	19大同	延暦25	（八〇六・丙戌）	・5・18	a代始（3・17桓武帝崩御。5・18即位式）
(52)嵯峨	20弘仁	大同5	（八一〇・庚寅）	・9・19	a代始（前年4・1践祚。9・10薬子の乱）
(53)淳和	21天長	弘仁15	（八二四・甲辰）	・正・5	a代始（前年4・16践祚）
(54)仁明	22承和	天長11	（八三四・甲寅）	・正・3	a代始（前年2・28践祚）
〃	23嘉祥	承和15	（八四八・戊辰）	・6・13	b祥瑞（大宰府より白亀献上）
(55)文徳	24仁寿	嘉祥4	（八五一・辛未）	・4・28	ab代始・祥瑞（前年3・21践祚。白亀・甘露奏瑞）
〃	25斉衡	仁寿4	（八五四・甲戌）	・11・30	b祥瑞（石見より醴泉奏瑞）
〃	26天安	斉衡4	（八五七・丁丑）	・2・21	b祥瑞（美作と常陸より白鹿、連理奏瑞）
(56)清和	27貞観	天安3	（八五九・己卯）	・4・15	a代始（前年8・27践祚）
(57)陽成	28元慶	貞観19	（八七七・丁酉）	・4・16	ab代始・祥瑞（前年11・29践祚。白雉・白鹿等献上）
(58)光孝	29仁和	元慶9	（八八五・乙巳）	・2・21	a代始（前年2・4践祚）
(59)宇多	30寛平	仁和5	（八八九・己酉）	・4・27	a代始（前々年8・26践祚）
(60)醍醐	31昌泰	寛平10	（八九八・戊午）	・4・26	a代始（前年7・3践祚）
〃	32延喜	昌泰4	（九〇一・辛酉）	・7・15	d革年（2・22三善清行辛酉革命改元奏請）
〃	33延長	延喜23	（九二三・癸未）	・④・11	c災異（水潦疾疫。3・21皇太子薨）
(61)朱雀	34承平	延長9	（九三一・辛卯）	・4・26	a代始（前年9・22践祚）
〃	35天慶	承平8	（九三八・戊戌）	・5・22	c災異（三年前より平将門反乱。当年4・24地震）
(62)村上	36天暦	天慶10	（九四七・丁未）	・4・22	a代始（前年4・20践祚）
〃	37天徳	天暦11	（九五七・丁巳）	・10・27	c災異（前年大旱魃）
〃	38応和	天徳5	（九六一・辛酉）	・2・16	cd災異・革年（前年9・23内裏火災・当年辛酉革命）
〃	39康保	応和4	（九六四・甲子）	・7・10	cd災異・革年（前々年大風雨。当年甲子革令）
(63)冷泉	40安和	康保5	（九六八・戊辰）	・8・13	a代始（前年5・25践祚）
(64)円融	41天禄	安和3	（九七〇・庚午）	・3・25	a代始（前年8・13践祚）
〃	42天延	天禄4	（九七三・癸酉）	・12・20	c災異（5・17大風雨宮中破損）

▽

〃	43 貞元	天延4(九七六・丙子)・7・13	c災異(5・11内裏火災。6・18大地震)
〃	44 天元	貞元3(九七八・戊寅)・11・29	c災異(災変。明年太一陽五厄)
〃	45 永観	天元6(九八三・癸未)・4・15	c災異(前年11・17内裏焼亡、炎旱)
(65)花山	46 寛和	永観3(九八五・乙酉)・4・27	a代始(前年8・27践祚)
(66)一条	47 永延	寛和3(九八七・丁亥)・4・5	a代始(前年6・23践祚)
〃	48 永祚	永延3(九八九・己丑)・8・8	c災異(彗星・天変地災)
〃	49 正暦	永祚2(九九〇・庚寅)・11・7	c災異(前年8・13大風雨)
〃	50 長徳	正暦6(九九五・乙未)・2・22	c災異(前年初より疾疫全国流行)
〃	51 長保	長徳5(九九九・己亥)・正・13	c災異(前年夏赤斑瘡疫流行・炎旱)
〃	52 寛弘	長保6(一〇〇四・甲辰)・7・20	c災異(天災地変)
(67)三条	53 長和	寛弘9(一〇一二・壬子)・12・25	a代始(前年6・13践祚)
(68)後一条	54 寛仁	長和6(一〇一七・丁巳)・4・23	a代始(前年1・29践祚)
〃	55 治安	寛仁5(一〇二一・辛酉)・2・2	d革年(辛酉革命)
〃	56 萬寿	治安4(一〇二四・甲子)・7・13	d革年(甲子革令)
〃	57 長元	万寿5(一〇二八・戊辰)・7・25	c災異(疫癘炎旱)
(69)後朱雀	58 長暦	長元10(一〇三七・丁丑)・4・21	a代始(前年4・17践祚)
〃	59 長久	長暦4(一〇四〇・庚辰)・11・10	c災異(9・8と11・1大地震。9・9内裏焼亡)
〃	60 寛徳	長久5(一〇四四・甲申)・11・24	c災異(前年夏疾疫炎旱)
(70)後冷泉	61 永承	寛徳3(一〇四六・丙戌)・4・14	a代始(前年正・16践祚)
〃	62 天喜	永承8(一〇五三・癸巳)・正・11	c災異(天変怪異〔前年(一〇五二)末法第一年〕)
〃	63 康平	天喜6(一〇五八・戊戌)・8・29	c災異(2・26大極殿火災)
〃	64 治暦	康平8(一〇六五・乙巳)・8・2	c災異(旱魃・三合厄)
(71)後三条	65 延久	治暦5(一〇六九・己酉)・4・13	a代始(前年4・19践祚)
(72)白河	66 承保	延久6(一〇七四・甲寅)・8・23	a代始(前々年12・8践祚)

(71)白河	67	承暦	承保4（一〇七七・丁巳）・11・17	c	災異（旱魃・赤斑瘡流行）
〃	68	永保	承暦5（一〇八一・辛酉）・2・10	d	革年（辛酉革命）
〃	69	応徳	永保4（一〇八四・甲子）・2・7	d	革年（甲子革令）
(73)堀河	70	寛治	応徳4（一〇八七・丁卯）・4・7	a	代始（前年11・26践祚）
〃	71	嘉保	寛治8（一〇九四・甲戌）・12・15	c	災異（前年冬より疱瘡流行）
〃	72	永長	嘉保3（一〇九六・丙子）・12・17	c	災異（11・24大地震）
〃	73	承徳	永長2（一〇九七・丁丑）・11・21	c	災異（天変地震洪水大風等災）
〃	74	康和	承徳3（一〇九九・己卯）・8・28	c	災異（前年2・22京都大火。当年正・24大地震・疾疫）
〃	75	長治	康和6（一一〇四・甲申）・2・10	c	災異（前年11・16京都火災）
〃	76	嘉承	長治3（一一〇六・丙戌）・4・9	c	災異（去春彗星）
(74)鳥羽	77	天仁	嘉承3（一一〇八・戊子）・8・3	a	代始（前年7・19践祚）
〃	78	天永	天仁3（一一一〇・庚寅）・7・13	c	災異（彗星。前年より疱瘡流行）
〃	79	永久	天永4（一一一三・癸巳）・7・13	c	災異（兵革・疾疫）
〃	80	元永	永久6（一一一八・戊戌）・4・3	c	災異（天変疫疾）
〃	81	保安	元永3（一一二〇・庚子）・4・10	c	災異（御厄運御慎）
(75)崇徳	82	天治	保安5（一一二四・甲辰）・4・3	a	代始（前年正・28践祚）
〃	83	大治	天治3（一一二六・丙午）・正・22	c	災異（前年より疱瘡流行）
〃	84	天承	大治6（一一三一・辛亥）・正・29	c	災異（前年炎旱天変）
〃	85	長承	天承2（一一三二・壬子）・8・11	c	災異（春より疾疫流行。7・23上皇御所焼亡）
〃	86	保延	長承4（一一三五・乙卯）・4・27	c	災異（前年より疫疾・洪水・飢饉）
〃	87	永治	保延7（一一四一・辛酉）・7・10	d	革年（辛酉革命・厄運御慎）
(76)近衛	88	康治	永治2（一一四二・壬戌）・4・28	a	代始（前年12・7践祚）
〃	89	天養	康治3（一一四四・甲子）・2・23	d	革年（甲子革令）
〃	90	久安	天養2（一一四五・乙丑）・7・22	c	災異（彗星変）

〃	91	仁平	久安7（一一五一・辛未）・正・26	c 災異（前年8・4暴風洪水）
〃	92	久寿	仁平4（一一五四・甲戌）・10・28	c 災異（前年9・20大風。当年厄運）
(77) 後白河	93	保元	久寿3（一一五六・丙子）・4・27	a 代始（前年7・24践祚）
(78) 二条	94	平治	保元4（一一五九・己卯）・4・20	a 代始（前年8・11践祚）
〃	95	永暦	平治2（一一六〇・庚辰）・正・10	c 災異（前年12・25兵乱。当年上皇厄運）
〃	96	応保	永暦2（一一六一・辛巳）・9・4	c 災異（天下疱瘡・飢饉）
〃	97	長寛	応保3（一一六三・癸未）・3・29	c 災異（天下疱瘡）
〃	98	永万	長寛3（一一六五・乙酉）・6・5	c 災異（天皇御不予。天変怪異病）
(79) 六条	99	仁安	永万2（一一六六・丙戌）・8・27	a 代始（前年6・25践祚）
(80) 高倉	100	嘉応	仁安4（一一六九・己丑）・4・8	a 代始（前年2・19践祚）
〃	101	承安	嘉応3（一一七一・辛卯）・4・21	c 災異（災変厄会・天一御命期）
〃	102	安元	承安5（一一七五・乙未）・7・28	c 災異（今夏長雨疱瘡流行。世上不閑）
〃	103	治承	安元3（一一七七・丁酉）・8・4	c 災異（4・24大火、大極殿火災）
(81) 安徳	104	養和	治承5（一一八一・辛丑）・7・14	a 代始（前年2・21践祚）
〃	105	寿永	養和2（一一八二・壬寅）・5・27	c 災異（前年より兵革・疱瘡。当年三合厄）
(82) 後鳥羽	106	〔元暦〕	寿永3〔治承8〕（一一八四・甲辰）・4・16	a 代始（前年7・25平氏西走、8・20践祚）
〃	107	文治	寿永4〔元暦2〕（一一八五・乙巳）・8・14	c 災異（火災地震。3・24平氏滅亡）
〃	108	建久	文治6（一一九〇・庚戌）・4・11	c 災異（地震・明年三合厄）
(83) 土御門	109	正治	建久10（一一九九・己未）・4・27	a 代始（前年正・11践祚）
〃	110	建仁	正治3（一二〇一・辛酉）・2・13	d 革年（辛酉革命）
〃	111	元久	建仁4（一二〇四・甲子）・2・20	d 革年（甲子革令）
〃	112	建永	元久3（一二〇六・丙寅）・4・27	c 災異（赤斑瘡・摂政頓死）
〃	113	承元	建永2（一二〇七・丁卯）・10・25	c 災異（疱瘡・洪水・三合）

(84)順徳	114 建暦	承元5(一二一一・辛未)・3・9	a代始(前年11・25践祚)
〃	115 建保	建暦3(一二一三・癸酉)・12・6	c災異(天変地震。10・15京都大火)
〃	116 承久	建保7(一二一九・己卯)・4・12	c災異(三合後年・天変旱魃)〔正・27将軍暗殺〕
			〔仲恭廃帝改元ナシ〕
(86)後堀河	117 貞応	承久4(一二二二・壬午)・4・13	a代始(前年7・9践祚)
〃	118 元仁	貞応3(一二二四・甲申)・11・20	c災異(天変炎旱)
〃	119 嘉禄	元仁2(一二二五・乙酉)・4・20	c災異(疱瘡・天下不静)
〃	120 安貞	嘉禄3(一二二七・丁亥)・12・10	c災異(前年8・26太政官文殿焼亡。当年赤疱瘡流行)
〃	121 寛喜	安貞3(一二二九・己丑)・3・5	c災異(前年秋大風)
〃	122 貞永	寛喜4(一二三二・壬辰)・4・2	c災異(前年春飢饉)
(87)四条	123 天福	貞永2(一二三三・癸巳)・4・15	a代始(前年10・4践祚)
〃	124 文暦	天福2(一二三四・甲午)・11・5	c災異(天変地震)
〃	125 嘉禎	文暦2(一二三五・乙未)・9・19	c災異(天変地震。京中疱瘡流行)
〃	126 暦仁	嘉禎4(一二三八・戊戌)・11・23	c災異(熒惑変)
〃	127 延応	暦仁2(一二三九・己亥)・2・7	c災異(変災)
〃	128 仁治	延応2(一二四〇・庚子)・7・16	c災異(旱魃・彗星)
(88)後嵯峨	129 寛元	仁治4(一二四三・癸卯)・2・26	a代始(前年正・20践祚)
(89)後深草	130 宝治	寛元5(一二四七・丁未)・2・28	a代始(前年正・29践祚)
〃	131 建長	宝治3(一二四九・己酉)・3・18	c災異(2・1閑院内裏火災)
〃	132 康元	建長8(一二五六・丙辰)・10・5	c災異(8月赤斑瘡流行)
〃	133 正嘉	康元2(一二五七・丁巳)・3・14	c災異(2・10太政官庁焼失)
〃	134 正元	正嘉3(一二五九・己未)・3・26	c災異(飢饉、疾疫流行)
(90)亀山	135 文応	正元2(一二六〇・庚申)・2・20	a代始(前年11・26践祚)
〃	136 弘長	文応2(一二六一・辛酉)・2・20	d革年(辛酉革命)

〃	137	文永	弘長4	(一二六四・甲子)・2・28	d 革年(甲子革令)
(91)後宇多	138	建治	文永12	(一二七五・乙亥)・4・25	a 代始(前年正・26践祚)
〃	139	弘安	建治4	(一二七八・戊寅)・2・29	c 災異(前年より疾疫流行)
(92)伏見	140	正応	弘安11	(一二八八・戊子)・4・28	a 代始(前年10・21践祚)
〃	141	永仁	正応6	(一二九三・癸巳)・8・5	c 災異(4・13関東地震・炎旱)
(93)後伏見	142	正安	永仁7	(一二九九・己亥)・4・25	a 代始(前年7・22践祚)
(94)後二条	143	乾元	正安4	(一三〇二・壬寅)・11・21	a 代始(前年正・21践祚)
〃	144	嘉元	乾元2	(一三〇三・癸卯)・8・5	c 災異(前年12・11鎌倉大火。当年夏炎旱・彗星)
〃	145	徳治	嘉元4	(一三〇六・丙午)・12・14	c 災異(天変)
(95)花園	146	延慶	徳治3	(一三〇八・戊申)・10・9	a 代始(8・26践祚)(踰年改元に非ず)
〃	147	応長	延慶4	(一三一一・辛亥)・4・28	c 災異(天下疫病)
〃	148	正和	応長2	(一三一二・壬子)・3・20	c 災異(天変地震)
〃	149	文保	正和6	(一三一七・丁巳)・2・3	c 災異(前年夏疾疫流行。当年正・3京都大地震)
(96)後醍醐	150	元応	文保3	(一三一九・己未)・4・28	a 代始(前年2・26践祚)
〃	151	元亨	元応3	(一三二一・辛酉)・2・23	d e 革年(辛酉・更始)
〃	152	正中	元亨4	(一三二四・甲子)・12・9	c 災異(甲子の故に非ず。風水・天下不静)
〃	153	嘉暦	正中3	(一三二六・丙寅)・4・26	c 災異(前年6・26京都大雷雨・洪水・疾疫)
〃	154	元徳	嘉暦4	(一三二九・己巳)・8・29	c 災異(咳病多死)
〃	155	元弘	元徳3	(一三三一・辛未)・8・9	c 災異(疫病流行)
(96)′後醍醐	156	建武	元弘4	(一三三四・甲戌)・正・29	e 撥乱帰正(前年5・22幕府滅亡。6・5還幸、朝権再興)
〃	157	延元	建武3	(一三三六・丙子)・2・29	c 災異(前年8月より兵革)〔12・21吉野潜幸〕
(97)後村上	158	興国	延元5	(一三四〇・庚辰)・4・28	a 代始(前年8・15践祚)
〃	159	正平	興国7	(一三四六・丙戌)・12・8	c 災異(兵革?)
(98)長慶	160	建徳	正平25	(一三七〇・庚戌)・7・24	a 代始(前々年3・11践祚)

時 代▷ ▽

長慶	161	文中	建徳3（一三七二・壬子）・4・?	c災異（兵革?）
〃	162	天授	文中4（一三七五・乙卯）・5・27	c災異（山崩地妖）
〃	163	弘和	天授7（一三八一・辛酉）・2・10	d革年（辛酉革命）
(99)後亀山	164	元中	弘和4（一三八四・甲子）・4・28	d革年（甲子革令）a代始（前年践祚）
(北1)光厳	165	〔正慶〕	元徳4（一三三二・壬申）・4・28	a代始（前年9・20践祚）
(北2)光明	166	〔暦応〕	建武5（一三三八・戊寅）・8・28	a代始（前々年8・15践祚）
〃	167	〔康永〕	暦応5（一三四二・壬午）・4・27	c災異（天変地妖疱瘡等）
〃	168	〔貞和〕	康永4（一三四五・乙酉）・10・21	c災異（天変水害疾疫等）
(北3)崇光	169	〔観応〕	貞和6（一三五〇・庚寅）・2・27	a代始（前々年10・27践祚）
(北4)後光厳	170	〔文和〕	観応3（一三五二・壬辰）・9・27	a代始（8・17践祚）（踰年に非ず）
〃	171	〔延文〕	文和5（一三五六・丙申）・3・28	c災異（兵革）
〃	172	〔康安〕	延文6（一三六一・辛丑）・3・29	c災異（兵革・地妖・疾疫等）
〃	173	〔貞治〕	康安2（一三六二・壬寅）・9・23	c災異（兵革・流病・地震等）
〃	174	〔応安〕	貞治7（一三六八・戊申）・2・18	c災異（兵革・天変等）
(北5)後円融	175	〔永和〕	応安8（一三七五・乙卯）・2・27	a代始（四年前3・23践祚）
〃	176	〔康暦〕	永和5（一三七九・己未）・3・22	c災異（疾疫・兵革等）
〃	177	〔永徳〕	康暦3（一三八一・辛酉）・2・24	d革年（辛酉革命）
(北6)後小松	178	〔至徳〕	永徳4（一三八四・甲子）・2・27	ad代始・革年（前々年4・11践祚。当年甲子革令）
〃	179	〔嘉慶〕	至徳4（一三八七・丁卯）・8・23	c災異（疾疫）
〃	180	〔康応〕	嘉慶3（一三八九・己巳）・2・9	c災異（頓病流行）
〃	181	〔明徳〕	康応2（一三九〇・庚午）・3・26	c災異（天変・兵革）〔元中九年＝明徳三年10・5南北朝合一〕
(100)後小松	182	応永	明徳5（一三九四・甲戌）・7・5	c災異（疱瘡・旱魃）
(101)称光	183	正長	応永35（一四二八・戊申）・4・27	e（十六年前＝応永十九年8・29践祚）
(102)後花園	184	永享	正長2（一四二九・己酉）・9・5	a代始（前年7・28践祚）

天皇	番号	年号	改元前の年号・年	改元年月日	理由
〃	185	嘉吉	永享13	（一四四一・辛酉）・2・17	d 革年（辛酉革命）
〃	186	文安	嘉吉4	（一四四四・甲子）・2・5	d 革年（甲子革令）
〃	187	宝徳	文安6	（一四四九・己巳）・7・28	c 災異（4・12山城大地震・疾疫等）
〃	188	享徳	宝徳4	（一四五二・壬申）・7・25	c 災異（三合・赤斑瘡流行）
〃	189	康正	享徳4	（一四五五・乙亥）・7・25	c 災異（前年以来兵革連続、武家より執奏）
〃	190	長禄	康正3	（一四五七・丁丑）・9・28	c 災異（病患炎旱・彗星）
〃	191	寛正	長禄4	（一四六〇・庚辰）・12・21	c 災異（天下飢饉大旱・兵革等）
(103)後土御門	192	文正	寛正7	（一四六六・丙戌）・2・28	a 代始（前々年7・19践祚）
〃	193	応仁	文正2	（一四六七・丁亥）・3・5	c 災異（前年より兵革）
〃	194	文明	応仁3	（一四六九・己丑）・4・28	c 災異（前年5・26より争乱。当年2月星変）
〃	195	長享	文明19	（一四八七・丁未）・7・20	c 災異（前年8・24東寺、12・22伊勢外宮炎上）
〃	196	延徳	長享3	（一四八九・己酉）・8・21	c 災異（二星合。5・8京都大火。6・22伊勢内宮炎上）
〃	197	明応	延徳4	（一四九二・壬子）・7・19	c 災異（疫疾）
(104)後柏原	198	文亀	明応10	（一五〇一・辛酉）・2・29	a d 代始・革年（前年10・25践祚。辛酉革命）
〃	199	永正	文亀4	（一五〇四・甲子）・2・30	d 革年（甲子革令）
〃	200	大永	永正18	（一五二一・辛巳）・8・23	c 災異（兵革・天変等）〔3・22践祚後二十二年目即位礼〕
(105)後奈良	201	享禄	大永8	（一五二八・戊子）・8・20	a 代始（前々年4・29践祚）
〃	202	天文	享禄5	（一五三二・壬辰）・7・29	c 災異（連年兵革、将軍改元申請）
〃	203	弘治	天文24	（一五五五・乙卯）・10・23	c 災異（兵革）
(106)正親町	204	永禄	弘治4	（一五五八・戊午）・2・28	a 代始（前年10・27践祚）
〃	205	元亀	永禄13	（一五七〇・庚午）・4・23	c 災異（兵革）〔永禄四年辛酉・同七年甲子改元ナシ〕
〃	206	天正	元亀4	（一五七三・癸酉）・7・28	c 災異（兵革。7・19将軍追放）
(107)後陽成	207	文禄	天正20	（一五九二・壬辰）・12・8	a 代始（六年前11・7践祚）
〃	208	慶長	文禄5	（一五九六・丙申）・10・27	c 災異（天変地妖）

番号	天皇	年号	改元前年号・年	西暦・干支	改元月日	改元理由
◁江戸前期▷ ▽						
209	(108)後水尾	元和	慶長20	（一六一五・乙卯）	7・13	a c 代始・災異（四年前3・27践祚。当年5・8大坂落城）
210	〃	寛永	元和10	（一六二四・甲子）	2・30	d 革年（甲子革令）〔元和七年辛酉改元ナシ〕
						〔明正女帝一代改元ナシ〕
211	(110)後光明	正保	寛永21	（一六四四・甲申）	12・16	a 代始（前年10・3践祚）
212	〃	慶安	正保5	（一六四八・戊子）	2・15	e（正保を焼亡と京中で批判、京都所司代より言上）
213	〃	承応	慶安5	（一六五二・壬辰）	9・18	e（前年将軍家光薨）
214	(111)後西	明暦	承応4	（一六五五・乙未）	4・13	a 代始（前年11・28践祚）
215	〃	萬治	明暦4	（一六五八・戊戌）	7・23	c 災異（前年正・18江戸大火）
216	〃	寛文	万治4	（一六六一・辛丑）	4・25	c 災異（正・15内裏炎上）
217	(112)霊元	延宝	寛文13	（一六七三・癸丑）	9・21	c 災異（5・8京都大火・内裏炎上）〔十年前正・26践祚〕
218	〃	天和	延宝9	（一六八一・辛酉）	9・29	d 革年（辛酉革命）
219	〃	貞享	天和4	（一六八四・甲子）	2・21	d 革年（甲子革令）
220	(113)東山	元禄	貞享5	（一六八八・戊辰）	9・30	a 代始（前年3・21践祚）
221	〃	宝永	元禄17	（一七〇四・甲申）	3・13	c 災異（去年11・22関東地震）
222	(114)中御門	正徳	宝永8	（一七一一・辛卯）	4・25	a 代始（前々年6・21践祚）
223	〃	享保	正徳6	（一七一六・丙申）	6・22	e 関東凶事（4・30将軍家継薨）
◁江戸後期▷ ▽						
224	(115)桜町	元文	享保21	（一七三六・丙辰）	4・28	a 代始（前年3・21践祚）
225	〃	寛保	元文6	（一七四一・辛酉）	2・27	d 革年（辛酉革命）
226	〃	延享	寛保4	（一七四四・甲子）	2・21	d 革年（甲子革令）
227	(116)桃園	寛延	延享5	（一七四八・戊辰）	7・12	a 代始（前年5・2践祚）
228	〃	宝暦	寛延4	（一七五一・辛未）	10・27	e（前年4・23桜町上皇崩。当年6・20前将軍吉宗薨）
229	(117)後桜町	明和	宝暦14	（一七六四・甲申）	6・2	a 代始（前々年7・27践祚）
230	(118)後桃園	安永	明和9	（一七七二・壬辰）	11・16	a c 代始・災異（前々年11・24践祚。当年江戸大火大風）
231	(119)光格	天明	安永10	（一七八一・辛丑）	4・2	a 代始（前々年11・25践祚）

<東京時代>▽

天皇	年号	前年号・改元年月日	改元理由
〃	232 寛政	天明9（一七八九・己酉）・正・25	c災異（前年正・30内裏炎上。京内延焼）
〃	233 享和	寛政13（一八〇一・辛酉）・2・5	d革年（辛酉革命）
〃	234 文化	享和4（一八〇四・甲子）・2・11	d革年（甲子革令）
(120) 仁孝	235 文政	文化15（一八一八・戊寅）・4・22	a代始（前年3・22践祚）
〃	236 天保	文政13（一八三〇・庚寅）・12・10	c災異（前年3・21江戸大火。当年7・2京都大地震）
〃	237 弘化	天保15（一八四四・甲辰）・12・2	c災異（5・10江戸城中火災）
(121) 孝明	238 嘉永	弘化5（一八四八・戊申）・2・28	a代始（前々年2・13践祚）
〃	239 安政	嘉永7（一八五四・甲寅）・11・27	c災異（4・6内裏炎上、6月地震。近年異国船屡来航）
〃	240 万延	安政7（一八六〇・庚申）・3・18	c災異（前年10・17江戸城火災。当年3・3井伊大老暗殺）
〃	241 文久	万延2（一八六一・辛酉）・2・19	d革年（辛酉革命）
〃	242 元治	文久4（一八六四・甲子）・2・20	d革年（甲子革令）
〃	243 慶応	元治2（一八六五・乙丑）・4・7	c災異（前年7・19禁門の変。世間不穏、慶喜内々申願）
(122) 明治	244 明治	慶応4（一八六八・戊辰）・9・8	a代始（前年正・9践祚）
(123) 大正	245 大正	明治45（一九一二・壬子）・7・30	a代始（践祚同日改元）
(124) 昭和	246 昭和	大正15（一九二六・丙寅）・12・25	a代始（践祚同日改元）
(125) （今上）	247 平成	昭和64（一九八九・己巳）・正・7	a代始（践祚同日改元・翌日施行）

※改元理由の分類……a代始（天皇の践祚）、b祥瑞（吉兆）、c災異（天災・地異・兵乱など凶兆）、d革年（讖緯説の辛酉革命と甲子革令の年）、eその他。（各々の参考事項を、宮内省編『天皇実録』など公的記録によりカッコ内に略記したが、本書各年号の詳しい説明と表現を少し異にする所もある。）

付5　日本公年号の読み方一覧

初めて政令により定められた新元号「平成」（二四七番目の公年号）は、「へいせい」と、二字ともに漢音で読むことが閣議で決められ、内閣告示第一号によって公示された。これは「大正」「昭和」の先例に倣った通達であり、至当な措置といえよう。しかし、「明治」に至るまでは読み方を示す慣例がなく、また仮名づかいの原則も確立していなかった。そのため、読み方（仮名の振り方）は必ずしも一定せず、人により区々の読みくせで通してきた例が少なくない。

そこで、歴史にも造詣の深かった国語学者の山田孝雄博士（明治六年生～昭和三十三年歿）は、日本年号の読み方を示した典籍・文書を博捜して、昭和二十五年、宝文館出版より『年号読方考証稿』を公刊された。その考証に用いられた主要な出典は、左の通りである。〔頭のA～Hは後掲表中の『年号読例』に対する異読の出典符号〕

◎『御諡号及年号**読例**』……明治七年（一八七四）、文部省編刊（略称『年号読例』）
A『中家実録』（年号之名義）……仁治三年（一二四二）以降成立。中原家の故実書（続々群書類従所収）
B『年代号略頌』……元和・寛文（一六一五～一六七三）ころ成立。後水尾院「御口誦」（本書第八章所収）
C『番鍛冶次第』（付録「年代記」）……元和八年（一六二二）ころ成立。（写本所在不明、『国書総目録』不載）
D『本朝通鑑』……寛文年中（一六六一～一六七三）成立。林春斎（鵞峯）編の編年史書（国書刊行会刊）
E『年号読様』……安永年中（一七七二～一七八一）成立。唐橋（菅原）在家著（無窮会等所蔵）
F『年号訓点』……安永三年（一七七四）ころ成立。滋野井公麗所伝本（宮内庁書陵部等所蔵）
G『童蒙必読』（年号之巻）……明治三年（一八七〇）版行。橋爪貫一著・横山由清校閲（Aを多く参照）
H　その他の史料……古文書および近世外人の著書（ロドリゲス『日本大文典』・ケンペル『日本志』など）

以下の一覧表は、この山田博士の労作を基にして、日本年号の読み方を簡明に整理し直したものである。
〔年号の漢字は現行字体で示し、読例の呉音による部分には傍線を付した。〕

年号の読み方

No.	年号	『年号読例』	異読（カッコ内出典符号）
1	大化	たい くわ	だい くわ（A G）
2	白雉	はく ち	
※	白鳳	はく ほう	※白鳳は白雉の追改
3	朱鳥	す てう	しゅ てう（E）
4	大宝	だい ほう	たい ほう（C）
5	慶雲	きやう うん	けい うん（C D）
6	和銅	わ どう	
7	霊亀	れい き	
8	養老	やう らう	
9	神亀	じん き	しん き（C D）
10	天平	てん ぴやう	てんびやう（A B E F G） てん へい（D）
11	天平感宝	※11脱。12〜14では天平＝てんぴゃう	※感＝カン、他脱。Dの11 12天平＝てんぺい
12	天平勝宝	ーしよう ほう	ーしよう ぼう（A F G） ーせうほう（B C D）
13	天平宝字	ーほう じ	
14	天平神護	ーじん ご	
15	神護景雲	ーけい うん	
16	宝亀	ほう き	
17	天応	てん おう	てん をう（B F） てん のう（C） てん のう（E）
18	延暦	えん りやく	
19	大同	だい どう	
20	弘仁	こう にん	かう にん（C）
21	天長	てん ちやう	てん じやう（A）
22	承和	じよう わ	せう わ（B C） そう わ（E F）
23	嘉祥	か じやう	かしやう（B D E F）
24	仁寿	にん じゆ	
25	斉衡	さい かう	さい こう（B）
26	天安	てん あん	てん なん（B E）
27	貞観	ぢやう ぐわん	でう ぐわん（B） ぐわんきやう（B D）
28	元慶	ぐわん ぎやう	けん けい（C）
29	仁和	にん な	にん わ（A〜G）
30	寛平	くわん べい	くわんへい（B〜F）
31	昌泰	しやう たい	
32	延喜	えん ぎ	えん き（B C）
33	延長	えん ちやう	えん じやう（A）
34	承平	じよう へい	せう へい（B C D） しやう へい（E）
35	天慶	てん ぎやう	てん きやう（B D E F） てん けい（C）
36	天暦	てん りやく	てん れき（C）
37	天徳	てん とく	
38	応和	おう わ	をう わ（B D E） わう あ（C）
39	康保	かう ほう	こう ほ（F）
40	安和	あん わ	あん な（B D F）
41	天禄	てん ろく	
42	天延	てん えん	てん ねん（E）
43	貞元	ぢやう ぐえん	てい ぐえん（B） てい げん（C D F）

44	天元（てん げん）	てん ぐえん	てん げん（B〜F）
45	永観（えい かん）	えい くわん	やうくわん（ADG） えうくわん（F）
46	寛和（かん な）	くわん ｜わ	くわん な（E）
47	永延	えい えん	やう えん（AG）
48	永祚	えい そ	やう そ（AG）
49	正暦（しようりやく）	しやう ｜りやく	じやう りやく（A） しやう れき（C）
50	長徳（ちよう とく）	ちやう とく	
51	長保（ちよう ほ）	ちやう ほう	ちやう ぼう（AG）
52	寛弘（かん こう）	くわん こう	くわん かう（C）
53	長和（ちよう わ）	ちやう ｜わ	
54	寛仁（かん にん）	くわん ｜にん	
55	治安（じ あん）	｜ぢ あん	ち あん（CD）
56	万寿	｜まん じゆ	
57	長元（ちよう げん）	ちやう ぐゑん	ちやう けん（CF） ちやう げん（DE）
58	長暦（ちようりやく）	ちやう ｜りやく	ちやう れき（C）
59	長久（ちようきゆう）	ちやう きう	
60	寛徳（かん とく）	くわん とく	
61	永承（えい しよう）	えい じよう	やう じよう（AG） えい せう（BC） えい しやう（E）
62	天喜	てん ぎ	てん き（BCD）
63	康平（こう へい）	かう へい	かう べい（AG） こう へい（B）
64	治暦（じ りやく）	｜ぢ りやく	ち りやく（CE）
65	延久（えん きゆう）	えん きう	
66	承保（しよう ほう）	じよう ほう	せう ほう（B） ぜう ほう（D）
67	承暦（しようりやく）	じよう ｜りやく	せう りやく（B） せう れき（C） ぜう りやく（D）
68	永保（えい ほ）	えい ほう	やう ぼう（AG）
69	応徳	｜おう とく	やう とく（A） をう とく（BDE） わう とく（C）
70	寛治（かん じ）	くわん ｜ぢ	くわん ち（C）
71	嘉保	か ほう	
72	永長（えい ちよう）	えい ちやう	やう ちやう（AG）
73	承徳（しよう とく）	じよう とく	せう とく（BC） ぜう とく（D）
74	康和（こう わ）	かう ｜わ	こう わ（B）
75	長治（ちよう じ）	ちやう ｜ぢ	ちやう ち（C）
76	嘉承	か じよう	か そう（AG） か せう（B） か ぜう（D）
77	天仁	てん ｜にん	
78	天永	てん えい	てん やう（AG）
79	永久（えい きゆう）	えい きう	やう きう（AG）
80	元永（げん えい）	ぐえん えい	くえん えい（B） けん えい（C） げん えい（DE）
81	保安	ほう あん	
82	天治（てん じ）	てん ｜ぢ	てん ち（CE）
83	大治（たい じ）	｜だい ぢ	たい ぢ（B） たい ち（C）
84	天承（てん しよう）	てん じよう	てん せう（BC） てん ぜう（D）
85	長承（ちようしよう）	ちやう じよう	ちやう ぜう（BD） ちやう せう（C）
86	保延	ほう えん	
87	永治（えい じ）	えい ｜ぢ	えい ち（C）
88	康治（こう じ）	かう ｜ぢ	こう ぢ（B） かう ち（C）
89	天養（てん よう）	てん やう	てん にやう（E）
90	久安（きゆう あん）	きう あん	
91	仁平（にん びよう）	｜にん びやう	にん べい（B） にん へい（CDE） にん ひやう（G）
92	久寿（きゆう じゆ）	きう ｜じゆ	
93	保元（ほう げん）	ほう ぐえん	ほう けん（C） ほう げん（DF）
94	平治（へい じ）	へい ｜ぢ	へい ち（C）

番号	年号	読み	異読
95	永暦	えい りやく	やう りやく(AG)
96	応(おう)保(ほ)	おう ほう	をう ほう(BDE) わう ほ(C)
97	長(ちょう)寛(かん)	ちやう くわん	ちようぐわん(AG)
98	永万	えい まん	やう まん(AG)
99	仁安	にん あん	にん なん(AE)
100	嘉応	か おう	か をう(BDEF) か わう(C)
101	承安	じよう あん	しよう あん(AG) せう あん(BC) ぜう あん(D)
102	安(あん)元(げん)	あん ぐゑん	あん げん(D)
403	治(じ)承(しょう)	ち しよう	ぢ せう(BD) ち せう(C) ぢ じよう(E)
104	養(よう)和(わ)	やう わ	
105	寿永	じゆ えい	しゆ えい(B)
106	元暦	げん りやく	ぐゑんりやく(AG) けん りやく(C)
107	文(ぶん)治(じ)	ぶん ぢ	ふん ち(C) もん ち(H)
108	建(けん)久(きゅう)	けん きう	
109	正(しょう)治(じ)	しやう ぢ	じやう ち(H)
110	建仁	けん にん	
111	元(げん)久(きゅう)	ぐゑん きう	げん きう(B〜F)
112	建永	けん えい	けん やう(AG)
113	承(じょう)元(げん)	じよう ぐゑん	せう くゑ(B) せう げん(C) しよう げん(H)
114	建暦	けん りやく	
115	建(けん)保(ぽう)	けん ほう	けん ほ(C)
116	承(じょう)久(きゅう)	じよう きう	せう きう(BCH)
117	貞(じょう)応(おう)	ぢやう おう	ぢやう をう(BD) てい をう(CF)
118	元(げん)仁(にん)	ぐゑん にん	げん にん(B) けん にん(C)
119	嘉禄	か ろく	
120	安貞	あん てい	
121	寛(かん)喜(き)	くわん ぎ	くわん き(H)
122	貞(じょう)永(えい)	ぢやう えい	ぢやう やう(AG) てい えい(BCF) てい ゑい(H)
123	天福	てん ぷく	てん ふく(A〜H)
124	文暦	ぶん りやく	もん りやく(AG) もん れき(C)
125	嘉禎	か てい	
126	暦仁	りやく にん	れき にん(C)
127	延応	えん おう	えん をう(BDF) えん のう(F) えん わう(CH)
128	仁(にん)治(じ)	にん ぢ	にん ち(CH)
129	寛(かん)元(げん)	くわん げん	くわん けん(CH)
130	宝(ほう)治(じ)	ほう ぢ	ほう じ(B) はう ぢ(D)
131	建(けん)長(ちょう)	けん ちやう	
132	康(こう)元(げん)	かう ぐゑん	かう げん(BD)
133	正(しょう)嘉(か)	しやう か	
134	正(しょう)元(げん)	しやう ぐゑん	しやうげん(BDF)
135	文応	ぶん おう	ぶん をう(BDF) ぶん わう(C) ぶん のう(E)
136	弘(こう)長(ちょう)	こう ちやう	かう ちやう(C)
137	文永	ぶん えい	ふん ゑい(AGH)
138	建(けん)治(じ)	けん ぢ	けん ち(CH)
139	弘安	こう あん	かう あん(C)
140	正(しょう)応(おう)	しやう おう	しやう をう(BDEH) しやう わう(C)
141	永仁	えい にん	
142	正(しょう)安(あん)	しやう あん	
143	乾(けん)元(げん)	けん ぐゑん	けん けん(CH) けん げん(DEF)
144	嘉(か)元(げん)	か ぐゑん	か げん(BF) か けん(CEH)
145	徳(とく)治(じ)	とく ぢ	とく ち(H)

146	延慶（えんきよう）	えん きやう	えん けい（CEF） ゐん きやう（H）
147	応長（おうちよう）	おう ちやう	をう ちやう（BFHE） わう ちやう（C）
148	正和（しようわ）	しやう わ	
149	文保	ぶん ぽう	ぶん ほう（BDEFG） ぶん ほ（C）
150	元応（げんおう）	ぐゑん おう	げん そう（BD） けん わう（C） けん をう（FH）
151	元亨（げんこう）	ぐゑん かう	げん こう（B） けん かう（CH） げん かう（D）
152	正中（しようちゆう）	しやう ちう	
153	嘉暦	か りやく	
154	元徳（げんとく）	ぐゑん とく	げん とく（BDF） けん とく（CH）
155	元弘（げんこう）	ぐゑん かう	けん かう（CH） げん こう（DF）
156	建武	けん む	けん ふ（CH）
157	延元（えんげん）	えん ぐゑん	えん けん（B） ゐん けん（CH） えん げん（D）
158	興国	こう こく	
159	正平（しようへい）	しやう へい	
160	建徳	けん とく	
161	文中（ぶんちゆう）	ぶん ちう	ふん ちう（DH）
162	天授	てん じゅ	
163	弘和	こう わ	
164	元中（げんちゆう）	ぐゑん ちう	げん ちう（D）
165	〔正慶〕（しようきよう）	しやう きやう	
166	〔暦応〕	りやく おう	りやく をう（BDEF） れき わう（C）
167	〔康永〕（こうえい）	かう えい	こう えい（B） かう ゐい（CH）
168	〔貞和〕（じようわ）	ぢやう わ	でう わ（B） てい わ（C） ちやう わ（DH）
169	〔観応〕（かんのう）	くわん をう	くわん のう（E）
170	〔文和〕（ぶんな）	ぶん わ	ふん わ（CH）
171	〔延文〕	えん ぶん	ゐん ふん（CH）
172	〔康安〕（こうあん）	かう あん	こう あん（B）
173	〔貞治〕（じようじ）	ぢやう ぢ	でう ぢ（BF） てい ぢ（C）
174	〔応安〕	おう あん	をう あん（BDH） わう あん（C）
175	〔永和〕	えい わ	ゐい わ（CH）
176	〔康暦〕（こうりやく）	かう りやく	こう りやく（B）
177	〔永徳〕	えい とく	ゐい とく（GH）
178	〔至徳〕	し とく	
179	〔嘉慶〕（かけい）	か きよう	か けい（CH）
180	〔康応〕（こうおう）	かう をう	こう をう（B） かう あう（C）
181	〔明徳〕	めい とく	
182	応永	おう えい	をう えい（BDEH） わう ゐい（C） おう ゐい（H）
183	正長（しようちよう）	しやう ちやう	
184	永享（えいきよう）	えい きやう	ゐい きやう（H） えい かう（C）
185	嘉吉	か きつ	か きち（H）
186	文安	ぶん あん	ふん あん（B） ぶん なん（E） ふ あん（H）
187	宝徳	ほう とく	はう とく（D）
188	享徳（きようとく）	きやう とく	かう とく（C） けう とく（F）
189	康正（こうしよう）	かう しやう	こう しやう（B）
190	長禄（ちようろく）	ちやう ろく	
191	寛正（かんしよう）	くわん しやう	
192	文正（ぶんしよう）	ぶん しやう	もん しやう（C）
193	応仁	おう にん	をう にん（BDE） わう にん（C）
194	文明	ぶん めい	
195	長享（ちようきよう）	ちやう きやう	

196	延徳	えん とく	ゑん とく(CH)
197	明応	めい おう	めいをう(BDEF) めいわう(C)
198	文亀	ぶん き	
199	永正	えい しやう	ゑい しやう(H)
200	大永	だい えい	たい えい(C) 大 ゑい(H)
201	享禄	きやう ろく	
202	天文	てん ぶん	
203	弘治	こう ぢ	かう ぢ(C)
204	永禄	えい ろく	ゑい ろく(H)
205	元亀	ぐゑん き	げんき(BCDFH)
206	天正	てん しやう	
207	文禄	ぶん ろく	
208	慶長	きやう ちやう	けいちやう(CFH)
209	元和	ぐゑん わ	くゑん わ(B) げんわ(CFH) げん な(E)
210	寛永	くわん えい	くわん ゑい(H)
211	正保	しやう ほう	
212	慶安	けい あん	きやう あん(BE)
213	承応	じよう おう	せう をう(BH)
214	明暦	めい れき	めいりやく(BFH) みやう りやく(H)
215	万治	まん ぢ	まん じ(F)
216	寛文	くわん ぶん	
217	延宝	えん ほう	ゑん ほう(H)
218	天和	てん わ	てん な(EH)
219	貞享	ぢやう きやう	じやうきやう(BH)
220	元禄	ぐゑん ろく	げん ろく(F)
221	宝永	ほう えい	はう ゑい(H)
222	正徳	しやう とく	
223	享保	きやう ほう	
224	元文	ぐゑん ぶん	けん ふん(F) げん ぶん(H)
225	寛保	くわん ぽう	くわんほう(EFG)
226	延享	えん きやう	
227	寛延	くわん えん	
228	宝暦	ほう れき	ほう りやく(H)
229	明和	めい わ	
230	安永	あん えい	あん ゑい(H)
231	天明	てん めい	
232	寛政	くわん せい	
233	享和	きやう わ	
234	文化	ぶん くわ	
235	文政	ぶん せい	
236	天保	てん ほう	てん ぽ(H)
237	弘化	こう くわ	
238	嘉永	か えい	
239	安政	あん せい	
240	万延	まん えん	
241	文久	ぶん きう	
242	元治	ぐゑん ぢ	げん ち(H)
243	慶応	けい おう	けい をう(H)
244	明治	めい ぢ	
245	大正	たい しやう	
246	昭和	せう わ	
247	平成	へい せい	(ともに漢音)

表 i ㋑　日本の公年号一覧（年代順）

数字は改元年西暦

No.	年号	(改元月日)	元年西暦	No.	年号	(改元月日)	元年西暦	No.	年号	(改元月日)	元年西暦
1	大化	(6.19)	645	28	元慶	(4.16)	877	55	治安	(2.2)	1021
2	白雉	(2.15)	650(〜5)	29	仁和	(2.21)	885	56	万寿	(7.13)	1024
3	朱鳥	(7.20)	686	30	寛平	(4.27)	889	57	長元	(7.25)	1028
4	大宝	(3.21)	710	31	昌泰	(4.26)	898	58	長暦	(4.21)	1037
5	慶雲	(5.10)	704	32	延喜	(7.15)	901	59	長久	(11.10)	1040
6	和銅	(1.11)	708	33	延長	(④.11)	923	60	寛徳	(11.24)	1044
7	霊亀	(9.2)	715	34	承平	(4.26)	931	61	永承	(4.14)	1046
8	養老	(11.17)	717	35	天慶	(5.22)	938	62	天喜	(1.11)	1053
9	神亀	(2.4)	724	36	天暦	(4.22)	947	63	康平	(8.29)	1058
10	天平	(8.5)	729	37	天徳	(10.27)	957	64	治暦	(8.2)	1065
11	天平感宝	(4.14)	749	38	応和	(2.16)	961	65	延久	(4.13)	1069
12	天平勝宝	(7.2)	749	39	康保	(7.10)	964	66	承保	(8.23)	1074
13	天平宝字	(8.18)	757	40	安和	(8.13)	968	67	承暦	(11.17)	1077
14	天平神護	(1.7)	765	41	天禄	(3.25)	970	68	永保	(2.10)	1081
15	神護景雲	(8.16)	767	42	天延	(12.20)	973	69	応徳	(2.7)	1084
16	宝亀	(10.1)	770	43	貞元	(7.13)	976	70	寛治	(4.7)	1087
17	天応	(1.1)	781	44	天元	(11.29)	978	71	嘉保	(12.15)	1094
18	延暦	(8.19)	782	45	永観	(4.15)	983	72	永長	(12.17)	1096
19	大同	(5.18)	806	46	寛和	(4.27)	985	73	承徳	(11.21)	1097
20	弘仁	(9.19)	810	47	永延	(4.5)	987	74	康和	(8.28)	1099
21	天長	(1.5)	824	48	永祚	(8.8)	989	75	長治	(2.10)	1104
22	承和	(1.3)	834	49	正暦	(11.7)	990	76	嘉承	(4.9)	1106
23	嘉祥	(6.13)	848	50	長徳	(2.22)	995	77	天仁	(8.3)	1108
24	仁寿	(4.28)	851	51	長保	(1.13)	999	78	天永	(7.13)	1110
25	斉衡	(11.30)	854	52	寛弘	(7.20)	1004	79	永久	(7.13)	1113
26	天安	(2.21)	857	53	長和	(12.25)	1012	80	元永	(4.3)	1118
27	貞観	(4.15)	859	54	寛仁	(4.23)	1017	81	保安	(4.10)	1120

No. 年号(改元月日)元年西暦	No. 年号(改元月日)元年西暦	No. 年号(改元月日)元年西暦
82 天　治 (4.3) 1124	111 元　久 (2.20) 1204	140 正　応 (4.28) 1288
83 大　治 (1.22) 1126	112 建　永 (4.27) 1206	141 永　仁 (8.5) 1293
84 天　承 (1.29) 1131	113 承　元 (10.25) 1207	142 正　安 (4.25) 1299
85 長　承 (8.11) 1132	114 建　暦 (3.9) 1211	143 乾　元 (11.21) 1302
86 保　延 (4.27) 1135	115 建　保 (12.6) 1213	144 嘉　元 (8.5) 1303
87 永　治 (7.10) 1141	116 承　久 (4.12) 1219	145 徳　治 (12.14) 1306
88 康　治 (4.28) 1142	117 貞　応 (4.13) 1222	146 延　慶 (10.9) 1308
89 天　養 (2.23) 1144	118 元　仁 (11.20) 1224	147 応　長 (4.28) 1311
90 久　安 (7.22) 1145	119 嘉　禄 (4.20) 1225	148 正　和 (3.20) 1312
91 仁　平 (1.26) 1151	120 安　貞 (12.10) 1227	149 文　保 (2.3) 1317
92 久　寿 (10.28) 1154	121 寛　喜 (3.5) 1229	150 元　応 (4.28) 1319
93 保　元 (4.27) 1156	122 貞　永 (4.2) 1232	151 元　亨 (2.23) 1321
94 平　治 (4.20) 1159	123 天　福 (4.15) 1233	152 正　中 (12.9) 1324
95 永　暦 (1.10) 1160	124 文　暦 (11.5) 1234	153 嘉　暦 (4.26) 1326
96 応　保 (9.4) 1161	125 嘉　禎 (9.19) 1235	154 元　徳 (8.29) 1329
97 長　寛 (3.29) 1163	126 暦　仁 (11.23) 1238	155 元　弘 (8.9) 1331
98 永　万 (6.5) 1165	127 延　応 (2.7) 1239	156〔正慶〕(4.28) 1332(～3)
99 仁　安 (8.27) 1166	128 仁　治 (7.16) 1240	157 建　武 (1.29) 1334
100 嘉　応 (4.8) 1169	129 寛　元 (2.26) 1243	158 延　元 (2.29) 1336
101 承　安 (4.21) 1171	130 宝　治 (2.28) 1247	159 興　国 (4.28) 1340
102 安　元 (7.28) 1175	131 建　長 (3.18) 1249	160 正　平 (12.8) 1346
103 治　承 (8.4) 1177	132 康　元 (10.5) 1256	161 建　徳 (7.24) 1370
104 養　和 (7.14) 1181	133 正　嘉 (3.14) 1257	162 文　中 (4.?) 1372
105 寿　永 (5.27) 1182	134 正　元 (3.26) 1259	163 天　授 (5.27) 1375
106〔元暦〕(4.16) 1184	135 文　応 (4.13) 1260	164 弘　和 (2.10) 1381
107 文　治 (8.14) 1185	136 弘　長 (2.20) 1261	165 元　中 (4.28) 1384(～92)
108 建　久 (4.11) 1190	137 文　永 (2.28) 1264	166〔暦応〕(8.28) 1338
109 正　治 (4.27) 1199	138 建　治 (4.25) 1275	167〔康永〕(4.27) 1342
110 建　仁 (2.13) 1201	139 弘　安 (2.29) 1278	168〔貞和〕(10.21) 1345

No.	年号	(改元月日)	元年西暦
169	〔観応〕	(2.27)	1350
170	〔文和〕	(9.27)	1352
171	〔延文〕	(3.28)	1356
172	〔康安〕	(3.29)	1361
173	〔貞治〕	(9.23)	1362
174	〔応安〕	(2.18)	1368
175	〔永和〕	(2.27)	1375
176	〔康暦〕	(3.22)	1379
177	〔永徳〕	(2.24)	1381
178	〔至徳〕	(2.27)	1384
179	〔嘉慶〕	(8.23)	1387
180	〔康応〕	(2.9)	1389
181	〔明徳〕	(3.26)	1390
182	**応永**	(7.5)	1394
183	**正長**	(4.27)	1428
184	永享	(9.5)	1429
185	**嘉吉**	(2.17)	1441
186	文安	(2.5)	1444
187	宝徳	(7.28)	1449
188	享徳	(7.25)	1452
189	康正	(7.25)	1455
190	長禄	(9.28)	1457
191	寛正	(12.21)	1460
192	文正	(2.28)	1466
193	**応仁**	(3.5)	1467
194	**文明**	(4.28)	1469
195	長享	(7.20)	1487
196	延徳	(8.21)	1489
197	明応	(7.19)	1492
198	文亀	(2.29)	1501
199	永正	(2.30)	1504
200	大永	(8.23)	1521
201	享禄	(8.20)	1528
202	**天文**	(7.29)	1532
203	弘治	(10.23)	1555
204	永禄	(2.28)	1558
205	**元亀**	(4.23)	1570
206	**天正**	(7.28)	1573
207	**文禄**	(12.8)	1592
208	**慶長**	(10.27)	1596
209	**元和**	(7.13)	1615
210	**寛永**	(2.30)	1624
211	正保	(12.16)	1644
212	**慶安**	(2.15)	1648
213	承応	(9.18)	1652
214	**明暦**	(4.13)	1655
215	万治	(7.23)	1658
216	寛文	(4.25)	1661
217	延宝	(9.21)	1673
218	天和	(9.29)	1681
219	**貞享**	(2.21)	1684
220	**元禄**	(9.30)	1688
221	**宝永**	(3.13)	1704
222	**正徳**	(4.25)	1711
223	**享保**	(6.22)	1716
224	元文	(4.28)	1736
225	寛保	(2.27)	1741
226	延享	(2.21)	1744
227	寛延	(7.12)	1748
228	**宝暦**	(10.27)	1751
229	**明和**	(6.2)	1764
230	安永	(11.16)	1772
231	**天明**	(4.2)	1781
232	**寛政**	(1.25)	1789
233	享和	(2.5)	1801
234	**文化**	(2.11)	1804
235	**文政**	(4.22)	1818
236	**天保**	(12.10)	1830
237	弘化	(12.2)	1844
238	嘉永	(2.28)	1848
239	**安政**	(11.27)	1854
240	万延	(3.18)	1860
241	文久	(2.19)	1861
242	元治	(2.20)	1864
243	**慶応**	(4.7)	1865
244	**明治**	(9.8)	1868
245	**大正**	(7.30)	1912
246	**昭和**	(12.25)	1926
247	**平成**	(1.7)	1989

※歴史用語にもよく使う年号を**ゴシック**にした。

※明治以前の改元月日は旧暦である。

※歳末改元の元年西暦も旧暦のまま換算した。

表 i ㊂ 日本の公年号一覧（五十音順）

数字は改元年西暦

ア行		嘉慶	1387	元応	1319	正徳	1711	長禄	1457	文久	1861
安永	1772	嘉元	1303	元亀	1570	正平	1346	長和	1012	文治	1185
安元	1175	嘉承	1106	元久	1204	正保	1644	天永	1110	文正	1466
安政	1854	嘉祥	848	元慶	877	正暦	990	天延	973	文政	1818
安貞	1227	嘉禎	1235	元弘	1331	正和	1312	天応	781	文中	1372
安和	968	嘉保	1094	元亨	1321	昌泰	898	天喜	1053	文保	1317
永延	987	嘉暦	1326	元治	1864	承安	1171	天慶	938	文明	1469
永観	983	嘉禄	1225	元中	1384	承応	1652	天元	978	文暦	1234
永久	1113	寛永	1624	元徳	1329	承久	1219	天治	1124	文禄	1592
永享	1429	寛延	1748	元仁	1224	承元	1207	天授	1375	**平成**	1989
永治	1141	寛喜	1229	元文	1736	承徳	1097	天正	1573	平治	1159
永正	1504	寛元	1243	元暦	1184	承平	931	天承	1131	保安	1120
永承	1046	寛弘	1004	**元禄**	1688	承保	1074	天長	824	保延	1135
永祚	989	寛正	1460	元和	1615	承暦	1077	天徳	957	保元	1156
永長	1096	寛政	1789	弘安	1278	承和	834	天和	1681	宝永	1704
永徳	1381	寛治	1087	弘化	1844	**昭和**	1926	天安	857	宝亀	770
永仁	1293	寛徳	1044	弘治	1555	貞永	1232	天仁	1108	宝治	1247
永保	1081	寛和	985	弘長	1261	貞応	1222	**天平**	729	宝徳	1449
永万	1165	寛仁	1017	弘仁	810	貞観	859	天平感宝	749	宝暦	1751
永暦	1160	寛平	889	弘和	1381	貞享	1684	天平勝宝	749	マ行	
永禄	1558	寛文	1661	康安	1361	貞元	976	天平神護	765	万延	1860
永和	1375	寛保	1741	康永	1342	貞治	1362	天平宝字	757	万治	1658
延応	1239	観応	1350	康応	1389	貞和	1345	天福	1233	万寿	1024
延喜	901	久安	1145	康元	1256	神亀	724	天保	1830	明応	1492
延久	1069	久寿	1154	康治	1142	神護景雲	767	天明	1781	**明治**	1868
延享	1744	享徳	1452	康正	1455	タ行		天文	1532	明徳	1390
延慶	1308	享保	1716	康平	1058	大永	1521	天養	1144	明暦	1655
延元	1336	享禄	1528	康保	964	**大化**	645	天暦	947	明和	1764
延長	923	享和	1801	康暦	1379	大治	1126	天禄	970	ヤ・ラ・ワ行	
延徳	1489	慶安	1648	康和	1099	大正	1912	徳治	1306	**養老**	717
延文	1356	慶雲	704	興国	1340	大同	806	ナ行		養和	1181
延宝	1673	慶応	1865	サ行		大宝	701	仁安	1166	暦応	1338
延暦	782	**慶長**	1596	斉衡	854	治安	1021	仁治	1240	暦仁	1238
応安	1368	建永	1206	至徳	1384	治承	1177	仁寿	851	霊亀	715
応永	1394	建久	1190	寿永	1182	治暦	1065	仁和	885	**和銅**	708
応長	1311	建治	1275	朱鳥	686	長寛	1163	仁平	1151		
応徳	1084	建長	1249	正安	1299	長久	1040	ハ行			
応仁	1467	建徳	1370	正応	1288	長享	1487	白雉	650		
応保	1161	建仁	1201	正嘉	1257	長元	1028	文和	1352		
応和	961	建保	1213	正慶	1332	長治	1104	文安	1444		
カ行		**建武**	1334	正元	1259	長承	1132	文永	1264		
嘉永	1848	建暦	1211	正治	1199	長徳	995	文応	1260		
嘉応	1169	乾元	1302	正中	1324	長保	999	文化	1804		
嘉吉	1441	元永	1118	正長	1428	長暦	1037	文亀	1504		

漢字は現行字体。このうち応は應，観は觀，亀は龜，国は國，寿は壽，斉は齊，徳は德，宝は寶，万は萬，暦は曆，霊は靈，の略字体。部首も艹は⺿，辶は⻌，礻は示の新字形。

表ii　平安以降の代始三儀（践祚・即位・改元）年表

	代数	天皇	践祚年月日	即位年(AD)月日	改元年(AD)月日
〔平安時代～〕	50	桓武	天応元・4・3	同 (781) 4・15	延暦元 (782) 8・19
	51	平城	延暦25・3・17	同 (806) 5・18	大同元 (806) 5・18
	52	嵯峨	大同4・4・1	同 (809) 4・13	弘仁元 (810) 9・19
	53	淳和	弘仁14・4・16	同 (823) 4・27	天長元 (824) 正・15
	54	仁明	天長10・2・28	同 (833) 3・6	承和元 (834) 正・3
	55	文徳	嘉祥3・3・21	同 (850) 4・17	仁寿元 (851) 4・28
	56	清和	天安2・8・27	同 (858) 11・7	貞観元 (859) 4・15
	57	陽成	貞観18・11・29	19 (876) 正・3	元慶元 (877) 4・16
	58	光孝	元慶8・2・4	同 (884) 2・23	仁和元 (885) 2・21
	59	宇多	仁和3・8・26	同 (887) 11・17	寛平元 (889) 4・27
	60	醍醐	寛平9・7・3	同 (897) 7・13	昌泰元 (898) 4・26
	61	朱雀	延長8・9・22	同 (930) 11・21	承平元 (931) 4・26
	62	村上	天慶9・4・20	同 (946) 4・28	天暦元 (947) 4・22
	63	冷泉	康保4・5・25	同 (967) 10・11	安和元 (968) 8・13
	64	円融	安和2・8・13	同 (969) 9・23	天禄元 (970) 3・25
	65	花山	永観2・8・27	同 (984) 10・10	寛和元 (985) 4・27
	66	一条	寛和2・6・23	同 (986) 7・22	永延元 (987) 4・5
	67	三条	寛弘8・6・13	同 (1011) 10・16	長和元 (1012) 12・25
	68	後一条	長和5・正・29	同 (1016) 2・7	寛仁元 (1017) 4・23
	69	後朱雀	長元9・4・17	同 (1036) 7・10	長暦元 (1037) 4・21
	70	後冷泉	寛徳2・正・16	同 (1045) 4・8	永承元 (1046) 4・14
	71	後三条	治暦4・4・19	同 (1068) 7・21	延久元 (1069) 4・13
	72	白河	延久4・12・8	同 (1072) 12・28	承保元 (1074) 8・23
	73	堀河	応徳3・11・26	同 (1086) 12・19	寛治元 (1087) 4・7
	74	鳥羽	嘉承2・7・19	同 (1107) 12・1	天仁元 (1108) 8・3
	75	崇徳	保安4・正・28	同 (1123) 2・19	天治元 (1124) 4・3
	76	近衛	永治元・12・7	同 (1141) 12・27	康治元 (1142) 4・28
	77	後白河	久寿2・7・24	同 (1155) 10・26	保元元 (1156) 4・27
	78	二条	保元3・8・11	同 (1158) 12・20	平治元 (1159) 4・20
	79	六条	永万元・6・25	同 (1165) 7・27	仁安元 (1166) 8・27
	80	高倉	仁安3・2・19	同 (1168) 3・20	嘉応元 (1169) 4・8
	81	安徳	治承4・2・21	同 (1180) 4・22	養和元 (1181) 7・14

〔鎌倉時代〕	82	後鳥羽	寿永2・8・20 (1183)	元暦 元・7・28 (1184)	元暦元（1184） 4・16
	83	土御門	建久9・正・11	同（1198） 3・3	正治元（1199） 4・27
	84	順徳	承元4・11・25	同（1210） 12・28	建暦元（1211） 3・9
	85	仲恭	承久3・4・20	（1221） ？ —	×
	86	後堀河	承久3・7・9	同（1221） 12・1	貞応元（1222） 4・13
	87	四条	貞永元・10・4	同（1232） 12・5	天福元（1233） 4・5
	88	後嵯峨	仁治3・正・20	同（1242） 3・18	寛元元（1243） 2・26
	89	後深草	寛元4・正・29	同（1246） 3・11	宝治元（1247） 2・28
	90	亀山	正元元・11・26	同（1259） 12・28	文応元（1260） 4・13
	91	後宇多	文永11・正・26	同（1274） 3・26	建治元（1275） 4・25
	92	伏見	弘安10・10・21	11（1287） 3・15	正応元（1288） 4・28
	93	後伏見	永仁6・7・22	同（1298） 10・13	正安元（1299） 4・25
	94	後二条	正安3・正・21	同（1301） 3・24	乾元元（1302） 11・21
	95	花園	徳治3・8・26 (1308)	延慶 元・11・16	延慶元（1308） 10・9
	96	後醍醐	文保2・2・26	同（1318） 3・29	元応元（1319） 4・28
〔南北朝時代〕	97	後村上	延元4・8・15	（1339） ？ —	興国元（1340） 4・28
	98	長慶	正平23・3・—	（1368） ？ —	建徳元（1370） 7・24
	99	後亀山	弘和3・10・—	（1383） ？ —	元中元（1384） 4・28
	北1	光厳	元徳3・9・20	正慶 元・4・28	正慶元（1332） 4・28
	北2	光明	建武3・8・15	4（1337） 12・28	暦応元（1338） 8・28
	北3	崇光	貞和4・10・27	5（1349） 12・26	観応元（1350） 2・27
	北4	後光厳	観応3・8・17 (1352)	文和 2・12・27 (1353)	文和元（1352） 9・27
	北5	後円融	応安4・3・23	7（1374） 12・28	永和元（1375） 2・27
〔室町時代〕	100	後小松	永徳2・4・11	同（1382） 12・28	至徳元（1384） 2・27
	101	称光	応永19・8・29	21（1414） 12・19	×
	102	後花園	正長元・7・28	2（1429） 12・27	永享元（1429） 9・5
	103	後土御門	寛正5・7・29	6（1465） 12・27	文正元（1466） 2・28
	104	後柏原	明応9・10・25 (1500)	大永 元・3・22 (1521)	文亀元（1501） 2・29
	105	後奈良	大永6・4・29 (1526)	天文 5・2・26 (1536)	享禄元（1528） 8・20
〔安土・桃山〕	106	正親町	弘治3・10・27 (1557)	永禄 3・正・27 (1560)	永禄元（1558） 2・28
	107	後陽成	天正14・11・7	同（1586） 11・25	文禄元（1592） 12・8

〔江戸時代〜〕	108	後水尾	慶長16・3・27	同（1611）4・12	元和元（1615）7・13
	109	明正	寛永6・3・27	7（1630）9・12	×
	110	後光明	寛永20・10・3	同（1643）10・21	正保元（1644）12・16
	111	後西	承応3・11・28（1654）	明暦2・正・23（1656）	明暦元（1655）4・13
	112	霊元	寛文3・正・26	同（1663）4・27	延宝元（1673）9・21
	113	東山	貞享4・3・21	同（1687）4・28	元禄元（1688）9・30
	114	中御門	宝永6・6・21	7（1710）11・11	正徳元（1711）4・25
	115	桜町	享保20・3・21	同（1735）11・3	元文元（1736）4・28
	116	桃園	延享4・5・2	同（1747）9・21	寛延元（1748）7・12
	117	後桜町	宝暦12・7・27	13（1763）11・27	明和元（1764）6・2
	118	後桃園	明和7・11・24	8（1771）4・28	安永元（1772）11・16
	119	光格	安永8・11・25	9（1780）12・4	天明元（1781）4・2
	120	仁孝	文化14・3・22	同（1817）9・21	文政元（1818）4・22
	121	孝明	弘化3・2・13	4（1847）9・23	嘉永元（1848）2・28
〔東京時代〜〕	122	明治	慶応3・正・9（1867）	4（1868）・8・27	明治元（1868）9・8
	123	大正	大正元・7・30（1912）	4（1915）・11・10	大正元（1912）7・30
	124	昭和	昭和元・12・25（1926）	3（1928）・11・10	昭和元（1926）12・25
	125	（今上）	昭和64・1・7（1989）	平成2（1990）11・12	平成元（1989）1・8

注

(1) 代始年号（右欄）を改元年により分類して，㋑践祚と同年改元年号には——，㋺践祚の翌年改元年号には〜〜〜，㋩践祚後三年以上改元年号には……，㋥践祚後無改元の場合には×印を年号の下に付けた。

(2) この分類により，表示した81代（第50代〜第125代と北朝5代）について集計すれば，㋑6回（7％強），㋺55回（68％弱），㋩17回（21％強），㋥3回（4％弱）となり，㋺の踰年改元年号が断然多い。

(3) 飛鳥・奈良時代には，践祚と即位の区別がなかったので，上表から省いたが，代始改元8回のうち，㋑5回（孝徳の大化，元正の霊亀，聖武の神亀，孝謙の天平勝宝，光仁の宝亀），㋺2回（元明の和銅，称徳の天平神護），㋥1回（淳仁天皇改元ナシ）である。これを加算すれば，全89代中，㋑11回（12％強），㋺57回（64％強），㋩17回（19％強），㋥4回（5％弱）となる。

(4) なお，代始改元と大嘗祭の前後関係は，改元と大嘗祭の一方または両方がなかった20代を除く），改元先行例44回（63％強），大嘗祭先行例25回（37％弱）である。つまり，代始四儀の順序は，践祚→即位→改元→大嘗祭の例が最も多かったことになる。

表iii　日本と中国の公年号年表

凡例 1. 日本の公年号を中心に、干支・西暦と中国の公年号を対比できるようにした。天皇も皇帝も践祚＝即位年（及び称制年）を元年として示した。
2. 参考注記は、年号に関係の深い主な事項のみとした。その一部に渤海・遼（契丹）・金の年号も表示したが、新羅と越南（ベトナム）の年号はコラム別表を参照されたい。敬称・敬語は殆ど省略。

（飛鳥時代）

AD	干支	天皇	日本年号	皇帝	中国年号	参考注記
645	乙巳	孝徳元	大化元 6/19	〃 20	〃 19	6/12 乙巳の変
646	丙午	〃 2	〃 2	〃 21	〃 20	1/1 大化改新の詔
647	丁未	〃 3	〃 3	〃 22	〃 21	新羅：善徳女王→真徳女王「太和元年」
648	戊申	〃 4	〃 4	〃 23	〃 22	
649	己酉	〃 5	〃 5	高宗元	〃 23	新羅、唐の太宗から独自年号の使用を注意され、650年から唐年号を公的に使用
650	庚戌	〃 6	白雉元 2/15	〃 2	永徽元 1/1	白雉＝白鳳文化
651	辛亥	〃 7	〃 2	〃 3	〃 2	
652	壬子	〃 8	〃 3	〃 4	〃 3	
653	癸丑	〃 9	〃 4	〃 5	〃 4	
654	甲寅	〃 10	〃 5	〃 6	〃 5	10/10 孝徳崩御
655	乙卯	斉明元		〃 7	〃 6	斉明元年～天武14年、年号中断
656	丙辰	〃 2		〃 8	顕慶元 1/7	
657	丁巳	〃 3		〃 9	〃 2	
658	戊午	〃 4		〃 10	〃 3	
659	己未	〃 5		〃 11	〃 4	
660	庚申	〃 6		〃 12	〃 5	
661	辛酉	天智元		〃 13	龍朔元 2/30	7/24 斉明崩御（68）・天智称制
662	壬戌	〃 2		〃 14	〃 2	
663	癸亥	〃 3		〃 15	〃 3	
664	甲子	〃 4		〃 16	麟徳元 1/1	
665	乙丑	〃 5		〃 17	〃 2	
666	丙寅	〃 6		〃 18	乾封元 1/5	
667	丁卯	〃 7		〃 19	〃 2	3/19 大津京に遷都
668	戊辰	〃 8		〃 20	総章元 3/6	1/3 天智即位
669	己巳	〃 9		〃 21	〃 2	
670	庚午	〃 10		〃 22	咸亨元 3/1	「庚午年籍」
671	辛未	弘文元		〃 23	〃 2	12/3 天智崩御（46）
672	壬申	〃 2		〃 24	〃 3	6/24 壬申の乱・7/23 弘文崩御（25）
673	癸酉	天武元		〃 25	〃 4	『日本書紀』は壬申年を天武天皇元年とする。
674	甲戌	〃 2		〃 26	上元元 8/15	
675	乙亥	〃 3		〃 27	〃 2	
676	丙子	〃 4		〃 28	儀鳳元 11/8	
677	丁丑	〃 5		〃 29	〃 3	
678	戊寅	〃 6		〃 30	〃 4	
679	己卯	〃 7		〃 31	調露元 6/3	
680	庚辰	〃 8		〃 32	永隆元 8/23	

AD	干支	天皇	日本年号	皇帝	中国年号	参考注記
681	辛巳	天武9		高宗33	開耀元 9/30	
682	壬午	〃 10		〃 34	永淳元 2/19	
683	癸未	〃 11		中宗元	弘道元 12/4	
684	甲申	〃 12		睿宗元	嗣聖元 1/1・文明元 2/7・光宅元 9/6	
685	乙酉	〃 13		〃 2	垂拱元 1/1	
686	丙戌	持統元	朱鳥元 7/20	〃 3	〃 2	9/9 天武崩御・持統称制
687	丁亥	〃 2	(〃 2)	〃 4	〃 3	
688	戊子	〃 3	(〃 3)	〃 5	〃 4	
689	己丑	〃 4	(〃 4)	〃 6	永昌元 1/1・載初元 1/1	
690	庚寅	〃 5	(〃 5)	則天武后元	天授元 9/9	1/1 持統即位
691	辛卯	〃 6		〃 2	〃 2	
692	壬辰	〃 7		〃 3	如意元 4/1・長寿元 9/9	
693	癸巳	〃 8		〃 4	〃 2	
694	甲午	〃 9		〃 5	証聖元 1/1・延載元 5/11	12/6 藤原京に遷都
695	乙未	〃 10		〃 6	天冊万歳元 9/9・万歳登封元 12/11	
696	丙申	〃 11		〃 7	万歳通天元 3/16	
697	丁酉	文武元		〃 8	神功元 9/9	8/1 持統譲位
698	戊戌	〃 2		〃 9	聖暦元 1/1	渤海：高王元（698~719 年号不明）
699	己亥	〃 3		〃 10	〃 2	
700	庚子	〃 4		〃 11	久視元 5/5	
701	辛丑	〃 5	大宝元 3/21	〃 12	大足元 1/3・長安元 10/22	8/3『大宝律令』完成
702	壬寅	〃 6	〃 2	〃 13	〃 2	12/22 持統崩御（58）
703	癸卯	〃 7	〃 3	〃 14	〃 3	
704	甲辰	〃 8	慶雲元 5/10	〃 15	〃 4	
705	乙巳	〃 9	〃 2	中宗元	神龍元 1/23	慶雲の改革開始
706	丙午	〃 10	〃 3	〃 2	〃 2	
707	丁未	元明元	〃 4	〃 3	景龍元 9/5	6/15 文武崩御（25）
708	戊申	〃 2	和銅元 1/11	〃 4	〃 2	8/10「和同開珎」発行
709	己酉	〃 3	〃 2	〃 5	〃 3	
(奈良時代) 710	庚戌	〃 4	〃 3	睿宗元	唐隆元 6/4・景雲元 7/20	3/10 平城京に遷都
711	辛亥	〃 5	〃 4	〃 2	〃 2	
712	壬子	〃 6	〃 5	玄宗元	太極元 1/19・延和元 5/13・先天元 8/7	1/28『古事記』撰上
713	癸丑	〃 7	〃 6	〃 2	開元元 12/1	
714	甲寅	〃 8	〃 7	〃 3	〃 2	
715	乙卯	元正元	霊亀元 9/2	〃 4	〃 3	9/2 元明譲位
716	丙辰	〃 2	〃 2	〃 5	〃 4	
717	丁巳	〃 3	養老元 11/17	〃 6	〃 5	
718	戊午	〃 4	〃 2	〃 7	〃 6	渤海王 ｜ 年号 ／ 『養老律令』撰定
719	己未	〃 5	〃 3	〃 8	〃 7	武王元 ｜ 仁安元
720	庚申	〃 6	〃 4	〃 9	〃 8	武王2 ｜ 仁安2 ／ 5/21『日本書紀』撰上

AD	干支	天皇	日本年号	皇帝	中国年号	渤海王	年号	参考注記
721	辛酉	元正 7	養老 5	玄宗 10	開元 9	武王 3	仁安 3	12/7 元明崩御（61）
722	壬戌	〃 8	〃 6	〃 11	〃 10	〃 4	〃 4	
723	癸亥	〃 9	〃 7	〃 12	〃 11	〃 5	〃 5	
724	甲子	聖武元	神亀元 2/4	〃 13	〃 12	〃 6	〃 6	2/4 元正譲位
725	乙丑	〃 2	〃 2	〃 14	〃 13	〃 7	〃 7	
726	丙寅	〃 3	〃 3	〃 15	〃 14	〃 8	〃 8	
727	丁卯	〃 4	〃 4	〃 16	〃 15	〃 9	〃 9	
728	戊辰	〃 5	〃 5	〃 17	〃 16	〃 10	〃 10	
729	己巳	〃 6	天平元 8/5	〃 18	〃 17	〃 11	〃 11	8/10 光明子立后
730	庚午	〃 7	〃 2	〃 19	〃 18	〃 12	〃 12	
731	辛未	〃 8	〃 3	〃 20	〃 19	〃 13	〃 13	天平文化
732	壬申	〃 9	〃 4	〃 21	〃 20	〃 14	〃 14	
733	癸酉	〃 10	〃 5	〃 22	〃 21	〃 15	〃 15	
734	甲戌	〃 11	〃 6	〃 23	〃 22	〃 16	〃 16	
735	乙亥	〃 12	〃 7	〃 24	〃 23	〃 17	〃 17	
736	丙子	〃 13	〃 8	〃 25	〃 24	〃 18	〃 18	
737	丁丑	〃 14	〃 9	〃 26	〃 25	文王元	大興元	
738	戊寅	〃 15	〃 10	〃 27	〃 26	〃 2	〃 2	
739	己卯	〃 16	〃 11	〃 28	〃 27	〃 3	〃 3	
740	庚辰	〃 17	〃 12	〃 29	〃 28	〃 4	〃 4	
741	辛巳	〃 18	〃 13	〃 30	〃 29	〃 5	〃 5	
742	壬午	〃 19	〃 14	〃 31	天宝元 1/1	〃 6	〃 6	
743	癸未	〃 20	〃 15	〃 32	〃 2	〃 7	〃 7	
744	甲申	〃 21	〃 16	〃 33	〃 3	〃 8	〃 8	
745	乙酉	〃 22	〃 17	〃 34	〃 4	〃 9	〃 9	
746	丙戌	〃 23	〃 18	〃 35	〃 5	〃 10	〃 10	
747	丁亥	〃 24	〃 19	〃 36	〃 6	〃 11	〃 11	
748	戊子	〃 25	〃 20	〃 37	〃 7	〃 12	〃 12	4/21 元正崩御（69）
749	己丑	孝謙元	天平感宝元 4/14 天平勝宝元 7/2	〃 38	〃 8	〃 13	〃 13	7/2 聖武譲位
750	庚寅	〃 2	〃 2	〃 39	〃 9	〃 14	〃 14	
751	辛卯	〃 3	〃 3	〃 40	〃 10	〃 15	〃 15	
752	壬辰	〃 4	〃 4	〃 41	〃 11	〃 16	〃 16	4/9 東大寺大仏開眼会
753	癸巳	〃 5	〃 5	〃 42	〃 12	〃 17	〃 17	
754	甲午	〃 6	〃 6	〃 43	〃 13	〃 18	〃 18	
755	乙未	〃 7	〃 7	〃 44	〃 14	〃 19	〃 19	
756	丙申	〃 8	〃 8	粛宗元	至徳元 7/12	〃 20	〃 20	5/2 聖武崩御（56）
757	丁酉	〃 9	天平宝字元 8/18	〃 2	〃 2	〃 21	〃 21	
758	戊戌	淳仁元	〃 2	〃 3	乾元元 2/5	〃 22	〃 22	8/1 孝謙譲位
759	己亥	〃 2	〃 3	〃 4	〃 2	〃 23	〃 23	
760	庚子	〃 3	〃 4	〃 5	上元元閏 4/19	〃 24	〃 24	

AD	干支	天　皇	日本年号	皇　帝	中国年号	渤海王	年　号	参考注記
761	辛丑	淳仁 4	天平宝字 5	粛宗 6	上元 2	文王 25	大興 25	
762	壬寅	〃 5	〃 6	代宗元	宝応元 4/16	〃 26	〃 26	
763	癸卯	〃 6	〃 7	〃 2	広徳元 7/11	〃 27	〃 27	
764	甲辰	称徳元	〃 8	〃 3	〃 2	〃 28	〃 28	10/9 淳仁譲位
765	乙巳	〃 2	天平神護元 1/7	〃 4	永泰元 1/1	〃 29	〃 29	10/23 淳仁崩御（33）
766	丙午	〃 3	〃 2	〃 5	大暦元 11/12	〃 30	〃 30	
767	丁未	〃 4	神護景雲元 8/16	〃 6	〃 2	〃 31	〃 31	
768	戊申	〃 5	〃 2	〃 7	〃 3	〃 32	〃 32	
769	己酉	〃 6	〃 3	〃 8	〃 4	〃 33	〃 33	
770	庚戌	光仁元	宝亀元 10/1	〃 9	〃 5	〃 34	〃 34	8/4 称徳崩御（53）
771	辛亥	〃 2	〃 2	〃 10	〃 6	〃 35	〃 35	
772	壬子	〃 3	〃 3	〃 11	〃 7	〃 36	〃 36	
773	癸丑	〃 4	〃 4	〃 12	〃 8	〃 37	〃 37	
774	甲寅	〃 5	〃 5	〃 13	〃 9	〃 38	〃 38	
775	乙卯	〃 6	〃 6	〃 14	〃 10	〃 39	〃 39	
776	丙辰	〃 7	〃 7	〃 15	〃 11	〃 40	〃 40	
777	丁巳	〃 8	〃 8	〃 16	〃 12	〃 41	〃 41	
778	戊午	〃 9	〃 9	〃 17	〃 13	〃 42	〃 42	
779	己未	〃 10	〃 10	徳宗元	〃 14	〃 43	〃 43	
780	庚申	〃 11	〃 11	〃 2	建中元 1/1	〃 44	〃 44	
781	辛酉	桓武元	天応元 1/1	〃 3	〃 2	〃 45	〃 45	4/3 光仁譲位 12/23 崩御（73）
782	壬戌	〃 2	延暦元 8/19	〃 4	〃 3	〃 46	〃 46	
783	癸亥	〃 3	〃 2	〃 5	〃 4	〃 47	〃 47	
784	甲子	〃 4	〃 3	〃 6	興元元 1/1	〃 48	〃 48	11/11 長岡京に遷都
785	乙丑	〃 5	〃 4	〃 7	貞元元 1/1	〃 49	〃 49	
786	丙寅	〃 6	〃 5	〃 8	〃 2	〃 50	〃 50	
787	丁卯	〃 7	〃 6	〃 9	〃 3	〃 51	〃 51	
788	戊辰	〃 8	〃 7	〃 10	〃 4	〃 52	〃 52	
789	己巳	〃 9	〃 8	〃 11	〃 5	〃 53	〃 53	
790	庚午	〃 10	〃 9	〃 12	〃 6	〃 54	〃 54	
791	辛未	〃 11	〃 10	〃 13	〃 7	〃 55	〃 55	
792	壬申	〃 12	〃 11	〃 14	〃 8	〃 56	〃 56	
793	癸酉	〃 13	〃 12	〃 15	〃 9	成王元	中興元	
794	甲戌	〃 14	〃 13	〃 16	〃 10	康王元	正歴元	10/22 平安京に遷都
795	乙亥	〃 15	〃 14	〃 17	〃 11	〃 2	〃 2	
796	丙子	〃 16	〃 15	〃 18	〃 12	〃 3	〃 3	
797	丁丑	〃 17	〃 16	〃 19	〃 13	〃 4	〃 4	2/13『続日本紀』撰上
798	戊寅	〃 18	〃 17	〃 20	〃 14	〃 5	〃 5	
799	己卯	〃 19	〃 18	〃 21	〃 15	〃 6	〃 6	
800	庚辰	〃 20	〃 19	〃 22	〃 16	〃 7	〃 7	

（平安時代）

AD	干支	天　皇	日本年号	皇　帝	中国年号	渤海王	年　号	参考注記
801	辛巳	桓武 21	延暦 20	徳宗 23	貞元 17	康王 8	正歴 8	
802	壬午	〃 22	〃 21	〃 24	〃 18	〃 9	〃 9	
803	癸未	〃 23	〃 22	〃 25	〃 19	〃 10	〃 10	
804	甲申	〃 24	〃 23	〃 26	〃 20	〃 11	〃 11	『延暦儀式帳』進上
805	乙酉	〃 25	〃 24	順宗元・憲宗元	永貞元 8/5	〃 12	〃 12	
806	丙戌	平城元	大同元 5/18	〃 2	元和元 1/2	〃 13	〃 13	3/17 桓武崩御（70）
807	丁亥	〃 2	〃 2	〃 3	〃 2	〃 14	〃 14	
808	戊子	〃 3	〃 3	〃 4	〃 3	〃 15	〃 15	5/3『大同類聚方』撰上
809	己丑	嵯峨元	〃 4	〃 5	〃 4	定王元	永徳元	4/1 平城譲位
810	庚寅	〃 2	弘仁元 9/19	〃 6	〃 5	〃 2	〃 2	9/6 薬子の変
811	辛卯	〃 3	〃 2	〃 7	〃 6	〃 3	〃 3	
812	壬辰	〃 4	〃 3	〃 8	〃 7	僖王元	朱雀元	
813	癸巳	〃 5	〃 4	〃 9	〃 8	〃 2	〃 2	
814	甲午	〃 6	〃 5	〃 10	〃 9	〃 3	〃 3	
815	乙未	〃 7	〃 6	〃 11	〃 10	〃 4	〃 4	
816	丙申	〃 8	〃 7	〃 12	〃 11	〃 5	〃 5	
817	丁酉	〃 9	〃 8	〃 13	〃 12	〃 6	〃 6	
818	戊戌	〃 10	〃 9	〃 14	〃 13	簡王元・宣王元	太始元・建興元	
819	己亥	〃 11	〃 10	〃 15	〃 14	〃 2	〃 2	
820	庚子	〃 12	〃 11	穆宗元	〃 15	〃 3	〃 3	4/21『弘仁格式』撰上
821	辛丑	〃 13	〃 12	〃 2	長慶元 1/4	〃 4	〃 4	
822	壬寅	〃 14	〃 13	〃 3	〃 2	〃 5	〃 5	2/26「延暦寺」勅号 4/16 嵯峨譲位
823	癸卯	淳和元	〃 14	〃 4	〃 3	〃 6	〃 6	
824	甲辰	〃 2	天長元 1/5	敬宗元	〃 4	〃 7	〃 7	7/7 平城崩御（51）
825	乙巳	〃 3	〃 2	〃 2	宝暦元 1/7	〃 8	〃 8	
826	丙午	〃 4	〃 3	文宗元	〃 2	〃 9	〃 9	
827	丁未	〃 5	〃 4	〃 2	大和元 2/13	〃 10	〃 10	
828	戊申	〃 6	〃 5	〃 3	〃 2	〃 11	〃 11	
829	己酉	〃 7	〃 6	〃 4	〃 3	〃 12	〃 12	
830	庚戌	〃 8	〃 7	〃 5	〃 4	大彝震元	咸和元	
831	辛亥	〃 9	〃 8	〃 6	〃 5	〃 2	〃 2	
832	壬子	〃 10	〃 9	〃 7	〃 6	〃 3	〃 3	
833	癸丑	仁明元	〃 10	〃 8	〃 7	〃 4	〃 4	2/28 淳和譲位
834	甲寅	〃 2	承和元 1/3	〃 9	〃 8	〃 5	〃 5	
835	乙卯	〃 3	〃 2	〃 10	〃 9	〃 6	〃 6	1/22「承和昌宝」発行
836	丙辰	〃 4	〃 3	〃 11	開成元 1/1	〃 7	〃 7	
837	丁巳	〃 5	〃 4	〃 12	〃 2	〃 8	〃 8	
838	戊午	〃 6	〃 5	〃 13	〃 3	〃 9	〃 9	
839	己未	〃 7	〃 6	〃 14	〃 4	〃 10	〃 10	
840	庚申	〃 8	〃 7	武宗元	〃 5	〃 11	〃 11	5/8 淳和崩御（55） 12/9『日本後紀』撰上

AD	干支	天皇	日本年号	皇帝	中国年号	渤海王	年号	参考注記
841	辛酉	仁明 9	承和 8	武宗 2	会昌元 1/9	大彝震 12	咸和 12	
842	壬戌	〃 10	〃 9	〃 3	〃 2	〃 13	〃 13	7/15 嵯峨崩御（57） 7/17 承和の変
843	癸亥	〃 11	〃 10	〃 4	〃 3	〃 14	〃 14	
844	甲子	〃 12	〃 11	〃 5	〃 4	〃 15	〃 15	
845	乙丑	〃 13	〃 12	〃 6	〃 5	〃 16	〃 16	
846	丙寅	〃 14	〃 13	宣宗元	〃 6	〃 17	〃 17	
847	丁卯	〃 15	〃 14	〃 2	大中元 1/17	〃 18	〃 18	
848	戊辰	〃 16	嘉祥元 6/13	〃 3	〃 2	〃 19	〃 19	
849	己巳	〃 17	〃 2	〃 4	〃 3	〃 20	〃 20	
850	庚午	文徳元	〃 3	〃 5	〃 4	〃 21	〃 21	3/21 仁明崩御（41）
851	辛未	〃 2	仁寿元 4/28	〃 6	〃 5	〃 22	〃 22	2/13「嘉祥寺」仏堂建立
852	壬申	〃 3	〃 2	〃 7	〃 6	〃 23	〃 23	
853	癸酉	〃 4	〃 3	〃 8	〃 7	〃 24	〃 24	
854	甲戌	〃 5	斉衡元 11/30	〃 9	〃 8	〃 25	〃 25	
855	乙亥	〃 6	〃 2	〃 10	〃 9	〃 26	〃 26	
856	丙子	〃 7	〃 3	〃 11	〃 10	〃 27	〃 27	
857	丁丑	〃 8	天安元 2/21	〃 12	〃 11			渤海：大虔晃（857~870 年号不明）
858	戊寅	清和元	〃 2	〃 13	〃 12			8/27 文徳崩御（32）
859	己卯	〃 2	貞観元 4/15	懿宗元	〃 13			
860	庚辰	〃 3	〃 2	〃 2	咸通元 11/2			
861	辛巳	〃 4	〃 3	〃 3	〃 2			
862	壬午	〃 5	〃 4	〃 4	〃 3			
863	癸未	〃 6	〃 5	〃 5	〃 4			
864	甲申	〃 7	〃 6	〃 6	〃 5			
865	乙酉	〃 8	〃 7	〃 7	〃 6			
866	丙戌	〃 9	〃 8	〃 8	〃 7			8/19 藤原良房摂政就任
867	丁亥	〃 10	〃 9	〃 9	〃 8			
868	戊子	〃 11	〃 10	〃 10	〃 9			
869	己丑	〃 12	〃 11	〃 11	〃 10			4/13『貞観格』撰上　5/26 貞観地震 8/14『続日本後紀』撰上
870	庚寅	〃 13	〃 12	〃 12	〃 11			1/25「貞観永宝」発行
871	辛卯	〃 14	〃 13	〃 13	〃 12			渤海：大玄錫（871~893 年号不明）
872	壬辰	〃 15	〃 14	〃 14	〃 13			
873	癸巳	〃 16	〃 15	僖宗元	〃 14			
874	甲午	〃 17	〃 16	〃 2	乾符元 11/5			
875	乙未	〃 18	〃 17	〃 3	〃 2			
876	丙申	陽成元	〃 18	〃 4	〃 3			11/29 清和譲位
877	丁酉	〃 2	元慶元 4/16	〃 5	〃 4			
878	戊戌	〃 3	〃 2	〃 6	〃 5			3/29 元慶の乱
879	己亥	〃 4	〃 3	〃 7	〃 6			11/13『文徳天皇実録』撰上　12/4 元慶官田設置
880	庚子	〃 5	〃 4	〃 8	広明元 1/1			12/4 清和崩御（31）

AD	干支	天皇	日本年号	皇帝	中国年号			参考注記
881	辛丑	陽成 6	元慶 5	僖宗 9	中和元 7/11			
882	壬寅	〃 7	〃 6	〃 10	〃 2			
883	癸卯	〃 8	〃 7	〃 11	〃 3			
884	甲辰	光孝元	〃 8	〃 12	〃 4			2/4 陽成譲位
885	乙巳	〃 2	仁和元 2/21	〃 13	光啓元 3/14			
886	丙午	〃 3	〃 2	〃 14	〃 2			
887	丁未	宇多元	〃 3	〃 15	〃 3			8/26 光孝崩御（58）
888	戊申	〃 2	〃 4	昭宗元	文徳元 2/22			
889	己酉	〃 3	寛平元 4/27	〃 2	龍紀元 1/1			
890	庚戌	〃 4	〃 2	〃 3	大順元 1/1			4/28「寛平大宝」発行
891	辛亥	〃 5	〃 3	〃 4	〃 2			
892	壬子	〃 6	〃 4	〃 5	景福元 1/21			5/10『類聚国史』撰上
893	癸丑	〃 7	〃 5	〃 6	〃 2			
894	甲寅	〃 8	〃 6	〃 7	乾寧元 1/1			9/14 菅原道真、遣唐使中止の建議 渤海：大瑋瑎（894~906 年号不明）
895	乙卯	〃 9	〃 7	〃 8	〃 2			
896	丙辰	〃 10	〃 8	〃 9	〃 3			
897	丁巳	醍醐元	〃 9	〃 10	〃 4			7/3 宇多譲位・「寛平御遺誡」
898	戊午	〃 2	昌泰元 4/26	〃 11	光化元 8/27			
899	己未	〃 3	〃 2	〃 12	〃 2			
900	庚申	〃 4	〃 3	〃 13	〃 3			11/21 三善清行、辛酉革命の議奏上
901	辛酉	〃 5	延喜元 7/15	〃 14	天復元 4/24			1/25 昌泰の変　8/2『日本三代実録』撰上
902	壬戌	〃 6	〃 2	〃 15	〃 2			3/13「延喜の荘園整理令」
903	癸亥	〃 7	〃 3	〃 16	〃 3			延喜の治
904	甲子	〃 8	〃 4	哀宗元	天祐元閏 4/11			
905	乙丑	〃 9	〃 5	〃 2	〃 2			4/14『古今和歌集』撰上
906	丙寅	〃 10	〃 6	〃 3	〃 3			
907	丁卯	〃 11	〃 7	後梁：太祖元	開平元 4/22			渤海：大諲譔（907~926 年号不明） 契丹：太祖（907~916 年号不明） 11/3「延喜通宝」発行・11/15『延喜格』撰上
908	戊辰	〃 12	〃 8	〃 2	〃 2			
909	己巳	〃 13	〃 9	〃 3	〃 3			
910	庚午	〃 14	〃 10	〃 4	〃 4			
911	辛未	〃 15	〃 11	〃 5	乾化元 5/1			
912	壬申	〃 16	〃 12	郢王元	〃 2			
913	癸酉	〃 17	〃 13	末帝元	鳳歴元 1/1・乾化 3			
914	甲戌	〃 18	〃 14	〃 2	〃 4			
915	乙亥	〃 19	〃 15	〃 3	貞明元 11/14	遼(契丹)王	年　号	
916	丙子	〃 20	〃 16	〃 4	〃 2	太祖 10	神冊元 2/11	
917	丁丑	〃 21	〃 17	〃 5	〃 3	〃 11	〃 2	
918	戊寅	〃 22	〃 18	〃 6	〃 4	〃 12	〃 3	高麗：太祖「天授」 （同 16 年から後唐年号）
919	己卯	〃 23	〃 19	〃 7	〃 5	〃 13	〃 4	
920	庚辰	〃 24	〃 20	〃 8	〃 6	〃 14	〃 5	

AD	干支	天皇	日本年号	皇帝	中国年号	遼(契丹)王	年号	参考注記
921	辛巳	醍醐 25	延喜 21	末帝 9	龍徳元 5/1	太祖 15	神冊 6	1/25『延喜交替式』撰上
922	壬午	〃 26	〃 22	〃 10	〃 2	〃 16	天賛元 2/22	
923	癸未	〃 27	延長元閏 4/11	後唐：荘宗元	同光元 4/25	〃 17	〃 2	
924	甲申	〃 28	〃 2	〃 2	〃 2	〃 18	〃 3	
925	乙酉	〃 29	〃 3	〃 3	〃 3	〃 19	〃 4	12/14『延長風土記』
926	丙戌	〃 30	〃 4	明宗元	天成元 4/28	太宗元	天顕元 2/5	
927	丁亥	〃 31	〃 5	〃 2	〃 2	〃 2	〃 2	12/26『延喜式』撰上
928	戊子	〃 32	〃 6	〃 3	〃 3	〃 3	〃 3	
929	己丑	〃 33	〃 7	〃 4	〃 4	〃 4	〃 4	
930	庚寅	朱雀元	〃 8	〃 5	長興元 2/21	〃 5	〃 5	9/22 醍醐譲位 9/29 崩御（46）
931	辛卯	〃 2	承平元 4/26	〃 6	〃 2	〃 6	〃 6	7/19 宇多崩御（65）
932	壬辰	〃 3	〃 2	〃 7	〃 3	〃 7	〃 7	
933	癸巳	〃 4	〃 3	閔帝元	〃 4	〃 8	〃 8	
934	甲午	〃 5	〃 4	末帝元	応順元 1/7 清泰元 4/16	〃 9	〃 9	
935	乙未	〃 6	〃 5	〃 2	〃 2	〃 10	〃 10	
936	丙申	〃 7	〃 6	後晋：高祖元	天福元 11/14	〃 11	〃 11	
937	丁酉	〃 8	〃 7	〃 2	〃 2	〃 12	〃 12	
938	戊戌	〃 9	天慶元 5/22	〃 3	〃 3	〃 13	合同元	
939	己亥	〃 10	〃 2	〃 4	〃 4	〃 14	〃 2	承平・天慶の乱
940	庚子	〃 11	〃 3	〃 5	〃 5	〃 15	〃 3	2/14 平将門誅伏
941	辛丑	〃 12	〃 4	〃 6	〃 6	〃 16	〃 4	6/20 藤原純友誅伏
942	壬寅	〃 13	〃 5	出帝元	〃 7	〃 17	〃 5	
943	癸卯	〃 14	〃 6	〃 2	〃 8	〃 18	〃 6	
944	甲辰	〃 15	〃 7	〃 3	開運元 7/1	〃 19	〃 7	
945	乙巳	〃 16	〃 8	〃 4	〃 2	〃 20	〃 8	
946	丙午	村上元	〃 9	〃 5	〃 3	〃 21	〃 9	4/20 朱雀譲位
947	丁未	〃 2	天暦元 4/22	後漢：高祖元	〃 4	世宗元	大同元 2/1 天禄元 9/16	天暦の治
948	戊申	〃 3	〃 2	隠帝元	乾祐元 2/5	〃 2	〃 2	
949	己酉	〃 4	〃 3	〃 2	〃 2	〃 3	〃 3	9/29 陽成崩御（82）
950	庚戌	〃 5	〃 4	〃 3	〃 3	〃 4	〃 4	
951	辛亥	〃 6	〃 5	後周：太祖元	広順元 1/5	穆宗元	応暦元 9/8	
952	壬子	〃 7	〃 6	〃 2	〃 2	〃 2	〃 2	8/15 朱雀崩御（30）
953	癸丑	〃 8	〃 7	〃 3	〃 3	〃 3	〃 3	
954	甲寅	〃 9	〃 8	世宗元	顕徳元 1/1	〃 4	〃 4	
955	乙卯	〃 10	〃 9	〃 2	〃 2	〃 5	〃 5	
956	丙辰	〃 11	〃 10	〃 3	〃 3	〃 6	〃 6	
957	丁巳	〃 12	天徳元 10/27	〃 4	〃 4	〃 7	〃 7	
958	戊午	〃 13	〃 2	〃 5	〃 5	〃 8	〃 8	
959	己未	〃 14	〃 3	恭帝元	〃 6	〃 9	〃 9	
960	庚申	〃 15	〃 4	北宋：太祖元	建隆元 1/5	〃 10	〃 10	3/30 天徳御時内裏歌合

AD	干支	天　皇	日本年号	皇　帝	中国年号	遼(契丹)王	年　号	参考注記
961	辛酉	村上 16	応和元 2/16	太祖 2	建隆 2	穆宗 11	応暦 11	
962	壬戌	〃 17	〃 2	〃 3	〃 3	〃 12	〃 12	
963	癸亥	〃 18	〃 3	〃 4	乾徳元 11/16	〃 13	〃 13	8/21 応和の宗論
964	甲子	〃 19	康保元 7/10	〃 5	〃 2	〃 14	〃 14	
965	乙丑	〃 20	〃 2	〃 6	〃 3	〃 15	〃 15	
966	丙寅	〃 21	〃 3	〃 7	〃 4	〃 16	〃 16	
967	丁卯	冷泉元	〃 4	〃 8	〃 5	〃 17	〃 17	5/25 村上崩御（42） 7/9『延喜式』頒布
968	戊辰	〃 2	安和元 8/13	〃 9	開宝元 11/24	〃 18	〃 18	
969	己巳	円融元	〃 2	〃 10	〃 2	景宗元	保寧元 2/22	3/25 安和の変 8/13 冷泉譲位
970	庚午	〃 2	天禄元 3/25	〃 11	〃 3	〃 2	〃 2	ベトナム大瞿越：万勝王「太平」
971	辛未	〃 3	〃 2	〃 12	〃 4	〃 3	〃 3	
972	壬申	〃 4	〃 3	〃 13	〃 5	〃 4	〃 4	
973	癸酉	〃 5	天延元 12/20	〃 14	〃 6	〃 5	〃 5	
974	甲戌	〃 6	〃 2	〃 15	〃 7	〃 6	〃 6	
975	乙亥	〃 7	〃 3	〃 16	〃 8	〃 7	〃 7	
976	丙子	〃 8	貞元元 7/13	太宗元	太平興国元 12/22	〃 8	〃 8	
977	丁丑	〃 9	〃 2	〃 2	〃 2	〃 9	〃 9	
978	戊寅	〃 10	天元元 11/29	〃 3	〃 3	〃 10	〃 10	
979	己卯	〃 11	〃 2	〃 4	〃 4	〃 11	乾亨元 11/25	
980	庚辰	〃 12	〃 3	〃 5	〃 5	〃 12	〃 2	
981	辛巳	〃 13	〃 4	〃 6	〃 6	〃 13	〃 3	
982	壬午	〃 14	〃 5	〃 7	〃 7	聖宗元	〃 4	
983	癸未	〃 15	永観元 4/15	〃 8	〃 8	〃 2	統和元 6/10	
984	甲申	花山元	〃 2	〃 9	雍熙元 11/11	〃 3	〃 2	8/27 円融譲位
985	乙酉	〃 2	寛和元 4/27	〃 10	〃 2	〃 4	〃 3	
986	丙戌	一条元	〃 2	〃 11	〃 3	〃 5	〃 4	6/23 花山譲位
987	丁亥	〃 2	永延元 4/5	〃 12	〃 4	〃 6	〃 5	
988	戊子	〃 3	〃 2	〃 13	端拱元 1/17	〃 7	〃 6	
989	己丑	〃 4	永祚元 8/8	〃 14	〃 2	〃 8	〃 7	
990	庚寅	〃 5	正暦元 11/7	〃 15	淳化元 1/1	〃 9	〃 8	
991	辛卯	〃 6	〃 2	〃 16	〃 2	〃 10	〃 9	2/12 円融崩御（33）
992	壬辰	〃 7	〃 3	〃 17	〃 3	〃 11	〃 10	
993	癸巳	〃 8	〃 4	〃 18	〃 4	〃 12	〃 11	
994	甲午	〃 9	〃 5	〃 19	〃 5	〃 13	〃 12	
995	乙未	〃 10	長徳元 2/22	〃 20	至道元 1/1	〃 14	〃 13	5/11 藤原道長内覧
996	丙申	〃 11	〃 2	〃 21	〃 2	〃 15	〃 14	
997	丁酉	〃 12	〃 3	真宗元	〃 3	〃 16	〃 15	
998	戊戌	〃 13	〃 4	〃 2	咸平元 1/1	〃 17	〃 16	
999	己亥	〃 14	長保元 1/13	〃 3	〃 2	〃 18	〃 17	
1000	庚子	〃 15	〃 2	〃 4	〃 3	〃 19	〃 18	

AD	干支	天　皇	日本年号	皇　帝	中国年号	遼(契丹)王	年　号	参考注記
1001	辛丑	一条 16	長保 3	真宗 5	咸平 4	聖宗 20	統和 19	
1002	壬寅	〃 17	〃 4	〃 6	〃 5	〃 21	〃 20	
1003	癸卯	〃 18	〃 5	〃 7	〃 6	〃 22	〃 21	
1004	甲辰	〃 19	寛弘元 7/20	〃 8	景徳元 1/1	〃 23	〃 22	
1005	乙巳	〃 20	〃 2	〃 9	〃 2	〃 24	〃 23	
1006	丙午	〃 21	〃 3	〃 10	〃 3	〃 25	〃 24	
1007	丁未	〃 22	〃 4	〃 11	〃 4	〃 26	〃 25	
1008	戊申	〃 23	〃 5	〃 12	大中祥符元 1/6	〃 27	〃 26	2/8 花山崩御（41）
1009	己酉	〃 24	〃 6	〃 13	〃 2	〃 28	〃 27	
1010	庚戌	〃 25	〃 7	〃 14	〃 3	〃 29	〃 28	大越：李朝・太祖「順天」
1011	辛亥	二条元	〃 8	〃 15	〃 4	〃 30	〃 29	6/13 一条譲位・6/22 崩御（32） 10/24 冷泉崩御（62）
1012	壬子	〃 2	長和元 12/25	〃 16	〃 5	〃 31	開泰元 11/1	
1013	癸丑	〃 3	〃 2	〃 17	〃 6	〃 32	〃 2	
1014	甲寅	〃 4	〃 3	〃 18	〃 7	〃 33	〃 3	
1015	乙卯	〃 5	〃 4	〃 19	〃 8	〃 34	〃 4	10/27 藤原道長、摂政
1016	丙辰	後一条元	〃 5	〃 20	〃 9	〃 35	〃 5	1/29 三条譲位
1017	丁巳	〃 2	寛仁元 4/23	〃 21	天禧元 1/1	〃 36	〃 6	3/16 藤原頼通、摂政 5/9 三条崩御（42）
1018	戊午	〃 3	〃 2	〃 22	〃 2	〃 37	〃 7	
1019	己未	〃 4	〃 3	〃 23	〃 3	〃 38	〃 8	3/28 刀伊入寇
1020	庚申	〃 5	〃 4	〃 24	〃 4	〃 39	〃 9	
1021	辛酉	〃 6	治安元 2/2	〃 25	〃 5	〃 40	太平元 11/12	
1022	壬戌	〃 7	〃 2	仁宗元	乾興元 1/1	〃 41	〃 2	
1023	癸亥	〃 8	〃 3	〃 2	天聖元 1/1	〃 42	〃 3	
1024	甲子	〃 9	万寿元 7/13	〃 3	〃 2	〃 43	〃 4	
1025	乙丑	〃 10	〃 2	〃 4	〃 3	〃 44	〃 5	
1026	丙寅	〃 11	〃 3	〃 5	〃 4	〃 45	〃 6	
1027	丁卯	〃 12	〃 4	〃 6	〃 5	〃 46	〃 7	12/4 藤原道長没（62）
1028	戊辰	〃 13	長元元 7/25	〃 7	〃 6	〃 47	〃 8	
1029	己巳	〃 14	〃 2	〃 8	〃 7	〃 48	〃 9	
1030	庚午	〃 15	〃 3	〃 9	〃 8	〃 49	〃 10	
1031	辛未	〃 16	〃 4	〃 10	〃 9	興宗元	景福元 6/15	
1032	壬申	〃 17	〃 5	〃 11	明道元 11/6	〃 2	重熙元 11/11	
1033	癸酉	〃 18	〃 6	〃 12	〃 2	〃 3	〃 2	
1034	甲戌	〃 19	〃 7	〃 13	景祐元 1/1	〃 4	〃 3	
1035	乙亥	〃 20	〃 8	〃 14	〃 2	〃 5	〃 4	
1036	丙子	後朱雀元	〃 9	〃 15	〃 3	〃 6	〃 5	4/17 後一条崩御（29）
1037	丁丑	〃 2	長暦元 4/21	〃 16	〃 4	〃 7	〃 6	
1038	戊寅	〃 3	〃 2	〃 17	宝元元 11/18	〃 8	〃 7	
1039	己卯	〃 4	〃 3	〃 18	〃 2	〃 9	〃 8	
1040	庚辰	〃 5	長久元 11/10	〃 19	康定元 2/21	〃 10	〃 9	

AD	干支	天皇	日本年号	皇帝	中国年号	遼(契丹)王	年号	参考注記
1041	辛巳	後朱雀 6	長久 2	仁宗 20	慶暦元 11/20	興宗 11	重熙 10	
1042	壬午	〃 7	〃 3	〃 21	〃 2	〃 12	〃 11	
1043	癸未	〃 8	〃 4	〃 22	〃 3	〃 13	〃 12	6/3 長久の荘園整理令
1044	甲申	〃 9	寛徳元 11/24	〃 23	〃 4	〃 14	〃 13	
1045	乙酉	後冷泉元	〃 2	〃 24	〃 5	〃 15	〃 14	1/18 後朱雀崩御（37） 10/21 寛徳の荘園整理令
1046	丙戌	〃 2	永承元 4/14	〃 25	〃 6	〃 16	〃 15	
1047	丁亥	〃 3	〃 2	〃 26	〃 7	〃 17	〃 16	
1048	戊子	〃 4	〃 3	〃 27	〃 8	〃 18	〃 17	
1049	己丑	〃 5	〃 4	〃 28	皇祐元 1/1	〃 19	〃 18	
1050	庚寅	〃 6	〃 5	〃 29	〃 2	〃 20	〃 19	
1051	辛卯	〃 7	〃 6	〃 30	〃 3	〃 21	〃 20	
1052	壬辰	〃 8	〃 7	〃 31	〃 4	〃 22	〃 21	
1053	癸巳	〃 9	天喜元 1/11	〃 32	〃 5	〃 23	〃 22	
1054	甲午	〃 10	〃 2	〃 33	至和元 3/16	〃 24	〃 23	
1055	乙未	〃 11	〃 3	〃 34	〃 2	道宗元	清寧元 8/16	3/13 天喜の荘園整理令
1056	丙申	〃 12	〃 4	〃 35	嘉祐元 9/12	〃 2	〃 2	
1057	丁酉	〃 13	〃 5	〃 36	〃 2	〃 3	〃 3	
1058	戊戌	〃 14	康平元 8/29	〃 37	〃 3	〃 4	〃 4	
1059	己亥	〃 15	〃 2	〃 38	〃 4	〃 5	〃 5	
1060	庚子	〃 16	〃 3	〃 39	〃 5	〃 6	〃 6	
1061	辛丑	〃 17	〃 4	〃 40	〃 6	〃 7	〃 7	
1062	壬寅	〃 18	〃 5	〃 41	〃 7	〃 8	〃 8	9/17 前九年の役終わる
1063	癸卯	〃 19	〃 6	英宗元	〃 8	〃 9	〃 9	
1064	甲辰	〃 20	〃 7	〃 2	治平元 1/1	〃 10	〃 10	
1065	乙巳	〃 21	治暦元 8/2	〃 3	〃 2	〃 11	咸雍元 1/1	9/1 治暦の荘園整理令
1066	丙午	〃 22	〃 2	〃 4	〃 3	〃 12	〃 2	
1067	丁未	〃 23	〃 3	神宗元	〃 4	〃 13	〃 3	12/5 頼通、関白辞任
1068	戊申	後三条元	〃 4	〃 2	熙寧元 1/1	〃 14	〃 4	4/19 後冷泉崩御（44）
1069	己酉	〃 2	延久元 4/13	〃 3	〃 2	〃 15	〃 5	2/22 延久の荘園整理令
1070	庚戌	〃 3	〃 2	〃 4	〃 3	〃 16	〃 6	
1071	辛亥	〃 4	〃 3	〃 5	〃 4	〃 17	〃 7	
1072	壬子	白河元	〃 4	〃 6	〃 5	〃 18	〃 8	12/8 後三条譲位
1073	癸丑	〃 2	〃 5	〃 7	〃 6	〃 19	〃 9	5/7 後三条崩御（40）
1074	甲寅	〃 3	承保元 8/23	〃 8	〃 7	〃 20	〃 10	
1075	乙卯	〃 4	〃 2	〃 9	〃 8	〃 21	太康元 1/1	閏 4/23 承保の荘園整理令
1076	丙辰	〃 5	〃 3	〃 10	〃 9	〃 22	〃 2	
1077	丁巳	〃 6	承暦元 11/17	〃 11	〃 10	〃 23	〃 3	
1078	戊午	〃 7	〃 2	〃 12	元豊元 1/1	〃 24	〃 4	6/10 承暦の荘園整理令
1079	己未	〃 8	〃 3	〃 13	〃 2	〃 25	〃 5	
1080	庚申	〃 9	〃 4	〃 14	〃 3	〃 26	〃 6	

AD	干支	天皇	日本年号	皇帝	中国年号	遼(契丹)王	年号	参考注記	
1081	辛酉	白河 10	永保元 2/10	神宗 15	元豊 4	道宗 27	太康 7		
1082	壬戌	〃 11	〃 2	〃 16	〃 5	〃 28	〃 8		
1083	癸亥	〃 12	〃 3	〃 17	〃 6	〃 29	〃 9		
1084	甲子	〃 13	応徳元 2/7	〃 18	〃 7	〃 30	〃 10		
1085	乙丑	〃 14	〃 2	哲宗元	〃 8	〃 31	大安元 1/1		
1086	丙寅	堀河元	〃 3	〃 2	元祐元 1/1	〃 32	〃 2	11/26 白河譲位	
1087	丁卯	〃 2	寛治元 4/7	〃 3	〃 2	〃 33	〃 3	12/26 後三年の役終わる	
1088	戊辰	〃 3	〃 2	〃 4	〃 3	〃 34	〃 4		
1089	己巳	〃 4	〃 3	〃 5	〃 4	〃 35	〃 5		
1090	庚午	〃 5	〃 4	〃 6	〃 5	〃 36	〃 6		
1091	辛未	〃 6	〃 5	〃 7	〃 6	〃 37	〃 7		
1092	壬申	〃 7	〃 6	〃 8	〃 7	〃 38	〃 8		
1093	癸酉	〃 8	〃 7	〃 9	〃 8	〃 39	〃 9		
1094	甲戌	〃 9	嘉保元 12/15	〃 10	紹聖元 4/12	〃 40	〃 10		
1095	乙亥	〃 10	〃 2	〃 11	〃 2	〃 41	寿昌元 1/1	10/24 嘉保の強訴	
1096	丙子	〃 11	永長元 12/17	〃 12	〃 3	〃 42	〃 2	6/- 永長の大田楽	
1097	丁丑	〃 12	承徳元 11/21	〃 13	〃 4	〃 43	〃 3		
1098	戊寅	〃 13	〃 2	〃 14	元符元 6/1	〃 44	〃 4		
1099	己卯	〃 14	康和元 8/28	〃 15	〃 2	〃 45	〃 5	5/12 康和の荘園整理令	
1100	庚辰	〃 15	〃 2	徽宗元	〃 3	〃 46	〃 6		
1101	辛巳	〃 16	〃 3	〃 2	建中靖国元 1/1	天祚元	乾統元 2/1		
1102	壬午	〃 17	〃 4	〃 3	崇寧元 1/1	〃 2	〃 2		
1103	癸未	〃 18	〃 5	〃 4	〃 2	〃 3	〃 3		
1104	甲申	〃 19	長治元 2/10	〃 5	〃 3	〃 4	〃 4		
1105	乙酉	〃 20	〃 2	〃 6	〃 4	〃 5	〃 5		
1106	丙戌	〃 21	嘉承元 4/9	〃 7	〃 5	〃 6	〃 6		
1107	丁亥	鳥羽元	〃 2	〃 8	大観元 1/1	〃 7	〃 7	7/19 堀河崩御（29）	
1108	戊子	〃 2	天仁元 8/3	〃 9	〃 2	〃 8	〃 8		
1109	己丑	〃 3	〃 2	〃 10	〃 3	〃 9	〃 9		
1110	庚寅	〃 4	天永元 7/13	〃 11	〃 4	〃 10	〃 10		
1111	辛卯	〃 5	〃 2	〃 12	政和元 1/1	〃 11	天慶元 1/1		
1112	壬辰	〃 6	〃 3	〃 13	〃 2	〃 12	〃 2		
1113	癸巳	〃 7	永久元 7/13	〃 14	〃 3	〃 13	〃 3		
1114	甲午	〃 8	〃 2	〃 15	〃 4	〃 14	〃 4	金王	年号
1115	乙未	〃 9	〃 3	〃 16	〃 5	〃 15	〃 5	金：太祖元	収国元 1/1
1116	丙申	〃 10	〃 4	〃 17	〃 6	〃 16	〃 6	〃 2	〃 2
1117	丁酉	〃 11	〃 5	〃 18	〃 7	〃 17	〃 7	〃 3	天輔元 1/1
1118	戊戌	〃 12	元永元 4/3	〃 19	重和元 11/1	〃 18	〃 8	〃 4	〃 2
1119	己亥	〃 13	〃 2	〃 20	宣和元 2/4	〃 19	〃 9	〃 5	〃 3
1120	庚子	〃 14	保安元 4/10	〃 21	〃 2	〃 20	〃 10	〃 6	〃 4

AD	干支	天　皇	日本年号	皇　帝	中国年号	遼(契丹)王	年　号	金　王	年　号
1121	辛丑	鳥羽 15	保安 2	徽宗 22	宣和 3	天祚 21	保大元 1/1	太祖 7	天輔 5
1122	壬寅	〃 16	〃 3	〃 23	〃 4	〃 22	〃 2	〃 8	〃 6
1123	癸卯	崇徳元	〃 4	〃 24	〃 5	〃 23	〃 3	太宗元	天会元 9/16
1124	甲辰	〃 2	天治元 4/3	〃 25	〃 6	〃 24	〃 4	〃 2	〃 2
1125	乙巳	〃 3	〃 2	欽宗元	〃 7	〃 25	〃 5	〃 3	〃 3
1126	丙午	〃 4	大治元 1/22	〃 2	靖康元 1/1	金：太宗 4	天会 4	保安 4 年 1/28 鳥羽譲位	
1127	丁未	〃 5	〃 2	南宋：高宗元	建炎元 5/1	〃 5	〃 5	5/19 大治の荘園整理令	
1128	戊申	〃 6	〃 3	〃 2	〃 2	〃 6	〃 6		
1129	己酉	〃 7	〃 4	〃 3	〃 3	〃 7	〃 7	7/7 白河崩御（77）	
1130	庚戌	〃 8	〃 5	〃 4	〃 4	〃 8	〃 8		
1131	辛亥	〃 9	天承元 1/29	〃 5	紹興元 1/1	〃 9	〃 9		
1132	壬子	〃 10	長承元 8/11	〃 6	〃 2	〃 10	〃 10		
1133	癸丑	〃 11	〃 2	〃 7	〃 3	〃 11	〃 11		
1134	甲寅	〃 12	〃 3	〃 8	〃 4	〃 12	〃 12		
1135	乙卯	〃 13	保延元 4/27	〃 9	〃 5	熙宗元	〃 13		
1136	丙辰	〃 14	〃 2	〃 10	〃 6	〃 2	〃 14		
1137	丁巳	〃 15	〃 3	〃 11	〃 7	〃 3	〃 15		
1138	戊午	〃 16	〃 4	〃 12	〃 8	〃 4	天眷元 1/1		
1139	己未	〃 17	〃 5	〃 13	〃 9	〃 5	〃 2		
1140	庚申	〃 18	〃 6	〃 14	〃 10	〃 6	〃 3		
1141	辛酉	近衛元	永治元 7/10	〃 15	〃 11	〃 7	皇統元 1/13	12/7 崇徳譲位	
1142	壬戌	〃 2	康治元 4/28	〃 16	〃 12	〃 8	〃 2		
1143	癸亥	〃 3	〃 2	〃 17	〃 13	〃 9	〃 3		
1144	甲子	〃 4	天養元 2/23	〃 18	〃 14	〃 10	〃 4		
1145	乙丑	〃 5	久安元 7/22	〃 19	〃 15	〃 11	〃 5		
1146	丙寅	〃 6	〃 2	〃 20	〃 16	〃 12	〃 6		
1147	丁卯	〃 7	〃 3	〃 21	〃 17	〃 13	〃 7		
1148	戊辰	〃 8	〃 4	〃 22	〃 18	〃 14	〃 8		
1149	己巳	〃 9	〃 5	〃 23	〃 19	海陵元	天徳元 12/11		
1150	庚午	〃 10	〃 6	〃 24	〃 20	〃 2	〃 2		
1151	辛未	〃 11	仁平元 1/26	〃 25	〃 21	〃 3	〃 3		
1152	壬申	〃 12	〃 2	〃 26	〃 22	〃 4	〃 4		
1153	癸酉	〃 13	〃 3	〃 27	〃 23	〃 5	貞元元 3/26		
1154	甲戌	〃 14	久寿元 10/28	〃 28	〃 24	〃 6	〃 2		
1155	乙亥	後白河元	〃 2	〃 29	〃 25	〃 7	〃 3	7/23 近衛崩御（17）	
1156	丙子	〃 2	保元元 4/27	〃 30	〃 26	〃 8	正隆元 2/1	7/2 鳥羽崩御（54） 7/10 保元の乱 閏 9/18 保元の荘園整理令	
1157	丁丑	〃 3	〃 2	〃 31	〃 27	〃 9	〃 2		
1158	戊寅	二条元	〃 3	〃 32	〃 28	〃 10	〃 3	8/11 後白河譲位	
1159	己卯	〃 2	平治元 4/20	〃 33	〃 29	〃 11	〃 4	12/9 平治の乱	
1160	庚辰	〃 3	永暦元 1/10	〃 34	〃 30	〃 12	〃 5		

AD	干支	天皇	日本年号	皇帝	中国年号	金王	年号	参考注記
1161	辛巳	二条 4	応保元 9/4	高宗 35	紹興 31	世宗元	大定元 10/8	
1162	壬午	〃 5	〃 2	孝宗元	〃 32	〃 2	〃 2	
1163	癸未	〃 6	長寛元 3/29	〃 2	隆興元 1/1	〃 3	〃 3	4/7「長寛勘文」
1164	甲申	〃 7	〃 2	〃 3	〃 2	〃 4	〃 4	8/26 崇徳崩御（46）
1165	乙酉	六条元	永万元 6/5	〃 4	乾道元 1/1	〃 5	〃 5	6/25 二条譲位・7/28 崩御（23）
1166	丙戌	〃 2	仁安元 8/27	〃 5	〃 2	〃 6	〃 6	
1167	丁亥	〃 3	〃 2	〃 6	〃 3	〃 7	〃 7	2/11 平清盛、太政大臣
1168	戊子	高倉元	〃 3	〃 7	〃 4	〃 8	〃 8	2/19 六条譲位
1169	己丑	〃 2	嘉応元 4/8	〃 8	〃 5	〃 9	〃 9	
1170	庚寅	〃 3	〃 2	〃 9	〃 6	〃 10	〃 10	
1171	辛卯	〃 4	承安元 4/21	〃 10	〃 7	〃 11	〃 11	
1172	壬辰	〃 5	〃 2	〃 11	〃 8	〃 12	〃 12	
1173	癸巳	〃 6	〃 3	〃 12	〃 9	〃 13	〃 13	
1174	甲午	〃 7	〃 4	〃 13	淳熙元 1/1	〃 14	〃 14	
1175	乙未	〃 8	安元元 7/28	〃 14	〃 2	〃 15	〃 15	
1176	丙申	〃 9	〃 2	〃 15	〃 3	〃 16	〃 16	7/17 六条崩御（13）
1177	丁酉	〃 10	治承元 8/4	〃 16	〃 4	〃 17	〃 17	
1178	戊戌	〃 11	〃 2	〃 17	〃 5	〃 18	〃 18	4/24 治承の大火
1179	己亥	〃 12	〃 3	〃 18	〃 6	〃 19	〃 19	
1180	庚子	安徳元	〃 4	〃 19	〃 7	〃 20	〃 20	2/21 高倉譲位　4/9 以仁王挙兵（治承・寿永の内乱）
1181	辛丑	〃 2	養和元 7/14	〃 20	〃 8	〃 21	〃 21	高倉崩御（21） 養和の飢饉
1182	壬寅	〃 3	寿永元 5/27	〃 21	〃 9	〃 22	〃 22	
1183	癸卯	後鳥羽元	〃 2	〃 22	〃 10	〃 23	〃 23	
1184	甲辰	〃 2	元暦元 4/16	〃 23	〃 11	〃 24	〃 24	
1185	乙巳	〃 3	文治元 8/14	〃 24	〃 12	〃 25	〃 25	3/24 安徳崩御（8）
1186	丙午	〃 4	〃 2	〃 25	〃 13	〃 26	〃 26	
1187	丁未	〃 5	〃 3	〃 26	〃 14	〃 27	〃 27	
1188	戊申	〃 6	〃 4	〃 27	〃 15	〃 28	〃 28	
1189	己酉	〃 7	〃 5	光宗元	〃 16	章宗元	〃 29	
1190	庚戌	〃 8	建久元 4/11	〃 2	紹熙元 1/1	〃 2	明昌元 1/1	
1191	辛亥	〃 9	〃 2	〃 3	〃 2	〃 3	〃 2	3/28 建久の新制
（鎌倉時代）1192	壬子	〃 10	〃 3	〃 4	〃 3	〃 4	〃 3	3/13 後白河崩御（66） 7/12 源頼朝、征夷大将軍
1193	癸丑	〃 11	〃 4	〃 5	〃 4	〃 5	〃 4	
1194	甲寅	〃 12	〃 5	寧宗元	〃 5	〃 6	〃 5	
1195	乙卯	〃 13	〃 6	〃 2	慶元元 1/1	〃 7	〃 6	
1196	丙辰	〃 14	〃 7	〃 3	〃 2	〃 8	承安元 11/23	
1197	丁巳	〃 15	〃 8	〃 4	〃 3	〃 9	〃 2	
1198	戊午	土御門元	〃 9	〃 5	〃 4	〃 10	〃 3	1/11 後鳥羽譲位
1199	己未	〃 2	正治元 4/27	〃 6	〃 5	〃 11	〃 4	
1200	庚申	〃 3	〃 2	〃 7	〃 6	〃 12	〃 5	

AD	干支	天皇	日本年号	皇帝	中国年号	金王	年号	参考注記
1201	辛酉	土御門 4	建仁元 2/13	寧宗 8	嘉泰元 1/1	章宗 13	泰和元 1/1	
1202	壬戌	〃 5	〃 2	〃 9	〃 2	〃 14	〃 2	「建仁寺」創建
1203	癸亥	〃 6	〃 3	〃 10	〃 3	〃 15	〃 3	
1204	甲子	〃 7	元久元 2/20	〃 11	〃 4	〃 16	〃 4	
1205	乙丑	〃 8	〃 2	〃 12	開禧元 1/1	〃 17	〃 5	3/26 『新古今集』撰上 閏 7/20 北条義時、執権
1206	丙寅	〃 9	建永元 4/27	〃 13	〃 2	〃 18	〃 6	
1207	丁卯	〃 10	承元元 10/25	〃 14	〃 3	〃 19	〃 7	2/18 建永の法難
1208	戊辰	〃 11	〃 2	〃 15	嘉定元 1/1	衛紹王元	〃 8	
1209	己巳	〃 12	〃 3	〃 16	〃 2	〃 2	大安元 1/27	
1210	庚午	順徳元	〃 4	〃 17	〃 3	〃 3	〃 2	11/25 土御門譲位
1211	辛未	〃 2	建暦元 3/9	〃 18	〃 4	〃 4	〃 3	
1212	壬申	〃 3	〃 2	〃 19	〃 5	〃 5	崇慶元 1/1	3/22 建暦の新制
1213	癸酉	〃 4	建保元 12/6	〃 20	〃 6	宣宗元	至寧元 5/- 貞祐元 9/15	
1214	甲戌	〃 5	〃 2	〃 21	〃 7	〃 2	〃 2	
1215	乙亥	〃 6	〃 3	〃 22	〃 8	〃 3	〃 3	
1216	丙子	〃 7	〃 4	〃 23	〃 9	〃 4	〃 4	
1217	丁丑	〃 8	〃 5	〃 24	〃 10	〃 5	興定元 9/8	
1218	戊寅	〃 9	〃 6	〃 25	〃 11	〃 6	〃 2	
1219	己卯	〃 10	承久元 4/12	〃 26	〃 12	〃 7	〃 3	1/27 源実朝、暗殺 (28)
1220	庚辰	〃 11	〃 2	〃 27	〃 13	〃 8	〃 4	
1221	辛巳	仲恭元・ 後堀河元	〃 3	〃 28	〃 14	〃 9	〃 5	4/20 順徳譲位　承久の変 7/9 仲恭譲位
1222	壬午	〃 2	貞応元 4/13	〃 29	〃 15	〃 10	元光元 8/9	
1223	癸未	〃 3	〃 2	〃 30	〃 16	哀宗元	〃 2	
1224	甲申	〃 4	元仁元 11/20	理宗元	〃 17	〃 2	正大元 1/1	
1225	乙酉	〃 5	嘉禄元 4/20	〃 2	宝慶元 1/1	〃 3	〃 2	大越：陳朝・太宗「建中」
1226	丙戌	〃 6	〃 2	〃 3	〃 2	〃 4	〃 3	1/27 藤原頼経、摂家将軍
1227	丁亥	〃 7	安貞元 12/10	〃 4	〃 3	〃 5	〃 4	
1228	戊子	〃 8	〃 2	〃 5	紹定元 1/1	〃 6	〃 5	
1229	己丑	〃 9	寛喜元 3/5	〃 6	〃 2	〃 7	〃 6	
1230	庚寅	〃 10	〃 2	〃 7	〃 3	〃 8	〃 7	
1231	辛卯	〃 11	〃 3	〃 8	〃 4	〃 9	〃 8	10/11 土御門崩御 (37) 11/13 寛喜の新制
1232	壬辰	四条元	貞永元 4/2	〃 9	〃 5	〃 10	開興元 1/19 天興元 4/14	8/10 御成敗式目（貞永式目） 10/4 後堀河譲位
1233	癸巳	〃 2	天福元 4/15	〃 10	〃 6	〃 11	〃 2	
1234	甲午	〃 3	文暦元 11/5	〃 11	端平元 1/1	末帝元	〃 3	5/20 仲恭崩御 (17) 8/6 後堀河崩御 (23)
1235	乙未	〃 4	嘉禎元 9/19	〃 12	〃 2			
1236	丙申	〃 5	〃 2	〃 13	〃 3			
1237	丁酉	〃 6	〃 3	〃 14	嘉熙元 1/1			
1238	戊戌	〃 7	暦仁元 11/23	〃 15	〃 2			
1239	己亥	〃 8	延応元 2/7	〃 16	〃 3			2/22 後鳥羽崩御 (60)
1240	庚子	〃 9	仁治元 7/16	〃 17	〃 4			

AD	干支	天　皇	日本年号	皇　帝	中国年号	参考注記
1241	辛丑	四条 10	仁治 2	理宗 18	淳祐元 1/1	
1242	壬寅	後嵯峨元	〃 3	〃 19	〃 2	1/9 四条崩御（12）　9/12 順徳崩御（46）
1243	癸卯	〃 2	寛元元 2/26	〃 20	〃 3	
1244	甲辰	〃 3	〃 2	〃 21	〃 4	
1245	乙巳	〃 4	〃 3	〃 22	〃 5	
1246	丙午	後深草元	〃 4	〃 23	〃 6	1/29 後嵯峨譲位
1247	丁未	〃 2	宝治元 2/28	〃 24	〃 7	6/5 宝治合戦
1248	戊申	〃 3	〃 2	〃 25	〃 8	
1249	己酉	〃 4	建長元 3/18	〃 26	〃 9	
1250	庚戌	〃 5	〃 2	〃 27	〃 10	
1251	辛亥	〃 6	〃 3	〃 28	〃 11	
1252	壬子	〃 7	〃 4	〃 29	〃 12	
1253	癸丑	〃 8	〃 5	〃 30	宝祐元 1/1	「建長寺」創建
1254	甲寅	〃 9	〃 6	〃 31	〃 2	
1255	乙卯	〃 10	〃 7	〃 32	〃 3	
1256	丙辰	〃 11	康元元 10/5	〃 33	〃 4	
1257	丁巳	〃 12	正嘉元 3/14	〃 34	〃 5	
1258	戊午	〃 13	〃 2	〃 35	〃 6	
1259	己未	亀山元	正元元 3/26	〃 36	開慶元 1/1	11/26 後深草譲位
1260	庚申	〃 2	文応元 4/13	〃 37	景定元 1/1	
1261	辛酉	〃 3	弘長元 2/20	〃 38	〃 2	
1262	壬戌	〃 4	〃 2	〃 39	〃 3	
1263	癸亥	〃 5	〃 3	〃 40	〃 4	8/13 弘長の新制
1264	甲子	〃 6	文永元 2/28	度宗元	〃 5	蒙古：至元元 8/16
1265	乙丑	〃 7	〃 2	〃 2	咸淳元 1/1	
1266	丙寅	〃 8	〃 3	〃 3	〃 2	
1267	丁卯	〃 9	〃 4	〃 4	〃 3	
1268	戊辰	〃 10	〃 5	〃 5	〃 4	
1269	己巳	〃 11	〃 6	〃 6	〃 5	
1270	庚午	〃 12	〃 7	〃 7	〃 6	
1271	辛未	〃 13	〃 8	〃 8	〃 7	
1272	壬申	〃 14	〃 9	〃 9	〃 8	2/17 後嵯峨崩御（53）
1273	癸酉	〃 15	〃 10	〃 10	〃 9	
1274	甲戌	後宇多元	〃 11	恭宗元	〃 10	1/26 亀山譲位　10 月 文永の役
1275	乙亥	〃 2	建治元 4/25	〃 2	徳祐元 1/1	
1276	丙子	〃 3	〃 2	端宗元	景炎元 5/1	
1277	丁丑	〃 4	〃 3	〃 2	〃 2	
1278	戊寅	〃 5	弘安元 2/29	帝昺元	祥興元 5/1	
1279	己卯	〃 6	〃 2	〃 2	〃 2	
1280	庚辰	〃 7	〃 3	元：世祖 21	元：至元 17	

AD	干支	天　皇	日本年号	皇　帝	中国年号	参考注記
1281	辛巳	後宇多 8	弘安 4	世祖 22	至元 18	閏 7 月 弘安の役
1282	壬午	〃 9	〃 5	〃 23	〃 19	
1283	癸未	〃 10	〃 6	〃 24	〃 20	
1284	甲申	〃 11	〃 7	〃 25	〃 21	5/20 弘安の徳政始まる
1285	乙酉	〃 12	〃 8	〃 26	〃 22	12/22「弘安礼節」制定
1286	丙戌	〃 13	〃 9	〃 27	〃 23	
1287	丁亥	伏見元	〃 10	〃 28	〃 24	10/21 後宇多譲位
1288	戊子	〃 2	正応元 4/28	〃 29	〃 25	
1289	己丑	〃 3	〃 2	〃 30	〃 26	
1290	庚寅	〃 4	〃 3	〃 31	〃 27	
1291	辛卯	〃 5	〃 4	〃 32	〃 28	
1292	壬辰	〃 6	〃 5	〃 33	〃 29	
1293	癸巳	〃 7	永仁元 8/5	〃 34	〃 30	4/13 永仁の鎌倉地震
1294	甲午	〃 8	〃 2	成宗元	〃 31	
1295	乙未	〃 9	〃 3	〃 2	元貞元 1/1	
1296	丙申	〃 10	〃 4	〃 3	〃 2	
1297	丁酉	〃 11	〃 5	〃 4	大徳元 2/27	3/6 永仁の徳政令
1298	戊戌	後伏見元	〃 6	〃 5	〃 2	7/22 伏見譲位
1299	己亥	〃 2	正安元 4/25	〃 6	〃 3	
1300	庚子	〃 3	〃 2	〃 7	〃 4	
1301	辛丑	後二条元	〃 3	〃 8	〃 5	1/21 後伏見譲位
1302	壬寅	〃 2	乾元元 11/21	〃 9	〃 6	
1303	癸卯	〃 3	嘉元元 8/5	〃 10	〃 7	
1304	甲辰	〃 4	〃 2	〃 11	〃 8	7/16 後深草崩御（62）
1305	乙巳	〃 5	〃 3	〃 12	〃 9	4/23 嘉元の乱　9/15 亀山崩御（57）
1306	丙午	〃 6	徳治元 12/14	〃 13	〃 10	
1307	丁未	〃 7	〃 2	武宗元	〃 11	
1308	戊申	花園元	延慶元 10/9	〃 2	至大元 1/1	8/25 後二条崩御（24）
1309	己酉	〃 2	〃 2	〃 3	〃 2	
1310	庚戌	〃 3	〃 3	〃 4	〃 3	
1311	辛亥	〃 4	応長元 4/28	仁宗元	〃 4	
1312	壬子	〃 5	正和元 3/20	〃 2	皇慶元 1/1	
1313	癸丑	〃 6	〃 2	〃 3	〃 2	
1314	甲寅	〃 7	〃 3	〃 4	延祐元 1/22	
1315	乙卯	〃 8	〃 4	〃 5	〃 2	
1316	丙辰	〃 9	〃 5	〃 6	〃 3	7/10 北條高時、執権
1317	丁巳	〃 10	文保元 2/3	〃 7	〃 4	4/9 文保の和談　9/3 伏見崩御（53）
1318	戊午	後醍醐元	〃 2	〃 8	〃 5	2/26 花園譲位
1319	己未	〃 2	元応元 4/28	〃 9	〃 6	
1320	庚申	〃 3	〃 2	英宗元	〃 7	

（南北朝期）

AD	干支	天皇	日本年号	皇帝	中国年号			参考注記
1321	辛酉	後醍醐 4	元亨元 2/23	英宗 2	至治元 1/1			12/9 後醍醐天皇、親政
1322	壬戌	〃 5	〃 2	〃 3	〃 2			8/16 虎関師錬著『元亨釈書』
1323	癸亥	〃 6	〃 3	泰定帝元	〃 3			
1324	甲子	〃 7	正中元 12/9	〃 2	泰定元 1/1			6/25 後宇多崩御（58） 9/19 正中の変
1325	乙丑	〃 8	〃 2	〃 3	〃 2			建長寺船
1326	丙寅	〃 9	嘉暦元 4/26	〃 4	〃 3			
1327	丁卯	〃 10	〃 2	〃 5	〃 4			
1328	戊辰	〃 11	〃 3	天順帝元 文宗元	致和元 2/27・天順元 9/-・天暦元 9/13			
1329	己巳	〃 12	元徳元 8/29	明宗元 文宗（復）	〃 2			
1330	庚午	〃 13	〃 2	〃 2	至順元 5/8			
1331	辛未	〃 14	元弘元 8/9	北：光厳元	北朝年号	〃 3	至順 2	5/5 元弘の変 9/20 光厳践祚
1332	壬申	〃 15	〃 2	〃 2	正慶元 4/28	寧宗元	〃 3	3/7 後醍醐隠岐島配流
1333	癸酉	〃 16	〃 3	〃 3	〃 2	順帝元	元統元 10/8	5/25 光厳譲位 5/22 鎌倉幕府の滅亡
1334	甲戌	〃 17	建武元 1/29			〃 2	〃 2	建武新政 『建武年中行事』
1335	乙亥	〃 18	〃 2			〃 3	至元元 11/23	4/6 後伏見崩御（49）
1336	丙子	〃 19	延元元 2/29	光明元	建武 3	〃 4	〃 2	2/2 後醍醐吉野遷幸（南北朝分立）
1337	丁丑	〃 20	〃 2	〃 2	〃 4	〃 5	〃 3	11/7「建武式目」制定
1338	戊寅	〃 21	〃 3	〃 3	暦応元 8/28	〃 6	〃 4	
1339	己卯	後村上元	〃 4	〃 4	〃 2	〃 7	〃 5	8/15 後醍醐譲位 8/16 崩御（52）
1340	庚辰	〃 2	興国元 4/28	〃 5	〃 3	〃 8	〃 6	
1341	辛巳	〃 3	〃 2	〃 6	〃 4	〃 9	至正元 1/1	
1342	壬午	〃 4	〃 3	〃 7	康永元 4/27	〃 10	〃 2	
1343	癸未	〃 5	〃 4	〃 8	〃 2	〃 11	〃 3	
1344	甲申	〃 6	〃 5	〃 9	〃 3	〃 12	〃 4	
1345	乙酉	〃 7	〃 6	〃 10	貞和元 10/21	〃 13	〃 5	
1346	丙戌	〃 8	正平元 12/8	〃 11	〃 2	〃 14	〃 6	
1347	丁亥	〃 9	〃 2	〃 12	〃 3	〃 15	〃 7	
1348	戊子	〃 10	〃 3	崇光元	〃 4	〃 16	〃 8	10/27 光明譲位 11/11 花園崩御（52）
1349	己丑	〃 11	〃 4	〃 2	〃 5	〃 17	〃 9	
1350	庚寅	〃 12	〃 5	〃 3	観応元 2/27	〃 18	〃 10	
1351	辛卯	〃 13	〃 6	〃 4	〃 2	〃 19	〃 11	11/7 崇光を廃立 （観応の擾乱、正平一統）
1352	壬辰	〃 14	〃 7	後光厳元	文和元 9/27	〃 20	〃 12	閏 2/- 北朝、観応年号復活
1353	癸巳	〃 15	〃 8	〃 2	〃 2	〃 21	〃 13	
1354	甲午	〃 16	〃 9	〃 3	〃 3	〃 22	〃 14	
1355	乙未	〃 17	〃 10	〃 4	〃 4	〃 23	〃 15	
1356	丙申	〃 18	〃 11	〃 5	延文元 3/28	〃 24	〃 16	
1357	丁酉	〃 19	〃 12	〃 6	〃 2	〃 25	〃 17	
1358	戊戌	〃 20	〃 13	〃 7	〃 3	〃 26	〃 18	
1359	己亥	〃 21	〃 14	〃 8	〃 4	〃 27	〃 19	
1360	庚子	〃 22	〃 15	〃 9	〃 5	〃 28	〃 20	

AD	干支	南朝天皇	南朝年号	北朝天皇	北朝年号	皇帝	中国年号	参考注記
1361	辛丑	後村上 23	正平 16	後光厳 10	康安元 3/29	順帝 29	至正 21	
1362	壬寅	〃 24	〃 17	〃 11	貞治元 9/23	〃 30	〃 22	2/10 後光厳、京都還幸
1363	癸卯	〃 25	〃 18	〃 12	〃 2	〃 31	〃 23	
1364	甲辰	〃 26	〃 19	〃 13	〃 3	〃 32	〃 24	7/7 光厳崩御（52）
1365	乙巳	〃 27	〃 20	〃 14	〃 4	〃 33	〃 25	
1366	丙午	〃 28	〃 21	〃 15	〃 5	〃 34	〃 26	
1367	丁未	〃 29	〃 22	〃 16	〃 6	〃 35	〃 27	
1368	戊申	長慶元	〃 23	〃 17	応安元 2/18	明：太祖元	洪武元 1/4	3/11 後村上崩御（41）
1369	己酉	〃 2	〃 24	〃 18	〃 2	〃 2	〃 2	
1370	庚戌	〃 3	建徳元 2/5以前	〃 19	〃 3	〃 3	〃 3	
1371	辛亥	〃 4	〃 2	後円融元	〃 4	〃 4	〃 4	3/23 後光厳譲位
1372	壬子	〃 5	文中元 4/-	〃 2	〃 5	〃 5	〃 5	
1373	癸丑	〃 6	〃 2	〃 3	〃 6	〃 6	〃 6	
1374	甲寅	〃 7	〃 3	〃 4	〃 7	〃 7	〃 7	1/29 後光厳崩御（37）
1375	乙卯	〃 8	天授元 5/27	〃 5	永和元 2/27	〃 8	〃 8	「永和大嘗会記」
1376	丙辰	〃 9	〃 2	〃 6	〃 2	〃 9	〃 9	
1377	丁巳	〃 10	〃 3	〃 7	〃 3	〃 10	〃 10	
1378	戊午	〃 11	〃 4	〃 8	〃 4	〃 11	〃 11	
1379	己未	〃 12	〃 5	〃 9	康暦元 3/22	〃 12	〃 12	
1380	庚申	〃 13	〃 6	〃 10	〃 2	〃 13	〃 13	6/24 光明崩御（60）
1381	辛酉	〃 14	弘和元 6/21以前	〃 11	永徳元 2/24	〃 14	〃 14	
1382	壬戌	〃 15	〃 2	後小松元	〃 2	〃 15	〃 15	4/11 後円融譲位
1383	癸亥	後亀山元	〃 3	〃 2	〃 3	〃 16	〃 16	-/- 長慶譲位
1384	甲子	〃 2	元中元 11/5以前	〃 3	至徳元 2/27	〃 17	〃 17	
1385	乙丑	〃 3	〃 2	〃 4	〃 2	〃 18	〃 18	
1386	丙寅	〃 4	〃 3	〃 5	〃 3	〃 19	〃 19	
1387	丁卯	〃 5	〃 4	〃 6	嘉慶元 8/23	〃 20	〃 20	
1388	戊辰	〃 6	〃 5	〃 7	〃 2	〃 21	〃 21	
1389	己巳	〃 7	〃 6	〃 8	康応元 2/9	〃 22	〃 22	
1390	庚午	〃 8	〃 7	〃 9	明徳元 3/26	〃 23	〃 23	
1391	辛未	〃 9	〃 8	〃 10	〃 2	〃 24	〃 24	明徳の乱
1392	壬申	〃 10	〃 10	〃 11	〃 3	〃 25	〃 25	閏 10/5 南北朝合一
1393	癸酉	後小松 12	明徳 4	〃 26	〃 26			4/26 後円融崩御（36）
1394	甲戌	〃 13	応永元 7/5	〃 27	〃 27			8/1 長慶崩御（52）
1395	乙亥	〃 14	〃 2	〃 28	〃 28			
1396	丙子	〃 15	〃 3	〃 29	〃 29			
1397	丁丑	〃 16	〃 4	〃 30	〃 30			
1398	戊寅	〃 17	〃 5	恵帝元	〃 31			1/13 崇光崩御（65）
1399	己卯	〃 18	〃 6	〃 2	建文元 1/1			応永の乱
1400	庚辰	〃 19	〃 7	〃 3	〃 2			大越：胡朝・胡季犛「聖元」元年

（室町時代）

AD	干支	天皇	日本年号	皇帝	中国年号	参考注記
1401	辛巳	後小松 20	応永 8	恵帝 4	建文 3	
1402	壬午	〃 21	〃 9	成祖元	〃 4	
1403	癸未	〃 22	〃 10	〃 2	永楽元 1/1	
1404	甲申	〃 23	〃 11	〃 3	〃 2	
1405	乙酉	〃 24	〃 12	〃 4	〃 3	
1406	丙戌	〃 25	〃 13	〃 5	〃 4	
1407	丁亥	〃 26	〃 14	〃 6	〃 5	
1408	戊子	〃 27	〃 15	〃 7	〃 6	
1409	己丑	〃 28	〃 16	〃 8	〃 7	
1410	庚寅	〃 29	〃 17	〃 9	〃 8	
1411	辛卯	〃 30	〃 18	〃 10	〃 9	
1412	壬辰	称光元	〃 19	〃 11	〃 10	8/29 後小松譲位
1413	癸巳	〃 2	〃 20	〃 12	〃 11	
1414	甲午	〃 3	〃 21	〃 13	〃 12	
1415	乙未	〃 4	〃 22	〃 14	〃 13	
1416	丙申	〃 5	〃 23	〃 15	〃 14	
1417	丁酉	〃 6	〃 24	〃 16	〃 15	
1418	戊戌	〃 7	〃 25	〃 17	〃 16	
1419	己亥	〃 8	〃 26	〃 18	〃 17	6/20 応永の外寇
1420	庚子	〃 9	〃 27	〃 19	〃 18	
1421	辛丑	〃 10	〃 28	〃 20	〃 19	
1422	壬寅	〃 11	〃 29	〃 21	〃 20	
1423	癸卯	〃 12	〃 30	〃 22	〃 21	
1424	甲辰	〃 13	〃 31	仁宗元	〃 22	4/12 後亀山崩御
1425	乙巳	〃 14	〃 32	宣宗元	洪熙元 1/1	
1426	丙午	〃 15	〃 33	〃 2	宣徳元 1/1	
1427	丁未	〃 16	〃 34	〃 3	〃 2	
1428	戊申	後花園元	正長元 4/27	〃 4	〃 3	7/20 称光崩御（28） 正長の土一揆 大越：黎朝・太祖「順天」元年
1429	己酉	〃 2	永享元 9/5	〃 5	〃 4	
1430	庚戌	〃 3	〃 2	〃 6	〃 5	
1431	辛亥	〃 4	〃 3	〃 7	〃 6	
1432	壬子	〃 5	〃 4	〃 8	〃 7	
1433	癸丑	〃 6	〃 5	〃 9	〃 8	
1434	甲寅	〃 7	〃 6	〃 10	〃 9	
1435	乙卯	〃 8	〃 7	英宗元	〃 10	
1436	丙辰	〃 9	〃 8	〃 2	正統元 1/1	
1437	丁巳	〃 10	〃 9	〃 3	〃 2	
1438	戊午	〃 11	〃 10	〃 4	〃 3	永享の乱
1439	己未	〃 12	〃 11	〃 5	〃 4	
1440	庚申	〃 13	〃 12	〃 6	〃 5	

AD	干支	天　皇	日本年号	皇　帝	中国年号	参考注記
1441	辛酉	後花園 14	嘉吉元 2/17	英宗 7	正統 6	嘉吉の乱
1442	壬戌	〃 15	〃 2	〃 8	〃 7	
1443	癸亥	〃 16	〃 3	〃 9	〃 8	10/20 後小松崩御（57）
1444	甲子	〃 17	文安元 2/5	〃 10	〃 9	
1445	乙丑	〃 18	〃 2	〃 11	〃 10	
1446	丙寅	〃 19	〃 3	〃 12	〃 11	
1447	丁卯	〃 20	〃 4	〃 13	〃 12	
1448	戊辰	〃 21	〃 5	〃 14	〃 13	
1449	己巳	〃 22	宝徳元 7/28	代宗元	〃 14	
1450	庚午	〃 23	〃 2	〃 2	景泰元 1/1	
1451	辛未	〃 24	〃 3	〃 3	〃 2	
1452	壬申	〃 25	享徳元 7/25	〃 4	〃 3	
1453	癸酉	〃 26	〃 2	〃 5	〃 4	
1454	甲戌	〃 27	〃 3	〃 6	〃 5	享徳の乱
1455	乙亥	〃 28	康正元 7/25	〃 7	〃 6	
1456	丙子	〃 29	〃 2	〃 8	〃 7	
1457	丁丑	〃 30	長禄元 9/28	英宗（復）	天順元 1/21	
1458	戊寅	〃 31	〃 2	〃 2	〃 2	
1459	己卯	〃 32	〃 3	〃 3	〃 3	
1460	庚辰	〃 33	寛正元 12/21	〃 4	〃 4	
1461	辛巳	〃 34	〃 2	〃 5	〃 5	
1462	壬午	〃 35	〃 3	〃 6	〃 6	
1463	癸未	〃 36	〃 4	〃 7	〃 7	
1464	甲申	後土御門元	〃 5	憲宗元	〃 8	7/19 後花園譲位
1465	乙酉	〃 2	〃 6	〃 2	成化元 1/1	
1466	丙戌	〃 3	文正元 2/28	〃 3	〃 2	
1467	丁亥	〃 4	応仁元 3/5	〃 4	〃 3	応仁・文明の乱（～文明 9 年）
1468	戊子	〃 5	〃 2	〃 5	〃 4	
1469	己丑	〃 6	文明元 4/28	〃 6	〃 5	
1470	庚寅	〃 7	〃 2	〃 7	〃 6	12/27 後花園崩御（52）
1471	辛卯	〃 8	〃 3	〃 8	〃 7	
1472	壬辰	〃 9	〃 4	〃 9	〃 8	
1473	癸巳	〃 10	〃 5	〃 10	〃 9	
1474	甲午	〃 11	〃 6	〃 11	〃 10	
1475	乙未	〃 12	〃 7	〃 12	〃 11	
1476	丙申	〃 13	〃 8	〃 13	〃 12	
1477	丁酉	〃 14	〃 9	〃 14	〃 13	
1478	戊戌	〃 15	〃 10	〃 15	〃 14	
1479	己亥	〃 16	〃 11	〃 16	〃 15	
1480	庚子	〃 17	〃 12	〃 17	〃 16	

AD	干支	天　皇	日本年号	皇　帝	中国年号	参考注記
1481	辛丑	後土御門 18	文明 13	憲宗 18	成化 17	
1482	壬寅	〃 19	〃 14	〃 19	〃 18	
1483	癸卯	〃 20	〃 15	〃 20	〃 19	
1484	甲辰	〃 21	〃 16	〃 21	〃 20	
1485	乙巳	〃 22	〃 17	〃 22	〃 21	
1486	丙午	〃 23	〃 18	〃 23	〃 22	
1487	丁未	〃 24	長享元 7/20	孝宗元	〃 23	
1488	戊申	〃 25	〃 2	〃 2	弘治元 1/1	
1489	己酉	〃 26	延徳元 8/21	〃 3	〃 2	
1490	庚戌	〃 27	〃 2	〃 4	〃 3	
1491	辛亥	〃 28	〃 3	〃 5	〃 4	
1492	壬子	〃 29	明応元 7/19	〃 6	〃 5	
1493	癸丑	〃 30	〃 2	〃 7	〃 6	明応の政変
1494	甲寅	〃 31	〃 3	〃 8	〃 7	
1495	乙卯	〃 32	〃 4	〃 9	〃 8	
1496	丙辰	〃 33	〃 5	〃 10	〃 9	
1497	丁巳	〃 34	〃 6	〃 11	〃 10	
1498	戊午	〃 35	〃 7	〃 12	〃 11	8/25 明応地震
1499	己未	〃 36	〃 8	〃 13	〃 12	
1500	庚申	後柏原元	〃 9	〃 14	〃 13	9/28 後土御門崩御（59）
1501	辛酉	〃 2	文亀元 2/29	〃 15	〃 14	
1502	壬戌	〃 3	〃 2	〃 16	〃 15	
1503	癸亥	〃 4	〃 3	〃 17	〃 16	
1504	甲子	〃 5	永正元 2/30	〃 18	〃 17	
1505	乙丑	〃 6	〃 2	武宗元	〃 18	
1506	丙寅	〃 7	〃 3	〃 2	正徳元 1/1	
1507	丁卯	〃 8	〃 4	〃 3	〃 2	
1508	戊辰	〃 9	〃 5	〃 4	〃 3	
1509	己巳	〃 10	〃 6	〃 5	〃 4	
1510	庚午	〃 11	〃 7	〃 6	〃 5	三浦の乱
1511	辛未	〃 12	〃 8	〃 7	〃 6	
1512	壬申	〃 13	〃 9	〃 8	〃 7	
1513	癸酉	〃 14	〃 10	〃 9	〃 8	
1514	甲戌	〃 15	〃 11	〃 10	〃 9	
1515	乙亥	〃 16	〃 12	〃 11	〃 10	
1516	丙子	〃 17	〃 13	〃 12	〃 11	
1517	丁丑	〃 18	〃 14	〃 13	〃 12	
1518	戊寅	〃 19	〃 15	〃 14	〃 13	
1519	己卯	〃 20	〃 16	〃 15	〃 14	
1520	庚辰	〃 21	〃 17	〃 16	〃 15	

AD	干支	天皇	日本年号	皇帝	中国年号	参考注記
1521	辛巳	後柏原 22	大永元 8/23	世宗元	正徳 16	3/22 後柏原天皇、践祚後 22 年目に即位式
1522	壬午	〃 23	〃 2	〃 2	嘉靖元 1/1	
1523	癸未	〃 24	〃 3	〃 3	〃 2	
1524	甲申	〃 25	〃 4	〃 4	〃 3	
1525	乙酉	〃 26	〃 5	〃 5	〃 4	
1526	丙戌	後奈良元	〃 6	〃 6	〃 5	4/7 後柏原崩御（63）
1527	丁亥	〃 2	〃 7	〃 7	〃 6	
1528	戊子	〃 3	享禄元 8/20	〃 8	〃 7	
1529	己丑	〃 4	〃 2	〃 9	〃 8	
1530	庚寅	〃 5	〃 3	〃 10	〃 9	
1531	辛卯	〃 6	〃 4	〃 11	〃 10	
1532	壬辰	〃 7	天文元 7/29	〃 12	〃 11	
1533	癸巳	〃 8	〃 2	〃 13	〃 12	
1534	甲午	〃 9	〃 3	〃 14	〃 13	
1535	乙未	〃 10	〃 4	〃 15	〃 14	
1536	丙申	〃 11	〃 5	〃 16	〃 15	
1537	丁酉	〃 12	〃 6	〃 17	〃 16	
1538	戊戌	〃 13	〃 7	〃 18	〃 17	
1539	己亥	〃 14	〃 8	〃 19	〃 18	
1540	庚子	〃 15	〃 9	〃 20	〃 19	
1541	辛丑	〃 16	〃 10	〃 21	〃 20	
1542	壬寅	〃 17	〃 11	〃 22	〃 21	
1543	癸卯	〃 18	〃 12	〃 23	〃 22	8/25 ポルトガル人漂着・鉄砲伝来
1544	甲辰	〃 19	〃 13	〃 24	〃 23	
1545	乙巳	〃 20	〃 14	〃 25	〃 24	
1546	丙午	〃 21	〃 15	〃 26	〃 25	
1547	丁未	〃 22	〃 16	〃 27	〃 26	
1548	戊申	〃 23	〃 17	〃 28	〃 27	
1549	己酉	〃 24	〃 18	〃 29	〃 28	7/22 ザビエル鹿児島に上陸
1550	庚戌	〃 25	〃 19	〃 30	〃 29	
1551	辛亥	〃 26	〃 20	〃 31	〃 30	
1552	壬子	〃 27	〃 21	〃 32	〃 31	
1553	癸丑	〃 28	〃 22	〃 33	〃 32	
1554	甲寅	〃 29	〃 23	〃 34	〃 33	
1555	乙卯	〃 30	弘治元 10/23	〃 35	〃 34	
1556	丙辰	〃 31	〃 2	〃 36	〃 35	
1557	丁巳	正親町元	〃 3	〃 37	〃 36	9/5 後奈良崩御（62）
1558	戊午	〃 2	永禄元 2/28	〃 38	〃 37	
1559	己未	〃 3	〃 2	〃 39	〃 38	
1560	庚申	〃 4	〃 3	〃 40	〃 39	5/19 桶狭間の戦い

（安土・桃山時代）

AD	干支	天皇	日本年号	皇帝	中国年号	参考注記
1561	辛酉	正親町 5	永禄 4	世宗 41	嘉靖 40	
1562	壬戌	〃 6	〃 5	〃 42	〃 41	
1563	癸亥	〃 7	〃 6	〃 43	〃 42	
1564	甲子	〃 8	〃 7	〃 44	〃 43	
1565	乙丑	〃 9	〃 8	〃 45	〃 44	
1566	丙寅	〃 10	〃 9	穆宗元	〃 45	
1567	丁卯	〃 11	〃 10	〃 2	隆慶元 1/1	
1568	戊辰	〃 12	〃 11	〃 3	〃 2	
1569	己巳	〃 13	〃 12	〃 4	〃 3	
1570	庚午	〃 14	元亀元 4/23	〃 5	〃 4	
1571	辛未	〃 15	〃 2	〃 6	〃 5	9/12 延暦寺焼討ち
1572	壬申	〃 16	〃 3	神宗元	〃 6	
1573	癸酉	〃 17	天正元 7/28	〃 2	万暦元 1/1	室町幕府滅亡
1574	甲戌	〃 18	〃 2	〃 3	〃 2	
1575	乙亥	〃 19	〃 3	〃 4	〃 3	
1576	丙子	〃 20	〃 4	〃 5	〃 4	
1577	丁丑	〃 21	〃 5	〃 6	〃 5	
1578	戊寅	〃 22	〃 6	〃 7	〃 6	
1579	己卯	〃 23	〃 7	〃 8	〃 7	
1580	庚辰	〃 24	〃 8	〃 9	〃 8	
1581	辛巳	〃 25	〃 9	〃 10	〃 9	
1582	壬午	〃 26	〃 10	〃 11	〃 10	1/28 天正遣欧使節団出発　6/2 本能寺の変
1583	癸未	〃 27	〃 11	〃 12	〃 11	
1584	甲申	〃 28	〃 12	〃 13	〃 12	
1585	乙酉	〃 29	〃 13	〃 14	〃 13	
1586	丙戌	後陽成元	〃 14	〃 15	〃 14	11/7 正親町譲位
1587	丁亥	〃 2	〃 15	〃 16	〃 15	
1588	戊子	〃 3	〃 16	〃 17	〃 16	「天正大判」発行
1589	己丑	〃 4	〃 17	〃 18	〃 17	
1590	庚寅	〃 5	〃 18	〃 19	〃 18	
1591	辛卯	〃 6	〃 19	〃 20	〃 19	
1592	壬辰	〃 7	文禄元 12/8	〃 21	〃 20	文禄の役
1593	癸巳	〃 8	〃 2	〃 22	〃 21	1/5 正親町崩御（77）
1594	甲午	〃 9	〃 3	〃 23	〃 22	
1595	乙未	〃 10	〃 4	〃 24	〃 23	
1596	丙申	〃 11	慶長元 10/27	〃 25	〃 24	
1597	丁酉	〃 12	〃 2	〃 26	〃 25	慶長の役
1598	戊戌	〃 13	〃 3	〃 27	〃 26	
1599	己亥	〃 14	〃 4	〃 28	〃 27	
1600	庚子	〃 15	〃 5	〃 29	〃 28	関ヶ原の戦

（江戸時代）

AD	干支	天皇	日本年号	皇帝	中国年号	参考注記
1601	辛丑	後陽成 16	慶長 6	神宗 30	万暦 29	
1602	壬寅	〃 17	〃 7	〃 31	〃 30	
1603	癸卯	〃 18	〃 8	〃 32	〃 31	2/12 徳川家康、征夷大将軍
1604	甲辰	〃 19	〃 9	〃 33	〃 32	
1605	乙巳	〃 20	〃 10	〃 34	〃 33	
1606	丙午	〃 21	〃 11	〃 35	〃 34	
1607	丁未	〃 22	〃 12	〃 36	〃 35	
1608	戊申	〃 23	〃 13	〃 37	〃 36	
1609	己酉	〃 24	〃 14	〃 38	〃 37	
1610	庚戌	〃 25	〃 15	〃 39	〃 38	
1611	辛亥	後水尾元	〃 16	〃 40	〃 39	3/27 後陽成譲位
1612	壬子	〃 2	〃 17	〃 41	〃 40	
1613	癸丑	〃 3	〃 18	〃 42	〃 41	
1614	甲寅	〃 4	〃 19	〃 43	〃 42	
1615	乙卯	〃 5	元和元 7/13	〃 44	〃 43	5/7 大坂城落城　元和偃武 7/17「禁中並公家諸法度」
1616	丙辰	〃 6	〃 2	〃 45	〃 44	後金：天命元 1/1
1617	丁巳	〃 7	〃 3	〃 46	〃 45	8/26 後陽成崩御（47）
1618	戊午	〃 8	〃 4	〃 47	〃 46	
1619	己未	〃 9	〃 5	〃 48	〃 47	
1620	庚申	〃 10	〃 6	光宗元・熹宗元	泰昌元 8/1	
1621	辛酉	〃 11	〃 7	〃 2	天啓元 1/1	
1622	壬戌	〃 12	〃 8	〃 3	〃 2	
1623	癸亥	〃 13	〃 9	〃 4	〃 3	
1624	甲子	〃 14	寛永元 2/30	〃 5	〃 4	
1625	乙丑	〃 15	〃 2	〃 6	〃 5	「寛永寺」創建
1626	丙寅	〃 16	〃 3	〃 7	〃 6	
1627	丁卯	〃 17	〃 4	毅宗元	〃 7	後金：天聡元 1/1
1628	戊辰	〃 18	〃 5	〃 2	崇禎元 1/1	
1629	己巳	明正元	〃 6	〃 3	〃 2	紫衣事件　11/8 後水尾譲位
1630	庚午	〃 2	〃 7	〃 4	〃 3	
1631	辛未	〃 3	〃 8	〃 5	〃 4	
1632	壬申	〃 4	〃 9	〃 6	〃 5	
1633	癸酉	〃 5	〃 10	〃 7	〃 6	
1634	甲戌	〃 6	〃 11	〃 8	〃 7	
1635	乙亥	〃 7	〃 12	〃 9	〃 8	
1636	丙子	〃 8	〃 13	〃 10	〃 9	清：崇徳元 4/11　「寛永通宝」発行
1637	丁丑	〃 9	〃 14	〃 11	〃 10	10/25 島原の乱
1638	戊寅	〃 10	〃 15	〃 12	〃 11	
1639	己卯	〃 11	〃 16	〃 13	〃 12	
1640	庚辰	〃 12	〃 17	〃 14	〃 13	

AD	干支	天　皇	日本年号	皇　帝	中国年号	参考注記
1641	辛巳	明正 13	寛永 18	毅宗 15	崇禎 14	寛永の大飢饉
1642	壬午	〃 14	〃 19	〃 16	〃 15	
1643	癸未	後光明元	〃 20	〃 17	〃 16	10/3 明正譲位
1644	甲申	〃 2	正保元 12/16	南明：福王元	〃 17	清：順治元 10/1
1645	乙酉	〃 3	〃 2	唐王元	弘光元 1/1 隆武元 7/1	
1646	丙戌	〃 4	〃 3	桂王元	紹武元	3/10 日光奉幣使派遣を決定
1647	丁亥	〃 5	〃 4	〃 2	永暦元 1/1	
1648	戊子	〃 6	慶安元 2/15	〃 3	〃 2	
1649	己丑	〃 7	〃 2	〃 4	〃 3	
1650	庚寅	〃 8	〃 3	〃 5	〃 4	
1651	辛卯	〃 9	〃 4	〃 6	〃 5	慶安事件
1652	壬辰	〃 10	承応元 9/18	〃 7	〃 6	承応事件
1653	癸巳	〃 11	〃 2	〃 8	〃 7	
1654	甲午	後西元	〃 3	〃 9	〃 8	9/20 後光明崩御（22）
1655	乙未	〃 2	明暦元 4/13	〃 10	〃 9	
1656	丙申	〃 3	〃 2	〃 11	〃 10	
1657	丁酉	〃 4	〃 3	〃 12	〃 11	1/18 明暦の大火
1658	戊戌	〃 5	万治元 7/23	〃 13	〃 12	
1659	己亥	〃 6	〃 2	〃 14	〃 13	
1660	庚子	〃 7	〃 3	〃 15	〃 14	
1661	辛丑	〃 8	寛文元 4/25	〃 16	〃 15	
1662	壬寅	〃 9	〃 2	清：聖祖 2	清：康熙元 1/1	
1663	癸卯	霊元元	〃 3	〃 3	〃 2	1/26 後西譲位
1664	甲辰	〃 2	〃 4	〃 4	〃 3	
1665	乙巳	〃 3	〃 5	〃 5	〃 4	
1666	丙午	〃 4	〃 6	〃 6	〃 5	
1667	丁未	〃 5	〃 7	〃 7	〃 6	
1668	戊申	〃 6	〃 8	〃 8	〃 7	
1669	己酉	〃 7	〃 9	〃 9	〃 8	
1670	庚戌	〃 8	〃 10	〃 10	〃 9	
1671	辛亥	〃 9	〃 11	〃 11	〃 10	
1672	壬子	〃 10	〃 12	〃 12	〃 11	
1673	癸丑	〃 11	延宝元 9/21	〃 13	〃 12	
1674	甲寅	〃 12	〃 2	〃 14	〃 13	
1675	乙卯	〃 13	〃 3	〃 15	〃 14	
1676	丙辰	〃 14	〃 4	〃 16	〃 15	
1677	丁巳	〃 15	〃 5	〃 17	〃 16	
1678	戊午	〃 16	〃 6	〃 18	〃 17	
1679	己未	〃 17	〃 7	〃 19	〃 18	
1680	庚申	〃 18	〃 8	〃 20	〃 19	8/19 後水尾崩御（85）

AD	干支	天　皇	日本年号	皇　帝	中国年号	参考注記
1681	辛酉	霊元 19	天和元 9/29	聖祖 21	康熙 20	
1682	壬戌	〃 20	〃 2	〃 22	〃 21	
1683	癸亥	〃 21	〃 3	〃 23	〃 22	
1684	甲子	〃 22	貞享元 2/21	〃 24	〃 23	
1685	乙丑	〃 23	〃 2	〃 25	〃 24	1/1「貞享暦」採用　2/22 後西崩御（49）
1686	丙寅	〃 24	〃 3	〃 26	〃 25	
1687	丁卯	東山元	〃 4	〃 27	〃 26	3/21 霊元譲位　11/16 大嘗祭再興
1688	戊辰	〃 2	元禄元 9/30	〃 28	〃 27	元禄文化
1689	己巳	〃 3	〃 2	〃 29	〃 28	
1690	庚午	〃 4	〃 3	〃 30	〃 29	
1691	辛未	〃 5	〃 4	〃 31	〃 30	
1692	壬申	〃 6	〃 5	〃 32	〃 31	
1693	癸酉	〃 7	〃 6	〃 33	〃 32	
1694	甲戌	〃 8	〃 7	〃 34	〃 33	
1695	乙亥	〃 9	〃 8	〃 35	〃 34	
1696	丙子	〃 10	〃 9	〃 36	〃 35	11/10 明正崩御（74）
1697	丁丑	〃 11	〃 10	〃 37	〃 36	
1698	戊寅	〃 12	〃 11	〃 38	〃 37	
1699	己卯	〃 13	〃 12	〃 39	〃 38	
1700	庚辰	〃 14	〃 13	〃 40	〃 39	
1701	辛巳	〃 15	〃 14	〃 41	〃 40	
1702	壬午	〃 16	〃 15	〃 42	〃 41	12/15 赤穂事件
1703	癸未	〃 17	〃 16	〃 43	〃 42	
1704	甲申	〃 18	宝永元 3/13	〃 44	〃 43	
1705	乙酉	〃 19	〃 2	〃 45	〃 44	お蔭参り流行
1706	丙戌	〃 20	〃 3	〃 46	〃 45	
1707	丁亥	〃 21	〃 4	〃 47	〃 46	
1708	戊子	〃 22	〃 5	〃 48	〃 47	
1709	己丑	中御門元	〃 6	〃 49	〃 48	6/21 東山譲位・12/17 崩御（35）
1710	庚寅	〃 2	〃 7	〃 50	〃 49	
1711	辛卯	〃 3	正徳元 4/25	〃 51	〃 50	新井白石正徳の治
1712	壬辰	〃 4	〃 2	〃 52	〃 51	
1713	癸巳	〃 5	〃 3	〃 53	〃 52	
1714	甲午	〃 6	〃 4	〃 54	〃 53	
1715	乙未	〃 7	〃 5	〃 55	〃 54	
1716	丙申	〃 8	享保元 6/22	〃 56	〃 55	8/13 徳川吉宗、将軍就任　享保の改革
1717	丁酉	〃 9	〃 2	〃 57	〃 56	
1718	戊戌	〃 10	〃 3	〃 58	〃 57	
1719	己亥	〃 11	〃 4	〃 59	〃 58	
1720	庚子	〃 12	〃 5	〃 60	〃 59	

AD	干支	天　皇	日本年号	皇　帝	中国年号	参考注記
1721	辛丑	中御門 13	享保 6	聖祖 61	康熙 60	
1722	壬寅	〃 14	〃 7	世宗元	〃 61	
1723	癸卯	〃 15	〃 8	〃 2	雍正元 1/1	
1724	甲辰	〃 16	〃 9	〃 3	〃 2	
1725	乙巳	〃 17	〃 10	〃 4	〃 3	
1726	丙午	〃 18	〃 11	〃 5	〃 4	
1727	丁未	〃 19	〃 12	〃 6	〃 5	
1728	戊申	〃 20	〃 13	〃 7	〃 6	
1729	己酉	〃 21	〃 14	〃 8	〃 7	
1730	庚戌	〃 22	〃 15	〃 9	〃 8	
1731	辛亥	〃 23	〃 16	〃 10	〃 9	
1732	壬子	〃 24	〃 17	〃 11	〃 10	8/6 霊元崩御（79）　享保の飢饉
1733	癸丑	〃 25	〃 18	〃 12	〃 11	
1734	甲寅	〃 26	〃 19	〃 13	〃 12	
1735	乙卯	桜町元	〃 20	高宗元	〃 13	3/21 中御門譲位
1736	丙辰	〃 2	元文元 4/28	〃 2	乾隆元 1/1	
1737	丁巳	〃 3	〃 2	〃 3	〃 2	4/11 中御門崩御（37）
1738	戊午	〃 4	〃 3	〃 4	〃 3	
1739	己未	〃 5	〃 4	〃 5	〃 4	
1740	庚申	〃 6	〃 5	〃 6	〃 5	
1741	辛酉	〃 7	寛保元 2/27	〃 7	〃 6	
1742	壬戌	〃 8	〃 2	〃 8	〃 7	
1743	癸亥	〃 9	〃 3	〃 9	〃 8	
1744	甲子	〃 10	延享元 2/21	〃 10	〃 9	
1745	乙丑	〃 11	〃 2	〃 11	〃 10	
1746	丙寅	〃 12	〃 3	〃 12	〃 11	
1747	丁卯	桃園元	〃 4	〃 13	〃 12	5/2 桜町譲位
1748	戊辰	〃 2	寛延元 7/12	〃 14	〃 13	
1749	己巳	〃 3	〃 2	〃 15	〃 14	
1750	庚午	〃 4	〃 3	〃 16	〃 15	4/23 桜町崩御（31）
1751	辛未	〃 5	宝暦元 10/27	〃 17	〃 16	
1752	壬申	〃 6	〃 2	〃 18	〃 17	
1753	癸酉	〃 7	〃 3	〃 19	〃 18	
1754	甲戌	〃 8	〃 4	〃 20	〃 19	
1755	乙亥	〃 9	〃 5	〃 21	〃 20	1/1「宝暦暦」採用
1756	丙子	〃 10	〃 6	〃 22	〃 21	
1757	丁丑	〃 11	〃 7	〃 23	〃 22	
1758	戊寅	〃 12	〃 8	〃 24	〃 23	宝暦事件
1759	己卯	〃 13	〃 9	〃 25	〃 24	
1760	庚辰	〃 14	〃 10	〃 26	〃 25	

AD	干支	天　皇	日本年号	皇　帝	中国年号	参考注記
1761	辛巳	桃園 15	宝暦 11	高宗 27	乾隆 26	
1762	壬午	後桜町元	〃 12	〃 28	〃 27	7/12 桃園崩御（22）
1763	癸未	〃 2	〃 13	〃 29	〃 28	
1764	甲申	〃 3	明和元 6/2	〃 30	〃 29	
1765	乙酉	〃 4	〃 2	〃 31	〃 30	
1766	丙戌	〃 5	〃 3	〃 32	〃 31	
1767	丁亥	〃 6	〃 4	〃 33	〃 32	明和事件
1768	戊子	〃 7	〃 5	〃 34	〃 33	
1769	己丑	〃 8	〃 6	〃 35	〃 34	
1770	庚寅	後桃園元	〃 7	〃 36	〃 35	11/24 後桜町譲位
1771	辛卯	〃 2	〃 8	〃 37	〃 36	お蔭参り流行
1772	壬辰	〃 3	安永元 11/16	〃 38	〃 37	
1773	癸巳	〃 4	〃 2	〃 39	〃 38	
1774	甲午	〃 5	〃 3	〃 40	〃 39	
1775	乙未	〃 6	〃 4	〃 41	〃 40	
1776	丙申	〃 7	〃 5	〃 42	〃 41	
1777	丁酉	〃 8	〃 6	〃 43	〃 42	
1778	戊戌	〃 9	〃 7	〃 44	〃 43	
1779	己亥	光格元	〃 8	〃 45	〃 44	10/29 後桃園崩御（22）
1780	庚子	〃 2	〃 9	〃 46	〃 45	
1781	辛丑	〃 3	天明元 4/2	〃 47	〃 46	
1782	壬寅	〃 4	〃 2	〃 48	〃 47	天明の飢饉
1783	癸卯	〃 5	〃 3	〃 49	〃 48	
1784	甲辰	〃 6	〃 4	〃 50	〃 49	
1785	乙巳	〃 7	〃 5	〃 51	〃 50	
1786	丙午	〃 8	〃 6	〃 52	〃 51	
1787	丁未	〃 9	〃 7	〃 53	〃 52	6/19 松平定信老中就任・寛政の改革
1788	戊申	〃 10	〃 8	〃 54	〃 53	越南：西山朝・光中帝「光中」元年
1789	己酉	〃 11	寛政元 1/25	〃 55	〃 54	尊号一件
1790	庚戌	〃 12	〃 2	〃 56	〃 55	5/24 寛政異学の禁　8/26 寛政度内裏完成
1791	辛亥	〃 13	〃 3	〃 57	〃 56	
1792	壬子	〃 14	〃 4	〃 58	〃 57	
1793	癸丑	〃 15	〃 5	〃 59	〃 58	
1794	甲寅	〃 16	〃 6	〃 60	〃 59	
1795	乙卯	〃 17	〃 7	〃 61	〃 60	
1796	丙辰	〃 18	〃 8	仁宗元	嘉慶元 1/1	
1797	丁巳	〃 19	〃 9	〃 2	〃 2	
1798	戊午	〃 20	〃 10	〃 3	〃 3	1/1「寛政暦」採用
1799	己未	〃 21	〃 11	〃 4	〃 4	
1800	庚申	〃 22	〃 12	〃 5	〃 5	

AD	干支	天　皇	日本年号	皇　帝	中国年号	参考注記
1801	辛酉	光格 23	享和元 2/5	仁宗 6	嘉慶 6	
1802	壬戌	〃 24	〃 2	〃 7	〃 7	越南：阮朝・嘉隆帝「嘉隆」元年
1803	癸亥	〃 25	〃 3	〃 8	〃 8	
1804	甲子	〃 26	文化元 2/11	〃 9	〃 9	化政文化
1805	乙丑	〃 27	〃 2	〃 10	〃 10	
1806	丙寅	〃 28	〃 3	〃 11	〃 11	
1807	丁卯	〃 29	〃 4	〃 12	〃 12	
1808	戊辰	〃 30	〃 5	〃 13	〃 13	
1809	己巳	〃 31	〃 6	〃 14	〃 14	
1810	庚午	〃 32	〃 7	〃 15	〃 15	
1811	辛未	〃 33	〃 8	〃 16	〃 16	
1812	壬申	〃 34	〃 9	〃 17	〃 17	『寛政重修諸家譜』完成
1813	癸酉	〃 35	〃 10	〃 18	〃 18	閏11/2 後桜町崩御（74）
1814	甲戌	〃 36	〃 11	〃 19	〃 19	
1815	乙亥	〃 37	〃 12	〃 20	〃 20	
1816	丙子	〃 38	〃 13	〃 21	〃 21	
1817	丁丑	仁孝元	〃 14	〃 22	〃 22	3/22 光格譲位
1818	戊寅	〃 2	文政元 4/22	〃 23	〃 23	
1819	己卯	〃 3	〃 2	〃 24	〃 24	
1820	庚辰	〃 4	〃 3	宣宗元	〃 25	
1821	辛巳	〃 5	〃 4	〃 2	道光元 1/1	
1822	壬午	〃 6	〃 5	〃 3	〃 2	
1823	癸未	〃 7	〃 6	〃 4	〃 3	
1824	甲申	〃 8	〃 7	〃 5	〃 4	
1825	乙酉	〃 9	〃 8	〃 6	〃 5	
1826	丙戌	〃 10	〃 9	〃 7	〃 6	
1827	丁亥	〃 11	〃 10	〃 8	〃 7	
1828	戊子	〃 12	〃 11	〃 9	〃 8	
1829	己丑	〃 13	〃 12	〃 10	〃 9	
1830	庚寅	〃 14	天保元 12/10	〃 11	〃 10	お蔭参り流行
1831	辛卯	〃 15	〃 2	〃 12	〃 11	
1832	壬辰	〃 16	〃 3	〃 13	〃 12	天保の飢饉
1833	癸巳	〃 17	〃 4	〃 14	〃 13	
1834	甲午	〃 18	〃 5	〃 15	〃 14	
1835	乙未	〃 19	〃 6	〃 16	〃 15	
1836	丙申	〃 20	〃 7	〃 17	〃 16	
1837	丁酉	〃 21	〃 8	〃 18	〃 17	2/19 大塩平八郎の乱
1838	戊戌	〃 22	〃 9	〃 19	〃 18	
1839	己亥	〃 23	〃 10	〃 20	〃 19	
1840	庚子	〃 24	〃 11	〃 21	〃 20	11/19 光格崩御（70）

（東京時代）

AD	干支	天皇	日本年号	皇帝	中国年号	参考注記
1841	辛丑	仁孝 25	天保 12	宣宗 22	道光 21	5/15 水野忠邦、天保の改革
1842	壬寅	〃 26	〃 13	〃 23	〃 22	
1843	癸卯	〃 27	〃 14	〃 24	〃 23	
1844	甲辰	〃 28	弘化元 12/2	〃 25	〃 24	1/1「天保暦」採用
1845	乙巳	〃 29	〃 2	〃 26	〃 25	
1846	丙午	孝明元	〃 3	〃 27	〃 26	1/26 仁孝崩御（47）
1847	丁未	〃 2	〃 4	〃 28	〃 27	
1848	戊申	〃 3	嘉永元 2/28	〃 29	〃 28	
1849	己酉	〃 4	〃 2	〃 30	〃 29	
1850	庚戌	〃 5	〃 3	文宗元	〃 30	
1851	辛亥	〃 6	〃 4	〃 2	咸豊元 1/1	
1852	壬子	〃 7	〃 5	〃 3	〃 2	
1853	癸丑	〃 8	〃 6	〃 4	〃 3	6/3 ペリー、浦賀に来航
1854	甲寅	〃 9	安政元 11/27	〃 5	〃 4	3/3「日米和親条約」調印
1855	乙卯	〃 10	〃 2	〃 6	〃 5	
1856	丙辰	〃 11	〃 3	〃 7	〃 6	
1857	丁巳	〃 12	〃 4	〃 8	〃 7	
1858	戊午	〃 13	〃 5	〃 9	〃 8	「安政五カ国条約」　安政の大獄
1859	己未	〃 14	〃 6	〃 10	〃 9	福沢諭吉塾を開塾（のち「慶應義塾」）
1860	庚申	〃 15	万延元 3/18	〃 11	〃 10	3/3 桜田門外の変
1861	辛酉	〃 16	文久元 2/19	穆宗元	〃 11	
1862	壬戌	〃 17	〃 2	〃 2	同治元 1/1	
1863	癸亥	〃 18	〃 3	〃 3	〃 2	
1864	甲子	〃 19	元治元 2/20	〃 4	〃 3	
1865	乙丑	〃 20	慶応元 4/7	〃 5	〃 4	
1866	丙寅	〃 21	〃 2	〃 6	〃 5	12/25 孝明崩御（36）
1867	丁卯	明治元	〃 3	〃 7	〃 6	10/14 将軍徳川慶喜、大政奉還
1868	戊辰	〃 2	明治元 9/8	〃 8	〃 7	3/14 五箇条の御誓文 9/8 一世一元の制、明治維新
1869	己巳	〃 3	〃 2	〃 9	〃 8	
1870	庚午	〃 4	〃 3	〃 10	〃 9	
1871	辛未	〃 5	〃 4	〃 11	〃 10	7/14 廃藩置県
1872	壬申	〃 6	〃 5	〃 12	〃 11	12/3 太陽暦の採用＝明治６年 1/1
1873	癸酉	〃 7	〃 6	〃 13	〃 12	明六社結成
1874	甲戌	〃 8	〃 7	〃 14	〃 13	
1875	乙亥	〃 9	〃 8	徳宗元	光緒元 1/1	
1876	丙子	〃 10	〃 9	〃 2	〃 2	
1877	丁丑	〃 11	〃 10	〃 3	〃 3	
1878	戊寅	〃 12	〃 11	〃 4	〃 4	
1879	己卯	〃 13	〃 12	〃 5	〃 5	
1880	庚辰	〃 14	〃 13	〃 6	〃 6	

AD	干支	天皇	日本年号	皇帝	中国年号	参考注記
1881	辛巳	明治 15	明治 14	徳宗 7	光緒 7	明治 14 年の政変
1882	壬午	〃 16	〃 15	〃 8	〃 8	
1883	癸未	〃 17	〃 16	〃 9	〃 9	
1884	甲申	〃 18	〃 17	〃 10	〃 10	
1885	乙酉	〃 19	〃 18	〃 11	〃 11	12/22 内閣制度創設
1886	丙戌	〃 20	〃 19	〃 12	〃 12	
1887	丁亥	〃 21	〃 20	〃 13	〃 13	
1888	戊子	〃 22	〃 21	〃 14	〃 14	2/11 明治憲法発布・皇室典範制定
1889	己丑	〃 23	〃 22	〃 15	〃 15	10/30「教育勅語」発布　11/29 第一回帝国議会
1890	庚寅	〃 24	〃 23	〃 16	〃 16	
1891	辛卯	〃 25	〃 24	〃 17	〃 17	
1892	壬辰	〃 26	〃 25	〃 18	〃 18	
1893	癸巳	〃 27	〃 26	〃 19	〃 19	
1894	甲午	〃 28	〃 27	〃 20	〃 20	日清戦争（～明 28.4/17）
1895	乙未	〃 29	〃 28	〃 21	〃 21	
1896	丙申	〃 30	〃 29	〃 22	〃 22	
1897	丁酉	〃 31	〃 30	〃 23	〃 23	
1898	戊戌	〃 32	〃 31	〃 24	〃 24	
1899	己亥	〃 33	〃 32	〃 25	〃 25	
1900	庚子	〃 34	〃 33	〃 26	〃 26	
1901	辛丑	〃 35	〃 34	〃 27	〃 27	
1902	壬寅	〃 36	〃 35	〃 28	〃 28	1/30 日英同盟協約調印
1903	癸卯	〃 37	〃 36	〃 29	〃 29	
1904	甲辰	〃 38	〃 37	〃 30	〃 30	2/10 日露戦争（～明 38.9/5）
1905	乙巳	〃 39	〃 38	〃 31	〃 31	
1906	丙午	〃 40	〃 39	〃 32	〃 32	
1907	丁未	〃 41	〃 40	〃 33	〃 33	韓国 : 純宗即位「隆熙元年」（～ 1910）
1908	戊申	〃 42	〃 41	宣統帝元	〃 34	
1909	己酉	〃 43	〃 42	〃 2	宣統元	
1910	庚戌	〃 44	〃 43	〃 3	〃 2	5/25 大逆事件検挙　8/22 韓国併合
1911	辛亥	〃 45	〃 44	〃 4	〃 3	10/10 清で辛亥革命
1912	壬子	大正元	大正元 7/30			7/30 明治崩御（満 59）　1/1 中華民国元年
1913	癸丑	〃 2	〃 2			2/14 大正政変（桂内閣退陣）
1914	甲寅	〃 3	〃 3			8/23 第一次世界大戦参戦（～ 1918）
1915	乙卯	〃 4	〃 4			
1916	丙辰	〃 5	〃 5			
1917	丁巳	〃 6	〃 6			
1918	戊午	〃 7	〃 7			
1919	己未	〃 8	〃 8			
1920	庚申	〃 9	〃 9			

AD	干支	天皇	日本年号	皇帝	中国年号	参考注記
1921	辛酉	大正 10	大正 10			11/25 皇太子裕仁親王（満 20）摂政就任
1922	壬戌	〃 11	〃 11			
1923	癸亥	〃 12	〃 12			9/1 関東大震災
1924	甲子	〃 13	〃 13			
1925	乙丑	〃 14	〃 14			5/5「普通選挙法」公布（大正デモクラシー）
1926	丙寅	昭和元	昭和元 12/25			12/25 大正天皇崩御（満 47） 阮：「保大元年」（～ 1945）
1927	丁卯	〃 2	〃 2			
1928	戊辰	〃 3	〃 3			
1929	己巳	〃 4	〃 4			
1930	庚午	〃 5	〃 5			昭和恐慌（～昭 7）
1931	辛未	〃 6	〃 6			9/18 柳条湖事件
1932	壬申	〃 7	〃 7			3/1 満州建国「大同元年」（～ 1934）
1933	癸酉	〃 8	〃 8			
1934	甲戌	〃 9	〃 9			3/1 満州帝国成立「康徳元年」（～ 1945）
1935	乙亥	〃 10	〃 10			
1936	丙子	〃 11	〃 11			2/26 二．二六事件（昭和維新）
1937	丁丑	〃 12	〃 12			7/7 盧溝橋事件
1938	戊寅	〃 13	〃 13			
1939	己卯	〃 14	〃 14			
1940	庚辰	〃 15	〃 15			9/27 日独伊三国同盟調印
1941	辛巳	〃 16	〃 16			12/8「大東亜戦争」（～昭 20）
1942	壬午	〃 17	〃 17			
1943	癸未	〃 18	〃 18			11/5 大東亜会議開催
1944	甲申	〃 19	〃 19			
1945	乙酉	〃 20	〃 20			8/15「終戦詔書」玉音放送
1946	丙戌	〃 21	〃 21			11/3 日本国憲法（昭和憲法）公布
1947	丁亥	〃 22	〃 22			1/16 新「皇室典範」制定
1948	戊子	〃 23	〃 23			
1949	己丑	〃 24	〃 24			10/1 中華人民共和国成立
1950	庚寅	〃 25	〃 25			
1951	辛卯	〃 26	〃 26			
1952	壬辰	〃 27	〃 27			4/28 対日講和（平和）条約発効
1953	癸巳	〃 28	〃 28			
1954	甲午	〃 29	〃 29			
1955	乙未	〃 30	〃 30			
1956	丙申	〃 31	〃 31			12/18 国連加盟
1957	丁酉	〃 32	〃 32			南極越冬隊「昭和基地」建設
1958	戊戌	〃 33	〃 33			
1959	己亥	〃 34	〃 34			4/10 皇太子明仁親王（満 25）成婚
1960	庚子	〃 35	〃 35			

AD	干支	天　皇	日本年号	皇　帝	中国年号	参考注記
1961	辛丑	昭和 36	昭和 36			
1962	壬寅	〃 37	〃 37			
1963	癸卯	〃 38	〃 38			
1964	甲辰	〃 39	〃 39			10/10 第18回オリンピック東京大会開会
1965	乙巳	〃 40	〃 40			
1966	丙午	〃 41	〃 41			
1967	丁未	〃 42	〃 42			
1968	戊申	〃 43	〃 43			
1969	己酉	〃 44	〃 44			
1970	庚戌	〃 45	〃 45			3/14 大阪万国博覧会開会
1971	辛亥	〃 46	〃 46			
1972	壬子	〃 47	〃 47			5/15 沖縄本土復帰
1973	癸丑	〃 48	〃 48			
1974	甲寅	〃 49	〃 49			
1975	乙卯	〃 50	〃 50			7/20 沖縄国際海洋博覧会開会
1976	丙辰	〃 51	〃 51			
1977	丁巳	〃 52	〃 52			
1978	戊午	〃 53	〃 53			
1979	己未	〃 54	〃 54			6/6「元号法」成立
1980	庚申	〃 55	〃 55			
1981	辛酉	〃 56	〃 56			
1982	壬戌	〃 57	〃 57			
1983	癸亥	〃 58	〃 58			
1984	甲子	〃 59	〃 59			
1985	乙丑	〃 60	〃 60			
1986	丙寅	〃 61	〃 61			
1987	丁卯	〃 62	〃 62			
1988	戊辰	〃 63	〃 63			
1989	己巳	今上元	平成元 1/8			1/7 昭和天皇崩御（満 87）
1990	庚午	〃 2	〃 2			6/26 秋篠宮文仁親王（満 24）成婚
1991	辛未	〃 3	〃 3			
1992	壬申	〃 4	〃 4			
1993	癸酉	〃 5	〃 5			6/9 皇太子徳仁親王（満 33）成婚
1994	甲戌	〃 6	〃 6			
1995	乙亥	〃 7	〃 7			
1996	丙子	〃 8	〃 8			
1997	丁丑	〃 9	〃 9			
1998	戊寅	〃 10	〃 10			
1999	己卯	〃 11	〃 11			8/13「国旗国歌法」成立
2000	庚辰	〃 12	〃 12			6/16 香淳皇后（満 97）崩御

AD	干支	天　皇	日本年号	皇　帝	中国年号	参考注記
2001	辛巳	今上 13	平成 13			12/1 敬宮愛子内親王誕生　大宝改元 1300 年
2002	壬午	〃 14	〃 14			
2003	癸未	〃 15	〃 15			
2004	甲申	〃 16	〃 16			
2005	乙酉	〃 17	〃 17			
2006	丙戌	〃 18	〃 18			9/6 悠仁親王誕生
2007	丁亥	〃 19	〃 19			
2008	戊子	〃 20	〃 20			
2009	己丑	〃 21	〃 21			
2010	庚寅	〃 22	〃 22			
2011	辛卯	〃 23	〃 23			3/11 東日本大震災
2012	壬辰	〃 24	〃 24			『古事記』撰上 1300 年　大正改元 100 年
2013	癸巳	〃 25	〃 25			12/23 今上陛下満 80 歳
2014	甲午	〃 26	〃 26			
2015	乙未	〃 27	〃 27			
2016	丙申	〃 28	〃 28			
2017	丁酉					
2018	戊戌					明治改元 150 年
2019	己亥					
2020	庚子					『日本書紀』撰上 1300 年
2021	辛丑					
2022	壬寅					
2023	癸卯					
2024	甲辰					
2025	乙巳					
2026	丙午					昭和改元 100 年
2027	丁未					
2028	戊申					
2029	己酉					
2030	庚戌					
2031	辛亥					
2032	壬子					
2033	癸丑					
2034	甲寅					
2035	乙卯					
2036	丙辰					
2037	丁巳					
2038	戊午					
2039	己未					平成改元 50 年
2040	庚申					

Ｖ 付 表

i　日本の公年号一覧

㋑ 年代順／㋺五十音順

ii　平安以降の代始三儀年表

iii　日本と中国の公年号表

編著者紹介

所　功（ところ　いさお）

昭和十六年（一九四一）十二月十二日、岐阜県生まれ。名古屋大学文学部卒業・同大学院文学研究科修士課程修了。法学博士（慶應義塾大学）。日本法制文化史専攻。皇學館大学助教授・文部省教科書調査官を経て、京都産業大学教授（教養部→法学部・日本文化研究所）。平成二十四年（二〇一二）四月より京都産業大学名誉教授・モラロジー研究所教授（研究主幹）・麗澤大学客員教授（比較文明文化研究センター）皇學館大学特別招聘教授など。

〔主著〕『三善清行』（吉川弘文館人物叢書）、『菅原道真の実像』（臨川書店）、『日本の年号』『年号の歴史—元号制度の史的研究—』（共に雄山閣出版）、『平安朝儀式書成立史の研究』『宮廷儀式書成立史の再検討』（共に国書刊行会）、『伊勢神宮』（講談社学術文庫）、『京都の三大祭』（角川選書）、『国旗・国歌の常識』（東京堂出版）、『〈国民の祝日〉の由来がわかる小事典』『皇位継承のあり方』（共にPHP新書）、『皇位継承』（高橋紘との共著、文春新書）、『天皇の人生儀礼』（小学館文庫）、『天皇の〈まつりごと〉』（NHK出版新書）、『近現代の〈女性天皇〉論』（展転社新書）、『皇室典範と女性宮家』『伊勢神宮と日本文化』『松陰から妹達への遺訓』（以上、勉誠出版）、『皇室の伝統と日本文化』『皇室に学ぶ徳育』『歴代天皇の実像』『国旗・国歌と日本の教育』（以上、モラロジー研究所）、『象徴天皇「高齢譲位」の真相』（ベスト新書）など。〔編著〕『皇室事典』（角川学芸出版）など。

執筆者紹介

久禮　旦雄（くれ　あさお）

昭和五十七年（一九八二）三月十六日、大阪府生まれ。同志社大学文学部卒業・京都大学大学院法学研究科博士後期課程修了。博士（法学、京都大学）。日本古代法制史専攻。現在、平成二十八年四月よりモラロジー研究所研究員。

〔主著〕「『延暦儀式帳』撰進と弘仁大神宮式編纂の政治的背景」（鈴木秀光他編『法の流通』慈学社）、「神祇令の特質とその前提」（『法学論叢』一六九—一・二）、「「年中行事」の淵源」（『藝林』六〇—二）、「神祇令・神祇官の成立—古代王権と祭祀の論理」（『ヒストリア』二四一）など。

五島　邦治（ごしま　くにはる）
昭和二十七年（一九五二）四月二十七日、京都府生まれ。京都大学文学部哲学科卒業・大谷大学大学院修士課程修了。日本文化史専攻。京都市歴史資料館、彦根城博物館、園田学園女子大学教授等を経て、現在、京都造形芸術大学教授、宗教文化研究所評議員・京都市生涯教育振興財団評議員等。
〔主著〕『京都 町共同体成立史の研究』（岩田書院）、『京都の歴史がわかる事典』（日本実業出版社）〔編共著〕、『源氏物語　六條院の生活』（(財) 宗教文化研究所・風俗博物館）〔監修共著〕、『源氏物語と京都　六條院へ出かけよう』（(財) 宗教文化研究所・風俗博物館）、『皇室事典』（角川学芸出版）〔分担執筆〕など。

吉野　健一（よしの　けんいち）
昭和五十九年（一九八四）八月二十一日東京都生まれ。東京都立大学人文学部卒業・京都大学大学院文学研究科修士課程修了。日本近世史専攻。現在、京都府立丹後郷土資料館勤務。
〔主著〕「後桜町天皇宸記」（後桜町女帝宸記研究会、『京都産業大学日本文化研究所紀要』一四〜一六）〔共著〕、『細川幽斎と舞鶴』（舞鶴市）〔分担執筆〕、『丹後国府と中世都市「府中」』（京都府立丹後郷土資料館展示図録）など。

橋本　富太郎（はしもと　とみたろう）
昭和四十九年（一九七四）六月五日生まれ。麗澤大学国際経済学部卒業・國學院大学大学院文学研究科博士課程後期修了。博士（神道学）。神道学専攻。廣池千九郎記念館学芸員等を経て、現在、麗澤大学助教。
〔主著〕『廣池千九郎』（ミネルヴァ書房）、「近代天皇の生母・皇后」（『歴史読本』五三巻四号）、「神宮皇學館における廣池千九郎の神道講義」（『神道史研究』第六一巻二号）、『皇室事典』（角川学芸出版）〔分担執筆〕など。

An Account of the Creation of the Names for Imperial Eras in Japan

Explaining the Selection of Names Given to the 247 Imperial Eras from TAIKA (645) to HEISEI (1989)

Editor : TOKORO, Isao
Emeritus Professor of KYOTO SANGYO University
Senior Researcher of the Institute of Moralogy
Contributors : KURE, Asao
GOSHIMA, Kuniharu
YOSHINO, Kenichi
HASHIMOTO, Tomitaro

Publisher: YUZANKAKU Inc.
Publication date: January 2017 (HEISEI 29)

編著者　所　　功

執筆者　久禮　旦雄
五島　邦治
吉野　健一
橋本富太郎

平成29年（2017）1月20日　初版1刷発行
平成29年（2017）9月30日　初版2刷発行

日本年号史大事典（にほんねんごうしだいじてん）［普及版（ふきゅうばん）］

編著者　所　　功
発行者　宮田哲男
発行所　株式会社 雄山閣
東京都千代田区富士見 2-6-9
TEL　03-3262-3231 / FAX　03-3262-6938
URL　http: //www.yuzankaku.co.jp
e-mail　info@yuzankaku.co.jp
振　替：00130-5-1685
印刷・製本　株式会社 ティーケー出版印刷

ISBN978-4-639-02436-1　C3021
N.D.C.210　806p　22cm